岳塘年鉴

2020

岳塘年鉴编纂委员会　编

方志出版社
Publishing House of Local Records

图书在版编目（CIP）数据

岳塘年鉴. 2020 / 岳塘年鉴编纂委员会编. — 北京：方志出版社，2020.10

ISBN 978-7-5144-4567-1

Ⅰ. ①岳… Ⅱ. ①岳… Ⅲ.①区（城市）—湘潭—2020—年鉴 Ⅳ. ①Z526.44

中国版本图书馆CIP数据核字（2020）第260557号

岳塘年鉴（2020）

编　　者： 岳塘年鉴编纂委员会

责任编辑： 梅中英

出 版 者： 方志出版社

地址　北京市朝阳区潘家园东里9号（国家方志馆4层）

邮编　100021

网址　http：//www.zgfzcb.cn

发　　行： 方志出版社图书经销中心

电话（010）67110500

经　　销： 各地新华书店

印　　刷： 湖南新闻彩色制版印务有限公司

开　　本： 889×1194　　1/16

印　　张： 18.5

字　　数： 716千字

版　　次： 2020年10月第1版　　2020年10月第1次印刷

印　　数： 0001~500册

ISBN　978-7-5144-4567-1　　**定价：** 200.00元

《岳塘年鉴(2020)》编纂委员会

《岳塘年鉴(2020)》编辑室

岳塘区行政区划图

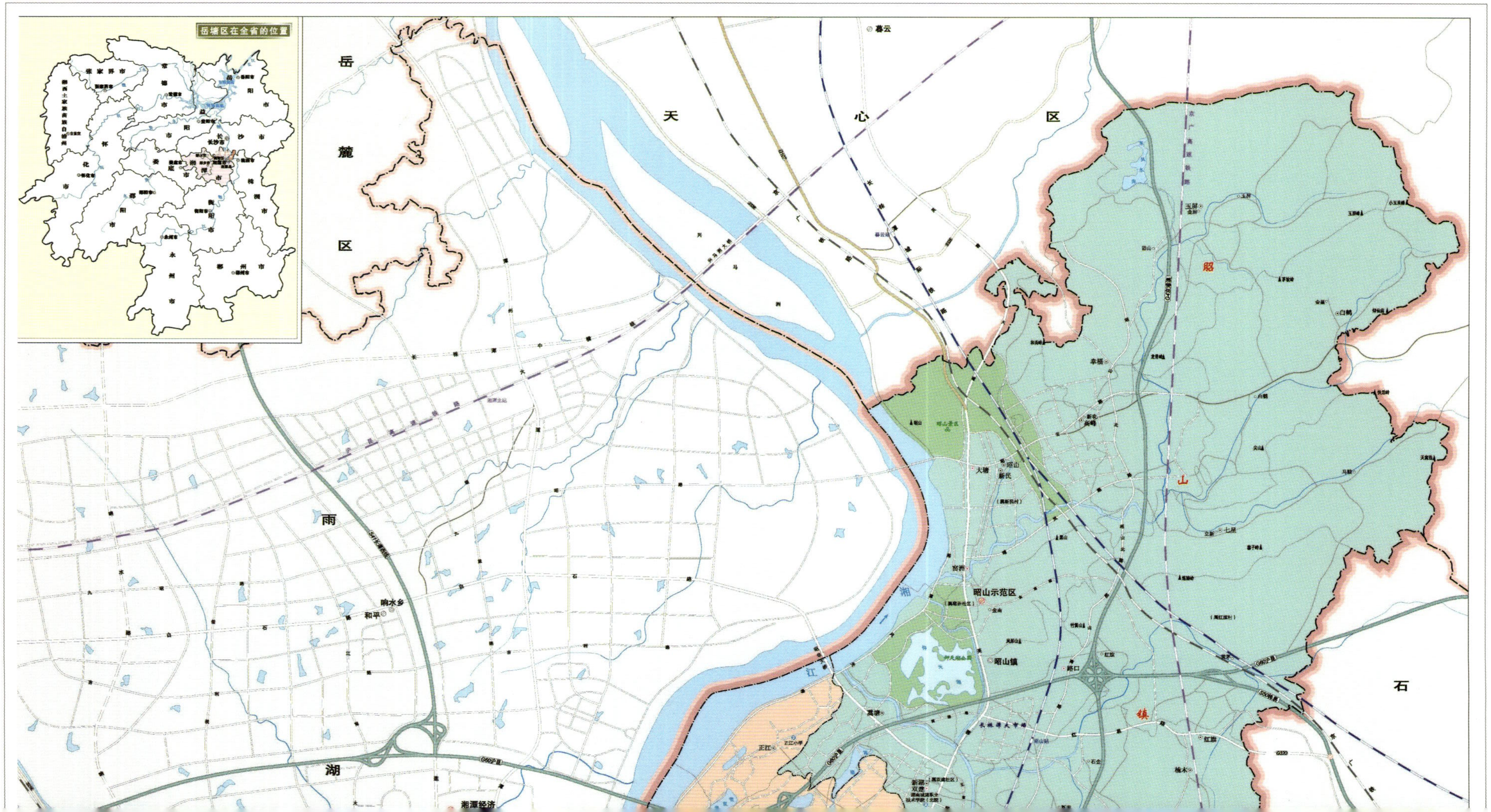

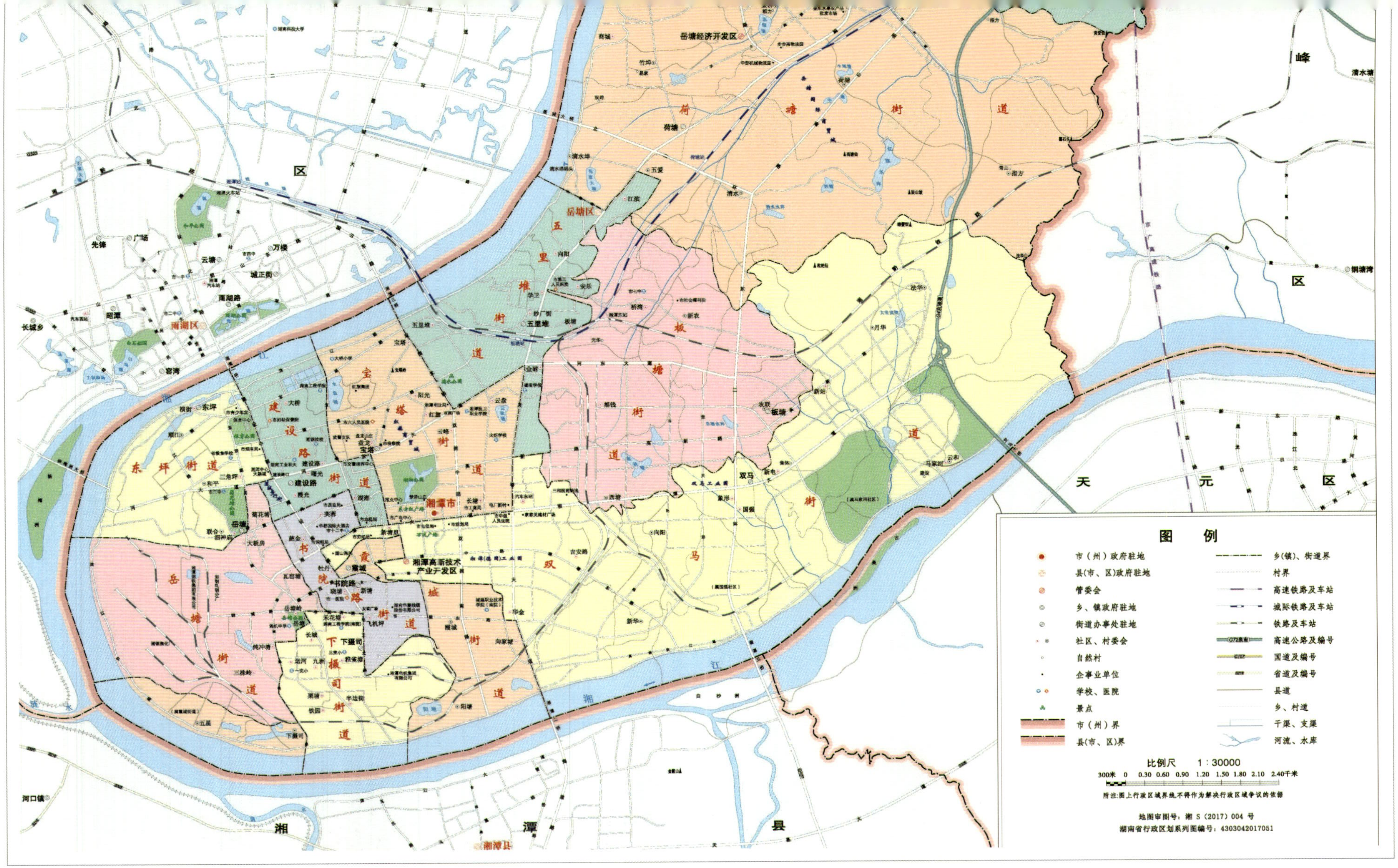

岳塘区人民政府编制　湖南省民政厅监制　湖南省国土资源厅监制　湖南省第三测绘院制作　二〇一七年十月

2019年7月19日，湖南省副省长隋忠诚（左三）到湘潭调研农业产业化发展等工作

（摄影：岳塘区融媒体中心）

2019年4月10日，湖南省副省长吴桂英（右三）到湘潭市岳塘区盘龙大观园实地督查安全生产工作

（摄影：岳塘区融媒体中心）

2019年5月28日，湖南省政府副省长陈文浩（右三）到岳塘区调研

（摄影：岳塘区融媒体中心）

2019年2月1日，湖南省高级人民法院党组书记、院长田立文（右一）到岳塘区人民法院调研

（摄影：岳塘区融媒体中心）

2019年10月16日，湖南省政府副秘书长、省信访局局长许忠建（前中）带队到岳塘区调研信访工作

（摄影：岳塘区融媒体中心）

2019年7月1日，市委书记、市人大常委会主任曹炯芳（前排左二）深入部分企业调研“两新”组织党建工作，并走访慰问党员代表

（摄影：岳塘区融媒体中心）

2019年8月29日，湘潭市委书记、市人大常委会主任曹炯芳（左二）到岳塘区现场督导重点项目建设情况

（摄影：岳塘区融媒体中心）

2019年7月5日，湘潭市委副书记、市长张迎春（前排左三）到岳塘督查非洲猪瘟防疫情况

（摄影：岳塘区融媒体中心）

2019年11月，湘潭市委副书记何俊峰（右一）到岳塘督查创卫工作

（摄影：岳塘区融媒体中心）

2019年12月31日，中共岳塘区委六届四次全体（扩大）会议召开

（摄影：岳塘区融媒体中心）

2019年12月25日，岳塘区第六届人民代表大会第五次会议第一次全体会议召开

（摄影：岳塘区融媒体中心）

2019年12月24日，政协湘潭市岳塘区第六届委员会第四次会议召开

（摄影：岳塘区融媒体中心）

2019年1月28日，中共湘潭市岳塘区第六届纪律检查委员会第四次全体会议召开

（摄影：岳塘区融媒体中心）

2019年3月27日，岳塘区委政法工作、群众工作暨扫黑除恶专项斗争推进会召开

（摄影：岳塘区融媒体中心）

2019年8月14日，全区群众工作（平安建设）暨信访工作推进会召开

（摄影：岳塘区融媒体中心）

2019年1月22日，岳塘区创建全国计划生育基层群众自治示范工作讲评会召开

（摄影：岳塘区融媒体中心）

2019年5月21日，岳塘区非公企业党建调研座谈会召开

（摄影：岳塘区融媒体中心）

2019年2月28日，2019年度国家税务总局湘潭市岳塘区税务局工作会议召开

（摄影：岳塘区融媒体中心）

2019年9月26日，岳塘区城乡居民基本养老保险和城乡居民基本医疗保险工作推进会召开

（摄影：岳塘区融媒体中心）

2019年1月1日，中国民营经济创新发展高峰会在中国“一带一路”中部商贸物流产业基地——中国（中部）岳塘国际商贸城举行　　（摄影：岳塘区融媒体中心）

2019年12月23日，岳塘区2019年“融资 融合 融业·共建 共享 共荣”银政企对接会召开
（摄影：岳塘区融媒体中心）

2019年9月12日，岳塘区委书记胡海军（前中）带队到湖南东信棉业精纺车间实地督查安全生产工作
（摄影：岳塘区融媒体中心）

2019年5月23日，岳塘区委书记胡海军（中）就“两干一轨”项目中的“岳塘任务”展开调研
（摄影：岳塘区融媒体中心）

2019年6月21日，岳塘区委副书记、区长陈爱民（左四）带队现场督查重大项目开工准备情况

（摄影：岳塘区融媒体中心）

2019年4月30日上午，岳塘区政协主席傅博华（左五）带领区政协专题协商调研组到岳塘经开区，开展岳塘区“稳投资”工作专题调研

（摄影：岳塘区融媒体中心）

2019年6月25日，岳塘区委书记胡海军（前中）到在建水利项目下摄司大桥，就防汛备汛工作进行督查
（摄影：岳塘区融媒体中心）

2019年3月12日是全国第41个植树节，岳塘区委书记胡海军（左一）带领全区200多人到竹埠港新区滨江路参加义务植树活动
（摄影：岳塘区融媒体中心）

2019年5月17日，岳塘区委副书记、区长陈爱民（中）带队开展巡河并现场督导防汛备汛、涉水工程项目建设工作

（摄影：岳塘区融媒体中心）

2019年5月16日，岳塘区委副书记、区长陈爱民（中）调研新消防站建设

（摄影：岳塘区融媒体中心）

2019年4月4日，岳塘区委副书记、区长陈爱民（右）现场督查森林防火、防汛备汛工作
（摄影：岳塘区融媒体中心）

2019年7月16日，岳塘区做好市级经济社会管理权限下放承接工作座谈会召开
（摄影：岳塘区融媒体中心）

2019年4月25日，岳塘区开展减税降费进园区活动
（摄影：岳塘区融媒体中心）

2019年5月21日，岳塘区委书记胡海军（左）到扶贫对象家中宣传解读扶贫政策

（摄影：岳塘区融媒体中心）

2019年5月28日，岳塘区委副书记、区长陈爱民（右一）走访产业扶贫基地

（摄影：岳塘区融媒体中心）

2019年端午节前夕，岳塘区委副书记、区长陈爱民（右）看望慰问霞城街道阳塘村脱贫攻坚帮扶对象

（摄影：岳塘区融媒体中心）

2019年12月6日，岳塘区委副书记、区长陈爱民主持召开霞城街道脱贫攻坚和农村人居环境整治工作督办会

（摄影：岳塘区融媒体中心）

2019年7月29日，岳塘区工商联(总商会)六届四次执委(扩大)会暨脱贫攻坚工作推进会召开，会上聘请30位非公经济人士担任16个村的“乡村振兴顾问”和“产业扶贫指导员”

（摄影：岳塘区融媒体中心）

荷塘街道清水村，开展集中消费扶贫活动

（摄影：岳塘区融媒体中心）

2019年9月6日，岳塘区“不忘初心、牢记使命”主题教育动员大会

（摄影：岳塘区融媒体中心）

2019年11月15日，湘潭市“不忘初心、牢记使命”主题教育先进典型报告会岳塘区专场举行

（摄影：岳塘区融媒体中心）

2019年9月29日，湖南省委第二批“不忘初心、牢记使命”主题教育第四巡回指导组组长邓三龙（后排左三）率队到岳塘区建设路街道霞光社区，就主题教育工作开展考察调研

（摄影：岳塘区融媒体中心）

2019年10月25日，湖南省委主题教育第四巡回指导组调研督查岳塘区委“不忘初心、牢记使命”主题教育工作

（摄影：岳塘区融媒体中心）

2019年11月7日，岳塘区委书记胡海军（左二）督导主题教育工作，要求要解决群众疑难愁盼，推进主题教育走深走实
（摄影：岳塘区融媒体中心）

2019年9月25日，岳塘区政府党组“不忘初心、牢记使命”主题教育读书班开展集中学习
（摄影：岳塘区融媒体中心）

2019年10月13日，岳塘区委书记胡海军（右二）深入一线督导深化全国文明城市建设工作

（摄影：岳塘区融媒体中心）

2019年5月26日，岳塘区委书记胡海军（中）到下摄司街道九洲社区、书院路莇金社区督导创卫工作

（摄影：岳塘区融媒体中心）

2019年4月24日，岳塘区委副书记、区长陈爱民（左二）带队现场督办创卫工作

（摄影：岳塘区融媒体中心）

2019年12月12日，岳塘区委副书记、区长陈爱民（左三）以“四不两直”方式对全区部分住宅小区、农贸市场、背街小巷、商业街区进行创卫暗访

（摄影：岳塘区融媒体中心）

2019年4月30日上午，岳塘区首届社区“美好生活节”启动仪式举行

（摄影：岳塘区融媒体中心）

2019年6月18日，岳塘区委书记胡海军（左三）调研晓塘棚户区改造项目

（摄影：岳塘区融媒体中心）

2019年2月13日，岳塘区委书记胡海军（右三）到湘潭市第三人民医院调研

（摄影：岳塘区融媒体中心）

2019年3月29日，岳塘区委书记胡海军（右一）带队调研学前教育工作

（摄影：岳塘区融媒体中心）

2019年3月13日，岳塘区委副书记、区长陈爱民（左二）调研湖南理工职业技术学院公共实训基地项目

（摄影：岳塘区融媒体中心）

2019年10月18日，岳塘区举行湖湘学校开工典礼

（摄影：岳塘区融媒体中心）

2019年8月29日，在东方红广场举行岳塘区2019年役前训练宣誓签名暨家庭医生免费签约仪式

（摄影：岳塘区融媒体中心）

2019年8月8日，岳塘区委书记胡海军（左）看望慰问贫困学子

（摄影：岳塘区融媒体中心）

2019年10月24日“环卫工人节”来临之际，岳塘区委副书记、区长陈爱民（前排右六）到岳塘区环卫所，看望慰问环卫工人代表
（摄影：岳塘区融媒体中心）

2019年7月25日晚，湘潭市岳塘区福星国际金融中心党建服务中心启动仪式暨文艺会演活动在天虹广场梦剧场举行
（摄影：岳塘区融媒体中心）

2019年“全国科普日”湘潭市岳塘区主场活动启动仪式

（摄影：岳塘区融媒体中心）

2019年2月19日，岳塘区在盘龙大观园开展2019年全国“龙腾狮跃闹元宵”大联动活动

（摄影：岳塘区融媒体中心）

2019年3月6日，岳塘区举办乡村振兴“美家美妇”创卫主题宣传活动暨庆“三八”“我运动 我健康 我快乐”趣味运动会

（摄影：岳塘区融媒体中心）

2019年1月24日，岳塘区税务局开展“同心共筑新岳塘 书写改革新篇章”迎春晚会

（摄影：岳塘区融媒体中心）

2019年9月10日，岳塘区第35个教师节暨第四届“米兰奖”颁奖活动现场

（摄影：岳塘区融媒体中心）

2019年9月，湘纺小学举行“讲述红色故事 传承红色基因”红色故事会暨国旗下讲话活动

（摄影：岳塘区融媒体中心）

◀ 2019年5月，岳塘区教育局在火炬学校教育集团本部举行岳塘区万人排舞比赛

（摄影：岳塘区融媒体中心）

▶ 2019年11月，湘纺小学举行筑梦中国绘画比赛

（摄影：岳塘区融媒体中心）

◀ 2019年5月，火炬教育集团举行“童心向党舞华章”艺术节文艺会演

（摄影：岳塘区融媒体中心）

◀ 2019年5月28日，东坪街道泗神庙社区举办国际家庭日宣传活动

（摄影：岳塘区融媒体中心）

▶ 2019年12月，湘纺小学参加湖南省第二届排舞比赛暨“舞动中国排舞联赛”活动，荣获特等奖

（摄影：岳塘区融媒体中心）

◀ 2019年9月28日，滴水湖学校参加湘潭市中小学、幼儿园啦啦操比赛，荣获一等奖第一名

（摄影：岳塘区融媒体中心）

儿童体检
（摄影：岳塘区融媒体中心）

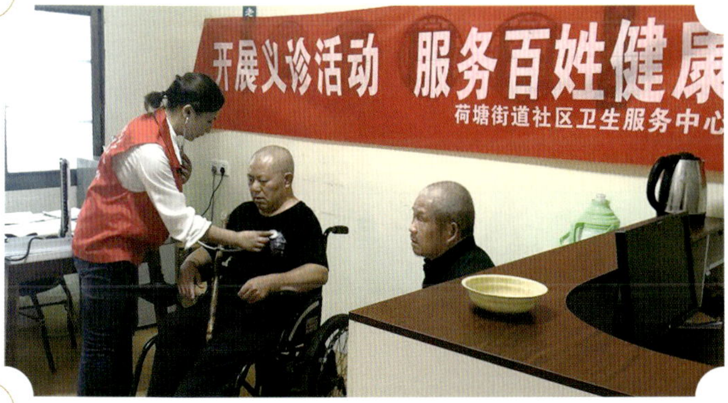

慢病随访
（摄影：岳塘区融媒体中心）

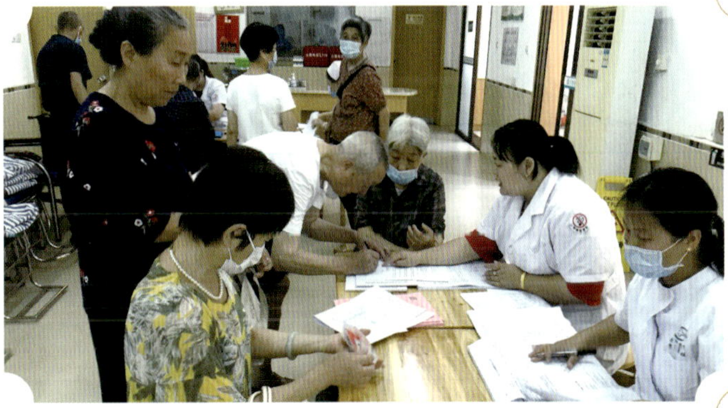

老年人体检
（摄影：岳塘区融媒体中心）

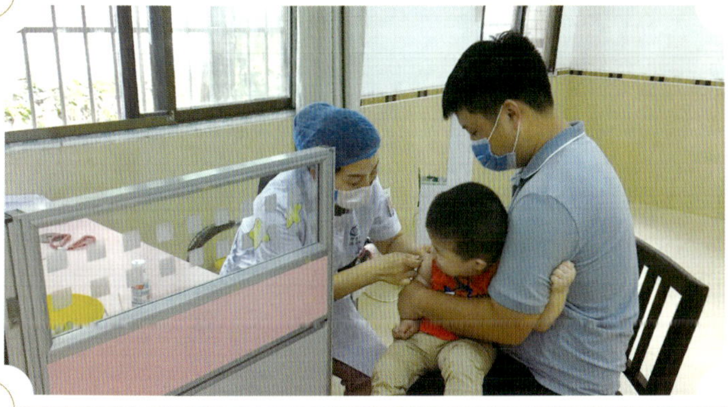

预防接种
（摄影：岳塘区融媒体中心）

建设路口商业圈

（摄影：岳塘区融媒体中心）

天虹广场

（摄影：岳塘区融媒体中心）

湘潭体育中心

（摄影：岳塘区融媒体中心）

盘龙大观园

（摄影：岳塘区融媒体中心）

改造后的河东大道

（摄影：岳塘区融媒体中心）

河东沿江风光带

（摄影：岳塘区融媒体中心）

美丽荷塘沈家湾

（摄影：岳塘区融媒体中心）

沿江风光带休闲水榭

（摄影：岳塘区融媒体中心）

全国文明村镇阳塘村

（摄影：岳塘区融媒体中心）

编 辑 说 明

一、《岳塘年鉴（2020）》以马克思列宁主义、毛泽东思想、邓小平理论、“三个代表”重要思想、科学发展观、习近平新时代中国特色社会主义思想为指导，坚持辩证唯物主义和历史唯物主义的立场、观点和方法。主要记载岳塘区2019年全区政治建设、经济建设和社会事业发展的基本情况，旨在为读者认识岳塘、宣传岳塘、建设岳塘提供基本资料。

二、《岳塘年鉴（2020）》采用类目、分目、条目三个层次记载，条目为实写单元。

三、《岳塘年鉴（2020）》未将设在区域范围内的湘潭国家高新技术产业开发区和湘潭昭山示范区（包括所属镇、街道）纳入记述范围。仅对其经济社会建设中的部分工作，按其“托管”和“反托管”的权限，进行部分记述。

四、《岳塘年鉴（2020）》所采用的稿件主要由所属各部门提供并经撰稿单位审核。由于统计数据的来源、口径、方式不同，可能存在差异，以岳塘区统计局提供的统计资料为准。

目　录

特　载

大事记

岳塘概览

政　治

军 事

法 治

经济管理与监督

财税 · 金融 · 商贸

园区和重点工程建设

工业·交通运输

农　业

住房和城乡建设·环境保护

教育 · 科技

文化体育 · 卫生健康

社会生活

街 道

统计资料

荣 誉

文件选编

特 载

区委常委会向区委六届四次全体会议的工作报告

中共岳塘区委书记　胡海军

（2019年12月31日）

今年以来，我们坚持以习近平新时代中国特色社会主义思想为指引，认真贯彻落实中央、省委、市委各项决策部署，突出重点、强化举措、担当作为，进一步推动全区经济社会高质量发展。

一年来，我们坚持将习近平新时代中国特色社会主义思想作为指导一切工作的根本遵循和行动指南，认真抓好学习贯彻，理想信念更加坚定。

我们着力提升政治站位，牢固树立“四个意识”，坚定“四个自信”，做到“两个维护”，始终把学习贯彻落实习近平新时代中国特色社会主义思想作为一项根本政治任务抓紧抓实。对习近平总书记的讲话精神、指示要求、重要论述和党中央的系列决策部署，区委常委会带头在第一时间组织学习研讨，组织开展中心组学习13次，用新思想武装头脑、指导实践、推动工作，为全区各级党委（党组）树立表率。通过抓实“不忘初心，牢记使命”主题教育，全面开展个人自学、集体学习和交流研讨，着力加深理解、融会贯通。“学习强国”学习平台推广力度强劲，覆盖率超过93%，全市排名第一，新思想的学习宣传普及度前所未有得到加强。

我们坚信，只要带着责任、融入感情，切实抓好对习近平新时代中国特色社会主义思想的学习，初心必将更加坚持坚守，使命必将更加扎实践行，理论指导实践必将取得新进步，推动岳塘高质量发展开创新局面。

一年来，我们面对国内外风险挑战明显上升和经济下行压力增大的复杂局面，坚持稳中求进工作总基调，攻坚克难、砥砺奋进，加快推进区域经济高质量发展。

我们全面贯彻新发展理念，有阵痛不退缩、有困难不动摇，突出经济发展的重点真抓实干，高质量发展的步伐坚定而稳健，各项经济指标较好完成，稳定经济运行大盘。中国（中部）岳塘国际商贸城开业运营，湖南特色优质农产品国际贸易平台成功入围国家“十四五”规划重大项目库。长株潭仓储物流园一期、湖南联升（中联重科）工程机械产业园等项目投入使用，湘欧快线国际物流平台等项目启动建设，现代物流产业集聚集群发展。竹埠港新区综合开发项目一期实现开工，岳塘购电商大楼等项目加快建设。商城路配套路网、金湖路即将通车，群力路、佳木路等项目有序推进。产业竞争力全面增强，农业产业化加快发展，金阳水果交易信息平台等7大项目进展顺利，东信棉业等8家农业龙头企业总产值达82亿元。工业经济高质量发展初现成效，湘钢梅塞尔提质扩能项目启动建设，科通电气、云通物流等4家企业实现“登高”。服务业稳中有升，规模以上营利性服务业企业营业收入达19.3亿元，增长21%；文化产业营业收入7.7亿元，增长6.3%。湘钢洪盛跻身国家5A级物流企业。产业项目加快建设，全年安排实施类产业项目34个，完成投资56.9亿元。坚持精准招商，引进中国铁建、中信保诚

2家世界500强企业和中国湘菜文化博览园、方德智联科创园等5个强链补链项目，协议引资110.8亿元。推动58众创、深圳朗道科技顺利入驻。湘潭金融商务区集聚效应凸显，新增12家优质企业，企业总量达299家，年纳税7.5亿元。

我们在增收节支、结构调整、争先进位等多重压力面前，以奋斗者的姿态负重前行，取得较好的成绩。严格落实好减税降费政策，减免税费近9亿元，新增市场主体3171个。岳塘区获评“湖南省双创示范基地”，长塘创新创业街获评“省级创业孵化基地”“省级返乡农民工创业园”。全面关停退出绿心地区工业企业，全区单位GDP能耗下降4.5%，跃居“全国绿色发展百强区”第69位。岳塘经开区在全省产业园区综合排名较上年提升17位，连续两年获评“全国优秀物流园区”。湘潭金融商务区获评“湖南省服务业集聚区”。岳塘区成为全市唯一拥有两个省级服务业集聚区的县市区。

我们以坚定不移的决心意志，全力以赴坚决打好“三大攻坚战”。重大风险有效化解，多措并举逐步化解存量债务，融资成本和政府债务得到有效控制，争取专项债券近1.17亿元，非标占比在全省处于较优水平，继续保持债务低风险区。湘潭发展投获得AA主体信用评级，实现转型升级再提速。脱贫实效不断巩固。聚焦“两不愁三保障”，全区无一人返贫。保障入学率达100%，医疗保险覆盖率达100%、综合报销率达90%。统筹财政资金564.75万元，形成产业扶贫新局面。生态环境有力改善，严格对标中央、省环保督察和自然资源审计整改要求，统筹打好蓝天、碧水、净土保卫战。完成第二次全国污染源普查。规范渣土运输，大力整治扬尘污染、垃圾焚烧等突出问题，全区空气质量优良率达75.7%。竹埠港地区综合治理工作得到中央和省委省政府领导高度肯定。绿化覆盖率达43.7%。全面落实“河长制”，湘江断面和集中式饮用水源水质保持Ⅱ类以上。

我们坚信，经济高质量发展不会一蹴而就，在走向光明前景的过程中必定会遇到各种各样的困难，只要我们保持定力、强化举措、抢抓机遇，就必定能在推进高质量发展的道路上行稳走实。

一年来，我们全力抓实重点改革任务，内生动力持续增强，发展活力强劲迸发。

我们坚持把改革创新作为破除体制机制障碍、激发发展潜力活力的根本手段与方法，积极稳妥推进各项改革取得实效。全面完成党政机构改革，市场监管等六大领域综合行政执法改革加快实施，事业单位和街道机构改革统筹推进。“放管服”改革成效明显，第一批34个事项实现“一件事一次办”。主动承接在园区范围内行使的128项经济社会管理权限，加快构建“园内事园内办”的工作格局。深入开展“减证便民”行动，取消各类证明76项。江滨、西南石油等企业社会职能分离移交工作基本完成。

我们坚信，全面深化改革是时代的要求、是实际的需要。只要我们立足岳塘实际，全面解放思想，必将以改革创新进一步激发发展活力、释放发展红利。

一年来，我们扎实践行以人民为中心的发展思想，以满足人民群众对美好生活的向往作为工作的出发点和落脚点，不断增进人民福祉，群众的获得感、幸福感持续提升。

我们不断加大民生投入力度，让岳塘人民享受发展成果。民生支出8.4亿元，占一般公共预算支出78.29%，20项省市民生实事项目超额完成。全区城镇新增就业1.6万人，城镇登记失业率为3.2%。农村低保达6000元/年，救助水平达4488元/年。纯冲塘社区等13家日间照料中心投入运营；新建4所公办幼儿园，新增450个学前学位，区内学校与驻区高校建设统筹协调推进。获评省平安校园建设先进县市区。岳塘人民剧院完成改造，新建10个社区文化广场。区疾控中心业务大楼和16个村卫生室标准化建设全面完成，中西医结合医院中医大楼启动建设，顺利通过全国基层中医药工作先进单位复评。

我们有力扛起岳塘平安稳定的政治责任。“智慧岳塘”二期加快建设，城市快警、一村一辅警、两车物联网新型治安防控体系构建完成。深化扫黑除恶专项斗争，打掉全市首个套路贷涉黑组织，破获全市最大电信诈骗案。妥善化解一批建设领域历史遗留问题等矛盾纠纷。获评全国消防监督管理工作先进单位，连续3年被评为全省消防工作先进县市区。众志成城取得抗洪抢险的全面胜利，大庆期间的安保工作有力有为，连续15年未发生较大以上安全生产事故。公众安全感测评排名全市第2位，继续保持全省前列。阳塘村获评“全国乡村治理示范村”。

我们用心打造城市新样板，人居环境日益优化。深入实施“双修双改”，湘潭大道与钢城大道连接线竣工通车，芙蓉大道快速化改造、荷塘客运枢纽站等项目进展顺利，昭华大桥即将通车，杨梅洲大桥、下摄司大桥有序推进。10个老旧小区提质改造、1552户棚改任务全面完成，大桥、禾花塘社区打造为省级高品质社区。全面推进“厕所革命”，成为全省整县推进的示范单位之一。“两轮征询、三榜公示、公开签约”征拆新模式成效明显，全年共完成征地880亩。顺利通过创卫国检和创文复查测评工作。加大从严执法力度，全年累计拆违7.1万平方米。完成第三次全国国土调查验收，16宗土地卫片执法问题图斑整改到位。68个小区实现业主自治。农村人居环境整治扎实推进，村容村貌整治、农村生活垃圾治理等工作全面完成。

我们坚信，只要牢记全心全意为人民服务的根本宗旨，真心实意为群众办好事、做实事，就一定能够得到人民群众更大的认同和支持，打下坚实的群众基础。

一年来，我们不断加强社会主

义民主政治建设，巩固民主团结，汇聚发展合力。

我们始终坚持党的领导、人民当家做主、依法治国有机统一，坚定不移加强对人大工作的领导，坚持人民代表大会制度，健全人大讨论、决定重大事项制度，充分发挥人大监督作用，支持区人大及其常委会依法履职，支持人大代表依法行使权利，积极建言献策。认真贯彻落实《中共中央关于新时代加强和改进人民政协工作的意见》，筑牢共同思想政治基础。

我们切实加强党的统战和群团工作。着力构建“大统战”工作格局，完善区、街道、村（社区）三级宗教工作网络，落实街道、村两级宗教工作责任制，制定宗教场所“三员三访五查四主”制度。区委统战部被中央统战部评为宣传先进单位。区工商联被全国工商联通报表扬，获评民营企业调查点工作示范单位。建设路街道被推荐为省级“民族团结进步示范街道”创建单位，霞光社区被评为全国民族团结进步示范社区。

我们不断加强党管武装工作，认真贯彻落实好习近平强军思想，不断提高国防后备力量建设水平，军事训练、民兵调整改革、双拥双建、基层“星级达标”建设、国防教育基地建设等重难点工作高位推进、有效落实。

我们坚信，只要坚持将强化党的领导贯穿于所有工作的始终，就能更好凝聚各方智慧，广聚发展力量，汇聚起加速建设“四新岳塘”的磅礴之力。

一年来，我们始终坚持从严管党治党，着力构建风清气正、海晏河清的政治生态环境，为经济社会发展提供坚强政治保障。

我们坚持以党的政治建设为统领。进一步增强“四个意识”，坚定“四个自信”，做到“两个维护”，不断提高政治站位，在思想上政治上行动上始终与以习近平同志为核心的党中央保持高度一致。坚定执行党的政治路线，严守政治纪律和政治规矩，严格执行《新形势下党内政治生活若干准则》《中国共产党纪律处分条例》等党内法规，锤炼政治忠诚，推动党的政治建设迈向新高度。

我们严格落实意识形态工作责任制。牢牢把握意识形态工作领导权、主动权、话语权。严格落实党委主体责任，区委常委会议多次专题研究意识形态工作，在每月区委党建工作调度会上对意识形态工作进行安排部署，将意识形态工作纳入“同业对标”考核和《岳塘区2019年度科级领导班子和领导干部绩效考核》，并开展专项工作督查，党管意识形态工作举措更加有力、责任更加压实。

我们持续加强新时期党的建设。带头履行基层党建责任，基层党建工作月调度、季讲评、年述职制度进一步完善。深入开展“不忘初心、牢记使命”主题教育，68家参与单位、640个基层党组织、1.4万余名党员实现全覆盖、全参与。坚持党建领航创新基层社会治理，推进禾花塘、大桥社区2个保障性安居工程配套基础设施建设以及2个市级示范街道、11个市级示范点建设。全面推行“党建+小区治理”模式，建成葩金社区松涛里小区等18个小区党建阵地。深入开展“三员三创三行动”，相关经验做法在湖南日报头版头条报道。深入推进党支部“五化”建设，全区60个基层党组织被评为市级“五星党支部”。建立村级组织运转经费逐年递增机制，投入200多万元用于村（社区）工作考核奖励。研究制定《关于全面加强基层建设的实施办法》，注重基层减负实效，基层相关减负情况被湖南卫视新闻联播栏目专题报道。积极稳妥、规范有序做好机构改革期间区管领导班子和领导干部调整配备及涉改单位公务员（参公人员）调整划转工作，干部队伍结构更加优化。

我们担起党风廉政建设主体责任，持续推进作风建设和反腐败斗争。进一步匡正风气，整治拖拉、执行不力等作风问题90余起。进一步深化巡视、巡察整改，今年全区共开展3轮巡察，发现具体问题237个，移交问题线索28条。进一步严明纪律规矩，全年共立案50件50人，全面从严治党的震慑力得到有力彰显。

我们坚信，只要坚决落实新时代党的建设总要求，以永远在路上的清醒、执着和韧劲不断把全面从严管党治党引向深入，就一定能守住护好建党、强党、兴党的生命线，各项事业就一定能够焕发出昂扬的生命力。

回顾一年工作的同时，我们也应该对工作中存在的一些不足有着清醒的认识，如：项目后劲支撑还不够强劲，产业规模效益有待提高，营商环境还需进一步优化；巩固提升“一创两深化”成果任重道远，环境整治任务依然艰巨，这些问题，对我们既是一种压力，更是一份鞭策，提醒和督促我们采取更有力的措施，切实加以解决。

以上是区委常委会一年来的主要工作。成绩的取得离不开市委的坚强领导，离不开全区干部群众的共同努力，更离开不各位区委委员对区委常委会的理解支持。在此，我代表区委常委会对大家表示衷心感谢！也请各位区委委员、同志们对区委常委会的工作多提宝贵意见建议，我们将认真听取、积极改进，将工作做得更好。

政府工作报告

——在湘潭市岳塘区第六届人民代表大会第五次全体会议上

岳塘区人民政府区长　陈爱民

（2019年12月25日）

一、2019年工作回顾

2019年，是中华人民共和国成立70周年，是岳塘发展史上很不平凡的一年。面对国内外风险挑战明显上升、经济下行压力持续加大的形势，我们坚持以习近平新时代中国特色社会主义思想和党的十九大精神为指导，在市委、市政府和区委的坚强领导下，坚持稳中求进工作总基调，紧扣“四新岳塘”总目标，攻坚克难，砥砺奋进，较好地完成全年各项工作任务。按区域统计口径，全年地区生产总值（预计数，下同）增长7.7%；规模以上工业增加值增长8%；固定资产投资增长12%；社会消费品零售总额增长10%；城乡居民人均可支配收入增长8.1%。按区属统计口径，完成财政总收入50.45亿元，增长-9.97%，其中税收占比超过95%。固定资产投资增长10%。

这一年，我们不折不扣落实好减税降费政策。全年，区属减免税费近9亿元。面对重点行业、企业税收明显下滑，特别是房地产税收大幅度下降的严峻形势，我们保持定力，精准协调，服务好湘钢梅塞尔、步步高集团、伟鸿公司等企业提高税收贡献度，实现金融业税收的逆势增长，稳住经济大盘。

这一年，我们优化营商环境，不断激发市场活力，新增市场主体3171个。清理拖欠中小企业账款1.16亿元。岳塘区获评“湖南省双创示范基地”，长塘创新创业街获评“省级创业孵化基地”“省级返乡农民工创业园”。

这一年，我们强化经济结构调整，加快增长动力转换。绿心地区工业企业实现全面关停退出。全区单位GDP能耗下降4.5%。岳塘区跃居“全国绿色发展百强区”第69位，较上年提升4位。

这一年，我们坚定不移夯实基础，抢抓机遇，推进经济集约高效发展。岳塘经开区在全省产业园区综合排名第73名，较上年提升17位，连续两年获评“全国优秀物流园区”。湘潭金融商务区获评“湖南省第三批服务业集聚区”。岳塘区成为全市唯一拥有两个省级服务业集聚区的县市区。

这一年，我们科学统筹，化解风险，确保一方平安稳定。全区广大干部群众奋战在抗洪救灾一线，经受两百年一遇的特大洪水考验，取得全面胜利。实现连续15年未发生较大以上生产安全事故，被评为全省安全生产优秀单位。公众安全感测评排名全市第2位，继续保持全省前列。阳塘村获评“全国乡村治理示范村”。

2019年，我们着重抓以下五个方面工作：

（一）推进发展提质增效，综合实力迈上新台阶

园区发展稳健前行。岳塘经开区完成技工贸总收入365亿元，连续6年保持20%以上增速；完成固定资产投资150亿元，增长21%；完成财税收入5.2亿元，增长10%。中国（中部）岳塘国际商贸城4300多间店铺开业运营。湖南特色优质农产品国际贸易平台成功入围国家“十四五”规划重大项目库。长株潭仓储物流园一期、湖南联升（中联重科）工程机械产业园等项目投入使用，湘欧快线国际物流平台、国际商品博览汇等项目启动建设，现代物流产业加快集聚集群发展。竹埠港新区综合开发项目一期实现开工，岳塘购电商大楼、湘潭市博纳学校、怡亚通（湘潭）供应链整合基地等项目加快建设。商贸城配套路网、金湖路即将通车，群力路、佳木路等项目有序推进。

产业竞争力全面增强。农业产业化加快发展，金阳水果交易信息平台等7大项目进展顺利，东信棉业等8家农业龙头企业总产值达82亿元，增长14.6 %。工业经济加快高质量发展，湘钢梅塞尔提质扩能项目启动建设，科通电气、云通物流等4家企业实现“登高”[1]；全社会研发经费投入增长12.6%；万人有效发明专利拥有量达15.1件，远超省市平均水平。服务业稳中有升，规模以上营利性服务业企业营业收入达19.3亿元，增长21%；文化产业营业收入7.7亿元，增长6.3%。湘钢洪盛跻身国家5A级物流企业。全年安排实施类产业项目34个，完成投资56.9亿元。新华书店东迁、小康综合农贸商品城等重点项目全面竣工，湘钢4.3米焦炉提质改造工程启动建设，时代公馆、盘龙御和园二期等房产项目加快推进。

招商引资取得较大突破。坚持精准招商，参加“港洽周”“央企进湖南”等重大招商活动，引进中国铁建、中信保诚2家世界500强企业和中国湘莱文化博览园、方德智联科创园等5个强链补链项目，协议引资110.8亿元。推动58众创、深圳朗道科技顺利入驻。湘潭金融商务区新增华夏银行、人寿财险等12家优质企业，企业总量达300家，完成税收7.5亿元。

（二）突出重点精准施策，三大攻坚战纵深推进

重大风险有效化解。多措并举逐步化解存量债务，融资成本和政府债务得到有效控制。进一步做实区级债务化解基金，争取专项债券1.17亿元。湘潭发展投获得AA主体信用评级，转型升级步伐加快。全力维护金融秩序和社会稳定，有效化解非法集资积案15件，化解率达80%。

脱贫实效不断巩固。聚焦“两不愁三保障”，全区无一人返贫。完成农村危房和饮水改造44户，发放教育助学金、“雨露计划”[2]补助133.3万元，保障入学率达100%，医疗保险覆盖率达100%、综合报销率达90%。全面落实区域内定点医疗机构“先诊疗后付费”“一站式结算”制度，家庭医生签约服务水平进一步提升。统筹财政资金564.75万元，引进湖南利佳、上禧食品等企业，打造产业扶贫新局面。对口帮扶永顺县永茂镇扶贫资金102万元。承办湘潭市现代农业千亿产业集群发展暨“三带三帮”[3]脱贫活动，爱心采购金额达2.3亿元。

生态环境显著改善。严格对标中央、省环保督察和自然资源审计整改要求，统筹打好蓝天、碧水、净土保卫战。完成第二次全国污染源普查。规范渣土运输，大力整治扬尘污染、垃圾焚烧等突出问题，全区空气质量优良率达75.7%。竹埠港地区综合治理工作得到中央和省委、省政府高度肯定。消除裸露黄土103处，新增绿化面积24万平方米，绿化覆盖率达43.7%。全面落实“河长制”[4]，各级河长巡河2700余次，湘江断面和集中式饮用水源水质保持Ⅱ类以上。王家晒渠、碧泉路周边等4处黑臭水体完成治理，荪湖水系改造为生态公园，打造滴水湖、南洋渠等6条样板河湖。严格环境执法，全面取缔非法洗砂场，治理经验和成效被中央媒体重点推介。

（三）致力增强城市功能，品质岳塘全面提升

基础设施更趋完善。深入实施“双修双改”[5]，解决一批群众急难忧盼问题。湘潭大道与钢城大道连接线竣工通车，芙蓉大道快速化改造、荷塘客运枢纽站等项目进展顺利，昭华大桥即将通车，杨梅洲大桥、下摄司人桥建设有序推进。建设路口交通秩序全面优化，板塘立体停车场主体完工。10个老旧小区提质改造、1552户棚户区改造全面完成，大桥、禾花塘社区打造为省级高品质社区，金霞苑、原国税一院小区率先加装电梯，锦湘农贸市场建成投入运营。推进“厕所革命”，完成改造3022户，成为全省整县推进的示范单位之一。“两轮征询、三榜公示、公开签约”的征拆新模式成效明显，晓塘棚改项目在签约期内完成95%。全年共完成征地880亩，累计办结征拆项目16个。

城市管理更加精细。持之以恒抓好“一创两深化”[6]，顺利通过创卫省检和全国文明城市复查工作。“门前三包”和“路长制”[7]深入实施，14个马路市场全部取缔，餐饮油烟、夜市烧烤等顽疾得到有效整治，创建4条无烟示范街。新增和提质改造各类公厕8座，荷塘、江滨两座垃圾中转站投入使用，取缔改造546处开放式垃圾围子，餐厨垃圾实现无害化处理，清扫保洁工作更加精细化。加大从严执法力度，拆除忠林花卉山庄5栋违法别墅，全年累计拆违7.1万平方米。完成第三次全国国土调查验收，16宗土地卫片执法问题图斑整改到位。68个小区顺利实现业主自治，80余起物管纠纷得到及时妥善处理。

乡村面貌更加美丽。“一园一镇”[8]建设走在全市前列，房车小院等项目投入使用，红旗渠改建一期防汛工程标段竣工，X157提质改造抓紧建设，中国杜鹃花博物馆项目加快推进。由盘龙集团承建的湖南馆荣获2019年世界园艺博览会特等奖。农村人居环境不断优化，提质改造渠道5.3千米，新建村级公路8.1千米，村容村貌整治、生活垃圾和污水治理等工作全面完成。美丽乡村“十百千万”[9]示范创建加快实施。深入推进移风易俗，成功举办湖南省首届“最美新乡贤”评选表彰活动，乡风文明持续向好向善。

（四）着力办好民生实事，人民福祉日益增进

社会保障坚实有力。全年民生支出8.4亿元，占一般公共预算支出78.29%。孕产妇免费产前筛查等21项省市民生实事项目全部完成。全区城镇新增就业1.6万人，城镇登记失业率控制在3.2%以内。清欠农民工工资1694万元。改善民生保障，社区工作人员待遇全面提高，临聘教师待遇增加800元/月，农村低保达6000元/人・年，困难救助水平达4488元/人・年。养老服务体系逐步完善，城企联动普惠养老持续推进，湖南天伦医养康复中心项目启动建设，纯冲塘社区等13家日间照料中心投入运营。双拥工作扎实推进，三级退役军人服务体系基本建成，方世平荣获“全国模范退役军人”称号。

社会事业协调发展。扩大学位供给，新建4所公办幼儿园，新增450个学前学位；启动湖湘学校、湘纺中学综合楼建设；协调推进城建学院、理工职院改扩建项目。开设“三点半”课堂[10]，强化课后托管服务。完成24所学校智慧安防系统建设，未成年人安全防护网络进一步织密。获评省平安校园建设先进县市区、省中小学校责任督学挂牌督导创新县（区），成绩喜人。火炬、湘机小学荣获省级生态文明示范学校称号。全民阅读、“送戏下乡”等群众喜闻乐见的文艺活动持续开展，第十届文化艺术节、首届农民趣味运动会成功举办，文体活动覆盖城乡。岳塘人民剧院完成改造。新建10个社区文化广场。荣获“中国楹联文化区”称号。市妇幼健康服务大楼投入使用，区疾控中心业务大楼和16个村卫生室标准化建设全面完成，中西医结合医院中医大楼启动建设。分级诊疗有序开展，医疗卫生信息化加快实施。顺利通过全国基层中医药工作先进单位复评。

社会治理平稳推进。“智慧岳塘”二期加快建设，全区应急指挥、综合治理水平进一步提高。城市快警、一村一辅警、两车物联网等工作全面完成，构建新型治安防控体系。下摄司派出所完成搬迁，荷塘、岳塘派出所扩建项目主体完工。深化扫黑除恶专项斗争，打掉全市首个套路贷涉黑组织，破获全市最大电信诈骗案。开展禁毒“六进”活动，滴水湖禁毒主题公园

加快建设。成功化解社会矛盾纠纷2500余件、信访问题33件，江景名城、斑竹新苑等一批建设领域历史遗留问题得到有效解决，累计办理权证7597个。滴水湖消防站开工建设。获评全国消防监督管理工作先进单位，连续3年被评为全省消防工作先进县市区。交通、旅游等重点领域安全生产专项整治成效明显。食品药品质量安全形势总体平稳。

（五）扎实推进自身建设，政府效能明显提高

改革创新不断深化。政府部门机构改革全面完成，市场监管等六大领域综合行政执法改革加快实施，事业单位和街道机构改革统筹推进。“放管服”改革成效明显，第一批34个事项实现“一件事一次办”。主动承接在园区范围内行使的128项经济社会管理权限，加快构建“园内事园内办”的工作格局。深入开展“减证便民”行动，取消各类证明76项。深化商事制度改革，“证照分离”改革、“双随机一公开”[11]抽查等工作全面落实，企业开办时间压缩至2.5个工作日以内。江滨、西南石油等企业办社会职能分离移交工作基本完成。

依法行政加快步伐。全面推行行政执法公示、执法全过程记录、重大执法决定法治审核等制度，行政执法行为进一步规范。建立律师值班室和调解室，开展民营企业法治体检活动，推进刑事辩护全覆盖，办理法律援助案件近200起，公共法律服务融入市民生活。办理区人大代表建议137件，解决率51.8%，满意率100%；办理区政协提案136件，解决率54%，满意率100%。区政务服务旗舰店[12]正式运行，书院路政务服务大厅获评人社部优质服务窗口。公开政务信息3.7万件，办理热线信箱近4500件，办结率100%，满意率96.7%，权力在阳光下更加规范运行。

作风建设持续加强。深入推进“不忘初心、牢记使命”主题教育，狠抓巡视巡察和审计问题整改。实施重点项目亮牌管理。充分发挥审计监督作用，完成审计项目66个，资金使用和管理进一步规范。坚定不移纠正“四风”，各类文件压减50%，会议减少30%以上，督查检查考核事项减少50%以上。立案查处群众身边腐败和作风问题22件，结案19件，党纪政务处分19人，移送司法机关3人。

国防动员扎实推进，完成区人武部正规化建设省级试点工作，大力开展全民国防教育“六进”活动，征兵工作经验在国、省媒体多次推介。第四次全国经济普查全面完成。霞光社区获评全国最美志愿服务社区，盘龙社区获评全国综合减灾示范社区。档案、史志、助残、老龄、民族外侨、机关事务、群团等工作实现全面进步。

“大河东”地区互联、互动、互通朝着更高水平大步前进，城市共建、产业共融、生态共享的理念深入人心、举措更加坚实、行动全面加速。湘潭高新区加快“智造谷”打造，产业转型、创新能力不断突破，全省产业园区排名第6名，双创示范获国务院通报表彰。昭山示范区恒大养生谷投入运营，山市晴岚文化旅游等项目加快推进，绿色发展之路愈发明朗、顺畅。湘潭高新区和昭山示范区保持发展的良好态势，为“大河东”全面开启现代化新征程奠定坚实基础。

各位代表、各位委员、同志们，“看似寻常最奇崛，成如容易却艰辛”。即将过去的一年，全区上下勇于担当、拼搏实干、迎难而上，化解一次又一次风险，接受一次又一次考验，解决群众身边一批操心事、烦心事、揪心事。事实证明，只要我们不忘初心、牢记使命、担当作为，就没有过不去的坎、没有爬不上的坡。成绩的取得来之不易，这份成绩是市委、市政府和区委坚强领导的结果，是区人大、区政协大力支持、有效监督的结果，是全区人民撸起袖子干出来的。在此，我代表区人民政府，向全区干部群众，向各位人大代表、政协委员、老领导、老同志和所有关心、支持、参与岳塘建设发展的社会各界人士，表示衷心的感谢，并致以崇高的敬意！

在总结成绩的同时，我们也清醒地看到发展中存在的一些突出问题：项目后劲支撑还不够强劲，产业升级仍处于爬坡越坎阶段，新动能未能挑起大梁；营商环境还需进一步优化；“一创两深化”任重道远，城市基础设施还有很多欠账，环境整治任务依然艰巨；物价上涨对群众生活造成一定影响，民生领域还存在许多短板，群众在上学、养老、出行等方面还有不满意的地方；思想观念还不够解放，守摊思想一定程度存在，传统思维、路径依赖、不担当不作为等问题仍然存在，等等。对这些问题，我们将采取更有力的措施加以解决。

二、2020年工作安排

2020年是全面建成小康社会、完成“十三五”规划和脱贫攻坚任务的决战决胜之年。科学预判形势、做好明年工作尤为重要。从外部环境来看，全球动荡源和风险点显著增多，国内经济发展面临新的风险挑战；但全国经济稳中向好、长期向好的基本趋势没有改变，特别明年国家宏观改革逆周期调节力度加大，一系列高质量发展举措加快落实，全省创新引领开放崛起战略深入实施，全市正持续推进创新开放、产业转型升级，给我们带来更多机遇，提供更多发展上升的空间。从我们自身来看，岳塘虽然处于结构调整阵痛期、经济发展转换期，但必须看到，岳塘的区位优势正在加快转化为综合竞争力，发展的硬环境、软环境持续优化，岳塘经开区、湘潭金融商务区的集聚效应正在进一步释放；同时，随着长株潭城市群一体化发展的加快推进，为岳塘增添新引擎、新动力。我们必须保持发展定力，更加坚定信心、更加凝心聚力、更加勇于担当，牢牢把握机遇，苦干实干加油干，奋力谱写岳塘高质量发展的新篇章。

2020年政府工作总体要求是：以习近平新时代中国特色社会主义思想为指导，全面贯彻党的十九大和十九届二中、三中、四中全会精神，坚持稳中求进工作总基调，以“全面小康决胜年”为抓手，坚持新发展理念，强化供给侧结构性改革，紧紧围绕“四新岳塘”奋斗目标，推进高质量发展，坚决打好“三大攻坚战”，全面抓好“六稳”[13]，统筹做好稳增长、促改革、调结构、惠民生、防风险、保稳定，加快融入长

株潭一体化，全力推动融城提速、发展提质、改革提效、城市提档、民生提标，确保全面建成小康社会和“十三五”规划圆满收官。

综合考虑国内外经济形势和岳塘实际，2020年经济社会发展主要预期目标是：按区域统计口径，全年地区生产总值增长7.5%左右；规模以上工业增加值增长7.5%；固定资产投资增长10%；社会消费品零售总额增长10%；城乡居民人均可支配收入增长8%以上。按区属统计口径，一般公共预算地方收入增长6%；固定资产投资增长9%。

为实现上述目标，我们必须牢牢把握以下几个方面：

（一）围绕产业升级，狠抓经济提质

坚持调优产业结构，提升产业链水平，促进产业集群发展，加快构建具有岳塘特色的现代产业体系，推动区域经济高质量发展。

1.做强发展平台。紧扣打造“湖南商贸第一区”目标，进一步理顺好园区体制，全力推进岳塘经开区在全省争先进位。实现技工贸总收入增长20%、财税总收入增长10%，在全省综合排名前进5位以上。以实现“一优三高”[14]为目标，完善“两图两库两池”[15]编制，加快产业链条建设。全力支持中国（中部）岳塘国际商贸城打造成为中部最大、全国领先的现代商贸物流城。支持云通、玮鸿冷链、正方体医药等物流企业壮大发展。加快探索建立商流、物流、资金流、信息流四流合一的智慧物流体系。加快竹埠港新区进程，完成创新发展中心主体建设，确保沃土路延长线年底竣工通车；有序推动征地拆迁，完成方德智联、起步区示范公园等项目征拆工作。策划包装湘潭市仓储物流园、新时代电商物流园、城市主题生活馆等一批重大项目，吸引社会优质资源投资建设。

2.做优特色产业。进一步优化产业布局，发挥好龙头企业带动作用，推动更多企业抱团发展。深入实施乡村振兴战略，持续推动传统农业转型升级。以荷塘现代农业示范园为依托，大力发展花卉苗木、水果蔬菜等产业，加快推进金阳江南果蔬市场建设，坚决扶持盘龙现代农业示范园做优做强，争创国家农村产业融合发展示范区。发挥绿心“天然氧吧”的生态优势，加快农旅融合步伐，全力支持盘龙大观园创建国家AAAAA级旅游景区，推进盘龙特色小镇、中国湘莱文化博览园等项目建设，创建省级全域旅游示范区。全面促进现代服务业提速提质。落实楼宇经济各项优惠政策，重点打造以湘潭中心、福星国际、多伦国际为试点的精品商务楼宇。完善湘潭金融商务区顶层规划设计，加强与长沙基金小镇对接，全年引进各类金融及分支机构3家以上，引导现代金融更好地服务实体经济发展。

3.做强后劲支撑。高质量编制好“十四五”规划，谋划总投资1000亿元以上的重大项目库。全年安排重点建设项目129个以上，完成投资122亿元以上。健全完善重点项目服务专班工作机制，严格亮牌警示，确保问题在一线解决、工作在一线推动。完成岳塘购电商大楼、怡亚通（湘潭）供应链、中国杜鹃花博物馆等重点产业项目建设，加快推进湘莱文化博览园、长株潭仓储物流园二期等项目建设。启动团山铺路二期等基础设施项目建设。

（二）坚持体制创新，激发内生动力

着眼动力转换新常态，坚持把创新作为高质量发展的第一动力，向改革要红利、向创新要效益，全面扩大开放。

1.不断深化改革创新。严格落实减税降费政策，降低企业经营成本。持续推进政务服务“三集中三到位”[16]和“一件事一次办”改革，逐步实现“互联网+政务服务”全覆盖。全面梳理园区“全链条”审批事项及流程，加快实现“审批不出园”。持续深化商事制度改革，大力推行“多证合一”“证照分离”“减证便民”。深入推进农村集体产权制度和供销社改革，不断激发农村经济发展活力。基本完成驻区国企办社会职能分离移交工作。

2.全面优化营商环境。树牢“抓营商环境就是抓发展”的理念，完善与企业“一结一”帮扶机制，实现“一企一策”“一企一规划”。积极落实优化营商环境各项举措，充分发挥中小企业公共服务平台作用，积极推进产学研融合发展，为企业提供智能化、精细化和全方位的服务。继续加大银企对接力度，着力破解中小企业融资难的瓶颈。持续推进社会信用体系建设，营造诚信经营的良好氛围。积极拓宽渠道，加快人才的引进、培养、使用。完善服务承诺、限期办结、投诉监督等机制。加大政策兑现力度，加大历史遗留问题解决力度。深入推进扫黑除恶专项斗争，依法查处非法阻工、欺行霸市等损害企业合法权益的行为。

3.努力提高开放水平。全面落实长株潭城市群一体化发展目标任务。完成芙蓉大道快速化改造。突出招商引资实效，抓好小分队招商、以商招商、网络招商、产业链招商、“点对点”精准招商，积极对接粤港澳大湾区建设，全年引进内资46亿元、外资1.4亿美元以上。依托中国（中部）岳塘国际商贸城，全力打造全省特色优质农产品贸易品牌。加快建设湘欧快线国际物流平台，促进与“一带一路”节点城市及省内园区形成产运销的深度合作，主动融入国际市场，打造中部进出口集散中心，实现外贸进出口总额14亿美元以上。

（三）聚焦重点难点，深化“三大攻坚”

越是紧要关头，越要铆足劲头。紧紧咬住三大攻坚战，保持定力、精准发力、绵绵用力，力求完胜。

1.坚决打赢脱贫攻坚战。切实巩固脱贫成果，做到脱贫路上“一个不落”。聚焦“两不愁三保障”目标，进一步一项一项查漏补缺。利用好“中国社会扶贫网”平台，以产业扶贫、就业扶贫为重点，深入推进“千企联万户”“户帮户亲帮亲、互助脱贫奔小康”等活动，形成政府、市场、社会协同推进的大扶贫格局。严格落实“四个不摘”[17]要求，建立健全稳定脱贫长效机制，着力增强贫困群众自我发展能力，做到扶贫与扶智相结合，确保脱贫成果得到人民认可，经得起历史检验。

2. 坚决打赢污染防治攻坚战。坚持方向不变、力度不减，严格履行自然资源资产和生态环境保护责任，建立健全齐抓共管的长效机制，争创省级生态文明建设示范区。突出精准治污、科学治污、依法治污，大力开展工地扬尘、焚烧秸秆等专项整治，支持工业企业减排降耗，确保$PM_{2.5}$、PM_{10}年均浓度持续下降，空气质量优良率进一步提高。全面落实三级“河长制”，加大爱劳渠、埋冲场等渠道源头沿线治理，推进雨污分流和控源截污；强化饮用水水源地保护，推进湘江干流入河排污口排查整治，确保重要水源水质持续稳中向好。加快推进竹埠港地区重金属污染综合治理，完成易家坪片区污染治理项目。

3. 坚决打好防范化解重大风险攻坚战。加强政府性债务管理，用好债务风险缓释政策，削平峰值、平滑风险。强化债券资金“借用管”，组织项目储备、需求申报、资金使用管理及核查工作。完善政府举债融资审批流程，严控新增债务。策划包装经营性项目，增强平台公司运营能力，发行好第一批企业债券，提升发展动能和融资能力。创新市场化融资模式，吸引社会资本参与建设，激发民间投资活力，促进良性可持续发展。加大非法集资等各类金融违法行为打击力度，切实维护好金融市场秩序。

（四）对标样板打造，提升城市功能品质

坚持以人为本，树牢“精明增长、精细管理”理念，推进城市功能品质升级、发展能级增强，努力创造高品质的都市生活环境。

1. 推动城市内涵式发展。主动对接全市国土空间总体规划（2019—2035年），积极参与长株潭城市群各项规划编制和修订，努力优化区域空间布局。加速推进芙蓉大道复线、商城路延长线等重点项目，加快园区基础设施建设，协调优化公交线路，完成泗神庙异形路口整治，全力打通区域交通堵点。下大力气推进老旧小区综合改造，加快背街小巷提质改造，完成迎东片区等1000户棚改工作，实现老旧设施有机更新。加强公共服务配置，完善停车场、农贸市场、人行道、自行车道、历史文化步道建设，试点打造一批居民15分钟生活圈，让群众生活得更美好、更便捷、更安全。在主汛期前完成9个重点水利设施修复工程。

2. 推进城市精细化管理。按照“一创两深化”的目标和要求，抓重点、解难题、补短板，不断提高城市管理和服务水平，确保创建国家卫生城市成功。紧盯重点区域、重要时段、重大节会，依法整治占道经营、油烟扰民等突出问题，进一步规范各类集贸市场秩序，确保城区每个角落干净整洁。试点开展小区、企业、公共场所生活垃圾分类收集工作。规范物业服务管理，积极化解物业矛盾纠纷。强化拆违控违，重点做好国土规划卫片执法工作，加快违法图斑案件办理进度。

3. 全面优化农村人居环境。将美丽乡村“十百千万”示范创建工作与国家卫生城市创建、高品质社区建设等工作同步推进，补齐农村发展短板，促进城乡融合。加快推行农村公路“路长制”，抓好乡村公路、城中村道路建设和管理。持续开展村庄清洁行动，全面完成城乡统筹供水、生活垃圾治理、“空心房”和“大棚房”整治等各项工作，进一步完善城乡污水处理设施，巩固农村饮水安全。强化农村精神文明建设，引导村民弃陋习、树新风。

（五）突出共建共享，促进民生改善

坚持以人民为中心的发展理念，确保基本民生投入只增不减，一步一个脚印，托住“民生底”，暖好“百姓心”，不断把民生红利落到实处。

1. 提高社会保障水平。高质量完成各项重点民生实事项目。把稳就业摆在更加突出位置，新增城镇就业1.4万人以上。实施职业技能提升计划，完成培训5000人次。实施全民参保计划，覆盖率实现100%。持续治理农民工工资拖欠问题，让农民工的辛勤付出及时得到应有回报。全力推进社会救助规范化、精准化，切实发挥“救急难”兜底功能。推动养老服务多元发展，加快湖南天伦医养康复中心项目建设，建成4家社区日间照料中心。积极引导社会组织规范运行，有序推进地名标准化设置，加快“五化”民政[18]示范区创建。开展医保支付改革国家试点，促进分级诊疗建设，推行高血压、糖尿病“两病”门诊用药清单。着力提高双拥优抚水平，做好退役军人服务保障。开展首届“最美退役军人军属”评选活动。启动第七次全国人口普查工作。

2. 推进社会事业发展。深化教育体制改革，加强师德师风建设，持续优化师资队伍。扩充学前教育资源，确保公办幼儿园覆盖率达到50%。巩固大班额化解成果，深入推进集团化办学，完成湖湘学校、湘纺中学综合楼建设，争创全国义务教育优质均衡发展区。完善公共文体设施，加快湘缆俱乐部、区全民健身中心改扩建。加快“书香岳塘”建设，推进宝塔文化创意街建设，做深做好文旅融合文章。举办好第九届运动会，打造阳光娱乐节、岳塘风情新品牌，不断丰富群众文化活动、提升文化软实力。全力推进健康中国行动，普及健康知识，提升预防理念，实现“县级乙等”疾控机构等级达标，争创全国健康促进县（区）。加快中西医结合医院中医大楼建设进度，加强基层医疗单位人才培养，不断提升医疗卫生服务能力。加速推广“互联网+医疗健康”，推动城市医联体建设。

3. 提升社会治理能力。强化“智慧岳塘”平台功能整合，推进社会治理体系和治理能力现代化。坚决打击各类违法犯罪行为，坚定不移打赢禁毒人民战争，推进扫黑除恶专项斗争取得压倒性胜利。启动五里堆、建设路派出所建设。践行“枫桥经验”，发挥基层调解第一道防线作用。强化特殊人群管控，做实安置帮教工作。持续开展信访“三无”创建活动，创新开展“最多访一次”活动，持续推进信访积案化解。深化安全生产领域改革，加强道路交通、物流市场、人员密集场所等重点领域隐患排查整治，坚决遏制较大以上安全生产事故，全力争创全国防灾减灾示范区、省级安全生产示范区。增强全民消防安全意识，落实消防救援队伍优待保障政策，完成滴水湖消防站建设。坚守质量安全底线，强化食品药品、工业产品、特种设备安全监管。

三、加强政府自身建设

实现“四新岳塘”的奋斗目标任务艰巨、使命光荣，我们将全面强身健体、革故鼎新，不断提升履职能力和水平。

加强政治建设，增强“四个意识”。坚持用习近平新时代中国特色社会主义思想武装头脑、指导实践、推动工作。提高政治站位，增强“四个意识”、坚定“四个自信”、做到“两个维护”，自觉在思想上、行动上、政治上与党中央保持高度一致。巩固“不忘初心、牢记使命”主题教育成效，全面贯彻落实上级党委、政府和区委的决策部署，始终做到忠诚可靠。全力推进巡视巡查整改工作落深、落细、落实；严守长江经济带、绿心保护生态底线，不断擦亮岳塘绿色发展的底色。

加强法治建设，推进依法行政。全面完成市场监管、城市管理等六大领域综合行政执法改革，努力创建法治政府建设示范区。坚持公正文明执法，推动重大投资项目合法性审查全覆盖，促进政府管理规范化。主动接受人大及其常委会的法律监督、工作监督，办好人大代表建议、意见。自觉接受政协的民主监督，办好政协提案。紧盯公共资金、国有资源、国有资产、重大项目，切实发挥好审计监督作用。加大政务公开力度，及时向社会公开决策过程和结果。深化“互联网+政务服务”，加强行政审批服务规范化、标准化，让群众和企业到政府办事基本实现“最多跑一次”“一窗受理、集成服务”。

加强作风建设，提升执行能力。以永远在路上的恒心和韧劲抓好作风建设。坚持推进体制、制度和基础工作创新，形成用制度管权、按制度办事、靠制度管人的有效机制。切实转变政府职能，把群众和企业满意作为政府服务的第一标准，优化工作流程、提升办事效率，不断增强公信力和执行力。着力提升干部队伍抓经济的本领，营造“以产业比实力、以项目论英雄”的浓厚氛围。改进考核机制，量化细化考核标准，完善考核目标体系。充分运用考核成果，激发工作积极性，促进和加强作风建设。严格督查督办，强化跟踪问责，达到处理一个、警示一批、教育一片的效果。

加强廉政建设，筑牢防腐底线。严格落实中央八项规定精神，落实党风廉政建设主体责任和“一岗双责”，坚持标本兼治，力戒“文山会海”、检查考核过多过滥等形式主义、官僚主义，让基层明显感受到减负成效。坚决整治隐形变异“四风”问题，努力遏制腐败和不正之风。一般性支出压减20%以上，“三公”经费压减30%以上，全力降低行政成本，以政府过“紧日子”换老百姓过“好日子”。强化财政预算管理约束力，提高公共资源使用效率，集中财力办大事、办实事。加大公共资金、国有资产监管力度，把制度的笼子扎得更牢。

守初心不惧路遥，担使命不畏艰难。让我们紧密团结在以习近平同志为核心的党中央周围，在市委、市政府和区委的坚强领导下，在区人大、区政协的监督支持下，紧紧团结和依靠全区人民，真抓实干，只争朝夕，坚韧不拔，追逐梦想，为奋力推进岳塘现代化新征程而不懈努力！

注释：

［1］ 企业“登高”是指高新技术企业培育。

［2］ “雨露计划”是指国家专门针对农村贫困人口而实施的一项劳动力转移培训就业脱贫工程，由各级扶贫部门负责组织实施。

［3］ “三带三帮”是指园区带片、企业带村、合作社带户，帮技术服务、帮产销推介、帮融资对接。

［4］ “河长制”是指由各级党政负责人担任“河长”，负责组织领导相应河湖的管理和保护工作的一项机制。

［5］ “双修双改”是指城市双修、农村双改，其中城市双修是指城市修补、生态修复；农村双改是指农村房屋改造、人居环境改善。

［6］ “一创两深化”是指创建国家卫生城市，深化全国文明城市、国家森林城市创建成果。

［7］“路长制”是指为推动城市治理工作向纵深发展，向更精细发展，由各级党政领导负责各主次干道的创文、创卫和城市管理工作的一项工作。

［8］ “一园一镇”是指荷塘现代农业示范园、盘龙生态小镇。

［9］“十百千万”是指全市创建十个示范园区、百个乡镇、千个示范村、万个庭院。

［10］ “三点半”课堂是指解决中小学生放学无人接送、看管等难题引进的课后服务项目。

［11］ “双随机一公开”是指在监管过程中随机抽取检查对象，随机选派执法检查人员，抽查情况及查处结果及时向社会公开。

［12］ 政务服务旗舰店是指政务服务网的升级版，是涵盖个人服务、法人服务、部门服务、便民服务、互联网+监督、一件事一次办改革等的一体化在线综合性政务服务平台。

［13］ “六稳”是指稳就业、稳金融、稳外贸、稳外资、稳投资、稳预期。

［14］ “一优三高”是指生态优先、高质量发展、高品质生活、高水平治理。

［15］ “两图两库两池”是指产业全景图、现状图，客商库、项目库，资金池、人才池。

［16］ “三集中三到位”是指部门许可职能向一个科室集中，审批科室向政务大厅集中，审批事项网上办理集中，做到事项进驻大厅到位，审批授权窗口到位，电子监察到位。

［17］ “四个不摘”是指摘帽不摘责任、摘帽不摘政策、摘帽不摘帮扶、摘帽不摘监管。

［18］ “五化”民政是指人本化、法治化、标准化、信息化、社会化等“五化”民政建设。

大事记

1月

1日 中国民营经济创新发展高峰会暨岳塘国际商贸城启动仪式在岳塘国际商贸城举行。商务部原副部长周可仁、文化部原副部长潘震宇、国务院发展研究中心原副主任侯云春、中国商业联合会党委书记、会长姜明出席活动仪式。

5日 市委常委、常务副市长杨广到岳塘区五里堆街道，对一线经济普查员和普查指导员进行慰问，并同普查员一起进街入户。

7日 市创卫办主任方明一行到岳塘中心农贸市场对创建全国卫生城市达标工作进行指导。

9日 湘潭金融科技创新谷项目签约仪式在岳塘区举行，市人民政府副市长罗伟出席签约仪式并致辞。湖南西部发展控股有限公司董事局主席陈远东出席。

10日 中共岳塘区委经济工作会议召开，区委书记胡海军代表区委作经济工作报告。

11日 省政协党组副书记、副主席戴道晋到湘潭调研，到岳塘区就省政协重点提案《关于建设中国（湘潭）湘菜文化博览园的建议》的办理情况进行视察。省政协原副主席李贻衡、王晓琴参加。

12日 中共湘潭市委副书记何俊峰带队到岳塘区考察学习“一县一特产”农产品国际交易平台，实地考察岳塘区国际商贸城、金阳农产品商贸物流交易中心现场。

14—15日 省统计局普查中心副主任罗新平率队到岳塘区调研第四次全国经济普查登记入户工作开展情况。

19日 省政府副秘书长罗建军一行到岳塘区调研，实地考察岳塘国际商贸城。

21日 在湖南省物流与采购联合会举行的庆祝改革开放40周年暨2019年工作年会上，岳塘经开区荷塘现代综合物流园获评“2018年度湖南省优秀物流园”。

22日 省政协主席李微微，省人民政府副省长何报翔一行到岳塘区走访慰问荷塘街道清水村唐家组特困群众和宝塔街道长塘社区特困户。市政协主席周放良、中共岳塘区委书记胡海军陪同。

是日 省人民政府副省长何报翔到岳塘区督查安全生产工作。

28日 中共岳塘区第六届纪律检查委员会第四次全体会议召开。

29日 岳塘经开区全面启动园区公共服务信息平台。

1月 湘潭发展投资有限公司承建的竹埠大道二期项目顺利完成竣工验收。

是月 岳塘区获评“中国计生协第二、三批全国计划生育基层群众自治示范县（市、区）”。

2月

2日 中共湘潭市委副书记、市人民政府市长谈文胜带队走访慰问岳塘区贫困户。

是日 湘潭市实现最严格水资源管理制度考核工作中，岳塘区获“最严格水资源管理制度考核”优秀等次。

是日 湘潭市人民政府副市长罗伟在岳塘区主持召开竹埠港新区建设发展务虚会议。

12日 中共湘潭市委副书记何俊峰带队到岳塘经开区，就湖南省“一县一特产”农产品国际贸易平台筹备工作进行调研考察。

是日 湘潭市委常委、市政法委书记戴德清到岳塘区进行扫黑除恶专项斗争调研。

13日 省人民政府副省长吴桂英带队到岳塘区调研文化旅游和医药产业发展情况。

14日 中共湘潭市委常委、市政法委书记戴德清带队到岳塘区就扫黑除恶专项斗争进行调研。

19日 由区安监局牵头，联合

岳塘公安分局、岳塘消防大队、区环保局、岳塘经开区、荷塘街道等部门参加的打击非法生产伪劣产品行动，在竹埠港建筑垃圾场集中销毁伪劣、非法生产的烟花、爆竹1000多件。

20日 中共湘潭市委书记、市人大常委会主任曹炯芳率队到岳塘区，通过现场看项目、召开座谈会等方式就园区工作进行调研。市领导陈忠红、罗伟，区领导陈爱民、郭勇、黄珂、朱毅强、朱海林、李辉、刘小伟参加。

26日 市人民政府副市长向敏带队到王家晒渠岳塘国际商贸城段现场调研项目建设情况。

是日 岳塘区中小企业公共服务平台举行启动揭牌仪式，该平台正式投入运营。

是日 全国人大财经委原主任李盛霖一行到岳塘经开区就“中央健康城规划建设”项目选址进行前期调研。

是日 岳塘区人大召开第十七次常委会，听取区政府机构设置情况的备案报告。

27日 岳塘区深化机构改革动员大会召开。

是日 省水科院与长沙理工大学两家单位共同组成调研组到岳塘区开展用水定额修订调研工作。

2月 岳塘区获湖南省“落实制造强省等政策措施成效明显的市、县市区”中“落实促进工业高质量发展成效明显的市、县市区”荣誉。

3月

4日 市人民政府副市长杨英杰带队到岳塘经开区考察调研重点招商引资项目，实地考察怡亚通（湘潭）供应链整合基地及湘菜文化博览园项目。

5日 省航天管理局副局长蓝斌男带领航天凯天环保科技股份有限公司、省农发银行湘潭市分行一行到岳塘区考察，实地察看竹埠港、岳塘国际商贸城等地，并在岳塘经开区就环境治理、美丽乡村建设等进行座谈交流。

6日 衡阳市雁峰区政府副县级干部带领雁峰区政府办公室、区经科信局、区生产力促进中心、区中小微企业服务中心相关负责人一行9人，到岳塘区中小企业公共服务平台考察，并进行座谈交流。

7日 中共湘潭市委副书记、市人民政府代市长张迎春到岳塘区调研。

是日 市人民政府副市长傅军带领市教育局、交通运输局、应急管理局、市场监督局、公安局、交警支队等单位相关负责人一行到岳塘区、高新区调研校园安全管理工作。

8日 中共湘潭市委副书记何俊峰现场调度湖南省特色农产品（国际）贸易平台筹备工作。先后考察岳塘国际商贸城展示中心、步步高云通物流园、金阳水果市场。

12日 中共湘潭市委副书记、市人民政府代市长张迎春率队到岳塘区调研，实地考察企业和项目，听取岳塘区经济社会发展情况汇报。

13日 中共湘潭市委副书记、市人民政府代市长张迎春就全市教育工作到岳塘区现场调研。

是日 永州市江永县计生协考察团到岳塘区就计划生育基层群众自治工作进行考察交流。

是日 区委农村工作会议召开。

20日 岳塘区首个24小时自动图书屋在岳塘区全民健身中心正式揭牌。

25日 市人民政府副市长傅军带队到岳塘区调研并实地察看岳塘区红旗渠防汛应急抢险工程。

27—28日 全国人大常委会委员、全国人大社会建设委员会副主任委员李培林率调研组到湘潭调研《中华人民共和国就业促进法》实施情况，实地考察湖南华顺人力资源服务管理股份有限公司、书院路等地，详细了解《中华人民共和国就业促进法》实施情况及服务就业工作开展情况。

29日 区政协六届常委会第十三次会议协商通过区政协机构设置的决定和《政协岳塘区委员会2019年工作要点》，修订岳塘区政协《关于开展“忠诚履职、奉献岳塘”活动考核办法》《岳塘区政协委员履职评价办法》《委员履职评价细则》。

是日 区政协六届常委会第十三次会议决定，区政协机构设置为5个专门委员会和1个办公室。新组建提案和委员学习联络委员会，不再保留提案委员会；经济科技委员会更名为经济科技和外事委员会；新组建农村和人口资源环境委员会；新组建文教卫体和文史委员会，不再保留政治学习和文史联谊委员会；文卫法治群团委员会更名为社会法治和民族宗教委员会和区政协办公室。戴莉、丁战武、胡亦芳、郭华强、陈光杰分别任5个专门委员会主任，办公室主任肖剑平（兼）。

4月

2日 省妇联主席姜欣一行到岳塘区就家庭教育工作开展调研。市妇联主席赵欢、区委副书记郭勇等陪同调研。

是日 市委统战部调研组到中国（中部）岳塘国际商贸城开展调研。

是日 常德市澧县城市办副主任、县征收办副主任丁士红一行5人到岳塘区优化人居环境事务中心考察，学习岳塘区征拆平台建设工作先进经验。

8日 中央督导组到岳塘区开展打黑除恶专项斗争暗访。

9日 中共中央政治局委员、全

国人大常委会副委员长王晨一行到岳塘区考察水污染防治法执法检查和水污染防治工作，实地考察岳塘区竹埠港工业园易家坪片区。

是日 全国工商联名企调研团，到岳塘区就“一带一路”和关键领域核心技术创新工作进行调研和座谈。省、市、区工商联相关领导，岳塘区部分企业家及区领导郭勇、阳小可参加座谈会。

10日 岳塘区2019年创建全国卫生城市集中攻关大会召开。

是日 省审计厅审计调查组进驻岳塘区。

是日 省人民政府副省长吴桂英一行到岳塘区盘龙大观园实地督查安全生产工作。

11日 湖南省委党校第89期厅干班调研岳塘区重点产业项目，考察岳塘国际商贸城、岳塘购电商大楼、万国商品城和盘龙大观园杜鹃花博物馆、花海乐园等项目现场。

是日 市人民政府副市长傅军到岳塘区湘纺中学，就岳塘区教育重点项目建设工作开展现场调研。

16日 在湘潭对接粤港澳大湾区招商推介会上，岳塘经开区成功签订中国湘菜文化博览园、方德智联科创园、湖南联升（中联重科）工程机械产业园三个项目投资协议，协议引资70.67亿元。

17日 市政协副主席曾建平、刘良廷带队到岳塘经开区开展“长株潭城市群引领我市高质量发展的对策”专题协商调研。

18日 岳塘区人大召开党组、主任会议，听取《岳塘区实事工程项目的财经专项资金绩效评价工作情况报告》。

25日 市人大常委会副主任潘爱民率调研组到岳塘区专题调研社区矫正工作，市司法局局长黄铁华、区人大常委会副主任袁军陪同调研。

26日 娄底市党政代表团到岳塘区考察。

28日 区人大十八次常委会，听取和审议区人民政府关于岳塘区环境状况和2018年环境目标完成情况的报告。审议设立区人民代表大会监察和司法委员会、环境与资源保护委员会、农业与农村委员会、社会建设委员会事项。

30日 岳塘区首届社区“美好生活节”启动仪式在五里堆街道五里堆社区长房·时代广场举行。市领导鲁建春、区领导陈爱民参加。

4月 在2019年北京世界园艺博览会上，湘潭市岳塘区盘龙大观园获得16项大奖，其中，中华小叶文母盆景《春天的故事》和五针松盆景《生命礼赞》获得特等奖。另有金奖5个，银奖4个，铜奖5个。

5月

5日 岳塘区城企联动普惠养老项目举行签约仪式。

9日 中共湖南省委第十一届八次全会文件起草组到岳塘区调研，考察岳塘区昭山镇七星村和建设路街道霞光村现场。

13日 市创卫工作食品饮用水安全和重点场所卫生专业组组长、市市场管理局局长莫秋华带队到岳塘区开展督查。

是日 市人民政府副市长傅军一行到岳塘经开区正方体医药物流开展“千百扶培”行动调研，实地察看医药仓储及周边配套设施建设情况。

15日 市人民政府副市长刘永珍带队到岳塘区五里堆街道五里堆社区调研指导高品质生活社区建设推进工作。

是日 全国妇联“家家幸福安康工程”启动部署暨2019年全国最美家庭揭晓会在京举行，湘潭市岳塘区荷塘街道宋伟家庭被评为全国最美家庭（绿色环保）。

22日 省人民政府副省长陈文浩到长株潭绿心地区调研生态修复工作。

25日 湘潭市委副书记何俊峰到岳塘区督导全市创卫工作。

27日 湘潭市委常委、市委宣传部部长周晓理一行到岳塘区调研宣传思想工作和化债工作建议，调研组一行考察盘龙大观园。

是日 湖南科技大学与岳塘经开区共建实习基地签约仪式在经开区一楼会议室举行。

27—29日 岳塘区政协联合湘潭县、韶山市政协组织近300名政协委员在韶山领袖学院进行为期三天的提高履职能力的集中培训。

28日 省政府办公厅综合处副处长阮珂、省发改委投资处处长文会中带队到岳塘经开区开展上半年投资形式专项调研。

30日 在湘潭市绩效考核暨工作推进会上，岳塘区获评“2018年全市党政领导班子绩效考核优秀单位”，在全市五个县市区中排名第一。

6月

1—2日 衡阳市创卫办及雁城区、南岳区、蒸湘区、石鼓区四个区和城管、卫生、环保、食药监等部门相关负责人到岳塘区，通过实地查看，听取汇报、交流探讨等方式就创卫工作进行交流学习。

5日 香港东升国际投资有限公司、恒耘（上海）农业发展有限公司一行到岳塘区宝塔街道长塘社区，实地考察芙蓉农贸市场开发项目，并与长塘集资委签订意向合作协议。

10日 建设银行湘潭分行行长周栋兵带队到岳塘区就相关合作事宜进行洽谈对接。

11日 广东省清远市人大常委会党组书记、常务副主任曾贤林率队到岳塘区下摄司街道人大代表活动室参观调研。区人大常委会副主任石龙陪同。

12日 市人民政府副市长、市公安局局长罗伟，市人民政府副秘书长王建军一行到岳塘经开区就园区开发建设情况开展考察调研。

13日 中共湘潭市委副书记何俊峰率督导组采取“四不两直”的方式到岳塘区荷塘街道督导脱贫攻坚和人居环境治理工作。

14日 中共岳塘区委机构改革领导小组暨乡、镇、街道机构改革工作动员会议召开。

是日 中共湘潭市委常委、组织部部长廖桂生率市应急局、市水利局、市自然资源和规划局相关负责人组成的第二专项督查组到岳塘区督查防汛工作。

是日 中共湘潭市委常委、市委秘书长陈忠红带队到岳塘区调研中国湘菜文化博览园项目建设，并就项目推进过程中存在的困难和问题进行研究和协调。

17日 湖南省君子文化研究会会长李利军、湖南省君子研究会执行会长魏忠胜带队到岳塘区，就“汇聚新乡贤，德润满三湘”活动筹备工作进行调研交流。

18日 市人民政府副市长杨英杰带队到岳塘经开区调研商务工作。

19日 中信保诚人寿保险有限公司湖南省分公司总经理黄洪烽一行到湘潭金融商务区进行实地考察。

是日 区人大召开党组、主任会议。听取老旧小区背街小巷提质改造工作中问题整改情况的报告；听取预算细化分配方案情况。

20日 四川省巴中市政协副秘书长欧佳萍一行到岳塘区开展“义务教育均衡发展”调研考察。

24日 由中联重科集团举办、湖南联升重科工程机械有限公司承办的“中联重科（联升重科）土方机械全国上市发布会”在湘潭岳塘经开区举行。

27日 区人大召开第十九次常委会议。听取和审议区政府2019年区级财政预算细化分配方案；听取和审议2018年财政预算执行情况和其他财政收支审计情况的报告；听取和审议区级国家机关办理代表建议、批评、意见情况的报告。

28日 岳塘区宝塔街道科学技术协会举行第一次全体代表大会。

7月

1日 中共湘潭市委书记、市人大常委会主任曹炯芳深入部分企业调研“两新”组织党建工作，走访慰问优秀共产党员冯金娥，并向扎根基层默默奉献的广大党员送上节日的祝福。

是日 中共湘潭市委副书记、市人民政府市长张迎春走访慰问中共党员、下摄司街道禾花塘社区主任朱平。

3日 省人力资源和社会保障厅副厅长、党组副书记黄赞佳一行到湘潭市岳塘区书院路街道，专题调研基层人社平台建设情况。

是日 市人大常委会副主任彭子玉率调研组到岳塘区调研社会救助工作。

5日 中共湘潭市委副书记、市人民政府市长张迎春到岳塘区督查非洲猪瘟防疫工作。

是日 市人大常委会副主任颜集成、阳建民率市人大执法检查组对岳塘区开展水污染防治“一法两条例”工作情况开展执法检查，区人大常委会副主任袁军陪同。

7—16日 湘江遭遇特大洪水，湘潭市岳塘区段水位达41.42米，超警戒水位3.42米，超保障水位1.92米，排历史最高水位第二。中共岳塘区委、区人民政府组织3万多名党员干部和村民抗洪抢险。此次洪灾受灾人口1122人，紧急安置转移59人，农作物受灾面积51公顷，损坏房屋212间，造成直接经济损失249.8万元。

10日 省卫健委调研组到岳塘区考察“湘潭市政府购买60周岁以上失独老人家政服务”项目。

12日 中共湘潭市委副书记何俊峰率队到中国（中部）岳塘国际商贸城，就湖南特色优质农产品（国际）贸易平台建设工作进行调度并现场指导工作。市委副秘书长李勇、市农业农村局负责人，岳塘区领导郭勇、李辉、刘小伟随同调研。

是日 岳塘区政协第六届常委会第十四次会议召开，听取岳塘区人民政府半年度工作情况的通报；协商审议有关人事任免事项；协商通过政协经济科技和外事委员会关于岳塘区“稳投资”工作的调研报告、区政协农业农村和人口环境资源委员会关于岳塘区“碧水保卫战”的视察报告、《政协岳塘区委员会微建议工作办法（试行）》。

15日 中共湘潭市委常委、市政法委书记戴德清到岳塘区建设路街道霞光社区、下摄司街道综治中心，调研指导社区综合治理以及网格化工作。

16日 省人民检察院党组成员、政治部主任董石桂、省院宣传综合处副处长孙意国、干教处副处长谭新民一行到岳塘区人民检察院，调研司法改革背景下基层院队建设工作。

18日 全国工商联副主席鲁勇率全国工商联考察团到岳塘区考察，先后考察盘龙大观园花海乐园、木屋别墅、中国杜鹃花博物馆。

是日 市人大常委会副主任阳建民带领部分市人大代表、政协委员对岳塘创卫工作进行视察指导。

是日 共青团湘潭市委书记王利一行到岳塘区荷塘街道、东坪街道、霞城街道督导调研岳塘区“设计下乡”志愿服务工作。

19日 中共湖南省委常委、组织部部长王少峰到岳塘区调研信访督导工作，市委书记曹炯芳陪同调研。

22日 省人民政府副省长隋忠诚到岳塘区就农业产业发展等工作进行调研。省农业农村厅厅长袁延文、中共湘潭市委副书记何俊峰、副市长刘永珍，区领导陈爱民、郭勇、李辉、刘小伟陪同调研。

23日 岳塘区人大常委会执法检查组对岳塘区贯彻执行《中华人民共和国母婴保健法》及实施办法开展执法检查工作。

24日 湖南省长株潭“两型社会”建设服务中心主任易春阳带队到岳塘区调研“两型社会”建设工作进展情况

31日 岳塘区人大代表履职能力培训班在深圳全国人大培训基地开班。

8月

2日 由中国农业银行湖南省分行党委委员、副行长谭敦宇带队的调研组到岳塘区，就战略合作事宜开展调研洽谈，并签订框架协议。

8日 湖南中科水环境治理有限公司到岳塘区开展水环境治理和水生态修复领域调研。

9日 在中国物流与采购联合会、中国物流学会在沈阳举办的2019（第17次）全国物流园区年会上，岳塘经开区荷塘现代综合物流园被评为“2019年度全国优秀物流园区”。

13日 市委统战部调研组到岳塘区，实地走访宝塔街道长塘创新创业街，就新的社会基层人士实践创新基地创建工作进行督导。

15日 省铁路护路办专职副主任李文等一行实地调研指导五里堆街道铁路护路工作。

18日 在湘潭市卫健委举办的建国70周年暨第二届中国医师节颁奖晚会上，岳塘区中西医结合医院朱意球和李祥分别获得“湘潭好医师”和“湘潭优秀医务工作者”称号。

19日 中共湖南省委常委、省委组织部部长王少峰到岳塘区调研信访督导工作，市委书记曹炯芳陪同调研。

20日 岳塘区人大召开第二十次常委会。听取和审议岳塘区政府2019年上半年国民经济和社会发展计划执行情况的汇报，听取和审议区人大常委会执法检查组对区政府贯彻《中华人民共和国母婴保健法》执法检查的报告。

22日 省信访局办信处副处长邱志华率调研组到岳塘区荷塘街道督查信访工作。

26日 省委巡视整改工作推进会议召开。

26—27日 岳塘区第六届人民代表大会第四次全体会议召开，大会补选岳塘区六届人大代表，进行人事任免。

27日 区人大常委会主任朱卓英率宝塔街道人大代表小组到岳塘国际商贸城参观考察。

29日 中共湘潭市委书记、市人大常委会主任曹炯芳到岳塘区现场督导重点项目建设情况。

8月 省住房城乡建设厅城建处调研组到湘潭发展投资有限公司，对公司承建的佳木路、团竹路、板十七号路项目开展综合管廊建设情况调研。

8月 湖南省委、省政府发布《关于2018年全面建成小康社会推进工作考评情况的通报》。岳塘区获评全省全面小康推进工作先进县市区。

9月

3日 辽宁省大连市人大人事选举委副主任委员、大连市人大常委会代表工委副主任闫德龙一行到岳塘区下摄司街道人大代表工作室开展调研。

4日 市人大常委会副主任阳建民一行，对岳塘区滴水湖学校开展“城区秋季招生入学工作”专题调研考察。

5日 湖南城际铁路有限公司与岳塘重点办相关负责人在长株潭城际铁路（岳塘段）遗留问题专题会议上签订《长株潭城际铁路湘潭市岳塘区遗留问题协议》。荷塘街道、宝塔街道、区优化人居环境事务中心负责人见证协议的签订。

6日 岳塘区“不忘初心、牢记使命”主题教育拉开序幕。

7日 “中国特色名酒入住岳塘国际商贸城启动仪式”在岳塘国际商贸城智慧大数据中心举行。

10日 岳塘区举行庆祝第35个教师节暨第四届“米兰奖”颁奖活动，市政府副市长傅军，市教育局党委书记、局长陈立文出席颁奖活动。

是日 中共湘潭市委书记、市人大常委会主任曹炯芳率队到岳塘区滴水湖学校看望慰问优秀教师代表曹峰。

12日 中共湘潭市委常委、统战部部长杨真平以市人大代表身份参加市人大代表岳塘区第三小组活动，专题调研岳塘区优化营商环境，促进民营经济高质量发展工作情况。市人大常委会副主任、市总工会主席徐亚建等参加活动。

17日 中共湘潭市委常委、市委组织部部长廖桂生带队到岳塘区调研“不忘初心、牢记使命”主题教育工作开展情况。

是日 区人大召开党组、主任会议。研究区人大常委会党组机关支部开展“不忘初心、牢记使命”主题教育方案。

18日 区政协党组机关召开“不忘初心、牢记使命”主题教育工作会议。下午赴韶山烈士纪念园开展主题教育启动仪式。

19日 湖南省“汇聚新乡贤，德润满三湘”文化交流活动在岳塘区盘龙生态农业示范园盘龙剧场举行。

20日 中共湘潭市委常委、市政法委书记戴德清率调研组一行到联点单位宝塔街道云盘社区，就一创两深化、居民自治、平安创建等工作进行调研座谈。

24日 湖南省地理标志农产品保护工程及绿色食品品牌建设推进会在岳塘区国际商贸城召开。省农业农村厅副厅长刘益平、市政府副市长刘永珍等省、市领导出席。

29日 省委第二批"不忘初心，牢记使命"主题教育第四巡回指导组到建设路霞光社区调研。

是日 《岳塘文史》庆祝人民政协成立70周年专辑编撰总结座谈会召开。区政协文教卫体和文史委编撰48万余字的《岳塘文史》第四辑，纪念人民政协成立70周年。

30日 区政协第六届常委会第十五次会议召开。

9月 全国高新技术企业认定管理工作领导小组办公室2019年第二批拟认定高新技术企业名单出炉。岳塘区有云通物流服务有限公司、湖南科通电气设备有限公司、湘潭宏达防潮保鲜技术开发有限公司等三家企业入围。

10月

11日 岳塘区人大常委会副主任袁军到岳塘区检察院调研司法体制改革工作情况。

12日 中共湖南省委副书记乌兰一行到岳塘区调研攻坚脱贫、现代农产品商贸物流等工作。先后考察绿叶水果冷链仓库、步步高云通物流有限公司、中国（中部）岳塘国际商贸城。

16日 省退役军人事务厅易德才调研岳塘区退役军人服务中心及荷塘街道退役军人事务站。

是日 省人民政府副秘书长、省信访局局长许忠建一行到岳塘区优化人居环境服务中心调研。

是日 岳塘区人大召开党组、主任会议。听取区政府2019年区财政预算调整情况；总结主题教育前段工作，安排部署下阶段工作；研究主题教育中问题专项整治事项。

17日 市人大常委会副主任彭子玉带队到岳塘区书院路街道及辖区企业，就《中华人民共和国就业促进法》和《湖南省实施〈中华人民共和国就业促进法〉办法》贯彻落实情况进行专题调研。

18日 中国智慧城市工作委员会秘书长、中国科学院研究员熊垓智带队考察调研岳塘经开区。熊垓智一行实地考察中国（中部）岳塘国际商贸城，随后在岳塘经开区进行座谈交流。

是日 岳塘区举行重大招商项目集中落地开工活动，计划总投资12.57亿元，涉及教育、养老、基础设施、老旧小区提质改造、产业园集聚发展等领域10个重大项目集中落地开工。

21日 省人大常委会委员、监察和司法委员会主任委员李小平率调研组一行到岳塘区东坪街道横街社区，开展禁毒工作专题调研。

23日 省人大民族华侨外事委员会副主任余宏到岳塘区宝塔街道阳光社区就侨联建设工作进行实地调研考察。

10月24日 岳塘区人大召开二十一次常委会。听取岳塘区人民法院、岳塘区人民检察院落实司法体制改革工作情况的报告；听取和审议区政府2019年财政预算调整情况的报告。

25日 省委"不忘初心、牢记使命"主题教育第四巡回指导组副组长邝邹飞一行到岳塘区调研督导主题教育工作。

是日 市政府副秘书长王建军带队实地调研荷塘街道指方、清水、金群三个行政村马路市场取缔情况。

30日 湖南出版集团党委委员、湖南红网新媒体集团党委书记、董事长舒斌一行到岳塘区，调研学习强国平台使用情况、媒体融合发展和新时代文明实践中心建设情况。

11月

6日 在第二届中国国际进口博览会上，岳塘经开区内企业中国（中部）岳塘国际商贸城与哈萨克斯坦出口保险公司签订合作备忘录，双方约定，将通过资源共享、信息共享、业务创新等多重合作形式实现共赢发展。

8日 北京市朝阳区党政代表团到宝塔街道卫生服务中心考察。

9日 岳塘区举行"119"消防宣传月启动仪式暨首届社区微型消防站业务技能竞赛。

12日 中共湘潭市委常委、市委组织部部长廖桂生一行到岳塘区调研高品质生活社区。

13日 中共湘潭市委书记、市人大常委会主任曹炯芳率队调度岳塘区项目工作推进情况，实地考察3X157基础设施项目，工矿棚户区二期、公路港物流园项目现场。

14日 岳塘区人大召开党组、主任会议。听取区人民政府关于义务教育经费投入和使用管理情况的报告。

15日 国研经济研究院原所长、研究员、国研经济研究院首席经济学家任兴洲一行到岳塘经开区，就农产品冷链物流体系开展调研。

16日 书院路街道晓塘片区棚改项目第一期签约，是湘潭首个采用"两轮征询方式"进行的征收项目，首日签约率高达60%。

18日 中共湘潭市委常委、市纪委书记胡卫兵到岳塘区下摄司街道雅雀塘社区调研。

是日 湘潭市人民政府副市长向敏到岳塘区下摄司街道迎东社区调研。

20日 湖南省弘岳商业管理有限公司、湘潭盘龙置业集团有限公司等7家企业被认定为岳塘区首批企业职工培训中心。

26日 学习贯彻中共十九届四中全会精神，省委宣讲团报告会召开。

27日 岳塘区疾控中心新业务大楼正式启用。

是日 岳塘经开区核发由湘潭发展投资有限公司建设的团竹路综合管廊工程项目的施工许可证，是园区下放权限后下发的首张施工许可证。

12月

3日 省委第二批“不忘初心、牢记使命”主题教育第四巡回指导组组长邓三龙率队到盘龙生态农业示范园，就农业产业项目建设进行调研。

4日 省人社厅人力资源市场秩序督查调研组到岳塘区，针对人力资源市场秩序“六项行动”以及许可、备案、人力资源市场管理等方面实施情况，调研岳塘区人力资源市场建设情况。

5日 中共湘潭市委常委、市委政法委书记戴德清带队到岳塘区，就2019年岳塘区“加强执法监督、规范执法行为”工作开展座谈调研。

6日 省人民政府副省长隋忠诚到岳塘经开区调研考察湖南省特色优质农产品（国际）贸易平台。

是日 岳塘区获评2019年度湖南中小学校责任督学挂牌督导创新区。

10日 市人大常委会组织全国及省、市人大代表一行，实地调研岳塘区五里堆街道五里堆社区高品质社区建设工作。

是日 岳塘区人大常委会党组召开“不忘初心、牢记使命”专题民主生活会。

是日 中共湘潭市委副书记、市人民政府市长张迎春在岳塘经开区主持召开中国（中部）岳塘国际商贸城、湘莱文化博览园建设现场办公会议。

12日 芙蓉大道复线和商城路延长线协调会召开。

13日 省人民政府副秘书长欧阳煌一行到岳塘区考察调研湖南特色优质农产品国际贸易平台建设。

是日 区政协六届常委会第16次会议召开。听取岳塘区“两院”工作情况通报，协商通过召开六届四次会议的决定；通过政协岳塘区六届四次会议议程、日程、大会工作报告（审议稿）、提案工作报告、大会发言材料。协商通过相关制度和有关人事任免事项。

17日 中国健康教育中心健康促进部研究员钱玲博士一行到岳塘区宝塔街道长塘社区调研指导健康促进区创建工作。

是日 广东省湖南商会年会暨湘潭市招商引资推介大会在广州举行。在会上项目签约仪式环节，岳塘区商务局局长伍颜与深圳市朗道科技有限公司成功签署朗道物联科技项目投资协议，岳塘经开区党工委副书记、管委会主任戴理与湖南58科创有限公司成功签署58科创·湖南乡村振兴创业园项目协议。

是日 省政府副秘书长欧阳煌带队到岳塘经开区就湖南特色优质农产品国际贸易平台建设暨首届“111三湘农产品嘉年华”活动进行考察调研。

18日 省教育科学院领导一行到岳塘区育才学校教育集团调研集团化办学工作。

19日 湘潭市乡村振兴重点项目集中签约仪式在盘龙山庄大酒店举行。市内有六大项目集中签约。

是日 市纪委派驻中院纪检组组长胡辉一行到岳塘区法院就法院纪检监察工作进行调研。

24日 岳塘区2019年“融资、融合、融业共建、共享、共荣”银政企对接会议召开。

是日 岳塘区竹埠港新区综合开发项目一期工程开工，正式拉开竹埠港新区综合开发建设大幕。开工启动仪式后，中共湘潭市委副书记、市人民政府市长张迎春在岳塘经开区组织召开竹埠港新区开发建设工作部署会议。

24—26日 中国人民政治协商会议湘潭市岳塘区第六届委员会第四次全体会议召开。

25日 岳塘区第六届人民代表大会第五次全体会议召开，区委副书记、区人民政府区长陈爱民作政府工作报告。

26日 北京世园会湖南馆落户岳塘区盘龙大观园落成暨开馆活动在盘龙大观园养和园举行。

27日 岳塘经开区路网综合管廊高压双电园供电项目经市供电公司验收合格，正式送电并投入使用。

是日 中央档案馆副处长曹佳妮到岳塘区挂职。

30日 岳塘区融媒体中心举行竣工仪式。

31日 中共岳塘区第六届委员会第四次全体（扩大）会议召开。

12月 第四届“中国林业产业突出贡献奖，创新奖”揭晓。湘潭盘龙生态农业示范园有限公司董事长冯友根荣获“中国林业产业突出贡献奖”，成为湘潭首个获得该奖项的先进个人。

是月 全国工商联办公厅通报表扬在2019年度民营业调查工作表现优异的省、市、区基层单位，岳塘工商联被评为“2019年度民营企业调查点工作示范单位。”

是月 湖南省第二现场核查组组长、生态环境厅副巡视员向建福带领省河长办考核队到岳塘区、就清“四乱”（乱占、乱建、乱采、乱堆）样板河打造等河长制工作进行现场考核。

岳塘概览

自然地理

【区位和交通】 岳塘区位于湘潭市东北部。地处北纬27°47′ 28″至27°5′ 40″，东经112°48′ 42″至113°5′ 0″之间。区境南与湘潭县易俗河隔江相望，西与雨湖区跨桥相邻，北接长沙市暮云镇，东连株洲市的白马垅和霞湾，全区总面积206平方千米（包括昭山示范区68平方千米和湘潭高新区38平方千米）。区域交通便捷，京广铁路、湘黔铁路、武广高速铁路和长株潭城际铁路纵横贯穿全境，京港澳高速和沪昆高速、107国道和320国道在境内株易路口交会，湘江绕东、南、西三面，可常年通航500吨级以上船舶，上溯潇湘，下入洞庭。区中心距黄花国际机场67千米，45分钟车程可达。

【地形与地貌】 岳塘地处慕阜山—零陵大断裂中段凹陷地带，北部、东部多山丘，高度均在200米以下，地势自东北向西南倾斜。水经流自北向南、自东向西汇入湘江。山丘约占全区总面积的56%，耕地和水面积仅占总面积的12%左右，城市居住用地和工矿交通用地约占总面积的32%。域内地势最高点为双马镇法华山，海拔299.1米，最低点为昭山镇仰天湖吴家港，海拔29.6米，两地高差270米，地势比降33.7%。地势依据其成因可分为侵蚀剥蚀地貌和侵蚀堆积地貌两大类，土壤以红壤为主，适宜耕作的淹育性水稻土占18%，潮土占8%，丘岗紫色土占12%。境内地质结构稳定，承载能力强，是区域工业发展的得天独厚的地理条件。

1992年，湘潭高新技术产业开发区和昭山示范区先后在区内成立，经过近30年的建设和发展，都壮大为国家级开发区，发展空间逐步扩大。由岳塘经开区管理的步步高物流、金阳水果城和中国中部机械物流园经过几年的运作成中国中部仓储物流业的新兴基地，境内先进制造业、高新技术产业企业、节能环保新兴产业和环境优雅的旅游业逐步增加，工业企业和新兴产业迅速崛起，大批农业用地变成工业用地和商贸服务用地，农村城镇化进程明显加快，自然地形地貌随着开发建设已经发生明显改变。

【气候】 境内属中亚热带季风湿润性气候区，四季分明，热量丰富，雨水集中，春温多变，夏秋多旱，严寒期短，酷暑期长；光、热、水基本同季是区域气候的基本特点。春季多阴雨，气温低；夏季多阵雨，气温高，天气炎热；秋季少雨高温，气温由高到低，时凉时热，变化不稳定；冬季少雨，寒冷干燥，是区域气候的基本特点。

2019年，域内平均气温17.8℃，比常年值高0.6℃。极端最高温39.5℃（9月13日），极端最低温-1.4℃（1月1日）。35℃以上高温日数为51天。年降水量1349.3毫米，较常年偏少40.2毫米，按照降水量异常等级标准，评定为正常范畴。

【自然灾害】 旱灾：全年没有发生较大面积旱情，没有发生因旱缺水造成农田枯竭，人畜非正常死亡情况。

洪涝灾害：7月7—16日，域内和湘江上游连日暴雨，江水快速上涨，湘江沿线岳塘区防洪段，最高水位达41.42米，超警戒水位3.42米，超保障水位1.92米，排历史最高水位第二，造成内涝外渍。河东大堤阳塘段，因湘机污水和积雨从湘机东门玉蓝塘排出淹没菜地200余亩，老电厂段堤内多处管涌，铁牛埠码头公路涵闸，涵桥裂开，涵身严重漏水，东风港泵站2号机受损、机房开裂，四方塘段200米堤内两水夹堤，下游300米处严重散浸，五星泵站前池150米进水渠冲毁，张家湾段夹堤散浸，40米堤内坡滑坡，下板子厂段散浸造成堤脚松软；工农自排排闸段堤内堤面塌陷，可见0.3立方米/秒流量的管涌；工农泵站2号机排管破裂，出口拍门损坏，造成两栋民房破裂；大堤沿线47处水井出现翻沙鼓水现象。仰天湖大堤K0+050堤段出现冒水险情；横堤机埠水泵水损，堤垸内渍水无法排出。在中共岳塘区委、区人民政府的坚强领导下，组织全区党员干部和村民3万余人，昼夜巡访，严防死守，查险情、排隐患确保人民群众生命财产安全，取得抗洪抢险的决定性胜利。此次抗洪抢险持续10日，受灾人口1122人，紧急转移安置59人，农作物受灾面积51公顷，损坏房屋212间，未造成人畜伤亡事故，直接经济损失249.8万元。

（刘平安）

历史沿革

【建置溯源】　湘潭历史悠久。境内最早的居民村落遗址为公元前4400—3200年间的湘潭县老虎坑、堆子山遗址，属大溪文化时期。商周时期，境内为荆楚地，但受越文化的影响较大，属中原文化与南方文化的汇合点。霞城乡五星村钵子窑出土的绳纹沟瓦和陶器制作精美，楚风鲜明，说明当时湘潭的人文活动已相当发达。战国后期，境内属楚长沙郡。秦统一后，仍沿旧制。西汉，刘邦封吴芮为长沙王，继刘发为长沙王，湘潭全境属长沙国。东汉仍属长沙郡。建安二十年（215年），长沙郡属吴。建安二十四年（219年），郡治设湘潭县古城乡。晋，市境属潭州衡阳郡。隋，市境属长沙郡。唐天宝八年（749年），设立湘潭县，县治移洛口（易俗河）。五代时期，市境为南方马氏所建的楚国的属地，隶属潭州长沙府。宋，市境属湖南路潭州。南宋，县城迁至湘潭市城正街，经济文化有很大发展。绍兴年间，胡安国迁湘潭筑碧泉书屋，著书讲学，开湖湘学派，对湖南文化影响甚大。元贞元年（1295年），湘潭县升格为州，属湖广行省湖南道天临路。明，市境属潭州，湘潭复为县。明万历、天启年间，湘潭城区从宋家桥迁至石嘴脑，形成连绵七千米沿江带状城市，在下摄司设置巡检司管理税收和社会治安。明万历四年（1576年），湘潭筑城，城内外商业繁荣，时有“小南京”之称。清，市境属长沙府。清咸丰、同治年间，湘潭城区沿江有码头40座，河、正、后三街并行，店铺5400余家，湘潭成为江南米市，药材年购销额达800多万两白银，为全国著名的药都，当时有“金湘潭”之称。湘潭所缴赋税倍于省内其他县，又有“天下第一壮县”之称。清光绪二十九年（1903年），境内始创新学，西方文化传入促进新思想的产生。光绪年间，猪鬃、玻璃等业始在湘潭出现，钱庄、票号、典当行业同时相继产生，促进湘潭商业迅速发展。光绪三十年（1904年），长沙开埠，湘潭遂成为寄港地。民国元年（1912年），民资在滴水埠兴办膏盐矿——唯一公司，以后十多家膏盐矿公司相继开设，湘潭成为当时全国最大的石膏产地之一，马家河地区的石灰石开采和石灰窑发展到7家，年产石灰3万吨之多。民国3年（1914年），境内属湘江道。民国11年（1922年），撤道，湘潭属省直管。此后，机械、造船等地方民族工业在湘潭逐渐兴起，同时相继开通汉口至湘潭定期班轮，修筑长潭军路，架设长潭电话，湘潭对外联系加大。民国25年（1936年），国民政府资源委员会确定下摄司为新工业基地，并陆续兴办中央电工厂（湘潭电机厂前身），为湘潭大工业发展奠定基础。

1949年8月9日，湘潭和平解放，8月22日，成立湘潭县人民政府。区境内除东坪、下摄司半边街和板塘铺几个城市人口集中地段划属湘潭县城关区外，其余大部分地区属湘潭县一区。1950年7月，湘潭县城关区改为湘潭市，隶属长沙专署，并设立河东办事处于板塘铺。1951年，河东办事处改为河东区公所，迁移东坪镇，协助河东工业区各工厂进行基本建设和城市管理。1952年，长沙专署改称湘潭专署，湘潭市人民政府成立。“一五”时期（1953—1957年），湘潭被列为中南地区重点建设城市，国家安排近亿元资金在湘潭兴建全国重点项目5个，新建湘纺、湘缆等企业，扩大湘机规模，新兴工业建设起步。1956年，河东区公所撤销，建立易家湾镇和五里堆镇，东坪划归河西湘江区管辖，同时成立郊区办事处于河西。全境除易家湾、板塘铺、东坪、下摄司隶属城区管辖外，其余大部分乡镇均从湘潭县划出改属郊区管辖。1958年，湘潭升格为地级市，湘钢等大型工业项目先后动工建设，湘潭实现由“商业重镇”向“工业重镇”跨越发展。同年9月，郊区、易家湾镇、五里堆镇全部撤销，建立城乡合一、政社合一的郊区人民公社。1960年10月，郊区人民公社一分为二，以现区境的全部范围设立河东人民公社，同时建立河东区。区即公社，实行区社合署办公，一个机构、两块牌子。1961年，市政府又在河东设立易家湾、板塘、霞城、岳塘四个公社和易家湾、五里堆、东坪三个区属镇，不久又改设湘钢分社、电机分社、湘纺分社、易家湾分社，实行以厂带社管理体制。1961年8月，以原下摄司工业区为基础建立岳塘区，由市管辖。1962年，郊区恢复，河东人民公社解体，五里堆、易家湾镇升格为市属镇。1964—1970年，郊区办事处在河东先后组建霞城、宝塔、板塘、荷塘、昭山五个公社和红旗综合农场、红卫湖（仰天湖）农场，公社范围缩小。1980年7月，撤销易家湾、五里堆两镇建制，并以两镇为基础，加上从原岳塘区调整的建设路街道建立板塘区。1984—1985年，实行“社改乡”体制，人民公社撤销，按原公社范围建立昭山、荷塘、板塘、宝塔、霞城五个乡，红卫湖农场更名为仰天湖农场，红旗农场从宝塔乡析出，成为独立政企合一的机构。

【行政区划】 1992年6月，为统筹城乡一体、促进城市发展，经省政府批准，湘潭市撤销城市五区，以湘江以东的原岳塘区、板塘区和郊区所辖的五乡两场为疆域建立新岳塘区，下设乡、场、街道体制不变。同年，湘潭高新技术产业开发区和昭山商贸旅游开发区经省政府批准在境内设立。1993年，经省民政厅批准，改宝塔乡为宝塔街道办事处，划入高新区管辖，同时从霞城乡划出葩金村和新造村一并归属宝塔街道管辖。昭山商贸旅游开发区前期由市政府直接领导管理。9月，下放到岳塘区政府管理，并更名为昭山旅游经贸开发区。1994年，昭山开发区升格为省级开发区。2003年起，昭山开发区由市区两级共同领导，以市领导为主，地方行政职能仍归属岳塘区。

1998年，为推进岳塘区城镇化建设步伐，经省政府批准，撤销易家湾街道和仰天湖农场，从昭山乡划出金南村和红旗村，从荷塘乡划出新南村，设立易家湾镇；撤销马家河街道，从板塘乡划出云河、建设、法华、月华、集体、象形、国强、新华和向阳农场，成立双马镇。同时，为大力发展民营企业，区人民政府决定在双马镇设立占地4.8平方千米的双马工业园区。至此，岳塘区下辖2乡、2镇、10个街道办事处（包括宝塔街道）和昭山开发区、双马工业园、红旗农场3个经济单位。

2007年12月，长（沙）株（洲）（湘）潭城市群被国家发改委批准为全国资源节约型、环境友好型（两型社会）建设综合配套改革试验区，长株潭经济一体化建设步伐加快，湘潭进入城乡建设和经济快速发展的新时期。2010年，昭山开发区作为长株潭城市群核心区率先启动建设，改为由市直接管理的昭山示范区。昭山乡、易家湾镇划归其托管。2011年，为拓展湘潭高新区发展空间，市政府决定将板塘乡和双马镇（包括双马工业园）划归其托管，将原宝塔街道（凳桥、长塘外）划归岳塘区直管。2012年，岳塘区抓住竹埠港地区“退二进三”的历史机遇，在已建立的荷塘物流园基础上组建以聚集发展第三产业为主的岳塘经开区。至此，岳塘区直接管理荷塘、霞城两个乡和滴水、社建村、五里堆、宝塔、建设路、东坪、书院路、中洲路、岳塘、下摄司10个街道和岳塘经开区、红旗农场2个经济单位（2013年红旗农场按政企分设原则改为红旗街道）。湘潭高新区托管的双马镇和板塘乡、昭山示范区托管的昭山乡和易家湾镇仍属岳塘区行政管辖。

【区划调整】 2013年12月，经省人民政府批准，撤销霞城乡成立霞城街道，管辖范围不变。

2015年11月，经湘潭市人民政府批准，撤销昭山乡、易家湾镇，合并成立昭山镇，辖4个社区、20个村。撤销荷塘乡、滴水埠街道，合并成立荷塘街道，辖5个社区，13个村。

2017年3月，经湘潭市人民政府批准，撤销下摄司街道、中洲路街道，合并设立新的下摄司街道，辖12个社区，撤销五里堆街道、社建村街道，合并设立新的五里堆街道，辖11个社区，撤销红旗街道、宝塔街道，合并设立新的宝塔街道，辖7个社区。至此，岳塘区直接管理荷塘、五里堆、东坪、岳塘、书院路、下摄司、宝塔、建设路、霞城9个街道和岳塘经开区。湘潭高新区托管的双马街道、板塘街道，昭山示范区托管的昭山镇仍属岳塘区行政管辖。

根据《国务院关于行政区划管理规定》和《中共湘潭市委、湘潭市人民政府关于开展城区街道区划调整改革和社区调整优化工作的意见》，2016年6月，经市政府批准，将新设立的昭山镇20个村合并为11个村，荷塘街道13个村合并为8个村，板塘街道7个村合并为4个村，双马街道10个村合并为7个村。昭山镇辖11个村、4个社区：金南村、蒿塘村合并为蒿塘村，红旗、黄茅村合并为红旗村，玉屏、金屏村合并为玉屏村，团山、幸福村合并为幸福村，新农、高峰村合并为高峰村，金星、白鹤村合并为白鹤村，马鞍、立新村合并为七星村，新南、楠木、石金村合并为楠木村，昭山村、新民村、新湖村和双建、路口、窑洲、大塘社区建制不变。荷塘街道辖8个村、5个社区：竹埠村、易家坪村合并为竹埠村，指方、青山村合并为指方村，金湖、群力村合并为金群村，滴水、双埠村合并为滴水埠村，清水村、综合农场合并为清水村，正江村、荷塘村、五爱村和电化、江滨、向阳、新桥、新城社区建制不变。双马街道辖7个村、5个社区：茶园、邓桥并入吉安路社区，集体并入新站社区，新造并入新塘里社区，建设并入马家河社区，象形、云河、月华、法华、国强、新华，向阳7个村和新电社区建制不变。板塘街道辖4个村、一个社区：板塘、五一村并入桥湾社区，摇钱、光华村合并为摇钱村，西塘、农联、新农村建制不变。至2016年末，岳塘区辖14个街道、1个镇、70个社区、38个村。其中，高新区托管2个街道、11个村、6个社区，昭山示范区托管1个镇，11个村、4个社区。

2017年3月，经市政府批准，撤销下摄司、中洲路街道合并设立新的下摄司街道，将书院路街道的书院路社区行政区划调整到新的下摄司街道管辖，新的下摄司街道辖半边街、迎东、铁牛埠、桔子园、禾花塘、九洲、长运、运河、雅雀塘、自建、栗塘12个社区。撤销五里堆、社建村街道，合并设立新的五里堆街道，将荷塘街道的向阳、江滨、新城社区行政区划调整到新的五里堆街道管辖。新的五里堆街道辖纱厂街、板塘、金耐、五里堆、安乐、纺城、学卫、新建、向阳、江滨、新城共11个社区。撤销红旗、宝塔街道，合并设立新的宝塔街道。将原宝塔街道的东湖路、湖湘、福星社区行政区划调整到建设路街道管辖，将原宝塔街道的葩金社区行政区划调整到书院路街道管辖。新的宝塔街道辖云盘、云峰、长塘、红旗、盘龙、宝塔、阳光7个社区。东坪街道，将霞城街道顺江、和平、联合村和岳塘街道泗神庙社区行政区划调整到东坪街道管辖。东坪街道辖顺江、和平、联合村、横街、万福、三角坪、泗神庙社区等3个村4个社区。岳塘街道，将岳塘街道泗神庙社区行政区划调整到东坪街道管辖，将岳塘街道莲城社区行政区划调整到建设路街道管辖。岳塘街道辖菊花塘、大板房、瓦窑塘、岳塘岭、纯冲塘、三株岭、木屐塘7个社区。霞城街道，将霞城街道顺江、和平、联合三个村行政区划调整到东坪街道管辖，将书院路街道的牡丹、向家塘社区行政区划调整到霞城街道管辖。霞城街道辖阳塘、霞城、下摄司、岳塘、五星村和牡丹、向家塘社区5个村2个社区。建设路街道，将岳塘街道莲城社区、原宝塔街道东湖路、湖湘、福星社区行政区划调整到建设路街道管辖，将建设路街道芙蓉社区行政区划调整到书院路街道管辖。建设路街道管辖大桥、霞光、建设路、曙光、东湖路、福星、湖湘、莲城8个社区。书院路街道，将建设路街道芙蓉社区和原宝塔街道葩金社区行政区划调整到书院路街道管辖，将书院路街道牡丹、向家塘社区行政区划调整到霞城街道管辖，将书院路街道书院路社区行政区划调整到新的下摄司街道管辖。书院路街道辖新塘、晓塘、天鹤、飞机坪、斑竹塘、芙蓉、葩金7个社区。荷塘街道，将荷塘街道向阳、江滨、新城社区行政区划调整到新的五里堆街道管辖。荷塘街道辖指方、清水、滴水埠、荷塘、正江、五爱、竹埠、金群村和新桥，电化社区8个村2个社区。保持昭山镇、板塘街道、双马街道等1个镇2个街道的行政区域不变，下辖的社区建制村名称及数量不变。行政区划调整后，岳塘区辖昭山镇、东坪、岳塘、下摄司、书院路、霞城、建设路、宝塔、五里堆、荷塘、板塘、双马街道共1镇11个街道和所辖的35个村、59个社区。湘潭高新区托管的板塘街道、双马街道和其所辖的村、社区仍归属高新区托管。昭山示范区托管的昭山镇和其所辖的村、社区仍归属昭山示范托管。该次行政区划调整由原14个街道调减为11个街道，1个镇，38个村调减为35个村，70个社区调减为59个社区。岳塘区作为一级行政区，对高新区和昭山示范区的人大、政协工作，公安、检察、法院、兵役工作仍统一归口管辖，民政等社会事务根据便民利民原则实行部分托管和反托管。（刘平安）

2019年岳塘区行政区划一览表

表1

乡镇街道名称	村（社区）个数	村（社区）名称
五里堆街道	8个社区	纱厂街、板塘、金耐、五里堆、向阳、安乐、学卫、江滨
建设路街道	5个社区	湖湘、曙光、建设路、大桥、霞光
东坪街道	3个社区 3个村	三角坪、横街、泗神庙（社区）、顺江、和平、联合（村）
岳塘街道	6个社区	菊花塘、大板房、瓦窑塘、岳塘岭、纯冲塘、三株岭
书院路街道	5个社区	飞机坪、新塘、晓塘、芙蓉、葩金
下摄司街道	8个社区	半边街、铁园、禾花塘、九洲、长运、运河、雅雀塘、栗塘
宝塔街道	7个社区	云盘、云峰、长塘、红旗、盘龙、宝塔、阳光
霞城街道	2个社区 5个村	牡丹、向家塘（社区）、五星、下摄司、岳塘、阳塘、霞城（村）
荷塘街道	1个社区 8个村	商城（社区）、指方、滴水埠、荷塘、正江、清水、五爱、竹埠、金群（村）
双马街道	8个社区 5个村	新塘里、象形、新电、新站、马家河、国强、吉安路、华金（社区）、云河、月华、法华、新华、向阳（村）
板塘街道	2个社区 3个村	摇钱、桥湾（社区）、西塘、农联、新农（村）
昭山镇	4个社区11个村	双建、大塘、窑洲、路口（社区）、新湖、蒿塘、红旗、玉屏、幸福、高峰、白鹤、楠木、新民、昭山、七星（村）

人　口

【概况】 2019年末，全区总人口31.4524万人，其中男性15.6979万人，女性15.7545万人。城镇人口28.6135万人，占总人口90.97%；农业人口2.8389万人，占总人口9.03%。

【人口结构】 性别结构。全区户籍总人口31.4524万人，男性15.6979万人，占总人口49.91%，女性15.7545万人，占总人口50.09%。2019年出生人口2609人，其中男性1350人，女性1259人，性别比为107：100。

年龄结构。在常住人口中，0～17岁未成年人48182人，占15.32%；18～59岁总人口186367人，占总人口59.25%，是社会经济生活的中坚力量；60岁以上老年人有79975人，占25.43%，已完全步入老年社会。

城乡结构。在全区户籍总人口31.4524万人中，非农业人口28.6135万人，占90.97%。农业人口2.8389万人，占总人口9.03%，主要集中在城郊乡（镇）。

2019年岳塘区各街道人口情况表

表2

单位	年末总户数（户）	年末总人口					
		合计	城镇人口	比例	乡村人口	比例
合计	113711	314524	286135	90.97%	28389	9.03%
下摄司街道	15433	40087	40087	100.00%	0	0.00%
东坪街道	6364	17024	17024	100.00%	0	0.00%
书院路街道	11207	30488	30488	100.00%	0	0.00%
建设路街道	10486	27209	27209	100.00%	0	0.00%
霞城街道	7523	21512	21512	100.00%	0	0.00%
宝塔街道	13361	36790	36790	100.00%	0	0.00%
五里堆街道	16102	40864	40864	100.00%	0	0.00%
荷塘街道	8238	27555	6667	24.20%	20888	75.80%
岳塘街道	13841	39553	39553	100.00%	0	0.00%
昭山镇	11156	33442	25941	77.57%	7501	22.43%

（王　剑）

2019年岳塘区组织机构及负责人名录

（负责人任职时间截至2019年6月机构改革前）

一、中共岳塘区委员会

书　　记　胡海军
副 书 记　陈爱民
　　　　　郭　勇
常　　委　周复明
　　　　　颜　谦
　　　　　黄　珂
　　　　　黄建平
　　　　　朱毅强
　　　　　朱海林
　　　　　张国科
　　　　　黄浩洋
副调研员　曾　昕

二、岳塘区人大常委会

党组书记、主任　朱卓英
副　主　任　石　龙
　　　　　　丰利红
　　　　　　胡根强
　　　　　　袁　军
　　　　　　阳小可（兼职）
副县级干部　戴霞明

三、岳塘区人民政府

党组书记、区长　陈爱民
常务副区长　朱毅强
副　区　长　成学军
　　　　　　陈　静
　　　　　　王　玲
　　　　　　刘亚军
　　　　　　王林涛
　　　　　　李　辉
副县级干部　彭立山
　　　　　　黄小津

四、政协岳塘区委员会

党组书记、主席　傅博华
副　主　席　冯卓民
　　　　　　周建平（兼职）
　　　　　　黄继碕
　　　　　　周亦农（兼职）
　　　　　　邓明霞（兼职）

五、中国人民解放军岳塘区人民武装部

部　长　易　伟
政　委　张国科
副部长　马科柱

六、法院、检察院

岳塘区人民法院
院长、党组书记　杨光华
岳塘区人民检察院
检察长、党组书记　龚铮宏

七、区委部门

区纪律检查委员会监察委员会机关
书记、主任　周复明
区委巡察工作领导小组办公室
主　任　李建军
区委巡察第一组
组　长　谢　坚
区委巡察第二组
组　长　陈　敏
区委巡察第三组
组　长　许新文
区委办公室
主　任　黄　珂
区委组织部
部　长　颜　谦
区委宣传部
部　长　黄浩洋
区委政法委员会
书　记　黄建平
区委统战部
部　长　朱海林
区委老干部局
局　长　蒋文静
区机构编制委员会办公室
主　任　吴　焕
区直机关工作委员会
第一书记　黄　珂（兼职）
书　记　王四福
区信访局
局　长　谭聪颖
区档案局
局　长　赵　璧
区委党校
第一校长　颜　谦
常务副校长　黄小津
区委党史研究室、区人民政府地方志办公室
主　任　吴小玲
区委党员教育中心
主　任　谢　菲
区创建文明城市办公室
主　任　罗正局
区互联网管理中心
主　任　肖献强
区社会治安综合治理办公室
主　任　张建湘
区关心下一代工作委员会
秘书长　田际清
区事业单位登记管理局
主　任　戴艳平

八、人大部门

区人大常委会办公室
主　任　王　溅
区人大常委会内务司法工作委员会
主　任　许碧波
区人大常委会选举任免联络工作委员会
主　任　李政学
区人大财政经济委员会
主任委员　谭银伏
区人大常委会预算工作委员会
主　任　谭银伏
区人大常委会教科文卫工作委员会
主　任　唐　畅
区人大常委会城建环保工作委员会
主　任　肖国元
区人大法治委员会
主任委员　何宁湘
人大财经工委预算监督室
主　任　张竞艺

九、人民团体

区总工会
主　席　丰利红
党组书记、副主席　彭玉虎
共青团岳塘区委
书　记　张　礼
区妇女联合会
主　席　蒋苗芳
区工商联（总商会）
主席、会长　阳小可
党组书记、副主席　魏诗林
区残疾人联合会
主　席　成学军
理事长　周卫胜
区文学艺术界联合会
会　长　郭建忠
区科学技术协会
主　席　周雪阳
区计划生育协会
会　长　王　玲
常务副会长　蒋海波
区侨联
主　席　胡晓艺
区红十字会
副会长　彭金莲

十、政府部门

区人民政府办公室（区法制办、区民族宗教和外事侨务港澳办公室、区统计局）
党组书记、主任、局长　邹　灿
区发展和改革局
党组书记、局长　刘小玲
区科技和经济信息化局
党组书记、局长　肖智坚
区教育局
党委书记、局长　陈自安
区民政局
党组书记、局长　王可清
区司法局
局　长　周建平
党组书记　高晓波
区财政局
党组书记、局长　王湘雷
区人力资源和社会保障局
党组书记、局长　曾　昕
区城乡建设局
党组书记、局长　蒋新跃
区农业局（区委农村工作办公室）
党组书记、局长、主任　莫照明
区水务局
党组书记、局长　龙自然
区商务旅游局
党组书记、局　长　黎　辉
区文化体育局
党组书记、局长　周　钢
区卫生和计划生育局
党委书记、局长　龙丽艳
区审计局
党组书记、局长　陈小华
区环境保护局
局　长　杨建伟
党组书记　谢　坚

区城市管理和行政执法局
党委书记、局长 许忠良
区安全生产监督管理局
党组书记、局长 倪 兵
区机关事务服务中心
主 任 阳亚辉
区政务服务中心
主 任 宾松彪
区土地和房屋征收事务管理办公室
党组书记、主任 朱韧坚
区政府法律顾问工作室
主 任 陈柏利
区重点办
主 任 潘 婷
区三产办
主 任 何梓霖
区科技创新发展服务中心
主 任 贺向阳
区救助申请家庭经济状况核对中心
主 任 戴海燕
区老龄办
主 任 周 丹
区乡镇财政服务中心
主 任 邓 力
区非税收入征收管理局
局 长 李 晶
区劳动保障监察大队
大队长 周国兴
区社会保险事业管理局
局 长 易素银
区就业服务局
局 长 袁凤云
区畜牧兽医水产局
局 长 杨旺成
区农业技术推广服务中心主任
主 任 黄湘乾
区农民素质教育管理办公室
主 任 肖 燕
区防汛抗旱指挥部办公室
主 任 张泽军
区河东大堤管理所
所 长 周正飞
区仰天湖大堤管理所
所 长 成新宇
区广电服务中心
主 任 王 芳
区卫生计生综合监督执法局
局 长 谭建军
区疾病预防控制中心
第一副主任 袁卫军（主持工作）
区国家建设项目审计监督中心
主 任 罗俊英
区市容环境卫生管理所
所 长 王 震
区土地和房屋征收事务所
所 长 郭 彬
火炬学校教育集团
副校长、书记 周晓彤（主持工作）
湘钢三校教育集团
校长、书记 周 建
湘机小学教育集团
校长、书记 周梅芳
育才学校教育集团
校 长 陈 静
书 记 罗勇铁
湘钢二中
校长、书记 戴寿荣
湘纺中学
校 长 辛正宇
书 记 梁 虹
荷塘中学
校 长 欧阳学陶
书 记 蔡群安
滴水湖学校
校长、书记 曹 峰
湘纺小学
校长、书记 郭 芳
湘钢一校
校长、书记 宋 军
湘钢二校
校 长 郭 玲
书 记 刘金英
大桥学校
校长、书记 成布华
建设路学校
校长、书记 冯 澜
友谊学校
校 长 刘磊锋
书 记 王放晴
江滨学校
校 长 钟海红
书 记 汤 敏
葩金学校
校长、书记 贺育林
红霞学校
校 长 罗光辉
书 记 廖拥聪
竹埠学校
校长、书记 张 宏
滴水学校
校长、书记 冯顺科
正江学校
校长、书记 谭 伟
青山学校
校长、书记 周勇军
慈光学校
校 长 李银辉

十一、政协部门

区政协办公室
党组成员、秘书长、主任 肖剑平
区政协学习文史联谊委员会
主 任 郭华强
区政协提案工作委员会
主 任 戴 莉
区政协经济科技委员会
主 任 丁战武
区政协文卫法治群团委员会
主 任 陈光杰

十二、经开区

党工委书记 刘小伟
副县级干部 吴顺立

十三、街道

荷塘街道
党工委书记 戴 理
办事处主任 刘 歆
霞城街道
党工委书记 王毅威
办事处主任 肖银霞
宝塔街道
党工委书记 董 涛
办事处主任 彭 浩
建设路街道
党工委书记 肖 睿
办事处主任 左文晋
岳塘街道
党工委书记 钟 征
办事处主任 伍 颜
书院路街道
党工委书记 殷 涛
办事处主任 许 波
五里堆街道
党工委书记 刘 静
办事处主任 郭 望
东坪街道

党工委书记　陈　澄
办事处主任　袁　治
下摄司街道
党工委书记　蒋　玉
办事处主任　龙　炜

十四、平台公司

湘潭发展投资有限公司
党委书记、董事长　陈伟义
区城市建设投资开发有限公司
党委书记、董事长　罗国文

十五、驻区单位

岳塘公安分局
书记、局长　陈　静
政　委　赵送文
岳塘工商分局
书记、局长　王　罡
岳塘规划分局
局　长　胡　坤
岳塘国土分局
书记、局长　唐剑勇
食品药品监督管理局岳塘分局
局　长　周　刚
岳塘区税务局
党委书记、局长　王运祥
高新区税务局
党委书记、局长　赵　刚
岳塘交警大队
大队长　池颖谦
教导员　张高飞
岳塘消防大队
大队长　夏海波
教导员　曹树路

（负责人任职时间截至2019年12月31日）

一、中共岳塘区委员会

书　记　胡海军
副书记　陈爱民
郭　勇
常　委　颜　谦
黄　珂
黄建平
周中秋
朱海林
张国科
黄浩洋
王　玲
曹佳妮（挂职）
副调研员　曾　昕

二、岳塘区人大常委会

党组书记、主任　朱卓英
副主任　石　龙
丰利红
胡根强
袁　军
阳小可（兼职）
副县级干部　戴霞明

三、岳塘区人民政府

党组书记、区长　陈爱民
常务副区长　黄　珂
副区长　曹佳妮（挂职）
成学军
刘亚军
王林涛
李　辉
谭　力
副县级干部　彭立山
黄小津

四、政协岳塘区委员会

党组书记、主席　傅博华
副主席　冯卓民
周建平（兼职）
黄继琼
周亦农（兼职）
邓明霞（兼职）

五、中国人民解放军岳塘区人民武装部

部　长　易　伟
政　委　张国科
副部长　马科柱

六、法院、检察院

岳塘区人民法院
院长、党组书记　杨光华
岳塘区人民检察院
检察长、党组书记　龚铮宏

七、区委部门

区纪律检查委员会监察委员会机关
书记、主任　周中秋
区委办公室（档案局）
主　任　朱海林
区委督查专员　黎　辉
区委全面深化改革委员会办公室
专职副主任　罗　丰
区委组织部（非公有制经济组织和社会组织工作委员会、直属机关工作委员会、老干部局、公务员局）
部　长　颜　谦
区委宣传部（新闻出版局《版权局》、精神文明建设指导委员会办公室）
部　长　黄浩洋
区委统一战线工作部（民族宗教事务局）
部　长　王　玲
区委政法委员会
书　记　黄建平
区委机构编制委员会办公室
主　任　吴　焕
区委巡察工作领导小组办公室
主　任　李建军
区委巡察第一组
组　长　谢　坚
区委巡察第二组
组　长　陈　敏
区委巡察第三组
组　长　张鑫磊
区委党校　（区行政学校）
第一校长　颜　谦
常务副校长　欧阳洁
区委党史研究室（区地方志编纂室）
主　任　吴小玲
区档案馆（区现行文件服务中心）
副馆长　谢　琴
区融媒体中心
主　任　周达略
区委党员教育中心（区委党员干部现代远程教育中心）
主　任　朱海军

八、人大部门

区人大常委会办公室（区人大常委会信访办公室）
主　任　王　溅
区人大常委会选举任免联络工作委员会
主　任　李政学
区人大监察和司法委员会（区人大法治委员会）

主任委员 许碧波
区人大财政经济委员会（区人大常委会预算工作委员会）
主任委员、主任 罗国文
区人大教育科学文化卫生委员会（区人大民族华侨外事委员会）
主任委员 唐 畅
区人大环境与资源保护委员会
主任委员 肖国元
区人大农业与农村委员会
主任委员 何一平
区人大社会建设委员会
主任委员 何宁湘

九、群众团体

区总工会
主 席 丰利红
党组书记、副主席 彭玉虎
共青团岳塘区委
书 记 张 礼
区妇女联合会
主 席 蒋苗芳
区工商联合会
主 席 阳小可
党组书记、副
主 席 魏诗林
区残疾人联合会
副主席、理事长
候选人 蒋文静
区科学技术协会
主 席 周雪阳
区文学艺术界联合会
主 席 郭建忠
区计划生育协会
常务副会长 将海波
区归国华侨联合会
主 席 胡晓艺
区红十字会副会长 王四福

十、政府部门

区人民政府办公室
党组书记、主任 邹 灿
区政府督查专员 许 波
区发展和改革局
党组书记、局长 刘小玲
区教育局
党委书记、局长 张文颖
区科技和工业信息化局
党组书记 王 罡
局 长 杨建伟
区民政局
党组书记、局长 王可清
区司法局局长 周建平
党组书记 夏立新
区财政局
党组书记、局长 王湘雷
区人力资源和社会保障局
党组书记、局长 罗纳新
区自然资源局（林业局）
局 长 胡 坤
区住房和城乡建设局
党组书记、局长 蒋新跃
区交通运输局
党组书记、局长 肖智坚
区水利局
党组书记、局长 刘 歆
区农业农村局（扶贫开发办公室）
党组书记、局长 朱韧坚
区商务局
党组书记、局 长 伍 颜
区文化旅游广电体育局
党组书记、局长 周 钢
区卫生健康局
党委书记、局长 刘朝晖
区审计局
党组书记、局长 陈小华
区退役军人事务局
党组书记、局长 邓雅誉
区应急管理局（防汛抗旱指挥部办公室）
党组书记、局长 倪 兵
区市场监督管理局
党组书记、局长 周 刚
区统计局
党组书记、局长 凌 姬
区城市管理和综合执法局
党委书记、局长 许忠良
区政府金融工作办公室
党组书记、主任 许新文
区信访局
党组书记、局长 邓 杰
区医疗保障局
党组书记、局长 阳亚辉
区行政审批服务局
党组书记、局长 宾松彪
区优化营商环境协调事务中心
主 任 刘 广
区优化人居环境事务中心
副主任 李 兵（主持工作）
区创新发展研究中心
主 任 何梓霖
区机关事务服务中心
主 任 曾 华
区重点办
主 任 潘 婷
区三产办
主 任 龙 伟
区科技创新发展服务中心
主 任 田 茜
区低收入家庭核对中心
主 任 李亚舟
区乡镇财政资金监管中心
主 任 吕建华
区财政事务中心
主 任 刘 静
区国库集中支付核算中心
主 任 许 艳
区劳动保障监察大队
大队长 周国兴
区就业服务中心
主 任 陈伟琳
区河东大堤事务中心
主 任 周正飞
区仰天湖大堤事务中心
主 任 成新宇
区农民素质教育管理中心
主 任 肖 燕
区畜牧水产事务中心
主 任 张泽军
区农业技术推广服务中心
主 任 黄湘乾
区卫生计生综合监督执法局
局 长 谭建军
区疾病预防控制中心
主 任 袁卫军
区健康教育所
所 长 许 亚
区审计事务中心
主 任 罗俊英
区环境卫生服务中心
主 任 王 震
区医疗保障事务中心
主 任 胡嘉佳
火炬学校教育集团
校长、书记 周晓彤
湘钢三校教育集团
校长、书记 周 建

湘机小学教育集团
校长、书记　周梅芳
育才学校教育集团
校　长　陈　静
书　记　罗勇铁
湘钢二中
校长、书记　戴寿荣
湘纺中学
校　长　辛正宇
书　记　梁　虹
荷塘中学
校　长　欧阳学陶
书　记　蔡群安
滴水湖学校
校长、书记　曹　峰
湘纺小学
校长、书记　郭　芳
湘钢一校
校长、书记　宋　军
湘钢二校
校　长　郭　玲
书　记　刘金英
大桥学校
校长、书记　成布华
建设路学校
校长、书记　冯　澜
友谊学校
校　长　刘磊锋
书　记　王放晴
江滨学校
校　长　钟海红
书　记　汤　敏
葩金学校
校长、书记　贺育林
红霞学校
校　长　罗光辉
书　记　廖拥聪
竹埠学校
校长、书记　张　宏
滴水学校
校长、书记　冯顺科
正江学校
校长、书记　谭　伟
青山学校
校长、书记　周勇军
湖湘学校
校　长　陈　静
慈光学校
校　长　李银辉

十一、政协部门

区政协办公室
党组成员、秘书长、主任　肖剑平
区政协提案和委员学习联络委员会
主　任　戴　莉
区政协经济科技和外事委员会
主　任　丁战武
区政协文教卫体和文史委员会
主　任　郭华强
区政协农业农村和人口资源环境委员会
主　任　胡亦芳
区政协社会法治和民族宗教委员会
主　任　陈光杰

十二、经开区

党工委书记　刘小伟
党工委副书记、管委会
主　任　戴　理
副县级干部　吴顺立

十三、街道

荷塘街道
党工委书记　肖　睿
办事处主任　曾　哲
霞城街道
党工委书记　刘　静
办事处主任　袁　治
宝塔街道
党工委书记　董　涛
办事处主任　彭　浩
建设路街道
党工委书记　蒋　玉
办事处主任　左文晋
岳塘街道
党工委书记　钟　征
办事处主任　杨　波
书院路街道
党工委书记　殷　涛
办事处主任　刘　云
五里堆街道
党工委书记　郭　望
办事处主任　徐　进
东坪街道
党工委书记　陈　澄
办事处主任　阳　凝
下摄司街道
党工委书记　谭聪颖
办事处主任　龙　炜

十四、平台公司

湘潭发展投资有限公司
党委书记、董事长　陈伟义
区城市建设投资开发有限公司
党委书记、董事长　谭　韧

十五、驻区单位

岳塘公安分局
党委书记、局长　谭　力
政委、党委副书记　赵送文
市生态环境局岳塘分局
局　长　谢　坚
岳塘区税务局
党委书记、局长　王运祥
高新区税务局
党委书记、局长　赵　刚
岳塘交警大队
大队长　池颖谦
教导员　张高飞
岳塘消防大队
大队长　夏海波
教导员　曹树路

政　治

中共湘潭市岳塘区委员会

【概况】　2019年，在中共湘潭市委的坚强领导下，岳塘区委团结带领全区人民，深入学习贯彻习近平新时代中国特色社会主义思想，认真贯彻落实中央及省委、市委各项决策部署，在抓重点、补短板、强弱项、防风险上全力作为，在践行新发展理念，打好“三大攻坚战”，实施创新引领开放崛起战略等具体实践中主动担当，攻坚克难，务实进取，较好地完成全年各项目标任务。

【政治建设】　加强学习，理想信念更加坚定。区委始终把习近平新时代中国特色社会主义思想作为指导一切工作的根本遵循和行动指南，牢固树立“四个意识”，坚定“四个自信”，做到“两个维护”。对习近平总书记的讲话精神、指示要求、重要论述和党中央的系列决策部署，区委常委带头在第一时间组织学习研讨，组织开展中心学习小组13次，用新思想武装头脑、指导实践、推动工作，为全区各级党委（党组）树立表率。通过抓实“不忘初心、牢记使命”主题教育，全面开展个人自学、集体学习和交流研讨，着力加深理解、融会贯通。“学习强国”学习平台推广力度强劲，覆盖率超过93%，全市排名第一。

【经济建设】　真抓实干，经济发展全面提速。按区域统计口径，全区实现地区生产总值增长7.5%；规模以上工业增加值增长8.4%；城乡居民人均可支配收入增长8.4%；社会消费品零售总额增长10.4%。按区域统计口径，完成财政总收入73.7亿元，固定资产投资增长12.6%。岳塘经开区完成技工贸易总收入365亿元，连续6年保持20%以上增长速度；完成固定资产投资150亿元，同比增长21%；完成财税收入5.2亿元，同比增长10%。中国（中部）岳塘国际商贸城开业运营，湖南特色优质农产品国际贸易平台成功入围国家“十四五”规划重大项目库。长株潭仓储物流园一期、湖南联升（中联重科）工程机械产业园等项目投入使用，湘欧快线国际物流平台、国际商品博览汇等项目启动建设，现代物流产业集聚集群发展。竹埠港新区综合开发项目一期实现开工，岳塘购电商大楼、湘潭市博纳学校、怡亚通（湘潭）供应链整合基地等项目加快建设。商城路配套路网、金湖路即将通车，群力路、佳木路等项目有序推进。产业竞争力全面增强，农业产业化加快发展，金阳水果交易信息平台等7大项目进展顺利，东信棉业等8个农业龙头企业总产值达82亿元，同比增长14.6%。工业经济高质量发展初见成效，湘钢梅塞尔提质扩能项目启动建设，科通电气、云通物流等4家企业实现“登高”。服务业稳中有升，规模以上营利性服务业企业营业收入达19.3亿元，同比增长21%；文化产业营业收入7.7亿元，同比增长6.3%。湘钢洪盛跻身国家5A级物流企业。产业项目加快建设，全年安排实施类产业项目34个，完成投资56.9亿元。坚持精准招商，参加“港洽周”“央企进湖南”等重大招商活动，引进中国铁建、中信保诚2家世界500强企业和中国湘莱文化博览园、方德智联科创园等5个强链补链项目，协议引资110.8亿元。推动58众创、深圳朗道科技顺利入驻。湘潭金融商务区集聚效应凸显，新增华夏银行、人寿财险等12家企业，企业总量达299家，年纳税7.5亿元。严格落实好减税降费政策，减免税近9亿元，新增市场主体3171个，持续优化营商环境，清理拖欠中小企业账款1.16亿元。岳塘区获评“湖南省双创示范基地”“省级返乡农民工创业园”。全面关停退出绿心地区工业企业，全区单位GDP能耗下降4.5%，跃居“全国绿色发展百强区”第69位，较上年提升4位。岳塘经开区在全省产业园综合排名较2018年提升17位，连续两年获评“全国优秀物流园区”。湘潭金融商务区获评“湖南省服务业集聚区”。岳塘区成为全市唯一拥有两个省级服务业集聚区的县市区。

【三大攻坚战】 精准施策，三大攻坚战纵深推进。重大风险有效化解，首次争取专项债券1.17亿元，调整预算增加安排3000万元偿债准备金，非标占比在全省处于较优水平，继续保持全市唯一债务风险等级下降的县市区。湘潭发展投获得AA主体信用评级，实现转型升级再提速。全力维护金融秩序和社会稳定，有效化解非法集资案件15件，化解率达80%。脱贫实效不断巩固，聚焦“两不愁三保障”，全区无一人返贫。发放教育助学金，“雨露计划”补助133.3万元，保障入学率达100%，医疗保险覆盖率达100%，综合报销率达90%。统筹财政资金564.75万元，引进湖南利佳、上禧食品等企业，对口帮扶永顺县永茂镇扶贫资金102万元。承办湘潭市现代农业千亿产业集群发展暨“三带三帮”脱贫活动，完成爱心采购2.3亿元。生态环境全面改善，统筹打好蓝天碧水、净土保卫战，全区空气质量明显好转，优良率达75%。湘江断面和集中式饮用水源水质保持Ⅱ类以上，完成4处黑臭水体治理，荪湖塘水系改造为生态公园，成功打造滴水湖、南洋渠等6条样板河湖。严格环境执法，全面取缔非法洗砂场，治理经验和成效被多家媒体重点推介。竹埠港地区综合治理工作获中央及省、市委、省政府领导高度重视。

【体制改革】 深化改革，发展活力强劲迸发。坚持把改革创新作为破除体制机制障碍、激发发展潜力活力的根本手段与方法，积极稳妥推进各项改革。全面完成党政机构改革，市场监管等六大领域综合行政执法改革加快实施，事业单位和街道机构改革统筹推进。“放管服”改革成效明显，第一批34个事项实现“一件事一次办”。主动承接在园区范围内行使的128项经济社会管理权限，加快构建“园内事园内办”的工作格局。深入开展“减证便民”行动，取消各类证明76项。深化商事制度改革，“证照分离”改革、“双随机一公开”抽查等工作全面落实，企业开办时间压缩至2.5个工作日以内。江滨、西南石油等企业社会职能分离移交工作基本完成。

【社会事务建设】 关注民生，社会事业全面进步。不断加大民生投入力度，让岳塘人民享受发展成果，不断增进人民福祉，群众的获得感、幸福感全面提升。全年民生支出8.4亿元，占一般公共支出78.29%，20项省市民生实事项目超额完成。全年新增城镇就业1.6万人，城镇登记失业率为3.2%。农村低保达6000元/年，救助水平达4488元/年。城企联动普惠养老持续推进，纯冲塘社区等13家日间照料中心投入运营。新建4所公办幼儿园，新增450个学前学位，区内学校与驻区高校建设统筹协调推进。完成24所学校智慧安防系统建设，获评省平安校园建设先进县市区、省中小学校责任督学挂牌督导创新县（区），火炬、湘机小学荣获省级生态文明示范学校称号。岳塘人民剧院完成改造，新建10个社区文化广场。市妇幼健康服务大楼投入使用，区疾控中心业务大楼和16个村卫生室标准化建设全面完成，中西医结合医院中医大楼启动建设。分级诊疗和家庭医师签约服务有序开展，医疗卫生信息化加快实施，顺利通过全国基层中医药工作先进单位复评。抓实“5+1”人才工作平台，建立区级领导联系制度，岳塘经开区与湖南科技大学签订共建实习基地合作协议，长塘创新创业街设立博士工作室。“智慧岳塘”二期加快建设，城市快警，一村一辅警，两车物联网新型治安防控体系构建完成。深化扫黑除恶专项斗争，打掉全市首个套路贷涉黑组织，破获全市最大电信诈骗案。妥善化解一批建设领域历史遗留问题等矛盾纠纷，累计办理权证7597个。获评全国消防监督管理工作先进单位，连续三年被评为全省消防工作先进县市区。众志成城取得抗洪抢险的全面胜利。大庆期间的安保工作有力有为，社会大局和谐稳定，连续15年未发生较大以上安全生产事故。公众安全感测评全市第二位，继续保持全省前列。阳塘村获评“全国乡村治理示范村”。

【城市环境建设】 优化环境，用心打造城市新样板。深入实施“双修双改”，湘潭大道与钢城大道连接线竣工通车，芙蓉大道快速化改造、荷塘客运枢纽站等项目进展顺利，昭华大桥即将通车，杨梅洲大桥、下摄司大桥有序推进。建设路口交通全面优化，板塘立体停车场主体完工。10个老旧小区提质改造，1552户棚改任务全面完成，大桥、禾花塘社区打造省级高品质社区。全面推进“厕所革命”，成为全省整县推进的示范单位之一。“两轮征询、三榜公示、公开签约”征拆新模式成效明显，全年共完成征地880亩，累计办结项目16个，晓塘棚改项目全面完成签约。“门前三包”和“路长制”深入实施，马路市场全部取缔，餐饮油烟等顽疾得到有效整治，累计打造4条无烟示范街，餐厨垃圾实现无害化处理，顺利通过创卫国检和创文复查测评工作。加大从严执法力度，全年累计拆违7.1万平方米。完成第三次全国国土调查验收，16宗土地卫片执法问题图斑整改到位。68个小区顺利实现业主自治。房车小院等项目投入使用，红旗渠改造一期防汛工程标段竣工，X157提质改造抓紧建设，中国杜鹃花博物馆项目加快推进，盘龙集团承建的湖南馆荣获2019年世界园艺博览会特等奖。农村人居环境扎实推进，村容村貌整治、农村生活垃圾治理等工作全面完成。

【民主政治建设】 强化领导，民主政治建设不断加强。始终加强党的领导、人民当家做主、依法治国有机统一，坚定不移加强对人大工作的领导，坚持人民代表大会制度，健全人大讨论，决策重大事项制度，充分发挥人大监督作用，支持区人大及其常委会依法履职，支持人大代表依法行使权利，积极建言献策。认真贯彻落实《中共中央关于新时代加强和改进人民政协工作的意见》，筑牢共同思想政治基础，支持政协认真履行三项职能，建发展之言、尽和谐之心、谋民生之策，为推动岳塘经济社会发展做出积极贡献。切实加强党的统战和群团工作，着力构建“大统战”工作格局，完善区、街道、村（社区）三级宗教工作网络，落实街道、村（社区）两级宗教工作责任制，制定宗教场所“三员三访五查四主”制度。成立湘潭市新的社会阶层人士联合会岳塘团，长塘创新创业街被评为省级新的社会阶层人士实践创新基地，五个民主党派支社规范化建设完成。区委统战部被中央统战部、中国统一战线杂志社评为宣传先进单位。区工商联被全国工商联通报表扬，获评民营企业调查点工作示范单位。建设路街道被推荐为省级“民族团结进步示范街道”创建单位。霞光社区被评为全国民族团结进步示范社区。

【政治生态环境建设】 从严治党，政治生态环境风清气正。坚持以党的政治建设为统领，进一步加强“四个意识”，坚定“四个自信”，做到“两个维护”，不断提高政治站位，在思想上政治上行动上始终以习近平同志为核心的党中央保持高度一致。严格执行《新形势下党内政治生活若干准则》等党内法规，锤炼政治忠诚，推动党的政治建设迈向新高度。牢牢把握意识形态工作领导权、主动权、话语权。严格落实党委主体责任，按照落实意识形态工作责任制“四个纳入”和“四个一同”的工作要求，区委常委会议多次专题研究意识形态工作，并在每月区委党建工作调度会上对意识形态工作进行安排部署，将意识形态工作纳入“同业对标”考核和《岳塘区2019年度科级领导班子和领导干部绩效考核》，开展专项工作督查，党管意识形态工作举措更加有力，责任更加压实。加强新时期党的建设，带头履行基层党建责任，基层党建工作月调度、季讲评、年述职制度进一步完善。深入开展“不忘初心、牢记使命”主题教育，68家参与单位、640个基层党组织、1.4万余名党员实现全覆盖、全参与。党建领航创新基层社会治理，加快建设高品质生活社区，实施十大实事项目，推进禾花塘、大桥社区2个保障性安居工程配套基础设施建设以及2个市级示范街道、11个市级示范点建设。全面推进“党建+小区治理”模式，建成葩金社区松涛里小区等18个小区党建阵地。深入开展“三员三创三行动”，建立君子莲和福星国际金融中心核心圈党建联盟，有力推进岳塘国际商贸城专业市场党建，相关经验做法在《湖南日报》头版头条报道。深入推进党支部“五化”建设，全区60个基层党组织被评为市级“五星党支部”。建立村级组织运转经费逐年递增机制，投入200多万元用于村（社区）工作考核奖励。制定《关于全面加强基层建设的实施办法》，注重基层减负实效，基层相关减负情况被湖南卫视《新闻联播》栏目专题报道。积极稳妥、规范有序做好机构改革期间区管领导班子和领导干部调整配备及涉改单位公务员调整划转工作。从“四类人员”中择优选拔9名街道领导班子成员，提拔和进一步使用91名干部，选人用人导向更加鲜明，干部队伍结构更加优化。持续推进党风廉政建设和反腐败斗争，进一步匡正风气，整治拖拉、执行不力等作风问题90余起。立案查处违反中央八项规定精神和“四风”问题8起，给予党纪处分6人，通报曝光典型案例4起4人。进一步深化巡视、巡查工作，全区共开展3轮巡察，发现具体问题237个，移交问题线索28条。进一步严明纪律规矩，全年共立案50件50人，涉嫌犯罪移送检察机关5人，全面从严治党的震慑力得到有力彰显。

【区委常委会议】 2019年，中共湘潭市岳塘区召开常委会议共35次，历次常委会均由区委书记胡海军主持。

1月8日，第一次常委会议召开。会议传达学习习近平总书记在中央政治局集体学习时的讲话和习近平总书记关于改革开放系列讲话精神。集中学习《中国共产党支部工作条例（试行）》《中国共产党章程》《中国共产党纪律处分条例》。会议研究《区级领导联点安排表》和春节前后重大活动及慰问，走访工作安排。审议并通过区委经济工作会议方案。研究有关重点投资、重点招商工作及争资争项等重点工作。听取关于报送市委岳塘区2019年度相关重要工作项目的情况汇报。审议通过十二届市委第七轮巡察整改任务清单整改工作方案。审议并通过2018年度街道党工委书记、部门党组（党委）书记抓基层党建述职评议会议方案和2018年度区委常委领导班子民主生活会方案。会议还听取工作情况报告并审议2019年工作要点。

1月25日，第二次常委会议召开。会议传达学习中央及省、市纪委会议精神，研究部署六届区纪委四次全会工作。会议审议并原则同意2018年区委书记抓基层党建述职评议问题整改方案、春节走访慰问区现役军人家属工作方案和2018年度全区综治年度考核结果。会议听取区委第四轮巡察工作情况汇报。审议并原则同意机构改革期间干部配备原则。会议还研究干部人事工作。

2月20日，第三次常委会议召开。会议传达中共湘潭市委书记曹炯芳在岳塘区园区工作会议上的指示精神。会议要求，全区各级各部门要认真学习贯彻中共湘潭市委书记曹炯芳指示要求。一是抓规划编制，加快岳塘长株潭一体化和湘潭北进战略的研究和贯彻落实。二是抓招商对接，按照2019年招商引资项目计划抓紧进行梳理。三是项目策划，明确重点方向，策划一批需要争取国家政策资金的项目。四是抓项目推进，重点抓“关键少数”。五是抓同业对标，制定2019年同业对标管理办法。六是抓文化建设。会议审议并原则同意岳塘区第一次少先队代表大会工作方案。会议还传达学习省、市关于机构改革工作的相关文件精神，研究岳塘区深化机构改革相关工作。

3月4日，第四次常委会议召开。会议传达学习有关会议文件精神。传达学习全市县处级主要领导干部“坚持底线思维，着力防范化解重大风险”专题研讨班精神，传达学习市委农村工作会议精神。会议审议并通过《岳塘区机构改革实施方案》《关于在机构改革中调整区政府工作部门党组（党委）设置建议方案》，会议研究迎接市委第五巡察组对岳塘区重大招商引资项目落地工作专项巡察相关工作。研究全区“学习强国”学习平台推广使用工作。

3月22日，第七次常委会议召开。会议传达学习全国“两会”精神，会议强调，全区上下要切实把思想聚焦到“两会”精神上来，在行动上与“两会”精神同频共振。学习习近平总书记对湖南、省委书记杜家毫对湘潭、市委书记曹炯芳对岳塘的指示精神及工作再落实安排。传达学习习近平总书记关于扫黑除恶的指示精神，学习中央及省委、市委政治工作会议及市扫黑除恶专项斗争领导小组办公室主任（扩大）会议精神。传达学习全国、全省、全市统战部长会议精神和国家及省、市宣传部长会议及国家及省、市组织部长会议精神，并研究贯彻落实意见。审议通过《湘潭市岳塘区“党建领航工程”2019年工作要点》《湘潭市岳塘区基层党建2019年工作要点》《湘潭市岳塘区基层党建2019年工作要点》《中共湘潭市岳塘区委组织部2019年工作要点》《2019年老干部工作要点》。会议审议并原则同意《2019年区委政法工作暨扫黑除恶推进会议方案》《2019年综治委成员单位综治工作考评办法》。研究大棚房专项治理工作，岳塘区统计工作及第四次全国经济普查工作。会议审议并原则同意《岳塘区2019年科级领导班子和领导干部绩效考核（评估）实施办法》《岳塘区2019年“同业对标”管理实施办法》。会议学习《中国共产党党内关怀帮扶办法》《中国共产党农村基层组织工作条例》，研究相关工作。

4月1日，第八次常委会议召开。会议传达省委、市委关于配合中央扫黑除恶专项斗争督导工作紧急部署会议精神，研究区配合中央扫黑除恶专项竞争督导工作安排。审议通过《湘潭市岳塘区配合中央扫黑除恶专项斗争督导工作实施方案》。会议听取2019年软弱涣散党组织和基础薄弱、问题较多党组织排查情况汇报。会议审议并原则同意《岳塘区加强和完善城乡社区治理建设高品质生活社区实施办法》。会议听取关于落实市委第九巡察组扶贫领域专项巡察整改工作情况汇报。会议听取全区人口和计划生育工作情况汇报，审议并原则同意《2019年度人口和计划生育工作考评方案》《2019年区卫生健康工作会议方案》。会议审议并原则同意《关于“进一步关心激励干部，推进人才引进、解决夫妻两地分居困难”的实施方案（试行）》。会议还研究干部人事工作。

4月19日，第九次常委会议召开。会议传达上级文件会议精神。传达全省信访重点县市区工作调度会议精神，听取全区信访工作情况汇报。传达学习《党政领导干部选拔任用工作条例》《中国共产党党组织工作条例》《关于建立健全村务监督委员会的指导意见》《湖南省集中整治形式主义官僚主义20条措施》《关于集中整治学风会风文风及检查调研方面存在突出问题的10条具体举措》，审议并通过《关于精文减会及规范督查调研的工作举措》。会议传达学习省市民族宗教有关会议精神。会议听取市委对岳塘区委常委班子履行基层党建工作责任专题调研反馈情况汇报，并研究整改措施。会议审议并通过《岳塘区2019年“扫黄打非”工作方案》，会议审议融媒体中心项目建议方案。审议《关于开展“千百扶培大行动，助推工业高质量发展”活动实施方案》。

5月6日，第十次常委会议召开。会议传达学习上级会议文件精神。会议集中传达学习全市第二次信访工作联席会议相关精神。集中传达学习《中华人民共和国审计法》《党政主要领导干部和国有企业领导人员经济责任审计规定实施细则》。集中传达学习省纪委监委实战业务培训班精神。会议审议并原则同意《2019年度全区重要会议、活动、党内规范性文件、督查考核、报告事项的“五张清单”》《湘潭市岳塘区党内规范性文件备案规定》。会议审议并原则同意《2018年度岳塘区脱贫攻坚专项巡视问题整改工作方案》《中央脱贫攻坚专项巡视反馈问题整改工作方案》《岳塘区2019年度驻村帮扶工作队员调整建议方案》《岳塘区进一步加强驻村帮扶工作队员管理建议方案》《关于调整部分机关干部结对帮扶对象的建议方案》，并要求根据安排由区扶贫办进一步修改完善。会议审议并同意岳塘区2018年度绩效考核，2018年度区管领导班子和领导干部、机关事业单位工作人员绩效考核结果。会议听取并原则同意关于申请区计划生育协会第六次会员代表大会暨换届选举会议的情况汇报。

6月20日，第十二次常委会议召开。会议传达贯彻上级会议文件精神。集中传达学习中央及省委关于“不忘初心、牢记使命”主题教育活动的精神和部署。传达学习省市主要领导对防汛防灾工作的批示精神。集中学习2019年市委全面深化改革委员会会议精神，会议还集中传达学习公安相关视屏会议精神。会议审议并原则同意《关于庆祝中国共产党成立98周年有关工作的建议方案》。会议审议通过《关于调整中共湘潭市岳塘区直属机关工作委员会和中共湘潭市岳塘区离退休干部工作委员会组成人员的建议方案》。会议审议并原则同意《2019年岳塘区公共财政细化预算方案》及《2019年岳塘区社会保险基金预算方案》。会议听取关于岳塘区在2018年全省小康工作监测情况的汇报。会议审议并原则同意《岳塘区打赢脱贫攻坚战三年行动方案》。会议审议并原则同意《关于成立岳塘区制造强区领导小组的通知》。

6月28日，第十四次常委会议召开。会议传达学习中共中央关于形式主义、官僚主义案件查处情况通报相关文件精神。会议强调，全区党员干部要提高思想认识，深刻领会新形势下整治形式主义，官僚主义的必要性和紧迫性。对于当前各项工作，会议对全区党员干部提出明确要求：一是要务实工作，多开展调查研究，少“纸上谈兵”，避免工作出现形式主义、官僚主义；二是要激情工作，提高思想认识；三是要示范工作，领导干部要以身作则，以点带面，以上率下，谋在先，干在前；四是要创新工作，掌握新思想，新技能，新思路。会议研究干部人事工作。

7月23日，第十五次常委会议召开。会议传达贯彻上级会议文件精神。集中传达学习习近平总书记在中央政治局第十五次集体学习时的讲话。集中传达学习《关于建立容错纠错机制激励干部担当作为的办法（试行）》和《关于全面加强基层建设的若干意见》。集中传达学习全市公安工作会议精神。会议听取扫黑除恶专项斗争工作情况的汇报，审议通过《岳塘区落实中央扫黑除恶专项斗争督导反馈意见整改实施方案》。会议审议并原则同意《关于提高驻村帮扶工作队员待遇保障的建议方案》。会议审议并原则通过《关于调整区政府直属事业单位和人民团体党组织设置建议方案》。会议听取关于加强岳塘区区级领导干部休假和外出学习期间AB岗工作安排的情况汇报，审议通过区级领导联点安排方案。会议研究干部人事工作。

8月23日，第十六次常委会议召开。会议传达贯彻上级会议文件精神。集中传达学习市委乡村振兴工作会议精神、全国全省全市公安工作会议和关于做好退役军人工作的相关意见会议精神，集中传达学习《关于撤销廉政账户严禁违规收送红包礼金的通知》《关于禁止利用领导干部职权或者职务上的影响“提篮子”谋取私利的规定》《关于坚决抵制和严肃查处利用领导干部名义“打牌子”办事的规定》。会议审议并原则同意成立全区维护政治安全工作领导小组。会议审议通过机构编制事项。会议审议通过《区委第五轮巡察工作情况和第六轮巡察工作方案》。会议审议通过《中共湘潭市岳塘区委关于巡视整改自查“回头看”情况报告》。会议听取关于成立湘潭市岳塘区第六届人民代表大会第四次会议临时党委的情况汇报。会议听取关于王利国调入区人民法院的情况汇报，并原则同意王利国调入区人民法院。会议审议通过关于调整区绩效考核工作牵头单位的建议，明确绩效考核工作牵头单位由区委办调整为区委组织部。会议审议通过《岳塘区庆祝中华人民共和国成立70周年活动方案》。

8月30日，第十七次常委会议召开。会议传达贯彻上级会议文件精神。集中传达学习《湘潭市党政领导干部安全生产责任制实施细则》和关于落实中央决策部署弄虚作假阳奉阴违典型问题的相关文件精神，会议传达市委巡察工作领导小组专项检查情况。会议听取岳塘区“十四五”规划编制工作情况汇报，会议要求：一是抓目标，要将“十三五”预期与“十四五”大目标、大指标相结合；二是抓保障，结合岳塘区实际，分区域组织专家进行研究编制规划；三是抓协同，对上联系，争取上级部门的支持与指导，下沉工作力量，各街道成立规划推进工作组；四是抓重点，对民生服务和社会建设重点规划；五是抓有序推进，委托资质好、实力强的团队研究规划、有序推进。会议审议并原则同意《中共湘潭市岳塘区委关于全面加强基层建设的实施办法》。会议听取关于解决夫妻两地分居、加强人才引进拟流动调配人员的情况汇报。

9月6日，第十八次常委会议召开。会议集中传达学习习近平总书记在“不忘初心、牢记使命”主题教育工作会议上的讲话精神。会议强调，全区党员干部要提升政治站位，深刻认识到在全党开展“不忘初心、牢记使命”主题教育，是以习近平同志为核心的党中央统揽伟大斗争、伟大工程、伟大事业、伟大梦想作出的重大决策部署，全区各级领导干部要率先示范，扎实开展好“不忘初心、牢记使命”主题教育，助推岳塘经济社会高质量发展。会议审议并原则同意《中共岳塘区委关于开展“不忘初心，牢记使命”主题教育的实施方案》。会议审议并原则同意《关于从全区优秀村（社区）党组织书记、街道事业编制人员和选调生中择优选拔街道领导班子成员的工作方案》。会议听取关于公务员职务与职级并行制度实施工作有关情况汇报。

9月17日，第十九次常委会议召开。会议审议并原则同意《关于举办区委常委班子“不忘初心、牢记使命”主题教育读书班（扩大）暨区委理论学习中心组第八次集中学习的建议方案》。会议强调，全区党员干部，特别是领导干部要切实提升政治站位，紧密结合主题教育活动各项要求，坚持对标对表，带头集中精力原原本本学，原汁原味学，推动学习习近平新时代中国特色社会主义思想往深里走。会议研究干部人事工作。

9月29日，第二十一次常委会议召开。会议传达学习上级会议文件精神。传达学习习近平总书记在中央政协工作会议暨庆祝中国人民政治协商会议成立70周年大会上的重要讲话精神。传达学习《习近平总书记对湖南工作重要指示精神学习要点》。传达学习中共湘潭市委党建工作领导小组第一次会议精神。传达学习《关于湘潭生物机电学校领导班子集体违法案查处情况及教训警示的通报》。传达学习做好维护中华人民共和国成立70周年大庆相关文件精神。会议审议并原则同意区委常委班子“不忘初心、牢记使命”主题教育调查研究清单及区委和区委常委班子成员“不忘初心、牢记使命”主题教育检视问题整改清单。会议审议并同意《不忘初心、牢记使命主题教育中集中开展专项整治的方案》。

10月12日，第二十三次常委会议召开。会议学习上级会议文件精神。传达学习省委副书记乌兰在湘潭调研脱贫攻坚和考察岳塘区现代农产品商贸物流工作的讲话精神。传达学习省市配合中央扫黑除恶督导“回头看”工作部署会议精神和省委、省政府《关于印发〈打好防范化解重大金融风险攻坚实施方案〉的通知》精神。会议听取关于区委常委班子“不忘初心、牢记使命”主题教育征求意见、检视问题情况的汇报。会议审议并原则同意《“不忘初心、牢记使命”主题教育专项整治8+1实施方案》。会议听取2019年岳塘区机构改革拟调整划转副科级以上干部情况汇报，审议并原则同意相关调整划转方案。会议审议并原则同意《湘潭市岳塘区公务员职务与职级并行的制度实施方案》。

10月16日，第二十四次常委会议召开。会议传达学习省委全面加强基层建设工作联席会议第一次会议精神。会议强调，全面加强基层建设是落实中央及省委、市委抓基层强基础决策部署的必然要求，是补齐岳塘区基层建设短板的迫切需要，是检验主题教育成效的重要标准，全区上下要进一步提高政治站位，强化政治自觉，切实全面加强基层建设的责任感和使命感。会议听取关于涣散基层党组织整顿工作情况的汇报，审议并通过“不忘初心、牢记使命”主题教育中集中整顿软弱涣散村（社区）党组织的相关安排。

10月23日，第二十五次常委会议召开。会议审议并原则同意《岳塘区2019年财政预算调整方案》。会议研究区委依法治区相关工作，传达学习中央及省委、市委相关会议精神，审议并原则同意区委依法治区相关文件。

10月25日，第二十六次常委会议召开。会议传达学习省委主题教育第四巡回指导组到区调研督导座谈会精神。传达学习2019年全市三季度经济形势分析会议精神。会议听取岳塘区国家安全工作情况汇报。会议审议并同意《岳塘区法学会党组设立方案》《岳塘区“四类人员”公开比选实绩考核方案》。

11月11日，第二十七次常委会议召开。会议传达学习省委警示教育相关文件精神和关于加强和改进人民政协工作的相关文件精神。会议听取关于召开岳塘区第六届人民代表大会第五次会议，区政协第六届委员会第四次会议的情况汇报。会议审议并同意“两会”工作方案及成立临时党委的意见。会议研究干部人事工作。

11月14日，第二十八次常委（扩大）会议召开。会议传达学习市委书记曹炯芳在岳塘区工作现场办公会议精神。会议强调，全区各级各部门和各级领导干部要认真贯彻落实曹炯芳书记在岳塘区现场调研办公会的指示精神，要进一步提高思想认识，奋发拼搏，强化举措，做到精明增长、精准施策、精细服务，确保全年目标任务顺利完成，为全市经济社会的高质量发展体现岳塘力量。会议研究《关于落实曹炯芳书记在岳塘区工作现场办公会相关事项责任分解表》。

11月21日，第二十九次常委会议召开。会议传达学习上级会议文件精神。会议传达中央关于巡察工作相关精神要求。传达学习省委统一战线工作领导小组宗教工作专题电视电话会议精神。传达学习全市民营经济发展大会精神和湘潭市优秀人才表彰大会精神。会议听取关于落实全省组织部长抓党建促脱贫攻坚述职视屏会议精神的情况汇报。会议听取区委第六轮巡察工作情况。审议并原则同意第七轮巡察工作（执行力专项巡察）方案。会议审议并原则同意《岳塘区侨联改革方案》。会议审议并同意《区委常委班子“不忘初心、牢记使命”专题民主生活会方案》。会议研究干部人事工作。

11月25日，第三十次常委会议召开。会议专题传达学习习近平总书记关于安全生产工作重要论述、重要讲话精神。会议强调，全区各级各部门要提升政治站位，坚持对标对表，强化底线思维，深入学习习近平总书记关于安全生产工作的重要指示和精神要求，充分认识安全生产、应急管理、减灾防灾救灾等工作与政治、经济、社会等之间的重大关联，坚决把安全生产作为最大的民生，作为经济社会高质量发展的基石，切实做好做细安全生产各项工作，确保人民群众生命财产安全和发展大局稳定。会议专题研究安全生产和应急管理工作。会议还传达学习全市扫黑除恶专项斗争推进会议精神。

12月4日，第三十一次常委会议召开。会议传达学习《中国共产党党内法规制定条例》《中国共产党党内法规和规范性文件备案审查规定》《中国共产党党内法规执行责任制规定（试行）》。会议听取关于落实市委全面加强基层建议工作联席会第一次会议精神的情况汇报，并同意区委组织部提请会议审议相关工作落实建议。听取关于落实贯彻《2019—2023年全国党员教育培训工作规划》的情况汇报，并同意区委组织部提请会议审议的相关工作落实建议。听取关于岳塘区基层党建（支部“五化”建议）工作情况汇报。听取关于湘潭市岳塘生态环境机构监测监察执行垂直管理制度改革进展情况和2019年污染防治攻坚战情况汇报，审议并原则同意《湘潭市岳塘区生态环境机构监测监察执法垂直管理制度改革实施方案（审议稿）》《湘潭市岳塘区污染防治攻坚战2019—2020年工作方案（审议稿）》。听取关于成立湘潭市岳塘区第六届人民代表大会第五次会议临时党委和岳塘区政协第六届第四次会议临时党委的情况汇报，审议并同意临时党委的组织架构及人员安排。听取关于补选区六届人大代表的情况汇报，审议并同意人大代表候选人建议名单。听取关于岳塘区实施公务员职务与职级并行制度工作情况汇报，并同意区委组织部提请会议审议的相关工作落实的建议。会议审议并原则通过区委常委班子主题教育主题民主生活会检视剖析材料。

12月19日，第三十三次常委会议召开。会议传达学习习近平总书记在中央政治局第十九次集体学习时的讲话精神。传达学习中央及省委、市委网信工作有关会议精神。会议审议并原则同意区委六届四次全体会议工作报告及筹备工作方案。审议并原则同意《区人大常委会2019年工作报告》《政协湘潭市岳塘区委员会常务委员会工作报告》《政府工作报告》《关于岳塘区

2019年国民经济和社会发展计划执行情况及2020年国民经济和社会发展计划（草案）的报告》《关于岳塘区2019年财政预算执行情况和2020年财政预算（草案）的报告》《岳塘区人民法院2019年工作报告》《岳塘区人民检察院2019年工作报告》。审议并原则同意《中共湘潭市岳塘区委网络安全和信息化委员会办公室工作细则》，审议并原则同意《岳塘区国有资产监督管理办法》。会议听取并原则同意关于岳塘区2020年节假日期间值班预安排情况。会议期间观看“不忘初心、牢记使命”主题教育相关警示宣传片。会议还研究干部人事工作。

12月30日，第三十五次常委会议召开。会议传达贯彻上级会议文件精神。传达贯彻省委经济工作会议精神。传达贯彻市委十二届八次全会和市委经济工作会议精神。传达贯彻《中共湖南省委办公厅、湖南省人民政府办公厅关于做好2020年元旦春节期间有关工作的通知》文件精神。会议审议并原则同意《中共湘潭市岳塘区委关于深入学习贯彻党的十九届四中全会精神为加快“四新岳塘”奋力推进基本现代化提供有力制度保障的决议》《岳塘区委经济工作会议方案》。审议并原则同意《关于加快湘潭金融商务区集聚发展的若干政策意见》。

【中共湘潭市岳塘区第六届第四次全体（扩大）会议】 12月31日下午，中共湘潭市岳塘区第六届委员会第四次全体（扩大）会议召开。大会应到区委委员41名，候补委员7名，列席109人。会议由中共岳塘区委书记胡海军主持，听取和讨论区委书记胡海军代表区委常委所作的工作报告。大会回顾总结一年的工作，并对当前和之后的工作提出四点建议。一是提高政治站位，增强推进治理体系和治理能力现代化的政治自觉，思想自觉和行动自觉。进一步下大力气理顺体制机制，用制度的方式巩固治理成果，护航高质量发展。二是加强制度建设，为加快“四新岳塘”提供有力政治保证和制度保障。要从岳塘的实际出发，确保各项目标任务在岳塘落地生根。三是推进制度创新，在推进治理体系和治理能力现代化实践中体现岳塘的担当作为和特色亮点。充分尊重基层和群众的首创精神，鼓励大胆探索，推出更多可复制可推广的经验做法，真正让党的十九届四中全会精神在岳塘焕发强大的生命力。四是强化制度执行，全力推进中共十九届四中全会部署要求落细落小、落地落实。有效防止制度空转，问责不问力等问题，确保各项制度规定落到实处。大会通过《关于深入学习贯彻党的十九届四中全会精神为加快建设“四新岳塘”提供有力制度保障的决议》。

【区委重大决策】

2019年岳塘区委发布的重要文件一览表

表3

序号	发布文号	文件名称
1	岳区发〔2019〕1号	《关于湘潭市岳塘区区级党政机关机构设置的通知》
2	岳区发〔2019〕2号	《关于印发〈湘潭市岳塘区加强和完善城乡社区治理建设高品质生活社区实施办法〉的通知》
3	岳区发〔2019〕3号	《印发〈关于全面加强基层建设的实施办法〉的通知》
4	岳区发〔2019〕4号	《印发〈关于开展“不忘初心、牢记使命”主题教育的实施方案〉的通知》

区 委 办

【概况】 2019年，中共岳塘区委办公室在区委的正确领导和市委办公室的指导下，以习近平新时代中国特色社会主义思想为指导，准确把握党办工作“坚强前站”和“巩固后院”基本定位，以“不忘初心、牢记使命”主题教育为契机，深入开展“三表率一模范”主题活动，有力推动办公室工作再上新台阶，迈上新水平，全面完成全年各项目标任务。

【理论学习】 以党的政治建设为根本，政治素养不断提高。坚持深化理论学习，始终把深入学习，宣传贯彻习近平新时代中国特色社会主义思想作为一项政治任务来抓，通过支部交流学习、办公室集中学习、个人自主学习等形式，原原本本的学、全面学、及时学，取得较好的学习成效。认真开展“不忘初心、牢记使命”主题教育活动，不断加强“学习强国”平台学习，变“要我学”为“我要学”，把先进理论和理想信念转化为指导实践，推动工作的强大动力源泉。带头贯彻落实《中共中央关于加强党的政治建设的意见》和省委《关于树立“四个意识”坚决做到“两个维护”进一步加强党的政治建设的意见》文件精神，牢固树立“四个意识”，坚定“四个自信”，做到两个维护，坚决维护以习近平同志为核心的党中央权威集中统一领导，自觉地在思想上、政治上和行动上与习近平为核心的党中央保持高度一致，将党中央各项部署要求贯穿落实到工作全过程，争当讲政治，顾大局的表率。严守政治纪律和政治规矩，认真贯彻落实民主集中制要求，

“三重一大”事项必须经班子集体讨论决定。

【制度建设】 落实重大事项请求报告制度，严格按照规定要求向区委报告工作。班子成员之间、班子成员与分管线上的人员深入进行交心谈心，在增进沟通、释疑解惑、激发热情的同时，着重强调政治纪律和政治规矩，如在中央及省委扫黑除恶督导等全区重大政治任务上，都严格按照区委的安排部署，尽心尽力、尽职尽责做好各项工作。

【自身建设】 以服务大局为导向，执行落实有力强化。一是督促检查有实效，按照“统筹规范督查检查考核工作”要求，统筹制定全区督查考核事项、年度计划并报市委办公室备案。严格执行清单计划，围绕全区“五张清单”区级层面督查检查考核事项开展督查检查，全年开展信访、区委常委会议纪要落实情况、脱贫攻坚、安全生产和防汛抗旱等工作专项督查。紧盯区委领导批示件办理落实情况，梳理汇总市委主要领导对岳塘批示指示工作办理情况。联合区委巡察办开展执行力专项巡察，重点巡察区委主要领导批示件办理和区委重大决策部署落实情况。坚持实事求是原则，落实为基层减负工作要求，精减督查检查考核，提倡以“四不两直”方式开展督查工作，把形式性的督查、检查、下任务转变为现场办公和指导服务，全年区委通报3期，同此下降55.5%。二是统筹协调有担当，充分发挥区委办“参谋部、司令部、作战部”作用，坚持和完善“四大家”办公室主任（秘书长）联席会议机制，牵头抓好全区重大政策措施、重大决策部署、重要会议活动、重大专项工作和重要文稿的统筹。如在区委经济工作会议等要事中，区委办公室通过与人大办公室、区政府办公室、区政协办公室的密切协同配合，保障区委重大活动的高质有序进行。健全重要会议活动月度预告制度，区委办每月牵头对全区下月重要会议活动进行预安排，及时向全区下发，有效地提高工作的预见性和统筹性。三是区委信息有突破，自觉对标和对接上级信息需求导向，进一步提升“高度、深度、精度、广度”，紧靠中央及省委、市委重大决策部署和区委中心工作报信息，完善专业信息员队伍建设，优化信息报道机制，有效地提高信息报道质量和效率。全年共向省委办公室和市委办公室上报信息721条，采用240条，在积极对外推介岳塘亮点特色上发挥重要作用。四是运行保障有力度，根据市委办公室相关值班工作要求，结合岳塘区实际，做好全年法定节假日期间全区值班工作安排和值班信息报送工作，并通过定期召开值班工作培训会议，确保值班工作规范有序。如认真做好国庆70周年的值班工作，确保各类信息的及时上传下达，为维护大局秩序稳定贡献力量。严格遵守保密制度，强化保密管理，加强保密制度建设和涉密文件的流转、归档管理，对全区的机构改革后撤销合并单位的保密文件进行清理清退、归档管理。推进保密管理不断向规范化、科学化、制度化迈进。

【档案管理】 以服务社会为前提，不断提高档案管理和服务水平。机构改革后，档案工作的职能主要是收集和接收岳塘区本馆范围内，对国家和社会有保存价值的档案，集中管理区直机关、街道等重要档案资料，开发档案资源，为社会利用档案资源服务。协调指导各级各类档案室档案保管利用工作，组织指导区辖范围内各类档案室的档案现代化建设和保护工作等。开展区直机关单位第二个十年文书档案整理移交接收进馆工作和涉改单位档案的接收。全年接收23家单位文书档案共计821卷。区属改制企业装卸公司职工档案319份，会计凭证13本，机关事务服务中心会计凭证651本，农村土地确权农户档案6481本。在管理上严格查档制度，进一步规范查档手续，重点对文书档案的查借阅特制定查档申请表格，使查档流程更加清晰和专业。针对档案查阅场地不稳定的安全因素进行调整，安装隔断门，配备高清监控装置。加强库房的安全管理，及时检测和维修库房消防设备和恒温恒湿系统，定期打扫卫生并更换防虫药，消除各类安全隐患，确保档案安全和保护。全年接收阅档人员1106人次，利用档案卷宗1800份，为民众办事提供有效凭证和参考价值。

【作风建设】 以自身建设为基础，能力作风有力提升。一是大力整治形式主义、官僚主义。认真贯彻落实党中央“基层减负年”的要求和《中共湖南省委大力提倡求真务实真抓实干集中整治形式主义官僚主义的意见》《湖南省集中整治形式主义官僚主义20条措施》文件精神，对照省委列出的5个方面16类典型问题，立足党办职责职能，严格按照制定的重要会议、重要活动、党内规范性文件，督促检查考核事项以及应当报告的重点事项等“三张负面清单”抓好落实。深入整治文山会海和检查考核过多过滥的问题，党办系统发文数量同此下降30.77%，会议数量同比精减35.3%，切实减轻基层负担。二是着力弘扬优良作风，始终保持高度政治敏锐感，狠抓意识形态工作和党风廉政责任制度，筑牢反腐思想防线，大力提倡求真务实，真抓实干的作风，做作风优良，敢于打硬仗的党办人。通过组织全办党员干部定期走访帮扶贫困对象、结对帮扶社区共建，积极协调解决群众的实际困难，真正把扶贫户的难事当作自己的实事来办，进一步密切党和人民群众的联系，践行为人民服务的宗旨。三是全面打造优秀队伍。聚焦核心业务，加强队伍自身建设，提高业务能力水平，提高区委办公室工作制度化、规范化、科学化水平。组织开展全区办公室系统培训班、廉政党课、扶贫知识培训等各类学习班20次，积极参加上级党办系统业务培训，进一步提升全区办公室党员干部队伍理论素养和业务水平。树立公道正派、任人唯贤、能充分激发正能量的选人用人导向，全年有5人得到组织提拔重用，全区办公室系统团结干事、善于处事、和谐共事的良好氛围日益浓厚。

2019年岳塘区委办发布的主要文件一览表

表4

序号	发布文号	文件名称
1	岳办〔2019〕1号	《关于切实做好机构改革中档案处置工作的通知》
2	岳办〔2019〕2号	《关于印发〈湘潭市岳塘区2019年重点建设项目计划安排表〉和〈湘潭市岳塘区2019年重大前期项目计划安排表〉的通知》
3	岳办〔2019〕3号	《关于做好2018年度岳塘区委常班子民主生活会会前征求意见工作的通知》
4	岳办〔2019〕4号	《关于印发〈湘潭市岳塘区"党建领航工程"2019年工作要点〉的通知》
5	岳办〔2019〕5号	《关于印发〈湘潭市岳塘区基层党建2019年工作要点〉通知》
6	岳办〔2019〕7号	《关于印发〈湘潭市岳塘区创建国家卫生城市工作督查考核及责任追究办法〉的通知》
7	岳办〔2019〕8号	《关于明确湘潭市岳塘区防汛抗旱指挥部领导和防汛抢险责任领导等事项的通知》
8	岳办〔2019〕9号	《关于印发〈湘潭市岳塘区2019年科级领导班子和领导干部绩效考核(评估)实施方案〉的通知》
9	岳办〔2019〕10号	《关于印发〈湘潭市岳塘区2019年"同业对标"管理实施办法〉的通知》
10	岳办〔2019〕11号	《关于印发〈湘潭市岳塘区政协2019年度协商与监督工作计划〉的通知》
11	岳办〔2019〕12号	《关于成立中共湘潭市岳塘区委实施乡村振兴战略领导小组的通知》
12	岳办〔2019〕22号	《关于印发〈湘潭市岳塘区人民政府办公室职能配置、内设机构和人员编制规定〉的通知》
13	岳办〔2019〕23号	《关于印发〈湘潭市岳塘区发展和改革局职能配置、内设机构和人员编制规定〉的通知》
14	岳办〔2019〕24号	《关于湘潭市岳塘区教育局职责和机构编制调整的通知》
15	岳办〔2019〕26号	《关于湘潭市岳塘区民政局职责和机构编制调整的通知》
16	岳办〔2019〕29号	《关于湘潭市岳塘区人力资源和社会保障局责任和机构编制调整的通知》
17	岳办〔2019〕31号	《关于湘潭市岳塘区住房和城乡建设局职责和机构编制调整的通知》
18	岳办〔2019〕32号	《关于印发〈湘潭市岳塘区交通运输局职能配置、内设机构和人员编制规定〉的通知》
19	岳办〔2019〕33号	《关于印发〈湘潭市岳塘区水利局职能配置、内设机构和人员编制规定〉的通知》
20	岳办〔2019〕35号	《关于印发〈湘潭市岳塘区商务局职能配置、内设机构和人员编制规定〉的通知》
21	岳办〔2019〕36号	《关于印发〈湘潭市岳塘区文化旅游广电体育局职能配置、内设机构和人员编制规定〉的通知》
22	岳办〔2019〕37号	《关于印发〈湘潭市岳塘区卫生健康局职能配置、内设机构和人员编制规定〉的通知》
23	岳办〔2019〕40号	《关于印发〈湘潭市岳塘区应急管理局职能配置、内设机构和人员编制规定〉的通知》
24	岳办〔2019〕41号	《关于印发〈湘潭市岳塘区统计局职能配置、内设机构和人员编制规定〉的通知》
25	岳办〔2019〕42号	《关于印发〈湘潭市岳塘区统计局职能配置、内设机构和人员编制规定〉的通知》
26	岳办〔2019〕43号	《关于湘潭市岳塘区城市管理和综合执法局职责和机构编制调整的通知》
27	岳办〔2019〕44号	《关于印发〈湘潭市岳塘区政府金融工作办公室职能配置、内设机构和人员编制规定〉的通知》
28	岳办〔2019〕45号	《关于湘潭市岳塘区信访局职责和机构编制调整的通知》
29	岳办〔2019〕46号	《关于印发〈湘潭市岳塘区医疗保障局职能配置、内设机构和人员编制规定〉的通知》
30	岳办〔2019〕47号	《关于印发〈湘潭市岳塘区行政审批服务局职能配置、内设机构和人员编制规定〉的通知》

续表4

序号	发布文号	文件名称
31	岳办〔2019〕48号	《关于2018年度全区安全生产工作考核评估情况的通知》
32	岳办〔2019〕49号	《关于2018年度党政领导班子和领导干部绩效考核结果的通报》
33	岳办〔2019〕50号	《关于建立中共湘潭市岳塘区委文件年度发文计划和临时性发文立项制度的通知》
34	岳办〔2019〕51号	《关于成立湘潭市岳塘区建设高品质生活社区工作领导小组的通知》
35	岳办〔2019〕52号	《关于湘潭市岳塘区机关事业单位工作人员2018年度考核情况的通报》
36	岳办〔2019〕54号	《关于推进制造强区工作的通知》
37	岳办〔2019〕56号	《关于进一步明确脱贫攻坚工作任务的通知》
38	岳办〔2019〕57号	《印发〈关于举办庆祝中华人民共和国成立70周年“我和我的祖国”大合唱比赛活动方案〉的通知》
39	岳办〔2019〕64号	《关于调整〈区级领导联点安排表〉的通知》
40	岳办〔2019〕65号	《关于调整湘潭市岳塘区实行最严格水资源管理制度工作领导小组的通知》
41	岳办〔2019〕66号	《印发〈湘潭市岳塘区关于加强社区工作者队伍建设的实施细则（试行）〉的通知》
42	岳办〔2019〕67号	《关于印发〈岳塘区第十届文化艺术节工作方案〉的通知》
43	岳办〔2019〕68号	《关于印发〈岳塘区关于贯彻落实《湖南省深入推动长江经济带发展重点工作实施方案》的工作方案〉的通知》
44	岳办〔2019〕69号	《关于印发〈湘潭市岳塘区2019年科级领导班子和领导干部绩效考核实施方案〉的通知》
45	岳办〔2019〕70号	《关于印发〈岳塘区马路市场整治规范和集贸市场建设管理专项行动方案〉的通知》
46	岳办〔2019〕71号	《关于印发〈岳塘区2019年度脱贫攻坚工作责任分工表〉的通知》
47	岳办〔2019〕72号	《关于建立岳塘区经济责任审计工作联席会议制度的通知》
48	岳办〔2019〕73号	《关于表彰2019年全区抗洪抢险先进单位和先进个人的决定》
49	岳办〔2019〕74号	《关于成立岳塘区平安建设领导小组的通知》
50	岳办〔2019〕75号	《关于曹炯芳书记在岳塘区工作现场办公议纪要的请示》
51	岳办〔2019〕76号	《关于进一步加强和规范请示报告工作的通知》
52	岳办〔2019〕77号	《关于做好2020年度全区党报党刊发行工作的通知》
53	岳办〔2019〕79号	《关于印发〈湘潭市岳塘区污染防治攻坚战2018—2020年度工作方案〉的通知》
54	岳办〔2019〕80号	《关于在全区组织开展党的十九届四中全会精神集中宣讲工作的通知》
55	岳办〔2019〕81号	《关于成立湘潭市岳塘区双拥工作领导小组的通知》
56	岳办〔2019〕82号	《关于印发〈岳塘区推动长株潭一体化三年行动计划（2019—2021年）〉的通知》
57	岳办〔2019〕83号	《关于转发〈中共湘潭市委办公室湘潭市人民政府办公室关于做好2020年元旦春节期间有关工作的通知〉的通知》
58	岳办〔2019〕84号	《关于印发〈中共湘潭市岳塘区委党校（湘潭市岳塘区行政学校）职能配置、内设机构和人员编制规定〉的通知》
59	岳办〔2019〕85号	《关于印发〈湘潭市岳塘区优化营商环境协调事务中心职能配置、内设机构和人员编制规定〉的通知》

（刘平安）

组织工作

【概况】 2019年，根据《岳塘区机构改革方案》的要求，为加强区委职能部门的统一归口协调管理职能，区委组织部统一管理区委机构编制委员会办公室、公务员工作，区委老干部局、区直属机关工委并入组织部；对外加挂非公有制经济组织和社会组织工作委员会、公务员局、老干部局、直属机关工作委员会牌子。区委党员教育中心（区委党员干部现代远程教育中心）为区委组织部所属副科级公益一类事业单位。

截至2019年12月，中共岳塘区委下辖基层党（工）委21个，基层党总支76个，基层党支部518个，共有党员14652名，其中预备党员129名，占党员总数的0.88%；女党员6119名，占党员总数的41.8%；少数民族党员57名，占党员总数的0.39%。

在区委的领导和市委组织部的指导下，岳塘区委扎实践行新时代党的组织路线，聚焦质量提升，抓思想提能力、选干部配班子、强基层打基础、育人才聚贤能，为建设“四新岳塘”、建功“大美湘潭”提供坚强组织保证。

【干部教育培训】 强化党员干部理论武装。扎实推进“不忘初心、牢记使命”主题教育，68家参与单位、640个基层党组织、1.4万余名党员实现全覆盖、全参与。湖南卫视《新闻联播》栏目专题采访报道区云峰社区基层减负情况。举办基层党组织书记、党务专干等培训班50多期6400余人次。党的理论政策宣讲小分队和“送党课下基层”师资团开展宣讲300余场次，五爱村承办全市党的理论政策基层宣讲现场调度会。盘龙生态农业示范园入选市党员教育培训示范基地。

【党建工作】 全面提升党建工作质量。深入推进党支部“五化”和高品质生活社区建设，全区有60个基层党组织被评为市级五星党支部，建成18个小区党建阵地，实施十大实事项目，重点推进2个示范街道和11个市级示范点建设。抓党建促脱贫攻坚，组织1301名机关党员干部开展结对帮扶工作。深入开展“三员三创三行动”，建立君子莲和福星国际金融中心核心商圈党建联盟，推进岳塘国际商贸城专业市场党建。实行村（社区）干部、发展党员“联审制”，深入推进扫黑除恶专项斗争。

【主题教育】 扎实开展“不忘初心、牢记使命”主题教育。区委成立由区委书记任组长的领导小组，22名区级党员领导干部分别联系指导1个基层单位，抽调政治素质好、责任心强的82名党员领导干部组建办公室及9个指导组，从严从实抓好部署落实、指导督促。区委常委会带头，分专题、有侧重地交流研讨，做到学中有悟、思中有进。基层党支部结合主题党日，开展集中学习480余次、革命传统教育300多场次。深入开展调查研究，全区县处级党员领导干部和68家党委（党组）领导班子成员共撰写调研报告293篇。全区各级领导班子整改问题1223个，围绕居民群众所期所盼，紧盯失地农民社保、老旧小区改造、基础设施建设等问题，推动专项整治向基层一线延伸和拓展。

【党建领航工程】 深入推进“党建领航工程”。全面推进“火车头”、“后备军”、“人才库”、谈心交心、“三力”提升、夯基固本计划。突出政治建设，开展第一批区管领导班子和领导干部政治建设考察，严格落实党委（党组）理论学习中心组学习制度，进一步优化领导班子结构。加强年轻干部的选拔培养。继续抓好“5+1”人才工作平台建设。落实“四级谈”“四必谈”“四联谈”工作机制，谈心交心活动成为常态化。践行“四责四诺”，落实“五联五问”。

【基层党建工作】 压紧压实党建主体责任。区委领导带头履行基层党建责任，均联系指导一个以上基层党支部，分别到联系点讲一次党课、召开一次党建工作推进会，对联点村、社区、非公企业等基层单位进行全面走访，开展软弱涣散基层党组织排查和整顿工作。完善月调度、季讲评、年述职制度，区委把基层党建工作纳入“同业对标”管理、领导班子绩效考核、党组（党委）书记年度述职的重要内容，每季度初下达基层党建任务清单，每季度末听取各街道党工委书记述职，并对各党（工）委、党组（党委）进行考核排名。

【基层组织建设】 全面加强基层组织建设。深入推进党支部“五化”建设，根据各领域不同特点和工作要求，在对照细则自查整改的基础上，全面开展评星定级工作，60个基层党组织获评市级“五星党支部”，推荐45个基层党组织申报第三批。统筹推进各领域基层党建整体提升。在城市，围绕建设高品质生活社区，开展十大实事项目，重点推进2个示范街道和11个市级示范点建设。按照党组织、党建阵地、人员力量、党建活动“四进小区”的要求，建成葩金社区松涛里小区等18个小区党建阵地，不断擦亮岳塘党建品牌，形成值得推介的经验和做法。在农村，抓党建促脱贫攻坚，督促指导16个行政村制定2019年度村级集体经济发展方案，明确年度任务和工作目标；制定《岳塘区驻村帮扶工作队员管理办法》，配齐配强区派驻村帮扶队长12人，组织1301名机关党员干部开展结对帮扶工作。在国有企业、中小学校、公立医院，加强党的领导，加大在业务骨干中发展党员的力度，推动支部活动与业务工作有机结合。

【机关党的建设】 抓好抓实机关党的建设。建立和完善机关工委委员联系支部制度，每月下发机关党建重点工作提示，开展集中业务检查与评选2次。依规依程序指导27个机关总支、支部进行换届选举和改补选。引导机关党员带头参加“两创一深化”、项目建设、扫黑除恶专项斗争等中心工作。

【两新党建】 创新推进两新党建工作。聚焦产业发展、商圈繁荣和创新创业，选育66个条件成熟的两新党组织，深入开展“三员三创三行动”，指导岳塘国际商贸城推进专业市场党建，打造福星金融商务区党建服务中心，推进商圈楼宇党建，深化长塘创新创业街“创新创业创先锋”红色党建品牌，12家两新党组织获评市级“五星党支部”。

【基层组织保障】 不断夯实基层组织保障。完善村、社区运转经费和干部报酬逐年递增机制，实行村、社区工作考核奖励，2019年村、社区运转经费分别提高至30万元/年、60万元/年。制定《岳塘区加强社区工作者队伍建设实施细则》，规范村级党组织书记和社区工作者档案管理。全区61个村（社区）配齐配强专职党建员。开展村（居）“两委”成员违纪违法涉黑涉恶排查，整顿村级软弱涣散基层党组织4个，基础薄弱、问题较多基层党组织7个。

【干部队伍建设】 坚持把政治标准放在首位。开展区管领导班子和领导干部政治建设考察，提拔重用牢固树立“四个意识”、坚定“四个自信”、坚决维护党中央权威、全面贯彻执行党的理论和路线方针政策、忠诚干净担当的干部。认真贯彻落实《关于进一步激励广大干部新时代新担当新作为的意见》，优先使用长期在征地拆迁、综治维稳、项目建设等基层一线工作并取得突出成绩的干部，全年提拔和进一步使用的91名干部中，在街道工作的有33人，在项目、维稳、办案一线或艰苦岗位工作的有25人。充分盘活干部资源。按照省、市统一安排部署扎实做好公开比选工作，严格落实“组织推荐、资格审查、公开比选、深入考察、体检、区委决定、公示”等相关工作程序，从村（社区）党组织书记、街道事业编制人员、选调生三类人员38名参选对象中择优选拔9名优秀干部进入街道班子任职。统筹机构改革新设事业单位人员调配，积极拓宽选人用人渠道，从街道、区直部门、教育、卫健等系统选拔部分素质较高、工作实绩较为突出的干部任职。

【干部监督管理】 切实加强干部监督管理。全区副科级以上领导干部按要求填报《领导干部个人有关事项报告表》和《防止利用领导干部名义“提篮子”“打牌子”有关情况报告表》。完善“12380”举报电话、网络、信访“三位一体”的举报受理平台。及时发现和解决干部队伍中的苗头性、倾向性问题，提醒谈话4人。凝聚和激发老干部正能量。加强离退休干部党组织建设，全区已成立离退休干部党支部13个，区教育局、区人民检察院被评为市级示范离退休干部支部。结合“三会一课”、主题党日，组织老干部参加座谈会、政治理论学习等。组织离退休干部开展“献礼共和国·银龄展风采”、“辉煌70年，我（我的家）和我的祖国”老少抒怀颂党恩等一系列主题活动，并到村（社区）进行党建指导，参加清洁家园，文明劝导、关爱贫困儿童等系列志愿服务活动。办好老干部（老年）大学春秋季班。

【公务员管理】 规范高效做好公务员工作。全面核实全区进行公务员（参公）登记人员身份、任职等信息，做好涉改单位公务员（参公人员）调整划转工作。积极稳妥推进公务员职务与职级并行制度实施工作，完成编制情况审核和职数核算。公务员流动调配、调任工作等正常有序开展。

【人才工作】 提升人才管理服务水平。建立区级领导联系服务专家工作制度，持续向专家人才宣讲中共路线、方针、政策，听取社情民意和工作建议，解决具体困难和实际问题。积极组织“弘扬爱国奋斗精神、建功立业新时代”活动。依托产业园区、区级平台公司，围绕项目建设、产业发展需求，积极引进急需人才、技能人才。长塘创新创业街设立博士工作室，与街区科技型企业开展更广泛的技术研发合作。抓实“5+1”人才工作平台，组织推荐许伦等5人成功评选为全市第三批优秀人才。

【党员干部教育培训】 有序开展各类干部培训。2019年区本级相继举办学习贯彻党的十九大精神专题培训班、街道机关干部培训班、机关事业单位党组织书记培训班、村（社区）主职干部培训班、两新党组织书记培训班、党建员培训班、青干班等20期，累计培训3000余人次；区直各部门举办培训班32期，累计培训3800余人次；选送干部参加省、市培训班150余人次。

推进党员教育常态化。建立市级党的理论政策和全区“送党课下基层”师资团两支宣讲队伍，通过“点单式”邀请、“统筹式”安排、“主动式”联系等方式，25名宣讲员深入全区街道、村（社区）、党政机关、企事业单位、两新组织，结合主题党日、三会一课、农村党员冬春训等党内组织生活，开展宣讲活动292场次。

拓展学习教育平台。利用党员干部现代远程教育站点，开展教育学习活动。督促全区600余名干部网络学院学员完成在线学习50个学时。推荐52人参加全市“一村一大”农民大学生培养，超额完成任务。组织脱贫攻坚业务知识考试、入党积极分子考试等累计3200余人次。选送精品微课程参加教育资源评选，湘机小学教育集团党总支的微视频《最美的未来》在人民网发布。 （易文彬）

宣传工作

【概况】 中共湘潭市岳塘区委宣传部（以下简称区委宣传部）对外加挂区新闻出版局（区版权局）、区精神文明建设指导委员会办公室牌子。中共湘潭市岳塘区委网络安全和信息化委员会办公室设在区委宣传部。区委宣传部内设综合办公室，归口管理岳塘区融媒体中心（正科级公益一类全额拨款事业单位）。2019年有编制10个（部机关行政编制5个，区融媒体中心全额拨款事业编制5个），在编在岗7人（部机关4人，区融媒体中心3人，其中副县级1人，正科级2人，副科级3人，科员1人）。

【理论武装】 2019年，区委宣传部在中共岳塘区委的正确领导下，坚持以习近平新时代中国特色社会主义思想为指导，深入学习贯彻中共十九大及中共十九届二中、三中、四中全会精神，扎实开展“不忘初心、牢记使命”主题教育，增强“四个意识”，坚定“四个自信”，做到“两个维护”，坚持“创新、开放、合作、移动优先”的总体思路，通过强基础、转方式、调结构、改作风、抓亮点，为全区经济社会发展提供良好的思想保障、舆论支持、精神动力和文化引领。围绕中心，把准基调，突出理论武装实效。把习近平新时代中国特色社会主义思想和中共十九大及十九届二中、三中、四中全会精神作为区委理论学习中心组集中学习的主线，坚持学习研究相结合，坚持原原本本学，做到真学真懂、真信真用。制定下发《2019年岳塘区委理论学习中心组专题学习重点内容安排》，组织学习13次，编印《学习参考》5期。着力推进“学习强国”平台的推广使用，2019年度全区注册学员13370人，覆盖率93.3%，覆盖率居全市第一。充分利用传统媒体、新媒体、公益广告和文艺演出等方式，构建起多维传播网络，使习近平新时代中国特色社会主义思想深入人心。结合“一创两深化”、扫黑除恶专项斗争和庆祝中华人民共和国成立70周年等主题，在全区主次干道、居民小区、背街小巷等点位刊播公益广告1000余处，营造浓厚的学习宣传氛围。

【意识形态建设】 提高站位，健全机制，强化意识形态责任。严格落实党委主体责任、第一责任人责任、直接责任人责任、“一岗双责”责任，形成一级抓一级、层层抓落实的责任体系。按照落实意识形态工作责任制“四个纳入”和“四个一同”的工作要求，定期进行专题研究部署，要求各部门、单位把意识形态工作纳入全年工作要点，切实当好意识形态工作领导者、推动者、执行者。2019年区委常委会议专题研究意识形态工作4次，召开意识形态工作联席会议2次，在每月区委党建工作调度会上均对意识形态工作进行安排部署。将意识形态工作纳入“同业对标”考核和《岳塘区2019年度科级领导班子和领导干部绩效考核》，考核结果作为干部评价使用或奖惩的重要依据。全面完成《关于落实述职评议点评、绩效评估扣分反映的意识形态领域问题的整改》《关于落实意识形态工作责任制述职评议及专题督查反馈意见的整改》《关于落实区委书记述职评议点评存在问题的整改》等3项整改任务，及时将整改情况向上级报告。

【舆论引导】 守正创新，服务大局，壮大舆论引导声势。紧紧围绕庆祝中华人民共和国成立70周年、扫黑除恶、“三大攻坚战”、创建全国卫生城市等中心工作开展主题宣传，为全区经济社会发展营造良好的舆论氛围。2019年在《湖南日报》发稿48篇，其中头版头条1篇，市州版头条7篇；《湘潭日报》发稿700多篇，其中头版头条7篇。着力推动新闻业务向“短视频”转型。开通“小岳有约”抖音短视频公众平台，2019年发布作品140篇，拥有粉丝近千人，总获赞4万个。推出原创歌曲《岳塘》MV，引起较大反响。组织开展“我向国旗敬个礼”快闪活动，并制作《和祖国在一起》MV，激发全区各界人士爱国热情。全面启动区融媒体中心建设，全区新闻宣传平台进一步做大做强。适应现代传播理念，区委宣传部、区融媒体中心均分别设计制作LOGO，并面向社会征集岳塘卡通形象。

【网络文明传播活动】 重心下移，夯基固本，加强网络阵地监管。强化网信工作组织领导，成立以区委书记为主任的网络安全和信息化委员会，组建区委网络安全和信息化委员会办公室。区委常委会专题研究网信工作，审议通过《岳塘区网络安全和信息化委员会办公室工作细则》。组织开展网络安全大检查和网络安全宣传周活动。加强网络安全建设，对区政府门户网及智慧岳塘系统进行三级等保，不断筑牢网络安全防线。进一步完善网络安全工作制度，全区各街道和相关区直部门建立健全网络安全责任制度和网络安全应急预案。加强网信队伍建设。加强对社会宣传特别是户外广告、户外电子显示屏的督查，确保内容规范，发现问题做到第一时间修正，形成“人人都是监管者”的管理机制。

【文化交流】 突出重点，凝聚合力，文明创建成果显著。开展庆祝中华人民共和国成立70周年系列主题活动，组织广大党员群众向道德模范、时代楷模等先进典型学习，大力弘扬践行爱国主义精神和社会主义核心价值观。精心组织开展“最美奋斗者”“时代楷模”各级各类道德模范的宣传推介。湘潭市公安局交通警察支队岳塘大队、湘潭市第六人民医院护士方婷荣获“湖南好人”称号。统筹推进“一创两深化”，开展文明创建“八大”整治活动，累计开展集中整治200余次，整治店外经营6000余处，劝导流动摊点近7500余个，城市风貌和精神面貌持续改善。在全市2019年度创文绩效考核中名列第一。高度重视未成年人思想道德建设，认真开展“扣好人生第一粒扣子”、向国旗敬礼、传统文化进校园等主题活动，评选出10名岳塘区“新时代好少年”，建设路学校范艺婷、湘钢二中丁悦被评为2019年湘潭市“新时代好少年”，火炬学校罗浥畅被评为湖南省“新时代好少年”。全区16个村、45个社区均已建立健全“一约四会一队”群众自治组织及章程，倡导文明节俭操办婚丧喜庆事宜。全区有清水村等5个村获评市级“文明村”，联合村、荷塘村获评省级“文明村”，阳塘村获评全国“文明村”。组织开展“最美乡风人物”“最美家庭”等评选活动，荷塘街道宋伟家庭被全国妇联授予“全国最美家庭”称号。成功举办湖南省首届“最美新乡贤”评选表彰暨“汇聚新乡贤德润满三湘”文化交流活动，有效发挥“新乡贤”在脱贫攻坚、乡村振兴、移风易俗等方面的示范引领作用。

【思想道德建设】 精准引导，创建带动，“扫黄打非”全面激活。大力开展“扫黄打非”行动，通过电子显示屏滚动刊播、派发宣传单、现场讲解、媒体报道和公开举报方式等，进一步提升群众的知晓率和参与度，引导广大人民群众积极参与“扫黄打非”工作。坚决按照庆祝中华人民共和国成立70周年、“扫黄打非”30周年总体部署，深入开展清源、固边、净网、护苗、秋风五大专项行动。全力加强“扫黄打非”基层站点的规范化标准化建设。2019年度已经完成全区9个街道、45个社区的“两化”建设，完成率达77%。下摄司街道成功创建成为全区第三个省级“扫黄打非”基层示范点。

【制度建设】 统筹谋划，深化改革，机关建设章法有度。制订区委宣传部建设规划纲要，对2019年、2020年宣传部自身建设进行总体擘画。重新梳理内部各项制度，查漏补缺，对工作流程进行简化优化，对公文办理重新设定，各项工作有法可依、有章可循。优化调整人员结构，调出3人，调入3人，虽然人员调整较大，但主体未变、核心力量未减弱，全年工作稳中有进。完善部务会会议制度，将学习放在首要环节，学习内容除新思想、宣传工作等内容外，还拓展到经济、人文、社会等多方面，开拓班子成员思路和视野。加强对巡察问题整改，从严执行“三重一大”“三会一课”等廉政勤政各项制度，做到部务规范运行。 （伍阳春）

融媒体

【概况】 2019年3月13日根据《关于岳塘区机构改革涉改科级事业单位调整的批复》将区互联网管理中心承担的行政职能划入区委宣传部，相关公益服务职责与区广电服务中心的公益服务职责整合，组建区融媒体中心，为区委宣传部所属正科级公益一类事业单位，不再保留互联网管理中心。

岳塘区融媒体中心的主要职责是宣传党的理论和路线方针政策，宣传区委、区政府的决策部署，宣传推介岳塘经济社会发展的成就，为全区经济社会又好又快发展提供舆论支持；坚持党管媒体和正确舆论导向，围绕区委、区政府中心工作，组织运用好传统媒体及网站、微信公众号、手机App等新媒体平台创作生产，采访、编辑、刊播新闻宣传精品，完成好全区新闻宣传工作计划和任务；协助做好中央及省、市各级各类媒体外宣稿件的组织、编辑和传递。2019年3月岳塘区融媒体中心筹建领导小组成立，积极开展筹建融媒体中心的各项工作。在单位机构设置和人员编制上，区融媒体中心为正科级公益一类事业单位，核定事业编制5个，明确一正一副2个职数。中心现有员工22人，其中在编在岗3人，聘用12人，初步形成较为有力的技术和人才支撑。

【融媒工作创新】 平台融合领先做实。2019年6月，率先与《湖南日报》签订融媒体中心建设合作协议。依托《湖南日报》社的技术平台，建成岳塘区融媒体中心云平台和“i岳塘”手机客户端，实现所属客户端、WAP手机网、PC网站、微博、微信等平台的集中管控和一键分发。谋划《岳塘新闻汇》《岳塘发布》《民生热线》《故事汇》《小岳有约》等栏目和频道，并将各栏目制播情况纳入同业对标考核，有效地调动区直部门和街道加强宣传工作创新的积极性。

【融媒场所建设】 场地经费优先抓实。区委、区政府在融媒体中心建设经费上优先保障，在区级财政压力较大的情况下，将融媒体中心建设费用列入2019年政府债券资金，充分保障到位。场地上经多方选址、协商、谈判，与长塘集资委签订场地租赁合同。2019年8月经招投标、建设装修、设备采购，于12月底验收竣工。本着满足使用的情况下最大限度地厉行节约，建设场地花费不到160万元，打造功能齐备、独具岳塘特色的融媒体中心，成为全省推进县级融媒体中心建设以来的第一批互联网新闻信息服务许可审批单位。

【融媒制度建设】 制度建设抢先夯实。建立健全策划、采集、编辑、发布、评价的闭环工作机制，先后制定并通过《薪酬管理与绩效考核》《财务管理》等各项制度，对各平台审稿流程、请假、加班及培训等审批程序予以规范。明确编委会为中心议事决策机构，下设总编室、新闻采访部、视频技术部、综合办四个部门的组织架构。在结合工作实际与发扬民主的前提下，对员工岗位安排及职责进行重新调整和划分。通过资源整合、流程优化、队伍组建等一系列调整，使员工、业务、管理从“相加”到“相融”。

【融媒宣传动态】 突出宣传重点，传播岳塘声音。岳塘区融媒体中心舆论引导工作坚持守正创新，紧紧围绕庆祝中华人民共和国成立70周年、扫黑除恶、“三大攻坚战”、创建全国卫生城市等中心工作开展主题宣传，为全区经济社会发展营造良好的舆论氛围。工作开展期间，在《湖南日报》发稿48篇，其中头版头条1篇，市州版头条6篇；《湘潭日报》发稿699篇，其中头版头条7篇。

顺应形势发展，创新宣传方式。开通“小岳有约”抖音短视频公众平台，已发布作品700余篇，总获赞38000多个，着力将新闻业务向“微视频”延伸、拓展。组织原创歌曲《岳塘》MV的拍摄制作，并广泛传播，引起较大反响。组织“我向国旗敬个礼”快闪活动，并推出《和祖国在一起》MV，充分激发全区各行各业、各界人士礼赞中华人民共和国70华诞的爱国热情。

推进融合发展，打造新媒体品牌。全面推进区融媒体中心建设工作，12月份区融媒体中心正式挂牌运行。区委宣传部、区融媒体中心设计制作LOGO，并投入使用；面向社会广泛征集岳塘卡通形象，并按照程序评选出“岳岳”和“塘塘”等六组优秀作品，加强人文岳塘建设。

在区委宣传部的组织下，区融媒体中心派专人参加理论宣讲团，开展中共十九届四中全会精神宣讲，做到街道、社区（村）全覆盖。充分利用传统媒体、新媒体、公益广告和文艺演出等方式，构建起多维传播网络，使习近平新时代中国特色社会主义思想深入人心。结合“一创两深化”、扫黑除恶专项斗争和庆祝中华人民共和国成立70周年等主题，在全区主次干道、居民小区、背街小巷等点位刊播公益广告1000余处，营造浓厚的宣传氛围。

2019年，岳塘融媒全面推进岳塘区新闻机构、传媒资源和传播平台优化整合，努力在“融”字上下功夫，以大融小，以主流融支流，加速实现机构、内容、渠道、平台、人员、管理等全方位的深度融合，朝着打造城区融媒体中心建设标杆稳步前进。（于 杨）

统战工作

【概况】 中共湘潭市岳塘区委统一战线工作部是区委工作机关，为正科级，加挂民族宗教事务局牌子，对外使用区政府侨务办公室名称。2019年机构改革区委统战部行政编制由3人增加到4人，在编在岗人员3人，区委常委、统战部部长1人，常务副部长1人，副部长1人。

【多党合作共谋发展】 主要工作职责是贯彻落实中央对统一战线工作的政策法规和工作要求，发挥区委在统战工作方面的参谋机构、组织协调机构、具体执行机构、督促检查机构作用；协调开展全区统一战线理论研究；发现、培养党外代表人士，负责党外人士的政治安排；贯彻落实党的宣传工作方针，统筹推进全区统一战线宣传工作；联系各民主党派基层组织；贯彻落实党中央关于民族宗教工作方针和政策；联系、培养无党派代表人士，支持、帮助无党派人士加强自身建设、发挥作用；团结、服务、引导、教育非公有制经济人士，促进非公有制经济健康发展和非公有制经济人士健康成长；统一领导全区海外统战工作，牵头开展港澳统战工作，开展对台统战工作；统一管理全区侨务工作；受区委委托，领导工商联党组，指导区工商联工作；统一战线有关单位和团体的管理工作；完成区委交办的其他任务。

2019年，在市委统战部的正确指导下，岳塘区委统战部坚持以习近平新时代中国特色社会主义思想为指导，认真贯彻落实国家及省、市关于统一战线工作的重大决策部署，紧紧围绕中心，服务大局，充分发挥统一战线独特优势，各领域统战工作展现出新气象新作为。区委统战部被中共中央统战部、中国统一战线杂志社评为宣传工作先进单位。区工商联被全国工商联通报表扬，获得民营企业调查点工作示范单位称号。建设路街道被评为省级“民族团结进步示范街道”创建单位，霞光社区被评为全国民族团结进步示范社区。

以支部示范建设为重点，不断巩固多党合作良好格局。岳塘区辖区范围内有7个民主党派、15个支社，各民主党派人士1888人。为推进多党合作事业发展，岳塘区加快规范化、程序化建设，在联谊交友中统一思想，在政治引导中凝聚共识。区委常委领导围绕“五个一”（开展一次交心谈心、委托一个课题调研、开展一次走访慰问、出席一次有关活动、解决一个工作难题）、“三个带头”（带头学习宣传和贯彻落实党的统一战线理论、方针、政策和法律法规，带头参加统一战线重要活动，带头广交深交党外朋友）开展联谊交友活动。成立党外知识分子联谊会、岳塘智库、产业人才俱乐部，并组织智库人员对岳塘未来10余年发展方向建言献策20余条。2019年11月28日，湘潭市新的社会阶层人士联合会岳塘团成立，全年共组织专题培训3次，打造一个新的社会阶层人士创新实践基地，并开展一次关于岳塘区城市发展战略调研的征文活动，组织一次消费扶贫活动等等，为建设“四新岳塘”凝聚新智慧、汇聚新力量作出贡献。为加强政治引领广泛凝聚共识，区委统战部送学上门鼓励民主党派建言献策，并赠送“不忘初心、牢记使命”主题教育书籍及中国共产党党史等相关书籍。支持各民主党派开展“不忘合作初心、继续携手前进”主题教育活动。

【新的社会阶层人士统战工作】 以联商聚才为中心，服务非公经济“两个健康”发展。围绕民营企业党组织作用发挥情况开展调研，共走访经开区、9个街道和30多家民营企业，对党组织在企业生产、经营、凝聚人心促发展、促进“两个健康”等方面作用开展调研。对街道商会组织建设情况开展调研，全面了解街道商会在参与区域内“五位一体”建设和“四新岳塘”建设发挥的积极作用。加大非公经济人士政治安排力度。积极向区人大、区政协以及其他社会组织推荐符合条件的非公经济人士，2019年共安排36名非公经济人士进入人大、政协和区新阶联、市区工商联（总商会）执委、常委等，通过各种途径加大对非公经济人士的政治安排力度，不断激发非公经济人士参政议政和参与社会治理的热忱。开展“百企联百村”“千企联万户”和“户帮户、亲帮亲，互助脱贫奔小康”三大主题活动积极助力脱贫攻坚。聘请30位乡贤和经济发展能人担任16个村的“乡村振兴顾问”，为乡村发展、乡村治理出谋划策，贡献智慧。区工商联在民营企业开展“农村环境整治‘六个一’”和“创建国家卫生城市‘五个一’”活动，为美丽乡村建设贡献民企力量。

【侨务工作】 以联谊服务为要务，大力涵养侨联海外统战资源。一是推进基层组织建设，拓宽工作覆盖面。岳塘区已有6家社区侨联小组。二是弘扬中华文化，讲好中国故事，协办2019年“寻根之旅”夏令营活动，召开“侨这七十年”读书分享会、诵读会，组织归侨侨眷收看庆祝中华人民共和国成立70周年大阅兵。三是广泛联谊交友，服务经济发展。接待回乡探亲的旅美华侨教授，邀请苏格兰国际发展局食品及饮料行业主管郑桂倍、英国西南地区商会中国市场负责人等客商到岳塘区考察，并洽谈招商引资计划。四是落实中国侨联、省侨联和市侨联改革方案要求，出台《岳塘区侨联改革方案》，深化机构改革，加强自身的建设。五是关爱侨界人士，服务侨界群众，开展“幸福新岳塘 侨界有温情”走访慰问活动。全年共走访慰问归侨侨眷40余户，送去慰问金、物资共计3万余元。

【宗教活动场所管理】 有效规范民族宗教事务管理。岳塘区内有宗教场所10个，其中，佛教2个，道教4个，基督教4个，辖区内信徒约3.6万人，占全区总人口的10%左右。省级重点活动场所1处，市级重点活动场所3处。一是民族团结进步工作全面提升，铸牢中华民族共同体意识，深入持久开展民族团结进步创建，推动“六进”活动。邀请省民宗处处长彭天忠为全区民宗专干进行业务培训。二是宗教工作坚实有力。在全区宗教界倡导开展“五进五好”活动，探索“三员三访五查四主”工作模式，深入10个宗教场所进行走访，对宗教场所全面开展安全隐患排查和财务检查，与宗教界人士交心谈心，支持宗教界加强自身建设和人才培养，积极教育引导宗教教职人员和信教群众树立爱国观念，赠送十九大报告、核心价值观、政策法规、中华优秀文化等书籍进宗教场所。

【助力优化营商环境】 创新推进岳塘国际商贸城“同心之家”建设。岳塘国际商贸城项目是市级“同心项目”，通过初步摸底，岳塘国际商贸城1.3万个商铺全面营业之后，新增统战对象达到5000人左右。在市委统战部的领导下，积极推进国家及省一流的“同心之家”建设，将其打造成全市统战观摩、业务培训的基地和省级新的社会阶层人士实践创新基地，为新的社会阶层人士提供“创业、办公、社交、生活”等立体化、一站式服务平台。

打造长塘创新创业街新的社会阶层人士实践基地。街区共有新的社会阶层人士296人，打造“一园一室一空间”（同心家园、同心讲室、创客空间）新的社会阶层人士工作平台，搭建双创、青年志愿、医疗志愿、教育培优等四大同心服务团。截至2019年9月，基地实现产值6.2亿元，同比增长25%；税收3280万元，同比增长28%；安置就业人数4000余人（外街3200余人、基地800余人），新增就业人数300余人，新增个体户和企业500多家，为区域经济发展贡献力量。接待安徽省六安市街新双创考察团一行到长塘创新创业街新的社会阶层人士实践基地进行参观学习。

党管统战形成新合力。区委高度重视统战工作，召开全区统战和民族宗教工作会议，严格落实“四个纳入”“四个带头”要求。完善区委领导与党外人士联谊交友制度，特别将新的社会阶层人士列入区委领导联谊交友对象，通过调研、座谈、走访等多种形式，进一步营造协调合作、同心共进的良好氛围。下发《关于进一步做好区委领导同志与统战人士联系交友工作的通知》，区委常委领导围绕“五个一”“四个带头”开展联谊交友活动。

【民族宗教工作】 民族宗教工作。2019年，岳塘区进一步建立完善区、街道、村三级宗教工作网络和落实街道、社区两级宗教工作责任制，明确区、街道、社区三级网络两级责任，做到层层明确任务、压实责任、严格管理。将民族宗教工作纳入全区同业对标考核，强化责任的落实，着力解决宗教干部在宗教事务管理中“不愿管、不能管、不敢管、不会管”的问题和末端责任缺失、断档、断线、断层的问题，打通宗教管理的“最后一公里”。按照市委部署和岳塘实际，岳塘区列出整改工作方案五个方面的问题，严格对标对表按照责任分工，逐项明确任务措施，规定时间内整改到位。紧紧盯住问题不放，建立整改台账，实行销号管理，切实做到不解决问题不松手、不收兵。在区委、区政府高度重视下，向湘潭市人民政府汇报关于落实湘潭市人民政府市长张迎春对《朝南观音寺来信事项》批示精神的情况报告。深入持久开展民族团结进步创建，推动“六进”活动。指导建设路街道霞光社区全国民族团结进步示范单位揭牌及巩固成果，指导岳塘岭社会和江滨社区申报创建省级民族团结进步示范单位，2019年，岳塘区建设路街道获评省级民族团结进步示范单位，岳塘区民宗局被市民宗局申报为省级民族团结进步先进单位。

【民主党派工作】 各民主党派积极建言献策，2019年各民主党派共在市人大代表会议上提出建议3条，在岳塘区人大代表会议上提出建议5条，并最终得到采纳；在市政协委员会议上提交提案10余个，在岳塘区政协委员会议上提交提案20余个，都得到采纳。在社情民意上共提交30余条社情民意，有10余条被政协采用，其中《让岳塘区的招商引资工作再升级、再突破》《促进岳塘“生态绿心地区”保护及发展的建议》提案选入岳塘区政协大会发言；民革岳塘三支部的彭建湘2019年10月执笔完成民革省委重点调研课题“关于推动我省机电产业深度融入一带一路产能合作的思考与建议”，获民革湖南省委调研成果一等奖。鼓励各民主党派建设规范化支社，在区委统战部的指导下，有5个支社已打造成规范化支社，实现活动场所制度、会员之家标牌、民主党派活动风采上墙。为加强政治引领广泛凝聚共识，区委统战部送学上门鼓励民主党派建言献策，并赠送“不忘初心、牢记使命”主题教育书籍及中国共产党党史等相关书籍。支持各民主党派开展“不忘合作初心、继续携手前进”主题教育活动。

【党外知识分子工作】 平台作用不断巩固。成立党外知识分子联谊会、岳塘智库、产业人才俱乐部，并组织智库人员对岳塘未来10余年发展方向建言献策20余条。2019年11月28日，湘潭市新的社会阶层人士联合会岳塘团成立，

2019年共组织专题培训3次，打造一个新的社会阶层人士创新实践基地，并开展一次关于岳塘区城市发展战略调研征文活动，组织一次消费扶贫活动等等，为建设“四新岳塘”凝聚新智慧、汇聚新力量做出贡献。

【统战服务非公经济发展】 服务非公经济工作。开展“百企联百村”“千企联万户”“户帮户亲帮亲 互助脱贫奔小康”活动巩固脱贫成效。在全区重点组织发动30家左右民营企业、商会帮扶全区16个村和150户左右建档立卡贫困户，为全区巩固脱贫成效贡献力量。聘请村乡村振兴顾问、产业扶贫指导员。为促进贫困户脱贫后逐渐走向富裕，加快适合村级产业的发展，建设美丽乡村，实现乡村振兴，聘请30多名非公经济人士为岳塘区16个村的乡村振兴顾问、产业扶贫指导员，为脱贫攻坚事业、村集体经济发展，建设美丽乡村，实现乡村振兴贡献智慧和力量。引导组织非公企业积极参与“建设美丽乡村，实现乡村振兴”工作。聘请30位有思想、有影响、有实力的企业家到16个村担任乡村振兴顾问，为美丽乡村建设实现乡村振兴出谋划策，开展整治乡村“五个一”和创建国家卫生城市“六个一”活动，通过活动开展，达到改变不良习气，实现环境优美的成效。（向 晶）

机构编制

【概况】 区委机构编制委员会办公室（以下简称区委编办），作为区委机构编制委员会的办事机构，承担委员会日常工作，作为区委工作机关，对外使用区事业单位登记管理局名称，归口区委组织部管理。2019年7月，区委编办所属事业单位区机构编制实名制数据管理信息中心更名为区机构编制实名制数据信息中心，为股级公益一类事业单位。

2019年，岳塘区委编办认真贯彻落实中共十九大和十九届三中、四中全会精神，在区委的正确领导和市委编办的指导下，全面完成党政机构改革任务，调整优化机构编制资源配备，进一步加强部门自身建设，各项工作有条不紊地进行。

【党政机关机构改革】 党政机构改革。改革方案报批工作。2018年底草拟《岳塘区机构改革方案》审议稿，经多次征求意见修改完善，按程序提交区委审议后呈报市委，由市委审核后报省委审批，最终于2月28日由市委办、市政府办印发《岳塘区机构改革方案》。机构改革实施工作。根据机构改革有关精神，区委编办及时研究改革有关事项，拟定《岳塘区机构改革实施方案》提交区委常委会审批后组织实施。全年筹备召开4次区委深化机构改革领导小组会议、6次区委编委会议审议机构改革有关工作，进一步优化机构设置、职责职能、编制配备，确保机构改革有序稳步推进。部门根据定机构、定编制、定职能的三定方案文件修订工作。组建工作专班，按照“三定”（定机构、定编制、定职能）编制框架和规范要求，以相关党内法规、国家法律法规为依据，对照省、市对应部门“三定”（定机构、定编制、定职能）规定，采取专人审核、交叉审核、集体审核等方式，对各涉改单位的主要职责、内设机构和部门间职责边界等重点审核，全面完成党政机构、人大机关、政协机关等36个单位的“三定”（定机构、定编制、定职能）规定或机构编制调整文件。人员调整划转列编工作。配合区委组织部、区人社局做好市市场监督管理局、市医疗保障局划转人员和区级涉及机构改革人员调整划转人员的列编工作，实现人员平稳过渡、工作有序衔接。

【乡（镇）街道机构改革】 事业单位改革。根据事业单位分类改革精神，组织开展承担行政职能事业单位改革工作，对承担行政职能、职能重复或弱化的事业单位及时予以调整，围绕区委、区政府中心工作和民生工作设置机构、配备编制。

乡镇（街道）机构改革。严格落实市委“规定动作”，起草《岳塘区深化乡镇（街道）机构改革实施方案》并提交区委深化机构改革领导小组会议审议后印发。指导各乡镇（街道）研究起草改革方案，统一调整优化各乡镇（街道）的党政机构和事业机构设置，进一步规范领导职数和编制管理，推动基层管理体制更加优化。

【综合行政执法机构改革】 综合行政执法改革。认真学习中央及省委、市委关于六大领域综合行政执法改革有关文件，统筹推进市场监管、城市管理领域综合行政执法改革，并根据湘潭市生态环境机构监察执法垂直管理制度改革方案有关要求，做好涉改单位的编制上收、人员调整划转工作。

【机构编制管理】 统筹机构编制资源。2019年共召开6次编委会议，做好机构编制的动态调整，调优用活编制资源。加强机构编制信息化建设。进一步建立健全日常数据动态管理机制，利用实名制系统加强机构编制数据信息维护。完成事业单位登记管理工作。2019年，为岳塘区9家事业单位办理设立登记，21家事业单位办理31项变更登记，4家事业单位办理注销登记，顺利完成58个事业单位的年度报告公示工作，即时办结率为100%。对登记、变更和注销事项每月月初在政府门户网站上进行公示。机构改革后，积极做好各行政单位和事业单位网上名称管理中文域名名称变更、增设新设立单位域名以及各单位截止到期的中文域名续费工作。

【机构编制设置】 区委始终以习近平新时代中国特色社会主义思想为指引，坚决贯彻落实中共十九大和十九届二中、三中、四中全会精神，按照党中央和省委、市委关于深化机构改革的部署要求，强化政治站位，严格对标对表，精心组织实施，规范有序推进，有效确保各环节各阶段机构改革任务全面完成。2019年2月，经省委、省政府批复，湘潭市委办公示，市政府办公室印发《岳塘区机构改革方案》，区本级共设置党政机构34个，其中，区委机构8个，区政府工作部门26个；区人大机关办事（工作）机构和专门委员会8个；区政协机关办事机构和专门委员会6个。市委编委下发《关于岳塘区机构改革涉改科级事业单位调整的批复》，改革后区委、区政府直属事业单位6个。具体来说，岳塘区改革工作成效体现在以下四个方面。一是建立健全党对重大工作领导的体制机制。坚持加强党的全面领导，组建优化全面深化改革、全面依法治区、网络安全和信息化、审计、财经等党委议事协调机构，充实党委职能部门的统一归口协调管理职能，把加强党的领导落实到各领域各方面各环节。二是调整优化机构设置和职能配置。党政机构数量严格控制在省规定的限额内，行政编制和事业编制均未突破上级下达的编制总量，做到机构编制“两个不突破”。人大、政协专门委员会和办事（工作）机构、群团机关等机构设置进一步优化。按照一类事项原则上由一个部门统筹、一件事情原则上由一个部门负责，推进部门职责有机整合，重点对退役军人事务管理、应急管理、土地和房屋征拆等职责作调整优化，理顺一些长期存在的部门职责交叉、关系不顺事项，有力促进机构履职更加顺畅高效。三是推动形成各项改革统筹推进、相互促进的良好格局。将党政机构改革与人大、政协、群团机构改革，与事业单位改革、综合执法体制改革以及乡镇（街道）机构改革等统筹考虑，协同推进，并及时对标中央及省、市精神，融入最新改革动态，有效确保改革的系统性、整体性和协同性。如组建政府金融办，组建正科级事业单位档案馆、融媒体中心等，形成与治理体系和治理能力现代化要求相适应的党政群、事业单位机构新格局。四是凝聚改革是促进地方经济发展强劲动力的思想共识。机构改革过程中，区委始终强化“一盘棋”抓改革，始终突出问题导向和目标导向相结合，始终注重做深做细思想政治工作，全区各级各部门党委（党组）坚决贯彻落实各项改革任务，不讲条件、不打折扣、不搞变通，广大干部职工正确看待岗位职务变化和个人进退留转，放下思想包袱，全力支持改革，全区上下形成风清气正、凝神聚力抓改革、谋发展的良好氛围。（胥星野）

信访工作

【概况】 2019年，区域信访总量呈上升态势，全年共接待到区上访群众606批1928人次；共受理群众来信1729件，受理、告知、反馈率100%。区信访局深入落实习近平总书记等中央领导关于信访工作的重要指示批示精神，积极开展“四重攻坚”、“三无”创建、“让老人回家”、依法治访等系列活动，半年度考评在全市8个县市区（园区）中位列第二，并成为全省第一批30个重点调度的县市区“摘帽”的单位。中央和省、市级交（督）办件均按期办结。

【信访积案化解】 继续推进积案化解信访工作。认真落实“五个一”（一名领导，一套班子，一个方案，一个时限，一抓到底）推进机制，推动信访人合理合法诉求的解决；多部门开展联合救助，通过人文关怀、换心换位换思路打开突破口，帮助信访人解决生产和生活方面的实际困难，争取上级部门的支持和信访人的理解。市“双百”攻坚活动交办岳塘区的突出信访问题共10件，区本级交办的突出信访问题也有5件成功签订停访息诉协议。

【信访法治建设】 着力推进依法治访工作。各街道和区直部门进一步规范初信初访的办理，做到有领导接待、有专人办理、有书面答复、有档案可查。

【信访机制建设】 创新建立工作机制。制定“四张清单”，在压实工作责任上出实招。一是以研究部署清单强化统筹调度。全年，区委书记6次召集相关区级领导、单位负责人召开信访工作专题会议，安排部署相关工作；区长5次安排在区政府常务会议上研究重要信访事项；召开区信访联席会议14次，统筹协调相关问题。二是以接访下访清单强化值班接访。2019年度共安排29名区级领导公开接访下访633次，接待群众652批1574人次，协调解决问题307个。三是以领办包案清单强化个案攻坚。由书记、区长带头，包案最难办的案件，区级党政领导根据工作分工和联点街道的原则，主动领办、包办信访突出问题和信访积案，全年必须领办3~4件，包案3~4起。四是以三级责任清单强化群体化解。领导小组下设城建城管及征地拆迁工作组、信访积案及涉法涉诉问题化解工作组。各组组长都由区委、区政府主要领导担任，针对各自负责的领域坚持开展月调度和化解工作。各责任单位、街道对工作组交办的各项问题及时整改落实。

努力加强党的建设。局党组认真履行全面从严治党责任，引导全局党员干部自觉践行“四个意识”。2019年认真开展“不忘初心、牢记使命”主题教育，接受区委第三巡察组对局党组开展的为期四个月的巡察，并进行整改。全年局党组召开民主生活会1次，组织生活会3次，开展主题党日活动12次，领导班子成员讲党课5次。（刘　旋）

党校教育

【概况】 岳塘区委党校实行校务委员会（简称“校委会”）领导体制，负责全区党员干部的教育培训工作，区委组织部部长兼任第一校长，常务副校长主持日常工作。2019年5月，增加1名副校长，行政管理人员共3人。

【党校培训】 教学培训。岳塘区委党校以中共十九大精神为指南，按照区委干教领导小组要求，充分发挥全校干部职工的主观能动性，贯彻落实全国及省、市党校工作会议精神，紧紧围绕区委、区政府的工作大局，坚持“党校姓党”的原则，突出教学与科研两个重点，进一步创新工作思路，不断健全完善干部教育培训机制，积极探索改进干部教育培训的内容、方式和方法，努力提高教育培训质量。一是认真开展培训，圆满完成教学任务。按区委干教领导小组年度培训计划要求，充分发挥党校干部教育培训的主渠道、主阵地作用，2019年共举办各类培训班14期，其中长训班有青干班1期，短训班有入党积极分子培训班共2期，与其他部门单位共合作举办的业务培训班有岳塘区街道机关干部培训班2期，岳塘区村（社区）“两委”班子成员培训班2期、机关事业单位党（总）支部书记培训班和村（社区）党建员培训班等共11期，培训总人数达到1600多人次。二是积极创新，不断提升教学质量。党校坚持紧贴党的最新路线方针政策、紧贴区情、紧贴干部思想开展培训，突出党的理论教育和党性教育主业主课地位，分类别、分模块设置教学计划。党的理论教育与党性教育均占课程的70%以上，党性教育课占20%以上。推行入学教育+理论武装+实践体验+实地教学+案例研讨+党性分析的教学方式，确保党校教育与基层工作相结合，确保党委政府决策部署入课堂，进学员心中，更广泛地形成共识、凝聚力量。三是严格考核管理，确保良好校风学风。按照《中国共产党党校（行政学院）工作条例》从严治校的要求，持续加强学风建设，严肃培训纪律，认真执行考勤、请假等有关规定。一是完善制度，加强监督考核，继续在主体班实行“一承诺、二监督、三考核”模式，全面考核评价学员的学习态度和表现、理论知识掌握程度、党性修养和作风养成情况以及解决实际问题的能力。培训结束后及时把考核评定结果报区委组织部。二是注重发挥班委会作用，实行学员自我管理。通过破冰活动，自我推荐和民主推荐，选举产生班委会，书记负责抓纪律和思想，班长负责抓学习和班活动，其他成员分工负责，互相配合，协助班主任开展各项教学管理工作，发挥学员的主观能动性，通过自我管理形成良好的学风和班风，取得好的学习效果。三是对照检查，找出自身的不足。结合主题教育，要求每个学员根据自身的思想状况和学习的体会，对照检查，写出一份党性分析材料，不断提高政治思想觉悟。

科研工作。围绕学习贯彻中共十九大精神、习近平新时代中国特色社会主义思想、转变工作作风、改革开放40周年、深入推进党风廉政建设和反腐败斗争及区委、区政府中心工作开展区情调研，撰写理论文章和调研报告共36篇，为区委、区政府和有关部门提供参考依据。

【教学方式】 充分发挥师资优势，积极开展中共十九大精神和习近平新时代中国特色社会主义思想的宣讲。结合“送党课下基层”活动，2019年区党校人员到街道、园区、学校、社区和工商系统上党课40堂，宣讲人数超过1000人次，为基层联系有关专家教授授课15人次。做好一创两深化工作。结合联点共建坚持每周五到联点曙光社区开展创文和“平安创建”活动，到联点路段开展卫生清洁、文明交通劝导和文明言行劝导等志愿服务，并为社区提供3万元资金作为共建经费。积极开展精准扶贫活动。党校对口联系指方村2名贫困户，建立联系户基本情况台账，制定脱贫计划，实行每月一走访，主动联系帮助解决生活中的实际困难，帮贫困户解决剩余农产品的销售，并在过节进行慰问走访，为他们送上生活物资米和油等。为贫困户有更好的生活配套，党校提供经费2万元作为支持指方村贫困户入户道路硬化资金。

【主题教育巡察】 9月，全区开展“不忘初心、牢记使命”主题教育，在上级党委和区第六指导组的指导下，区委党校坚持把学习教育、调查研究、检视问题、整改落实贯穿主题教育始终，切实提高政治站位，紧密结合工作实际，围绕解决单位存在的问题，坚持主题教育与业务工作相结合，做到“两促进”“两不误”，以实学实做实改确保主题教育成效。

政治巡察。2019年9月2日至11月1日，区委第三巡察组对区委党校开展政治巡察，并于12月2日反馈巡察意见，党校于12月10日出具详细的整改方案，紧扣问题清单，细化工作措施，明确时间表，不推诿、不敷衍，一项一项研究、一项一项解决，并不断完善制度、堵塞漏洞、加强监管，坚决防止问题反弹回潮。 （吴喜花）

党史研究、地方志工作

【概况】 2019年，认真学习贯彻落实习近平总书记新时代中国特色社会主义思想和中共十九届四中全会精神，紧紧围绕区委、区政府工作部署和党史、地方志任务要求，紧扣工作重心，开展党史宣传教育和地方志编撰工作，不断加强自身建设，全员同心协力、认真履职，完成区委、区政府和上级业务部门的各项工作任务。

【党史研究】 党史宣教有方略。认真贯彻落实中共中央《关于加强地方党史工作的意见》，扎实做好“一突出、两跟进”工作，用党的光辉历史教育广大干部群众，激发人民群众爱党、爱国的热情。一是积极开展赠书活动，为扩大读史学史范围，提高党史普及率，进一步发挥党史资政育人功能，号召广大人民群众多读主旋律书籍刊物，区委党史办公室与区红研会一起赠送《红色文化》到区直各部门、街道和社区，赠送《中共岳塘区历史（1921—2019）》给有关党政机关和党史研究单位及个人。通过赠书活动，鼓励广大人民群众多读书，读好书，不忘党的历史，不忘党的根本宗旨，不忘党的初心。二是主动参与党史编撰工作。按照中共湖南省委党史研究院《关于做好〈湖南党委工作纪事〉2019有关工作的通知》要求，区委党史研究室认真落实、主动参与、积极组稿、仔细校对、保证质量、严格把关。按照要求报送题为《促民生、提福祉，“四新岳塘”追梦前行》的文稿，充分反映岳塘区建设“四新岳塘”

所取得的成效，完成《湖南党委工作纪事》2019年卷中《县市区亮点》栏目的编撰工作。三是密切配合相关部门工作。配合区委办、组织部做好“四室一长廊”之党史研究室的完善工作，为推进机关支部“五化”建设，为岳塘区干部营造良好的机关党建氛围出谋划策。四是积极参加上级举办的党研活动。积极参加市党史研究室举办的《不能忘却的足迹——不忘初心、牢记使命，湘潭微故事集》征稿活动和市委党史研究室《党史微故事》中华人民共和国成立70周年特别策划活动，区委党史研究室参与录播两位湘潭名人家风故事在“廉政湘潭”播放。参加中央党史和文献研究院在潭召开的调研座谈会，就岳塘区党史研究工作进行汇报，并对党史工作提出建议和意见。参加全省党史干部专题培训班，学习理论知识，提升工作能力。五是组织老干部撰写回忆录。为回顾党的光辉历程、弘扬党的光荣传统，区委党史研究室与区委党史联络组共同完成由中共湘潭市委党史研究室和湘潭市中共党史联络组共同创办的《红色与回忆》第16辑征文工作，号召老干部撰写《永远的铭记》等5篇文章投给组委会。六是积极投稿红色刊物。与区红研会一起组织干部群众撰写歌颂党、歌颂祖国、歌颂人民的主旋律文章。向市红研会主办的红色期刊《红色文化》投稿。全年，共有《让红旗渠精神在新时代绽放》等4篇文章在该刊发表。七是踊跃参加各项纪念活动。12月26日，在毛泽东主席126周年诞辰纪念活动期间，区委党史研究室与区红研会参加在东方红步步高一楼举行的“同吃寿面、致敬伟人”纪念毛主席126周年诞辰文艺会演，演唱歌颂伟大领袖毛主席的歌曲、表演《久久不见久久见》。同时倡议社会各界共同参与毛主席生日吃寿面公益活动和免费发放福寿面和毛主席像章活动。

【地方志编撰工作】 史志编撰有提高。为全面推动地方志工作，修改完善《岳塘年鉴（2018年卷）》，地方志编纂进街道、入社区，督促指导有关单位补齐资料，修改完善，报送符合基本要求的年鉴稿。至年底，《岳塘年鉴（2018年卷）》总纂基本完成。启动《岳塘年鉴（2019年卷）》编纂工作。在区地方志编纂室督促督查和指导下，绝大部分单位完成初稿写作任务。参与撰写《湖南年鉴》《湘潭年鉴》中《岳塘区概况》部分。按照省、市政府有关年鉴工作通知和区政府工作安排，区地方志编纂室高度重视，精心组稿，认真写作，按要求按时完成《湖南年鉴（2018年卷）》《湘潭年鉴（2018年卷）》中《岳塘区概况》的编写工作。参与史志编纂调研和业务培训，在湖南省地方志编纂委员会对湘潭市开展地方志调研工作会议上，区地方志编纂室介绍岳塘区地方志工作情况，并对工作中存在的问题和面临的困难，向与会领导进行汇报。积极参加湖南省地方志编纂委员会举办的2019年全省年鉴业务培训班，为更好地编修年鉴打下基础。全年较好地完成上级交办的各项地方志工作任务和全国地方志系统统计工作。（刘平安）

岳塘区人民代表大会

【概况】 2019年，岳塘区人民代表大会设专门委员会6个。分别为监察和内务司法委员会、财政经济委员会、环境与资源保护委员会、教育科学文化卫生委员会、农业农村委员会、社会建设委员会；人大常委会设办公室、选举任免联络工作委员会等工作机构2个。

2019年，区人大常委会在区委的正确领导和市人大常委会的指导下，认真贯彻习近平新时代中国特色社会主义思想，积极履行宪法和法律赋予的职权，紧紧依靠全体代表，扎实工作。全年召开常委会会议7次，主任会议12次，开展视察检查20次，听取和审议“一府一委两院”专项工作报告9项，作出决议、决定6项，交办督办代表建议144件，完成区六届人大三次会议确定的目标任务。

【人大履职政治原则】 认真落实改革措施。区人大常委会自觉地把党的领导贯穿于人大工作的全过程，坚持重要工作部署、重大事项及时向区委汇报。2019年，向区委请示4次、报告工作2次。按照中央及省、市、区委关于机构改革的要求，审议区人大专门委员会、区政府工作部门设置的方案。2019年4月，任命政府19个工作部门主要负责人。2019年8月，增开区第六届人民代表大会第四次会议，补选区监察委主任，完成区人大专门委员会设置，强化人大工作的组织保障，圆满完成机构改革任务。

依法决定重大事项。2019年，区人大常委会自觉贯彻区委的决策部署和工作要求，围绕全区的重大问题，在充分调查研究，广泛征求意见、建议和认真审议的基础上，就机构改革、财政预算细化分配、财政决算和预算调整等重大事项依法作出决定，依法有效推动区委重大工作部署落地。

做好人事任免工作。坚持党管干部与人大依法任免干部有机统一，认真落实区委决定，严格执行任前法律知识考试、任前发言、审议票决、宪法宣誓等程序，使党组织推荐的人选通过法定程序成为地方国家机关的领导人员。2019年，共任免国家机关工作人员81人次，任命人民陪审员216名。在依法做好人事任免工作的基础上，切实加强对选举任命人员履职情况的监督。

按照“守初心、担使命，找差距、抓落实”的总要求，开展“不忘初心、牢记使命”主题教育，把学习教育、调查研究、检视问题、整改落实贯穿主题教育全过程，使机关党员干部真正达到“理论学习有收获、思想政治受洗礼、干事创业敢担当、为民服务解难题、清正廉洁作表率”的目标。机关党员干部牢记为民服务的宗旨，扎实工作，以实际行动践行为民履好职、用好权的初心使命。严格落实意识形态工作责任制和全面从严管党治党主体责任，制定党风廉政建设主体责任清单。抓好党支部规范化建设，坚持党建工作与业务工作一起谋划，一起部署，一起落实，一起检查，每月开展主题党日活动，到韶山等地接受革命传统教育，严格执行“三会一课”、民主生活会、组织生活会等制度，认真践行“四责四诺”，加强党内监督，着力建设廉洁型机关。

【监督工作】 重大项目跟踪监督：促进经济健康稳定发展。为进一步促进区域经济的发展，共同应对经济下行压力，区人大常委会积极开展调研，为岳塘经济发展出谋划策。2019年，对湘潭金融商务区的发展情况进行调研，建议政府出台专门政策，打造金融商务发展板块，监督政府解决该区域内交通拥堵、停车难等问题，为驻区企业排忧解难，营造优良安商环境。对湘潭长塘创新创业街发展情况进行调研，建议政府支持长塘创新创业街的产业规划，同时制定相应的奖励措施，培植重点产业和扶植有创新发展前景的中小微企业，打造创新创业品牌，为岳塘区经济发展提供新的增长点。关注驻区国有企业的发展，组织代表到湘钢视察，支持企业“三供一业”分离移交工作，积极主动做好服务，为湘钢做优做强营造良好的发展环境。为促进岳塘国际商贸城的发展，打造成具有重要影响力的商贸城，组织市区代表对商贸城的发展进行调研，建议为支持岳塘国际商贸城的发展，在交通基础设施建设、招商引资、开展规格高、内容丰富多彩的大型会展活动上树国际商贸城的品牌。对盘龙大观园开展调研，为加快项目建设，建议加大宣传力度，争取省、市政策倾斜，努力把盘龙大观园打造成长株潭三市的后花园。

【财政预算决算审查监督】 开展计划财政审查监督。认真审议区政府关于计划、预决算、预算调整、审计等经济工作方面的专项报告。建议区政府积极应对经济下行压力，统筹做好稳增长、促改革、调结构、惠民生、防风险等各项工作。要求财政部门积极争取资金，严控债务风险。针对审计报告中提出的问题，要求政府积极整改落实并及时向区人大常委会书面报告整改情况，依法维护审计的严肃性。

听取区民政局的政府购买居家养老服务，区教育局的城区公办小学午托服务管理，区文体局的区文化事业和产业引导区级配套财政专项资金的全程绩效评价工作情况。要求政府认真总结绩效管理工作成绩，建立全区财政资金绩效评价工作制度，促进预算更科学高效。建议政府认真整改绩效考核指标设立不够科学、内部绩效管理不够严格、财政审批环节流程烦琐等问题。要求财政部门积极完善事前绩效评价工作机制，拓宽民生专项资金的服务范围，探索电子网络化受理审批业务方式，加强对专项资金绩效和政策执行的审计监督，为促进全区财政专项资金全程绩效评价工作更深入、更具实效性发挥积极作用。

【优化发展环境监督】 聚焦生态环境保护。专题审议岳塘环境状况和环境保护目标完成情况的报告，对政府认真整改环保问题的情况进行现场督查，配合市人大开展《中华人民共和国大气污染防治法》《中华人民共和国水污染防治法》《湖南省湘江保护条例》等执法检查，促进岳塘区环境质量不断改善。以“岳塘环保世纪行”活动为载体，建议加大对湘江和生态绿心保护力度，树牢“绿水青山，就是金山银山”理念，为打赢污染防治攻坚战、守护好湘江和生态绿心做出岳塘贡献。

组织对岳塘区实施乡村振兴战略情况的调研，积极参与盘龙生态小镇建设的前期工作，与政府相关部门一起，大力推进乡风文明建设。督促政府认真做好农村人居环境治理工作，对农村土地确权、产权制度改革、供销社综合改革等工作开展视察，向政府及相关部门提交一系列有建设性的建议，推动乡村振兴战略的落实。以“三湘农产品质量安全行”活动为平台，对《中华人民共和国农产品质量安全法》的贯彻落实情况进行调研，对农贸市场、农产品生产基地进行实地检查，为解决部分贫困户就业、促进农民增收和推进农村经济发展发挥积极作用。

【居民卫生健康监督】 聚焦医卫事业发展。对《中华人民共和国母婴保健法》的实施情况进行执法监督，邀请妇幼工作专家给常委会组成人员和政府相关工作部门负责人进行法律知识讲座。执法检查组向政府提交加大法律宣传力度，增加投入，确保妇幼保健事业健康发展，强化监管，加强队伍建设，加强部门协作，提升妇幼保健工作水平等执法建议。区政府高度重视，制定切实可行的整改措施并认真整改，增强执法检查效果。开展镇、街卫生院建设情况的调研，推动政府降低卫生院用水用电价格、推动政府设立门诊支付额度，提高门诊统筹报销比例，为破解人民群众“看病难、看病贵”难题做一些有益的工作。以“三湘农民健康行”活动为载体，组织医生到村开展健康知识讲座和义诊活动，促进健康岳塘全面推进。

【教育事业监督】 听取区义务教育经费投入和使用管理情况的报告，通过监督，政府进一步完善和规范教育经费使用的管理制度，预算更加科学，管理更加完善，促进岳塘区教育均衡发展。对岳塘区落实中央《关于学前教育深化改革规范发展的若干意见》情况开展调研，组织代表对湖湘学校的建设、学校招生工作、校园安全工作进行视察，要求政府认真落实义务教育责任，结合实际认真规划学前教育，强化教师队伍管理，加快公办幼儿园和中小学校建设，打造教育强区的岳塘品牌。政府认真整改，提高代课教师的待遇，稳定教师队伍；在全区小学实行课后校内托管模式，解决家长在小学生放学后无人照看的后顾之忧。

【聚焦依法监督】 加强工作监督，促进依法行政。区人大常委会对区政府及相关职能部门贯彻落实《湘潭市城市市容和环境卫生管理条例》等4部地方性法规的情况进行调研，就如何加强地方性法规的宣传和贯彻实施对相关单位提出建设性意见，为岳塘区巩固创文成果、创建国家卫生城市提供法治保障。对2019年区政府开展“七五”普法情况进行视察督查，与区委依法治区委员会共同开展“12·4”宪法宣传周系列活动，提高人民的尊法、守法意识，提升全社会的法治理念，为推进国家治理体系和治理能力的现代化作出新的努力。区政府认真落实区人大常委会的审议意见，对区人大常委会交办的小街小巷提质改造工作评议中提出的42个问题进行认真整改，狠抓落实。区人大常委会开展跟踪监督，组织“回头看”。2019年，区人大常委会对民族团结工作、高品质社区建设、社会救助、创文创卫、岳塘人民大剧院改造等工作开展视察调研并提交相关建议，区政府积极采纳，科学安排，解决许多实际问题。

【完善备案审查】 完善备案审查，确保法治统一。各专门委员会之间加强备案审查工作的配合，形成初审、联合审查的工作格局。按照有件必备、有备必审的要求，2019年，对区政府报送的《关于鼓励和扶持企业上市挂牌的若干意见》等6份文件进行备案审查，强化人大备案审查工作的实效，确保法治的统一。积极参与省、市人大常委会开展《湖南省实施〈土壤污染防治法〉办法》《湘潭市爱国卫生条例》等立法调研工作，为市人大常委会制定《湘潭市爱国卫生条例》并于2019年9月1日实施发挥积极作用。

【促进公正司法】 审议区法院和区检察院落实司法体制改革工作情况的报告，建议法检两院认真总结工作经验，进一步落实司法体制改革精神，主动适应人民群众在民主、法治、公平、公正等方面的新需要，建立起组织科学、运行高效、履职专业的制度体系，为推进法治岳塘建设作出新的贡献。听取区法院关于《行政诉讼法》实施情况和区检察院关于开展公益诉讼情况的报告，建议法检两院建立协商工作机制，及时反馈信息，努力让人民在每一个司法案件中感受到公平正义，积极营造良好的法治环境。为落实中央扫黑除恶专项斗争的精神，对区监察委和司法机关开展扫黑除恶专项斗争情况进行监督，要求依法加快工作进程，严厉打击黑恶势力，为平安岳塘作出新贡献。对法院解决执行难工作情况进行调研，组织代表旁听法庭庭审10余次。以“司法公正岳塘行”活动为平台，努力推进司法队伍建设，提升司法公信力，充分发挥法检两院在服务中心工作的职能作用，为全区改革发展稳定大局保驾护航。

【代表工作】 保障代表履职。提升代表履职能力。2019年8月，组织区代表100余人赴深圳全国人大培训基地学习，使代表进一步认识到人民代表大会制度的重要性，激发代表履职的主动性、积极性。各代表小组组织学习习近平新时代中国特色社会主义思想、习近平总书记对地方人大及其常委会工作作出重要批示精神。邀请70余名代表列席区人大常委会会议，80余名区代表参加区人大常委会组织的视察调研、执法检查、工作评议等活动。进一步扩大代表对区人大和“一府一委两院”工作的参与度，及时向代表通报区委、区人大、区政府重要工作情况，保障代表知情知政。定期向代表寄送《人民之友》等学习资料，组织优秀代表交流履职经验，相互学习借鉴，提升代表履职能力。

增强代表履职效果。坚持区人大常委会领导联系代表小组制度，加强对镇街人大工作的指导。坚持常委会组成人员联系区代表制度，通过走访座谈等方式与代表保持经常性的交流，了解代表工作生活和履职情况。坚持代表走访选民，加强与选民的联系，倾听群众呼声，收集社情民意。始终把代表履职置于选民监督之中，增强代表服务选民的责任意识，2019年，共有70名区代表到选区向选民汇报履职情况，接受选民评议，有22名市代表在区人大常委会会议上汇报履职情况。发挥“代表工作室”的作用，每月15日组织国省市区代表接待选民，全年全区12个代表工作室，接待群众1500人次，收集群众反映建议、意见和问题400多个。在市区代表的共同努力，相关职能部门大力支持下，解决失地农民养老保险、危房改造、小区路灯安装、老旧小区提质改造等问题，“代表工作室”成为代表履职的一道亮丽的风景线，是代表联系群众的重要平台和纽带。下摄司街道代表工作室被市人大常委会评为“优秀代表工作室”，接待大连市、广东清远市等地方人大常委会组织的学习观摩活动。与市人大常委会一起组织代表视察民生实事完成情况。区代表小组围绕法治岳塘建设、小区物业管理、义务教育均衡发展等开展活动，形成调研报告12篇，提出许多有建设性的建议，为市、区有关部门决策提供依据。2019年，代表模范遵守宪法法律，承担社会责任，积极参加“创先争优”活动，在脱贫攻坚、平安创建、创文创卫、抗洪救灾、经济建设中发挥积极作用。

【自身建设】 “两个维护”落实。认真办理代表建议。区人大常委会重视代表建议办理工作，及时将区六届人大三次会议期间收到的144件建议交区政府、区法院、区检察院以及湘潭高新区、昭山示范区办理。根据建议内容，将《解决建设路口交通拥堵的建议》《保障义务教育均衡发展的建议》等6件作为重点建议，分别由区人大常委会领导督办和区政府领导领办。在建议办理过程中，组织代表现场检查建议落实情况，对建议办理单位实行满意度测评，对承办代表建议单位的办理工作情况进行“回头看”。建议办结率为100%，代表满意率为100%。审议区政府办理代表建议情况的报告，优化大桥小学交通出行和解决建设路口交通拥堵等84件建议所提问题得到较好办理，推动解决一批事关人民群众切身利益的问题，进一步增强人民群众的幸福感、获得感。

履职能力水平稳步提升。加强能力建设，定期组织集体学习，开展专题研讨，深入学习贯彻习近平新时代中国特色社会主义思想和中共十九届四中全会精神，切实增强

“四个意识”，坚定“四个自信”，做到“两个维护”。学习党的路线方针政策、宪法法律和人大业务知识，要求党员干部上学习强国、红星云等学习平台学习，组织干部积极参加省、市人大组织的学习培训，提升运用法治思维和法治方式开展工作、解决问题的能力。各专门委员会和工作机构切实加强队伍建设，围绕区委、区人大常委会的工作部署，认真工作，就促进经济发展、强化人大监督等主题开展调研10余次，撰写调研报告10余份，为区委决策和区人大常委会履职提供重要参考依据。强化制度保障，修订完善相关制度，为常委会依法规范履职提供制度遵循，促进人大工作规范化、程序化。进一步完善机关“同业对标”管理为内容的绩效考核评价机制。切实做好宣传工作，《发挥代表工作室的作用》等一批高质量的调研文章和新闻宣传作品分别在《人民之友》《湘潭日报》和湘潭人大网、岳塘红网发表。区人大常委会围绕“地方人大设立常委会40周年和建国70周年”开展庆祝活动，通过宣传岳塘人大工作成效和代表的先进事迹，展现代表的崭新精神面貌和岳塘良好形象。认真做好信访工作，把人大信访工作纳入全区信访大格局，落实信访包案制度。2019年，接待来信来访98件（人）次，做到件件有答复，事事有回音，督促协助有效解决信访问题。

【作风纪律建设】 作风纪律建设不断增强。严格执行中央“八项规定”及实施细则的精神，始终以严和实的标准做好人大工作。加强党风廉政建设，严守政治纪律和政治规矩，开展交心谈心。支持派驻机关纪检监察组的工作，持之以恒抓作风建设，大力弘扬密切联系群众的作风，用脚步丈量民情，用汗水做好工作。2019年，机关干部积极投身脱贫攻坚，全力以赴做好联村帮户工作，帮扶成效得到群众的肯定和认同。开展“大走访、大融合、大发展”、联点共建和在职党员进社区活动，机关党员干部积极主动参与民调、维稳、安全生产、创文创卫、抗洪救灾等工作，为群众排忧解难，在扎实推进工作的过程中转变干部作风。

【重要会议】 岳塘区第六届人民代表大会第四次全体会议。岳塘区第六届人民代表大会第四次全体会议于2019年8月26—27日召开。参会代表185人，列席人员104人。会议审议通过《湘潭市岳塘区第六届人民代表大会第四次全体会议补选办法（草案）》；补选周中秋为区监察委员会主任；补选何一平、罗国文为岳塘区第六届人民代表大会常务委员会委员；通过设立区人民代表大会监察和司法委员会（与法治委员会合署办公）、教育科学文化卫生委员会（加挂民族华侨外事委员会的牌子）、环境与资源保护委员会、农业与农村委员会、社会建设委员会的决定；表决通过区人民代表大会监察和司法委员会（与法治委员会合署办公）、财政经济委员会、教育科学文化卫生委员会（加挂民族华侨外事委员会的牌子）、环境与资源保护委员会、农业与农村委员会、社会建设委员会的主任委员和委员名单。

岳塘区第六届人民代表大会第五次全体会议。岳塘区第六届人民代表大会第五次会议于2019年12月25—27日召开。参会代表189人，列席人员106人。会议听取和审查岳塘区人民政府区长陈爱民所作的政府工作报告；听取和审查区人大常委会主任朱卓英所作的区人大常委会工作报告；审查和批准岳塘区2019年国民经济和社会发展计划执行情况与2020年国民经济和社会发展计划（草案）的报告；审查和批准岳塘区2019年财政预算执行情况和2020年财政预算（草案）的报告；听取和审查区人民法院院长杨光华所作的岳塘区人民法院工作报告；听取和审查区人民检察院检察长龚铮宏所作的岳塘区人民检察院工作报告；大会通过认真讨论和审查作出关于批准区人大常委会和“一府两院”及计划、财政报告的六项决议。会议表彰2019年度优秀人大代表小组、优秀人大代表、优秀人大工作联络员。大会期间，收到代表所提建议、批评和意见117件。

岳塘区第六届人大常委会会议。2019年2月26日，召开岳塘区第六届人大常委会第十七次会议，审议通过区人大常委会2019年的工作要点及各次常委会会议议题；听取区政府机构设置情况的备案报告。

2019年4月28日，召开岳塘区第六届人大常委会第十八次会议，听取和审议区人民政府关于岳塘区环境状况和2018年环境目标完成情况的报告；审议设立岳塘区人民代表大会监察和司法委员会、教育科学文化卫生委员会、环境与资源保护委员会、农业与农村委员会、社会建设委员会的事项；接受周复明辞去区监察委员会主任职务；接受区人大代表周复明、刘广、周小秋、黄明科、邹国平、岳振荣、宋季清、谭银伏8人辞去代表职务；张军辞去区人大常委会委员职务；任命张文颖为区教育局局长、杨建伟为区科技和工业信息化局局长、周建平为区司法局局长、罗纳新为区人力资源和社会保障局局长、蒋新跃为区住房和城乡建设局局长、肖智坚为区交通运输局局长、龙自然为区水利局局长、朱韧坚为区农业农村局局长、黎辉为区商务局局长、周刚为区监督管理局局长、刘朝晖为卫生健康局局长、周钢为区文化旅游广电体育局局长、凌姬为区统计局局长、许新文为区政府金融工作办公室主任、许忠良为区城市管理和综合执法局局长、倪兵为区应急管理局局长、谭聪颖为区信访局局长、阳亚辉为区医疗保障局局长、宾松彪为区行政审批服务局局长。

2019年6月27日，召开岳塘区第六届人大常委会第十九次会议，审议通过区人民政府2019年区级财政预算细化分配方案；审议和通过区人民政府2018年财政预算执行情况和其他财政收支审计情况，审查批准区人民政府2018年本级财政决算；听取和审议区级国家机关办理代表建议、批评和意见的报告；接受刘剑锋、许引方辞去区人大代表职务；任命罗正局为霞城街道人大联工委主任、刘金华为岳塘街道人大联工委主任、刘莹为下摄司街道人大联工委主任；任命人民陪审员216名。

2019年8月20日，召开岳塘区第六届人大常委会第二十次会议，审议通过区人民政府2019年上半年国民经济和社会发展计划执行情况的报告；审查通过区人民政府2019年上半年财政预算执行情况的报告；审议听取和审议区人大常委会执法检查组对区人民政府贯彻《中华人民共和国母婴保健法》开展执法检查情况的报告；审议区第六届人民代表大会第四次会议的相关文件；免去王玲、朱毅强区人民政府副区长职务；任命黄珂为区人民政府副区长，刘庆为区人大常委会办公室副主任。

2019年10月24日，召开岳塘区第六届人大常委会第二十一次会议，听取和审议区人民法院、区人民检察院落实司法体制改革工作情况的报告；听取和审议区人民政府2019年财政预算调整情况的报告，审查批准区人民政府2019年预算调整方案；通过召开区第六届人民代表大会第五次会议的决定；免去陈静区人民政府副区长职务，任命谭力为区人民政府副区长，胡坤为区自热资源局局长；任命王溅为区人大常委会信访办公室主任、罗国文为区人大常委会预算工作委员会主任。

2019年11月22日，召开岳塘区第六届人大常委会第二十二次会议，接受市人大代表胡卫兵、周星、徐亚健、熊跃良、杨光华书面报告履职情况；曹毅、黄灿、李文辉、邱洋、王敏向常委会报告履职情况；补选萧克资为市第十五届人大代表；任命刘歆为区水利局局长、伍颜为区商务局局长、邓雅誉为区退役军人事务局局长、邓杰为区信访局局长；免去谢勇区人民法院行政审判庭庭长职务，杨林区人民法院执行局局长、审批委员会委员职务，张保红区人民法院审批监督庭庭长、审判委员会委员职务，曾人海区人民法院执行局副局长、审判员职务，金飞区人民法院建设路人民法庭副庭长、审判员职务，徐俊、黄义华、胡真理、冯艳群、向婕、褚新丽、李映春、杨帆、胡杰区人民法院审判员职务；任命龚关为区人民法院民事审判庭庭长、赖浩翔为区人民法院行政审判庭（综合审判庭）庭长职务，刘远为区人民法院执行局局长、审判委员会委员职务，刘帅为区人民法院民事审判庭副庭长职务，陈璐为区人民法院执行局副局长职务，胡聪玲为区人民法院易家湾镇人民法庭副庭长职务。

2019年12月18日，召开岳塘区第六届人大常委会第二十三次会议。审议区第六届人民代表大会第五次会议相关文件资料；接受戴理、董继文、张远芳、李欢欢、王毅威、肖克资、王持恒、戴铁钢等8人辞去区人大代表职务；补选蒋立军、戴铁钢、武强为市第十五届人大代表；免去李少卿、张鑫磊区人民检察院检查委员会委员、检察员职务，叶建安、吴坤、刘天强、周钢明、陈孝德区人民检察院检察员职务。任命许亦宁为荷塘街道人大联工委主任、黄继辉为宝塔街道人大联工委主任、贺毅文为五里堆街道人大联工委主任。

监察和内务司法委员会

【概况】 2019年8月，区人大常委会内司工委更名为监察和内务司法委员会。

【执法专项调研】 根据中央扫黑除恶第16督导湖南工作动员视频会议及区委、区人大常委会主任会议精神，为积极配合搞好2019年扫黑除恶专项工作，区人大监察和司法委员会认真履职，在2019年4月初，依法对所联系的监察和司法机关开展扫黑除恶专项工作进行监督检查。2019年10月，开展对区人民法院、区人民检察院司法体制改革工作。实地走访区检察院、区法院。10月24日，区第六届人大常委会第二十一次会议听取和审议《关于区人民法院、区人民检察院司法体制改革工作情况的调研报告》。

【司法公正岳塘行】 组织人大代表听庭审案件活动。2019年共组织代表对区人民法院开展听庭审活动11场次，有力地促进司法人员业务水平提高和司法的公平公正。认真执行区人大常委会通过的《岳塘区规范性文件备案审查实施办法》，对区政府报送的6件规范性文件，监察和司法委按照备案审查工作程序的规定，将规范性文件进行分类登记和初审，并分送有关专门委员会进行审查。2019年各专门委员会对收到的报送备案规范性文件经审查后，未发现规范性文件与法律、法规不一致的地方，未提出审查修改意见。

【代表来信来访】 全年共接待涉法涉诉案件的信访件及上访人员共80件次，转办初信初访15件，采取“领导把关、对口交办；限时办理、责任到人；严明纪律、过错追究”等方法，取得很好的效果，所交（督）办件做到事事有着落，件件有回音。

【学习及业务交流】 经常与对口单位工作联系和信息交流，积极参加政治学习、业务学习及法律学习，自行学习与工作相关法律法规，学习《中华人民共和国宪法》、《中华人民共和国监察法》等10余部法律法规，进一步完善该委兼职委员的职责，并组织其业务学习，编印相关学习资料，使履职能力得到提高。

财政经济委员会

【概况】 结合经济运行情况，对计划执行情况开展经常性调查研究。听取和审议区发改局关于上半年和全年计划执行情况报告，对主要计划指标完成情况以及涉及经济发展全局性的问题，提出意见和建议。认真审查2020年计划草案，向代表大会提出计划草案审查结果报告。突出审查重点。认真贯彻中央及省、市和区委经济工作会议精神，结合岳塘区发展实际，对主要计划指标、产业结构、民生以及涉及经济发展全局性、普遍性的热点难点问题，进行重点审查。

【监督工作】 加强计划执行监督。面对经济持续下行压力，要求政府及有关部门全面深化改革开放，加快产业结构调整，促进经济转型升级，提高经济运行质量，同时要求着力扩大投资和消费，防范政府性债务风险，确保经济平稳发展，确保计划指标顺利完成。加强预算审查工作。及时听取和审议区财政局关于财政预算细化分配方案（草案）、预算调整方案，预算方案（草案）通过深入各相关部门调查、座谈交流等方式，充分听取财政预算编制及执行过程中存在的问题，并针对问题提出加大财源培植力度，加强债务风险防控，增加对基层人员经费及事业运转投入经费等建设性建议，力促岳塘区财政经济健康有序运行。完善审计工作监督。听取和审议区审计局《关于2018年预算执行和其他财政收支情况的审计工作报告》。针对审计工作报告反应的问题，要求进一步加强专项资金的管理，进一步加强国有资产监管力度，进一步完善财政内部管理工作，要求做好审计问题的整改落实，提高整改到位率。强化财政专项资金监督。听取2018年民政局政府购买居家养老服务，教育局的城区公办小学午托服务管理，文体局的区文化事业和产业引导区级配套财政专项资金的全程绩效评价工作情况，并于4月份上主任会议专题审议，出具调研报告、总结绩效管理工作成绩，率先在全市开展全程跟踪绩效评价工作，并从无到有，从生疏到熟悉，全区绩效评价工作逐步进入常态化和规范化的轨道，促进政府预算更充实高效。同时也指出不足，如绩效考核指标不够科学、内部绩效管理不够严格、财政审批环节有待简化流程等问题。并提出完善事前绩效评价工作机制，拓宽民生专项资金的服务范围，科学简化财政审批流程，探索电子网络化受理审批业务方式，加强对专项资金绩效和政策执行的审计监督等建议，得到政府及相关部门高度重视，积极促进全区财政专项资金全程绩效评价工作更深入，更具实效。

【调研工作】 专题调研。一是开展湘潭金融商务圈专题调研。11月11日，由区人大常委会主任朱卓英带队，就湘潭金融商务圈目前经营状况、发展愿景以及存在的问题和困难进行调研，会议采取交流座谈的方式，听取和收集广大入驻企业的“疑难事”“操心事”“烦心事”。同时建议，进一步形成金融发展集聚效益，推动湘潭金融商务圈发展步伐，提升发展质量，要从立足本地制定特色金融服务产业发展方案、发展规划上多下功夫，要从打通人才引进机制，配套设施进一步完善方面给予保障，要不断加强基层政府的服务功能。二是开展宝塔街道长潭创新创业街专题调研。11月27日，区人大常委会主任朱卓英带队，调研岳塘区宝塔街道长潭创新创业街工作进展及成效，了解存在的问题和困难。会议听取街区创新创业工作情况汇报，详细了解企业创新发展成果以及创新创业政策的落实、创新创业平台的建设和发展等情况。同时提出各相关部门要加大对街区的宣传力度，吸引更多创新型、科技型项目入驻；要认真细化扶持举措和服务保障，让创新创业者得到真正实惠；要全面落实市、区各项政策扶持，打通融资渠道、健全人才引进机制，加快科技成果转化，不断激发创新创业者健康成长，让中小企业得到快速发展。

【学习工作】 认真组织财经委干部参加区人大机关安排赴深圳人大培训基地的学习培训活动，学习新时期人大工作的理论基础与实践探索，人大代表履职工作经验介绍等课程，进一步拓宽监督审查的理论思维和实践水平。

环境与资源保护委员会

【概况】 2019年8月，区人大常委会城环工委更名为区人大环境与资源保护委员会。

【调查视察工作】 2019年4月2日，对岳塘区环境状况和环境保护目标完成情况开展视察。集中听取区环保局的情况报告，实地视察河东第二污水处理厂的运行情况，了解岳塘区2018年环境质量整体向好但大气污染防止压力依然较大的状况。特别是竹埠港老化工区历史遗留污染问题，土壤污染治理任务艰巨。并就岳塘区环境保护存在的问题向区人民政府及其职能部门提出建议。岳塘区第六届人大常委会第十八次会议听取和审议区人民政府关于《岳塘区2018年环境状况和环境保护目标完成情况的报告》。区人大常委会组成人员对区人民政府在环境保护工作方面做出的成绩给予肯定，同时要求区人民政府要坚决依法行政，以迎接中央环保督察回头看为契机，加强队伍建设，加大工作力度。根据《中华人民共和国环境保护法》理直气壮地进行环保执法，绝不能以牺牲环境换取政绩。开展对岳塘区人民政府老旧小区、背街小巷提质改造工作情况的评议意见整改“回头看”。通过暗访明查，对上次评议的整改意见逐一对标对表进行回头看，督促政府职能部门，坚持民生为本的为政理念，对提质改造中存在的问题切实整改，让人民群众真正感受到改革开放的成果。结合深化创建全国文明城市和创建国家卫生城市，组织委员走访选民，听取人民群众对建筑垃圾处理的意见。并对城铁铁桥下乱倒建筑垃圾现象督促区人民政府相关部门进行整改。区政府分管领导高度重视，调度区城管执法局、区环保局及有关街道社区到现场进行整改，杜绝建筑垃圾乱倒的现象。同时将河东地区应尽快建设建筑垃圾消纳场地的建议向市人大环资委汇报请求上级给予支持和重视，以从根本上杜绝建筑垃圾乱倒的现象。

【代表建议工作】 做好对区六届人大三次会议人大代表提出的城乡建设环境保护方面建议批评和意见的相关工作，协助相关委室进行督办。继续督办陈舒代表《关于增铺电中小区道路沥青一事问题的建议》，要求区城建局以对人民负责、对代表负责的态度认真办理好代表的建议、批评和意见。

【专项工作】 2019年湘潭市岳塘环保世纪行工作积极推进。联合市生态环境保护局岳塘分局开展六五世界环境日宣传活动。2019年根据市环保世纪行的工作安排，结合市人大开展对《中华人民共和国大气污染防治法》《湖南省大气污染防治条例》的执法检查，岳塘环保世纪行活动紧紧围绕“污染防治攻坚战”“夏季攻势”“蓝天保卫战”等工作重点，切实开展各项活动。结合城环工委工作要点督促区人民政府认真完成2019年省环保督察信访交办任务件；做好竹埠港污染防治风控，为打造全国重金属治理区域样板奠定基础。结合环境保护执法检查工作，环保世纪行组委会对黑臭水体治理、湘江排污口排污状况、竹埠港重金属污染土壤治理、建筑扬尘污染、秸秆焚烧等影响环境的行为进行视察督促，为打好污染防治攻坚战鼓与呼，使各级领导、基层群众更加理解环保、支持环保。

【学习工作】 加强政治学习和业务学习，积极参加“不忘初心、牢记使命”主题教育活动，参加机关各种学习活动，加强政治理论和法律、人大业务等有关知识的学习，不断提高履职的能力。努力提高环资委成员的政治站位，在思想上，作风上以更严的标准指导工作。加强城乡建设环境保护工作委员会的制度建设，不断完善工作委员会有关工作程序和管理制度。

教育科学文化卫生委员会

【概况】 2019年8月，区人大常委会教科文卫工委更名为区人大教育科学文化卫生委员会。

【专题调研】 根据区人大常委会2019年工作要点的安排和《中华人民共和国义务教育法》的要求，11月11日，由该委组织对全区义务教育经费的投入和使用管理情况开展调研，形成专题调研报告提交区人大主任会议审议。会议对区政府义务教育经费的投入和使用管理工作给予肯定，会议指出区人民政府义务教育经费投入和使用管理还存在政策法规把控上有待加强、教育费附加的机制体制有待完善的问题。会议提出一要依法落实政策性投入；二要科学编制经费预算，进一步促进教育均衡发展；三是从严规范资金使用管理，不断完善监督机制；四是加强与上级对接，按事权与财权相匹配原则完善相关政策。

【执法检查】 7月23—26日，在区人大常委会副主任阳小可的带领下，组织部分区人大常委会委员、人大代表对区政府贯彻实施《中华人民共和国母婴保健法》进行执法检查。在检查前邀请市妇幼保健院院长袁海斌就《中华人民共和国母婴保健法》及母婴安全等有关知识进行专题辅导，检查组听取区卫健局等7家单位关于贯彻执行情况的汇报，检查区妇幼保健中心等3家单位，组织召开座谈会听取2个乡镇卫生院及社区卫生服务中心和2个街道的母婴保健优质服务等工作情况，随机抽查蓝鸽健康中心等母婴保健场所。岳塘区第六届人大常委会第二十次会议，听取和审议区人大常委会执法检查对区人民政府贯彻的《中华人民共和国母婴保健法》开展执法检查情况的报告，区人大常委会要求政府要注重对法律法规的宣传实效，对法律法规的贯彻实施要统筹推进，要加强队伍建设和经费投入，切实推进母婴保健工作。

【督办代表建议】 针对岳塘区第六届三次会议期间关于教科文卫方面的13件建议进行研究，对张素红等代表提出的“关于如何稳定代课教师问题的建议”和肖睿代表提出的“关于推行小学校内课后托管模式的建议”黄程代表提出的“关于对由二胎计划耳聋患者家庭父母开展基因筛查及耳聋患者救助的建议”等3件作为该委重点建议并开展跟踪督办。与承办单位的负责人直接对接，重点要求，对办理过程重点掌握，既掌握办理质量也掌握办理进度。

【学习工作】 认真参加“不忘初心、牢记使命”专题学教活动。主动参加学习研讨，认真对照检查，撰写学习的体会，结合自己工作实际，把学教活动的精髓运用到工作实际，切实解决老百姓关注的急需解决的具体问题。

农业农村委员会

【概况】 2019年8月，区人大农业农村委员会设立。

【专题调研】 10月上旬，由区人大常委会副主任丰利红带队，农业农村委组织兼职委员及部分人大代表先后深入荷塘、东坪街道等村，实地察看当地农村人居环境、土地流失、山田水土、产业项目建设等情况，听取区农业与农村局、区住建局、区水利局、区交通运输局等部门关于农村人居环境工作情况汇报，与会领导及代表就如何宣传发动群众，如何加大争取上级资金投入，如何加强部门之间的联动，如何解决垃圾乱倒，分类处理，如何理顺工作机制等问题交换意见和看法。形成关于农村人居环境整治的工作调研报告，提出要提高思想认识、加强工作统筹；健全长效机制、夯实基础保障；突出重点难点、集中全面整治三个方面的建议意见。组织对区农业与农村局落实《中华人民共和国农产品质量安全法》的情况进行调研，对全区农贸市场、农产品生产基地、食品安全等方面进行实地检查，为促进农民增收和推进农村经济发展发挥积极作用。

【学习工作】 积极学习政治理论，坚定政治信念。深入学习中共十九大精神，强化“四个意识”。政治敏锐性、政治立场、政治纪律不断加强。强化红线意识，促进作风建设。学习党内文件法规，重点学习中央1号文件精神，自觉遵守中共八项规定，注重廉洁自律，牢固树立红线不能碰，底线不能破的意识，把全面从严治党要求落到实处。加强专业学习，提升履职水平。重点学习《中华人民共和国农业法》等几个法律法规的学习，积极参加机关支部组织的学习。认真落实市人大农业与农村委员会的工作部署；主动与兄弟县市区人大农业与农村委衔接交流；加强对区人民政府和农口部门的走访，及时了解工作动态，听取建议。

社会建设委员会

【概况】 2019年8月，区人大社会建设委员会设立。

【专题调研】 开展“一法一办法”调研。2019年重点对《中华人民共和国就业促进法》及《湖南省实施〈中华人民共和国就业促进法〉办法》（以下简称“一法一办法”）在岳塘区的贯彻实施情况，以及2019年“稳就业”的具体情况开展调研。通过实地察看、现场询问、听取汇报等形式，详细了解到岳塘区贯彻“一法一办法”的实施程度和就业情况以及宣传教育情况、配套政策措施制定情况、坚持就业优先战略和积极就业政策情况、创业带动就业情况、重点群体就业和就业救助情况、公平就业情况、就业服务和管理情况，还有“一法一办法”实施中存在的困难和问题，对进一步加强就业促进工作的意见和建议等。

【学习工作】 重点学习中共十九大和十九届二中、三中、四中全会精神和习近平总书记系列重要讲话精神，学习《中国共产党党章》《中国共产党纪律处分条例》《关于新形势下党内政治生活的若干准则》《人大代表履职工作手册》《中华人民共和国全国人民代表大会和地方各级人民代表大会代表法》《中华人民共和国各级人民代表大会常务委员会监督法》等，编印相关学习资料。积极参加区人大机关组织的集中学法、主题党日及党风政风建设宣传教育等活动，深入开展精准扶贫、全国卫生城市创建等工作，进一步增强政治意识、大局意识、核心意识、看齐意识，改进工作作风，提升依法履职能力。区人大社会建设委员会成立以后，先后召开相关会议，通过委员会的议事规则，出台相关工作制度，规范委员的履职行为，促进工作的标准化、程序化。积极配合省市人大社会建设委员会各项工作的开展，对接上级各项政策实施。加强与对口部门的协调配合，围绕区委、区人大常委会的工作部署，深入开展调查研究，为区委决策和区人大常委会履职提供重要参考依据。

（刘 庆）

岳塘区人民政府

【概况】 2019年，面对国内外风险挑战明显上升、经济下行压力持续加大的形势，区政府坚持以习近平新时代中国特色社会主义思想和中共十九大精神为指导，在市委、市政府和区委的坚强领导下，坚持稳中求进工作总基调，紧扣“四新岳塘”总目标，攻坚克难，砥砺奋进，较好地完成全年各项工作任务。全年地区生产总值增长7.5%；规模以上工业增加值增长8.4%；固定资产投资增长12.6%；社会消费品零售总额增长10.4%；城乡居民人均可支配收入增长8.4%；完成财政总收入73.7亿元，增长-14.1%。

2019年，岳塘区不折不扣落实好减税降费政策。全年，区属减免税费近9亿元。面对重点行业、企业税收明显下滑，特别是房地产税收大幅度下降的严峻形势，岳塘区保持定力，精准协调，服务好湘钢梅塞尔、步步高集团、伟鸿公司等企业，提高税收贡献度，实现金融业税收的逆势增长，稳住经济大盘。

【经济发展】 2019年，岳塘区优化营商环境，不断激发市场活力，新增市场主体3171个。清理拖欠中小企业账款1.16亿元。岳塘区获评“湖南省双创示范基地”，长塘创新创业街获评“省级创业孵化基地”“省级返乡农民工创业园”。强化经济结构调整，加快增长动力转换。绿心地区工业企业实现全面关停退出。全区单位GDP能耗下降4.5%。岳塘区跃居“全国绿色发展百强区”第69位，较上年提升4位。

岳塘经开区在全省产业园区综合排名第73名，较上年提升17位，连续两年获评“全国优秀物流园区”。湘潭金融商务区获评“湖南省第三批服务业集聚区”。岳塘区成为全市唯一拥有两个省级服务业集聚区的县市区。

全区广大干部群众奋战在抗洪救灾一线，经受两百年一遇的特大洪水考验，取得全面胜利。实现连续15年未发生较大以上生产安全事故，被评为全省安全生产优秀单位。公众安全感测评排名全市第2位，继续保持全省前列。阳塘村获评“全国乡村治理示范村”。

【园区发展】 园区发展稳健前行。岳塘经开区完成技工贸总收入365亿元，连续6年保持20%以上增速；完成固定资产投资150亿元，增长21%；完成财税收入5.2亿元，增长10%。中国（中部）岳塘国际商贸城4300多间店铺开业运营。湖南特色优质农产品国际贸易平台成功入围国家“十四五”规划重大项目库。长株潭仓储物流园一期、湖南联升（中联重科）工程机械产业园等项目投入使用，湘欧快线国际物流平台、国际商品博览汇等项目启动建设，现代物流产业加快集聚集群发展。竹埠港新区综合开发项目一期实现开工，岳塘购电商大楼、湘潭市博纳学校、怡亚通（湘潭）供应链整合基地等项目加快建设。商贸城配套路网、金湖路即将通车，群力路、佳木路等项目有序推进。

【产业发展】 农业产业化加快发展，金阳水果交易信息平台等7大项目进展顺利，东信棉业等8家农业龙头企业总产值达82亿元，同比增长14.6%。工业经济加快高质量发展，湘钢梅塞尔提质扩能项目启动建设，科通电气、云通物流等4家企业实现“登高”；全社会研发经费投入增长12.6%；万人有效发明专利拥有量达15.1件，远超省市平均水平。服务业稳中有升，规模以上营利性服务业企业营业收入达19.3亿元，增长21%；文化产业营业收入7.7亿元，增长6.3%。湘钢洪盛跻身国家5A级物流企业。全年安排实施类产业项目34个，完成投资56.9亿元。新华书店东迁、小康综合农贸商品城等重点项目全面竣工，湘钢4.3米焦炉提质改造工程启动建设，时代公馆、盘龙御和园二期等房产项目加快推进。

【招商引资】 坚持精准招商，参加“港洽周”“央企进湖南”等重大招商活动，引进中国铁建、中信保诚2家世界500强企业和中国湘菜文化博览园、方德智联科创园等5个强链补链项目，协议引资110.8亿元。推动58众创、深圳朗道科技顺利入驻。湘潭金融商务区新增华夏银行、人寿财险等12家优质企业，企业总量达300家，完成税收7.5亿元。

【“三大攻坚战”】 重大风险有效化解。多措并举逐步化解存量债务，融资成本和政府债务得到有效控制。进一步做实区级债务化解基金，争取专项债券1.17亿元。湘潭发展投获得AA主体信用评级，转型升级步伐加快。全力维护金融秩序和社会稳定，有效化解非法集资积案15件，化解率达80%。

脱贫实效不断巩固。聚焦“两不愁三保障”，全区无一人返贫。完成农村危房和饮水改造44户，发放教育助学金、“雨露计划”补助133.3万元，保障入学率达100%，医疗保险覆盖率达100%、综合报销率达90%。全面落实区域内定点医疗机构“先诊疗后付费”“一站式结算”制度，家庭医生签约服务水平进一步提升。统筹财政资金564.75万元，引进湖南利佳、上禧食品等企业，打造产业扶贫新局面。对口帮扶永顺县永茂镇扶贫资金102万元。承办湘潭市现代农业千亿产业集群发展暨“三带三帮”脱贫活动，爱心采购金额达2.3亿元。

生态环境显著改善。严格对标中央及省环保督察和自然资源审计整改要求，统筹打好蓝天、碧水、净土保卫战。完成第二次全国污染源普查。规范渣土运输，大力整治扬尘污染、垃圾焚烧等突出问题，全区空气质量优良率达75.7%。竹埠港地区综合治理工作得到中央和省委、省政府高度肯定。消除裸露黄土103处，新增绿化面积24万平方米，绿化覆盖率达43.7%。全面落实“河长制”，各级河长巡河2700余次，湘江断面和集中式饮用水源水质保持Ⅱ类以上。王家晒渠、碧泉路周边等4处黑臭水体完成治理，荪湖水系改造为生态公园，打造滴水湖、南洋渠等6条样板河湖。严格环境执法，全面取缔非法洗砂场，治理经验和成效被中央媒体重点推介。

【城市项目建设】 基础设施更趋完善。深入实施“双修双改”，解决一批群众急难忧盼问题。湘潭大道与钢城大道连接线竣工通车，芙蓉大道快速化改造、荷塘客运枢纽站等项目进展顺利，昭华大桥即将通车，杨梅洲大桥、下摄司大桥建设有序推进。建设路口交通秩序全面优化，板塘立体停车场主体完工。10个老旧小区提质改造、1552户棚户区改造全面完成，大桥、禾花塘社区打造为省级高品质社区，金霞苑、原国税一院小区率先加装电梯，锦湘农贸市场建成投入运营。推进“厕所革命”，完成改造3022户，成为全省整县推进的示范单位之一。“两轮征询、三榜公示、公开签约”的征拆新模式成效明显，晓塘棚改项目在签约期内完成95%。全年共完成征地880亩，累计办结征拆项目16个。

城市管理更加精细。持之以恒抓好“一创两深化”，顺利通过创卫省检和全国文明城市复查工作。“门前三包”和“路长制”深入实施，14个马路市场全部取缔，餐饮油烟、夜市烧烤等顽疾得到有效整治，创建4条无烟示范街。新增和提质改造各类公厕8座，荷塘、江滨两座垃圾中转站投入使用，取缔改造546处开放式垃圾围子，餐厨垃圾实现无害化处理，清扫保洁工作更加精细化。加大从严执法力度，拆除忠林花卉山庄5栋违法别墅，全年累计拆违7.1万平方米。完成第三次全国国土调查验收，16宗土地卫片执法问题图斑整改到位。68个小区顺利实现业主自治，80余起物管纠纷得到及时妥善处理。

乡村面貌更加美丽。“一园一镇”建设走在全市前列，房车小院等项目投入使用，红旗渠改建一期防汛工程标段竣工，X157提质改造抓紧建设，中国杜鹃花博物馆项目加快推进。由盘龙集团承建的湖南馆荣获2019年世界园艺博览会特等奖。农村人居环境不断优化，提质改造渠道5.3千米，新建村级公路8.1千米，村容村貌整治、生活垃圾和污水治理等工作全面完成。美丽乡村“十百千万”示范创建加快实施。深入推进移风易俗，成功举办湖南省首届“最美新乡贤”评选表彰活动，乡风文明持续向好向善。

【社会保障】 社会保障坚实有力。全年民生支出8.4亿元，占一般公共预算支出78.29%。孕产妇免费产前筛查等21项省市民生实事项目全部完成。全区城镇新增就业1.6万人，城镇登记失业率控制在3.2%以内。清欠农民工工资1694万元。改善民生保障，社区工作人员待遇全面提高，临聘教师待遇增加800元/月，农村低保达6000元/人・年，困难救助水平达4488元/人・年。养老服务体系逐步完善，城企联动普惠养老持续推进，湖南天伦医养康复中心项目启动建设，纯冲塘社区等13家日间照料中心投入运营。双拥工作扎实推进，三级退役军人服务体系基本建成，方世平获“全国模范退役军人”称号。

【社会事业】 社会事业协调发展。扩大学位供给，新建4所公办幼儿园，新增450个学前学位；启动湖湘学校、湘纺中学综合楼建设；协调推进城建学院、理工职院改扩建项目。开设“三点半”课堂，强化课后托管服务。完成24所学校智慧安防系统建设，未成年人安全防护网络进一步织密。获评省平安校园建设先进县市区、省中小学校责任督学挂牌督导创新县（区）。火炬、湘机小学获评省级生态文明示范学校。全民阅读、“送戏下乡”等群众喜闻乐见的文艺活动持续开展，第十届文化艺术节、首届农民趣味运动会成功举办，文体活动覆盖城乡。岳塘人民剧院完成改造。新建10个社区文化广场。获“中国槛联文化区”称号。市妇幼健康服务大楼投入使用，区疾控中心业务大楼和16个村卫生室标准化建设全面完成，中西医结合医院中医大楼启动建设。分级诊疗有序开展，医疗卫生信息化加快实施。顺利通过全国基层中医药工作先进单位复评。

【社会治理】 社会治理平稳推进。“智慧岳塘”二期加快建设，全区应急指挥、综合治理水平进一步提高。城市快警、一村一辅警、两车物联网等工作全面完成，构建新型治安防控体系。下摄司派出所完成搬迁，荷塘、岳塘派出所扩建项目主体完工。深化扫黑除恶专项斗争，打掉全市首个套路贷涉黑组织，破获全市最大电信诈骗案。开展禁毒“六进”活动，滴水湖禁毒主题公园加快建设。成功化解社会矛盾纠纷2500余件、信访问题33件，江景名城、斑竹新苑等一批建设领域历史遗留问题得到有效解决，累计办理权证7597个。滴水湖消防站开工建设。获评全国消防监督管理工作先进单位，连续3年被评为全省消防工作先进县市区。交通、旅游等重点领域安全生产专项整治成效明显。食品药品质量安全形势总体平稳。

【依法行政】 政府部门机构改革全面完成，市场监管等六大领域综合行政执法改革加快实施，事业单位和街道机构改革统筹推进。“放管服”改革成效明显，第一批34个事项实现“一件事一次办”。主动承接在园区范围内行使的128项经济社会管理权限，加快构建“园内事园内办”的工作格局。深入开展“减证便民”行动，取消各类证明76项。深化商事制度改革，“证照分离”改革、“双随机一公开”抽查等工作全面落实，企业开办时间压缩至2.5个工作日以内。江滨、西南石油等企业办社会职能分离移交工作基本完成。

全面推行行政执法公示、执法全过程记录、重大执法决定法治审核等制度，行政执法行为进一步规范。建立律师值班室和调解室，开展民营企业法治体检活动，推进刑事辩护全覆盖，办理法律援助案件近200起，公共法律服务融入市民生活。办理区人大代表建议137件，解决率51.8%，满意率100%；办理区政协提案136件，解决率54%，满意率100%。区政务服务旗舰店正式运行，书院路政务服务大厅获评人社部优质服务窗口。公开政务信息3.7万件，办理热线信箱近4500件，办结率100%，满意率96.7%，权力在阳光下更加规范运行。

深入推进“不忘初心、牢记使命”主题教育，狠抓巡视巡察和审计问题整改。实施重点项目亮牌管理。充分发挥审计监督作用，完成审计项目66个，资金使用和管理进一步规范。坚定不移纠正“四风”，各类文件压减50%，会议减少30%以上，督查检查考核事项减少50%以上。立案查处群众身边腐败和作风问题22件，结案19件，党纪政务处分19人，移送司法机关3人。

完成区人武部正规化建设省级试点工作，大力开展全民国防教育“六进”活动，征兵工作经验在国家及省媒体多次推介。第四次全国经济普查全面完成。霞光社区获评全国最美志愿服务社区，盘龙社区获评全国综合减灾示范社区。档案、史志、助残、老龄、民族、外事、侨务、机关事务、群团等工作实现全面进步。

“大河东”地区互联、互动、互通朝着更高水平大步前进，城市共建、产业共融、生态共享的理念深入人心、举措更加坚实、行动全面加速。湘潭高新区加快“智造谷”打造，产业转型、创新能力不断突破，全省产业园区排名第6名，双创示范获国务院通报表彰。昭山示范区恒大养生谷投入运营，山市晴岚文化旅游等项目加快推进，绿色发展之路愈发明朗、顺畅。湘潭高新区和昭山示范区保持发展的良好态势，为“大河东”全面开启现代化新征程奠定坚实基础。

【区人民政府六届三次全会】 2019年12月16日，岳塘区人民政府六届三次全体会议召开，会议听取、讨论并通过《政府工作报告（讨论稿）》、《岳塘区2019年国民经济和社会发展计划执行情况及2019年计划报告（讨论稿）》、《岳塘区2019年财政预算执行情况和2020年财政预算报告（讨论稿）》三个报告，并就政府当前的主要工作进行安排部署。

【区政府常务会议】 2019年，岳塘区人民政府召开常务会议16次，形成常务会议纪要16次。

2019年1月7日下午，召开区人民政府第37次常务会议。会议传达学习市委经济工作会议精神，听取关于2019年政府重点工作责任分工的情况汇报，听取关于2019年岳塘区重点建设项目及前期项目工作计划安排、2019年岳塘区争资争项工作安排和2019年岳塘区招商引资项目任务安排的情况汇报，听取关于岳塘区退役军人走访慰问工作的情况汇报，听取关于对省减负办调研反馈问题整改工作安排的情况汇报，听取关于建议、提案收集整理工作的情况汇报。

2019年1月21日上午，召开区人民政府第38次常务会议。会议传达学习湘潭市“两会”精神，听取关于岳塘区鼓励和扶持企业上市（挂牌）工作的情况汇报，听取关于建设岳塘区“城市快警”的情况汇报。

2019年1月28日上午，召开区人民政府第39次常务会议。会议听取关于永清集团合作事项的情况汇报。

2019年2月25日上午，召开区人民政府第40次常务会议。会议学习市委书记曹炯芳到岳塘区视察园区工作的指示精神，学习2019年中央一号文件《中共中央国务院关于坚持农业农村优先发展做好“三农”工作的若干意见》，听取关于2019年岳塘区重点建设项目及投资的情况汇报，听取关于岳塘区推进“十三五”规划纲要实施的工作情况汇报，听取关于建设高品质生活社区工作情况的汇报。

2019年3月21日下午，召开区人民政府第41次常务会议。会议集中学习十三届全国人大二次会议、全国政协十三届二次会议精神，传达学习全市生态环境保护工作会议精神，审议《岳塘区2019年科级领导班子和领导干部绩效考核（评估）实施方案（审议稿）》和《岳塘区2019年“同业对标”管理实施办法（审议稿）》，审议《岳塘区小学校内课后服务工作实施方案（审议稿）》，传达学习全市卫生健康工作大会精神，听取全区2018年计划生育工作情况和2019年工作安排的情况汇报，传达学习习近平总书记关于扫黑除恶批示精神以及中央及省委、市委政法工作会议及市扫黑除恶专项斗争领导小组办公室主任（扩大）会议精神，听取岳塘区扫黑除恶专项斗争的工作情况汇报。

2019年4月18日下午，区长陈爱民主持召开区人民政府第42次常务会议。会议传达学习全市2019年一季度城市管理工作讲评会议精神，传达学习全市2019年安全生产、防汛抗旱、森林防火工作会议精神，传达学习全市科技创新大会精神，学习《关于进一步加强宣贯〈湖南省党政领导干部安全生产责任制实施细则〉的通知》，听取关于岳塘区农村公路中长期发展建设规划的情况汇报，听取关于《岳塘区产业发展总体规划（2019—2028）（审议稿）》，听取关于湘潭市湘纺工人文化宫（岳塘人民剧院）提质改造项目的情况汇报，听取关于岳塘区联点支教、新时代教师队伍建设、学前教育、中小学校幼儿园规划建设等有关教育工作情况汇报，听取关于落实进一步加强基层医疗卫生能力建设若干政策措施和岳塘区全国基层中医药工作先进单位复评情况的汇报。

2019年5月13日下午，召开区人民政府第43次常务会议。会议学习《重大行政决策程序暂行条例》，学习《法治政府建设与责任落实督察工作规定》，学习《中华人民共和国审计法》和《党政主要领导干部和国有企业领导人员经济责任审计规定实施细则》，学习《中华人民共和国外商投资法》，学习《政府投资条例》，学习《关于贯彻落实过“紧日子”要求进一步加强财政支出管理的通知》，听取区住建局关于2019年全区高品质社区、老旧小区提质改造、黑臭水体治理情况的汇报，听取区农业农村局关于全区农村人居环境整治工作的情况汇报，审议区发改局提交的《岳塘区支持激励“四上企业”和“个转企”培育发展实施办法（暂行）（审议稿）》，听取区发改局关于《关键领域补短板暨促进民间投资联席会议制度（审议稿）》的有关情况汇报，听取区委组织部关于2019年度村（社区）干部待遇和运转经费相关建议的汇报，审议《岳塘区加强社区工作者队伍建设实施意见（试行）》，听取岳塘经开区关于湘潭市竹埠港新区综合开发项目一期实施方案的情况汇报，听取区信访局关于岳塘区当前信访工作情况的汇报。

2019年6月10日上午，召开区人民政府第44次常务会议。会议听取区统计局关于2019年第一季度“同业对标”管理考核工作的情况汇报，听取区卫生健康局关于岳塘区创建全国健康促进区的情况汇报，听取区发改局关于长株潭城际铁路项目（云盘村段）被征收户安置至荷塘佳苑小区的情况汇报，听取区住建局关于2019年农村危房改造的情况汇报，听取区残联关于岳塘区落实残疾儿童康复救助制度的情况汇报，审议区发改局关于《湘潭市岳塘区重大招商引资项目落地工作专项巡察问题整改方案（审议稿）》，审议区财政局关于《岳塘区2019年公共财政细化预算（草案）》《岳塘区2019年社会保险基金预算（草案）》。

2019年7月8日上午，召开区人民政府第45次常务会议。会议听取区退役军人事务局关于全区退役军人工作的情况汇报，听取区农业农村局关于岳塘区非洲猪瘟疫情防控工作情况汇报，审议区农业农村局提交的关于《岳塘区关于〈湘潭市开展湖南省深化供销合作社综合改革整体推进市建设方案〉的实施方案（审议稿）》，听取区水利局关于2019年农村饮水安全巩固提升项目的情况汇报。

2019年7月29日，陈爱民主持召开区人民政府第46次常务会议。会议学习《关于全面加强基层建设的若干意见》，《湘潭市行政规范性文件合法性审核办法》，学习《党政主要领导干部和国有企事业单位主要领导人员经济责任审计规定》，听取区统计局关于2019年第二季度“同业对标”管理考核工作的情况汇报，听取区审计局关于双拥南路回报用地超评估征拆成本资金占用费（利息）审计的情况汇报，审议区发改局提出的《岳塘区“十四五”规划编制工作方案》，听取关于做好国家及省政务大督查有关工作的情况汇报，传达学习国家及省、市消防工作有关文件精神，听取岳塘消防大队关于全区消防工作的情况汇报，会议听取岳塘国土分局（区自然资源局）关于全区土地违法问题整改工作（卫片执法）开展情况的通报，学习《湘潭市党政领导干部安全生产责任制实施细则》，听取区应急管理局关于全区安全生产工作的情况汇报，审议区科工信局关于岳塘区驻区央企省企办社会职能分离移交工作的情况汇报，听取区行政审批服务局关于贯彻落实国家及省深化“放管服”改革优化营商环境电视电话会议精神的情况汇报，听取区农业农村局关于岳塘区全面推进农村集体产权制度改革工作的情况汇报，听取区交通运输局关于2019年岳塘区农村公路情况的汇报，听取区教育局关于全区中小学教室照明灯光改造及红旗学校等三所学校项目建设的情况汇报，听取区禁毒办关于全区禁毒工作的情况汇报，听取区信访局关于当前信访工作的情况汇报。

2019年8月27日下午，区长陈爱民主持召开区人民政府第47次常务会议。会议研究区人民政府领导班子成员工作分工调整。学习《中国共产党机构编制工作条例》，传达学习全国、全省、全市公安工作会议精神，听取区人民政府办公室主任邹灿关于省委巡视整改进展情况的汇报，听取区科技和工业信息化局副局长谭道明关于支持湘钢梅塞尔发展建议的情况汇报，听取区委深改办专职副主任成亚宇关于《中共湘潭市岳塘区委关于全面加强基层建设的实施办法（审议稿）》的情况汇报，听取区三产办主任龙伟关于《岳塘区关于贯彻落实〈湖南省深入推动长江经济带发展重点工作实施方案〉的工作方案（审议稿）》的情况汇报，听取区优化人居环境事务中心副主任李兵关于湘钢4.3米焦炉提质改造项目征收工作的情况汇报，听取区卫生健康局局长刘朝晖关于全区村卫生室建设工作的情况汇报，听取区司法局局长周建平关于“智慧矫正”建设和监狱服刑人员远程视频会见场地建设工作的情况汇报，听取岳塘公安分局副局长贺劲松关于书院路派出所、霞城派出所项目选址的情况汇报，听取岳塘交警大队大队长池颖谦关于增加交通勤务辅警的情况汇报，听取区机关事务服务中心副主任郭彬关于岳塘区行政中心双电源全供全备供电改造工作的情况汇报，听取区人武部参谋严晃关于荣誉室建设的情况汇报。

2019年9月24日下午，召开区人民政府第48次常务会议。会议传达学习湘潭市关于贯彻落实全省市州长视频会议精神暨安排部署全市经济工作专题会议精神，听取区应急管理局局长倪兵关于全区安全生产工作的情况汇报，听取区自然资源局主要负责人胡坤关于《湘潭市岳塘区违建别墅问题清查整治专项行动工作方案》的情况汇报，听取区自然资源局主要负责人胡坤关于岳塘区土地卫片执法整改工作的情况汇报，听取区信访局局长谭聪颖关于市交办当前突出信访问题等的汇报，听取区住建局局长蒋新跃关于滴水湖消防站建设工作的情况汇报，听取区城建投主要负责人谭韧关于晓塘棚改项目红线范围内湘潭信泰置业有限公司土地及房屋补偿方案和华鑫公司历史遗留问题的情况汇报，听取区城建投主要负责人谭韧关于区城建投股东权利行使部门变更的汇报，听取湘潭发展投董事长陈伟义关于湘潭发展投债务化解方案的情况汇报。

2019年10月21日上午，区长陈爱民主持召开区人民政府第49次常务会议。会议传达学习全省农村人居环境整治现场推进会议精神，传达学习《中共湖南省委办公厅湖南省人民政府办公厅关于牢固树立过“紧日子”思想大力压减一般性支出的通知》，审议市生态环境局岳塘分局主要负责人谢坚提出的《湘潭市岳塘区生态环境机构检测监察执法垂直管理制度改革实施方案（审议稿）》、《湘潭市岳塘区污染防治攻坚战2019年度工作方案（审议稿）》，听取区交通运输局局长肖智坚关于岳塘区交通运输工作的情况汇报，听取区人力资源和社会保障局局长罗纳新关于《岳塘区职业技能提升行动实施方案》的情况汇报，听取区人力资源和社会保障局局长罗纳新关于解决岳塘区机关事业单位养老保险遗留问题的情况汇报，听取岳塘经开区党工委委员、纪工委书记彭巍威关于58众创·湘潭乡村振兴产业园项目的情况汇报，听取区商务局局长黎辉关于引进深圳朗道科技有限公司及项目相关情况的汇报，听取区委组织部副部长周卫胜关于提高离退休人员生活补助标准的情况汇报，听取区水利局副局长周银智关于岳塘区2019年水毁恢复工程的情况汇报，审议区教育局局长张文颖关于湖湘学校办学资质许可等事项的情况汇报，审议区财政局局长王湘雷关于岳塘区2019年度财政预算调整方案的情况汇报。

2019年11月4日上午，召开区人民政府第50次常务会议。听取区司法局党组书记夏立新关于《岳塘区全面推行行政执法公示制度全过程记录制度重大执法决定法治审核制度的实施方案（审议稿）》的有关情况汇报，听取区行政审批服务局局长宾松彪关于做好市级下放经济社会管理权限实施工作的情况汇报，听取岳塘经开区党工委副书记、管委会主任戴理关于芙蓉大道快速化改造项目团山铺路节点改造项目的情况汇报，听取宝塔街道党工委副书记、办事处主任彭浩关于长株潭城际铁路项目（云盘村段）被征收户安置工作的情况汇报。

2019年11月18日上午，召开区人民政府第51次常务会议。会议传达市委财经委员会第二次会议暨绩效评估专题调度会议精神，研究岳塘区贯彻落实办法，听取区统计局局长凌姬关于2019年第三季度“同业对标”管理考核工作的情况汇报，听取区发展和改革局局长刘小玲关于《岳塘区推进长株潭一体化三年行动计划（2019—2021）》的情况汇报，听取区人社局局长罗纳新关于全区稳就业和农民工工资治欠保支工作情况汇报以及区科工信局副局长谭道明关于清理拖欠民营企业、中小企业账款工作的情况汇报，听取区审计局局长陈小华关于规范投资审计文件清理情况的汇报，听取区卫健局局长刘朝晖关于《岳塘区突发公共卫生事件应急预案》《岳塘区流感大流行应急预案》的情况汇报，传达全市三季度污染防治攻坚战专题会议精神，听取湘潭市生态环境局岳塘分局主要负责人谢坚关于四季度污染防治攻坚战有关工作部署的情况汇报，听取区民政局局长王可清关于岳塘区贫困救助资金管理使用情况的汇报，听取关于给予湘潭盘龙园林绿化有限公司奖励情况汇报，集中学习中共湖南省委办公厅工作情况交流第20期《聚焦产业精准发力 争当高质量发展示范》。

2019年12月4日下午，召开区人民政府第52次常务会议。会议听取区自然资源局局长胡坤关于岳塘区清理盘活存量土地基本情况的汇报，听取区政府办主任邹灿关于2019年省政府重点工作大督查有关情况的汇报，听取区农业农村局局长朱韧坚关于2019年岳塘区长江流域重点水域禁捕退捕工作情况的汇报，听取区水利局局长刘歆关于岳塘区红旗渠水系改造项目防汛工程段的相关情况汇报。

【施政纪要】

2019年岳塘区政府发布的重要文件一览表

表5

1	潭岳政发〔2019〕1号	《湘潭市岳塘区人民政府关于印发〈湘潭市岳塘区2019年招商引资项目安排表〉和〈湘潭市岳塘区2019年招商引资及商务经济任务分解表〉的通知》
2	潭岳政发〔2019〕2号	《湘潭市岳塘区人民政府关于同意对湘潭市岳塘区矩阵网咖重大火灾隐患销案摘牌的批复》
3	潭岳政发〔2019〕3号	《湘潭市岳塘区人民政府关于将湘潭市岳塘区术芳食品经营部列为政府挂牌督办的重大火灾隐患单位的批复》
4	潭岳政发〔2019〕4号	《湘潭市岳塘区人民政府关于鼓励和扶持企业上市（挂牌）的若干意见》
5	潭岳政发〔2019〕5号	《湘潭市岳塘区人民政府关于同意对湘潭市岳塘区术芳食品经营部重大火灾隐患销案摘牌的批复》
6	潭岳政发〔2019〕6号	《湘潭市岳塘区人民政府关于将湘潭市岳塘区吉利网吧列为政府挂牌督办的重大火灾隐患单位的批复》
7	潭岳政发〔2019〕7号	《湘潭市岳塘区人民政府关于同意对湘潭市岳塘区吉利网吧重大火灾隐患销案摘牌的批复》
8	潭岳政发〔2019〕8号	《湘潭市岳塘区人民政府关于将湘潭市岳塘区易通网吧列为政府挂牌督办的重大火灾隐患单位的批复》
9	潭岳政发〔2019〕9号	《湘潭市岳塘区人民政府关于〈关于批准实施《湘潭市岳塘区应急管理局2019年度安全生产监管执法计划》的请示〉的批复》
10	潭岳政发〔2019〕10号	《湘潭市岳塘区人民政府关于将湘潭市岳塘区童之星幼儿园列为政府挂牌督办的重大火灾隐患单位的批复》
11	潭岳政发〔2019〕11号	《湘潭市岳塘区人民政府关于同意对湘潭市岳塘区易通网吧重大火灾隐患销案摘牌的批复》
12	潭岳政发〔2019〕12号	《湘潭市岳塘区人民政府关于同意对湘潭市岳塘区童之星幼儿园重大火灾隐患销案摘牌的批复》
13	潭岳政发〔2019〕13号	《湘潭市岳塘区人民政府关于将湘潭市岳塘区云影咖啡馆列为政府挂牌督办的重大火灾隐患单位的批复》
14	潭岳政发〔2019〕14号	《湘潭市岳塘区人民政府关于将湘潭市岳塘区城市农夫生态餐饮店列为政府挂牌督办的重大火灾隐患单位的批复》
15	潭岳政发〔2019〕15号	《湘潭市岳塘区人民政府关于印发〈岳塘区突发环境事件应急预案〉的通知》
16	潭岳政发〔2019〕16号	《湘潭市岳塘区人民政府关于印发〈岳塘区切实抓好中央环保督察及“回头看”指出绿心地区问题整改工作方案〉的通知》
17	潭岳政发〔2019〕17号	《湘潭市岳塘区人民政府关于印发〈湘潭市岳塘区贯彻落实《湖南创新型省份建设实施方案》的行动计划（2019—2020年）暨开展“千百扶培·科技创新驱动高质量发展”活动的实施方案〉的通知》
18	潭岳政发〔2019〕18号	《湘潭市岳塘区人民政府关于同意对湘潭市岳塘区云影咖啡馆重大火灾隐患销案摘牌的批复》
19	潭岳政发〔2019〕19号	《湘潭市岳塘区人民政府关于同意对湘潭市岳塘区城市农夫生态餐饮店重大火灾隐患销案摘牌的批复》
20	潭岳政发〔2019〕20号	《湘潭市岳塘区人民政府关于印发〈岳塘区落实残疾儿童康复救助制度实施方案〉的通知》

续表5

21	潭岳政发〔2019〕21号	《湘潭市岳塘区人民政府关于将湖南颐和寿康养老产业有限公司湘潭分公司等3家单位列为政府挂牌督办的重大火灾隐患单位的批复》
22	潭岳政发〔2019〕22号	《湘潭市岳塘区人民政府关于同意建设岳塘区中小企业公共服务平台的批复》
23	潭岳政发〔2019〕23号	《湘潭市岳塘区人民政府关于将湘潭市岳塘区梦幻玖玖酒吧等4家单位列为政府挂牌督办的重大火灾隐患单位的批复》
24	潭岳政发〔2019〕24号	《湘潭市岳塘区人民政府关于印发〈岳塘区部分退役士兵社保接续工作方案〉的通知》
25	潭岳政发〔2019〕25号	《湘潭市岳塘区人民政府关于同意对湘潭市花花世界网络会所、湘潭市东之阳体育事业发展有限公司两家重大火灾隐患单位销案摘牌的批复》
26	潭岳政发〔2019〕26号	《湘潭市岳塘区人民政府关于同意对湘潭市岳塘区梦幻玖玖酒吧、湘潭春和祥中医医院有限公司、湘潭市蓝燕清吧三家重大火灾隐患单位销案摘牌的批复》
27	潭岳政发〔2019〕27号	《湘潭市岳塘区人民政府对〈关于湖南华任建材有限公司、湘潭市飞山奇建材有限公司违法建设案责成有关部门采取强制拆除措施的请示〉的批复》
28	潭岳政发〔2019〕28号	《湘潭市岳塘区人民政府关于印发〈岳塘区水行政执法责任制实施方案〉的通知》
29	潭岳政发〔2019〕29号	《湘潭市岳塘区人民政府关于同意调整岳塘区公平竞争审查工作联席会议成员单位的批复》
30	潭岳政发〔2019〕30号	《湘潭市岳塘区人民政府关于做好市级下放经济社会管理权限实施工作的通知》
31	潭岳政发〔2019〕31号	《湘潭市岳塘区人民政府关于推进平台公司清理整合工作的通知》
32	潭岳政发〔2019〕32号	《湘潭市岳塘区人民政府对〈关于许根田、刘光山等两起违法建设案责成有关部门采取强制拆除措施的请示〉的批复》
33	潭岳政发〔2019〕33号	《湘潭市岳塘区人民政府关于同意认定书院路公办幼儿园等12所幼儿园为岳塘区公办幼儿园的批复》

政府办

【概况】 2019年1—3月，区政府办加挂区法制办、区民族宗教和外事侨务港澳办公室、区统计局牌子，下设副科级二级机构区政府法律顾问工作室，内设综合办公室、政策研究室、督查室。2019年4—12月，区统计局单设，区法制办、区政府法律顾问工作室划入区司法局，区民族宗教和外事侨务港澳办公室划入区委统战部，区政府办内设综合办公室、研究室、督查室、文电室。

2019年，区政府办在区委、区政府的正确领导下，全面贯彻落实习近平新时代中国特色社会主义思想，认真践行习近平总书记提出的“五个坚持”的要求，不断深化服务意识，持续改转工作作风，认真扎实地开展各项工作，确保全区政令畅通和政府工作高效运转。

【团队建设】 全力打造“五星党支部”。坚持以“五化”党支部建设为抓手，深入实施“党建领航工程”，推动“不忘初心、牢记使命”主题教育走深走实。组织党员干部开展精准扶贫下户走访9次，帮助实现看病就诊、危房改造、道路硬化、卫生服务等微心愿。组织人员全面参与防汛、创卫等中心工作。经过全办人员的不懈努力，政府办党支部获得由市委组织部授予的“五星党支部”称号。创造性开展“五点半课堂”。针对办公室工作实际，每周一下午五点半组织全体机关干部进行集中学习，围绕新观点、新论述、新理论以及全办重点工作，着重分享工作中好的经验做法；以问题为导向，对日常工作中的业务短板和遇到的具体问题、难题，现场进行“解剖麻雀”式的分析和讨论。以良好的学习氛围和长效机制，进一步增强全办干部职工解决实际问题的能力，全面提升“单兵作战能力”和“团队协作能力”。进一步激发干事创业激情。

通过主题党日、支部活动、工会活动、主题教育等，提升团队活力和凝聚力，保持阳光心态，打造严肃、紧张、团结、活泼的团队氛围，激励干部职工担当作为。全年共开展工会活动4次、支部活动3次、主题党日活动12次。

【规范管理】 规范财务管理。出台《岳塘区人民政府办公室财务管理制度》，进一步规范办内预算管理、收支管理、财经审批、固定资产管理等方面财务行为，严格控制“三公”经费支出，加强差旅费报销、公务接待、日常办公费用开支等管理，全办上下树立过“紧日子”、过“苦日子”的思想。优化“同业对标”考核。充分发挥“同业对标”考核的指挥棒和风向标作用，将考核指标细化到具体股室、责任人，同时优化办内考核办法，通过评先进、学先进、争先进，进一步激发全办干部职工干事创业精气神，充分调动工作积极性，形成“努力只是及格，拼命才能优秀”的良好氛围。在全区“同业对标”考核中，区政府办各季度、年终考核均位列第一。加强值班值守。编制《值班工作操作手册》《岳塘区值班值守工作规范》，指导政府系统各单位扎实开展值班值守工作。进一步完善处置突发事件工作制度，优化突发事件信息处理流程。严格实行节假日领导带班和24小时值班制度，落实三级值班制，加强应急管理培训，进一步夯实值班工作基础。提升运转效率。为有效提升办公室工作水平和效率，修订完善《区政府办工作手册》，将办公室办文办会、督查考核、行政复议、建议提案等工作制度、流程等进行系统性、全面性的规范和总结，并向全区办公室系统发放，有力地促进办公室工作的规范化管理和高效化运转。

【精文简会】 文会质效大幅提升。认真落实“基层减负年”行动有关要求，下大力气整治“文山会海”，对发文审签程序进行修改完善，提升公文质量和运转效率；精减各类会议，严格控制会议规模，坚持开短会、多会合一。同时，对区政府常务会议、区长办公会等研究事项严格进行前置把关，注重会前协调，加强会中服务，突出会后跟踪督办，切实提高会议实效。

【参政设谋】 参政设谋务实高效。围绕区委、区政府中心工作，深入到基层、企业、项目广泛开展调查研究，及时、准确收集整理和反馈信息，每季度组织经济形势调研，每半年度组织全区性的综合调研，认真撰写各类综合文稿和政务信息，为领导精准决策提供参考。开展2次调研，编发《一周政务》《时政参考》《政情通报》等30余期，为领导精准决策提供参考。加强信息报送，在三湘风纪网上稿1篇、廉洁湘潭上稿5篇、岳塘新闻网上稿200余篇。通过内网直报省政府信息228条，向市政府办报送信息120余条，在湘潭政务信息上稿2条。参与国务院办公厅关于信息工作意见征求工作，所报意见被省政府办公厅采纳。在《今日湘潭》等刊物上发表区级领导署名文章2篇。

按照年度督查计划，对区政府重点工作完成情况、领导批示件落实情况、会议议定事项、竹埠港新区建设、建议提案办理等工作开展专项督查，印发《岳塘政务督查》18期，督查报告30份，针对督查中存在的问题督促责任单位整改落实，突出督查实效，有效促进区委、区政府各项重大决策和部署的推进和落实。牵头组织做好省政府政务大督查激励工作，2019年有推动高质量发展、推动“双创”政策落地、消除义务教育阶段大班额、清理拖欠民营企业中小企业账款等4项工作成效明显，得到省政府表彰激励，争取650万元专项激励资金，为当年度岳塘区绩效考核争先进位奠定坚实基础。

【优化环境】 以深入开展“效能提升年”“优化营商环境年”等活动为抓手，强化服务意识，推进改革创新。大力提升政务服务环境，取消14项区级经济社会管理权限，印发《岳塘区权力清单、责任清单动态管理办法》，完成权责清单的调整及权力运行流程编制工作。

【提案办结】 建议提案圆满办结。2019年，区政府系统共承办区人大代表建议、批评和意见137件，已全部办理完毕，见面率、答复率、满意率均为100%。其中，已解决71件，占51.9%；正在解决的63件，占45.9%；因条件限制或其他原因目前不能解决的3件，占2.2%。2019年，区政府系统共承办区政协提案136件，已全部办理完毕，见面率、答复率、满意率均为100%。其中，已解决75件，占55.1%；正在解决的56件，占41.2%；因条件限制或其他原因目前不能解决的5件，占3.7%。

【政务督查】 在2019年省政府重点工作大督查中，岳塘区推动高质量发展、推动“双创”政策落地、消除义务教育大班额、清理拖欠民营企业中小企业账款等4个方面工作成效明显。一是变结果督查为主动服务督查。坚持以督查促进发展、以发展成绩检验督查成效。区政府办积极主动地适应新形势新发展，创新督查方式方法，围绕市委、区委经济工作会议和“两会”工作部署，对年度目标任务第一时间精准分解，做到项目化、节点化、责任化，明确工作进度、工作时限、具体措施、责任单位，确保各项工作有序推进。同时，坚持问题导向，会同统计等部门做好主要经济指标的分析研判，加强业务指导和跟踪服务，全面推进融城发展、优质发展、特色发展、惠民发展和开放发展，特别是在岳塘经开区和湘潭金融商务区提质增效方面，主动督查督办、出谋划策，为全区高质量发展做出积极贡献。岳塘区全年先后荣获“全国绿色发展百强区”“全国优秀物流园区”“湖南省第三批服务业集聚区”等30余项荣誉，经济社会高质量发展保持“稳”的发展格局，彰显“进”的良好态势。二是变跟进督查为关口前移督查。对于义务教育阶段大班额的化解问题，区政府坚持将事后督查变为提前介入。在开学之初，区政府就将“大班额”化解情况纳入各中小学校年度目标考核，通过对大班额化解情况进行专项督查，以及对学校报表、学籍平台等大数据分析，杜绝大班额化解过程中的“假报数据、假转学籍、检查缺席、将超班额人数集中在某一班级”等大班额假化解行为。通过前期调研摸底，因“校”施策，采取提质一批、扩容一批、新建一批的方式，提高全区学位供给数量和质量，为义务教育阶段大班额化解奠定坚实基础。区政府将督查工作贯穿于所有学校提质扩容新建全过程，强化跟踪督查，特别是针对湘钢二中、建设路学校、火炬学校等扩建项目，湘纺中学综合楼改造项目，滴水湖学校、湖湘学校新建项目，区政府督查室每周深入现场掌握工程进度，对存在的问题及时向区政府主要领导汇报，以便区政府领导及时调度、及时化解。三是变交办督查为上门指导督查。聚焦创新创业，结合岳塘实际，制定实用的扶持政策，提供精准的上门服务，坚决打通政策落实“最后一公里”。岳塘区多次到企业调研，收集整理企业的相关诉求，确保各项政策更可操作、更接地气，先后出台《岳塘区创新创业工作实施方案》《岳塘区促进实体经济、扶持中小企业发展实施方案》《岳塘区引老乡回故乡建家乡工作方案》《岳塘区创业特色街区建设方案》等系列文件。并主动到企业送政策、送服务，积极为企业争取上级资金和政策支持，针对企业在创新创业工作中存在的问题，组织督促发改、人社等相关职能部门加快解决、及时反馈。突出市场导向，在企业、项目调研指导时主动收集项目业主投资意向和群众创新创业需要，组织各街道、相关企事业单位开办就业创业政策暨创新创业工作培训班，参加人数达150余人。以岳塘经开区创新创业孵化中心和长塘创新创业街为重点，加强对相关职能部门的督查指导，为创业群体提供跟踪式、保姆式服务，充分凝聚部门合力，激发市场活力。2019年，岳塘区被评为“湖南省双创示范基地”，长塘创新创业街被评为省级创业孵化基地和省级返乡农民工创业园。四是变报表督查为对标对表督查。按照中央及省、市工作要求，2019年底前必须完成民营企业账款清欠任务的85%以上。为确保目标任务的完成，全区各级各部门、平台公司进行横向到边、纵向到底的全面摸排，对涉及的问题建立工作台账；区政府办改变以往由部门、公司上报进展情况的督查方式，对照台账一一督促相关责任单位抓好落实。针对进度缓慢的责任单位和责任人，区政府督查室通过书面、电话等方式进行约谈，督促相关单位加快完善资料，列出偿还计划，加速清偿进度，确保清偿到位。针对存在共性问题的单位，报请区政府领导对责任单位进行集中约谈，督促各单位认识再提高，举措再加力，进度再加快，合力再增强。截至2019年底，全区政府部门及其所属机构、国有企业（含平台公司）累计拖欠民营企业、中小企业账款11593.38万元，已全部偿还到位，偿还率达100%。

（朱　鹏）

2019年岳塘区政府办发布的主要文件一览表

表6

序号	发布文号	文件名称
1	岳政办发〔2019〕1号	《湘潭市岳塘区人民政府办公室关于印发〈湘潭市岳塘区企业黄页〉编制实施方案的通知》
2	岳政办发〔2019〕2号	《湘潭市岳塘区人民政府办公室关于调整岳塘区财源建设领导小组成员的通知》
3	岳政办发〔2019〕3号	《湘潭市岳塘区人民政府办公室关于印发〈2019年政府重点工作责任分工表〉的通知》
4	岳政办发〔2019〕4号	《湘潭市岳塘区人民政府办公室关于印发〈岳塘区2019年度审计项目计划〉的通知》
5	岳政办发〔2019〕5号	《湘潭市岳塘区人民政府办公室关于印发〈岳塘区推进“十三五”规划纲要实施工作方案〉的通知》
6	岳政办发〔2019〕6号	《湘潭市岳塘区人民政府办公室 湘潭市岳塘区人民武装部军事科关于开展2019年民兵组织整顿工作的通知》
7	岳政办发〔2019〕7号	《湘潭市岳塘区人民政府办公室关于印发〈岳塘区“绿心”地区工业项目退出工作方案〉的通知》
8	岳政办发〔2019〕8号	《湘潭市岳塘区人民政府办公室关于印发〈岳塘区2019年争资争项措施方案〉的通知》
9	岳政办发〔2019〕9号	《湘潭市岳塘区人民政府办公室关于印发〈湘潭市岳塘区全国基层中医药工作先进单位复评工作方案〉的通知》
10	岳政办发〔2019〕10号	《湘潭市岳塘区人民政府办公室关于印发〈湘潭市岳塘区惠民惠农财政补贴资金“一卡通”专项治理方案〉的通知》

续表6

序号	发布文号	文件名称
11	岳政办发〔2019〕11号	《湘潭市岳塘区人民政府办公室关于印发〈湘潭市岳塘区第三期学前教育行动计划〉的通知》
12	岳政办发〔2019〕12号	《湘潭市岳塘区人民政府办公室关于调整岳塘区棚户区改造工作领导小组的通知》
13	岳政办发〔2019〕13号	《湘潭市岳塘区人民政府办公室关于印发〈岳塘区中小学校内课后服务工作实施方案〉的通知》
14	岳政办发〔2019〕14号	《湘潭市岳塘区人民政府办公室关于印发〈岳塘区支持激励“四上企业”和“个转企”培育发展实施办法（暂行）〉的通知》
15	岳政办发〔2019〕15号	《湘潭市岳塘区人民政府办公室关于成立“两干一轨”项目岳塘区芙蓉大道快速化改造工程建设领导小组的通知》
16	岳政办发〔2019〕16号	《湘潭市岳塘区人民政府办公室关于印发〈岳塘区创建全国健康促进区实施方案（2019~2020年）〉的通知》
17	岳政办发〔2019〕17号	《湘潭市岳塘区人民政府办公室关于成立湘潭市岳塘区减税降费工作领导小组的通知》
18	岳政办发〔2019〕18号	《湘潭市岳塘区人民政府办公室关于成立下摄司片区迎东城中村改造项目落地推进领导小组的通知》
19	岳政办发〔2019〕19号	《湘潭市岳塘区人民政府办公室关于成立岳塘区深化收费公路制度改革取消高速公路省界收费站工作领导小组的通知》
20	岳政办发〔2019〕20号	《湘潭市岳塘区人民政府办公室关于印发〈岳塘区创建“中国楹联文化城市”活动方案〉的通知》
21	岳政办发〔2019〕21号	《湘潭市岳塘区人民政府办公室关于印发〈岳塘区“一件事一次办”改革工作实施方案〉的通知》
22	岳政办发〔2019〕22号	《湘潭市岳塘区人民政府办公室关于认真做好政务地图编制工作的通知》
23	岳政办发〔2019〕23号	《湘潭市岳塘区人民政府办公室关于经济战线大走访、大调研活动的通知》
24	岳政办发〔2019〕25号	《湘潭市岳塘区人民政府办公室关于印发〈湘潭市岳塘区道路交通安全顽瘴痼疾整治专项行动工作方案〉的通知》
25	岳政办发〔2019〕26号	《湘潭市岳塘区人民政府办公室关于印发〈书院路街道飞机坪社区长征新村危房安全隐患处置工作实施方案〉的通知》
26	岳政办发〔2019〕27号	《湘潭市岳塘区人民政府办公室关于切实做好2019年化债工作的通知》
27	岳政办发〔2019〕28号	《湘潭市岳塘区人民政府办公室关于印发〈岳塘区职业技能提升行动实施方案（2019—2021年）〉的通知》
28	岳政办发〔2019〕29号	《湘潭市岳塘区人民政府办公室关于印发〈岳塘区全面推行行政执法公示制度执法全过程记录制度重大执法决定法治审核制度的实施方案〉的通知》
29	岳政办发〔2019〕30号	《湘潭市岳塘区人民政府办公室关于成立推进电网“三型两网”建设领导小组的通知》
30	岳政办发〔2019〕31号	《湘潭市岳塘区人民政府办公室关于印发〈岳塘区突发公共卫生事件应急预案〉和〈岳塘区流感大流行应急预案〉的通知》
31	岳政办发〔2019〕32号	《湘潭市岳塘区人民政府办公室关于印发〈湘潭市岳塘区长江流域重点水域退捕禁捕工作实施方案〉的通知》
32	岳政办发〔2019〕33号	《湘潭市岳塘区人民政府办公室关于印发〈湘潭市岳塘区重污染天气应急预案〉的通知》

政务服务

【行政审批】 岳塘区机构改革后，不再保留区政府政务服务中心，2019年3月4日新成立岳塘区行政审批服务局。区行政审批服务局是区政府工作部门，为正科级，设行政编制3名，其中：局长1名，副局长1名，主要承担全区行政审批制度改革、政务服务、政务公开、“12345”热线处理等工作。区行政审批服务局自成立以来，坚持“始于群众需求，终于群众满意”的工作理念，大力推进政务服务实体大厅与“互联网+政务服务”一体化平台融合发展，全年通过线上线下共办理各类政务服务事项8.95万件；进一步深化“放管服”改革，先后公布两批81项“一件事一次办”事项，承接市级下放经济社会管理权限128项，有效助推行政审批效能提升；全面推进政务公开，全年主动公开政府信息近4万件，依申请公开政府信息20件，印发《岳塘政报》4期，充分保障群众对政府工作的知情权；全年办理热线信箱事件5959件，及时办结率100%，切实解决群众诉求、维护群众利益，实现多项任务精准落地、凸显成效，群众获得感、满意度逐步增强。

【政务服务】 政务服务大厅功能不断完善。2019年，岳塘区政务服务大厅受理办结各类政务服务事项58759件次，其中通过行政审批综合窗口接收、代办3549件次，为群众免费复印资料6074件次，接待办事群众来访来电5153件次，全年实现零投诉。为进一步完善大厅功能布局，在原有便民服务设施的基础上，新增母婴关爱室、自助服务一体机等设备设施，逐步完善便民措施，不断优化办事环境。

“一件事一次办”改革稳步推进。围绕“一件事”线上线下“一次办”目标，2019年9月出台《岳塘区“一件事一次办”改革工作实施方案》。按照“成熟一批、公布一批、实施一批”原则，先后公布第一批37项、第二批44项“一件事一次办”目录清单，同步编印“一件事一次办”明白卡。2019年，区政务服务大厅“一件事一次办”专窗共办理事项4264件次，有效提升行政审批效率，节省群众办事精力。

下放权限承接运行有条不紊。针对市级下放岳塘区的128项经济社会管理权限，2019年9月赴岳塘经开区开展实地调研，经征求各方意见后，于2019年11月发布《湘潭市岳塘区人民政府关于做好市级下放经济社会管理权限实施工作的通知》。文件明确以助力园区集中精力抓经济建设为原则，直接赋予岳塘经开区实施28项权限，由区直和驻区相关部门实施100项权限，着力构建“园内事园内办”工作格局。2019年，园内办理各类行政许可事项96件，有效助推岳塘经开区行政效能提升。

“互联网+政务服务”持续深化。2019年8月，完成新“互联网+政务服务”一体化平台切换工作，启用符合国省政务服务平台对接要求的新业务受理、业务审批系统，为实现跨域通办统一平台基础。为了确保政务服务事项清单实时更新、动态调整，持续对标国省政务服务事项目录，全年录入1167项政务服务事项实施清单，为实现政务服务标准化、规范化打下坚实的业务基础。2019年，通过“互联网+政务服务”一体化平台接收代办各类政务服务事项30708件，线上服务水平进一步提升。

【政务公开工作】 政务公开全面推进。一是多渠道主动公开政府信息。2019年，通过岳塘区政府门户网站公开政务信息39958件；通过岳塘区微政务推送政务微信27期；出版印发《岳塘政报》四期2400余份；开展“测一测，2019市政府工作报告知多少”在线学习答题活动，全方位保障群众知情权。二是依法依规依申请公开政府信息。聘请法律顾问对依申请公开回复进行把关，全年受理依申请公开政府信息20件，其中书面申请12件，门户网站在线申请8件，均依法依规按时办结。三是强化重点领域信息公开。门户网站设《重点领域信息公开》专栏，围绕“高质量发展、加强法治政府网站建设、解读回应、公开平台建设、优化营商环境”五个主题，发挥政务公开稳预期、强监督、促落实、优服务的作用。

【政务网站管理】 政府网站实现集约化。在全面整合岳塘区政府部门对外服务网站的基础上，建成以区政府门户网站为主站，24个区直部门和9个街道网站为子站的岳塘区政府网站群。按照“一市一平台”（即全市一个政府网站集约化平台）整体规划，2019年9月完成区政府网站迁移工作，与市政府集约化平台实现数据互联融通、平台整合安全、数据互认共享、管理统筹规范、服务便捷高效。2019年11月，新版门户网站正式上线运行，网站建设水平进一步提升。同时，政府网站集约化建设以来，实行“一站式”管理，有效减轻以往自建网站产生的建设、运维负担和安全风险，有利于集中精力抓好网站内容保障。

【热线信箱事件办结】 信息化手段助力效能提升。依托区网格化社会管理服务平台、区智慧综治软件平台，对热线信箱事件分流、签收、处置、回访等环节进行严格把控和监察，实现办理全流程可控。同时，通过电子监察系统红黄牌预警、每日到期事件预警，及时跟进办件进度，做到“群众诉求无小事，确保件件有回复”。全年受理市长热线5783件次，区长热线43件次，市长信箱80件次，区长信箱53件次，及时办结率均为100%。

【自身建设】 不断丰富党建活动形式。自2019年3月7日区行政审批服务局党组成立以来，通过一系列主题党日活动，灵活生动地开展党建工作。4月，结合区创建工作安排，党员干部带队深入联点路段岚霞路及路段所在霞光社区开展创卫宣传动员，通过卫生清扫、文明劝导、发放宣传资料等形式，提高市民文明创建的参与意识；6月，赴霞城街道阳塘村开展“农村党组织五化建设”共建活动，为阳塘村捐赠一批党建图书，助力基层党建工作；7月，以建党98周年为契机，开展重温入党誓词、“学习新思想”读书交流等活动，进一步强化党组织凝聚力，增强党员干部的责任感和归属感。

压实党风廉政建设责任。全面落实“第一责任人”责任，签署2019年度党风廉政建设责任书。深入贯彻传达省、市、区关于党风廉政建设的重要会议及文件精神，专题研究部署党风廉政建设、反腐败工作会议4次，开展廉政党课教育4次，重要节日节点进行廉政警示教育和廉政提醒，着力营造清正廉洁的良好风气。

巩固拓展主题教育成果。2019年9月，召开“明初心、守初心，坚定理想信念”专题研讨会，以追求人民满意的政务服务为主题，在全局开展政务服务人的初心和使命大讨论，进一步强化为民服务意识。在政务服务大厅持续开展窗口“治冷”和“三亮、三比、三评”活动，进一步强化创先争优意识。年初组织局全体干部职工和政务服务大厅工作人员签订“四责四诺”公开承诺书22份，分别在局党务政务公开栏和政务服务大厅政务公开栏进行公开，进一步强化责任担当。

（彭可人、王杏元、唐　玮、李　丹、彭　宇）

医疗保障

【概况】 湘潭市岳塘区医疗保障局（以下简称区医疗保障局）2019年3月14日正式挂牌成立，为区人民政府工作部门，正科级。湘潭市岳塘区医疗保障事务中心是湘潭市岳塘区医疗保障局所属公益一类事业单位，副科级。区医疗保障局（含区医疗保障事务中心）核定编制12个，其中行政编制3人，事业编制9人，在职在编7人。区医疗保障局下设内设机构为综合办公室。区医疗保障事务中心下设征缴信息股、监审结算股和财务股。区医疗保障局主要职责是负责省、市城乡居民医疗保险、医疗救助等医疗保障制度的地方性法规政策、医疗保障筹资、待遇政策的组织实施，监督管理相关医疗保障基金，拟定定点医药机构协议和支付管理办法，负责医疗保障经办管理、公共服务体系和信息化建设，监督管理纳入医保范围内的医疗机构相关服务行为和医疗费用等。

2019年，区医疗保障局始终贯彻实施“健康中国”战略，以人民健康为中心，加快建成覆盖全民、城乡统筹、权责清晰、保障适度、可持续的多层次医疗保障体系，致力于解决群众看病难、看病贵等问题，增强医疗保障的公平性、协调性，发挥医保基金战略性购买作用，推进医疗保障和医药服务高质量协同发展，促进健康中国战略实施，使人民群众有更多获得感、幸福感、安全感。

2019年，区常住人口47.83万人，区城乡居民医疗保险参保目标人数16.2383万人，该局在机构刚成立、人员尚未到位的情况下，迅速召开街道动员会，全面组织宣传发动，实行一日一调度，一日一汇总、一周一督查的方式，在规定时间内完成省定目标任务，实现参保率达到95.48%。

【医疗保险安排部署】 安排部署2020年参保工作。2020年城乡医疗保险征缴工作已移交税务部门，全局提早介入、早期谋划，积极对接统计局调取各乡、街道常住人口数据，对医保应保人员基数进行核查，进一步提高城乡居民医保基础数据的完整性和准确性；主动对接税务部门，及时跟进参保进度，确保完成参保指标。

加大参保宣传力度。发放张贴《关于湘潭市2020年度城乡居民基本医疗保险参保缴费通告》至政务大厅、各街道、社区、医疗卫生机构，并在区政府行政大厅电子显示屏上滚动播放1个月，提高知晓率；印制医保宣传纸杯10万个、医保政策宣传资料30万份，发放到区直相关部门、街道、社区、医药机构，确保参保人员一人一册，宣传到位；联合税务部门在社区积极向老百姓宣讲医保政策，深入推进“医保政策进机关、街道、社区”活动，向参保人员发放小礼品，切实提高群众参保意识，从“要我参保”向“我要参保”进行转变。

深入推动健康扶贫工作。一是广泛宣传健康扶贫政策。区医保局作为健康扶贫的成员单位之一，加大政策宣传力度，印制医保扶贫政策宣传、医保扶贫知识你问我答等多种宣传折页5万份，发放到建档立卡贫困人口手中，切实提高建档立卡贫困人口对医保扶贫政策的知晓度。二是积极开展医保扶贫政策培训。对有脱贫攻坚任务的街道和帮扶责任单位开展医保扶贫知识培训6场次，共计1652人次参加，为帮扶责任人精准施策提供业务保障。

积极行动，深入开展主题教育。局领导班子把“不忘初心、牢记使命”主题教育作为头等大事来抓，制定《中共岳塘区医疗保障局党组关于开展“不忘初心、牢记使命”主题教育的实施方案》，成立岳塘区医疗保障局“不忘初心、牢记使命”主题教育领导小组，严格按照区委要求完成主题教育目标任务。

【医疗保险扶贫】 精准扶贫。2019年8月，全局根据市扶贫办提供的建档立卡人员名单，解决239名新增精准扶贫对象参加2019年度城乡居民医保问题，落实资金176860元；该局针对检查反馈的情况进行全面清理，2019年10月，将岳塘区东坪、荷塘、霞城街道共733名建档立卡精准扶贫对象自费购买的城乡居民医疗保险费用，落实资金161660元；2019年11月，将岳塘区东坪、荷塘、霞城街道共91名建档立卡精准扶贫对象自费购买的城乡居民医疗保险费用，落实资金33540元；以上资金已通过惠农一卡通全部补助到个人。全局已在规定时间内拨付城乡居民医保参保补助、医疗救助等资金。

【医疗保险知识培训】　知识培训。组织市一医院、市三医院、市妇幼、市五医院、区疾控中心、区妇幼及各社区卫生服务中心，为贫困群众开展义诊、健康咨询、健康扶贫政策宣传等服务。开展医保扶贫知识培训5场次，培训脱贫攻坚任务的街道和帮扶责任单1038人次，为帮扶责任人精准施策提供业务保障，在荷塘街道指方村开展“送医送药送政策”三送活动。设立医保咨询台，现场咨询解答20余人次，发放宣传资料100余份。全局9名帮扶责任人共结对帮扶荷塘街道滴水埠村9户帮扶贫困户，贫困对象28人，为做好贫困户政策解读、困难解决、满意度等局机关组织结对帮扶业务培训14次，每月对帮扶对象进行上门走访，详细了解帮扶对象的家庭基本情况和实际困难，制定帮扶计划，征集“微心愿”，帮助解决帮扶对象的困难和诉求。

【医疗保险政策宣传】　政策宣传。印制宣传折页3.2万份，制作宣传纸杯10万个，配送给各区直部门、街道（社区）、贫困对象，该局联合岳塘税务分局开展2020年城乡居民医疗保险参保缴费工作宣传，开展宣传活动8场次，发放宣传资料2万余份、悬挂宣传横幅100多条，接受居民咨询1000余人，现场缴费300多人，对参保缴费的居民发放小礼品近万余份，切实提高居民参保的积极性和对政策的知晓度，为实现全民参保打下坚实的基础。　（易晓波）

机关事务服务中心

【概况】　根据关于印发《湘潭市塘区机关事务服务中心职能配置、内设机构和人员编制规定》的通知，设湘潭市岳塘区机关事务服务中心，是区政府直属公益一类事业单位，为正科级。中心设6个内设机构：办公室、财务室、接待股、综合股、公车股、报账中心。编制11名，其中主任1名、副主任2名。主要职能是负责区行政中心、机关二院的安全保卫、消防、绿化、会务等后勤保障工作，指导区行政中心、机关二院外其他区直单位的后勤保障工作；协助相关社区做好区政府各宿舍区的日常管理及维修工作；

【职能】　负责区行政中心、机关二院水、电、气、空调、消防、监控等公共设施的管理和维修维护；配合上级部门做好区行政中心、机关二院公共机构节约能源资源管理工作；协助区直有关部门做好资金结算、财务核算、财务报告等会计基础服务工作，以及国有资产的产权界定和处置等工作；负责区委、区人大、区政府、区政协等交办的来宾接待、会议接待后勤服务工作；负责区机关食堂管理，促进食堂优质服务；负责区机关文印室管理，保证文印质量；协助区直相关部门做好办公用房清理、调剂工作，做好区行政中心、机关二院内办公用房维修、维护等工作；协助指导街道办公用房管理工作；协助区车改办做好全区公务用车管理母平台车辆派遣调度、维护管理和交通安全工作及对子平台的指导工作。

做实政府院落资产日常维护安全化。行政中心于2008年从二院搬迁，大楼设施设备老化日益加快，能耗增大，用电负荷日益增加。中心通过物业日常巡查，中心领导成员定期和不定期督查，全员安全生产演练和开展安全生产隐患排查专项整治活动等常态化管理，确保行政中心、机关二院办公设施的安全有效运行。同时，对机关一院的电路进行改造，实现双电源全供全备供电，解决机关一院用电的难题，保障机关重要设备的运行和重大会议的召开。全年，共及时抢修电梯异常关停、水管爆流、空调主机桥架设备短路及起火、煤气管道供气异常等30余次，维修院内屋面渗漏20余处，修护路基石破损200余处。

【节约节能】　实施公共机构节能创新化。2019以来，全区紧密结合落实打赢蓝天保卫战三年行动计划和国家卫生城市创建，把开展“节约型公共机构”创建活动作为一项重要工作抓紧抓实。发出“绿色出行日”节能活动倡议，提高干部职工节能意识。组织召开全区公共机构节能暨培训工作会议，邀请专业人员讲解节能知识，安排部署全区公共机构节约能源资源数据统计工作，严格管理，使节能工作开展更加有序。创新实施机关节能节水改造和中央空调节能改造项目，通过中央空调锅炉机组改造、控制柜至设备母线增容、主机更换进线电缆和供水系统人工湖清理，改造后中央空调每月减少用电量约6.849万千瓦时，节省电费约5万元，年整体减少用电约27.397万千瓦时，节省电费约20万元。2019年，被评为省级公共机构节能示范单位。

【民主理财】　实现财务集中支付报账科学化。将原来30家单位统一一个账套核算模式，转变成按单位分设的30个账套核算模式，30个部门财务管理实现独立核算职能，方便账目录入、调出以及查阅、核对。同时，调整报账中心人员岗位，由原来的一组录入审核岗，调整为两组，强化组内单位对口服务指导，提高报账工作效率，缩短报账等待时间。自5月份实施新的报账管理以来，区机关事务服务中心报账中心共发现10多个部门存在有报账手续不齐全、报账明细不合理等问题，并对存在的问题提出整改意见，进一步加强区直部门的财务监管，有效防范财务风险，做好廉政风险防控。我中心报账中心累计直接支付979笔1975.12万元，授权支付540笔254万元，保证各项专项经费的到位及机关各院子的正常运转。同时，方便巡查、审计等相关单位的查账、调账等。出台《报账中心会计资料保管制度》，加强会计档案管理，进一步保证会计档案的安全、完整。

【公务用车管理】　打造公车平台管理现代化。在积极保障各职能部门日常用车和防汛抢险、招商引资接待客商等重要专项工作用车的同时，中心积极参与事业单位公车改革，严格按照要求做好事业单位公务用车改革工作。于2019年10月底完成公车信息化平台的搭建，区内43台公车安装北斗系统，在完成监控中心建设、全区多家车改单位平台车辆、司勤人员等信息的录入工作之后，组织母、子平台公车管理人员、司勤人员召开第一次公车平台信息化系统培训。除公、检、法、司和纪委监委几个部门的公车外，其余43辆公务用车全部放进平台集中管理、统筹调度、集约使用，为公务出行提供坚强的后勤保障。下一步将实现网上派车、网上监督的全区公车管理一盘棋的模式。利用互联网、手机App方便快捷地提交车辆需求信息，在第一时间科学调度车辆，把有限的资源用到真正需要的地方，杜绝“车轮上的浪费”。

【办公用房管理】 调整办公用房合理化。根据党中央《党政机关办公用房管理办法》的有关调整要求及区委办对全区改革时期办公用房需求的清理调整方案，中心组织对办公用房的调整提出具体思路，并开展办公用房摸底。同时，实施全区党政机关办公用房数据信息化管理，做好全区办公用房信息统计工作，进一步提升办公用房管理信息化、标准化、规范化。2019年4月，在全区三定方案调整，实际人员未全部到位情况下，就区退伍军人事务局、区优化营商环境协调事务中心、区疾控中心、五里堆街道、市生态环境局岳塘分局等单位的办公用房新增、调整需求拿出方案，并根据办公用房纪律予以保障到位。坚决杜绝“形式主义”和调整申报过程的二次浪费，切实做好全区机构改革期间办公用房清理、调配工作，打造资源节约型、环境友好型的两型机关。

岳塘区机关事务服务中心荣获2019年度湖南省节约型公共机构示范单位称号。 （黄　晶）

创新发展研究

【概况】 2019年6月，根据《中共湘潭市委机构编制委员会关于岳塘区机构改革涉改科级事业单位调整的批复》文件精神，湘潭市岳塘区创新发展研究中心挂牌成立。湘潭市岳塘区创新发展研究中心（以下简称区创新发展研究中心）是岳塘区人民政府直属公益一类事业单位，为正科级。事业编制3名，设主任1名，副主任1名。区创新发展研究中心主要职责是围绕区委、区政府的重大决策、中心工作以及区委、区政府领导的指示，对改革开放和经济、社会发展中的重点、热点、难点问题组织力量开展调查研究，向区委、区政府提出有针对性和可操作性的政策建议；参与起草区政府综合性会议和大型活动的重要讲话；对全区实施创新引领开放崛起战略的情况进行跟踪研究，收集、整理、综合分析和报送全区经济社会发展的动态及重要信息，为区委、区政府决策提供咨询意见和建议。

2019年，区创新发展研究中心立足“参谋服务”基本职能，把“紧贴中心谋大事”作为核心，积极主动服务领导决策，全力服务区委、区政府重大决策的贯彻落实，紧紧围绕中心、服务大局，完成工作任务。

【紧贴中心 以文辅政】 着力以文辅政，提升参谋服务水平。完成各类文稿101篇、近30万字。其中各类领导讲话稿46篇。包括区委经济工作会议、全区防范化解政府性债务风险会议、区人民政府全会等会议以及各类活动的区政府主要负责人的讲话稿、主持词、致辞，包括《在湘潭市“智造连城”创新转化成果项目路演、2019年“创客中国”湖南省中小微企业创新创业大赛岳塘赛区初赛暨“万企上云”宣讲会活动上的致辞》《岳塘区庆祝中华人民共和国成立70周年升旗仪式主持词》《在竹埠港新区综合开发项目一期开工仪式上的致辞》等；完成区政府汇报材料19篇，主要包括竹埠港新区建设与发展工作情况、全区抗洪抢险、岳塘区脱贫攻坚重点工作、安全生产和消防工作汇报、重大项目完成情况汇报等。

着力破解难题，强化重大课题调研。坚持问题导向，紧紧围绕全区经济社会发展中重点、热点、难点问题，强化问题性、策略性调研。先后配合完成关于岳塘区防范和化解政府性债务和化解工作的调研报告和岳塘区文化产业的调研报告等，为区委、区政府领导决策提供重要参考。

【掌握动态 参政设谋】 着力参政设谋，加强对经济形势的研判。加强对宏观经济形势的分析研判、国省政策的分析解读，以及全区经济运行情况的综合汇总，及时进行经济形势的分析和预测，针对改革发展的现实困难和问题提出有针对性和可操作性的建议30余条。及时捕捉政策信息，从各类政策文件、内刊、报纸、网络等渠道，广泛收集国家宏观政策的最新动态，了解国际国内经济发展趋势，掌握其他兄弟县市区和先进地区的展情况，把岳塘区的发展放在经济发展全局中进行分析研究，查找差距和不足。及时开展形势分析，到区直各部门和驻区单位以及园区了解掌握一手情况，把握全区经济运行特点和突出问题及困难，为区委、区政府领导的决策提供重要参考依据。在上半年、三季度分别对经济进行研判，并撰写2篇经济形势分析报告。

【加强学习 落实责任】 扎实开展“不忘初心、牢记使命”主题教育工作。按照制定的方案和每个阶段的学习安排，坚持把学习习近平新时代中国特色社会主义思想作为主线，学习前采取座谈会、个人检视等方式，查摆理论学习的问题和不足；学习中以《习近平关于“不忘初心、牢记使命”重要论述选编》和党章、党史等为主要内容，聚焦四个专题，严格落实集中学习研讨要求，原原本本读原著，悟原理，强化勇于奉献担当意识，凝聚干事创新氛围。推进学习教育常态化制度化。制定学习清单和学习计划，坚持在学懂弄通做实习近平新时代中国特色社会主义思想上下功夫，在完成规定学习任务基础上，增加《信仰人民》《幸福都是奋斗出来的》《岳塘区国民经济和社会发展第十三个五年规划钢要》等学习资料，提高中心服务经济社会发展大局能力和水平。全面完成问题整改。坚持边学习边调研边检视问题，认真落实“四个对照”“四个找一找”和对照党章党规找差距要求，聚焦检视问题重点，坚持把整治成效作为衡量主题教育成效的主要标志，把“改”字贯穿主题教育全过程，坚持“实”字为先，突出“严”字要求，共检视问题34个（其中班子20个，个人14个），实施台账式管理，逐个明确整改措施、整改时限，压实整改责任，已经全部整改到位。（刘忘贝）

应急管理

【概况】 2019年3月，根据《中共湘潭市委办公室湘潭市人民政府办公室关于印发〈岳塘区机构改革方案〉的通知》精神，岳塘区应急管理局（正科级），对外加挂区防汛抗旱指挥部办公室牌子。2019年，全区应急管理工作在区委、区政府的正确领导下和在人大、政协的监督支持下，深入学习习近平总书记、李克强总理关于安全生产和消防工作的重要讲话和指示批示精神，认真落实中央及省市决策部署，牢固树立安全发展理念，坚持底线思维和红线意识，全面落实“党政同责、一岗双责、齐抓共管、失责追责”要求，以创建省级安全生产示范区为抓手，健全责任体系，强化隐患排查，狠抓专项整治，生产安全和消防安全形势持续稳定向好。2019年全年，全区发生事故9起、死亡7人、受伤3人，同比减少7起、少死亡6人、少受伤2人，分别下降43.8%、46.2%和40%。其中，建筑施工领域发生事故1起、死亡1人，同比减少2起、少死亡2人，同比均下降66.7%；其他领域发生事故1起、死亡1人，同比增加1起、多死亡1人。岳塘区政府被省委、省政府评为“全省2019年度安全生产优秀单位”。

【完善责任体系】 突出改革发展，责任体系更加完善。一是根据国家及省、市安全生产改革实施意见、地方党政领导干部安全生产责任制规定和消防安全责任制实施办法，制定下发《岳塘区关于推进安全生产领域改革发展的实施办法》，全面推动安全生产领域各项改革工作落地生根。优化调整各部门安全生产监管职能职责，挂牌成立区应急管理局，并修订完善《岳塘区安委会成员单位安全生产工作职责》，明确区委书记胡海军任安委会政委、区长陈爱民任安委会主任、常务副区长黄珂分管安全生产工作，同时，明确区长陈爱民任消安委主任、常务副区长黄珂任消安委第一副主任，制定《岳塘区区直部门安全生产和消防工作任务清单》，进一步厘清安全生产和消防安全责任清单。二是制定实施《关于湘潭市岳塘区安全生产专业委员会组建方案的通知》，成立11个安全生产专业委员会，并制定各专业委员会工作规则，推动专业委员会规范运行。同时，指导督促各专业委员会定期研究部署和协调安全生产工作。10月30日，召开全区专业委员会工作部署会议，要求各专业委员会成员单位，立即在各行业领域开展专项整治，深入排查各类事故隐患，严防事故发生。三是坚持问题导向、关口前移原则，健全完善区级领导带队检查安全生产制度、区级领导巡查工作制度，全面提升安全生产工作水平。全年区级领导带队检查安全生产工作30余次。四是强化督查考核。将安全生产和消防安全纳入季度“同业对标”考核和年度绩效考核。区委督查室、政府督查室、区安委办坚持每季度对全区安全生产和消防工作进行综合督查巡查，并进行通报。

【安全监管】 突出示范创建，安全监管更加规范。一是持续深化“示范街道”“安全文化建设示范企业”“安全文明校园”等示范创建工作，2019年已验收五里堆街道评选省级安全生产示范街道。二是夯实创建基础。制定下发《湘潭市岳塘区创建省级安全生产示范区推进方案》，进一步明确创建任务书、路线图和时间表。同时，推动街道单独设立应急管理站、落实编内专职人员。三是推动科技兴安，完善应急指挥系统。共投入275余万元，加快推进应急指挥中心建设（集隐患排查、系统执法、应急调度、值班值守、视频会议于一体的应急指挥系统）。先后接待应急管理部、省应急管理厅检查指导，对应急指挥中心建设工作给予充分肯定。

【风险防控】 突出风险防控，安全防线更加牢固。一是扎实开展“三大行动”（大排查、大管控、大整治）。紧扣中华人民共和国成立70周年大庆契机，以防风险、保平安、迎大庆为目标，深入开展“大排查、大管控、大整治”行动以及消防安全“排雷”行动，重点突出道路交通、建筑工地、危险化学品、烟花鞭炮、有限空间、旅游景区、九小场所等重点行业、重点领域，确保全覆盖、无死角、零容忍。全年共开展联合检查189次，出动执法人员2353人次，检查企业310家，排查隐患152处。其中，交办督办重大安全隐患15个，一般隐患121个。二是强化源头管控。按照“一企一标准、一岗一清单”原则，持续开展规模工贸企业“双向承诺”和对单自查自改提升行动，对危险化学品企业实施“一张图一张表”管理，切实加强危险化学品重大危险源管控。三是落实企业主体责任。坚持示范引领，制定下发《岳塘区“落实企业安全生产主体责任年”2019年实施方案》，着力在每个街道打造1~2个示范企业。同时，狠抓企业培训，进一步提高企业落实安全生产责任自觉性和主动性。全年共专题授课、上门培训69场，培训企业900余人。

【行政执法】 突出行政执法，法

治理念更加深入。一是严格规范执法。大力推行“双随机一公开”联合执法，建立执法结果公示公开制度。坚持“三个结合”执法原则，即执法与服务相结合，查处与整改相结合，处罚与教育相结合，制定安全监管执法年度计划，积极开展计划执法，进一步规范安全生产法治秩序，促进全区安全生产形势持续稳定好转。二是加大执法力度。深入开展“强执法防事故”行动，进一步加大安全生产领域执法力度。全年组织集中执法行动6259次，出动执法人员30465人次，检查生产经营单位12537家次，立案调查386起，经济处罚的185.3262万元。同时，坚持以安全执法质量论英雄为导向，创造性开展执法质量评比活动，定期督导检查基层监管执法进度，并每月通报执法工作情况，努力营造安全监管执法“比、学、赶、超”的良好氛围。

【宣传培训】 突出宣传引导，安全氛围更加浓厚。一是采取多种形式，广泛发动宣传。充分利用安全生产宣传栏、黑板报、电子显示屏、宣传资料和手机短信等方式，深入宣传习近平总书记和李克强总理关于安全生产重要论述和新《中华人民共和国安全生产法》，广泛普及安全生产常识。全年共制作安全生产宣传专栏562块，发放安全生产宣传资料8万余份，发送安全生产短信1万多条。二是加大培训力度，不断提高安全生产意识。为提升全区安全生产意识和业务能力，组织召开全区副科级以上干部及村社、企业负责人专题学习培训会，参加市局邀请应急管理部处长颜爱华的专题授课，全区各街道、村（社）、安委会成员单位均参加培训。区住建、商务、卫生、教育、民政、文体等安委会成员单位组织召开本行业领域的生产经营单位负责人安全生产知识培训会，各街道也均邀请市局、区局相关领导对辖区内的生产经营单位负责人和机关干部、社区干部进行授课，全年共计组织3871人次进行安全生产法律法规和业务知识培训。三是扎实开展“安全生产月”活动，营造良好的氛围。紧紧围绕“强化安全发展理念，提升全民安全素质”主题，组织开展演讲比赛、知识竞赛、企业一线员工安全教育、安全生产宣传咨询日、应急演练等一系列活动，营造浓厚的安全生产工作氛围。利用在建设路口步步高前坪开展应急知识竞赛的契机，发放创建省级安全生产示范区纸巾盒80箱，发放宣传资料6000余份，发放有奖竞猜奖品价值6万元。

【防汛防火】 突出科学调度，确保平安度汛、防火更有把握。针对2019年以来全省汛期、高温、季节性事故高发的特点，凝聚各方力量，全力抓好事故防范。一是确保安全度汛。全市紧急启动防汛Ⅲ级应急响应后，堤防值守责任段人员全部到岗到位，沿线企业和其他社会力量陆续加入，三班倒、白+黑，24小时不间断，分组进行巡查，真正用严的标准和实的精神抓好防汛工作，组成防汛战场最前线“瞭望兵”，确保安全度汛。省防指督导时，对岳塘防汛工作给予高度评价。二是积极开展森林防火。抓紧理顺森林防火指挥架构和责任体系，督促林业、消防、街道等加强森林防灭火工作，确保森林防灭火职责能够落实到街村组和相关林区。区级领导带队巡查森林防火工作，并召开现场调度会。区委办、区政府办督查室于“中元节”前夕对相关街道及部门落实情况进行督导。国庆期间通过区应急指挥中心视频调度各街道值班值守情况，区级领导带队到各安全隐患点、森林防火点、值班值守点督查值班情况，及时消除隐患。全区未发生一起森林火灾。（陈聪丰）

消防工作

【概况】 2019年以来，岳塘区消防救援大队在区委、区政府的高度重视和坚强领导下，在习近平新时代中国特色社会主义思想和重要训词精神指引下，在各级各部门齐心协力下，紧紧围绕“改革、发展、稳定”主题主线，以奋斗者的姿态立足于抓队伍，把安全防事故工作做实；立足于保安全，把火灾防控工作做细；立足于打得赢，把实战训练演练做精，在新的起跑线上为保障全区经济社会发展和人民安居乐业作出积极贡献。2019年12月，大队获评“全国消防监督管理工作先进单位”；2月，获评2018年度全国执法质量达标基层单位、“全省安全工作先进大队”、“2018年度全市综治工作先进单位”；3月，获得全市消防救援队伍“先进基层单位”、“工作目标考评先进单位”称号。

【政治教育】 立好“风向标”，对党忠诚信念坚如磐石。以打造“先进基层党组织”为目标，围绕中心工作抓党建，扎实推进“学训词、铸忠诚、创新业、立新功”、“不忘初心、牢记使命”、“党建领航 共建平安”、深入学习贯彻授旗训词精神学习活动；开展主题党日活动17次；党委中心组学习21次，一对一心理疏导27次，8期党课教育、主官“推门听课”4次，两轮思想状况摸底排查，问卷调查、谈心谈话190余人次，调查问卷2次，引领指战员在思想上对党绝对忠诚。

【班子作风建设】 谱好“协奏曲”，团结干事合力持续凝聚。把团结作为班子建设的基石，严肃党内政治生活，坚持民主集中制，落实党委议事规则，高质量召开民主生活会，征求官兵的意见和建议共32条；积极开展 “三改、三比、三创”（改进学习、改进作风、改进工作；比干劲、比成效、比奉献；创新、创先、创优）活动。2019年以来，召开5次党委会研究中心工作和重大问题6个，加速完成重大事项2个，组织岳塘、高新、昭山3个中队党支部书记2次集中学习，班子民主决策水平不断提高。

【廉政建设】 当好“实干家”，求真务实作风见于行动。班子成员带头反“四风”、树正气、执行“八项规定”等禁令铁规；突出抓好消防执法领域腐败问题专项整治、问题线索“大起底”。大队主官带头上廉政党课，定期召开廉政形势分析会、廉政谈心、消防执法形象和廉政建设监督员工作座谈会；借力基层风气、风气监督员拧紧“责任链”，推动管理责任落地生根，逐级签订《党风廉政建设责任状》；在节假日推送廉政提醒短信千余条次；先后开展廉政势分析会8次，廉政谈话12次，警示教育5次；共受理上级批转和群众来信、来访103件，主办（协办）人大、政协提案和建议5件。

【思想教育】 抓教育，坚持思想武装引领队伍。大队党委将深入学习贯彻习近平总书记训词精神作为全年工作主线，做到政治动员抓在经常、领导示范干在经常、营造氛围融在经常、荣誉激励奖在经常、关心关爱做在经常、队伍管理严在经常、形象宣传亮在经常，以高度的政治敏锐贯彻落实上级有关决策部署、指示精神，扎实推进，组织开展“践行训词 转型升级 从我做起”“不忘初心再出发 牢记使命勇担当”“从哪里来、到哪里去，为什么人、担什么责”主题讨论；开展全员抄训词、背誓词、撰写心得体会；利用“学习强国”App，创新“互联网+”政治教育模式，建立常态化的思想摸排、谈心教育、督导帮扶机制，确保队伍思想总体稳定。

【纪律教育】 严纪律，坚持从严要求管理队伍。严格管理，严格要求，准军事化，准现役化的要求，扎实推进队伍正规化管理工作。结合“百日安全创建”，深入开展专项整治；紧盯重点环节，时时刻刻强调安全，逢会必讲安全，做到车辆安全车上学，训练安全场上练，执勤安全跟踪办。利用微信社区建立“家属交流群”，构建“单位、家庭、社会”三位一体防控体系；每月开展2次以上安全防事故检查；每季度召开队伍管理教育暨安全形势分析；大队主官每周深入岳塘、高新、昭山中队开展检查指导，队伍安全稳定的基础更加牢固。

【消防演练】 练精兵，坚持实战训练加快转型。坚持向能打胜仗聚焦、向实战练兵用劲，围绕“全员岗位大练兵、每周一评”工作，分层次、分岗位、分阶段每日、每周全员参训。修订完善各类救援预案，深入人员密集场所、易燃易爆场所、大型商业综合体、城际铁路开展消防检查143次，大型演练4次；圆满完成重大节日、重大活动等15起安保任务；全年共处置各类警情845起，抢救被困群众84人，疏散被困群众589人。先后成功处置“1·7”桦木厂原木定制家具有限公司仓库火灾、“3·28”京珠高速昭山收费站货车起火、“4·16”荷塘乡伟鸿冷链食品预冷车间火灾、“6·28”马家河公安检查站20吨汽油的油罐车侧翻事故等任务，为全区经济社会发展全力保驾护航。

【消防安全重点单位签订责任状】 在落实党政领导责任上下功夫。主动作为，强化党政领导责任，将消防工作纳入精神文明建设、全区“同业对标”考核及社会管理综合治理考评的内容，并将消防工作重要指标纳入全区国民经济和社会发展十三五规划。同时，将菊花塘和滴水湖消防站建设纳入社会民生项目6个建设。先后以政府常务会议、区长办公会、安委会、消防工作专题会安排部署消防工作15次，听取汇报19次；在重大活动、节庆时段三区党政领导带队检查27次；12次召开联席会议；发文23次，安委会、消安委分别约谈各成员单位5次；全区消防安全重点单位逐级签订消防工作责任状。结合安全生产“同业对标”对区直部门、街道开展消防工作考核，各行业部门、街道先后开展本行业领域内消防安全检查47次，坚决维护社会面火灾形势持续稳定。

【消防安全检查】 在消除火患夯实基础上求突破。先后开展防风险保平安迎大庆、消防安全“排雷”、消防车通道专项整治行动；持续深化大型商业综合体、电动自行车、群租房为重点的专项整治。先后14次联合开展电动车整治；17次联合开展农贸市场安全检查。31次联合开展歌舞娱乐场所、群租房、“九小场所”（小学校、小医院、小商店、小餐饮场所、小旅馆、小歌舞娱乐场所、小网吧、小美容洗浴场所、小生产加工企业）、高层建筑消防检查，5次联合开展消防车通道专项整治。结合70周年消防安保，紧盯13类重点场所和9类突出风险为重点，组织派出所民警约谈5次；消防安全重点单位责任人、管理人、消控室人员、微型站约谈13次；重大火灾隐患单位和不放心单位（场所）约谈5次；街道、大型商业综合体、住宅区物业约谈4次；推动185家重点单位落实“六个一”（开展一次安全评估、签订一份消防安全承诺书、维护保养一次消防设施、全面检测一次电气和燃气线路设施、全面清洗一次油烟道、集中组织一次全员培训演练）措施；组织200余家社会单位全面开展“三自主两公开一承诺”活动。广泛张贴“9类场所重大消防安全风险通告”9600余份，填写“安全取暖警示性排查宣传单”4800余份，社会面防控基础更加扎实。全年共检查单位1763家，发现并整改隐患1668处，下发责令改正通知书937份，行政处罚46起，临时查封19家，责令三停10家；整改销案重大火灾隐患单位18家，挂牌督办4家。

【消防安全执法】 在严格执法服务民生上提能力。推进“放管服”和“马上就办、最多跑一次”改革措施落地。扎实开展重点单位“双随机、一公开”监督检查、分行业分片区管理、单位消防管理累积计分、“防消一体化”等工作机制；先后20余次深入区直部门、街道、派出所、社会单位调研走访；帮助社会单位解决消防技术难题50余条。结合全员岗位练兵实际，每周组织监督执法干部、消防文员开展消防法律法规学习及执法案卷互查互评；每月开展民意调查；依托述职述廉、微信公众号、电子邮箱等渠道，收集消防“放管服”改革意见反馈79条。以“安全生产月”“119消防宣传月”等活动，发放宣传资料21000余份，张贴消防标识1100余份；举办首届社区微型消防站业务技能比武竞赛；依托消防宣传“七进”开展各类培训87场次，开放消防站17次；组织消防志愿者、社区消防宣传大使进家庭、走上街头开展宣传发放资料3万余份；联合辖区快递行业开展“快递公益使者——消防安全提示进万家”行动。借力岳塘微信公众平台、微信群、QQ群、手机短信每日累计推送消防安全常识11860余条。在CCTV-2《第一时间》专栏播报专题1篇；在《中国应急管理报》刊发2期专栏，岳塘政府门户网站刊发6篇消防专题报道、岳塘区红网刊发稿件17篇，消防工作逐步深入人心，广大人民群众的消防安全意识大大增强。（袁　玲）

政协湘潭市岳塘区委员会

【概况】　政协湘潭市岳塘区第六届委员会有委员188人，由7个工作联组和18个界别组成，其中常委会议组成人员27人，主席会议组成人员7人；区政协党组4人，包括党组书记1人，党组成员3人；区政协主席、副主席6人，包括主席1人，副主席5人（其中女性2名、中共党员3名、党外干部3名）；全区政协共有联络工作委员会12个。岳塘区政协机关有干部职工16人，包括主席1人，副主席5人，正科级干部7人，副科级干部1人，科员1人，工勤人员1人。区政协机关现工作机构为“1办5委”，即办公室、提案和委员学习委员会、经济科技和外事委员会、农业农村和人口资源环境委员会、文教卫体和文史委员会、社会法治和民族宗教委员会。

【政治建设】　强化政治领导。区政协始终坚持把习近平新时代中国特色社会主义思想作为统揽政协工作的总纲，自觉贯彻落实党的路线方针政策和决策部署，突出党的政治建设，着力强化区政协党组建设。始终把围绕中心服务大局作为政协履职的根本要求，切实做到区委政府中心工作推进到哪里，政协工作就跟进到哪里。自觉接受中共岳塘区委领导，严格落实重大事项请示报告制度，先后就贯彻落实全国政协、省、市政协全会及省政协党建工作和市委政协工作会议精神、年度工作要点、年度协商计划、外出学习培训考察和年度履职情况等重大事项向区委作专题汇报。做到群众关注的热点问题及时编成社情民意，做到一切重要工作在区委领导下开展，一切重要活动围绕区委、区政府中心任务进行，一切重要安排请示区委同意后实施。

强化思想引领。把深入学习贯彻习近平总书记关于加强和改进人民政协工作重要论述和中共十九届四中全会精神、习近平总书记在中央政协工作会议暨庆祝中国人民政治协商会议成立70周年大会上的重要讲话、《中共中央关于加强和改进新时代政协工作的意见》，作为一项最根本的政治任务抓在手中，着力把准精神实质、核心要义、实践要求，学以致用、推动工作。认真组织学习新修订的《中华人民政治协商会议章程》，学习贯彻落实全国政协及省市政协会议精神、区委经济工作会议精神，把思想和行动统一到中央及省委、市委、区委作出的各项决策部署上来，统一到全国及省、市政协工作要求上来，以坚定的政治态度、严格的工作举措、务实的工作作风“双向发力”抓落实，有力推进各项工作提质增效。

强化组织领导。实行脱贫攻坚措施，把扶贫帮困作为履职为民的实事工程来抓。据不完全统计，全年共为困难群众送去帮扶资金和生活物资49万余元，为贫困地区捐赠衣物2000余件，为困难家庭解决就业岗位500多个。

【依法履职】　切实提升委员履职能力。制定和完善《区政协全会工作规则》《政协委员和常委学习制度》等23项制度。落实《开展“忠诚履职、奉献岳塘”活动考核办法》，在委员中广泛开展“五个一”履职活动，实现考核常态化、结果运用刚性化。专委会组织界别委员召开知情明政座谈会，搭建履职平台，为委员找准履职切入点，提高议政建言水平创造条件。全面完成12个委员工作室建设，政协委员值班接待群众开始走向常态化、制度化。由于工作变动原因及按照《委员履职评价办法》，全年辞免9名区政协委员的资格，增补委员10名。广大委员自觉立足岗位提升能力，在履职尽责中发挥作用，涌现一批优秀委员，如方世平委员被中组部、人社部等单位授予“全国模范退役军人”称号；丁春松委员被湘潭市委、市政府授予“湘潭市优秀中国特色社会主义事业建设者”称号。

【信息化网络平台建设】　全力推进“互联网+政协”云平台建设。利用传统媒体和新媒体相结合，加大政协工作宣传力度。及时更新政协云资讯，截至12月，共推送岳塘政协稿件120篇。全年在《湘声报》、《湘潭日报》以及岳塘红网等媒体发表各类稿件共120多篇。利用政协云“扫一扫签到”功能作为年度委员履职活动的考核数据之一。开通政协云微建议、社情民意等履职平台。践行网上群众路线，政协主要领导带队调研，制定出台《岳塘区政协微建议办理办法（试行）》，将委员微建议与“智慧岳塘”、“区长热线”、区信访联席办相衔接，打通与人民群众联系的“最后一公里”，使其成为反映群众呼声的好平台、委员履职的好帮手、区委政府推进工作的好助手。全年区本级共收集委员微建议63条，区优化营商环境服务中心、区行政审批服务局等部门均做到件件有回音，80%的微建议得到落实。

微建议办理情况在全市排名第一，在全省排名靠前。如贺建平委员在防汛期间提交的《关于河堤上防汛值守车辆经过需洒水降尘》的微建议，区环卫所接到交办信息后仅2个小时就派车洒水降尘；湖湘社区居民多次向有关部门反映，有台“僵尸车”长期堵在小区路上，徐进委员提交微建议后，问题很快得到解决。

【文史工作】 开展庆祝中华人民共和国暨人民政协成立70周年系列活动。区政协制定工作方案，安排10项活动内容，积极组织委员参加省市有关纪念、征文等庆祝活动。从9月起，在政协云开设专栏，围绕“提案故事、委员风采、政协大事、历史沿革、精彩瞬间”等方面开展系列宣传活动。编撰48万余字的《岳塘文史》第四辑（纪念人民政协成立70周年专辑），回顾政协历程、选录资政成果、展示委员风采、畅想美好未来，表达对伟大祖国和人民政协的礼赞。

【队伍建设】 加强机关和政协干部队伍建设。根据《中国人民政治协商会议章程》及省委有关规定，如质如期完成区政协机关机构改革任务，增设农业农村和人资环委，调整完善专委会职能，充实增强机关力量。机关党支部坚持每月26日左右开展主题党日活动。抓好退休党员干部服务管理。完善落实机关以“同业对标”管理为内容的绩效考核评价机制和内部管理制度。积极支持区纪监委派驻纪检监察组的工作，共同推进机关党风廉政建设的有效开展。在中共岳塘区委、高新区党工委、昭山示范区党工委的高度重视下，及时配齐配强各街道、镇政协联工委主任。区政协常委会制定先进联工委、优秀调研报告、优秀委员等考核标准，全区各政协联工委积极开展履职活动，全年开展各种履职活动共95次。

【政协全体会议】 2019年12月24—26日，中国人民政治协商会议湘潭市岳塘区第六届委员会第四次全体会议召开，参会委员188名，区有关领导和部门负责人列席。会议听取和审议岳塘区政协主席傅博华代表区政协第六届委员会常务委员会所作的工作报告和岳塘区政协副主席周亦农所作的提案工作报告；通过区政协六届四次会议决议；全体政协委员列席区人大六届五次会议，听取和协商《政府工作报告》《关于岳塘区2019年国民经济和社会发展计划执行情况及2019年国民经济和社会发展计划（草案）的报告》《关于岳塘区2019年财政预算执行情况和2020年财政预算（草案）的报告》《湘潭市岳塘区人民法院工作报告》《湘潭市岳塘区人民检察院工作报告》，会议补选2名区政协常务委员。会上8名委员作大会发言。

【政协常委会议】 2019年3月29日，区政协六届常委会第十三次会议协商通过区政协机构设置的决定、《政协湘潭市岳塘区委员会2019年工作要点》，修订岳塘区政协《关于开展“忠诚履职、奉献岳塘”活动的考核办法》《岳塘区政协委员履职评价办法》《委员履职评价细则》；学习传达全国“两会”精神。

2019年7月12日，区政协第六届常委会第十四次会议取区人民政府半年度工作情况的通报；协商审议有关人事任免事项：增补曾燕群、孙曦、唐奔、周湘农、张礼（编第一联组）、周卜荣（编第五联组）等6人为区政协第六届委员会委员；同意谭东风、刘云、冯小云、石峰、龙炜等5人辞去区政协第六届委员会委员资格。任命曾燕群为宝塔街道政协联工委主任；徐进为建设路街道政协联工委主任；孙曦为书院路街道政协联工委主任；唐奔为东坪街道政协联工委主任；周湘农为下摄司街道政协联工委主任；李丽玉为区政协办公室副主任。免去刘云建设路街道政协联工委主任职务；谭东风东坪街道政协联工委主任职务；冯小云书院路街道政协联工委主任职务。任命徐进为第三工作联组组长；唐奔为第三工作联组副组长；曾燕群为第五工作联组组长；周湘农为第六工作联组副组长；孙曦为第七工作联组组长。辞免刘云第三工作联组组长职务；谭东风第三工作联组副组长职务；胡亦芳第五工作联组组长职务；冯小云第七工作联组组长职务。协商通过区政协经济科技和外事委员会关于岳塘区“稳投资”工作的调研报告；协商通过区政协农业农村和人口资源环境委员会关于岳塘“碧水保卫战”的视察报告；协商通过《政协岳塘区委员会微建议工作办法（暂行）》。

2019年9月30日，区政协第六届常委会第十五次会议听取区人民政府对提案办理和六届三次会议委员发言落实情况的通报；听取区政协提案委员会关于重点提案督办和办理协商情况的汇报；听取民主评议办理提案工作的汇报；协商通过区政协农业农村和人口资源环境委员会关于岳塘区城市道路建设与管理的视察报告；区委统战部常务副部长周剑鸣讲授统一战线知识；传达中央及省、市政协工作会议精神。

2019年12月13日，区政协第六届常委会第十六次会议听取区人民法院工作情况的通报；听取区人民检察院工作情况的通报；协商通过召开区政协六届四次会议的决定；通过政协湘潭市岳塘区第六届委员会第四次会议议程、日程；通过政协湘潭市岳塘区委员会常务委员会工作报告（审议稿）；通过关于区政协六届三次会议以来提案工作情况的报告；报告区政协六届四次会议“大会发言”材料准备情况；协商通过区政协相关制度；协商有关人事任免事项：增补崔湘军、吴琼、沈自德、胡柳松等4人为区政协第六届委员会委员；同意冯新宇、阳晓明、孙曦等3人辞去区政协第六届委员会委员资格；撤销戴丹区政协第六届委员会委员资格。任命崔湘军为霞城街道政协联工委主任；吴琼为岳塘街道政协联工委主任；沈自德为建设路街道政协联工委主任；胡柳松为书院路街道政协联工委主任。免去冯新宇霞城街道政协联工委主任职务；徐进建设路街道政协联工委主任职务；阳晓明岳塘街道政协联工委主任职务；孙曦书院路街道政协联工委主任职务。任命沈自德为第三工作联组组长；崔湘军为第四工作联组组长；邓红菊为第七工作联组组长；吴琼为第四工作联组副组长；胡柳松为第七工作联组副组长。免去徐进第三工作联组组长职务；冯新宇第四工作联组组长职务；孙曦第七工作联组组长职务；阳晓明第四工作联组副组长职务。

2019年12月25日，区政协第六届常委会第十七次会议协商讨论补选办法（草案）；通过提名候选人建议人选名单；协商讨论六届四次会议决议（草案）。

2019年12月25日，区政协第六届常委会第十八次会议听取各组讨论情况汇报；通过补选办法（草案）；通过正式候选人人选名单；通过总监票人、监票人建议名单；通过六届四次会议决议（草案）。

【考察调研活动】 服务发展大局开展专题调研。积极践行“五联五问”大调研活动，根据中央经济工作会议提出的“六稳”目标，结合区投资拉动经济的工作实际，常委会将“稳投资”工作作为重点课题，专门成立课题组开展调研。课题组精心组织，深入全区21个区直部门、2个园区、3个平台公司、4个街道等30余个单位进行座谈，深入10余个项目和企业进行现场调研，并到岳阳楼区和天元区考察学习。经过充分调查论证，形成《关于岳塘区“稳投资”工作的调研报告》。同时，全区政协各级组织和广大委员大兴调研之风，共形成调研报告13篇。会议遴选的14篇大会发言材料，集中反映民意，为区委、区政府科学决策提供重要参考。

服务重点工作开展专项视察。坚持只要有利于发展、有利于社会稳定、有利于民生，就理直气壮地出谋划策、建言献智，重点对黑臭水体专项治理、城市道路建设及管理工作进行专项视察，向区委、区政府提出意见建议，持续助力“四新岳塘”建设。

2019年5月16—17日，傅博华带队赴零陵区、嘉禾县政协就政协云工作考察调研，根据年初区政协工作要点安排，调研交流政协云使用、“微建议”办理、委员工作室等工作的情况。为制定《区政协“微建议”办理办法》，推进区政协信息化建设，基层协商民主建设，学习全省先进单位做法。

2019年5月27—29日，岳塘区政协组织部分区政协常委会组成人员、政协委员、各街道、镇政协联工委主任及区政协干部在韶山雅斯特培训学校（领袖学院）开展“提升委员履职能力”培训，进一步拓展政协工作思路，提升政协委员履职能力，提振政协工作活力。

2019年6月3—5日，傅博华带队就赴岳阳楼区和天元区就岳塘区“稳投资”工作考察调研，通过座谈交流、现场考察等方式，学习岳阳楼区和天元区在“稳投资”工作方面的先进做法和成功经验。

2019年10月10—11日，岳塘区政协党组书记、主席傅博华先后到青山小学、正江小学、湘纺小学、育才小学、大桥小学五所学校走访调研，了解义务教育优质均衡发展工作进展情况。

【服务经济建设】 区政协领导及机关干部尽政协所能，联党建、联项目、联农村（社区）、联企业，积极参加“一创两深化”联点共建，参与信访包案、接待群众来访、安全生产、环境保护等维护岳塘大局和谐稳定的重要工作。政协机关和全区12个联工委全面开展省、市、区三级政协委员大走访活动，参与区绩效考核、党建工作考核、社会综合治理考核等群众满意度评估，积极参与2019年抗洪抢险，出色地完成防汛任务。全体政协委员坚持落实助学助医、改善居住环境、解决就业等“三个一”脱贫攻坚措施，把扶贫帮困作为履职为民的实事工程来抓。据不完全统计，全年共为困难群众送去帮扶资金和生活物资49万余元，为贫困地区捐赠衣物2000余件，为困难家庭解决就业岗位500多个。

提案和委员学习联络委员会

【概况】 认真完成各项重点工作。指导各联工委和工作联组制定好年初的工作计划，科学合理安排工作，按照联工委和委员的年终考核细则抓好委员的学习和联谊活动，并抓好委员工作室的建设；做好一报两刊的发行工作，为委员提供学习资料；做好全会的筹备工作以及领导交办的其他工作任务；完成对口精准脱贫和创文创卫等中心工作任务。

【提案收集】 积极开展提案办理协商。六届三次全会以来，共收到提案172件，立案153件，立案率为89%。所有提案均做到按时答复，所提提案被解决、基本解决或列入计划逐步解决的达到95%。扎实开展提案办理民主评议，由区政协常务委员牵头，组织评议组，对区文化旅游广电体育局和区农业农村局的提案办理工作开展民主评议，经评议组评议，区文化旅游广电体育局分数为92分，评为优秀等次；区农业农村局分数为87分，评为合格等次。

【提案督办】 切实做好重点提案督办工作。为充分发挥重点提案的引领、示范、带动作用，由主席、副主席带队，组织政协各委办、区政府督查室以及部分政协委员，对围绕加快推进“荷塘全域旅游”“推行中小学生弹性离校”“加强食品安全监管”“规范餐馆厨余垃圾以及泔水处置”“振兴村级集体经济”等5件重点提案办理情况进行专项督办。

【提案征集】 做好提案征集工作。为确保提案质量，专委会对提案的征集工作作具体的部署和安排，印发《关于征集区政协六届四次会议提案的通知》，并附上提案的参考提纲，明确征集提案的指导思想和重点内容，为委员撰写高质量的提案打下基础，创造条件。

【学习培训】 抓好委员学习培训。为进一步提高委员的履职能力，提振政协工作活力，联合湘潭县、韶山市政协组织近300名委员进行一次为期三天提高履职能力的集中培训，采取集中授课、现场教学的形式，由省委宣讲团的教授和省政协有关工作人员授课，主要学习政协业务知识、国际经济形式分析等内容。

经济科技和外事委员会

【概况】 认真履职，围绕中心，服务大局，深入调研，精准献策，助力“四新岳塘”建设。积极协助市政协开展“优化营商环境，助推民营经济持续健康发展”专题协商调研；圆满完成对口精准脱贫和创文创卫等中心工作任务。

【推动“稳投资”工作】 高质量完成专题调研协商。围绕党委和政府中心工作，精准选题，组织开展岳塘区“稳投资”工作专题调研协商，提出五个方面的意见建议，推动解决一批具体问题，加快相关项目落地落实，推动完善相关制度和投资环境优化，有力推动全区投资工作的健康快速增长。调研报告荣获省政协优秀调研报告二等奖。

【五位一体建设】 积极组织编审大会发言。精心指导、组织政协委员30余人，撰写大会发言25篇，通过反复筛选、比较、修改、完善，共编审区政协六届四次全会大会发言材料14篇，为加快岳塘区“五位一体”建设献计献策。

【机构改革方案】 全面完成机构改革任务。拟定机构“三定”方案，明确机构、职能和编制；严格选定新的专委委员，组建新的专委会；组织专委会成员开展三次集中学习，提高政治素质和履职业务水平，为有效开展政协相关工作奠定基础；积极走访经济科技界委员30余人，认真指导联点的宝塔街道联工委工作，积极联系对口各区直部门。

农业农村和人口资源环境委员会

【概况】 强化理论学习，提高履职能力和水平。组织专委会委员对农业农村工作的相关文件和政策进行学习，帮助委员更加全面的了解形势，掌握政策，同时，定期组织专委会委员召开工作碰头会，对专委会的工作定期进行总结，不断提高委员“参政议政”的能力和水平。圆满完成对口精准脱贫和创卫创卫等中心工作任务，不定期到所联系的工作联组指导工作，进一步提高委员的履职能力，积极参与各联组活动。

【推动水环境治理】 深入开展调研视察，积极谋策献言。专委会成立专项视察小组，对岳塘区“碧水保卫战”——黑臭水体治理和岳塘区城市道路建设与管理开展专项调研视察，通过实地查看、召开座谈会、学习先进地方经验等形式，形成《岳塘区“碧水保卫战”——黑臭水体治理专项视察情况报告》,《关于岳塘区城市道路建设与管理的视察报告》，并报请区政协常委会通过。

【执法监督】 开展知情明政，搭建交流平台。专委会组织开展区政协委员走进区城市管理和综合执法局暨知情明政座谈会，实地参观莲城步行街城管执法岗亭、晓塘路菜地、芙蓉农贸市场等地，听取区城市管理和综合执法局工作情况和接受民主监督工作情况的汇报，并围绕商户占道经营、小区内种菜、违规倾倒渣土等市容乱象进行提问交流，让委员们更多的了解城管执法部门主要职责任务和有关工作开展情况，进一步提高委员们的“参政议政”能力。

文教卫体和文史委员会

【概况】 认真完成各项中心工作。积极协助区政协经科委组织的关于“稳投资”的专题调研，从调研方案制订、调研过程参与到调研报告的起草修改，提出不少合理化建议和意见，同时与经科委紧密配合完成六届四次全会“大会发言”发言稿的修改和编撰工作；指导委员就如何撰写提案、社情民意、调研报告、大会发言，全年进行8次专题辅导，较好地指导所联系的联工委工作，确保联工委的工作在有序、活跃的前提下，开展一系列的履职、学习活动，效果良好，圆满完成创卫联点、综治联点、扶贫联点、党建联点等中心工作任务。

【文史工作】 办好《岳塘文史》。在不到8个月的时间里，编辑出版《岳塘文史》第四辑——庆祝中和人民共和国暨人民政协成立七十周年专辑。全书共48多万字，分“人民政协沿革理论”“岳塘政协历史”“履职成果选登”“委员风采”“委员心语”“诗词书画摄影集锦”等8个部分，已于2019年9月国庆前出版，记录整理岳塘区政协成立以来的历史文化资料，为宣传推介岳塘政协，展现委员风采，提高政协影响力发挥积极作用。

积极开展调研视察。对岳塘区社区文化站建设情况、部分学校生源严重不足情况等进行专题视察。组织部分委员组成暗访组，就岳塘区创建全国卫生城市的相关工作情况，进行认真视察，发现和反映不少存在的现实问题，并及时与区相关部门进行反馈。与全国100多县市区政协学习文史委建立文史资料编撰和交流机制，全年共收到兄弟县市区赠阅的文史资料116本，回赠资料180 多本。

【文史网络建设】 做好文史资料的征集出版工作。与雨湖区、韶山市进行文史编撰工作交流；参与湘潭市地方文化研究会的地方文化研究工作，并担任研究会理事，在研究工作中发挥较为专业的作用；建立和完善区域范围内的文史工作爱好者联系网，为之后文史工作的整理研究奠定基础。

开展知情明政，搭建交流平台。创新性地组织文教卫体等界别的知情明政座谈会，效果很好，得到委员的一致好评和政协领导的充分肯定，并在所有委室中推广，为委员较好履职搭建平台，创造条件。

社会法治和民族宗教委员会

【概况】　坚持围绕中心，突出重点。紧紧围绕区政协党组、主席会、常委会的中心工作和人民群众所关注的重点问题，深入开展调研、视察，为全区经济社会发展、健全法治、维护社会和谐稳定建言献策。把群众关注的热点难点问题作为工作重点和切入点，积极为化解矛盾、凝聚人心、维护稳定做好工作。

【履职能力建设】　坚持少而精，注重质量。在上年探索开展专项民主监督的基础上，对岳塘区域义务教育优质均衡发展实行跟踪民主监督。根据中共中央办公厅《关于加强和改进人民政协民主监督工作的意见》和《政协湘潭市岳塘区委员会民主评议工作暂行办法》，认真开展跟踪民主监督调查视察走访活动，对照去年《岳塘区域义务教育优质均衡发展专项民主监督调查情况及建议书》中存在的问题逐一进行回访，查看是否改进，并召开对口协商会。

调动委员积极性，发挥委员的主体作用。政协委员是政协履行职能的主体，发挥好委员参政议政的积极性、主动性和创造性，是提高政协履行职能水平和成效的基础和关键。在平时工作中，注意加强同委员的联系，充分发挥委员来自于不同界别，不同党派的作用，从不同层面不同方面集中反映社情民意。在组织委员开展调研、视察工作中，事前、事中，尽可能将有关材料提供给委员，为委员知情创造条件。鼓励委员尽可能多了解一些真实情况，在活动中积极提出意见和建议，在活动后为委员提供撰写调研视察报告的思考提纲。

主动加强联系与合作，保障工作顺利开展。在开展各项委员履职活动中，积极与党政领导及对口职能部门的联系，主动取得他们的支持和配合。主动与提案委协商，在提案办理过程中，主动参与相关职能部门提案办理，互通情况，交换信息，为开展工作创造条件。同时，注意加强与外地政协之间的联系，虚心学习他们的工作经验，交流成果，努力把工作提高到一个新的水平。　（李丽玉　周　蓉）

中共岳塘区纪律检查委员会
岳塘区监察委员会

【概况】　岳塘区纪委监委履行党的纪律检查和国家监察两项职责，对岳塘区人民代表大会及其常务委员会负责，并接受监督，主要负责全区党的纪律检查工作；依照党的章程和其他党内法规履行监督、执纪、问责职责；负责全区监察工作；依照法律规定履行监督、调查、处置职责；负责组织协调全区全面从严治党、党风廉政建设和反腐败宣传教育工作等，内设办公室、组织部、党风政风监督室、信访室（加挂案件监督管理室）、第一至第三纪检监察室、案件审理室、纪检监察干部监督室，区纪委监委行政编制为36名，领导职数为：区纪委常委7名，其中书记1名、副书记2名、常委4名，区监委设主任1名（由区纪委书记兼任）、副主任2名（由区纪委副书记兼任）、委员4名（其中2名由区委常委兼任）；内设机构正职（副科级）9名。

【“主题教育”落实】　2019年度，区纪委监委在区委区政府和市纪委监委的正确领导下，坚持以习近平新时代中国特色社会主义思想为指导思想，牢固树立“四个意识”，坚定“四个自信”，做到“两个维护”，积极开展“不忘初心、牢记使命”主题教育，积极推进党的建设新的伟大工程，坚持挺纪在前、标本兼治、稳中求进，有力推动纪检监察工作高质量发展。

【政治建设】　围绕政治建设，固本强基，核心引领更为有效。搞好主题教育。扎实抓好理论学习，认真开展集中研讨，主要领导带头开展调查研究、上党课，全面征求意见，检视问题151个，切实加强整改，召开专题民主生活会和组织生活会。通过主题教育，提高政治站位，加强党性锻炼；强化宗旨意识，为民办实事解难题；强化监督执纪，用好问责利器。提高政治站位。签订意识形态工作责任制，高度认识意识形态工作的极端重要性，主要领导亲自抓意识形态工作，亲自过问重大问题，亲自研究安排意识形态工作，抓住意识形态工作的主动权、话语权，带头落实请示报告制度，向上级纪委监委和区委专题请示、报告重要事项30余次，确保党对纪检监察工作坚强有力的领导。加强政治监督。围绕防范化解重大风险、精准脱贫等重大决策部署落实情况开展检查。对经开区等单位投融资情况开展专项检查，发现问题58个，并督促整改。开展脱贫攻坚专项巡察、督查，发现具体问题33个，线索8条。开展执行力专项巡察，对区委主要领导批示落实情况进行核查，着力推动长征新村安全隐患消除、基层医疗卫生单位绩效考核制度规范等问题解决。严肃政治纪律。加强党风廉政建设，签订责任状，层层压实“两个责任”，与其他工作同安排、同部署、同落实、同检查，认真落实“三会一课”、主题党日活动等制度，认真开展组织生活会，扎实开展党员民主评议工作，及时交纳党费，积极发展党员，有2名预备党员转正。严查对党不忠诚、不老实等行为，查处违反相关案件2起。

【监督检查】　围绕监督检查，防微杜渐，权力运行规范有序。压实主体责任。进一步细化党委主体责任清单，明确“一把手”抓党风廉政建设的具体职责和任务。对责任不落实、走过场的，及时运用“四种形态”约谈、函询。区纪委监委共约谈“一把手”15人次，函询3人。强化日常监督。领导干部外出学习考察备案47人次，科级领导干部操办婚丧喜庆9人次，对136人次出具党风廉政回复意见，对新提拔重用的副科级以上领导干部开展任前廉政谈话67人次。紧盯“关键少数”。聚焦“责”和“廉”，开展述责述廉，全区321名科级领导干部向区纪委监委书面报告管党治党和廉洁从政情况。对领导干部未如实报告有关情况的已立案查处。派驻组参加重大会议230余次，提出建议50余条。

【违反中央八项规定精问题查处】 围绕“四风”整治，破陋立新，党风政风愈发向好。严查“四风”问题。组织“两代表一委员”及特约监察员参加作风建设明察暗访，整治上班懒散、工作拖拉、执行不力等作风问题90余起，对相关单位发交办函14份，核查相关问题线索25条。立案查处违反中央八项规定精神和“四风”问题8起，给予党纪处分8人。对区商务局个别领导干部顶风违纪行为予以先行免职后立案查处。集中整治形式主义、官僚主义。发现形式主义、官僚主义方面存在的具体问题244个，指导相关业务部门制定具体整改措施42条。立案查处形式主义、官僚主义问题10起，给予党纪政务处分10人。开展违规收送礼品礼金整治。在全区开展收送红包礼品礼金自查自纠，收缴违规收受的红包礼金1.6万元，查处并通报区民政局一名正科级干部收受礼品礼金的严重违纪违规问题。

【党风政风突出问题专项治理】 围绕群众利益，治患除恶，基层环境持续改善。开展扶贫领域专项治理。2019年，45个干部结对帮扶42个帮扶对象，全年走访800余人次，慰问物资及现金价值4万余元。对16个行政村的27名支村“两委”成员亲属享受扶贫帮扶的情况进行排查和整治，取消2名村干部亲属的扶贫帮扶资格。针对扶贫领域零案件的街道，约谈6名街道分管领导及纪工委书记。立案查处群众身边的腐败和作风问题22起，党纪政务处分20人，追缴违纪资金72.97万元，退还群众资金40.49万元。其中，查处扶贫领域腐败和作风问题8起，给予党纪政纪处分8人，移送司法机关2人。开展民生领域突出问题专项整治。组织区教育局对开学收费、教辅材料和学校食堂的专项检查3次，立案查处在校教师违规校外补课问题1起。推动“互联网+监督”平台升级完善。对平台上的9起举报，都及时调查核实并回复。开展扫黑除恶专项斗争。制定《落实中央扫黑除恶专项斗争督导反馈意见整改实施方案》，针对14个方面的问题，列出责任清单，推动整改工作落实。统筹推进线索处置，对中央及省、市、区交办的9条问题线索全部办结，立案1起，移送司法机关1起。

【惩治腐败】 围绕纪律规矩，惩防并举，反腐成果不断巩固。畅通信访渠道，严查违纪问题。纪检监察机关共接受群众信访举报73件，其中业务范围内52件，已办结40件，加大问题线索处置力度，全区共立案50件50人，其中科级干部10人，给予党纪政纪处分44人，涉嫌犯罪移送检察机关5人。加强案件审理，提高案件质量。强化在事实、证据、定性、处理等方面的审核把关，加大对办案工作的内部监督，增强案件查办的规范性。岳塘区税务局王希平案被评全市“十佳”精品案件。查找廉政风险，健全机制制度。对查处的每一起重要案件，总结经验教训，做到查处一案，教育一片，规范一方。如通过昭山和平小学李亮军案例剖析，督促教育主管部门加强制度建设和执行。

【巡视巡察】 围绕政治巡察，正本清源，党的组织坚强有力。突出问题导向。针对被巡察单位职能职责、信访举报问题等事项进行认真分析，直奔问题去，带着问题走。全区共开展3轮巡察，其中对20个党组织开展常规巡察，发现具体问题237个，移交问题线索28条。突出巡察整改。针对巡察整改不到位的情形，对区委前四轮巡察开展整改督查。督促各单位认真整改巡察以来的624个具体问题，通过压力传导，整改问题457个。突出成果运用。对意识形态、基层党建、财务等方面出现的问题，以问题清单的形式向主管部门进行通报，促进主管部门对普遍性问题及时进行系统性整改规范。区委组织部将各单位巡察发现的问题纳入同业对标考核，强化震慑时效。

【廉洁教育】 围绕廉洁教育，润物有声，拒腐防变深入推进。加强警示教育。在“日周月”廉政教育节点上，3次组织村、社区干部和重要岗位干部参加庭审警示教育。组织区直部门党员干部赴湘潭县廉政教育基地、高新区廉政教育基地接受警示教育。发挥媒体平台优势。及时宣传党风廉政建设和反腐败工作动态信息、特色做法、廉政文化建设等情况。组织各单位在市级以上主流媒体刊发党风廉政宣传稿件564篇。

【纪检监察队伍建设】 围绕自身建设，厚德弘道，支撑保障稳步提升。爱国教育强底气。到党史馆、彭德怀纪念馆接受革命传统教育，编排音舞诗《丹心铸忠诚》向祖国70华诞深情告白，凝聚起纪检监察干部澎湃力量。培训锻炼强素质。举办全区纪检监察干部业务培训班，开办“啄木鸟”课堂25期，开展“秋冬大练兵”活动，培训纪检干部400余人次。通过以会代训、跟班学习、抽调办案等形式，提升实战能力和水平。规范管理强作风。修订和完善机关管理制度、会议制度等9项制度。继续推行纪工委书记单独考核，以实绩论英雄。召开特约监察员和村、社区纪检员座谈会，增强工作信心，破解工作难题。交流重用强活力。全年提拔重用纪检干部6名，交流17名，向省直单位和市纪委选送4名纪检干部。 （肖献强）

群众团体

岳塘区总工会

【概况】 2019年，岳塘区总工会紧紧围绕区委、区政府和市总工会的决策部署，紧贴中心，服务大局，主动作为，努力做好服务科学发展、服务职工群众的各项工作，为推动岳塘经济社会又好又快发展做出重要贡献，有效提升工会组织社会地位。

【工会组织建设】 区总工会党组始终把加强自身建设放在非常重要的位置，常抓不懈。组织全区各级工会认真学习贯彻中共十九大精神，坚定不移贯彻习近平新时代中国特色社会主义思想，特别是习近平总书记关于工人阶级和工会工作的重要论述以及习近平总书记关于群团工作的重要讲话精神，始终坚持党的领导，引导工会干部和广大职工切实增强“四个意识”、坚定“四个自信”做到“两个维护”。

2019年新成立工会27家，其中独立企业单位工会10家，发展会员5000余人，其中农民工3500余人。截至2019年9月30日，全区共有基层工会882个，会员72000人。联合区委两新工委出台《关于进一步推进社区联合工会建设的意见》文件，全区45个社区全部成立联合工会，实现对社区内小微“两新组织”工会工作的全覆盖。抓工会组建的同时，注重基层工会的规范化建设，在全区范围内持续开展创“六好”街道工会和模范职工之家创建活动。创建市、区两级模范职工之（小）家17家。

【技能竞赛活动】 2019年，在全区企事业单位广泛组织开展“拥抱新时代·建功新岳塘”劳动和技能竞赛，引导广大职工积极投身经济社会建设主阵地，为“四新”岳塘建设建功立业。各级工会组织共开展各类岗位比武、技能比赛132场次，参赛职工约2.1余万人次。征集合理化建议1547条，实施1082条。3月，联合区教育局举办第一届全区中小学青年教师教学竞赛，表彰先进集体50个，先进个人100余人。5月，联合区金融办印发《关于开展职业技能竞赛工作方案的通知》文件，共同举办新时代职工职业技能竞赛活动。5月，联合区安委会开展“安康杯”知识演讲赛。6月，联合区安委会、团区委开展应急管理知识抢答赛活动，提高劳动保护意识，加强劳动保护监督建设，加大《中华人民共和国职业病防治法》等宣传力度，关注职业病防治工作，维护职工群众职业健康权益。金地物业公司工会于7月，举办第九届岗位技能比武大赛，18支代表队分五大类进行比武，展现该公司的专业知识、技能水平和精神风貌。湘潭离心机有限公司冷铆车间焊接班被评为市级“工人先锋号”，岳塘区环境卫生服务中心保洁一队副队长罗建宏、湘潭市岳塘区检察院正科级干部黄萍被评为湘潭市“最美女职工”，伟鸿食品公司屠宰班长宋恒明获评全市实体经济企业最美班长，滴水湖学校曹峰老师被市总工会推荐评选为省级劳动模范候选人。

【会员权益保护】 印发《岳塘区总工会2019年维权工作要点》等一系列指导性文件，指导湖南九城投资集团和伟鸿食品公司2家非公企业完善职代会和厂务公开制度建设，并出资为其制作厂务公开民主管理宣传栏，为推行厂务公开民主管理工作制度树立典型。年内还请来劳动法专业律师，在岳塘经开区举办2期农民工劳动法律知识讲座，参加学习100余人次。举办“女职工维权知识讲座”32场次，发放“女职工特别权益保护规定”等宣传资料5000余份。

【工会扶贫济困】 2019年为101名困难职工建档立卡，发放救助资金34.38万元，其中，金秋助学资助38名困难职工子女，金额达11万余元。开展送温暖活动，为129名困难职工发放帮扶资金13.9万元。还发放米、油240套。免费对120名困难职工进行职业技能培训。组织6167名职工参加职工医疗互助活动，筹集互助资金43.1万元，为患病住院职工补助507人次共30.4万元。开展“送清凉”活动，为9家有露天作业项目的企业送去防暑降温物资款15万余元。协助党委、政府解决一批困难职工生产生活问题，促进社会和谐稳定。

（孟　甜）

共青团岳塘区委员会

【概况】 在团市委的指导和区委、区政府的领导下，团区委紧紧围绕共青团的四维工作格局，紧扣岳塘特色，紧贴青年需求，积极开展各项活动。团岳塘区委共有下级组织171个，其中，团委10个，团工委11个，团总支3个，团支部116个，乡镇街道团委9个。

【抓学习 担使命】 团区委坚持以习近平新时代中国特色社会主义思想为指导，全面从严治党，认真开展“不忘初心、牢记使命”主题教育活动。一是把学习教育贯穿始终，集中组织自学，组织班子成员集中到会议室，聚焦学习贯彻习近平新时代中国特色社会主义思想这个重点，突出读原著学原文悟原理，在9月24日区妇联团委全体党员集中精力学习《习近平关于“不忘初心、牢记使命”重要论述选编》、《习近平新时代中国特色社会主义思想学习纲要》和党章等规定书目与习近平总书记的讲话。领导带头领学，每次集中学习前都组织领导干部轮流进行领学，一个篇目一个篇目读，通过原原本本通读习近平总书记重要讲话和文章，让班子成员在读原著学原文中悟原理，在听原文中提境界。交流研讨齐学，“明初心、守初心，坚定理想信念”“担使命、履职责、矢志为民服务”“改作风、勇担当、带头真抓实干”等专题分别开展研讨交流。每半个月开展一次集中研讨，组织大家结合各自思想和工作实际，谈认识体会、找差距不足、提改进措施，让大家在交流中共同提升，实现理论学习入心入脑。二是坚持把调查研究贯穿始终，坚持从主题教育一开始就突出问题导向，制定班子“不忘初心、牢记使命”主题教育调查研究工作清单。明确调研课题，认真落实调查研究工作问题，聚焦巡视反馈问题，单位自身查摆突出问题，干部群众反映集中问题，组织开展班子成员大调研，班子成员带头确定2个调研课题，分别为《当前基层团组织建设的现状及问题探索》《“不忘初心、牢记使命”主题教育调研报告——从我做起》，围绕转作风、树新风，服务干部群众解民忧等主题深入开展调查研究，找准问题症结，提出解决对策。三是坚持把检视反思贯穿始终，重点开展好“五对照五检视”，召开班子成员检视问题专题分析会，班子成员畅所欲言，共同查找问题20条。组织班子成员结合各自工作实际和前期学习教育、调查研究发现问题深入开展个人检视问题，形成查找问题30项，有针对性地进行梳理汇总，为下一步整改奠定坚实的基础。

【缅怀革命英烈】 一是强化思想武装。聚焦学习宣传贯彻习近平新时代中国特色社会主义思想和中共十九大精神主线，通过开展五四运动100周年、中华人民共和国成立70周年等系列活动，通过微信阵地，组织青年参加“青年大学习”网上主题团课，学习习总书记关于共青团的重要论述，用思想武装青年，号召全区青少年树立爱国、奉献、自强、奋斗的理想信念。二是发挥典型引领。在“青春心向党，建功新时代”文艺会演暨岳塘区“五四”表彰活动上，表彰61名优秀青年、28名青年岗位能手、8名优秀创业青年，加强青年才俊先进感、荣誉感。在2019年湘潭市“莲城青年英才”评选活动中，成功推介长云创业许论和大江体育肖敏获评湘潭市优秀人才，用典型标杆的力量去引领青年。三是强化青少年思想引领。利用清明节、“3·5”学雷锋等契机，开展“传承2019清明祭英烈”专题教育活动和祭奠英烈主题队日活动，引领和激励全区广大青少年缅怀纪念烈士，传承英烈精神，继承英雄遗志，传播社会正能量。开展千人传唱《学习雷锋好榜样》快闪、“今冬明春禁毒宣传下基层”活动。湘钢二校94中队被授予全国优秀少先队集体称号，是湘潭唯一获此殊荣的少先队集体。

【传承雷锋精神】 一是深化青年志愿服务。积极组织青年志愿者参与“一创两深化”工作。在重要迎检节点，召集青年志愿者在辖区内主要路段和公交站开展创文、创卫值守宣传工作，累计服务时长达到近7000小时。继续开展“暖冬行动”“快递从业青年服务月”、雷锋志愿爱心义卖等招牌志愿服务活动，推动岳塘志愿服务向制度化、项目化发展。多次组织青年志愿者服务中国（中部）岳塘国际商贸城开业活动、湖南省“汇聚新乡贤 德润满三湘”文化交流活动、“最美岳塘人”颁奖仪式等大型活动，保证活动的有序进行，展示青年志愿者的良好风采。二是积极助力乡村振兴。组织开展“志愿服务下乡 助力乡村振兴”“3·5”学雷锋集中行动日活动，积极组织各村配合团市委组织开展的湘潭市“设计下乡”志愿服务大赛活动，对农村人居环境的改善和美丽乡村的建设有极大的促进作用。开展庆“五四”暨青年助力创建国家卫生城市、改善农村人居环境行动，号召青年志愿者们将自己的力量投入到“大美湘潭”“四新岳塘”的建设中来。三是积极助力脱贫攻坚。围绕精准扶贫工作，开展“春蕾女童”助学活动、结对帮扶、慰问重病青少年、2019年度希望工程“一元捐”“爱心书屋”等多项活动。其中，希望工程“一元捐”共募集善款43929.85元，善款全额上缴至湘潭市希望工程促进会，将用于困难学生的希望工程助学项目。“子敬阳光”助学活动一共资助194名寒门学子，资助金额达77万元，其中建档立卡帮扶学子100名，资助金额达38万元。四是开展主题宣传活动。围绕中心工作，积极承办岳塘区第八届安全生产演讲比赛、岳塘区应急管理知识抢答赛和岳塘区“不忘初心，牢记使命”主题教育知识竞赛等活动，取得较好的宣传教育效果，同时动员青年积极参与，全面展示岳塘青年风采。

【社会实践活动】 一是竭诚服务青年创新创业。开展岳塘区大学生创新创业考察，并组织申报“湖南省创新创业扶持资金”，成功帮助2家企业获得项目资助，共计11万元。开展大学生“返家乡”社会实践活动，组织辖区青年参加“千校万岗”行动专场招聘会，举办“关心青年成长 助力青年成才”经验分享会，切实促进青年增加社会经验，实现高质量就业。二是积极收集反馈青年诉求。组织召开岳塘区青年干部暨青年才俊座谈会，切实关注青年、关心青年、关爱青年，倾听青年心声，鼓励青年成长，进一步加强全区青年干部的培养工作，推动青年干部积极投身岳塘建设。积极开展“共青团与人大代表、政协委员面对面”活动，以“鼓励青年参与乡村人居环境整治”为主题，开展调研，并组织区人大代表、区政协委员及青年代表召开座谈会交流。座谈会交流成果请人大代表和政协委员以建议、提案、大会发言等形式，在“两会”上提出。积极开展文体活。与湘钢团委联合举办“‘钢’好遇见你 我们‘岳’会吧”青年交友活动，组织岳塘区第四届青年职工男子篮球赛，丰富青年业余生活。三是切实优化青少年成长环境。大力开展假期自护教育宣传，提高青少年自我保护能力。举办“轻松备考·12355与你同行”活动，由省中高考心理咨询导师团队为岳塘辖区的广大考生带来一堂中高考考前减压心理咨询疏导课，帮助考生缓解紧张情绪，增强考试信心。利用宪法日、防艾日等节日，积极开展法治宣传周活动，开展预防青少年犯罪、禁毒等知识宣传。 （肖晓洁）

岳塘区妇女联合会

【概况】 岳塘区妇女联合会第六届执委30名，领导班子7人（设主席1名，专职副主席1名，挂职副主席1名，兼职副主席4名），全区9个街道和61个村居两级妇联100%按程序完成换届；女性进“两委”达到100%；符合条件的机关事业单位及企业100%成立妇委会，其中机关妇委会18个，企业妇委会17、企业妇联1 个。街道、村（社区）两级妇联执委班子成员除必配人选外，其余人选均按“五型”（创业帮扶型、政策宣讲型、文艺专长型、教育疏导型、权益维护型）标准来推选，1140名含社会各界高、精、专人才的优秀女性加入妇联执委队伍（其中，兼职副主席210名、执委790名）。非体制内的兼职副主席、执委们利用自身专长充分发挥其作用，如兼职副主席何琪所在的潭州律师事务所设立首个维权执委工作站，执委陈聪工作室设立家庭教育执委工作站，刘晖、冯可新、吴靖等积极为妇女群众出资出力，形成一支随时随地为群众服务的热心娘子军，在维护社会稳定、促进基层发展中起到举足轻重的作用。

2019年，区妇联全面深入贯彻落实中共十九大、中国妇女十二大精神，以习近平新时代中国特色社会主义思想为指导，以“巾帼心向党建功新时代”为主题，听党话，跟党走，团结带领全区广大妇女为“四新岳塘”建设贡献巾帼力量。

【巾帼心向党系列活动】 深入开展“巾帼心向党”系列行动。组织基层妇联用妇女群众喜闻乐见的方式开展主题宣传20余场次，引导广大妇女进一步增进对习近平新时代中国特色社会主义思想的政治认同、思想认同、情感认同，引导广大妇女听党话、跟党走。围绕庆祝中华人民共和国成立70周年组织女性人才开展“礼敬传统文化 厚植爱国情怀 讴歌伟大母亲”诵诗词习茶道主题沙龙活动，进一步坚定信念、凝聚共识、引导女性人才一心一意跟党走，尽心尽力为岳塘。通过女性人才发声，为岳塘发展献计，面向全体会员开展“我为岳塘发展献计策”金点子征集活动，于三八妇女节期间组织召开“巾帼献策座谈会”，邀请各行各业代表共40余人参加，并由不同类型代表主旨发言，向区委政府领导汇报。同时通过发挥女代表、女委员的作用，积极为“四新岳塘”建设谏言献策。

【妇儿扶贫救助】 助力脱贫攻坚精准扶贫，深入推进“户帮户 亲帮亲”活动。深入开展“援助贫困母亲”行动、“我为特殊母亲送一物”主题活动、“城乡家庭手牵手 公益护花暖童心”结对帮扶、“春蕾助学”行动、“户帮户 亲帮亲”活动10余场次，受惠妇女儿童达150余人次。组织“互助脱贫奔小康 姐妹守望 邻里相助”妇联执委“3+1+1”结对帮扶捐物292件、钱款91430元、志愿帮扶500余次。9月11日《湘潭日报》2版头条《岳塘区：巾帼撑起扶贫半边天》进行专题报道。

2019年岳塘区妇女联合会助力脱贫攻坚系列活动一览表

表7

活动内容	帮扶对象	帮扶形式
“援助贫困母亲”行动	22名贫困妇女	走访慰问发放1.76万元现金
“我为特殊母亲送一物”主题活动	22户特殊母亲	走访慰问
“城乡家庭手牵手　公益护花暖童心”结对帮扶	15个农村幼儿家庭	15户爱心家庭现场与15个农村幼儿家庭结对子，实现微心愿，赠送书籍及六一礼物
“春蕾助学”行动	24名春蕾女童	一对一走访慰问，每位女童不少于800元的慰问金
“互助脱贫奔小康 姐妹守望 邻里相助”妇联执委“3+1+1”结对帮扶	77户建档立卡户	捐物292件、钱款91430元、志愿帮扶500余次

【妇女志愿者服务】 助力乡村振兴创卫大局，积极开展人居环境整治行动。印发《岳塘区妇联“农村人居环境整治村庄清洁巾帼行动”工作方案》，并在三八妇女节期间牵头组织开展岳塘区乡村振兴“美家美妇”创卫主题宣传活动，近千人参加；组织各级妇联开展“入户美庭院”活动，共组建巾帼志愿者队伍52支、931人；举行“村庄清洁巾帼行动”65场次、开展“四清一改”巾帼大宣讲27次。同时，区妇联积极开展“美丽家园”示范创建三级联动，组织举办“改善人居环境 建设美丽家园”专题培训班，动员广大农村妇女充当庭院清洁的主力军，全年评选出区级美丽家园示范户32户、市级美丽庭院示范户2户。

【妇女两癌免费筛查实现全覆盖】 助力省市实事惠民工程，全力落实“两癌”免费检查健康项目。为35~64岁的农村妇女和城市低保户实施乳腺癌和宫颈癌免费检查，共检查1551人，超额完成1500人的任务。同时，对46名“两癌”贫困妇女开展救助帮扶活动，共发放救助金7.9万元；另帮助30名贫困妇女争取“湘女关爱保” 健康保险捐助，帮助40名贫困乳腺癌妇女申请义乳（内衣+软胶）捐赠。开展“关爱家庭幸福 巾帼创卫送健康”主题宣传月活动9场次，参加妇女人数达1000余人，较好地宣传创卫知识、倡导健康理念。

【妇儿权益保护】 多元化解促婚调联动。在9个街道成立“婚姻家庭纠纷人民调解委员会”，完善四级婚调网络。同时充分调动婚调联动成员单位的作用，整合利用各类平台，切实做好诉调对接等工作，在民政婚姻登记大厅旁，区妇联设有专业的婚调室，选派群众工作经验丰富的女志愿者值守，共成功调解132起。在法院诉前调解中心，联合岳塘区法院设立全市首个婚调委驻法院家事纠纷调解室，由区妇联与法院共同推选经验丰富的人民陪审员担任家事纠纷调解员，在法官指导下化解来诉立案家事纠纷，共调解家事纠纷200余件。

【妇女维权活动】 多方宣传促妇女普法。常态化开展“建设法治岳塘·巾帼在行动”活动，利用“三下乡”活动、“三八”妇女维权月等有效载体，开展《中华人民共和国婚姻法》《中华人民共和国妇女权益保障法》《中华人民共和国反家庭暴力法》等普法宣传、家庭律师基层行等活动，在9个街道举行10场妇女儿童维权专题讲座，使广大妇女增强知法、守法、用法维权意识。切实抓好禁赌禁毒、反拐卖、反邪教、艾滋病防治面对面宣传教育等群防群治工作。多形式开展“平安家庭”创建宣传活动，为维护改革发展稳定大局作贡献。

多处使力促源头维权。针对妇女在参政议政、土地权益、家庭教育等方面的重点难点问题，开展调查研究，了解妇女需求，反映妇女呼声，积极推动相关政策的落实。召开妇儿工委成员单位会议，大力推动落实《岳塘区妇女儿童发展规划》，发挥妇儿工委办公室及妇女儿童协调机构的作用，积极推动重点、难点问题解决，协调有关部门采取具有实效性的措施推动“两个规划”各项目标的顺利落实，努力维护妇女儿童合法权益。

【妇女“四自”教育建设】 多措并举促家风文明。以家庭文明建设促矛盾化解，不断深化家庭创建活动，开展丰富多彩的家庭美德宣传教育和实践活动，营造和谐家庭建设的浓厚氛围。大力加强妇女“四自”（自尊、自爱、自重、自强）教育，弘扬优良传统文化，普及科学先进的家庭教育知识，从关注孩子成长为切入点强化婚姻家庭亲子关系的重要性，共开展“注重家庭、注重家教、注重家风”家庭教育主题活动20余次，在全区广泛开展文明家庭、优秀家庭成员推荐评选活动，通过典型选树，吸引广大妇女和家庭成员主动参与，引导广大家庭形成以德治家、文明立家、平安保家的和谐家风。

（庾秀丽）

岳塘区科学技术协会

【概况】 2019年，在区委、区政府的正确领导，湘潭市科协的指导下，岳塘区科协紧紧围绕区党代会上提出“产业新高地、城市新样板、法治新标杆、幸福新典范”的“四新”岳塘建设，以科学发展观为统领，全面贯彻落实中共十九大及十九届一中、二中、三中全会和全国“科技三会”以及习近平总书记系列重要讲话精神，认真贯彻落实《中华人民共和国科学技术普及法》（以下简称《科学技术普及法》）和《岳塘区全民科学素质行动计划实施纲要2016—2020》（以下简称《纲要》），以实现《区“十三五”发展规划纲要》所确定的“提升社会事业科技水平，争创全国科普示范区，到2020年，科普社会参与率达92%以上”“至2020年，公民具备科学素质的比例超过10%”等指标为己任，充分利用“全国（2016—2020年）科普示范县（市、区）”创建工作平台，以及中期评估考评机制、全民科学绩效考评体系，按照年初制订的工作计划，开拓进取、努力进取。上半年，区科协成功地承办“第八届湘潭市青少年机器人竞赛活动”；宝塔街道科协按区科协第统深改方案要求，以及“3+1”基层组织架构等规定，胜利召开宝塔街道科协第一届第一次代表大会，选举产生第一届科协领导班子，街道书记当选为科协主席；岳塘区科协被省科协评为“第二届全省科学素质大赛网络竞赛优秀组织奖”。

【科协组织建设】 精准发力，科协工作有新思想。区委、区政府高度重视科普及全民科学质建设工作，将全民科学素质建设工作列入岳塘区国民经济和社会发展第十三个五年规划纲要（以下简称《岳塘区国民经济和社会发展第十三个五年规划纲要》）。并提出“提升社会事业科技水平，争创全国科普示范区，到2020年，科普社会参与率达92%以上”等指标，并以两办发文明确“至2020年，公民具备科学素质的比例超过10%”等目标，纳入区绩效考评体系。同时，也为科协工作制订新目标，提出新要求，引进新思想。科协工作迎来新纪元，为科协工作步入新常态提供新舞台。按照构建“横到边，纵到底”的科普框架方案，各街道（园区）均设立科协组织，各社区安排科普工作人员对接科普工作。在岳塘区科协系深改方案中，全面实施由街道（园区）党工委书记兼任科协主席，并按“3+1”基层科协组织力设立各级科协组织，社区有科普工作组，基层有科普信息员，按计划、季度反馈和执行科普工作任务等。积极主动地联系辖区科技工作者与开展全民科学素质的活动。

【科协智库建设】 围绕主题，科协工作进入新常态。岳塘区科协积极参与岳塘智库及乡村振兴战略工作。在工作中，充分利用科协丰富的科技资源和广阔的工作平台，在区域范围内营造“大众创业、万众创新”的良好氛围，发展现代“两型”农业、推动农业科技创新和科技成果转化、发展新型农业经营主体。同时，发挥农村科普带头人引进推广先进实用技术，辐射带动更多农村居民共同致富的作用，更有效地发挥好科普示范阵地的引领作用。利用区、街科协组织的职能与职责，以及市级以上“三站一中心”建设平台、科普惠民计划等，尤其是国家及省、市级院士工作站平台建设，提供中国科学院、中国工程院院士等高端人才资源，为乡村振兴、科技创新提供智力支持和重要农业技术创新载体。结合湘潭市创新驱动示范市建设工作实施方案等要求，进一步发挥科协人才优势，积极应对区域内园区和非园区产业升级、智能制造等的带动发展，生产型企业和现代服务业在专业技术人才、智库人才和产业新设备方面需巨大资金投入，专业科技人才、专业技术设备设施和企业对专业人才的旺盛需求。

【科技下乡进社区活动】 全面开花，各项工作举措达预期。一是文化、科技、卫生“三下乡六进社区”活动扎实有效。1月24日上午，湘潭市岳塘区2019年度“文化·卫生·科技三下乡”、“六进社区”集中服务活动在荷塘街道五爱村文化广场举行，当地居民、村民和群众千余人参加。二是科技活动周成效显著。5月21日上午，湘潭市岳塘区科技活动周主场活动启动仪式在下摄司街道九洲社区举行。2019年科技活动周主题是“科技强国，科普惠民”。区委宣传部、区科协、区科工信局、区教育局等相关联点共建单位和下摄司街道九洲社区的相关负责人，以及街道、社区的科普志愿者与居民群众等参加活动。在活动中，通过在街道、社区开展有针对性的科普宣传活动、科普知识讲座、卫生医疗惠民咨询及义诊服务，利用科普E站屏媒终端，社区电子屏、科普展板、现场咨询交谈等多种方式，向广大居民群众宣传科技创新的重大成就和新产业的一些先进成果；向居民普及科普知识，提高居民的科技创新能力，满足居民群众对于科技多样化的需求。三是科普大讲堂进社区定期有序开展。2019年度的科普大讲堂进社区工程暨科普大讲堂活动继续在社区开展。举办的主题多样，内容新颖，授课内容与授课形式。既传播科学知识，提升居民群众的科学素养，又丰富科普内容，让老百姓得实惠，让科普知识进社区、进家庭，而且提高科普工作群众的参与度，科普工作满意度不断攀升，符合文明城市创建，有利于提升民众科学素养，提高基层组织热情。

【“四个服务”活动】 一是区科协坚持为科技工作者服务、为创新驱动发展服务、为提高全民科学素质服务、为党和政府科学决策服务的职责定位，按照中央及省、市、区委对岳塘区科协系统深改要求等规定，制订并下发《湘潭市岳塘区街道（园区）科协组织建设》指导手册，系统地开展2019年街道和园区科协组织业务培训工作，并且精准地对各街道（园区）科协的组建、换届工作进行具体指导。除东坪街道、荷塘街道科协未正常换届外，其余街道均如期进行换届工作。二是成功地承办第八届湘潭市青少年机器人竞赛活动。三是在全省全民科学素质大赛网络竞赛活动中，区科协获省级优秀组织奖。四是积极性参与区高品质生活社区建设工作，利用科普大讲堂活动，先后在霞光等6个社区开展高品质生活社区为主题的科普大讲堂活动。五是参与中心工作，全力支持经济社会建设。如在国家卫生城市的创建工作，承担对长城社区创卫和社区建设，并定期实地参与其联点创建活动等。结合区委、区政府关于春节慰问活动要求与工作部署，开展送温暖、听建议的慰问走访活动。科协主席周雪阳参与湘潭市党的理论政策宣传团，并且利用平台进村入社，讲党课、传科普，提高党员、干部和群众的科学素质等。

【科普宣传】 1月24日上午，湘潭市岳塘区一年一度的“文化·卫生·科技三下乡”、“六进社区”集中服务活动在荷塘街道五爱村文化广场举行，区科协结合《活动方案》要求以及群众需求，制订符合活动主题、切合当地老百姓需求并乐意接受的科普宣传活动。当地居民、村民和群众千余人参加。区科协作为文化科技卫生“三下乡”活动的主要成员单位，精心准备，积极组织科协相关人员和科普志愿者参加。通过扫描“岳塘科协”微信二维码，开展赠送面条等活动，让老百姓在活动现场感受科普知识、科普活动其实与自己的现实生活最接近。按照活动宣传工作方案，区科协共计发放科普图书与读物3000余册次，科普展板10余块，活动礼品500余份，将活动推向高潮。

【科技活动周与食品安全活动周】 5月21日上午，区科技活动周主场活动启动仪式在下摄司街道九洲社区举行。2019年科技活动周主题是“科技强国，科普惠民”。区委宣传部、区科协、区科工信局、区教育局等相关联点共建单位和下摄司街道九洲社区的相关负责人，以及街道、社区的科普志愿者与居民群众等参加活动。区科协与联点共建单位采用摆放科普知识展板、科普读物与书籍等资料与居民群众进行有效互动；科普志愿者利用各自的专业特长等，展示他们对科普活动的热衷，并表示“通过开展这样的活动，以群众喜闻乐见的方式，让他们通俗易懂的了解科学，走近科学，有效的提升科学素质。”在“三官一律”咨询台，积极解答群众实际问题与诉求。在义诊咨询台，社区医护人员为前来咨询的群众，开展健康义诊活动。科普志愿者的歌舞表演、乐器演奏，轮番上阵；科普知识有奖问答，居民群众积极踊跃参与，赢得观众们阵阵掌声。同时，2019年的科技活动周和食品安全活动周等，通过在街道、社区开展有针对性的科普宣传活动、科普知识讲座、卫生医疗惠民咨询及义诊服务，利用科普E站屏媒终端，社区电子屏、科普展板、现场咨询交谈等多种方式，向广大居民群众宣传科技创新的重大成就和新产业的一些先进成果；向居民普及科普知识，提高居民的科技创新能力，满足居民群众对于科技多样化的需求。并针对岳塘实际和公众需求，组织开展此类内容丰富、互动参与性强的科普宣传活动。共计开展科普宣传活动40余场次，宣传版400块，发放各类科普宣传资料3万余份等。

【科普大讲堂】 2019年度的科普大讲堂进社区工程暨科普大讲堂活动继续开展，举办的主题多样，内容新颖，在授课内容、授课对象与授课形式上呈现。一是与中心工作有效融合。结合高品质生活社区建设，将科普大讲堂活动进社区，服务于老百姓对相关知识的需求。如，在霞城街道向阳等6个社区，开展活动，老师与参与活动的居民进行互动、交流。结合乡村振兴工作，将科普大讲堂活动延伸到行政村。如，在霞城街道的霞城村以及荷塘街道开讲。结合精准扶贫和户帮户亲帮亲、互助脱贫奔小康工作。如，在荷塘街道正江村等村社开讲，将相关科普知识、养生等科普读物、脱贫攻坚一本通等相关资讯送村入户，深受老百姓喜爱。二是加强组织管理。每场课确保听课人数在60人以上，而且注意收集大讲活动的意见与建议，并及时反馈给授课老师。三是精选讲课课程。所选课程，其内容居民群众日常需要，老百姓容易接受的生活科普大餐。在科普大讲堂活动中，不仅传播科学知识，提升居民群众的科学素养，丰富科普内容，让老百姓得实惠，让科普知识进社区、进家庭，而且提高科普工作群众的参与度，科普工作满意度不断攀升，符合文明城市创建，有利于提升民众科学素养，提高基层组织热情。

【全国科普日】 每年，区科协利用“全国科普日”主场活及相关系列活动，点亮岳塘区全民科学素工作各网格站站点相关活动。2019年，岳塘区“全国科普日”在滴水湖学校启动后，自2019年8月31日至9月30日，集中在9个街道所辖的45个社区、15个行政村，依托各街道、全民科学素质工作各成员单位，各企事业单位科协组织和专业合作社、协会、学会，以及科普示范社区和科普带头人等科普资源，开展以“礼赞共和国、智慧新生活——湘潭市岳塘区科技科普志愿者在行动”全国科普日主题的68场次科普宣传活动。包括科普展板（共计60余块）在学校、社区、区行政中心大厅等地之间巡展，科普大讲堂岳塘区主场活动专场（滴水湖学校）和各社区科普大讲堂“全国科普日”活动专场，结合高品质生活社区建设、献礼共和国70周年国庆等宣传活动，将科普宣传与文化宣传活动进行有效融合，将科普知识有奖问答、发放“礼赞共和国、智慧新生活”为主题的科普读物，以及义诊活动等，营造浓厚的科普宣传氛围。同时，将“科普大篷车”开进学校。2019年，在市科协的支持下，与市科协普及部积极联动，在“全国科普日”活动期间，开展“科普大篷车”进学校活动。如，9月12日，在滴水湖学校校园文化广场，“磁力转盘”“意念弯勺”“听话的小球”等24件科普大篷车科普展品成为活动现场的焦点。居民认真观看说明、动手操作展品。学生们拿着笔和纸仔细地记录原理定律，仔细聆听科技科普志愿者们的讲解，了解其中的原理。孩子们在‘看’‘想’‘动’的过程中开阔视野，增长知识，极大地激发他们爱科学、学科学的热情。后在湘纺小学、江滨学校、湘钢一小、湘钢二小、湘钢三小、红霞学校，以及湘钢二中、湘纺中学等9个学校，开展“礼赞共和国，智慧新生活——湘潭市岳塘区科技科普志愿者在行动”为主题暨科普大篷车“入学校、进社区”巡展等活动。并采取“科技知识奖问答”，“科普读物免费赠阅”等方式，进一步提高居民们以及培养中小学生们学科学、爱科学、用科学观察和实验的科技意识，进一步丰富其科学文化、科学生活知识等起到积极的作用，助力全民科学素质水平的提升，服务于“大美湘潭”“四新岳塘”的建设。

【第八届湘潭市青少年机器人竞赛】 4月20日，由岳塘区科学技术协会、湘潭市实践基地承办的“第八届湘潭市青少年机器人赛”赛事活动在岳塘区举行。赛事既是响应习近平总书记在全国科技创新大会关于“科技创新、科学普及是实现创新发展的两翼”讲话精神，也进一步提升青少年科技素质和创新实践能力，推动青少年机器人教育工作的进步和素质教育的发展的重要抓手。全市五个县市区的56所学校、552名参赛选手参赛，是在广大中小学和社会上颇具影响力的青少年科技教育活动之一。旨在通过竞赛活动，让青少年成长过程中，能更多地关注科技、走进科技、热爱科技。旨在通过机器人竞赛活动，能更多地累积科技知识、探究科学方法、培养动手能力。旨在通过机器人竞赛活动，更多的让青少年磨炼科学意志、强化团队合作、体验科技创新的魅力。以此次大赛为契机，在推进基础教育的过程中，激发学生青少年创新精神和吸引学生学习兴趣，努力培养中小学学生的实践能力和创新精神，造就适应21世纪科技发展需要的新一代人才。

【全省全民科学素质大赛网络竞赛活动】 在工作中，按照《第二届全省科学素质大赛实施方案》的部署安排，发布《关于组织参加“第二届全省科学素质大赛网络竞赛”的紧急通知》，动员并组织辖区内全民科学素质“五大群体”积极参赛，以参赛29000余人次的好成绩完成竞赛任务。不仅让居民们更好地了解科学知识，更是浓厚科普竞赛活动氛围，进一步提升居民们科学素养水平等很有益处。3月27日，岳塘区科协获省科协“第二届全省科学素质大赛网络竞赛优秀组织奖”。

（刘镌蔓）

岳塘区归国华侨联合会

【概况】 2019年机构改革更名为湘潭市岳塘区归国华侨联合会，增加编制2名。

岳塘区有在册归侨侨眷、华人华侨1818人，其中2019年侨情调查工作中新增归侨侨眷511人，主要分布在美国、英国、加拿大、日本、韩国、澳大利亚等国家和地区。已在辖区归侨侨眷相对集中的社区成立6个基层侨联组织，有3个市级侨胞之家。推选代表参加湖南省侨联第八次归侨侨眷代表大会，组织开展湘潭市第八次归侨侨眷代表大会精神学习。岳塘区侨联主席全票通过连任省侨联委员。

【政治引领服务侨眷】 突出政治引领，提高政治站位。坚持政治理论学习。按照区委的总体要求，紧密结合侨联工作实际和特点，认真贯彻落实习近平总书记系列重要讲话精神、新时代中国特色社会主义思想和中共十九大精神。认真开展“不忘初心、牢记使命”主题教育活动，坚决按照“守初心、担使命，找差距、抓落实”总要求，把主题教育同侨联事业紧密结合起来。做好侨界群众政治引领工作。坚持把思想政治引领作为首要任务，召开侨联小组工作会议，认真学习中共十九大精神、习近平总书记系列重要讲话、第十次全国归侨侨眷代表大会、湖南省第八次归侨侨眷代表大会、湘潭市第八次归侨侨眷代表大会精神等。学习省、市相关领导重要讲话精神。印发资料1000余册。指导归侨侨眷下载、使用学习强国，引导侨界群众学习、宣传国家政策法规等。在各社区侨联小组、侨资企业等处开展“侨界十杰”风采展，积极宣传侨界先进人物先进事迹。

【侨联基层基础建设】 加强基层基础建设，积极开展创建工作。2019年，岳塘区侨联落实中国侨联、省侨联和市侨联改革要求，主动对接理顺侨联组织管理体制机制，力促区委办下发《湘潭市岳塘区侨联改革方案》，及时调整职责分工，增强工作力量，积极承接海外联谊工作职能。推进基层侨联组织建设，拓宽工作覆盖面。根据中国侨联《关于新时代加强基层侨联建设的指导意见》、湘潭市侨联《新时代加强基层侨联建设实施办法》的通知工作要求，在两年内实现全区街道侨联组织全覆盖，社区条件成熟的全部成立侨联。2019年下半年积极指导运河社区挂牌成立侨联小组。建立侨胞之家阵地，夯实基层工作根基。积极指导各侨联小组建设侨胞之家，指导霞光社区侨胞之家申报国家侨胞之家项目建设，打造全国示范性侨联小组。指导阳光社区、禾花塘社区、运河社区、岳塘岭社区、瓦窑塘社区申报省级侨胞之家项目建设。已有霞光社区侨胞之家、阳光社区侨胞之家、岳塘岭社区侨胞之家共争取到国家及省侨胞之家建设资金5万元。

【服务文化交流】 弘扬中华文化，讲好中国故事。7月19—28日，接待100名来自西班牙、缅甸的华裔后代，循着“中华传统文化和湖湘文化，红色文化，民俗文化”三条主线，深入岳塘大地，听中国故事、岳塘故事，接受深度的思想文化洗礼，寻找到中华民族的“根”“魂”“梦”。学习中华礼仪，品尝湘菜美食。以“穿汉服，行汉礼”的现场教学方式，展示中华民族服饰文化、礼仪文明，促进海外青少年对中华民族的认同。建设路街道霞光社区侨联小组组长受邀到建设路学校，为学生进行爱国主义宣讲活动。以《祖国在我心中》为主题，讲述爱国归侨钱学森、黄大年等心中装着祖国的感人故事，激励学生好好学习，培养高尚品德，将来用自己所学报效祖国；讲述革命圣地陕甘宁边区的故事，让他们了解到中国共产党在红军长征岁月的艰辛，以及幸福生活的来之不易。组织广大归侨侨眷积极响应老侨联谊会发起“带着国旗看祖国（世界）”活动，制作国旗以及“我从湘潭来”红旗1000余面，收到世界各地近千幅照片，转发图文报道30多期，在侨界群众中反响强烈。

【服务地方经济发展】 广泛联谊交友，服务经济发展。经常与区内重点归侨侨眷保持联系，通过他们向海外亲人宣传岳塘发展变化、投资环境等。热情接待回乡探亲的旅美华侨教授，上门拜访其家人。经英国湖南商贸总会副会长、市侨联兼职副主席胡锴铁引荐，4月苏格兰国际发展局食品及饮料业主管郑桂倍到区考察并参观岳塘国际商贸物流城，听取相关介绍。5月英国西南地区商会Business West中国市场负责人Jonathan Smith参观岳塘国际商贸物流城，双方就设立英国馆的相关事宜展开座谈讨论，Jonathan Smith表示将组织更多的商会成员进行实地考察。积极开展“侨”特色主题活动。指导社区侨联小组工作开展“侨这70年——游子念家国”读书分享会活动、“同心共建 爱在身边”义诊活动、“侨这70年——歌颂祖国”文艺活动等丰富多彩各有特色的侨联小组活动。

【服务涉外民生】 关爱侨界人士，服务侨界群众。开展“幸福新岳塘 侨界有温情”走访慰问活动，邀请侨界志愿者到老归侨、空巢侨眷家里开展一对一面对面走访慰问活动，保证每户每年不少于一次走访。在走访中收集老归侨、侨眷意见建议，帮助解决生活中遇到的困难等，送去区委、区政府对侨胞们的关怀与慰问。采取上门包饺子、送粽子、送慰问金等方式看望老归侨、空巢侨眷30余户。在日常工作中以侨为本，时刻关心侨界群众。2019年共走访慰问归侨侨眷40余户，送去慰问金、物资共计3万余元。

开展庆祝中华人民共和国成立七十周年系列活动。团结引领侨界群众，培养良好读书习惯，组织归侨侨眷40余人在窑湾开展“侨这七十年”读书分享会、组织100余人参加“侨这七十年”演讲比赛暨诵读会，其中10人参加演讲比赛，并选送1人参加市侨联比赛，获得三等奖。各侨联小组组织归侨侨眷集中收看庆祝中华人民共和国成立70周年大阅兵式。（胡 琴）

岳塘区工商业联合会（总商会）

【概况】 岳塘区工商业联合会（总商会）有机关工作人员4名，设主席（会长）1名，党组书记1名，同时兼副主席（副会长），非公企业负责人兼任副主席3名，兼任副会长5名，设兼职秘书长1名。工商联的主要职能为加强和改进非公经济人士思想政治工作，协助政府管理和服务非公经济，发挥党和政府联系非公经济人士的桥梁纽带作用，参与政治协商积极参政议政，促进行业商协会发展，了解和反映非公经济人士诉求，帮助其维护合法权益。岳塘区工商联现已发展企业会员104个，团体会员9个，个人会员47个。2019年区工商联认真履行职能，充分发挥工商联统战性、经济性、民间性优势，取得较好成绩，民营企业调查工作获全国工商联2019年度民营企业调查点工作示范单位，引导倡议、组织全区非公企业参与扶贫工作，聘请30位非公经济人士担任16个村的“乡村振兴顾问”和“产业扶贫指导员”，社会扶贫取得成效，为促进“四新”岳塘建设做出一定贡献。

【组织建设】 2019年，岳塘区工商业联合会以习近平新时代中国特色社会主义思想为指导，全面贯彻落实新时代党的建设总要求，坚持和加强党的全面领导，围绕“两个健康”工作主题，按照打造党支部“五化”建设示范单位标准，不断夯实工作基础，创新工作方法，着力在思想建设、会员建设、商会建设、自身建设四个方面寻求突破，实现工作水平和服务能力的提升。利用走访企业、开展企业党建调研以及召开执委会等方式，积极引导非公有制经济和非公经济代表人士开展学习贯彻中共十九大精神、习近平新时代中国特色社会主义思想和习近平在全国民营企业座谈会上的讲话，开展“庆中华人民共和国成立70周年读书活动”等理想信念教育活动，不断推进非公有制企业党支部系统化建设工作；通过各街道商会推荐，2019年岳塘区工商联发展新会员21名，其中企业会员12个，个人会员9个，新增会员扩大工商联及商会队伍；商会建设方面，岳塘区9个街道全部建立商会，有6个商会会长由非公经济代表人士担任，3个商会会长由街道在职干部担任，荷塘与经开区成立联合商会，工商联对各个街道商会会长、副会长、秘书长情况进行梳理，对各个街道商会会员进行整理，将相关信息完善，全部会员信息录入全国工商联网上会员系统，加强街道商会与会员之间的联系，并按照“班子建设好 团结教育好 服务发展好 自律规范好”要求加强“四好”商会建设；不断建强组织体系，工商联深入开展“三员三创三行动”工作，提升组织力和发挥作用，进一步丰富党建活动载体和形式，做到阵地牢内容实，着力打造有影响力的优秀党建品牌。通过开展非公企业党建工作，发挥两个作用，保证党的路线、方针、政策在非公企业中得到有效的贯彻和执行，为区非公经济健康发展和非公经济人士健康成长提供强有力的组织保障。

【参政议政】 2019年，岳塘区工商联注重发挥人大代表、政协委员中非公经济人士的作用。根据不断变化的新形势、新任务、新要求，组织和引导非公经济人士的各级党代表、人大代表、政协委员、智库成员及产业人才俱乐部成员开展各种调研、视察活动，对区民营经济现有状况、发展中需要解决的问题，开动脑筋，建言献策，撰写建议提案，为品质岳塘建设建言献策，贡献智慧。组织非公企业参与全联开展的上规模民营企业调查、民营企业社会责任调研和民营企业运行状况调研等活动，组织35家民营企业参与全年四次每个季度一次的民营企业运行状况调查工作，通过走访调研收集企业诉求和问题，加大诉求问题政策执行中的困难的解决和协调有关单位解决的力度，为企业的发展提供一切可以提供的服务，积极引导会员企业不断变革、创新企业经济模式为岳塘区经济社会发展带来新的生机和活力。民营企业调查工作获全国工商联2019年度民营企业调查点工作示范单位的通报表扬。

【团结引导】 2019年，岳塘区工商联加大对会员企业、非公经济组织党组织的引导教育力度，加强团结引导。通过召开工商联执常委会、座谈会向非公有制经济人士宣传学习习近平总书记系列重要讲话精神、中共十九大精神和中央及省、市、区委经济工作会议精神，宣传党和国家关于发展非公有制经济的方针政策、法律法规和区委、区政府的工作思路、工作重点，进一步把非公有制经济人士的思想统一到中共十九大精神上来，统一到开展党的群众路线教育实践活动上来，统一到区委、区政府的工作部署上来，更好地促进“两个健康”。督促企业负责人、党组织书记加强对员工、党员的学习教育，提高员工、党员的素质和职业道德水平。引导会员企业、非公经济人士积极参与社会公益事业活动。在企业经济结构调整发展时期，鼓励会员企业多渠道、多方式增加就业岗位，努力构建和谐企业，支持企业自我规范、自我约束，依靠诚实劳动、合法经营、公平竞争、创新发展，营造一个良好的企业发展环境，为岳塘区经济社会发展带来新的生机。认真组织非公企业经济组织党（总）支部党员开展“不忘初心、牢记使命”主题教育活动，弘扬新时代优秀企业家精神，加大对非公经济人士特别是年轻一代民营企业家的教育引导力度，召开年轻企业家座谈会，开展党情、国情、社情专题讲座，组织企业家们到红色基地开展红色基因传承活动，树立起非公有制经济人士的崭新社会形象。深入贯彻习近平总书记在民营企业座谈会上的讲话精神，配合市联开展“最美系列”（最美会长、最美绿色企业、最美青商、最美扶贫人）评选；开展优秀党组织、优秀党员“爱心企业”评比表彰活动；对典型人物、典型企业、进行大力宣传，汇聚“爱国 敬业 诚信 友善 ”的正能量，通过表彰先进典型，提振民营经济发展信心，促进区民营企业高质量发展。

【光彩事业】 2019年，岳塘区工商联引导非公企业和非公经济人士进一步树立诚信理念，自觉维护企业和企业家的良好社会形象，鼓励动员非公企业、非公经济人士积极参与社会公益事业活动。开展“百企联百村”“千企联万户”“户帮户亲帮亲 互助脱贫奔小康”活动，在全区重点组织发动30家左右民营企业、商会帮扶全区16个村和150户左右建档立卡的贫困户，为全区巩固脱贫成效贡献力量。全区非公企业积极行动，三个街道商会、30家非公企业走访慰问150户左右贫困户，送去慰问物资资金，

20多家企业安排人数不等的贫困户就业，伟鸿食品设立扶贫车间并安排贫困户及困难户就业，银海家政等三家非公企业为建档立卡贫困户提供相关职业技能培训并提供相关就业信息渠道，振兴装饰公司帮助清水村贫困户家中58岁以下劳动力进行求职登记，帮助解决一部分就业问题。组织号召非公企业与对接的村开展帮助贫困户实现微心愿的活动，工商联和湖南九城集团与联合村驻村工作队联合组织开展“户帮户亲帮亲”活动，为联合村9户困难建档立卡家庭送温暖上门，为贫困户送去急需的生活物资，为贫困户住房进行改造等活动。推介8位建档立卡贫困户家庭的学龄小孩申领湘潭市浙江商会“一家一助学就业.同心温暖工程”助学金。组织引导非公企业和非公经济人士积极开展爱心消费扶贫活动。长航机电等8家非公企业以及快速食品消费者协会，多次到清水村、金群村贫困户家直接收购贫困户自养的土鸡等农产品，增强贫困群众脱贫的信心，提升贫困群众发展产业的内生动力，促进帮扶地区产业可持续发展。引导非公企业积极参与“建设美丽乡村，实现乡村振兴”工作。聘请肖志军等30位有思想、有影响、有实力的企业家到16个村担任乡村振兴顾问、产业扶贫指导员，为脱贫攻坚事业、村集体经济发展，建设美丽乡村，实现乡村振兴贡献智慧和力量。

【会员服务】 岳塘区工商联牢固树立为非公企业服务的意识，紧紧围绕岳塘区经济建设及社会发展，以服务立会为宗旨，促进“两个健康”为主题，团结、服务、引导、教育为方针，全心全意为会员服务，以服务凝聚人心，增强工作合力，促进经济发展，加强与会员企业、会员的联系，每当会员单位或非公经济人士遇到各种困难和问题需要帮助时，就急会员所急，想会员之所想，倾听他们的呼声，免费提供法律咨询服务。竭力为会员企业、非公经济人士排忧解难，维护企业合法权益，努力当好政府管理和服务非公有制经济的助手，为新时期加强商会建设、促进经济高质量发展，建设“四好”商会打下坚实基础，为“四新岳塘”贡献力量。（周慧玲 何牧洁）

2019年岳塘区工商联会员单位一览表

表8

（一）企业会员（103个）

序号	企业名称	企业代表	地 址
1	湖南金阳城农产品物流园建设开发有限公司	张 军	岳塘区沃土路1号金阳城农产品展示中心
2	湖南盘龙投资集团有限公司	朱红斌	岳塘区河东大道81号
3	云通物流服务有限公司	陈超平	岳塘区荷塘乡步步高物流园
4	伟鸿食品股份有限公司	王建伟	岳塘区荷塘乡团山铺路8号
5	湖南新中弘置业发展有限公司	方志俊	岳塘区荷塘乡政府办公楼四楼402房
6	湘潭市希望驾驶员培训学校有限公司	郭 毅	岳塘区霞城乡霞城村新城村民组
7	湘潭市岳塘区顺江消毒餐具配送中心	刘路江	岳塘区霞城乡顺江村
8	湘潭市岳塘区佳绿茶厂	唐 曙	岳塘区霞城乡霞城村易家组
9	湘潭市友谊绝缘机电有限公司	周水波	岳塘区霞城乡阳塘村28号
10	湘潭市霞城社会福利印刷有限公司	欧万坚	岳塘区霞城乡顺江村大桥组
11	湖南久千钎具有限公司	蔡宏顺	岳塘区霞城乡和平村
12	湘潭市霞城电工有限公司	杨友安	湘潭市高新区双马路7号
13	湘潭市弹簧厂有限公司	周 游	湘潭市九华经开区金井路九号
14	岳塘区映月潭餐馆	孙绍根	岳塘区霞城乡和平村八组
15	湘潭市岳塘区雅鹿服饰总经销	周 健	岳塘区霞光西路

续表8

序号	企业名称	企业代表	地　址
16	湘潭市联合玉竹航运物流有限公司	冯焕军	岳塘区锦绣华庭3栋2单元602号
17	湘潭市岳塘区光辉铸造厂	郭正武	岳塘区霞城乡霞城村桥梓组
18	湖南日出东方食品股份有限公司	陈梦辉	岳塘区书院路霞城工业园
19	湘潭市飞山奇建材有限公司	李林辉	岳塘区荷塘乡清水村
20	湖南金阳工贸有限公司	郭建光	岳塘区板竹路2号金阳综合大楼
21	湘潭市青山茶场	向大江	岳塘区荷塘乡十里冲
22	湖南华任建材有限公司	林华群	岳塘区荷塘乡清水村
23	湘潭鑫茂机械有限公司	谭新亮	岳塘区荷塘乡竹埠村
24	湘潭市荷塘乡正江村蔬菜基地	蒋明华	岳塘区荷塘乡正江村
25	湘潭市岳塘区湘华无公害生态农场	唐闻旺	岳塘区荷塘乡综合农场
26	湘潭市金湖混凝土有限公司	谢鑫昕	岳塘区荷塘乡金湖村
27	湘潭市岳塘建筑安装工程有限公司	傅灵灿	岳塘区荷塘乡团山铺
28	湘潭市岳塘区兄弟竹木经营部	吴　亮	岳塘区荷塘乡五爱村
29	湘潭江东实业有限公司	丁　亮	岳塘区荷塘乡双埠村
30	湘潭市华日汽车贸易有限公司	周　巍	岳塘区宝塔路2号
31	湘潭市岳建工程有限公司	胡名科	岳塘区荷塘乡团山铺
32	湖南睿智养老产业发展有限公司	赵万红	岳塘区书院路街道建设南路
33	湖南立创文化有限公司	李良国	岳塘区宝塔街道河东大道
34	湘潭市天力科技有限责任公司	严　杰	湘潭市岳塘区书院路
35	湖南岳钢建筑安装工程有限公司	唐　勇	岳塘区霞城乡和平村
36	湘潭市岳塘区步行街健力美健身俱乐部	黄曙光	岳塘区建设路口莲城步行街4楼
37	湘潭天伟工贸有限公司	吴　靖	岳塘区芙蓉西路
38	湖南跃达科技有限公司	王　勇	岳塘区岳塘路
39	湘潭市岳塘区西维咖啡中西餐厅岳塘店	李泽南	岳塘区岳塘路88号
40	湘潭市岳塘区志成宾馆旗舰店	朱志喜	岳塘区河东大道新园综合楼5—6层
41	湘潭市岳塘区牛仔博士欧式汽车生活馆	刘春林	岳塘区火炬北路云盘汽车商业街
42	湘潭市岳塘区名苑家厨餐馆	蒋继路	岳塘区双拥中路9号
43	湖南三马名车维修服务有限公司	魏　恒	岳塘区岚园路
44	芙蓉农贸大市场	罗金桂	岳塘区芙蓉农贸市场

续表8

序号	企业名称	企业代表	地　址
45	湘潭华都国际大酒店有限公司	汤晓恒	岳塘区建设南路华都国际大酒店
46	湖南月意生态工程集团有限公司	杜月意	岳塘区宝塔街道芙蓉路9号1栋怡景财富广场1单元
47	湘潭市盘龙置业集团有限公司	凌海科	岳塘区宝塔街道盘龙新路199号38栋
48	湖南九城投资集团有限公司	肖九成	岳塘区河东大道170号
49	湘潭东方名苑物业管理有限公司	李　俊	湘潭东方名苑物业管理有限公司
50	湘潭市三湘泉饮品有限公司	刘四明	岳塘区宝塔街道福星村委会内
51	湘潭华侨中医医院	成贵芳	岳塘区吉安路259号
52	湘潭新恒兴电器有限公司	邹洪良	岳塘区板塘铺铭扬世家
53	湘潭市岳塘区邦特咖啡板塘店	刘志远	岳塘区社建村街道铭扬大厦
54	湖南志利服饰有限公司	刘　力	岳塘区板塘铺东信花园
55	湘潭市银海家政服务有限公司	王朝晖	岳塘区板塘铺湘纺小学综合楼
56	湘潭离心机有限公司	何　伟	湘潭县易俗河凤凰中路1370号
57	湘潭华通机电制造有限公司	吴宇龙	岳塘区下摄司电工南路6号
58	湘潭市塑久包装有限公司	罗卫红	湘潭县易俗河镇玉兰北路226号
59	华龙幼儿园	谭　弘	岳塘区下摄司
60	湘潭市恒力机电有限公司	陈政融	岳塘区下摄司阳塘路25号
61	湖南山里来生物科技股份有限公司	邓晓峰	岳塘区板塘铺板摄路口
62	湘潭高新区宅里香柴火食府	李冠亦	岳塘区长潭路1号
63	湘潭市多伦房地产开发有限公司	许乐蒙	岳塘区双马工业园
64	湘潭市板塘布市经贸有限公司	郭自强	岳塘区板塘铺
65	湘潭市锦湘投资有限公司	严跃进	岳塘区板塘铺星月大厦
66	湖南科通电气设备制造有限公司	朱大可	岳塘区河东大道63号
67	湘潭广地建材有限公司	陈炳炼	岳塘区双拥北路和谐大厦一楼
68	湘潭县鑫旺新型建材有限责任公司	俞建湘	岳塘区红旗商贸城
69	湖南潭州律师事务所	何　琪	岳塘区双拥北路盘龙名府4楼
70	湖南桑悦思国际旅行社有限公司	朱建华	湘潭福星国际金融中心A座18楼
71	湘潭市岳塘区故里居大酒店	鄢水波	岳塘区建设路口岚园路
72	湘潭市存瑞服装皮革制品有限公司	李清明	湘潭市东湖西路杨家菜园1号
73	湖南兴华建设工程有限公司	苏淦生	岳塘区葩金路3号

续表8

序号	企业名称	企业代表	地 址
74	湘潭市福星楼大酒店	罗 玲	岳塘区葩金路
75	湘潭德仁房地产开发有限公司	王 赞	岳塘区葩金路
76	湖南省湘潭公路桥梁建设总公司	周晋辉	岳塘区东湖路11号
77	湘潭琅岛连锁酒店有限责任公司	王延明	岳塘区建设南路琅岛宾馆
78	湖南省联诚建设服务有限公司	邓小春	岳塘区河东大道3号潭水大厦综合楼
79	湖南三鑫车业有限公司	谭凤强	岳塘区河东大道168号
80	湘潭宏伟世界工程机械物流园有限公司	杨荣波	岳塘区荷塘乡
81	湘潭市莲城客运有限公司	赵 军	岳塘区双拥北路盘龙名府
82	湖南中德电器有限公司	廖明德	岳塘区板竹路2号金阳工业园
83	湘潭市长航电机有限公司	肖春其	岳塘区双马镇马家河竹山路33号
84	湘潭市岳塘区金源楼大酒店	罗小春	岳塘区潭下路391号
85	湘潭玉峰新材料科技有限公司	周谷泉	岳塘区双马工业园向阳农场
86	湘潭市岳塘区红太阳大酒店	袁正希	岳塘区板马路98号
87	湖南时代金阳农产品物流园建设开发有限公司	龚高云	岳塘区荷塘乡金湖村
88	湖南潭诚玻璃制品有限公司	冯 畅	湘潭市岳塘区板竹路2号金阳工业园
89	湘潭市绍翔环保建材有限公司	周绍峰	岳塘区霞城街道联合村茶园组
90	湘潭发宇环保科技股份有限公司	任滟司	岳塘区霞城乡和平村10组
91	湖南合声造景文化发展有限公司	唐 周	岳塘区建设南路68号
92	湖南九根藤装饰科技有限公司	谭 峰	岳塘区书院路街道建设南路
93	湘潭一二三智能科技有限公司	刘 波	高新区格林路1号创业服务大楼
94	湘潭市松山仪器有限公司	卢先光	岳塘区建设路街道建设中路
95	湖南中菱智慧物业管理有限公司	宁立涌	湘潭市岳塘区
96	湘潭市岳塘区墨辞绘画工作室	王建中	岳塘区岳塘街道建设南路
97	湘潭市程曦书画工作室	陈银华	湘潭市岳塘区
98	湘潭三维健康服务有限公司	李志锋	岳塘区宝塔街道聚富路
99	岳塘区雅思美容店	易红园	岳塘区宝塔街道宝塔中路
100	湘潭冠力液压机械有限公司	彭冠力	岳塘区荷塘乡滴水村板竹路口
101	湖南鲲鹏物业服务有限公司湘潭分公司	杨 春	岳塘区德国工业园格林路1号创业服务大楼
102	湖南湘聚帝一铭餐饮文化管理有限公司	熊 亮	岳塘区社建村街道新建社区东信花园
103	湘潭市岳塘区爱美汽车用品加工厂	戴 兵	岳塘区社建村街道新建社区东信花园

续表8

（二）团体会员（9个）			
序号	企业名称	企业代表	地　址
1	书院路街道办事处工商联商会	何卫华	岳塘区建设南路新塘村（原电缆招待所）
2	五里堆街道办事处工商联商会	郭自强	岳塘区纱厂直街15号
3	岳塘街道办事处工商联商会	庾秀丽	湘潭钢城北路7号
4	下摄司街道办事处工商联商会	方世平	湘潭市下摄司半边街30号
5	建设路街道办事处工商联商会	宋建子	湘潭市岳塘区葩金路3号
6	东坪街道办事处工商联商会	周崇政	岳塘区东湖路8号
7	宝塔街道办事处工商联商会	周达略	湘潭市芙蓉路18号高新科技大楼5楼
8	荷塘街道办事处工商联商会	李林辉	岳塘区荷塘乡团山铺街1号
9	霞城街道办事处工商联商会	郭　毅	岳塘区霞城乡霞城村

（三）个人会员（47个）			
序号	姓　名	单　位	地　址
1	朱一夫	湖南科通电气设备制造有限公司	岳塘区湘潭市岳塘区河东大道63号
2	王　刚	湘潭光霁中医医院	岳塘区双拥中路170号丝绸大厦
3	赵星强	湘潭尚水莲城休闲酒店有限公司	宝塔街道长塘社区湘潭大道与芙蓉大道交汇处
4	陈容丰	湘潭康辉国际旅行社有限公司	岳塘区福星中路福星国际金融中心B座7楼
5	谢林璋	湖南东方名途汽车贸易有限公司	岳塘区宝塔街道双拥中路9号东方名苑二期商铺
6	贺文斌	东明太极大药房东方名苑店	岳塘区宝塔街道双拥中路9号东方名苑二期商铺
7	郭旖旎	湘潭市岳塘区玥汐服饰店	岳塘区宝塔街道双拥中路9号东方名苑二期商铺
8	李　俊	湘潭东方名苑物业管理有限公司	岳塘区双拥中路9号东方名苑会所
9	李良国	湖南立创文化有限公司	岳塘区宝塔街道河东大道168号湖南三鑫国际汽车文化广场1栋
10	谢　文	湖南省非扬文化传播有限公司	岳塘区宝塔街道芙蓉西路37号
11	谢顺风	湘潭豪德维拉物业管理有限公司	湘潭高新区晓塘路9号创新大厦
12	王其兵	湘潭市岳塘区众鑫车汇汽车服务中心	湘潭市火炬路云盘汽车商业街C区
13	王　英	湘潭市岳塘区小西点幼儿园	岳塘区红旗商贸城K区
14	徐建华	湘潭大华防水保温工程有限公司	岳塘区宝塔街道红旗商贸城C区
15	刘顺希	湘潭市岳塘区盛世茗园足浴店	岳塘区盘龙商业街西街2栋
16	吴晓红	岳塘区宝塔街道办事处	岳塘区宝塔街道办事处

续表8

序号	姓　名	单　位	地　址
17	刘　洁	岳塘区宝塔街道办事处	岳塘区宝塔街道办事处
18	杨慧敏	湖南颐而康保健连锁股份有限公司	宝塔街道长塘社区双拥中路
19	张　芳	湖南雅美酒店管理有限公司湘潭红旗店	岳塘区红旗商贸城F区
20	朱　丽	湖南桑悦思国际旅行社	岳塘区宝塔街道福星中路
21	谢怀星	湘潭市中天家居广场有限公司	岳塘区河东大道中天家居广场五楼
22	郭　毅	湘潭市希望驾驶员培训学校有限公司	岳塘区霞城乡霞城村新城村民组
23	方世平	湘潭世平保安服务有限公司	岳塘区下摄司街道和平东村30栋
24	罗小春	湘潭市岳塘区金源楼大酒店	湘潭市岳塘区下摄司街
25	陈俊宏	珠海市二城物业管理有限公司湖南湘潭分公司	岳塘区岳塘街道消防村9栋
26	张　清	湖南省张氏益寿堂医药连锁有限公司	岳塘区下摄司街431号
27	谢勇波	湘潭市岳塘区彩霞湘缆幼稚园	岳塘区书院路新塘村彩霞湘缆幼稚园
28	阙　李	湖南华谊数码科技有限公司	岳塘区建设南路14号3号门店
29	张　晔	建设路街道办事处	岳塘区建设路街道办事处
30	郭自强	湘潭市岳塘区板塘布市经贸中心	岳塘区长潭路138号（岳塘区政府二院）
31	唐克剑	湖南盛翔建筑有限公司	岳塘区五里堆金耐村谭字组7号
32	邹洪良	湘潭新恒兴电器有限公司	湘潭市高新区双马街道双马五号路8号东方金谷产业城一期C02栋
33	齐　斌	湘潭市岳塘区玉龙轩玉器饰品店	湘潭市岳塘区汇鑫广场59号
34	刘　力	湖南志利服饰有限公司	岳塘区板塘铺纱厂街
35	王朝晖	湘潭市银海家政服务有限公司	岳塘区球坪村附12栋1楼
36	袁正希	湘潭市岳塘区红太阳大酒店	岳塘区五里堆街道乐园商住楼14号
37	郑建良	湘潭市广园物业管理有限公司	湘潭市雨湖区北二环路桃园路口旁桃源新城小区物业办公楼
38	郭　惠	湘潭市岳塘区歆潮广告设计制作部	岳塘区银海花园A区7栋2号车库
39	谭　军	长塘集资委	湘潭市岳塘区长塘集资委
40	黄渤尊	湘潭远安公共自行车有限公司	岳塘区宝塔街道火炬路云盘汽车商业街A区8栋1层18号
41	肖春其	湘潭市长航电机有限公司	湖南省湘潭市岳塘区双马镇马家河办事处
42	李　艳	岳塘区岳塘街道办事处	岳塘区岳塘街道办事处
43	严　杰	湘潭市天力科技有限公司	岳塘区书院路2号6栋12—14号门面
44	吴　靖	湘潭天伟工贸有限公司	岳塘区芙蓉西路295号鸿华综合楼
45	周建梅	湘潭市旺帝宾馆有限公司	岳塘区建设中路10号
46	左宗国	湘潭市岳塘区民主装饰设计部	河东大道中地凯旋城
47	杜月意	湖南月意生态工程集团有限公司	岳塘区宝塔街道芙蓉路9号1栋怡景财富广场

军　事

岳塘区人民武装部

【概况】　2019年，岳塘区人武部以湖南省军区、湘潭军分区年度工作要点为指导，依据军分区党委年度工作部署，坚持以习近平新时代中国特色社会主义思想和习近平强军思想为指导，按照“铸魂育人固根本、紧贴实战谋打赢、规范秩序促发展，注重实践创一流”的年度工作思路，聚焦练兵备战主责，务实国防动员主业，着力在深入抓学习、聚力抓备战、持续抓规范、创新抓落实上狠下功夫，年度各项工作顺利展开，单位全面建设水平稳步提升。

【学习强军】　以铸牢军魂为根本的思想政治建设扎实有效。坚持把学习宣传贯彻中共十九大精神作为凝聚意志、统一思想、指导实践的首要政治任务，突出学好“党的建设篇”和“国防动员篇”，不断增进思想认同、理论认同和情感认同。大力开展“不忘初心、牢记使命”主题教育，通过学习系列讲话、讲好专题党课、组织讨论交流、开展调查研究、深入检视剖析、认真问题整改、专题民主生活会，提高理论素养，坚定理想信念，激发履职热情，提高工作成效，纯正部队风气。采取专题辅导、领读串讲、讨论交流等形式，统筹抓好“传承红色基因，担当强军重任”主题教育。持续推进“民兵学习宣讲习近平新时代中国特色社会主义思想活动”，重点在推进运用新媒体学习宣传、组建老兵宣讲团和通过营造红色强军文化促进学习效果三方面持续用力，领袖思想在基层落地生根。

【作风建设】　以作风建设为重点的党委班子建设不断加强。狠抓党委班子作风建设，党委班子凝聚力、战斗力不断加强。把落实七项组织生活制度当作政治任务来看待，党委委员主动上党课、交党费、过双重组织生活。认真组织召开年度民主生活会和“不忘初心、牢记使命”专题民主生活会，通过动员学习教育、广泛征求意见、普遍谈心交心、对照检查、民主测评、开展批评与自我批评、研究整改等具体步骤，有效纠治单位全面建设中沉疴积弊、短板弱项，部党委班子更加团结巩固。注重发挥党支部、党小组教育管理作用，进一步强化党章意识、党纪党规意识和党员意识，教育引导党员干部有话要对组织讲，有难要向组织述，各级组织主动靠上去做好教育疏导、帮困解难工作，使矛盾问题化解在基层组织构架内。认真抓好巡视巡察问题整改，采取召开党委会、党小组会等形式，认真学习新政新规和上级违规违纪问题通报，常态化开展警示教育。从讲政治的高度，深入开展信息资料清查清理工作、个人重大事项报告、禁酒令落实等工作，持续推进全面从严治党向纵深发展。

【备战训练】　以备战打仗为核心的战备训练水平不断提升。建立军地共联的指挥体系，确保信息通联和指挥控制顺畅高效，与地方应急部门建立应急联值制度，建立一队多能的应急装备保障能力，提升成建制快速集结出动能力。结合专武干部资格认证，开展以岗代训、换岗轮训、集中培训，不断提高专武干部履职能力。按纲科学组训，高标准完成基干民兵军事训练任务，民兵队伍应急应战能力明显提升。组织应急分队民兵备战省军区群众性练兵比武活动，取得较好成绩。完成为安保执勤、应急处突、抗洪抢险等任务。执行抗洪抢险任务中，出动民兵排除管涌险情2处，确保人民生命财产安全。

【国防动员】　聚焦主责主业，精

细精实准备。先培训、后普查。扎结合民兵整组同步展开战备方案修订，完成与军分区、基层武装部方案的配套对接。规范本级、基层武装部、民兵分队值班备勤内容、程序、方法，完善战备值班系统建设，与地方应急部门建立应急联值制度。充分利用值班信息平台，及时掌握、分析情况，扎实做好支援地方抗洪抢险、抗旱救灾、森林扑火、处突维稳、应急救援等任务准备。完善应急指挥机制，抓好应急力量建设，充实配备装备物资器材，强化针对性演练，提高军地联合维稳处突能力，确保辖区安全稳定。巩固民兵应急连建设成果，加强针对性训练，完善配套装备器材，提高应急能力，突出实战性和实用性，全面提升快速反应遂行任务能力。强化军事训练落实。按照军分区下达的训练任务，科学筹划年度军事训练，合理制定训练方案，确保军事训练落到实处。严格落实干部在职训练，组织现役干部围绕本职岗位，并结合工作实践抓好军事和社会要素个人研究作业。按纲科学组训，高标准完成基干民兵军事训练任务，4月，组织40名森林灭火分队骨干队员围绕基础理论、安全常识、器材操作和组织指挥开展训练，为遂行森林灭火任务打好能力基础。5月，组织35名轻舟分队骨干力量采取以老带新、演训结合的方式，重点进行冲锋舟操作技能训练。强化整组工作落实。按照“编组就是第一战斗力”“编组布局就是作战部署”的指导思想，参考上年民兵整组工作任务，2月充分利用社区、村组网格化管理系统，着力摸清民兵数、质量和分布情况。扎实推进深化民兵调整改革，提高编组质量，发展新质力量。加强国防动员需求和遂行任务研判牵引战备方案修订论证工作。四是强化国防动员落实。结合地方政府机构改革和人员调整，完善国防动员组织领导体系，3月底前调整增补国动委成员单位。充分利用驻区高校多的优势，抓紧抓实学生军训、国防教育、宣传发动等关键环节，努力提高大学生新兵征集比例。

【兵役登记和征兵工作】 结合整组落实兵役登记，准确掌握适龄青年底数及参军意愿，全面展开网上兵役登记工作，各基层单位利用网格化管理平台摸清适龄青年底数，集中设立兵役登记站，派专人指导适龄青年进行网上登记。4月11日，岳塘区在湖南工程学院举行大学生征兵报名启动仪式，多渠道展开征兵宣传工作，中央电视台军事频道、《湖南日报》、湖南国教频道进行报道。完成新兵征集任务，实现无责任退兵、无安全事故。

（王起腾）

法　治

政法委及综治

【概况】　2019年全区政法工作以习近平新时代中国特色社会主义思想为指导，以落实《中国共产党政法工作条例》为契机，全面贯彻中央及省委、市委政法工作会议精神，着力防范化解重大风险，着力基层基础和治安防控，着力扫黑除恶专项斗争，持续推进政法领域全面深化改革和政法队伍建设，社会治安状况好转，人民群众满意度提升，在2019年全省公众安全感民意调查中，岳塘区以91.46分连续四年位居全市第二名，被评为全市平安建设先进县市区。

【维护社会稳定】　社会大局稳定向好。坚持稳中求进的工作总基调，全力做好中华人民共和国成立70周年大庆安保维稳工作，重点部署“大排查、早调解、护稳定、迎国庆”矛盾纠纷专项行动，全区各级调解组织共化（缓）解矛盾纠纷2192件。

【平安岳塘建设】　平安建设创新提质。顺利迎接并完成中央扫黑除恶专项斗争巡查及整改工作，中央督导组交办的27条线索核查完毕。共破获涉黑涉恶类案件96起，刑事拘留170人，摧毁黑社会性质组织1个，恶势力犯罪集团1个，打掉涉恶团伙1个，打击黑恶团伙数居全市第一。进一步推进立体化治安防控体系建设，制定《岳塘区巡逻防控工作方案》，全面整合群防群治力量，持续推进“三无”（无物业、无主管部门、无人防物防）的小区智慧安防建设推进农村雪亮工程建设，将辖区内所有学校、幼儿园接入到区视联网系统中，对学校、幼儿园进行安全实时监控管理。深化网格化管理与服务，不断拓展运营服务中心、网格应用中心、大数据中心、城市指挥中心功能。建设步行街、板塘、岚霞路三个快警站，落实一村一辅警，加强基层警务建设。

【司法机构改革】　法治环境逐步优化。狠抓司法改革，推进以审判为中心的刑事诉讼制度改革，在全市率先推进认罪认罚从宽制度工作，共适用认罪认罚从宽制度审结刑事案件219件256人。制定《关于开展法律援助值班律师工作的实施方案》，派驻值班律师为犯罪嫌疑人、被告人提供法律帮助。稳妥推进法检两院内设机构改革，构建优化、协同、高效的司法机构职能体系。强化执法监督，开展案件评查工作，召开案件讲评大会。服务经济发展，制定下发《政法系统领导班子联点重点项目、企业的通知》，将公检法司班子成员联系到辖区内重点项目和重点企业，侦破涉企案件 15起，刑拘8人，挽回经济损失350余万元。

【政法队伍建设】　队伍建设整体加强。深入开展“不忘初心、牢记使命”主题教育活动，紧扣“守初心、担使命，找差距、抓落实”总要求，切实用习近平新时代中国特色社会主义思想武装、指践、推动工作。分级分类统筹全区政法干警教育培训工作，政法单位开展各类培训61批次1500人次。严格执行中央八项规定精神，开展廉政警示日、廉政宣传周和“廉政宣传月”活动，领导班子带头讲廉政党课。组织政法系统参加全区庆祝中华人民共和国成立90周年合唱比赛并荣获二等奖。工作中涌现一批先进典型，如公安部表彰英雄民警肖勇军、“全国优秀法官”许艳红、“湖南省司法所工作表现突出个人”王卫峰。

【群防群治】　围绕推进社会治理能力和水平的总要求，积极探索共建共治共享社会治理的“岳塘模式”，不断提升平安岳塘建设水平。深化扫黑除恶专项斗争。召开全区扫黑除恶专项斗争推进会1次、领导小组工作会议4次、领导小组办公室会议5次，扫黑除恶专项斗争案件协商会议4次，全面落实“四级约谈”。编印4000本扫黑除恶工作手册发放到机关干部，12万份宣传手册发放到群众手中。成立“2・12”专案、“12・20”专案、“4・27”专案、“5・2”专案等4个专案组，对涉黑恶案件进行专案攻坚，共刑事拘留犯罪嫌疑人44人，逮捕43人，已移送起诉33人。

打造治安防控体系新样板。完善巡防工作机制，制定《岳塘区巡逻防控工作方案》，全面整合群防群治力量，打造“平安宝塔联盟”、五里堆“治安瞭望、邻里守望”、下摄司“夕阳红”巡逻队等品牌。

【村（社区）安全防范】　智慧治理稳步推进。持续推进“三无”（无物业、无主管部门、无人防物防）的小区智慧安防建设，已完成学卫社区新纺家园、板塘社区铁西村、葩金社区长虹里小区3个建设项目，共安装高清全彩监控摄像机96台，高清智能球机2台，全区人脸、车辆抓拍机16台，枪型摄像机16台。结合高品质社区建设，指导完善9个高品质社区安防监管系统建设。推进农村雪亮工程建设，投资98万元在荷塘街道、东坪街道增设视频监控摄像头66个。将辖区内所有学校、幼儿园接入到区视联网系统中，对学校、幼儿园进行安全实时监控管理。

社会管理能力提升。严格规范社区矫正执法工作，组织开展社区矫正有关突出问题专项整治活动，对违反监督管理规定的社区服刑人员1人及时提请收监。贯彻落实特赦工作决定及要求，成立区特赦评审委员会，对全区服刑人员进行全面摸排，有5名社区服刑人员予以特赦。加强对严重肇事肇祸精神障碍患者的救助和管控工作，参加救治救助患者共75人，任务完成率达100%。加大对铁路沿线的巡防和隐患排查力度，共排查处置涉铁安全隐患71个，制止城铁荷塘站附近悬浮气球隐患1个，拆除大棚塑料膜80余亩，拆除沪昆沿线简易工棚等违法建筑2处，清理铁路沿线的垃圾共11车，劝导焚烧杂草等违法行为4起。

【维稳督查】　以做好中华人民共和国成立70周年大庆安保维稳工作为主题主线，坚持稳中求进的工作总基调，不断强化底线思维，落细落实工作举措，实现全区社会大局清泰平安。

【化解矛盾纠纷】　重点部署“大排查、早调解、护稳定、迎国庆”矛盾纠纷专项行动。全区各级调解组织共化（缓）解矛盾纠纷2192件。

【警示教育】　深入开展反邪教警示教育各项工作，增强民众的防邪反邪的意识，营造反邪教社会氛围。一是大力开展多种形式的反邪教宣传活动。以反邪教宣传月为契机，揭批邪教本质，提高群众识邪防邪反邪的能力。利用传统的“一墙一窗一屏”宣传，组织志愿者们在辖区人口集中，流动量大的场采取摆放反邪教宣传板、悬挂横幅并同时发放反邪教宣传资料，在群众集中区域、有条件的地方利用大型电视屏幕重复播放警示教育宣传片、利用电子显示屏滚动播放反邪教宣传标语、展出反邪教宣传专栏，对如何识别邪教的特征及危害等方面知识进行广泛宣传。二是大中小学反邪教教育活动实现全覆盖。三是网上反邪教宣传保持良好势头，积极宣传“莲城无邪”反邪教微信微博公众号。四是积极利用社区“慈善超市”“居民养老中心”搭建反邪教宣教平台。

【教育转化】　按照“减存量、控增量、防反复”目标要求，坚持专业化、社会化、法治化方向，通过攻坚能手督导等形式，开展多种形式帮教工作，超额完成市目标任务。

【队伍建设】　加强学习培训，坚持重点学习和一般学习相结合，集中学习和分散学习相结合，政治学习和业务学习相结合，走进来培训和走出去参训相结合。加强作风整顿，开展党风廉政教育，进行纪律作风整顿和保密工作自查，保证工作不出现空档、不放松，确保干部队伍无违法犯罪人员和失密泄密情况发生。　（张　庆）

公　安

公安工作

【概况】　2019年，岳塘公安分局在市公安局、区委和区政府的坚强领导下，牢牢把握稳中求进的总基调，顽强斗争、敢于担当、奋力作为，在各项重点工作和关键环节全面发力，多点突破，取得主要业务数据位居全市前列，人民群众的获得感、幸福感、安全感持续增强，民调工作位列全市第二的好成绩，分局先后荣获省级文明卫生单位、全省公安政治工作成绩突出单位、全市公安政治建警工作优秀单位、“党建固本年”成绩突出单位、70周年大庆安保维稳先进集体等系列荣誉，涌现因公牺牲英雄民警肖勇军等先进典型，为打造湘潭公安品牌贡献岳塘力量。

2019年，岳塘公安分局内设机构为工会、政工室、办公室、纪监室、警保室、刑事技术室、法治大队、国保大队、刑警大队、治安大队、经侦大队、禁毒大队、网监大队、入境大队、巡逻反恐防暴大队，下辖东方红广场、宝塔、五里堆、建设路、书院路、霞城、东坪、岳塘、下摄司、荷塘、昭山11个派出所。增设步行街快警站、板塘快警站、岚霞路快警站三个快警站，全局在编民警430人。

【国内安全保卫】　2019年岳塘公安分局深入贯彻落实中共十九大、中央政法工作会议和省、市公安工作会议精神，牢牢把握确保政治安全、政权安全的着眼点、着力点，以政治建警为契机，主动进攻，积极作为。基础工作日趋夯实、防范打击更有效。在中华人民共和国成立70周年、澳门回归20周年、五四运动100年等时间节点，全力打好风险防控攻坚战，严密防范政治安全风险和社会稳定风险，确保岳塘地区社会政治大局和谐稳定。

【刑事侦查】　2019年，岳塘公安分局积极推行“大战区”“大刑侦”工作机制，构建大刑侦格局，提高打击犯罪的整体作战能力．由刑侦大队牵头，集中警力组建专案组，先后侦破“2·12”“4·27”“5·2”“7·12”“6·13”等系列有影响的涉黑涉恶团伙案件、电诈团伙案件。全局（含电信诈骗）刑事立案共计1954起，破案455起，现行案件破案率20.47%。刑拘执行663人，移诉596人。打击处理电诈目标团伙案件3个，打掉黑社会组织1个，涉恶集团1个，涉恶团伙1个。八类恶性案件23起，破21起，八类恶性案件破案率91.3%。一是深入开展扫黑除恶专项斗争，强化恶性案件的打防效能。以“三贷三霸”为重点，深入开展打击攻坚，共抓获涉黑恶组织（集团、团伙）犯罪嫌疑人45人；成立专班，对昭山地区开展区域整治；严格落实涉黑涉恶线索核查要求，常态化开展运行线索闭环核查。二是强化打击力度，全力开展集打斗争、云剑行动。全年刑事拘留电信诈骗嫌疑人141人，打掉一个涉案成员达百人的特大电信诈骗团伙；大力开展云剑追逃工作，行动期间共研判全市人脸抓拍图像2749人，在逃人员库存下降率51.37%。

【刑侦技术】 2019年岳塘公安分局立刑事案件1954起，录入勘验系统各类案件1609案，刑事案件现场勘验率为82.34%。十类案件立案数564起，其勘验率和录入率为100%，十类案件现场指纹提取86案，提取率为15.24%，现场足迹提取188案，提取率33.33%，DNA提取295案，提取率为52.3%；串并案件53串207案，串并率为36.7%。电子物证检验鉴定实验室达到3级以上标准，完成验收。在公安部开展的“一长四必”“三大会战”中，胡思奇作为2019年10月湖南省优秀指纹比对技术员受到公安部通报表扬。

【治安管理】 2019年岳塘公安分局主动投身立体化治安防控体系改革建设，防范各类治安风险，补齐治安管控短板，深化突出治安问题治理，全面提升公共安全厚实度，整体工作取得预期成效。

以“莲城快警”为代表，建立城市治安防控新模式。着力锻造“一条纽带”、巩固“两个堡垒”、打造“三个支撑点”的防控布局。多部门紧密协作，确保3个快警站按期建成并高效运行，初步实现“1、3、5”分钟的“快速反应、高效处置”工作目标。2019年9月，人民公安报以对“城市快警+网格化”工作进行专题报道，向全国推广该局社会治安防控工作经验。

以“两车”（摩托车、电动车）防盗备案登记为依托，开启“物联网+治安管控”新模式。牵头开展多轮次“两车”（摩托车、电动车）物联网建设，推进智慧防控提速。与湘钢、湘机等大型企业达成合作协议，加强与行业场所合作，在全市率先完成安装任务，通过物联网技术强化“两车”治安管控。

以“创建枫桥式派出所”活动为载体，助推基层基础工作。牵头组织开展创建“枫桥式公安派出所”活动，推荐五里堆派出所创建省级“枫桥式公安派出所”。依托“三调联动”“一村一辅警”等平台机制，深入探索网格枫桥岳塘经验，将矛盾纠纷化解在基层、消除在萌芽。

通过落实日常检查和集中清查，强化风险隐患清零。其中校园安全隐患问题整改、马路市场整顿取得较好成效。抓实各类重要节点、活动安保，确保市“两会”等50项重要会议和大型活动安保任务万无一失。

以集打斗争为抓手，创造健康治安环境。持续开展黄赌问题整治，彻底清除影响岳塘区长达4年之久的汽车城KTV“涉黄毒瘤”，全局办理各类黄赌案件72起，抓获黄赌犯罪嫌疑人员158人。相继开展利剑、昆仑等专项行动，确保全年食药环侦办任务顺利达标。并切实加强涉警维权案件查办，共办理阻碍执行职务案件8起，破获妨害执行公务案件9起。

【经济犯罪侦查】 2019年岳塘公安紧紧围绕“打击、参谋、服务”的三大职能，聚焦防控风险，大力开展打击涉众型经济犯罪专项行动、“秋风”行动等专项工作，共30人刑拘、18人逮捕、移送起诉25人，挽回经济损失168万元，到贵州、福建、广州等地抓获网上在逃人员12名。加强防范经济犯罪宣传力度，营造打击经济犯罪高压态势。以“5・15”经侦宣传日为依托，开展防范经济犯罪“六进”活动，通过以法律政策解读、典型案例剖析、投资风险教育等群众喜闻乐见的宣传形式和节目，切实引导社会公众对经济犯罪不参与、能识别、敢接发，使防范经济犯罪宣传教育不留死角、无盲区。在开展传统宣传方式的同时，还积极创新宣传方式，拍摄《抵制高利诱惑警惕非法集资》微视频，利用双微平台扩大影响；到湘潭大学兴湘学院为大学生授课，呼吁并倡导全体大学生坚决抵制各种非法网络借贷行为，有效维护个人合法权益和人身财产安全。

【禁毒工作】 2019年岳塘区的禁毒绩效评估成绩连续多年在湘潭市各县市区名列前茅，东坪街道办事处被湖南省禁毒委员会授予“全省社区戒毒社区康复工作示范点”称号，系湘潭市唯一获此殊荣的街道。2019年以来，岳塘区始终保持对毒品犯罪的严打高压态势，开展“百日会战”“娱乐服务场所毒黄赌问题专项整治行动”“集打斗争”“两打两控”等专项行动，重点打击群众身边危害性大的零包贩毒和容留他人吸毒犯罪，坚持情报引领、专案攻坚，做到打一个、端一窝，斩根断线。截止到2019年12月31日，共刑事拘留毒品犯罪嫌疑人82人，67人逮捕，起诉毒品犯罪嫌疑人84人（以检察院受理为准），人案比达到1.4，查获吸毒人员556人，强制隔离戒毒决定110人，执行100人，强戒执行率达到90.91%，收治特殊违法犯罪人员42人，破获涉毒三人团伙案3起，“百日会战”专项行动各项数据名列前茅。破获涉毒三人团伙案2起。破获涉毒资产案3起，办理易制毒行政案件2起，全局查获涉毒行政案件375起，行政处罚556人。

【网络安全管理和技术侦查】 2019年岳塘公安对岳塘区112家党政机关及事业单位网站、信息系统开展网络安全监督检查，对存在安全隐患75家单位下达限期整改通知书，并指导整改单位按《中华人民共和国网络安全法》和网络安全等级保护制度要求开展安全测评和整改加固；组织专门人员对岳塘范围内的党政机关、重点企事业、重点行业36家单位和个人网站进行网上登记、审核、正式备案，逐一上门进行安全检查，指导、监督各项安全技术防范措施，落实重要信息系统网络安全登记保护制度，全面提升网站的网络安全防范能力；加强Wi-Fi上网实名制管理。2019年岳塘区公共场所Wi-Fi管控建设全局完成1277个。全年共办理7起网络安全类行政案件和1起侵犯公民个人信息刑事案件，刑拘6人；充分发挥网安技术手段优势，发挥侦查实战中心作用，配合其他实战单位破案149起，为一线实战提供强有力的技术支撑。

【户政管理】 2019年岳塘区户籍113711户，户籍人口314524人，新增登记实有人口15113人，新增登记实有单位1996户，新增登记实有房屋1413栋，办理户籍迁入3520人次，迁出2935人次，出生上户2609人，死亡销户2074人，身份证信息更正746人次，办理边境证166人次，办理居住证10171张，办理身份证2845张，登记临时到湘潭的境外人员220人。2019年岳塘公安分局全面推进户籍制度改革。一是深化“放管服”改革，便民服务落地生效。花费将近70万元将分局西栋一楼户政大厅改造为出入境服务大厅，增配2名民警、2名辅警，采购自助填表机、自助签注机及指纹采集仪、高速扫描仪、摄像仪等专业设备。出台“一站式办结”业务流程，减少社区民警中间审批环节，实现“让群众最多跑一次”。开通户政短信服务平台推送身份证办理进度，告知群众取证地点、时间。实现户政业务网上预审、网上咨询。全年办理网上各类业务126次，答复群众咨询417条。二是户口清理整顿成效显著。完成18周岁以上未换二代证和无照片人员身份核查数据1957条。发现重户并注销431条，清理死亡人员未销人员968人，确认已加入外国国籍并注销中国户籍6人，对失踪人员和被关押人员收集照片并进行更新维护326人，核实并注销“查无此人”250人，重新办理二代身份证21人。针对打击贩卖户口身份证犯罪，深化户口登记管理清理整顿专项行动，完成查找档案数据共计705本。三是“一村一辅警”工作稳步推进，效果明显。2019年岳塘区27名驻村辅警全部配备到位，每人配置一台全新的警用电动车，驻村警务室先后建成并投入使用，“一村一辅警”工作顺利推进并发挥实效，共收集上报治安信息和线索73条、采集的“一标三实”（标准地址、实有房屋、实有单位、实有人口）信息12087条、治安、消防检查重点单位、场所、区域1731个、下达整改通知书663份、开展巡逻4151次；开展法治宣传5548次；服务群众2120次；调处治安纠纷380起、协助办案114起、协助抓获在逃人员4人。有效维护农村地区社会稳定。

【警卫保卫】 2019年顺利完成市“两会”、岳塘国际商贸城开幕、除夕夜韶山毛泽东广场群众自发性祈福、中央及省委领导视察工作组在潭期间驻地安保等46项重要会议和大型活动安保任务，出动警力3800余人次，确保万无一失。

（王　剑）

交通安全管理

【概况】 岳塘交警大队有8个中队，警务人员280人。其中，民警115人，职工4人，交通勤务辅警151人，文职辅警10人。大队机关设综合中队和事故中队，综合中队有民警24人，职工4人，负责大队的办公室、法治、车驾管和特勤工作。事故中队民警21人，负责处理岳塘地区道路交通事故勘察和调处。

【交通行政执法】 2019年，岳塘大队在区委、区政府和市局、支队的正确领导下，严格按照“抓班子、带队伍、促工作、保平安”的总体思路，以“降事故、保安全、保畅通”为总目标，锐意进取，奋勇争先，全力做好辖区道路交通安全管理工作。1月1日至12月31日，大队共查获现场交通违法55696起，非现场交通违法行为64848起，假牌套牌违法行为301起，客车、面包车超员752起，三超一疲劳交通违法行为1881起，饮酒驾驶595起，醉酒驾驶235起，行政拘留97人，办理刑事案件229起，其中危险驾驶案201起。全区处理道路交通事故快处快赔4223起，交通事故适用简易程序2596起，适用一般程序238起。交通事故四项指数事故起数238起、死亡人数40、伤人数185人、直接经济损失114.9万元。同比分别上升49.6%、上升81%、上升42.3%、上升38%。

【交通惠及民生】 积极为群众排忧解难。大队通过走访人大代表、政协委员，听取代表、委员的呼声和意见，广泛汇集民智，通过大量细致、翔实的调查研究工作，积极向上级和相关职能部门反映问题，较好地做好2019年度建议、提案答复的前期走访工作。全年共收到岳塘区人大代表、政协委员建议、提案37件，其中牵头领办建议14件、协办区人民政府建议1件、领办提案22件。同时大队民警对待“12389”投诉、“12345”市长热线、信访投诉始终能做到回复规范、及时和有效，对待一小部分对交警工作不理解的群众能够克服困难、正确对待、耐心的解释回应，做到准确回复群众的执勤执法工作的疑问、及时解决群众遇到的交通难题。全年大队共办理市长热线、信访投诉等共计510件，均能按程序办理。大队根据支队“干群一家亲、党群心连心”帮扶活动部署要求，积极动员广大民警深入基层，听民声、知民情、办民事、解民难、惠民生，深入群众家庭开展走访调研，了解民情、听取民意，帮助群众解决切实难题，进一步树立人民警察为人民的良好形象。全年大队共走访群众400余人、企事业单位40家，为群众办实事、做好事、解难事900余件，化解矛盾纠纷50个。

【交通隐患排查】 认真开展事故隐患排查。一是强化道路交通事故隐患排查力度，全年大队共排查出道路安全隐患16处，已整改道路安全隐患10处；二是强化重点车辆管理，大队重点对危爆、客运、校车运输企业开展交通安全隐患排查，全年大队共检查92家运输企业及学校，检查重点车辆4146台次，其中排查校车528台次、客车295台次、危化运输车525台次、货车1890台次、农村面包车908台次，从源头上堵塞漏洞，筑牢重点车辆静态防线；三是在辖区进行涉及城市规划建设、新建扩建提质改造道路等基础设施的项目时，大队均参与论证，做到道路建设与交通安全设施建设同步进行。同时持续加大对城区道路安全设施建设的投入力度，配合做好城区主次干道沿线机动车停车泊位的施划，完善各类道路交通标志标线、指示牌、禁停路段禁停标识牌等交通管理基础设施的设置。

【节假日交通管理】 狠抓春运等重要时期的道路交通安全管理。2019年春运、全国“两会”、清明节、五一劳动节、端午节等时期，大队始终以高度的政治责任感和敏锐性，坚持早动员、早部署、早落实，做到广泛宣传与严格管理相结合、定点设卡和流动巡逻相结合、全面排查与突出重点相结合、源头防范与路面检查相结合，确保各个时期辖区道路交通安全畅通有序。2019年春运工作期间，大队开展交通管理工作共出动警力7000余人，出动警车2200余台，查处各类交通违法行为4310起，其中涉牌涉证296起，面包车超员38起，酒驾、醉驾42起，货车超载15起，危化品运输车违法行为5起，三轮车、低速载货汽车、拖拉机违法载人27起，全区未有发生较大道路交通事故和长时间长距离的交通拥堵。

【交通齐抓共管】 严管重罚。开展货车超载超限专项治理。一是实行大队领导负总责、中队领导包片、民警包段的“三级”承包责任制，一级抓一级，层层负责，确保责任到人。同时明确治超工作纪律，实行谁分管、谁负责，各中队长为责任区的第一责任人，执勤民警是直接责任人，对违反治超工作纪律的人员一律实行问责到位；二是不断加大路面流动巡查执法的力度，针对重点车辆超载和改型等有关交通违法行为特点，大队实行24小时勤务，在加强日常管控的情况下，晚上10时自次日7时保证有3组以上人员在城区巡逻管控，确保不脱管、不失控；三是积极配合相关部门开展治理超限超载违法行为，每月配合岳塘区交通局开展两次治超治限专项整治行动，同时密切配合岳塘易家湾治超站以驻站治超和流动治超相结合的形式开展联合治超治限行动。1月1日到12月31日，大队共查处各类货车超载1129起，改型97起，全部依法对驾驶人予以罚款扣分处理，改装车辆全部予以强制拆除、切割栏板的处理。

【交通维稳】 完成中华人民共和国成立70周年大庆安保维稳工作。大队严格按照上级关于中华人民共和国成立70周年大庆安保维稳工作部署要求，实行全天候24小时勤务，全体民警取消休假，全员上路，最大限度将警力压上路面一线，实行路面严管，严防死守。同时大队在警务站设卡进行检查登记的基础上，在城区各出入口、沿江路等主要路段还增加设置7个固定检查站，充分依托各警务站、检查点进行24小时严查“六类重点车辆”工作，严查酒驾、超载、超员、无证等严重违法行为，为中华人民共和国成立70周年庆祝活动营造良好的道路交通和社会治安环境，完成安保维稳工作任务。

【交通环境管理】 全力做好创文迎复检工作。根据市局、支队关于全力做好创文迎复检工作要求，一是坚持对不文明交通违法行为和陋习“零容忍”，严查严控行人、非机动车不按规定行驶、闯红灯以及驾驶摩托车不戴头盔、摩托车非法安装遮阳伞具等交通违法行为；二是针对辖区内学校、商场周边以及辖区沿线人、车流量大的路口和路段，增派警力，对违法停车进行“全天候、全路段”的无缝治理，确保停车井然有序；三是全警出动，实行定岗轮班的勤务安排，加强早、晚高峰时段的警力，大大提高路面的见警率、管事率，进一步强化城区交通秩序常态化疏导管控。

【交通网络建设】 积极开展“两车”物联网防控系统建设工作。自“两车”物联工作推出以来，大队高度重视，多次组织召开专题工作会议，明确责任领导，组织专班民、辅警全力以赴开展“两车”物联建设工作。其间，大队共发放宣传资料约50000余份，已完成安装防盗车牌及芯片6772辆。

大力侦破交通肇事逃逸案，全力维护社会和谐。为加大对交通肇事逃逸案件的侦破力度，大队制定重大交通事故逃逸案侦破预案，案发后专门抽调精兵强将专司交通肇事逃逸案件侦破工作。1月1日至12月31日，大队共受理7起交通肇事逃逸案件，均已全部侦破，侦破率达到百分之百，有效打击交通肇事逃逸违法犯罪行为，形成强大的严打声势，为事故受害者挽回损失，赢得广大人民群众的好评。

寓教于执法之中，模范遵守安全法。一是在全面加强宣传教育工作的同时，寓道路交通安全宣传教育与执法活动之中，在开展各项专项整治行动中零距离、面对面向驾驶人、乘客进行提示宣传，切实使广大交通参与者认识各类违法行为的危害性，从而理解、配合交警部门，自觉抵制不文明、不安全的驾驶行为；二是积极与电视台、报社展开合作，邀请电视台、报社记者随警采访，加大对突出违法车辆、典型事故案例、事故多发路段、高危风险运输企业和终身禁驾驾驶人的“曝光率”，切实增强政治的威慑力量，努力为中华人民共和国成立70周年创造良好的道路交通环境。 （陈　龙）

检 察

【概况】 岳塘区检察院内设10个部门，下设12个检察联络室。有人员编制60名，在职干警54人（男性干警28人，女性干警26人），35岁以下干警27人，研究生学历17人，本科学历35人。按照司法体制检察人员改革的需求，配备员额检察官20名、检察辅助人员18名、司法警察8人、行政人员8人。员额检察官平均年龄41.6岁，检察辅助人员平均年龄30.7岁，司法警察平均年龄44.9岁，司法行政人员平均年龄39.6岁。党组班子成员4人（其中检察长1名，副检察长3名）。

2019年，在区委和市检察院的正确领导下，在区人大、区政府、区政协及社会各界的监督和支持下，岳塘区检察院以习近平新时代中国特色社会主义思想为指导，全面贯彻落实中共十九大和十九届四中全会精神，紧紧围绕全区工作大局，推动各项检察工作全面协调充分发展。一年来，先后荣获“全省先进基层检察院”“全市先进基层检察院”“区社会管理综合治理工作先进单位”等12项集体荣誉，队伍中有26人次获得“全国检察宣传先进个人”“湖南省人民检察院公益诉讼工作嘉奖”等荣誉。湖南省检察机关工作公众评价得分92.30分，名列全市基层检察院第一名，创历史最好成绩。

【刑事检察】 依法履行审查逮捕、审查起诉职能。受理公安机关提请逮捕案件447件696人，审查批准逮捕363件564人、不批准逮捕84件133人；受理公安机关移送审查起诉案件710件1056人，审查提起公诉576件777人、不起诉102件128人，有罪判决807人。一是大力推进扫黑除恶斗争。依法批准逮捕涉黑涉恶犯罪嫌疑人38人、起诉63人。坚持“一案三查”（查办黑恶势力，追查黑恶势力背后的“关系网”和“保护伞”，倒查党委、政府的主体责任和有关部门的监管责任）。推进“破网打伞”，移送涉黑涉恶“保护伞”线索14条，通过追诉漏罪对1名黑社会性质组织犯罪“保护伞”进行起诉。建立办案“绿色通道”，推行专案专办，提前介入“5·03”“2·12”“12·20”“4·27”等重大涉黑涉恶案件。检察长作为第一公诉人办理省扫黑办交办的“5·03”涉黑专案，依法追诉漏犯3人、漏罪12笔。扫黑除恶工作在上半年全市检察长会议上作经验发言，区检察院被推荐为全省扫黑除恶工作先进集体。二是强化反腐败斗争。成立职务犯罪办案组，与纪检监察机关形成打击职务犯罪的合力，共提前介入并受理监察委移送的职务犯罪5人，起诉9人，4人被判决。依法对涉黑“保护伞”杨某某以涉嫌受贿罪、包庇黑社会性质组织罪提起公诉。协同纪检监察机关加强廉政教育，配合昭山示范区纪工委，组织昭山镇支村“两委”成员50余人，参加郭某涉嫌非国家工作人员行贿罪的警示教育庭，在庭审现场接受警示教育。三是努力优化营商环境。依法批准逮捕破坏社会主义市场经济秩序、侵犯知识产权等38人、起诉49人，对韩某某、龙某里应外合侵占某企业价值100万元财产的犯罪依法提起公诉并全部追赃挽损，两人均被判处有期徒刑。2019年继续开展服务非公经济发展专项检察监督活动，主动对接重点企业、项目28个，提供法律服务41次，对涉案的非公企业主依法不批准逮捕9人、不起诉8人，使这些企业得以继续发展经营。办理的湖南某科技公司（非公企业）法人涉嫌的经济犯罪案件，经深入调查并综合评估，依法对法人代表作出不起诉决定，保留该企业在该行业内生存经营的资格。

【刑事诉讼监督】 加强对刑事立案、侦查、审判活动的监督。监督立案后判处有期徒刑以上刑罚12人，依法监督违法立案的2人撤案；追捕漏犯10人，纠正漏诉7人，纠正侦查活动、审判活动违法27件次，提出抗诉3件，2名被告人由一审的无罪判决改判为有期徒刑（2017年提出抗诉）。加强刑事执行监督，对没有羁押必要性的犯罪嫌疑人监督变更强制措施11人，依法监督收监在逃人员1名，罪犯胡某脱管11个月被岳塘区检察院监督并督促网上追逃收监的案例，被《检察日报》报道。

【民事行政检察】 办理不服民事生效裁判监督案件14件，民事执行监督案件27件，民事审判活动监督案件28件，发出类案检察建议2份。精准履行抗诉监督职能，办理的蔡某某民事监督案，市检察院采纳该院意见提出抗诉，已进入再审程序。加大惩治虚假诉讼力度，从办理的“套路贷”涉黑案件中主动挖掘线索，对涉案金额77万元的旷某某借贷案以涉嫌虚假诉讼发出再审检察建议。在监督中支持，对陷入执行僵局的陈某某申请民事监督案，发出执行监督检察建议后，与审判机关一起工作促成当事人达成执行和解。协助省检察院办理3起对行政生效裁判监督案件，均维护行政相对人的合法权益，监督2起审判机关行政非诉执行案件，针对存在的程序性问题发出类案检察建议。

【公益诉讼检察】 践行好习近平总书记关于“检察官作为公共利益的代表”的重要论述，全年立案办理行政公益诉讼62件。针对辖区人口密集、食品卫生监管难度大的问题，多次联合区市场监督管理局开展专项行动，督促57家线上餐饮、校园食堂落实整改。积极参与全国卫生城市创建，排查工地扬尘污染、夜间施工等10余起案件线索，办理市容环境类公益诉讼5件，办理的“二桥北侧工地垃圾”公益诉讼案，保护湘潭城区“咽喉要道”的生态环境。认真开展公益诉讼“回头看”专项活动，对2018年公益诉讼案件逐一实地验收，案件回复采纳率100%。

【控告申诉检察】 不断完善控告申诉、涉检信访工作制度，构建集信、访、网、电为一体的信访受理平台和依法化解的综合体系。完善“12309”检察服务平台，进一步深化检务公开，依法办理“两刑”案件（刑事申诉案件和刑事赔偿案件），积极开展司法救助。共接待群众来访来信72次147人，检察长接访25次45人；办结刑事申诉案件4件、受理并分流刑事立案监督案件7件；受理司法救助申请3件，发放司法救助款5万元。一是深入推进律师代理申诉制度。引入律师作为第三方参与信访工作，设立“律师接访中心”，制定律师代理申诉制度实施办法，安排律师轮流值班，着力提升律师接谈质效。继续推进对所有民事、行政、刑事申诉案件的申诉人在受理环节实现律师代理全覆盖，全面保障申诉人申诉权利。2019年底共办理刑事申诉律师代理案件1件，民事申诉律师代理案件2件。二是加强刑事申诉、刑赔案件办案力度，强化监督、制约作用，维护群众合法权益。2019年，共受理刑事申诉案件4件，共办结刑事申诉4件；申请司法救助3人，发放救助金5万元。

【监所检察】 2019年，全科共计办理羁押必要性审查案件29件29人，其中，立案审查28人，不予立案审查1人，提出予以释放建议23人，采纳23人，提出继续羁押建议6人。办理羁押期限审查案件8件，发现违法超期羁押均监督予以纠正；办理暂予监外执行决定审查案件1件，收监执行提请审查案件2件，收监执行决定审查案件1件，刑事执行违法违规案件4件，控告申诉举报案件2件，提出检察建议6件；办理财产刑执行监督案件2件；办理特赦提请审查案件6件，其中5人作出特赦裁定，1人因假释考验期满已解除社区矫正。办理社区矫正违法违规监督案件3件，开展对社区矫正监管场所专项检察活动2次，审查批准逮捕罪犯又犯罪案件1件1人、审查起诉罪犯又犯罪案件2件2人，审查强制医疗申请案件1件，办理强制医疗执行监督案件1件。一是强化监外执行检察监督，推动区社区矫正规范开展。加大对监外执行检察监督力度，着重防止监外罪犯脱管、漏管和重新犯罪，并借助对社区矫正工作的考察和联席会议，推动岳塘区社会矫正工作规范开展。二是加大对刑罚变更执行检察监督力度，确保刑罚正确实施。

【探索基层检察改革】 认罪认罚从宽制度落地生效。积极推进社会治理能力现代化的检察实践，认真履行检察机关在刑事诉讼中的主导责任，全年共适用认罪认罚从宽制度审结刑事案件219件256人，案件适用率达66%，判决后上诉率为零，轻微刑事案件平均办理时间缩短至6天。通过认罪认罚从宽制度的落实，极大地化解社会矛盾、减少社会对抗、促进社会和谐。此项工作在市检察院作经验发言，被省检察院肯定推介，在《湖南日报》作专题报道。

捕诉一体机制实现预期。按照高检院要求，岳塘区检察院自2018年在全市率先实践捕诉一体机制的基础上，2019年进一步积累经验、优化模式，采取专案专办和系统轮案相结合的方式，办理危险驾驶案件最短时间为1日。书面提出捕后继续侦查意见102份，公诉阶段审查时间平均缩短10天以上，捕后相对不诉、捕后存疑不诉案件同比2018年分别下降71.4%、50%，捕诉一体在提升办案质量效率方面的优势充分发挥。

司法责任制不断巩固。2019年进一步配齐员额，完善办案组织，全面落实好检察官权利义务清单。在此基础上，制定《重大案件请示报备制度》《重点执法节点监督制度》，加强对重点廉政风险节点的防控监督，保证依规放权和强化监管的统一。依托统一业务系统，开展办案流程监控1104件，随机抽检评查案件107件，提出整改意见488条并督促整改到位。发挥好检察官司法业绩档案的评价作用，执法质量明显提升，2019年，岳塘区检察院办理的案件中未发生申诉、信访、引发舆情、撤回起诉和无罪判决的案件。

【检察队伍建设】 思想政治建设。以党组中心组、支部、科室为单位，依托“学习强国”、每周“夜学”等平台，学深悟透习近平新时代中国特色社会主义思想、十九大和十九届四中全会精神。严格落实意识形态工作责任制，管紧管好“一网两微”等新闻媒体阵地。丰富“不忘初心、牢记使命”主题教育活动形式，组织全院干警进行宪法宣誓、唱红歌、赴韶山缅怀革命先烈等活动，加强理想信念教育。队伍政治素质明显增强，忠诚履职能力明显提升。

规范化建设。坚持用制度管人管事管案，整合24项规章制度形成制度汇编，修改完善“三类人员”（员额检察官、检察辅助人员、司法行政人员）考核办法，采取“周通报、月考核、年终综合评定”的方式，将制度执行与绩效考核全面挂钩。深入推进党风廉政建设和反腐败工作，组织全院干警学党章党纪党规、检察长廉政讲话、典型案件通报等20余次，廉政提醒谈心谈话132人次，开展各类检务督察120余次，通报工作落实不力、违反纪律作风17人次，将督查结果与绩效考核挂钩，严格兑现奖惩，确保检令政令畅通。

素质建设。以检察文化建设和文明单位创建为抓手，不断培养干警职业操守和道德品质，开展革命传统教育、读书分享会、演讲比赛、青年干警座谈会等活动12次。选派干警学习培训14人次，坚持教培反哺机制和青年干警列席检委会制度，巩固“人才培养的岳塘现象”，队伍“精气神”和“软实力”不断提高。

法　院

【概况】 2019年全院有8个内设机构和3个派出法庭。8个内设机构分别有综合办公室（司法警察大队）、刑事审判庭、民事审判庭、行政审判庭（综合审判庭）、审判管理办公室、立案庭（诉讼服务中心）、执行局、政治部（机关党委）。3个派出法庭：书院路人民法庭、建设路人民法庭、易家湾人民法庭。另外因工作需要还下设交通法庭。2019年全院有政法专项编制100名，实有人数93名。其中院长

1名，副院长3名，党组成员1名，庭长、副庭长15人；主任、副主任5人。员额法官35名，司法辅助人员32名，司法行政人员14人，司法警察12名，工人2名。其中退休人员40名，合同制书记员69名。

2019年，在区委的坚强领导，区人大、政府、政协和社会各界的监督、支持以及上级法院的指导下，岳塘区法院深入学习贯彻中共十九大和十九届历次中央全会精神，忠实履行宪法法律赋予的职责，扎实开展“审判质量、效率和公信力提升年”活动，为全区改革发展稳定提供有力司法保障。全年共受理案件10219件（含旧存），结案9286件，结案率90.87%。员额法官平均办案258件，居全市基层法院第1位。扫黑除恶专项斗争工作获中央政法委调研组高度肯定，并涌现出以“全国优秀法官”许艳红、“全国维护妇女儿童合法权益先进个人”李姜为代表的一批先进典型。

【刑事审判】 坚持向规范要效率，在服务大局发展上更有力度。深化扫黑除恶斗争，净化社会治安环境。贯彻落实党中央决策部署和各级党委要求，坚持严惩方针，重拳惩治黑恶势力犯罪。一是配备精干力量。设立专业审判合议庭及处理涉民事、执行、信访的综合业务合议庭，分别配备3名员额法官，精准、高效打击黑恶势力。二是从严从快办理。对涉黑涉恶案件优先办理、重点审查、精心调度，共受理9件66人，审结8件，认定为黑恶势力犯罪3件15人，其中戴某等9人非法拘禁、敲诈勒索、寻衅滋事案系全市法院办理的首例“套路贷”案件，作为全省首批典型案件参与集中宣判。三是强化深挖彻查。注重在审理普通案件和信访接待中摸排线索，共排查到涉黑涉恶线索7件，移送“保护伞”案件线索1件。依法打击刑事犯罪，保障群众安居乐业。共受理刑事案件555件（不含旧存），审结548件，判处各类罪犯759人。一是严惩严重危害社会治安犯罪。审结故意伤害、抢劫、寻衅滋事及涉毒等多发性案件149件201人。对在荷塘村设有制造窝点的非法制造、买卖、运输爆炸物一案，依法惩处周某某等13名被告人，有力维护地区安全稳定。二是依法惩治贪腐犯罪。办理省高院指定岳塘区法院审理的重大职务犯罪案件5件5人，针对非公企业内部的3起职务犯罪案件，组织相关工作人员到场旁听庭审，促进民企规范发展。三是审慎处理涉众型案件。审结非法吸收公众存款、集资诈骗等涉众型刑事案件9件，其中惩处某金融公司湘潭分部非法吸收公众存款案的2名被告人，协助上海法院追赃挽损。

【民商事审判】 妥善化解民商纠纷，服务经济社会发展。共受理民商事案件5063件（不含旧存），同比增长68.3%，审结5275件。一是坚持调判结合化解矛盾。妥善审结家事案件305件，调解撤诉155件，与岳塘区婚调委联合开设的“家事纠纷调解室”调解纠纷92件。针对物业服务纠纷多发情况，推进“诉前调解+速裁+快审”模式，共受理1123件，调解、撤诉815件，即时履行率达61.6%。二是多举措优化营商环境。慎用财产保全措施，保障企业正常经营。依法处置“僵尸企业”，审结院首例破产重整案件，批准湘潭冠发置业投资有限公司破产重整进入实施期，为企业再生创造条件。成立金融巡回法庭，实行金融案件集中管辖，全年审理金融纠纷998件。三是打好蓝天碧水净土保卫战。落实上级法院部署，开展“湖南环保·审判三湘行”活动，审理环境资源类案件3件，维护环境公共利益。

【行政审判】 努力化解行政争议，力促法治政府建设。共办结行政诉讼、国家赔偿、非诉审查案件243件，涉及省、市、区行政机关42家。一是积极落实行政案件集中管辖制度。顺利接管对雨湖区、湘乡市一审行政诉讼案件的集中异地管辖。自5月1日起，共新收两地行政诉讼案件143件，打破行政诉讼地方保护，促进公正审判。二是监督行政机关依法履职，保障行政相对人合法权益。共判决撤销行政行为10件、确认违法5件，非诉审查中作出不准予执行裁定4件、行政机关撤回申请8件。三是促进行政争议实质性化解。通过主动走访、重大疑难案件事前沟通等方式，引导行政机关运用法治思维解决问题，督促其主动变更、撤销违法行政行为，并引导行政相对人理性对待争议。

强化执行工作力度，巩固提升执行成效。持续巩固“基本解决执行难”成果，健全长效机制，共执结案件3220件，到位标的3.78亿元，召开执行兑现大会兑现执行款1141万元。一是深化执行工作机制改革。建立“一个执行指挥中心+多个执行实施团队”工作机制，立案后第一时间集中完成查询、查封、冻结、扣押等简单执行事务及外勤节点工作，再分流至简案、精案、司法拍卖等各团队精细化办理，实现快速反应、分段集约、高效流转，避免重复工作，大大提高效率。二是运用多元化财产定价方式。采取当事人议价、定向询价、网络询价等方式确定财产价值，减少评估时间，为当事人节约评估费用。向市、区税务部门定向询价81次，平均缩短处置周期30天。全年司法拍卖成交122件，成交额1.49亿元，为地区增加税收1043万元。三是引入公证机构参与执行。与湘潭公证处建立公证辅助司法事务合作机制，提高执行公信力和效率。四是加大惩处失信被执行人力度。严厉打击拒执行为，纳入失信名单1228例、限制高消费2316人，强制拘传251人、司法拘留45人。

【司法扶贫】 坚持向民生要推力，在满足群众诉求上更有温度。助力打赢扶贫攻坚战。成立以院长为组长的扶贫工作领导小组，选派干警到荷塘村驻村扶贫。院长先后4次邀请市交通局、市农业农村局、市林业局领导实地调研，为该村发展经济畅通路子。发动干警认购贫困村农产品，化解滞销困境。组织干警与顺江村42户贫困户一对一帮扶，帮助解决实际困难。对经济困难或因案件执行不到位致贫的7案当事人给予司法救助，发放司法救助金17万元。

【司法宣传】 推进基层治理现代化。送法进企业，刑庭到湘钢开展远离“套路贷”“网贷”法律讲座，到企业公开审理网络诈骗等案件。送法进校园，在红霞小学成立“青少年普法教育基地”，9名青年干警与各班级“结对子”普法，组织湘机小学到院开展“模拟法庭”等。送法进社区，65名干警深入街头巷尾普法190余次、发放资料4万份，张贴宣传板报800余块。积极延伸司法职能，针对黑恶势力案件办理过程中发现的社会治理薄弱环节和行业管理漏洞，向高新区管委会等单位提出司法建议4条。拓展司法公开广度深度。做好裁判文书上网工作，上网率达100%。全年庭审网络直播1371次，观看人次达33.32万。推进审判流程信息有效公开，有效公开率达95%，使实体正义和程序正义更加透明，倒逼质效提升。通过法院官方微信、微博、今日头条客户端、网站等发布法院动态、典型案例257期，全方位接受公众监督。

【智慧法院建设】 坚持向科技要活力，在推进智慧增效上更有深度。推进两个“一站式”建设。在全市率先完成诉讼服务中心提档升级，打造约1500平方米的一体化、智能化、人性化新诉讼服务平台。增设执行事务窗口，前移执行接待服务。引入人民调解、医疗纠纷调解、婚调委调解、律师调解、特邀调解等，形成多元调解大格局，累计诉前化解纠纷1477件，当场履行率达39%。搭建人民调解网上平台，实现网上指派调解员、远程调解、线上申请司法确认等。在诉服中心增设两个速裁团队，实行要素式审判和要素式文书，简化流程、提高效率，共办结1661件，占民商事案件的32.3%，平均审理周期17.4天。大力推行跨域立案。继续推进网上立案，通过到各律所讲解网上立案操作、建立诉讼服务律师微信群随时在线解答，网上立案率居全市第一。推进跨域立案服务，成功受理全市首例跨域立案案件，已受理21案，便利群众在本地立案、到外地打官司。做好“湖南移动微法院”相关配套建设，实现随时随地申请网上立案、财产保全，配套财产保全保险服务及文书一键生成功能，有力提高财产保全效率。加快智慧法院建设。全年投入信息化建设资金410万元。引入触摸查询机、自助立案系统、银行排队系统、诉讼风险评估、人脸识别、自助阅档等有力科技支撑，强化精准、便捷、品质服务。所有审判庭实现科技法庭全覆盖。启用类案智能推送系统，可根据个案信息推送法律法规、典型案例及关联案件。推广文书自动处理，实现文书自动纠错、敏感信息自动隐藏、文书“一键上网”。推进无纸化办公，实现电子呈阅、审批文书。完成院机关停车坪建设、地下车库升级改造。

【提高司法水平】 坚持向改革要动力，在提高司法水平上更有广度。深化审判机制和综合配套改革。推进院庭长审理重大疑难案件常态化，2019年院长、庭长结案数占31.7%，如院长带头办理涉黑恶势力犯罪的“望城503案”。推进以审判为中心的刑事诉讼制度改革，严格落实刑事诉讼庭前会议、非法证据排除、法庭调查“三项规程”。建立诉前鉴定工作机制，将鉴定程序前移，缩短审判流程。推进内设机构改革，内设部门由原来的14个减少为8个。做好人民陪审员换届选任工作，新任命人民陪审员216名，充分发扬司法民主。完善审判监督管理机制。以全省法院开展“审判质量、效率和公信力提升年”活动为抓手，进一步规范办案节点流程，加快案件办理进度。通过严格审限管理，大力化解积案，平均案件审理周期由上年同期的87.5天缩短至57.3天，一年以上的未结诉讼案件全部“清零”。民事案件简易程序适用率达81.4%，同比增长21%，服判息诉率达87.6%。发挥审判委员会和专业法官会议作用，统一司法尺度。制定审判权力、职责清单，加强院长、庭长对“四类案件”的监管，确保放权不放任。推进辅助事务社会化。启动送达外包制度，与邮政专递合作成立法院专递专投队伍，配备执法记录仪记录送达过程，减少当事人委托他人代收、恶意拒收的法律隐患，共视频取证4266件，送达成功率提高30%。将案卷整理、装订、扫描等辅助性事务外包，保障法官办案精力。引入高校学生志愿者担任导诉员，指导群众诉讼。诉讼服务中心引入心理咨询、京东、淘宝、网拍、公证等多元力量，切实提高诉讼服务效能。

【法院队伍建设】 坚持向管理要潜力，在锻造法院铁军上更有强度。突出政治建设，坚守忠诚品格。始终把政治建设摆在突出位置，扎实开展“两学一做”学习教育“不忘初心、牢记使命”主题教育活动，以组织集中观看中华人民共和国成立70周年庆典、开展学习研讨调研、利用节假日参观红色基地等丰富形式，激发感恩奋进、担当实干的精神力量。扎实开展党建工作，将主题教育、党建工作与审判工作紧密结合起来，更好地促进审判工作开展。提升能力素质，强调关心激励。推进法院文化建设，深化法官能力提升，赴韶山开展为期七天的集中培训，组织各类业务培训1600余人次，干警编写的案例、论文两次获国家级奖励。大胆使用主动作为、敢于担当的优秀年轻干部，进一步激发队伍活力、凝聚合力。坚持谈心谈话制度，邀请知名心理专家到院讲课，进行心理干预与压力疏解，关爱干警身心健康。加强内外监督，优化服务水平。积极配合市、区人大专题调研和集中视察活动，及时向区人大常委会报告扫黑除恶专项斗争、推进司法体制改革等工作情况。办结人大代表建议2件、政协委员提案2件。邀请人大代表、政协委员视察法院、旁听庭审、见证执行7次。建立检察长列席审委会制度，配合检察机关履行诉讼监督职责。全年化解涉诉信访案件10件。形成庭审纪律等各项检查常态化机制，曝光问题41人次。

（易　健）

司法行政

【概况】 岳塘区司法局是岳塘区人民政府的组成部门，根据湘潭市岳塘区机构改革方案，原法治办合并至司法局，2019年3月13日岳塘区司法局重新组建成立并挂牌。新组建的区司法局职能为“一个统筹、三大职能”（服务统筹全面依法治区，承担行政执法、刑罚执行、公共法律服务等职能）。设7个内设机构，辖区法律顾问工作室1个二级单位。中共湘潭市岳塘区委全面依法治区委员会办公室秘书股设在区司法局。设局长1名，党组书记1名，副局长2名。下设荷塘、五里堆、宝塔、霞城、建设路、东坪、书院路、岳塘、下摄司等九个派驻司法所，指导、监督立仁、潭州、湘牵、人和人（湘潭）、湘瑞、湘孟、众擎、云天（湘潭）、唯楚（湘潭）、芙蓉（湘潭）10家律师事务所和岳塘、五里堆 、金龙、正邦达、纵横、九华6家法律服务所。全区司法行政队伍共有在职公务员39人，注册执业律师137名，注册执业法律服务工作者58名。2019年，该局获全省“我的调解日记”主题活动“优秀组织奖”，五里堆司法所获评“湖南省司法所工作表现突出单位”；局社区矫正股余含笑获评全国特赦工作先进个人、荷塘司法所所长王卫峰获评“湖南省司法所工作表现突出个人”、下摄司司法所所长陈琦被评为“全市十佳政法干警”。

【法治宣传】 2019年，全局大力开展法治宣传活动，全面落实“七五”普法规划，进一步完善国家机关“谁执法谁普法”责任制，不断扩大普法宣传的受众面，切实提升工作的针对性和实效性，为“建设法治岳塘、建功大美湘潭”提供坚强的法治保障。突出抓住领导干部“关键少数”，认真做好全区国家工作人员学法考法工作，学时完成率达100%，参考率达100%，合格率达99.97%。肖睿被评为“七五”普法中期先进个人。突出青少年“重点对象”普法，组织开展青少年法治宣传周，重点宣讲《中华人民共和国宪法》《中华人民共和国预防未成年人犯罪法》等与青少年密切相关的法律法规的宣传教育力度，法治副校长们走进校园为孩子们带来精彩的法治教育课程。突出农村农民“重要群体”普法，积极开展送法进村（社区）活动，组织开展农村法治宣传月活动，累计集中宣传16次、入户宣传4066次、巡回宣传12次、开展法治讲座18场、发放宣传资料9028份、编制宣传栏52个，进一步拓展农村法治宣传教育的覆盖面，同时新选培“农村法律明白人”30人。积极开展“三下乡”、扫黑除恶专项斗争宣传、国家安全教育日宣传、“三官一律”进社区、群众工作（平安创建）等专项主题宣传活动，积极向居民解答有关法律知识，取得良好的普法宣传效果，受到群众的一致好评，共计发放法治宣传资料40000余份，接受群众咨询3000余人次。认真组织开展“12·4”宪法日暨宪法宣传周活动，全区集中宣传活动在锦源广场举行，共计悬挂横幅40条，摆设宣传板块66块，受教育群众4000余人。在宪法宣传周期间，全区各单位、各街道、社区（村）认真组织开展宪法进机关、进社区、进农村、进家庭、进企业等多种形式的宣传教育活动，开展宪法知识讲座20次，发放宣传资料15000余份，进一步提升法治宣传教育吸引力和覆盖面。

【法治政府建设】 充分发挥法律顾问作用。2019年，司法局共审查各类经济和行政合同51个，提出修改意见200余处，查找出合同重大漏洞30余处，避免经济损失达数亿元。提供高质量的法律咨询60余次，讨论研究竹埠港新区项目一期综合开发合作问题、三家砖厂行政补偿问题、丝绸南路建设工程遗留问题等，确保区政府在依法决策、风险防范、维护稳定等方面法律的规范保障作用。有效加强行政规范性文件管理。全年共发布规范性文件10件，备案率达到100%。根据规范性文件立改废情况及时作出调整并在政府门户网站上予以公布，实现规范性文件的动态化、信息化管理。行政执法制度不断完善。制定并印发《岳塘区全面推行行政执法公示制度全过程记录制度重大执法决定法治审核制度的实施方案》，全面推行行政执法三项制度，行政执法行为得到进一步规范。依法审理行政复议案件。全年新收行政复议申请案件10起，上期结转行政复议申请案件1起，均已审结。其中，申请人撤回申请决定终止复议1起，维持被申请人原具体行政行为3起，撤销被申请人原具体行政行为2起，确认被申请人原具体行政行为违法3起，驳回申请人的行政复议申请1起。认真做好行政应诉工作。对法院受理的行政案件，区政府法律顾问工作室在做好代理应诉工作的同时，积极指导各职能单位开展应诉工作，提高胜诉率。2019年新收的以区政府单独作为被告或以区政府及区直部门等作为共同被告的行政应诉案件12起，均以审结，其中确认违法2起，驳回起诉或诉讼请求7起，调解撤诉2起，判决赔偿1起。

【人民调解组织建设】 全区共有调解委员会89个。其中街道人民调解委员会9个，村（居）委会调解委员会61个，联合调委会1个、道路交通事故调解中心1个、医疗纠纷第三方调解中心1个、驻派出所调解室9个、驻法院调解室1个、环境保护调解委员会1个、婚姻家庭纠纷调解工作室1个、物业纠纷调解工作室1个、劳资纠纷调解工作室1个、征地拆迁纠纷调解工作室1个、环境保护纠纷调解委员会1个。调解员926人。扎实做好矛盾纠纷排查调处，积极传承和发扬“枫桥经验”，重点部署“大排查、早调解、护稳定、迎国庆”等专项调解活动。2019年全区各级人民调解组织共调处矛盾纠纷2933件，其中排查化解涉企矛盾纠纷28起、敏感重大矛盾纠纷15起，调解成功率达98%，做到将绝大多数矛盾纠纷化解在基层。

【安置帮教和社区矫正】 2019年，安置帮教工作进一步完善工作制度，制定报到登记、档案管理、例会分析、信息上报、督导检查等制度。严格落实重点对象必接必送，坚持开展定期排查和分析研判活动。对安置帮教对象每季度滚动梳理排查，落实相关帮扶措施，组织开展“五个一”、“情暖高墙 关爱孩子”服刑人员未成年子女学前帮扶慰问等活动，做到因人、因时、因地实施帮教。主动联系人社、民政等部门，大力开展刑满释放人员心理矫治、技能培训和就业指导。稳步推进远程会见系统建设，实现在监所人员与家属远程会见，促进教育改造。截至12月底，刑满释放人员安置率100%，帮教率100%，衔接率100%。2019年，社区矫正工作坚持“四个不发生”的要求，健全社区矫正突发事件处置预案，定期开展清查比对，严格落实安全监管分析会议制度，研判监管安全形势，强化预防、预判、预警能力，加强公检法衔接配合，建立联动机制，确保突发事件处置有力、应对有效。严格落实社区矫正对象集中教育、行为规范训练实施方案，每月集中组织学习教育，将行为规范教育常态化，做到入矫必训、每月集训。2019年在全市首次采取“四不两直”方式对全区社矫对象开展临检点训活动，不断强化矫正对象身份意识、服刑意识。开展“智慧矫正”试点建设，利用智能平台对社区矫正对象进行定位管控，实现信息化手段进行日常的安全监管。至2019年底，全区累计接收社区矫正对象1437人，累计解除社区矫正对象1273人，在册164人，未出现社区矫正对象脱管、漏管和重新犯罪。

【基层法律服务】 通过对基层法律服务工作者和基层法律服务所进行年检注册，结合“双随机一公开”抽查工作，对各所的规范化建设、执业人员的执业水平和执业纪律进行全面的监督检查，并列出问题清单进一步整改规范。以走访、座谈的形式组织基层法律工作者结合自身执业经历就如何进一步学习贯彻《湖南省基层法律服务所条例》进行交流研讨，广泛收集基层法律工作者对管理工作的意见和建议，全面了解相关法律法规的执行以及法律工作者在实践工作中合法权益的保障和执业行为的规范情况。在全区司法行政工作会、年度考核总结会等重要会议上，组织基层法律服务所主任进行集中学习，使广大基层法律工作者和公律股工作人员了解、掌握《湖南省基层法律服务所条例》修订的原则、精神和主要内容，进一步统一思想认识，坚持基层法律服务工作正确的发展方向，提高依法开展基层法律服务工作的能力和水平。通过法律服务工作者的共同努力，基层法律服务队伍不断发展壮大，积极参加各类业务培训，人员素质不断提高，办公条件大大改善，服务水平和办案质量不断提升，积极打造诚信的、务实的、扎根基层、服务群众的优秀的基层法律服务所，为促进基层经济发展、维护社会稳定，保护人民群众的生产生活安定，作出一定的努力和贡献。

【律师管理】 全区现有十家律师事务所，分别是湖南潭州律师事务所、湖南湘牵律师事务所、湖南人和人（湘潭）律师事务所、湖南湘孟律师事务所、湖南湘瑞律师事务所、湖南众擎律师事务所、湖南立仁律师事务所、湖南云天（湘潭）律师事务所、湖南芙蓉（湘潭）律师事务所、湖南唯楚（湘潭）律师事务所，均系普通合伙性质，其中湖南唯楚（湘潭）律师事务所成立于2019年7月5日，系普通合伙，有专职律师7名，实习律师4名。

2019年岳塘区律师办案情况统计表

表9

年份	顾问单位（个）	办理民、经、刑案件（件）	办理刑事案件（件）	办理非诉讼案件（件）	避免和挽回损失（万元）
2019	91	673	105	19	2036

【法律援助】 2019年，岳塘区公共法律服务中心设置法律援助、法律咨询、人民调解、接待指引窗口，中心运转进一步规范化，服务进一步精细化。根据案卷质量管理要求，对法律援助结案卷宗进行整理归档，统一法律援助案卷归档标准，对不合格案卷予以退回整改，对严重不合格或迟交的案卷给予批评并酌情扣减结案补贴。案卷质量整体有所提升。全区9个街道成立公共法律服务工作站、61个村（社区）成立公共法律服务工作点，公共法律服务工作站点建成率达到100%，法律援助、法治宣传、公证指引等法律服务工作进一步向基层延伸，增强人民群众的获得感。

2019年岳塘区法律援助办案情况一览表

表10

年份	办案单位	办理民、行案件数（件）	办理刑事案件数（件）	办理非诉讼案件数（件）	避免和挽回经济损失（万元）
2019	律师事务所	56	83	46	325
	法律服务所	44	0	24	57

（谭婕妤　余含笑　王晴荣　朱伟妹　陈乐夫　朱柏燃）

经济管理与监督

发展与改革

【概况】 湘潭市岳塘区发展和改革局作为湘潭市岳塘区人民政府正科级工作部门，是综合研究拟订全区经济和社会发展政策，进行宏观调控，总量平衡，指导总体经济体制改革的综合经济部门。发展和改革局有机关行政编制7名，设局长1名，副局长2名。内设办公室、规划发展股（“两型社会”建设综合配套改革办公室）、综合管理股、价格管理和信用建设股（区价格认证中心）4个职能股室。下设2个二级机构，分别是第三产业管理办公室和重点工程建设管理办公室，事业编制8名。区发改局主要职责是拟订并组织实施全区国民经济和社会发展战略、中长期规划和年度计划。牵头组织统一规划体系建设。统筹提出全区国民经济和社会发展主要目标，提出宏观调控政策建议，综合协调宏观经济政策。负责投资综合管理，拟订全区固定资产投资总规模、结构的调控目标、政策及措施。

2019年，在区委、区政府的正确领导下，在上级业务部门的指导、支持下，区发改局紧紧围绕区委、区政府中心工作部署，认真履行部门职责，攻坚克难，勠力同心开展各项工作，为促进全区经济社会高质量发展作出积极贡献。岳塘区高质量发展和双创示范基地获得全省2019年度真抓实干成效明显的激励奖励。

【经济指标】 2019年全区预计实现地区生产总值（GDP）同比增长7.5%。其中，57家规模以上服务业企业营业收入43.59亿元，同比增长6.86%；区属31家纳入GDP核算的其他营利性企业营业收入19.3亿元（占全市的36.45%），同比增长20.93%。区属固定资产投资完成291.79亿元，增速11.2%；全年城镇居民人均可支配收入40084元，增长8.1%。

【党建工作】 坚持学习常态化。每月组织一次以上的党组中心组学习，将党章党规、条例纳入党组中心组、支部学习内容，每月组织一次发改课堂，学习经济、规划、物价等业务知识，不断提升全局干部自身素质。扎实推进党支部“五化”建设。结合全局实际制定局党支部“五化”建设方案，于9月开展支部换届选举，选举以局长担任支部书记的支委班子，设立两个党小组。对照上级考评党支部“五化”建设工作验收指标，认真查找支部存在的问题，制定切实可行的工作措施抓好整改。经市委组织部验收，评定为“五星党支部”。认真开展“不忘初心　牢记使命”主题教育。按照“守初心、担使命、找差距、抓落实”的总要求，以局党组、支部为重点，研究制订主题教育工作方案，以深化理论学习为基础，以抓实调查研究为载体，以深入检视问题为契机，以狠抓整改落实为驱动，认真开展集中学习研讨，深入一线调查研究，深刻查摆检视问题，聚焦问题扎实整改。努力实现理论学习有收获、思想政治受洗礼、干事创业敢担当、为民服务解难题、清正廉洁作表率的目标。严格落实党风廉政建设责任制。制定《岳塘区发改局党组2019年党风廉政建设工作要点》，将党风廉政建设工作责任逐级分解到每位领导班子成员、二级机构负责人和各股室负责人，形成“党政一把手负总责、分管领导具体抓、一级抓一级、层层抓落实”的工作格局。认真开展脱贫攻坚工作。各结对帮扶责任人紧紧围绕责任目标和重点帮扶对象，通过实地入户调查走访、村委会座谈等举措，完善贫困户信息，逐户逐人制定帮扶方案和开展政策宣传，建立帮扶台账，并于端午、中秋节前送慰问物资。积极开展消费扶贫，累计消费扶贫7000余元。

【科学规划】 组织编制《岳塘区推动长株潭一体化三年行动计划（2019—2021）》，从规划对接、交通体系建设、产业协同、生态环境共治联防等方面明确岳塘区推动长株潭一体化发展的八大任务和具体责任单位。积极开展《岳塘区国民经济和社会发展第十四个五年规划纲要和二〇三五年远景目标》编制，印发《岳塘区“十四五”规划编制工作方案》，明确规划思路研究和26个重点课题，研究整理争取纳入国家及省、市“十四五”规划基本思路的重大项目95个（总投资约1100亿元），重大改革18项，重大政策16项。

【项目建设】 2019年全区铺排重点建设项目95个，年计划投资98.63亿元，实际完成投资99.24亿元，完成年计划投资的100.62%。小康综合农贸商品城项目、新华书店有限责任公司湘潭市分公司“东迁”项目、福星凯莱大酒店提质改造项目等26个项目实现竣工投产。实行重点建设项目服务专班制度和重点项目推进亮牌警示制度，明确全区重点项目推进节点要求、及时调度协调解决项目建设中的难题，确保项目稳步推进。主动向上争取资金，成功为7个项目争取中央预算内投资5868万元、省预算内投资100万元；申报入围专项债券项目5个。

【产业转型】 区属纳入GDP核算的31家规模以上营利性服务业企业营业收入12.93亿元，同比增长23%。服务业对经济增长的贡献持续提升，成为拉动岳塘区经济增长的优质动力。打造特色服务业片区，实现集聚发展。湘潭金融商务区金融和其他现代服务业集聚效应不断增强，产业规模不断壮大，2019年成功获批为湖南省第三批服务业集聚区（现代金融类），也是2019年湘潭市唯一申报成功的省级服务业集聚区。岳塘经开区商贸物流主导产业明显，从电子商务类调整为现代商贸物流类。申报双创示范基地，培育发展新动能。通过积极打造“众创空间—孵化器—加速器”多级创新孵化体系，不断完善双创服务平台体系，重点推动双创与产业、金融深度融合，2019年岳塘区成功入选第四批湖南省双创示范基地。

【深化改革】 规范行政审批，依法优化投资审批服务。通过湖南省投资项目在线审批平台，实现行政审批事项集中线上办理、在线审批，真正做到使企业足不出户就能完成项目的核准、备案，进一步提升行政效能。全年共批复政府投资类项目可行性研究报告8个，企业核准类项目3个，企业备案类项目58个，邀请第三方评审项目11个。扎实推进全区社会信用体系建设工作。组织开展“百万里 百万企”信用承诺、百万企业亮信用、“12·4”守法重信主题宣传活动、“3·15”信用让消费更放心主题宣传等“诚信建设万里行”宣传系列活动。收集并公示1000余份企业信用承诺书、30家规模以上企业的资质信息和荣誉信息，主题宣传日发放宣传资料2000余份，有效营造企业和个人恪守契约精神和诚信经营的良好信用氛围。截至2019年12月底，岳塘区归集上报数据总量190888条，其中报送双公示信息4613条、公共信用信息数据186275条。

【绿色发展】 稳妥有序推进绿心地区工业项目退出工作，华任建材、飞山奇建材两家工业企业于11月20日主动关停，12月31日顺利通过销号。湘机小学、久千钎具、纯冲塘社区、半边街社区等单位成功申报省、市两型示范创建项目。积极开展绿心保护宣传。组织全局干部职工赴长株潭两型社会展览馆开展学习观摩，在全国科普日、荷塘街道、湘机学校等开展绿心保护宣传，在全区营造浓厚的两型氛围。

【统筹推进】 认真按要求开展油气管道安全生产工作，督促管道企业加强管道安全隐患排查治理，促进隐患排查治理常态化，在9月底完成长郴管道湘潭九华——岳塘定向钻金属腐蚀等4处隐患（风险）整改销号工作。加强市场价格、民生价格、婚姻登记收费情况、“保健”市场价格检查，特别是切实做好重要民生商品猪肉保供稳价工作，保持全区价格总体水平基本稳定。落实清费减负政策，组织辖区内63家涉及二次转供电主体的物业公司、商业综合体、产业园区、写字楼等单位召开一般工商业电价转供户降价提醒告诫会，传达省发改委关于一般工商业转供电终端用户最高限价0.9011元/千瓦时的政策，贯彻落实国家关于一般工商业平均电价再降10%的要求。全年，全局共受理价格举报投诉45件，办结45件，回复率达100%，有效维护人民群众的合法权益。

（田　娟）

自然资源管理

【概况】 岳塘区自然资源局由原国土分局和原规划分局整合，主要职责是原国土、规划分局的相关职责、原农业局的林业管理职责、区发展和改革局的组织编制实施主体功能区规划职责、原区水务局的水资源调查和确权登记管理职责及区城乡建设局等部门的风景名胜区、自然遗产地址公园等管理职责。区自然资源局机关行政编制6名，工勤编2名。设局长1名，副局长2名，内设综合股、自然资源管理股、规划管理股，下设二级机构有荷塘中心所和霞城中心所。

【土地资产管理】 2019年度出让供地需求情况计划申报，一是从岳塘区2018年内已发布一二公告及征地补偿实施公告的17个项目及另外3个已完成征拆的项目入手，二是梳理岳塘区2019年重点建设项目计划安排表中的74个新建项目，将需拆迁报批的2个消防站及湘潭中心、和平完小4个项目纳入2019年供地计划，三是单列岳塘经开区13个103.26公顷出让及划拨用地需求。2019年上报总用地需求面积108.31公顷。做好国土资源储备中心4宗网挂土地及步步高商业连锁、时代金阳农产品物流4宗共8宗15.4公顷出让地块的土地交付确认。落实2009—2016度供地率项目清理相关工作。

【用地规划】 根据2019年湘潭市现代农业示范园重点项目用地需求，核实出9个145.81公顷重点项目用地中，有近83公顷项目无须新增用地指标，新增用地指标量约为63.13公顷，新增用地指标占总项目用地的比例约43%。做成好辖区内乡、镇土地利用总体规划的编制和审批情况的汇报。做好盘龙生态小镇旅游项目（中国杜鹃花博物馆）一二期及岳塘经开区等7个58.6469公顷项目用地的计划报批工作。根据市政府潭府阅〔2019〕8号会议纪要精神及中石化关于长岭—株洲成品油管道隐患整改涉及岳塘区土规调整的申请，积极进行相关工作对接，认真审查技术单位提供的规划调整方案文本、召开规划调整听证会议及代拟对市、区政府的调规申请报告，通过逐级配合项目单位在市区层层办文，将项目报到省厅。

【建设用地管理】 坚持十分珍惜和合理利用土地、切实保护耕地的基本国策，认真落实市府办《关于进一步加强和规范农村宅基地管理的通知》文件精神，严把私房用地审批关，严格执行“一户一宅”政策。2019年共计勘私房3户，区政府召开1次私房审批例会。依据湘潭市国土资源有关规定，完成岳塘区湘华无公害生态农场一宗3.15亩设施农用地的备案管理。做好统征地〔2018〕51号储备土地等11个项目的拟征地公告公示信息发布、反馈；跟进佳木路（报部）、昭山路等新增项目的用地进度等。

【卫片执法】 根据部、省下发的卫片执法图斑，岳塘区本级2018年度共计下发遥感监测图斑105个，图斑面积为1159.1亩，占用耕地为286.9亩。2019年土地卫片执法填报系统筛选出问题图斑18宗，监测图斑面积为300.16亩，占用耕地面积为99.94亩。对土地卫片执法过程中发现的问题及时进行查处和纠正，切实按要求完成2018年度土地矿产卫片执法检查工作任务。至10月15日，岳塘区已经整改到位违法图斑16宗，图斑面积297.5亩，耕地面积98.33亩。整改到位宗数比率为88.8%、图斑面积比率99%，占用耕地面积比率98%。

【地灾防治】 岳塘区自然资源局共有市级地质灾害点1处（2018年由省级点降为市级点），区级地质灾害点2处，通过巡查，把荷塘街道指方村齐家组的一户村民旁的滑坡现象上报市局，进行申报治理，省厅派专家到现场进行考察。利用世界地球日、“5·12”防灾减灾日，在东方红广场和建设路口步步广场采取宣传展板、宣传资料、车载显示屏等方式进行地质灾害防治科普宣传。在6月14日，积极参加区政府在天虹广场组织的“全国第十八个别‘安全生产月’宣传咨询日活动”，在8月29日，组织相关单位在旁边的公园处进行测绘宣传。

【测绘工作】 开展第三次国土调查复查工作。4月8日，组织岳塘区相关单位和部门进行再动员，从4月13日开始，实行全员参与，开始外业调查。与技术单位、街道、社区（村）一起，认真完成岳塘区近2万个图斑的认定工作。并按照要求把岳塘区的三调数据全部提交到省厅三调办，三调成果已经顺利通过自然资源部的验收。

【权限下放】 根据下放经济社会管理权限工作要求及《湘潭市人民政府“关于调整下放一批经济社会管理权限”的通知》，开展相关权限下放的具体事务性工作。为支持湘潭竹埠港新区工作，切实增强湘潭竹埠港重金属污染治理投资有限公司的规模实力，降低资产负债率，加快竹埠港区域建设与开发进度，根据经开区申请，认真着手岳塘经开区范围内湘潭发展投18宗17.74公顷划拨工业用地转让给湘潭竹埠港重金属污染治理投资有限公司的资料初审。承办辖区内不占用耕地的临时用地审批工作，支持经开区范围内团竹路、佳木路、群力路基础设施建设。借鉴湘潭县临时用地审批流程，为湘潭市金湖混凝土有限公司办理权限内道路配套环保混凝土临时生产场地临时工业用地许可。（陈安东）

市场监督管理

【概况】 湘潭市岳塘区市场监督管理局于2019年4月挂牌成立，整合原工商行政管理、食品药品监督、质量技术监督、发改委物价监督检查和反垄断执法、知识产权管理等多部门职能职责，有在编人员106人，其中行政编89人，参公编4人，事业编8人，工勤编5人。区局机关设有办公室、政策法规股、登记注册股（审批服务股）、信用监督管理股、价格监督管理股、网络交易监督管理股、广告监督管理股、产品质量安全监督管理股、食品安全协调股、食品生产安全监督管理股、食品经营安全监督管理股（特殊食品安全监督管理股）、餐饮服务安全监督管理股、药品和医疗器械安全监督管理股、特种设备安全监察股、计量标准认证认可股、知识产权股、消费者权益保护股、财务室、人事股，共19个股室；区局下设下摄司市场监管所、东方红（原）工商所、板塘（原）工商所和建设路、岳塘、宝塔、高新、板塘、经开区（原）食药监管所，共9个监管所。

2019年，区局在区委、区政府的领导下，在市局的指导下，坚持以习近平新时代中国特色社会主义思想为指导，以“将改革进行到底”的决心和气魄，迅速整合队伍，纵深推进市场监管工作改革，全力推动各项工作迈出新步伐，跟上新节奏，为全区经济社会发展作出市场监管部门应有的贡献。至2019年12月31日，全区实有市场主体达26759户，其中登记企业总计4212户，个体工商户总计22547户。全年新登记企业853户，新登记个体工商户3310户，新设立市场主体中第二产业、第三产业户分别同比平均增长11%、15%，新设立公司中第三产业户超过三分之二。全区从事食品行业的市场主体2526家，其中食品生产企业1894家、小作坊6家、餐饮服务单位626家；从事药械行业的市场主体282家，药品零售连锁企业146家、药品零售企业42家、医疗器械经营企业72家、医疗机构22家；特种设备使用单位661家，注册登记在用的特种设备总数7888台（其中锅炉8台、压力容器1948台、电梯3869台、起重机械1665台、游乐设施11台、场内专用车辆387辆）。区属57家服务业企业营业收入43.59亿元，同比增长6.86%，31家纳入GDP核算的服务业企业营业收入19.3亿元，同比增长20.93%，服务业对经济增长的贡献持续提升，成为拉动岳塘区经济增长的优质动力。

【商事制度改革】 积极深化“放管服”改革，加快推进“最多跑一次”、“证照分离”、“压缩企业开办时间”以及“双随机、一公开”监管等一系列改革。全面缩减220项工商登记后置审批事项，梳理并公布56项“最多跑一次”事项清单，领跑原湘潭市工商系统“最多跑一次”改革试点；通过直接取消审批、审批改为备案、实行告知承诺、优化准入服务四种方式推进“证照分离”改革，只要领取营业执照，就可以从事一般性的生产经营活动，并协助许可审批部门将办理条件、提交材料、办理程序和时限等内容提前告知市场主体；大力缩短企业开办时间，企业开办时间由8.5个工作日压缩至6个工作日以内，企业登记由原来的1~5天缩短至1~3天；推行网上审批和服务，“网上办”比例达到70%以上，全程电子化程序核发电子营业执照843户，降低企业政务成本，不断激发各类市场主体的创造活力。

【动产抵押工作】 坚持一次性告知，首办负责制等制度，只要申请动产抵押登记资料齐全，符合法定形式，当场予以办结，共办理动产抵押登记8起，抵押物价值0.68亿元，为企业融资0.292亿元，极大激发企业活力。

【“明厨亮灶”工程建设】 鼓励餐饮服务单位和企事业单位积极打造“明厨亮灶”，53个学校食堂全部达到“明厨亮灶”的标准要求，18个企事业食堂、85个餐饮服务单位达到“明厨亮灶”的标准要求，提升餐饮行业的服务质量。

【食品、药品、医疗器械安全监管】 对辖区内33家食品生产在产企业进行风险分级评定，先后开展粉丝粉条面制品、非洲猪瘟、野生蘑菇、辣条等食品安全专项整治行动，进一步强化重点领域、重点产品的食品安全。完成“两会”、中高考、学考、中国特色小镇等重大活动食品安全保障，通过民生实事工程，确立豆制品标准化经营店7家，米粉标准化经营餐饮店8家。

开展食品、药品、医疗器械安全隐患大排查大整治工作，检查食品生产经营单位72家，药品经营、使用单位、医疗器械、化妆品经营单位348家，排查安全隐患64条，完成安全隐患整治54条。日常监督检查医疗机构（医院、诊所、门诊部、卫生室）296家、药店66家及保健食品、化妆品经营使用单位92家，下达执法文书446份；开展医疗器械“清网”专项行动，检查经营使用单位191家、下达执法文书234份。

严厉打击食品、药品生产流通领域的违法行为，移送公安案件1起，该案件由省公安厅挂牌督办，公安部门正在进一步侦办中。

【特种设备安全监管】 按序推进辖区内危险性较大的锅炉、压力容器、压力管道、电梯、起重机械、客运索道、大型游乐设施、场（厂）内专用机动车辆安全隐患排查，共走访企业86家，对216台（套）超期未检的特种设备发出责令改正通知书。开展对气瓶、移动式压力容器的专项检查，检查新奥燃气荷塘加气站、湘潭同丰化工有限公司加气站、湘钢梅赛尔金阳充气站、湘潭市飞虹加气站。开展国庆特护期专项检查、电梯安全宣传周活动，极大提高群众的安全意识。

【知识产权】 知识产权事业实现创新发展，2019年应完成专利申报233件，实际完成292件，超任务59件。湘潭市顺利通过国家知识产权示范城市复核，岳塘区配合启动新一轮的国家知识产权示范城市建设工作，一批企业获批国家知识产权示范企业、知识产权优势企业，育才学校成为第三批全省中小学知识产权教育试点学校。

【质量强市创建】 引导生产要素向名牌企业集聚，壮大一批具有较强竞争力的名牌企业，湖南华菱湘潭钢铁有限公司获2019年“湖南省工业质量标杆”荣誉，步步高商业连锁股份有限公司董事长王填获“湘潭市市长质量奖突出贡献奖”。

加强监督抽检和风险排查，共计完成农产品抽检144批次，合格139批次，不合格5批次；食用农产品抽检863批次，合格799批次，不合格64批次；快检合格20929批次，不合格66批次；流通领域商品抽检43批次，其中15个批次不合格，针对以上不合格产品，都严格按规定进行后处理工作。积极落实省交办的学校校园跑道和产品抽检不合格事项，将相关产品的生产厂家涉嫌违法行为移送其所在地的市场监督管理部门，确保校园师生的健康安全。

【监督执法】 截至12月31日，立案57起，结案57起，罚没款入库180余万元，其中商标侵权案10起、不符合食品安全标准25起、无照无证经营案8起、传销案1起、其他13起，有效震慑全区市场主体违法行为。

【市场价格监督】 围绕社会民生，在重大节假日期间开展市场价格检查，先后检查酒店、餐饮、商超、烟酒店等870余家次，稳定节假日物价水平。为确保省定降低一般工商业电价政策举措落实到位，开展“转供电”环节电价重点治理工作，对辖区内33家转供电主体逐一下发提醒告诫函，采取企业自查自纠和双随机抽查的形式，督促各转供电主将电价降低到规定标准，退还多收价款112，757.1元。

【消费维权机制】 进一步加强"12315"五进网络建设，将消费维权平台前移。共受理湖南省12315消费者投诉举报信息系统分流的投诉、举报共计975件，其中投诉885件，具体分类为：商品类投诉336件，占投诉总量的38%，服务类投诉549件，占投诉总量的62%；举报90件；共受理全国"12315"互联网平台投诉18件，举报7件。经了解核查退回受理10件，其余投诉举报均已依法依程序分送至局各股所，所有处理都在规定时效内办结。接到市长热线370件，所有处理都在规定时效内，办结率100%、满意率100%。

【服务中心工作】 举全局之力开展创文、创卫工作。明确创文申报点位及随机点位监管责任，申报点位（华都国际大酒店、华宇国际大酒店、盘龙山庄大酒店）由局餐饮服务安全监督管理股监管；随机点位由局相应的监管所监管。对街道、社区专干、各门店负责人、从业人员进行创卫达标相关知识培训，统一更换新式的食品安全信息公示牌，重新对餐饮单位进行量化分级评定，并积极开展"六小门店"示范街创卫达标竞赛活动。全年共张贴食品安全信息公示牌4168块、量化分级标识4700、"三池"标识牌1400套、禁烟标识800余张、创卫宣传桌贴13850张，发放食品进销货台账5500本、"问题清单改正通知书"5000份、创卫知识手册（宣传折页）12200余份，统一对建城区内在产的34家食品生产企业发放《创建国家卫生城市健康教育知识宣传栏》和《健康教育专栏》贴画以及禁烟标识，督促97家有电子显示屏的餐饮单位和食品生产经营单位滚动播放创卫宣传标语。

【工商登记发证】

2019年岳塘区企业、个体总户数增长一览表

表11

年份	企业总户数（户）	同比增长率	个体总户数（户）	同比增长率
2019	4210	2.54%	22543	17.21%

2019年岳塘区企业、个体工商新设户数增长一览表

表12

年份	企业新户数（户）	同比增长率	个体户新设户（户）	同比增长率
2019	904	14.14%	3786	12.38%

（刘宣驿）

审　计

【概况】 岳塘区审计局设办公室、财政财务收支审计室、固定资产投资审计室3个内设机构，二级机构区审计事务中心为区审计局归口管理的副科级公益一类事业单位。全局共有16人，其中在编人员13人，临聘人员3人，具有专业技术职称10人，其中，具有中级及以上职称干部8人（中级审计师5名，中级会计师1名，中级工程师2名），通过省计算机审计中级考试3名。

坚持以党建工作为引领，按照高质量发展要求，依法全面履行审计监督职责，2019年区审计局超额完成审计目标任务，成效显著。2019年被评为湖南省审计工作先进集体。全年累计实施审计项目169个，其中开展财政财务收支审计项目8个、经济责任审计项目5个，专项资金审计项目3个，共查出违纪违规资金、管理不规范资金1.89亿元；开展政府投资结算审计项目93个，审结67个，送审2.86亿元，核减3674.7万元，审定2.5亿元，综合核减率12.83%；开展重大项目跟踪审计项目24个；开展征拆审计项目36个，审计资金5.50亿元；提出审计建议109条，根据审计建议废止制度5项；送呈审计要情4期。

【助力扶贫攻坚】 聚焦主业，突出审计重点，助推打好"三大攻坚战"。一是在对各单位财政财务收支和经济责任审计等项目中，密切关注被审计单位债务情况，以防范和化解重大风险；二是深入开展扶贫资金审计，重点关注扶贫政策落实，扶贫专项资金管理使用情况，促进精准脱贫攻坚任务目标实现；三是继续开展领导干部自然资源资产离任审计（区农业农村局），并对全区重大污染防治项目开展跟踪审计，打好污染防治攻坚战，促进生态文明建设。

【专项资金审计】 关注民生，维护群众利益，积极开展涉及民生的专项资金审计。一是加强对医疗卫生资金的审计，在中西医结合医院财务收支审计中，重点关注四医（医保、医疗、医药、医养），审计医疗卫生政策制度执行情况；二是关注就业再就业政策落实情况，在财政同级审项目中延伸审计再就业资金，开展就业扶持资金审计；三是进一步加强涉农资金监督，对区农村一二三产业融合发展5个项

目跟踪审核，促进解决“三农”问题，服务乡村振兴战略实施；四是助力营造良好的民营企业中小企业发展环境，保障农民工合法权益，对全区清理拖欠民营企业中小企业账款和农民工工资情况进行专项审计调查，重点审计清欠任务部署情况、清欠台账建立情况、清偿计划制定和落实情况、新增拖欠账款情况等，为民营企业解决实际困难、营造更好发展环境。

【政府投资审计】 创新理念，加强过程管理，从严实施政府投资审计。2019年严格落实审计署关于规范投资审计工作的文件要求，在法定职权范围内开展工作，进一步加强对全区政府投资基础设施建设和重点工程建设项目的审计监督，从以往的单纯造价工程结算的审减向项目建设程序、工程结算及工程资金管理使用等内容全面审计的转型过渡，重点关注与工程决算相关的设计变更、现场签证、隐蔽工程等事项，跟踪审计过程中向建设单位发出审计意见书9份，做到问题早发现早解决，进一步规范工程管理，有效解决工程决算资料不实、管理不规范等问题。审计监督与服务贯穿于工程建设项目全过程。

【审计整改方式】 落实责任，创新审计整改方式，切实增强审计监督的严肃性。2019年进一步加强和完善对审计查出问题整改工作的监督，采取“边审计、边整改”的工作思路，审计人员在审计项目实施过程中加强与被审单位的沟通协调，对发现问题深入研究分析，督促其立即整改；不能立即整改的，落实审计整改责任制，建立审计整改台账，采取审计回访及时督促被审计单位完成审计整改工作，有效杜绝屡审屡犯和审而不改的问题。2018年审计项目查出问题93个，涉及金额3.3亿元，截至2019年12月31日，已经整改到位的问题91个，整改率97.8%。

【自身建设】 狠抓思想政治建设。一是坚定政治立场。局党组牢牢把握正确的政治方向，积极引导全局干部职工坚定政治立场，树牢“四个意识”，坚定“四个自信”，坚决做到“两个维护”。二是强化思想武装。局党组先后组织召开党员大会、全局职工会议，开展“不忘初心、牢记使命”主题教育，组织全局干部职工认真学习习近平新时代中国特色社会主义思想和中共十九大精神，学习习近平总书记重要讲话精神，广大干部职工理论素养得到有效提升。三是狠抓意识形态。全年党组会研究意识形态工作4次，局党组坚持开展意识形态领域分析研判，严格信息审批审查制度。

【审计廉政建设】 从严治党。一是严格落实主体责任。局党组召开4次会议专题研究党风廉政工作内容，制定印发《区审计局2019年度党风廉政工作要点》，逐级签订《党风廉政建设责任书》。二是严守各项纪律规定。局党组坚持“三重一大”事项上党组会集体研究决策，严格落实领导干部外出报备、重大事项请示报告等制度。三是强化监督廉洁从审。局党组严格遵守审计“八不准”、“四严禁”工作纪律和中央八项规定精神，坚持审计回访制度，督促审计人员正确行使国家赋予的审计监督权。四是持之以恒改作风。利用民主生活会、组织生活会、警示教育、各专项整治（治理）问题线索日常检查、督查等开展作风整治。每个月不定期开展作风督查2次，督查结果通报全局并对外公示，全年开展党风廉政督查和作风建设检查36次，自觉接受各方面监督。五是开展廉政教育。组织集中收看审计干部反腐倡廉教育警示录，及时通报违纪违规违法典型案例，严格执行廉政谈话制度，谈心谈话达160人次，利用各类会议、重要节假日开展廉政提醒，并组织全区审计中介机构的集体约谈。六是积极协同反腐。全年共抽调2人次参加十一届省委第五轮巡视、区委第五轮第一组巡察工作，并将全年审计报告、审计要情等报送区纪委监委，抽调人员配合市审计局完成多个专项审计任务。七是维护社会稳定，配合岳塘公安分局委托审计中介机构，对相关涉众型经济案件开展司法审计项目并出具司法鉴定意见书。

加强管理，强化机关建设，为审计工作平稳运行提供坚实保障。区审计局围绕建设一流审计干部队伍，以争创省市先进审计机关作为全局各项工作的总目标。一是结合“不忘初心、牢记使命”主题教育活动进一步强化班子的理论学习和班子成员的纪律和规矩意识，进一步强调领导干部的引领和示范作用，不断提升班子的整体素质。二是通过参加上级审计机关各种培训、局里组织审计项目评比、抽调人员参加巡视巡察和省市统一组织项目的方式提升局审计人员的业务水平。三是从整章建制入手，全面加强和推进局机关规范化、制度化建设。2019年新制定《湘潭市岳塘区审计局工程项目结算审计操作规程》《湘潭市岳塘区审计局审理工作规则》等制度，修订《湘潭市岳塘区党风廉政建设制度》等制度。四是廉政建设常抓不懈，严肃审计工作纪律，保持审计人员良好社会形象。 （陈　雁）

统　计

【概况】 按照岳塘区机构改革的要求，湘潭市岳塘区统计局于2019年3月正式组建成立，并于2019年3月19日挂牌，区统计局是区政府工作部门，为正科级，设局长1名，副局长1名，核定编制总数9名，其中行政编制3名，内设机构1个，即综合办公室（统计执法监督股）。下属股级公益一类事业单位1个，即岳塘区普查中心（区经济调查队），核定编制6名，全局现有在职干部职工11人，其中在职在编9人，政府雇员1人，临聘人员1人。中共党员7人。主要职责是贯彻执行国家统计工作的方针、政策和统计法律法规，完成职责内国家、省和地方统计调查任务；负责组织和协调全区统计工作，确保统计数据真实、准确、及时；监督检查统计法律法规的实施情况，依法查处各类统计违法行为。

2019年，在市统计局的指导下，在区委、区政府的正确领导下，区统计局充分发挥统计职能，以提高统计数据质量为核心，全力推进第四次全国经济普查工作，认真做好经济运行监测，不断提高工作水平，为服务全区经济高质量发展提供统计保障。

【统计培训】 认真贯彻落实各级关于统计工作的重大决策部署。中共十八大之后，中央先后通过并以两厅文件印发《关于深化统计管理体制改革提高统计数据真实性的意见》《统计违纪违法责任人处分处理建议办法》《防范和惩治统计造假弄虚作假督察工作规定》等重要文件。省、市也先后印发《关于深化统计管理体制改革提高统计数据真实性的意见》的文件，按照要求，认真组织学习，贯彻落实文件精神，4月15日组织全局人员进行专题学习，5月31日，区委理论学习中心组开展2019年第四次集体学习，专题学习讨论《统计违纪违法责任人处分处理建议办法》《防范和惩治统计造假弄虚作假督察工作规定》文件精神，6月5日举办2019年统计业务知识培训班，各街道、各部门、重点企业统计人员参加培训，重点对提高统计数据质量，确保统计数据真实可靠方面进行学习。下半年组织两次统计法治培训学习。

【经济普查】 全力以赴做好第四次全国经济普查工作。第四次全国经济普查工作是2019年全局的重点工作之一，为确保普查登记数据质量，准确把握经济发展的现状和趋势，进行精心部署，合理安排。一是领导重视，提高站位。区委常委会议，就四经普工作做专题研究。会议听取四经普工作开展情况的汇报，并要求加强宣传培训、加强统计执法、凝聚合力，真正把第四次全国经济普查工作落细落实。二是加强宣传，引导到位。为使普查工作顺利进行，岳塘区从社会、新闻、政策三个方面着力宣传。通过LED电子显示屏滚动播出普查宣传标语；在人流密集处悬挂横幅、张贴宣传画；普查调查对象发放告知书与一封信；各级政务大厅摆放宣传展板与易拉宝等方法进行广泛宣传积极争取广大调查对象的支持和配合。三是重点督查，确保进度。经普办坚持日汇报制度，每日对核查和上报进度落后街道进行业务指导及督查调度，强调普工作的重要性和紧迫性，并协调解决在登记工作中的问题与困难。全年主要完成普查入户采集、数据审核和验收、数据汇总和上报工作，已上报的单位4082个，个体户947户。

【统计监测】 着重做好统计监测预警和分析。一是认真做好统计产品开发。及时发布统计数据，更新网站内容，提供数据咨询服务，编制统计月报、统计手册、统计公报、统计年鉴、《2019年岳塘区国民经济和社会发展统计手册》，进一步提升统计服务水平，丰富统计产品内容，为区委、区政府领导提供及时有效的统计信息服务，2019年，组织编撰三期《岳塘统计信息》。《岳塘统计信息》由岳塘区经济形势分析、全球及国内宏观经济走势、普查快讯、统计信息、统计指标解释五个部分组成，编印后发放至区级领导、区直各部门、各街道、园区，获一致好评。《岳塘统计信息》的编印是岳塘区统计局组建成立后，在提升统计信息服务水平、开发统计新品方面的创新之举，为区委、区政府领导决策提供有力的统计数据保障，为打造岳塘统计的品牌和名片打下坚实的基础。二是积极开展新形势下的统计分析监测。结合全区实际，紧紧围绕区委、区政府的中心工作，密切关注经济运行中的热点、难点问题，做好经济运行统计监测，撰写季度经济形势分析、各行业分析，为区委、区政府提供有参考价值的建议。每季度按时收集汇总岳塘区小康体系指标完成情况并进行测算分析。该区2018年小康总体考评得分在全省27个一类县排名第8，获评全省全面小康推进工作先进县。

【统计法治建设】 加强统计法治建设。一是加大普法宣传，发放统计法律法规宣传资料万余份，对辖区内所有“四上企业”、投资项目单位发放《统计法律事务告知书》，组织局内专业人员、街道统计人员、相关经济部门负责人开展一次统计法治专题学习，重点学习《中华人民共和国统计法》《中华人民共和国统计法实施条例》《统计执法监督检查办法》《部门统计调查项目管理办法》等，反复重申统计上的“26个不得”、联网直报“四条红线”。二是努力提高统计专业人员自身法治素养，依法组织开展各项统计工作，不断提升依法统计的能力水平，自觉做好守法、护法的表率，营造全区依法统计、诚信统计、实事求是的工作氛围。三是积极推进审批服务便民化工作，对政务服务事项进行梳理，优化流程、精简环节，提高办事效率，提升统计服务水平。

【统计基层基础建设】 着力加强基层基础建设。统计基层基础工作是统计工作的基石，从年初开始，重点对街道统计人员、企业统计人员进行业务培训，通过以会代训、远程协作、现场指导等方式，对相关人员进行全面系统的培训，开展培训十余场次，培训人员千余人次。同时积极组织人员参加省、市组织的各类业务培训，通过学习，统计工作人员在思想理论上得到提高，并且将学习成果运用到实践工作当中，更好地投身到全区统计改革创新中来。

认真做好全区同业对标考核工作。按照区委、区政府的要求，每个季度对9个街道、18个党务群团部门、14个经济发展部门、13个民生服务部门以及9个监督管理部门的考核结果进行分季度排名，并完成计分、汇总、分析、总结等工作。

【统计作风建设】 加强机关党建和脱贫攻坚等工作。一是全面落实党建任务。深入学习中共十九大精神和习近平新时代中国特色社会主义思想，围绕“不忘初心、牢记使命”主题教育、创国家卫生城市、污染防治攻坚战等开展主题党日活动。按照区委的统一安排部署，自9月份开始开展“不忘初心、牢记使命”主题教育，通过集中学习研讨、广泛征求意见、对照党章党规找差距、检视问题和整改问题等环节，努力实现理论学习有收获、思想政治受洗礼、干事创业敢担当、为民服务解难题、清正廉洁做表率的目标。二是深化全国文明城市建设，深化文明城市成果。加大创建国家卫生城市力度，按区创卫办任务安排，坚持做好“联点共建”工作。开展市级文明机关申报工作。三是加强党风廉政建设。进一步深化落实中央八项规定精神，要求全局工作人员要实事求是，要坚持原则不动摇，要守住底线、拒绝虚假，确保统计数据的真实有效，不虚报、瞒报、漏报。谈话提醒活动提醒每一个党员干部要心中有敬畏，时刻自我提醒，遵守党纪国法。坚决落实各级关于集中整治形式主义、官僚主义的要求，切实转变工作作风，结合民主生活会制度，开展批评与自我批评，自评互纠，对照检查，查摆存在问题，制定整改措施，边查边整改，使集中整治工作有序化、常态化。四是扎实推进脱贫攻坚工作。组织党员干部积极开展结对帮扶活动，每月走访一次，认真宣讲各项惠民政策，确保各项帮扶工作的有效落实。同时，为促进扶贫干部理论知识学习，进一步提高帮扶责任人对扶贫知识的知晓率，充分发挥在脱贫攻坚中的重要作用，区统计局在微信里制作扶贫知识在线测试问卷。全局干部职工通过微信扫码进入平台学习、测试，通过考试测评，增强帮扶责任人对脱贫攻坚各项工作要求和优惠政策的知晓熟练度，达到以考促学、以知促行的目标。针对脱贫攻坚工作开展民调工作，受区纪委委托，开展3次专项调查，主要从生产生活条件是否有改善、收入是否有明显增加、对驻村工作队是否满意、村基础设施和公共设施是否有改善、是否签字认可脱贫等五个方面了解贫困户对脱贫工作满意度情况，对调查结果进行分析，及时反馈给相关部门，为全区做好脱贫攻坚“双月四清零”任务提供助力。

【岳塘区第四次全国经济普查】 第四次全国经济普查是一项重大的国情国力调查，全面调查了解第二产业和第三产业的发展规模及布局，掌握区产业组织、产业结构、产业技术的现状以及各生产要素的构成，进一步查实各类单位的基本情况和主要产品产量、服务活动，全面准确反映供给侧结构性改革、新动能培育壮大、经济结构优化升级等方面的新进展。

自第四次全国经济普查工作开展以来，区委、区政府高度重视，精心组织、周密部署；科学编制普查经费预算，确保各环节有序推动；选聘高素质普查指导员和普查员（以下简称“两员”），做好业务培训，为高质量完成经济普查任务提供队伍保障；多层面、广范围的开展宣传动员，为经济普查的顺利开展营造良好社会舆论氛围。在省经普办的统一领导下，在五里堆街道下辖的8个社区模拟演练经济普查工作的全过程，顺利完成湖南省经济普查综合试点。完成前期资料整理后，组织全区“两员”根据责任分工，进行“地毯式”的清查登记，梳理单位底册，确保普查单位不重不漏，最大限度保证普查的全面性。

区经济普查现场入户登记工作从2019年1月1日开始，“两员”按照规划路线上户走访，完成对普查对象定位、数据采集、数据备份、数据上报等工作流程，现场入户登记工作于2019年4月30日顺利完成。区经普办紧紧围绕普查质量这一核心，全力做好普查表审核工作，采取街道普查员现场审核、网络平台审核和区统计局专业人员业务审核的三级会审制度，把控普查数据的准确性，开展事后质量抽查工作，确保“两员”普查工作规范、普查对象全面、普查数据精准。

普查结果显示，2018年末，全区共有从事第二产业和第三产业活动的法人单位3378个，从业人员90065人；产业活动单位3944个；个体经营户17614个。（严华英）

优化营商环境协调事务

【概况】 为全面营造快捷、高效、规范、透明的营商环境和政务服务体系，推动经济加快发展，区委、区政府于2019年3月成立岳塘区优化营商环境协调事务中心，中心为区政府直属正科级公益类事业单位，主要职责有负责对市场环境、法治环境优化的相关事项进行业务指导和协调，全力优化岳塘区营商环境，负责推进“智慧岳塘”“网格化管理”等相关工作，承办区政府交办的其他事项。

【优化营商环境目标】 2019年，区优化营商环境协调事务中心坚持以习近平新时代中国特色社会主义思想为指导，认真贯彻中共十九大精神，全面落实中央及省、市、区工作部署，以“打造一流的营商环境”“打通服务群众最后一公里”为目标，大胆实践，不断探索，各项工作取得显著成效。全体工作人员紧紧围绕区委、区政府赋予的职责使命，锐意进取，积极作为，团结协作，扎实做好各项服务、管理工作。

【优化营商环境组织建设】 以政治建设为统领，全面加强党的建设。坚持党建引领。作为新成立部门，中心党组努力克服人员少、事务多的困难，坚持将党建工作摆在首位，全面完善党组学习、党内民主、“三重一大”事项决策、党员政治生活等各项政治制度，强化主体责任，切实将习近平新时代中国特色社会主义思想和中共十九大精神内化于心、外化于行，指导实际工作的开展。加强廉政教育，严格廉政纪律，树立风清气正的工作作风。全年召开中心党组会议10余次，专题学习会议4次，专题研讨3次，并由中心党组带头讲党课4次。坚持“一岗双责”。党组班子成员带头落实党建工作“一岗双责”，“一把手”亲自抓，分管负责人具体抓，工作人员全员参与，一方面全面落实区委安排的各项党建工作任务，另一方面将党建工作融入具体职责分工，探索推进“智慧党建”“网格化+党建”等工作，切实发挥部门特色，促进党建工作落地落实。坚持初心使命。自“不忘初心、牢记使命”主题教育开展以来，中心党组始终紧跟区委步伐，积极开展各项学习和宣传活动。中心于9月成立主题教育领导小组，由一把手担任组长，分管副主任具体负责，制定《岳塘区优化营商环境协调事务中心深入开展“不忘初心、牢记使命”主题教育实施方案》和《学习计划安排》，强化问题查摆与整改落实，按计划、按步骤、按要求推进主题教育活动。在完成规定动作的同时，结合单位实际开展特色活动，增强教育效果。一是深入开展实地调研，助力推进重点工作。围绕“优化营商环境”和“网格化管理”两个主题开展集中调研，听取区内企业意见建议，加强问题导向与统筹协调，通过解剖麻雀，为区委、区政府决策部署建言献策。二是运用信息化手段，突出氛围营造。主题教育开展以来，充分利用政府大厅显示屏、网格化短信平台、“智慧岳塘”户外广告屏、户外广播等手段，广泛宣传主题教育活动，积极扩大宣传效果。

【优化营商环境调查研究】 以强化服务为抓手，不断优化营商环境。加强调查研究。没有调查就没有发言权。自区优化营商环境中心成立以来，先后到岳塘国际商贸城、金阳农产品、伟鸿食品开展产业发展、企业服务等方面的调研，多次召开企业座谈会，听取企业意见，了解企业诉求，到一线掌握基础资料，并组织起草调研报告、研究调研成果，为助力岳塘区经济社会高质量发展提供依据。加快政策落实。2019年是优化营商环境年，国家及省、市分别密集出台《优化营商环境条例》《湖南省优化经济发展环境规定》《湘潭市优化营商环境28条措施》等政策文件。区优化营商中心迅速在区政府常务会组织学习相关政策规定，并按区政府统一安排强化责任分工，协调组织各部门积极落实。加快研究出台岳塘区优化营商环境相关政策和配套措施，协助金融商务区出台《关于加快湘潭金融商务区集聚发展的若干政策意见》。同时，组织协调相关部门对区级出台的奖补政策进行全面兑现，其中科工信部门兑现企业奖补22万元，金融商务区兑现奖补163万元，发改部门为企业争取上级预算及项目资金6128万元。强化技术支撑。顺应5G时代潮流，充分发挥大数据、云计算和物联网等对实体经济的推动作用，利用信息化手段助推辖区企业转型发展，积极推动岳塘区智慧产业发展。湖南省“一县一特”农产品国际贸易平台已正式上线运营，岳塘区中小企业公共服务平台、湘潭金融商务区网络信息服务平台等一批服务企业综合信息平台相继建成。

【优化营商环境重点区域】 以品质提升为重点，加快推进“智慧岳塘”建设。全力加快“智慧岳塘”项目建设。根据“智慧岳塘”建设领导小组安排，2019年计划实施项目10个，除部分项目因上级对接、项目资金等原因拟推迟到2020年实施外，共实施项目5个。其中，智慧党建、智慧水利平台已于12月份正式上线；智慧指挥系统（视频会议系统，暂开通区—街道）已多次投入使用；智慧安监平台利用智慧岳塘运营指挥中心现有场地和设备建成市内一流应急指挥中心，得到省市主管部门高度肯定；智慧园区项目正在加快完成扫尾工作。

【优化营商环境信息采集】 “智慧岳塘”二期项目建设2019年6月初完成验收，主要包括智慧党建、视联网系统平台、视频监控系统核心交换机、产教融合平台、雪亮工程、三无社区智慧安防和火炬学校食堂视频监控等共7个子项目，已全部接入智慧岳塘运营指挥中心。全面做好信息网络安全工作。自中共十八大以来，信息安全已经上升到与政治安全、经济安全、领土安全同等重要的战略高度，是国家安全的重要组成部分。根据《中华人民共和国网络安全法》相关条文的规定，各县级以上人民政府必须落实网络安全等级保护制度。作为信息技术保障单位，区优化营商中心根据全区信息网络安全实际，第一时间向区委、区政府汇报情况、第一时间完善网络安全制度、第一时间落实网络安全责任，确保国庆70周年、全国“两会”等重点时段网络安全。同时，积极与上级和相关技术单位对接，完成区政府信息网络安全的三级等保测评工作，正按照等保测评结果加快推进整改工作，拟于疫情结束后正式组织验收。数据资源进一步整合，与全市公安、卫健、城管、住建等部门进行对接、对比，打破部门数据壁垒，实现区域内“人、情、地、事、物、组织”等各类数据的互通共享。通过自身采集与互通共享，岳塘区网格化系统已整合各类信息62.3万余条，事件处理更加高效。

【优化营商环境问题办结】 截至2019年12月，共受理居民服务23万多次起，除重复事项和职责外事项外，区级分流事件4979条，办结率达100%，满意率在97%以上，街道分流事件43535条，办结率达99.4%。管理服务进一步提升。充分利用已建成平台并进一步扩展升级，打破条框限制和资源壁垒，整合党建、统战、综治、城管、教育、公安、妇联、团委、老干等多部门、多领域的数据资源和功能职责。该系统利用一个平台、一个数据库、一套管理队伍，实现对重点人员、重点部件、基层组织、妇联组织、老干队伍、统战对象、团员队伍、物业公司、校园校车的实时、动态化管理，推动社会治理人员和力量向基层下沉，管理和服务向基层倾斜。（乐　熠）

财税·金融·商贸

财政

【概况】 2019年，岳塘区完成地区生产总值590.1亿元，比2018年增长7.5%。其中，第一产业增加值6.5亿元，同比增长2.8%；第二产业增加值313.7亿元，同比增长7.7%；第三产业增加值269.9亿元，同比增长7.2%。全区固定资产投资（不含农户）同比增长12.6%。全区完成社会消费品零售总额122.1亿元，同比增长10.4%。

2019年岳塘区区属完成财政总收入49.32亿元，税收收入完成46.70亿元，税收收入占财政总收入比重为94.69%。财政总收入中地方一般公共预算收入完成11.07亿元，上划中央收入完成23.18亿元，上划省级收入完成4.74亿元，上划市级收入完成10.33亿元。2019年岳塘区区属一般公共预算支出合计14.72亿元，其中民生支出共11.81亿元，占一般公共预算支出的比重为80.23%。一般公共预算支出中，一般公共服务、教育、社会保障和就业、卫生健康分别支出1.98亿元、3.19亿元、1.98亿元、1.34亿元。

【支持经济发展】 积极"聚财"，在培源细管中做实财政收入。岳塘区上下围绕促增长、育财源，充分发挥财政投资的拉动作用、财税政策的引导作用和财政资金的撬动作用，积极开展收入组织工作。一是落实积极财政政策。全面落实减税降费政策，切实减轻企业税费负担，支持实体经济发展。发挥财政资金和政策杠杆作用，继续支持"产业项目建设年"活动开展，完成投资56.90亿元，安排实施类产业项目34个；支持民营企业经济高质量发展，全区新增市场主体3171户，促进全区经济转型性升级和稳定发展。二是强化综合治税力量。进一步完善财税工作联席会议制度和协税护税对口联系责任制，做好重点税源的监管和服务，切实做到"税源监控不放松、征管力度不放松、税收分析不放松、风险防控不放松"，使各项税收实现依法应收尽收。三是深挖非税收入潜力。梳理非税收入项目，规范非税收入收缴行为，明确目标，重在计划，确保高效完成非税收入征管，顺利完成收入计划。四是积极向上争取资金。积极向上争取政策、项目和资金支持，形成全区积极争资争项的合力。加大一般性转移支付、专项转移支付等资金争取力度。

【三大战役资金保障】 着力"管财"，在强化保障中打好三大战役。在巩固已有成果基础上，加大资金保障力度，集中力量支持打好三大攻坚战。一是有效防控债务风险。建立风险预警体系，保持风险整体可控，继续做实偿债准备金，提高风险应对能力。通过"自接自盘""替接他盘"等方式，平滑缓释政府性债务，有效降低债务风险。全年争取地方政府新增一般债券1.24亿元和专项债券1.17亿元，满足必要的公益性项目资金需求，保障棚改项目的有序实施。推动湘潭发展投资有限公司完成AA主体信用评级，做实湘潭发展投资有限公司净资产，增强平台造血功能。二是大力支持脱贫攻坚。严守现行政策标准，落实财政扶贫资金稳定增长机制，集中财力坚决打赢脱贫攻坚战，区级共统筹扶贫资金1240.69万元，持续支持扶贫保障政策全面落实。统筹安排资金564.75万元，引进上禧食品、利佳蔬菜基地、科林苗木种植三家公司，开展产业帮扶。安排资金118.51万元，为814人次农村建档立卡贫困人口兜底住院报销补助。实现建档立卡贫困人员医疗保险覆盖率达100%，保障全面落实先诊疗后付费、一站式结算、家庭医生签约服务等健康扶贫。安排资金133.32万元发放"雨露计划"等补助，教育扶贫助学1161人次。安排资金76.11万元完成农村危房整体改造31户，统筹安排资金348余万元巩固提升农村饮水安全问题。认真做好扶贫资金动态监控工作，切实发挥财政扶贫资金的使用效益，确保财政扶贫资金使用更高效、更透明。三是积极支持污染防治。认真落实环境保护和污染防治资金保障职责，大力支持中央环保督查“回头看”工作开展，统筹安排资金支持开展污染防治工作。安排大气污染防治相关资金80万元用于深入推进“蓝天保卫战”，全面推进全区大气污染治理，实现空气质量优良改善率全市第一。安排水污染防治相关资金100万元，用于完成4处黑臭水体治理工作。统筹安排土壤污染防治资金2417万元，加快推进竹埠港污染防治风控工作。安排专项资金，稳妥有序推进绿心地区生态保护工作，完成最后2家工业企业的关停工作。

【民生保障】 聚焦“用财”，在节流控支中做好惠民保障。坚持“突出重点、有保有压”，坚持厉行节约，在保工资、保运转的基础上，挤出更多的资金用于惠民生、促发展，把有限的资金真正用在“刀刃”上。2019年全区教科文、医疗卫生、社会保障和就业等11项民生支出达84163万元，占公共财政总支出78.29%，比上年提高3.08个百分点，财政惠民取得显著成效。一是提升社会保障水平。统筹安排资金3910.55万元，保障全区城乡低保人员应保尽保，保障医疗救助和临时救助工作顺利开展，实现全市首家为四类困难老人购买意外保险。筹集安排资金242.69万元，落实好困难残疾人生活补贴和重度残疾人护理补贴制度。筹集安排资金598.75万元，推进“双创”公共服务均等化，解决大学生和城乡低收入人员就业问题，新增城镇就业15993人，失业人员再就业8954人。筹集安排资金54万元，支持政府购买居家养老服务，支持13家社区老年人日间照料中心建设投入使用，完成60户适老化家庭环境改造工作，进一步推进全区养老服务改革试点工作。二是促进教育事业发展。筹措资金6486万元，开展湖湘学校和湘纺中学综合楼建设，完成义务教育薄弱学校改造和扩容工程建设；引导推进集团化办学工作，提升红旗学校和清水学校的办学规模，提高优质教育资源的覆盖率，巩固“大班额”化解成果。统筹安排资金3000多万元，完成14所公办幼儿园建设和47所民办普惠性幼儿园认定，加快幼儿学前教育普及普惠的发展。三是加快医卫事业发展。安排创卫专项经费1200万元用于国家卫生城市创建。统筹安排资金170.90万元，保障“医联体”建设、分级诊疗制度的稳妥开展，实现基层医疗机构和医联体之间的资源共享。确保各社区卫生服务中心和公立医院医改工作深入推进，有效落实1551人次“两癌”免费检查、2586人次免费产前筛查和2034人次新生儿筛查等民生实事工作。统筹安排资金319.01万元，精准帮扶计生特殊家庭1096人。四是推动文化事业发展。统筹安排资金200万元，扎实推进岳塘人民剧院等文化产业项目建设，完成区文化馆、图书馆数字化建设，完成10个文体广场建设，进一步健全公共文化服务体系，完善升级文化设施，助推全区文化产业发展。安排资金180万元，支持办好“全民K歌赛”“周周乐”“全民阅读”等群众文化活动，丰富群众文化生活。五是加快基础设施建设。安排资金362.64万元，完成3022户农村厕所改造；提质改造渠道5.3千米，新修村级公路8.1千米，提升农村生活垃圾治理水平，着力改善农村人居环境。统筹安排资金3800万元，完成2个高品质社区建设，10个老旧小区提质改造，完成7个改扩翻项目679户改造，推进棚改1552户，大力改善人民群众的居住环境。

2019年岳塘区财政预算收入情况表

表13 单位：万元

预算科目	2019年
一、地方收入合计	110650
（一）税收收入	84507
增值税	37316
企业所得税	13122
个人所得税	2505
资源税	20
城市维护建筑税	9170
房产税	3969
印花税	2048
城镇土地使用税	3636
土地增值税	3316
车船税	1433

续表 13

预 算 科 目	2019年
耕地占用税	575
契税	5910
环境保护税	1487
其他税收收入	0
（二）非税收入	26143
专项收入	6517
行政事业性收费	2542
罚没收入	1097
国有资本经营收入	0
国有资源（资产）有偿使用收入	3471
捐赠收入	1000
其他非税收入	11516
二、上划中央收入	231859
三、上划省级收入	47409
四、上划市级收入	103262
一般公共预算收入（财政总收入）	493180

2019年岳塘区财政预算支出情况表

表 14　　单位：万元

预算科目	2019年
一般公共预算支出	147242
一般公共服务	19795
国防	243
公共安全	4262
教育支出	31897
科学技术	4271
文化旅游体育与传媒	1817
社会保障和就业	19823
卫生健康	13421
节能环保	1432
城乡社区	31832
农林水	9784
交通运输	387
资源勘探信息等	1474
商业服务业等	118
金融	150
自然资源海洋气象等	85
住房保障	1973
粮油物资储备	0
灾害防治及应急管理	1568
债务付息	1759
其他	1151

【财政体制改革】 稳步推进财政改革。一是做好机构改革服务工作。为确保机构改革工作平稳有序推进，明确机构改革经费保障“人随编走，费随事走”原则，同时针对涉改单位出台机构改革有关国有资产管理办法，切实做好资产清查、划转、接收等工作，强化机构改革过程中的国有资产管理，严防国有资产流失。主动对接涉改单位资金需求并做好跟踪指导，确保涉改单位预算经费和资产随机构改革及时有序调整到位。二是持续推进绩效管理改革。为进一步强化绩效导向，完善绩效管理体系，推动提升财政支出效能，制定2019年预算绩效管理工作方案。继续组织第三方对重点民生项目和重大项目开展绩效评价，强化绩效评价结果应用，将绩效评价结果差的项目清理出库。通过财政部门、预算单位、项目单位共同参与，形成全员参与预算绩效管理的格局。三是深化国库集中支付电子化改革。稳步推进国库集中支付电子化管理改革，建立健全财政资金安全高效运行的电子化管理新机制，以“电子凭证安全支撑控件”为基础，通过跨部门的电子化管理标准体系，优化预算单位、财政、代理银行、人民银行全方位、全业务流程，确立预算审核、资金支付、监督管理为一体的管理体制，进一步规范政府支出行为，简化审批流程，提高财政资金使用效率。

【财政管理】 加大财政监管力度，推动财政管理水平取得新提升。一是坚决压缩一般性支出。认真贯彻落实中央及省、市关于政府过“紧日子”要求，压减部门日常办公经费、会议费、车辆运行费等一般性支出10%。2019年，全区会议费下降15%，培训费下降30%。结合预算执行动态监控的常态化机制，动态分析预算单位经费支出情况，对预算执行过程中的异常情况进行预警，发现问题及时督促整改。二是严格债务管理工作。根据区级可用财力情况和偿债需求，2019年在偿债准备金进行专账管理。对照“六个一批”等措施，加强债务结构分析，采取自接自盘、替接他盘等方式，平滑缓释到期债务，有效降低债务风险。推进土地挂牌上市工作，增加现金流入，缴实区级平台公司湘潭发展投注册资本，完成湘潭发展投主体AA信用评级工作。三是加强国有资产管理。开展行政事业单位国有资产产权摸底和资产核算工作，对全区政府经营性国有资产、行政事业性国有资产、自然资源国有资产等情况进行全面清查、整理汇总，提高全区国有资产管理透明度；组织开展行政事业单位资产报表和资产报告编报工作，完善行政事业单位资产基础信息，进一步加强行政事业单位国有资产管理，为推进国有资产报告工作奠定基础。

【国有资产管理】 根据党中央国务院对国有资产管理的最新要求，结合岳塘区实际，2019年岳塘区开启建立现代国有资产管理体系的综合改革。经过区财政局的努力，根据《中华人民共和国企业国有资产法》《中华人民共和国预算法》《中华人民共和国会计法》《行政单位国有资产管理暂行办法》《事业单位国有资产管理暂行办法》，参考全国各地县级国有资产管理的经验，结合岳塘区实际出台《湘潭市岳塘区国有资产监督管理办法》。

【政府采购管理】 截至2019年12月，岳塘区共组织政府采购572次，执行采购预算14715.37万元，实际采购资金13739.36万元，节约金额976.01万元，节约率达6.63%。一是采购程序更透明。坚持重大项目预公告制度，复杂项目专家论证制度，并在采购过程中注意积极发挥政策功能引导本地化服务，从接受委托到合同签订的每个环节力争做到科学化、精细化、规范化、透明化，为市民服务，让民生采购更加暖民心。二是民生服务项目成为重点。2019年以来，继续将民生服务项目采购作为工作重点，进一步发挥集采机构的职能及专业优势，不断创新服务模式，将政府采购政策功能落实到具体采购工作中，在政府购买服务、公益民生等领域发挥积极作用，如岳塘区贫困残疾人假肢适配项目、2018年—2019年岳塘区城乡特困供养老人和低保老人家庭适老化改造项目、湘潭市岳塘区民政局2019年贫困家庭综合保障保险定点服务项目、湘潭市岳塘区民政局2019年一元民生保险定点服务项目等一批服务项目。三是政府采购预算执行管理有新的突破。岳塘区政府采购认真贯彻落实预算管理制度改革的要求，深入剖析政府采购实施环节时间点，努力提高政府采购监管质量和工作效率，进一步完善和细化政府采购预算，加快审批采购计划，积极主动服务采购人。四是区本级政府采购供应商投诉行政复议、行政诉讼实现“零”目标。全区政府采购供应商投诉量3年持续下降，全区政府采购监管部门本着尊重事实，秉公处理的原则，切实维护政府采购当事人的合法权益。自治区本级政府采购实现行政复议“零”及行政诉讼“零”目标。五是进一步强化监管，着力维护政府采购市场秩序。将事前审批转向事中、事后监督，加大检查监管力度，畅通投诉渠道。做好日常监管与投诉处理，维护采购人当事人合法权益。 （朱芊烨）

税　务

国家税务总局
湘潭市岳塘区税务局

【概况】 2019年，国家税务总局湘潭市岳塘区税务局在国家税务总局湘潭市税务局党委和岳塘区委、区政府的坚强领导下，聚焦主责主业，精耕细作、精准发力，各项工作均取得较好的成效，被湘潭市税务局考核评定为“绩效管理先进单位”。

【服务三大攻坚战】 党的建设全面加强。全面深化“不忘初心、牢记使命”主题教育，深思细悟抓学习教育、求真务实抓调查研究、严肃认真抓检视问题、细照笃行抓整改落实，推动全面从严治党以及各项工作。一年来，党委的领导作用、党支部的战斗堡垒作用、党员的先锋模范作用得到较好发挥，以党建为引领，党建与业务有机融合，党建带群建、群建促党建的来势正好。区局党委在团结带领全局干部职工做好税收工作的前提下，积极响应中央号召，认真落实上级党委的安排，参加脱贫攻坚战、蓝天保卫战和扫黑除恶专项斗争，彰显税务力量。区局200名党员、干部与4个村122户贫困户结对帮扶，并向荷塘街道正江村派驻第一书记、驻村工作队队长廖维志。帮扶责任人认真落实责任，真心用心帮扶，接受省级扶贫工作年度检查，涌现一批先进典型，参与扶贫工作的帮扶责任人普遍接受一次践行初心使命再教育，提高做群众工作本领。在“蓝天保卫战”中，对房地产扬尘等征收环保税；配合区委、区政府对4户退出长株潭绿心地区的企业做大量工作，确保其按期退出。参加“扫黑除恶”专项斗争，履行领导小组成员单位职责。

与此同时，区局党委高度重视群团工作和老干部工作。组建工会、团委、妇委会，加强党对群团组织的领导，充分发挥群团组织围绕中心、服务大局、联系群众、服务群众的职能作用，推动“四合+”。

【优惠政策落实】 减税降费落实落细。以高度的政治自觉落实“减税降费”，做到“应减尽减”“应退尽退”“应享尽享”。先后开展“我与减税降费的故事”“减税降费·青年说”、税收宣传进企业、进校园、进园区等活动，多次获得中央级、省级媒体的正面报道。与10户重点企业建立减税降费直报制度，每月按时向总局上报相关问题意见。2019年，区局减税2.31亿元，下发并核查16批次4547条减税降费专项风险核查任务，减税降费工作代表湘潭市税务系统通过总局、省局的督查，获得充分肯定。

推进改革有力有序。巩固国税地税征管体制改革成果，社保费征管职责按期划转。区局在2019年1月1日开出全市税务系统第一份社保费票。征收机关事业单位社保费14800万元、城乡居民养老保险254.11万元、城乡居民医疗保险968.94万元，实现社保费征管职责划转年度目标任务。落实增值税小规模纳税人起征点提高、税率降低等系列改革举措；2834户小规模纳税人累计新增减税4000万元；1822户一般纳税人实现新增减税14900万元。落实个人所得税免征额提高、“六项专项附加扣除”等系列改革举措，全年调整减除费用及税率减免2.81万人次，减税5190.7万元；享受专项附加扣除减免1.03万人，减税1664.32万元；所得税小型微利企业扩围政策新增享受户数685户，减税2077万元。

税收质量明显提升。坚持“应收尽收”“应减尽减”“应退尽退”的组织收入原则，坚守“坚决不收过头税”底线，严格组织收入纪律，确保国家税收政策和中央及省出台的减税政策的落实。抓实房地产等行业税收管理、所得税汇算清缴、土地增值税预缴清算等工作，全力以赴组织税费收入。全年入库各项税费24.35亿元，其中地方级税收10.43亿元。

“四合+”建设持续深化。立足新机构、新队伍实际，精心打造以“谦、和、兴”三字为主线，以“梦合”为目标的“四合+”文化建设，多措并举凝聚“和”力量。自岳塘税务组建以来，已连续两年获得全市税务系统绩效管理先进单位，文明单位也通过省文明委的认定。

【依法治税】 依法治税深入推进。坚持依法行政。严格落实依法行政年度计划以及各项工作制度，形成干部严格执法、纳税人自觉遵从的依法治税局面。推进“三项制度”建设。把落实“三项制度”与推进“放管服”改革、优化营商环境专项整治、“双随机一公开”监管等相结合。用好内控管理平台。推送排查执法风险疑点数据350条，保障执法质量。加强各税种政策管理和服务。做好增值税发票审批管理。落实减税降费和各项改革政策。为企业解决历史遗留问题，支持企业发展。做好税收政策辅导培训。

【税收征管】 征收管理再上台阶。持续优化税收征管，不断规范流程，提升质效。2019年初，进行大范围的征管范围调整，调进调出42000余户次，解决上年征管体制改革中遗留下的管户交叉的问题，纳税人减少“多头跑”，增加纳税人对改革的获得感；顺利完成“金三”并库、大双轨运行等复杂工作；采取先培训税务干部，再由税务干部辅导纳税人办税等措施，引导纳税人网上办税，既缓解各个实体厅办税压力，又有效保障各个征期平稳运行；创新建立“二级运维制度”，全面推进“网上办税”，纳税人网上办税占正常纳税人总数的98.7%；完善风险管理机制，防范和化解税收执法风险，全年共下发73批次5345条风险核查应对任务，均在规定时限内完成。持续抓好增值税发票管理，强化建安和房地产税收一体化管理。

【纳税服务】 纳税服务进步明显。持续开展“便民办税春风行动”，以全面开展“减税降费”和“放管服改革”为契机，针对纳税服务工作中的堵点、难点以及纳税人的槽点，全力开展优化营商环境、提升纳税人满意度、纳税信用等级评价等工作。2019年区局受理纳税信用动态调整117户，A、B、M级纳税人占比89.61%，处于全市第二。在全省纳税人满意度调查中，区局在154个县市区局中排名第49位，在全市8个参评单位中排第2名。

队伍建设展现新颜。高度重视干部队伍建设和人才培养，稳步推进教育培训工作，做到思想教育培训与业务培训两手抓。认真落实好绩效管理7.0版，注重绩效考评结果运用，充分发挥绩效管理"指挥棒"和数字人事"度量衡"作用，干部素质得到明显提升，涌现一大批先进典型。2019年，郑明峰被评为全省税务系统优秀共产党员，唐卫平、罗晖、谭永平被评为湘潭市税务系统优秀党务工作者，刘仁堂等15名党员被评为优秀共产党员；在省局系统表彰的国税地税征管体制改革先进典型中，蒋中韧、颜发明记三等功，肖亮、刘逸获省局嘉奖；陈泽恩、肖学伟分别获评省、市局工作表现突出个人。王璐在全省税务系统"岗位大练兵、业务大比武"活动获评个人所得税岗位优胜个人。何智林获得全省税务系统"智税2019"大数据竞赛优秀个人称号。唐卫平、魏卫在省局"新时代 新税务 新征程"职工书画摄影比赛中获得嘉奖。齐爱平获评2019年度全省税务系统巾帼建功标兵；梁新华、邓懿荣获评湘潭市"最美女税官"。区局机关团支部被共青团湖南省委授予"湖南省五四红旗团支部"称号，税收风险管理股党支部、第二税务所党支部被评为全市系统"五化"先进党支部。

（邓　懿）

国家税务总局湘潭高新技术产业开发区税务局

【概况】 国家税务总局湘潭高新技术产业开发区税务局（以下简称高新区税务局）有在职职工204人，下设16个科室（分局），负责高新技术产业开发区板塘街道、双马街道，昭山示范区（昭山镇），火炬创新创业园（北至湘潭大道，西至建设南路，南至书院路，东至双马街道）、德国工业园、高新科技大厦所辖范围的（除第二税务分局管辖范围）的4460户工商企业、200户行政事业单位和2260户个体工商户的税费征收管理，同时负责湖南华菱湘潭钢铁有限公司、湘潭钢铁集团有限公司的税费征收管理。2019年，高新区税务局坚持"专心税收，用心服务"的治局理念，围绕税收中心工作，创先争优，攻坚克难，2019年入库地方各税37.9亿元，征收费金2.26亿元，为地方经济和社会发展做出积极贡献。

【党建引领】 机构改革后，成立区局机关党委，以科室（分局）为单位成立10个党支部。成立党建工作领导小组，明确党委书记为第一责任人，坚持党委书记、机关党委书记、党支部书记抓党建工作"三级述职"，落实党委委员双重主体责任。积极开展"两学一做"学习教育常态化制度化，开展"不忘初心、牢记使命"主题教育，开展党员承诺践诺、"为党旗增辉，为税徽添彩"、践行"忠诚担当、崇法守纪、兴税强国"的中国税务精神等实践活动。针对党建责任落实日常工作，就工作开展情况进行督查和指导推动。督促落实"四合"示范单位创建，提出在全市税务系统中争创一流的目标。2019年以来，创新开展"四赞""四美"迎"四合"的党建特色项目，实现党建引领、党员带头与把握工作规律、紧贴工作实际相结合。开展党支部"五化"建设，力保全面达到"五星"党支部标准。9—11月积极开展第2批"不忘初心、牢记使命"学习教育，制定《国家税务总局湘潭高新技术产业开发区税务局"不忘初心、牢记使命"主题教育方案》，按照《国家税务总局湘潭市县市区局主题教育工作事项清单》的部署，完成40多项"不忘初心、牢记使命"学习教育具体工作。积极完成湘潭市文明城市复查相关工作，全局干部职工210多人次参加文明城市复查志愿者活动，圆满完成市创文办交给的各项创建工作任务。

【队伍建设】 机构改革以来，始终把团结融合作为头等大事来抓，采取有效措施，着力在人员融合上下功夫，稳步推进"事合、人合、力合、心合"的四合工作，树立新时期税务新形象。一是扎实完成各项人事工作。认真编制人事年度报表，维护数字人事系统基础数据。认真对待职级套转和职级晋升工作。对临近退休人员先行办理职级套转和职级晋升手续，陆续办理6名临近退休人员的职级套转和晋升手续。梳理人事档案，落实公务员年度考核，进一步完善干部出入境管理机制，认真清理，重新备案，建立干部电子台账、全局干部出国出境汇总台账，严格审批。二是进一步建立健全干部教育培训机制。专题研究，细化干部教育任务。制定《干部教育培训计划》，增强干部教育培训工作的计划性、方向性、实效性。坚持以需求为导向，发放调查问卷，精心选取培训内容，力求培训内容的针对性和实用性。三是充分发挥工会职能作用。围绕"全国模范职工之家"、"建好税务大家"的创建活动，制定"建家"远景规划和年度计划。健全职代会制度，重大事项征求全体会员的意见，丰富活动内涵，激发队伍活力，推动"精神聚力"激斗志。紧扣"精神聚力、爱家建家"主线，以践行中国税务精神为载体，着力开展独具高新特色劳动竞赛、岗位比武等系列活动。积极推行文化兴局战略，先后组织开展文艺会演、朗诵赛、书画摄影展、趣味运动会，举办"智勇大闯关""小年夜包饺子""大围山攻略""水上活动"。四是积极主动履职，形成内外监督管理合力。区局党委专题分析研究全面从严治党工作2次，听取党风廉政建设工作专题汇报2次，召开党风廉政建设工作领导小组会议1次。开展廉政风险点调研式提醒谈话，整理出《防范廉政风险，健全税务监管体系》，为全局建立全面监督体系打好基础。配合中共湘潭高新区纪工委开展纠"四风"专项整治工作。邀请高新区纪工委对区局重大政策执行情况进行监督。及时到高新区纪工委、岳塘区检察院、高新区公安局等单位获取系统税务人员“八小时之外”违纪违法突出问题线索。开展警示教育活动，致力培养税务干部的职业素养、专业态度和敬业精神。

【纳税服务】　持续推广“清单式”服务，贯彻落实办税事项“最多跑一次”，对符合即时办结条件的业务，资料齐全当场办结。“领导值班制”形成长效机制，后台及时维护“12366”知识库手机版，随时在线学习查询税收政策，强化纳税咨询回复能力。坚持双公示机制运转，坚持“谁产生，谁负责” 的原则，建立双公示信息标准体系，加大双公示信息应用力度，助推纳税信用体系建设。制作“个体工商户电子申报操作指南”电子版、建立“个体工商户纳税服务微信群”，针对个体工商户开展建账及电子税务局操作纳税人学堂培训、装修改造河东大道办税服务厅、合理安排纳税人错峰申报，在10月大征期提供连续18日办税周末“不打烊”服务，多措并举稳定大征期。针对区局辖区范围内涉税专业服务机构，一方面加强涉税专业服务机构管理，另一方面加强与之横向联系，携手合作服务辖区纳税人。规范有序开展好2018年度纳税信用评价工作，区局纳入信用评价管理户3701户，A、B、M级纳税人占比达到93.15%。

【征管税政】　一是夯实征管基础。重新修订征管制度，规范流程管理。对原有规范包括的12个常见业务流程进行扩充，分为12个业务域，共计23项基本工作制度。每一项的工作制度都对照省局工作流指引，结合区局具体情况进行操作流程的规范以及相关科室责任的划分，新增税管员巡查制度、区局运维制度与投诉处理制度，促进业务融合，顺畅工作流程。扎实开展税源信息比对工作，完成《市监有登记但税务未登记企业信息比对核实清册》的核对，分别与高新区财政局和产业局协调，调取辖区内已进行工商登记的户籍清册和取得辖区内建安项目建设立项信息，在后期清理中予以重点关注。开展三员信息数据大清查，集中安排对系统内三员信息电话号码进行修改，保证与纳税人纵向联系的真实性、便利性、准确性。高质量完成信息表采集建档，为区局辖区纳税人信息采集表建档户，累计企业4460户，个体2260户，预缴户397户。依法依规依程序开展欠税清理专项工作。二是推进税制改革。积极落实总局增值税期末留抵退税政策。加强增值税发票数据运用，做好增值税发票管理系统2.0版和增值税发票综合服务平台上线、升级及运行工作，认真开展“抵扣凭证审核检查管理信息系统”的应用工作。做好出口退税风险数据核查工作，严格审批出口免抵退税。出口退税审批时限压缩至6个工作日以内，退税审批在1个工作日内。个税改革平稳落地，采取“集中培训”、“操作辅导”与“点对点”辅导培训相结合，拓展个税改革宣传与辅导的广度和深度，抓好专项附加扣除政策落实和全员全额明细申报。三是完善其他税种工作。国际税收工作稳步进行，管辖外资企业44户，向缔约国提供自动情报38笔，完成非居民税收合同备案77笔。高度重视外汇数据核查工作，督促企业履行扣缴义务。提升土地增值税管理水平，以项目管理为依托，以系统土地增值税项目清册为基础，组织进行应、可、未达清算项目清理，共计开发项目69个，对5个应清算项目下达限期责令改正通知书。环境保护税征收管理井然有序，抓好扬尘环保税清理，设立扬尘环保税申报辅导表格，每周落实工作进度。做好减免税管理工作，共受理财产行为税备案类减免共计1008项次，区局核准类审批项目共计69户纳税人申请（困难）减免，同时加强税收优惠备案类税收优惠后续管理。社保费征收平稳过渡。1月1日实现对城乡居民基本养老保险费顺利征收目标，2月实现对32户机关事业单位社会保险费的顺利征收，10月15日正式启动2020年度城乡居民基本医疗保险费的征收工作，标志着社保费征管职责划转完成阶段性目标任务。7月1日实现机关事业单位社会保险费税务主责征收目标，区局制定机关事业单位社保费征缴流程，具体明确职责，为后续重点管理奠定基础。

【依法治税】　一是全面推行行政执法“三项制度”。研究制定区局《全面推行行政执法“三项制度”实施方案》，组织召开动员部署会议，明确区局党委对行政执法“三项制度”全面推行负总责，实施一把手工程，严格按照《全面推行“三项制度”工作任务分解表》的要求进行工作部署和责任分工。二是有效履行监督规范职责。为执法把关，对各项业务制度进行合法性把关，对具体执法行为进行执法规范性指导。为执法人员提供法律支持和文本参照，制作并多次修订更新《区局实施税收强制执行措施流程指引（扣缴税收款项适用）》和《税收强制执行文书及表格填写模板（扣缴税收款项适用）》。预防执法风险，组织开展2019年度税务行政处罚和税务行政许可执法事项案卷评查自查整改工作、重点群体创业就业税收优惠政策执行情况风险疑点排查复核工作，及时堵塞执法风险漏洞。三是积极开展青少年税法宣传活动。开展“快乐成长 与税同行”税法进校园主题活动。走进湘潭市建设路小学，带领学生们体验税法知识课。开展“小小税官进税厅”体验活动。邀请10名小学生到区局办税厅，实地感受“为国聚财，为民收税” 的工作日常，培养和调动青少年关注税收、学习税法的浓厚兴趣，培养弘扬税收与公共服务的理念。四是开展专项审计和税收执法督察。对2018年度原国地税“三公”经费和会议费、扶贫资金使用情况进行督察审计，认真贯彻落实国家财政政策，结合区局财务工作实际，建立和完善财务管理办法。开展税收执法督察，重点监督依法依规落实组织收入原则，重点督察未按规定简化办税程序、办理税务注销、落实办税事项“最多跑一次”清单等问题，持续防范增值税发票管理系统性风险。

【优化税收营商环境】 一是落实减税降费政策，确保纳税人应享尽享。成立落实减税降费工作领导小组，由“一把手”任组长，统筹谋划、周密部署、迅速行动，确保减税降费政策落地生根、早见成效。制定减税降费落实任务清单和工作线路图，明确落实部门、责任人和工作时限，形成自上而下的责任链条。紧紧围绕总局出台的系列文件精神，对全局干部进行培训，真正做到读得懂、理得通、吃得透、讲得清。多方式、多渠道把减税降费优惠政策送到纳税人手上，帮助纳税人全面掌握理解，确保纳税人和缴费人“应知尽知”“应会尽会”“应享尽享”，让纳税人真正享受到“真金白银”的改革红利，不断优化税收营商环境。2019年，区局共组织减税降费政策专题的纳税人学堂培训场次达20场，培训达6000人次，在省市级以上媒体发布减税降费宣传报道10余篇。集中发布7类便民办税服务清单，建立实时响应机制。认真核实省局下发的7批次疑点数据，核实疑点数据6000余条。加强地方横向联系，积极向地方党政汇报减税降费工作开展情况，形成落实减税降费工作常态化沟通联系机制。针对《实施减税降费工作自查任务清单》8大类46条进行梳理，全方位、立体化、多角度开展自检自查，坚持问题导向，实行整改任务清单制和结项销号制，建立整改台账，逐项制定整改措施。持续优化税收营商环境。根据相关指标筛选3户企业，配合开展全市营商环境测试。10月16日，中共湘潭市党委书记曹炯芳、市长张迎春对区局税收营商环境优化给予肯定。2019年累计减税降费6.21亿元。二是扎实推进支持和服务民营经济发展工作。成立以党委书记、局长为组长的“支持和服务民营经济发展”工作领导小组，设立专门办公室，结合“减税降费”中心工作，同步开展。贯彻实施降率减费政策，落实降低社会保险费率政策业务培训，开展降低社会保险费率宣传辅导。对已纳入征收的机关事业单位和部分企业采取点对点服务，与高新人社部门召开联席会议，建立互通互报工作机制。三是稳妥开展扫黑除恶专项斗争。党委班子牵头，成立以局长为组长的专项斗争工作领导小组，领导小组下设扫黑除恶专项斗争办公室，对专项斗争形成协同性、常态化的专项职能部署，对高危行业、高危地域实行重点监督防范，有效打击多起虚假经营、失联走逃案件，及时向专项斗争上级部门报告辖区内涉税案件情况，扎实推进“扫黑除恶”专项斗争，营造良好税收营商环境。（阳　程）

金融业

【概况】 2019年3月，根据机构改革要求，岳塘区政府金融工作办公室组建（以下简称区政府金融办），是区政府工作部门，为正科级；机关行政编制3名；设主任1名，副主任1名。主要职能是负责融资性担保公司、小额贷款公司设立申报的初审、市场监管、风险防控和市场退出工作；负责辖区内典当行、融资租赁公司、商业保理公司的监督管理，组织相关部门加强对互联网金融的监管。

【金融服务能力建设】 2019年，区政府金融办围绕建设“四新岳塘”为目标，以“不忘初心、牢记使命”主题教育活动为契机，紧紧围绕“防范化解金融风险攻坚战”和“打通服务群众最后一公里”的目标，树立大局意识，瞄准工作切入点，不断强化金融意识、宣传金融知识、加快金融发展，努力打造安全稳定的金融环境。

履行政治责任，切实抓好管党治党。一是全面加强政治领导。班子成员牢固树立“四个意识”，坚决做到“两个维护”，自觉在思想上行动上同以习近平同志为核心的党中央保持高度一致。二是严格理论学习。建立健全党组学习制度，对涉及党政重点政策、重要会议精神进行认真学习，扎实开展“不忘初心、牢记使命”主题教育活动，集中精力读原著、学原文、悟原理，引导党员干部提升政治素养，坚定理想信念。特别是学习习近平新时代中国特色社会主义思想中关于金融工作的内容，做到入脑入心，指导实践，做到学金融，懂金融，会金融，坚定政治立场，做到政治正确。

【金融风险防范】 加大宣传力度，打非除非成效明显。一是防范非法集资宣传广泛深入。印发《2019年岳塘区防范非法集资宣传活动方案》，发放宣传手册3万余份，张贴海报、展板、横幅3000余条，开展知识讲座42场，全面深入推进“六进”活动，受到居民的广泛关注，取得良好的社会效果。二是风险排查及时有效。下发《关于2019年岳塘区涉嫌非法集资风险排查处置工作方案》，开展2个月的排查处置活动，共摸排相关机构400余家，发现风险线索6起。针对排查出的涉非风险隐患，实行台账管理，明确责任单位和责任人，督促采取有效化解措施并逐一销号。

创新举措，努力化解不稳定因素。组织各街道按照属地管理、分级负责的原则和要求，充分发挥资源统筹调动、靠近基层一线优势，做好辖区内风险排查、监测预警、案件查处、善后处置、宣传教育和维护稳定等工作，全力打好网贷风险整治收官战、“一非三贷”（非法集资、套路贷、校园贷、非法高利贷）领域扫黑除恶专项斗争等重点工作。

【金融积案化解】 多方协同，加快陈案化解。一是加大办案力度。推动建立由政法部门牵头，公安、检察、法院等部门共同参与的案件处置会商机制，为加快案件办理、审判执行、资产处置、清理清退创造条件。强化执法公开、司法公开制度创新，综合运用经济、法律、行政等手段，切实推动非法集资案件高效办理。二是突出化解重点。突出对重大案件、陈案积案、社会关注程度高及涉众性风险隐患大的重点案件集中处置。以陈案积案化解为着力点，集中力量推进非法集资存量案件化解三年攻坚行动。稳妥推进重大案件处置工作，按照上级统一部署，全力做好“e租宝”、松鹤居养老公寓、山东翔浩、湖南颐和寿康等重大案件配合处置工作。

【金融助推经济发展】 健全金融组织，助力经济发展。一是积极对接资本市场。2019年年初经制定《湘潭市岳塘区人民政府关于鼓励和扶持企业上市（挂牌）的若干意见》，发挥政策优势，推动企业进行现代化管理，鼓励企业上市（挂牌）。积极组织开展银企对接活动，与市农商行开展“党建共创、金融普惠”行动，创造良好的银企交流平台。二是加强金融风险防控。依照相关法律法规，加强对辖内融资性担保公司和小额贷款公司的监管工作。重点督查融资性担保机构是否存在非法吸存、非法集资，是否有资本金不实、抽逃资本金行为等违规现象，采取现场检查和担保公司自查相结合的形式。对检查中发现的违规问题，约谈小贷公司高管并督促及时做出整改，促进企业快速稳健发展。

全面推进湘潭金融商务区建设。湘潭金融商务区自2011年挂牌运营以来，已入驻企业327家，其中金融机构53家（银行机构28家，保险机构21家，证券机构4家），类金融机构20家，金融配套服务机构36家，服务类企业151家，一般服务业及其他企业67家。2019年度缴税总额6.4亿元，其中金融类税收占比超45%，纳税千万元以上企业达18家。随着一大批金融类和现代服务业企业入驻湘潭金融商务区，一批拥有中高级技术职称的优秀管理人才相继到岳塘区发展创业，不仅如此，企业为社会提供众多的就业岗位。

【防范化解金融风险】 2019年，面对复杂、严峻的打击和处置非法集资工作形势，岳塘区坚持紧紧围绕“防范和化解金融风险攻坚战”的目标，以健全完善工作机制为保障，多措并举、分类推进，推动对非法集资问题的综合治理，维护经济金融秩序及社会和谐稳定。

加强组织领导，提高责任意识。区委、区政府加强对防范和打击非法集资工作的组织领导，提高政治站位，落实打非领导小组主体责任。一是高度重视。进一步充实人员力量储备，调整完善岳塘区打击和处置非法集资工作领导小组组成人员。将打击和处置非法集资工作纳入各街道同业对标，通过督查、约谈等多种方式落实责任，切实推动打非工作的开展。二是明确相关部门职责。由区打非办牵头，根据涉嫌非法集资机构进行分类处置，统筹、协调、收集信息并及时汇报情况。

加大宣传力度，增强金融风险抵御能力。一是开展金融风险排查。为遏制非法集资行为，在全区范围内开展防范和处置非法集资“大宣传、大排查、大整治”专项行动，从源头上防止非法集资违法犯罪活动的发生和蔓延。二是做好宣传教育。结合地区特色，以“进单位、进机关、进企业、进社区、进农村、进学校”为切入点，深入结合“远离非法集资”的中心主题，开展一系列防范打击非法集资宣传教育活动，并取得实效。累计组织宣传场次35次、进村组18次、进社区86次，参与群众24000余人，进机关78次，参与干部职工11000人，进学校40次，参与师生15000余人，充分结合民调工作开展入户风险告知，累计参与家庭9.6万户，实现入户率达80%以上；发放传单、手册等宣传材料65000份，张贴宣传海报3000余张，制作宣传展板135个，悬挂工作横幅470幅，各类新闻报道80多次，微信微博宣传50余次，发放短信124500条，滚动播放电子显示屏等13100次。

深入风险排查，强化扫楼扫街行动。由区金融办牵头，组织各街道、公安、工商、民政等职能部门，主要针对辖区内写字楼、金融行业办公场所、典当行等重点场所，对辖内号称“高回报、高收益”产品开展进行地毯式排查，加强风险研判，及时预警提示，全面深入摸排发现相关问题线索。对摸排发现和举报受理收集的问题线索要建立台账，抓紧专题会商，根据情况科学分类处置，采取有力有效措施，坚决打击整治。对其中的涉黑涉恶涉伞问题，要及时移送当地公安部门予以坚决打击。并将“扫楼扫街”行动做到经常化、常年化。同时，岳塘区从预防入手，加强日常监管，切实做好非法集资活动的监测和预防工作。做到早调查、早预警、早处置，坚决杜绝非法集资事件的发生。

做好监测预警和处置，强化风险企业摸排。组织金融办、公安、工商、街道等部门地毯式上门联合调查，全面摸排分析岳塘区非法集资形势及风险点，深入研究后续工作开展方向，更新完善风险企业台账。并下发《关于岳塘区近期非法集资风险突出的提示函》，对风险企业处置予以分类交办，要求各行业主监管部门和各街道做好涉嫌非法集资风险排查专项工作。

【湘潭金融商务建设】 2011年2月，岳塘区政府组建岳塘区福星金融商务区建设协调领导小组。2011年12月，湘潭市政府成立湘潭市福星金融商务区建设协调领导小组，并于2013年4月更名为湘潭市金融商务区建设协调领导小组。2017年1月，区委区政府将岳塘区福星金融商务区建设协调领导小组更名为湘潭金融商务区建设领导小组，同时加挂岳塘区楼宇经济发展服务领导小组牌子。

突出招商引资，提升内生动力。始终坚持以现代金融业和高端商贸服务业作为招商引资重点，充分发挥以商招商的优势，引进华夏银行、平安银行、中信保诚人寿、国泰君安证券等10余家金融机构，2019年12月底，湘潭市21家市级银行机构已入驻湘潭金融商务区10家，占比48%；41家保险机构已入驻20家，占比49%。

健全政策保障，提升发展活力。2017年区政府出台《关于促进湘潭金融商务区集聚发展的暂行办法》，2018—2019年连续两年召开湘潭金融商务区工作推进大会，兑现奖金326万元，激发释放驻区金融企业和其他现代服务业企业发展活力。2019年初，区政府对《暂行办法》进行大幅修订升级，公布实施《关于加快湘潭金融商务区集聚发展的若干政策意见》，进一步扩大奖励范围、降低奖励门槛、新增奖励项目，持续在招商引资、人才引智、政务环境等方面提供强力支撑。

优化营商环境，提升服务能力。通过政府搭台，邀请金融界、企业界和各有关部门共同分析当前企业生产中遇到困难和问题，商讨企业加快发展的良策，探索银政企合作机制，促进岳塘区企业和金融事业互惠双赢、共同繁荣。区法院设立湘潭金融商务区巡回法庭，进一步改善区域金融生态，切实优化湘潭金融商务区法治环境。区城管委组织城管环卫、市场监管、街道社区、小区物业等各方力量开展综合执法整治行动，严格落实“门前三包”责任制，重点解决临街道路路面整修、车辆乱停乱靠、乱摆摊、乱张贴等市容环境卫生问题，不断提升湘潭金融商务区的整体形象。

加强宣传引导，提升集聚合力。编印商务区招商指南，拍摄视频推介片，在城际板塘站、美高梅等处设置永久性立柱宣传标识，在《湖南日报》《湘潭日报》等媒体登专版宣传，不断扩大金融商务区影响和美誉。完成湘潭金融商务区信息服务平台一期建设，引导金融机构服务实体经济，及时推介反映工作动态，形成各界关注、参与、支持湘潭金融商务发展建设的良好氛围。

岳塘区金融机构基本情况一览表（银行机构）

表15

序号	机构名称	分行（家）	支行(家)	网点(家)
1	中国工商银行湘潭支行		11	
2	中国农业银行股份有限公司湘潭支行		5	4
3	交通银行股份有限公司湘潭分行	1	1	
4	兴业银行湘潭分行	1		
5	长沙银行股份有限公司湘潭分行	1		
6	中信银行湘潭分行	1		
7	中国农业发展银行支行		1	
8	中国银行股份有限公司湘潭分行	1	10	1
9	中国建设银行股份有限公司湘潭支行		11	
10	中国邮政储蓄银行股份有限公司湘潭分行	1	4	9
11	华融湘江银行湘潭分行	1	9	1
12	北京银行湘潭支行		1	
13	上海浦东发展银行股份有限公司湘潭分行	1	1	
14	广发银行湘潭支行		1	
15	平安银行股份有限公司湘潭支行		1	
16	招商银行湘潭分行营业部	1		
17	中国光大银行湘潭支行		1	
18	中国民生银行股份有限公司湘潭支行		1	
19	渤海银行湘潭分行	1		
20	湘潭农商银行分行	1	14	12

岳塘区金融机构基本情况一览表（保险公司）

表16

序号	机构名称
1	太平财产保险有限公司湘潭中心支公司
2	人保社区保险销售服务有限公司湘潭中天营业部
3	太平财产保险有限公司湘潭中心支公司
4	人保社区保险销售服务有限公司湘潭中天营业部
5	阳光人寿保险股份有限公司湘潭中心支公司
6	湖南育才保险代理有限公司湘潭市分公司
7	阳光财产保险股份有限公司湘潭分公司
8	英大泰和财产保险股份有限公司湘潭中心支公司
9	湖南财信育才保险代理有限公司湘潭市分公司
10	新华人寿保险股份有限公司湘潭中心支公司
11	中国太平洋人寿保险股份有限公司湘潭中心支公司
12	长城人寿保险股份有限公司湘潭中心支公司
13	恒大人寿保险有限公司湘潭中心支公司
14	华泰财产保险有限公司湘潭中心支公司
15	泰康人寿保险有限责任公司湖南湘潭中心支公司
16	华安财产保险股份有限公司湘潭中心支公司河东营销服务部
17	平安创展保险销售服务有限公司湘潭分公司
18	中国平安财产保险股份有限公司湘潭中心支公司
19	都邦财产保险股份有限公司湘潭中心支公司
20	华安财产保险股份有限公司湘潭中心支公司
21	中国人寿保险股份有限公司湘潭分公司第二营销服务部二分部
22	中国人民人寿保险股份有限公司湘潭中心支公司
23	湖南泛华保险代理有限公司湘潭分公司
24	光大永明人寿保险有限公司湖南分公司湘潭营业部
25	中国人寿财产保险股份有限公司湘潭市中心支公司
26	合众人寿保险股份有限公司湘潭中心支公司
27	中国大地财产保险股份有限公司湘潭中心支公司
28	中国大地财产保险股份有限公司湘潭中心支公司
29	中银保险有限公司湘潭中心支公司
30	中信保诚人寿保险有限公司湘潭中心支公司
31	华泰人寿保险股份有限公司湘潭中心支公司
32	中英人寿保险有限公司湘潭中心支公司
33	中国太平洋财产保险股份有限公司湘潭中心支公司
34	天安财产保险股份有限公司湘潭中心支公司
35	吉祥人寿保险股份有限公司湘潭中心支公司
36	合众人寿保险股份有限公司湘潭中心支公司
37	永诚财产保险股份有限公司湘潭中心支公司

续表16

序号	机构名称
38	华夏人寿保险股份有限公司湘潭中心支公司
39	农银人寿保险股份有限公司湘潭中心支公司
40	紫金财产保险股份有限公司湘潭中心支公司
41	富德生命人寿保险股份有限公司湘潭中心支公司
42	中国人寿保险股份有限公司湘潭市岳塘支公司
43	中国人民财产保险股份有限公司湘潭市岳塘支公司

岳塘区金融机构基本情况一览表（证券公司）

表17

序号	机构名称
1	方正证券股份有限公司湘潭湘潭大道证券营业部
2	招商证券股份有限公司湘潭河东大道证券营业部
3	东方证券股份有限公司湘潭湖湘北路证券营业部
4	华林证券股份有限公司湘潭芙蓉路证券营业部
5	国盛证券有限责任公司湘潭芙蓉中路证券营业部
6	财信证券有限责任公司湘潭芙蓉路证券营业部
7	国泰君安证券股份有限公司湘潭建设中路证券营业部
8	华龙证券股份有限公司湘潭双拥中路证券营业部
9	中金财富证券有限责任公司
11	国信证券股份有限公司湘潭福星中路证券营业部
12	兴业证券股份有限公司湘潭分公司

（尹玉英）

商贸业

【概况】 2019年，岳塘区商务局紧紧围绕全区经济发展思路，加强招商引资力度、内外资摸排指导、商贸流通建设、扩大社会消费规模，规范市场秩序管理，提升管理服务水平，全面完成各项目标任务。一是招商引资工作，先后引进中国铁建股份有限公司、深圳市方德智联投资管理有限公司等一批央企、行业领军企业，共签订亿元以上招商引资协议6份，引进500强项目1个。二是开放型经济工作，内资，共计实现到位内资48.07亿元，同比增长21.36%，超额完成年度目标任务。累计利用外资13446万美元，超额完成年度目标任务（13301万美元）。外贸进出口，累计完成总额135046万美元，同比增长22%，超额完成年度目标任务（131333万美元），外贸进出口总额排全市第一，增幅全市第二。三是为企业解决实际困难、解读相关政策，分别实现实体企业进出口“破零”9家，“倍增”7家。四是外派劳务，共完成劳务合作营业额8414万美元。超额完成年度目标任务（8250万美元）；五是社会消费品零售总额，1—12月，全区实现社会消费品零售总额122.15亿元，同比增长10.4%，完成年度目标任务（126.8亿元）的96%。其中，总量排名全市第三、增速排名全市第三。全年月度新增企业3家，年度新增企业12家；六是市场建设，以开展创卫达标竞赛为抓手，组织各农贸市场严格按照《国家卫生城市标准》（2014版）《标准化菜市场设置与管理规范》相关标准，争先投入达标改造，全区已有友谊、江滨、锦湘、芙蓉四个市场通过市创卫办和市创卫工作市场建设和管理专业组的达标验收，被市创卫办授予达标示范市场的称号。

【商贸服务能力建设】 从党风廉政、领导班子、作风三个方面认真开展自身建设工作。党风廉政建设。一是全面落实从严治党主体责任。坚决遵守“民主集中制”等议事制度，发挥局班子会议作用，重大事项均由集体讨论决定，在人事工作中，召开局党组会议并邀请区纪委派驻组人员参加，确保工作合纪合规。二是通过学习筑牢拒腐防变思想。推动广大党员干部学思践悟，用科学理论武装头脑，补足精神之钙，拧紧思想“总开关”。通过开展理论中心组学习、上党风廉政建设专题党课、三会一课、党组学习交流等形式，深入学习贯彻中共十九大和习近平总书记系列重要讲话精神，始终把树立政治责任意识作为首要任务来抓。学习《中国共产党支部工作条例（试行）》，学习领会习近平总书记关于党的初心和使命的重要论述、《中国共产党纪律检查机关监督执纪工作规则》等规章制度，并传达上级精神，不断提高党风廉政意识，进一步筑牢党员干部拒腐防变的思想防线。三是通过谈话提升拒腐防变意识。局党组时刻谨记绷紧廉政之弦的重要性，由党组书记与班子成员、党组书记与全体干部职工、班子成员与干部职工全年累计进行50人次的廉政提醒谈话，强调严守党风廉政建设的重要性。领导班子建设。一是及时调整明确职责分工。2019年机构改革，召开党组会议，对班子成员分工进行重新分配，成立以党组书记为组长的党风廉政建设领导小组，实行“一把手”负总责，其他班子成员分工负责制。二是规范动作完善各项规章制度。认真规范局内各项规章制度，进一步修改完善《岳塘区商务局财务管理制度》、党费收缴制度、党组会议等制度。三是不断提升政治素养。在抓学习强国运用方面，局党组成员每天利用学习强国软件，了解最新的新闻资讯、经济发展等信息，再通过每日答题进一步巩固所学。在中心组学习方面，以中共十九大精神为引领，坚持贯彻学习宣传习近平新时代中国特色社会主义思想为重点，党组班子成员轮流开展理论知识领学工作；在抓提升方面，以“不忘初心、牢记使命”主题教育为契机，开展十九大报告等内容的深入学习。通过“三会一课”，二季度局党组书记在党支部以“不忘初心、牢记使命”专题讲党课，6月召开组织生活会暨民主评议，9月邀请“送党课下基层”师资团的喻名华（纪委派驻二组组长）召开党风廉政建设专题党课，10月邀请区科协主席周雪阳召开“乡村振兴”的主题党课，12月召开“不忘初心、牢记使命”主题教育专题民主生活会暨组织生活会，进行民主测评。作风建设。一方面是树规矩，修订《财务管理制度》、会议制度以及保密工作制度等规范局机关权力运行及领导干部作风的制度；另一方面是严监督，党组书记和班子成员认真履行监督责任，对于上下班不按时、无故旷工、上班时间做与工作无关的事情、自己的事情交给别人做、工作缓作为、不作为等行为一律进行约谈，予以严厉批评教育。每个节日前后，通过集体或个人谈心谈话的形式开展节日期间注意“四风”问题提醒谈话。

【招商引资】 全年招商引资成效显著。主要举措是建立“五个一”工作机制（即一个项目、一名领导、一套班子、一个方案、一抓到底），全力抓协调、抓调度、抓推动。全力协助企业开展中国民营经济创新发展高峰会暨中国（中部）岳塘国际商贸城启动仪式、中国（中部）岳塘国际布艺轻纺行业2019年春季订货会、2019千商大会·岳塘酒业峰会、2019农副市场秋季购销对接会、第三届布艺轻纺（2019秋季）展销会、中国特色名酒入驻岳塘国际商贸城启动仪式等商务推介活动，推动岳塘国际商贸城与湘潭综合保税区签订战略合作协议。推动步步高果蔬采购中心落户金阳农商品，项目已启动建设。协助湘潭金融商务区召开工作推进大会，引导产业集聚。

【开放型经济】 2019年充分将国内经济和整个国际市场联系起来，全年开放型经济工作均超额完成年度目标任务。主要突出三个抓，一是抓龙头——湘钢，充分发挥其压舱石作用；二是抓平台，培育外贸新引擎——中部国际商贸城的万国馆和金阳水果城的东南亚水果省内一级批发市场；三是抓环境，2019年有7家企业实现外贸业绩翻番。

策划开展辖区外贸企业“万企创国际”活动，并组织企业参加亚欧博览会、广交会等各类外贸活动平台。在第二届中国国际进口博览上，通过前期筹备、大力宣传发动、积极提前对接，组织辖区内十余家企业参加采购，共完成采购额1068万美元，额度较上年实现翻番，特别是促成中国（中部）岳塘国际商贸城与哈萨克斯坦出口保险公司签订1000万美元的合作协议。

【社会消费品零售总额】 2019年不断加大对企业的培育和扶持力度，推进“四下”转“四上”。一方面做大、做强现有限额以上单位，充分发挥现有限上单位的龙头作用，引导其规模发展，为岳塘区限上零售额的持续增长提供保障；另一方面强化部门联动，辖区内排查、扶持有特色和发展潜力的中小型企业扩规上档。

【市场建设】 加大对各市场深化全国文明城市建设、创建国家卫生城市及扫黑除恶专项斗争的宣传力度。及时制定督查、整治方案，安排部署各成员单位重点对市场内外兹生地治理、“三防”（防鼠、防蝇、防尘）设施、健康教育以及“四害”（苍蝇、蚊子、老鼠、蟑螂）密度等内容联合开展检查，并列出问题清单和整改清单，及时制发交办函，确保检查不走过场，工作取得实效，确保市场内环境卫生干净整洁，保障人民群众身体健康。加强对占道经营、消防通道堵塞、食品安全、经营户证照悬挂、从业人员健康证等方面的大检查力度，维护市场正常经营秩序。

深刻吸取湘潭县“9·22”重大道路交通事故教训，制定《岳塘区马路市场整治规范和集贸市场建设管理专项行动方案》，牵头取缔一批马路市场、就近转移一批马路市场，并计划新建和改造一批集贸市场，着力推进岳塘区集贸市场体系建设。 （杨红鸥）

园区和重点工程建设

湖南湘潭岳塘经济开发区

【概况】 2019年，岳塘经开区紧紧围绕“四新岳塘”建设，以打造“湖南商贸第一区”为目标，全面加快产业集聚发展步伐，强力推进基础设施建设，深入推动商贸物流区、竹埠港新区、旅游休闲区“三区”协同发展，实现园区经济社会高质量发展。

【综合实力】 2019年，岳塘经开区紧紧围绕经济建设中心，不断壮大园区经济实力，技工贸总收入、固定资产投资、财税收入等主要经济指标高速增长。同时，园区企业经营状况稳中向好，新增联升重科、诚华机械、承泰设备、双宇建筑、顺立商贸等登记纳税户，园区工商税务登记企业总数达到532家；新增7家规模以上企业和皓康生态材料1家高新技术企业，园区规模以上企业达27家，高新技术企业2家。岳塘经开区的发展得到上级政府和社会各界的高度认可，园区连续两年成功获评“全国优秀物流园区”和“湖南省优秀物流园”，获评全省商务工作先进园区（是湘潭市唯一获评先进的省级园区），获评全市二类园区先进单位、全市产业项目建设年先进单位，国家示范物流园区创建工作正加速开展，岳塘国际商贸城被评为市级优秀重点项目，长株潭中央仓储物流园一期被评为市级优秀前期项目，岳塘区被评为承诺制办理优秀单位（均为园区承办）。

【党建工作】 牢固树立“围绕中心抓党建，抓好党建促发展”意识，通过抓党的建设，进一步强化思想保障，以“不忘初心、牢记使命”主题教育为契机，将主题教育与园区发展实际紧密结合，全面加强园区组织建设、作风建设，全面强化整改落实，工作方法及成效得到市委主题教育第五督导组及区委指导组的高度肯定。2019年，园区以“党建聚力量，商贸大发展”的品牌创建为载体，推进各基层支部规范化建设，商贸城8个业态均成立党支部，正方体支部被评为市级两新党建示范点，伟鸿支部被评为区级“先进基层党支部”，通过全面从严治党，进一步彰显园区的新风貌。

【招商引资】 一是招商活动有声有色。先后参加湘潭对接粤港澳大湾区招商推介会、2019湖南与央企对接合作大会、2019小镇中国（湘潭）发展大会等省、市重大招商活动，组织赴北京、深圳、长沙、武汉等地开展小分队招商，并成功举办中国民营经济创新发展高峰会暨中国（中部）岳塘国际商贸城启动仪式、中联重科（联升重科）土方机械全国上市发布会、2019湘潭盘龙首届灯光艺术节、2019千商大会·岳塘酒业峰会等系列重大活动，园区对外影响力不断提升。二是开放型经济主要指标超额完成。内资、外资、外贸进出口经济指标超额完成任务，2019年，新增4家社消零企业，洽谈引进竹埠港新区综合开发项目一期、中国湘菜文化博览园、湖南联升（中联重科）工程机械产业园、方德智联科创园、金阳农产品二期扩建、58科创湖南乡村振兴产业园等6个强链补链项目，协议引资108亿元。三是内生增长动力不断增强。精耕细作园区资源整合，推动区内外产业资源的优势互补。岳塘国际商贸城与湘潭综合保税区签订战略合作协议，与深圳怡亚通加快合作步伐，与天津58到家达成战略合作，与湖南58众创创业发展有限公司合作共建58众创·湘潭乡村振兴科创园；步步高果蔬采购中心落户金阳城。

【产业动能】 产业发展独具特色，现代商贸物流业集聚集群，以岳塘国际商贸城为核心，促进产业高效聚集、务实发展。岳塘国际商贸城于2019年1月正式运营起航，与市场区食品酒水、家电百货、日化针棉、布艺轻纺、酒店用品、儿童产业等6大业态同步全面开放，电子商务平台岳塘购、零售平台湘商优购正式对外上线运营；以湘菜文化为底蕴，打造“天下美食文化特色园区”的中国湘菜文化博览园项目完成投资合作协议签订，正加快项目后续落地工作。园区主要负责的商贸物流和湘菜两大产业链条建设正在加快推进，深入开展产业链全景图、现状图、客商库、项目库、人才池等“两图两库两池”的编制，资金池正与多家基金公司进行协商洽谈，链条办公室已安排场地和专门人员。

【项目建设】 岳塘国际商贸城项目市场区进行工程整体预验收，市场运营全面开展；长株潭仓储物流园一期、长株潭智慧物流园、湖南联升（中联重科）工程机械产业园、玮鸿冷链物流标准仓库、金阳城二期扩建、盘龙大观园创建AAAAA级旅游景区提质改造等6个项目完成建设投入运营；湘潭市竹埠港新区综合开发项目一期已于2019年12月，启动建设，岳塘购电商大楼、中国杜鹃花博物馆、岳塘国际商贸城公路港临时仓储等产业项目全面推进，湘潭市博纳学校、怡亚通（湘潭）供应链整合基地、方德智联科创园、中国湘菜文化博览园等项目正抓紧推进。基础设施配套能力持续改善，完成团山铺路一期、竹埠港路二期竣工验收；商贸城配套路网建成投入使用；群力路（沃土路至佳木路段）完成建设；团竹路、金湖路、X157、佳木路正抓紧施工；工况棚户区二期完成主体建设；苏湖生态水系建设进入工程扫尾阶段。

【发展环境】 用地报批回地工作成绩明显，完成博纳学校、杜鹃花博物馆、X157、团竹路、佳木路等5个项目426亩用地的报批回地，完成荷塘客运站、步步高自动化仓储、盘龙二期、瑞泰二分厂、商贸城配套路网等5个项目577亩用地的供地。征地拆迁工作全面推进，已完成岳塘国际实验学校项目、商贸城路网扩征的征收办结，正加快推进统征地五号地块、步步高荷塘商务区等项目征拆。加大融资力度，湘潭发展投AA主体信用评级正式完成，通过中央预算内保障性安居工程配套基础设施、135工程、老工业区搬迁改造等多渠道大力开展争资争项。

【竹埠港新区建设】 竹埠港新区建设是市委、市政府全面推进国家老工业区转型升级，实现城区新片区开发的重要举措。园区以“湖湘之芯、绿蔓智城”的先进理念，采用城市设计+控制性详细规划的新型规划编制模式，高标准编制竹埠港新区城市设计及控制性详细规划，并顺利通过市规委会审议，新区规划拓展至8.86平方千米，并以“围绕商贸物流产业发展的新兴服务业”为芯，以“智慧、现代、高端”为魂，将竹埠港新区打造成为“长株潭流通产业创新港、湘江畔生态环保山水城”。 （肖 姿）

重点工程建设

【概况】 区重点工程建设管理办公室工作负责全区重点工程建设项目的宏观管理工作、国省市重点工程建设项目年度预选报审工作和拟定全区重点工程建设项目年度计划名录；参与国家及省、市主要重点工程建设项目的设计、征收、施工、材料设备供应各方面的协调工作；负责处理国家及省、市主要重点工程建设项目征收阶段和建设实施阶段的重大矛盾；参加主要重点工程建设项目的设计评审、工程招投标、工程验收及后评估工作；负责涉及全区重点工程建设项目管理的日常工作和完成上级交办的其他工作。

高力度推进，领导在一线办公。确定全区95个重点建设项目，由15个区级领导牵头负责，依托“同业对标考核”对标定事定质，绘制“重点项目挂图作战”对表定时定量，对照“重点建设项目服务专班”对职定人定责，集中资源和力量，全力推进重点项目建设。2019年区级领导牵头指挥多次调度，据不完全统计，区级领导对所联系的重点项目进行280余次调度，形成推动项目建设良好氛围。

【重点项目建设攻坚】 高强度攻坚，问题在一线解决。年初下达关于印发《岳塘区2019年重点建设项目计划安排表》通知，坚持一个项目一套人马一抓到底，明确责任人和完成时限，挂图上墙，按图推进；三季度集中开展重大项目开、竣工季活动，根据《关于加快推进重点项目开工建设的通知》要求，岳塘区三季度计划开工项目11个，其中社会投资项目5个，政府投资项目6个。实际已开工项目7个，开工率63.63%，实现以重点突破带动全面建设；深入摸排影响项目推进的关键性问题，建立问题清单，10月下发《岳塘区2019年重点建设项目服务专班清单》，将19个项目纳入重点实施调度；按照“谋划一批、开工一批、推进一批、竣工一批、投产一批”的工作要求，下发《关于加快推进重点项目建设工作的通知》明确四季度开工项目11个，投产达效项目13个，加快推进实施项目22个，全力攻坚拔寨。

【重点项目建设督察】 高密度督办，作风在一线检验。建立项目进度“月报、季考、年评”制度，各牵头单位、责任单位每月上报项目进展情况，区重点办实行一月一督察，将各项目的形象进度、投资完成情况及存在的困难问题直报区级领导；政府常务会实行一季度一讲评，将项目的投资完成率和工程形象进度作为“同业对标”的考核依据；每季度依据《岳塘区重点建设项目“亮牌警示”考核方案》，区重点办会同区政府督查室对项目进行现场督查，亮出“红牌”项目，通报红牌结果由区政府督查室牵头督办，倒逼项目加速推进；对市重大项目专题调度会议交办的23项工作任务高度重视，分别在4月、7月以岳项推办《关于加快协调处理有关问题推动重大项目建设的通知》，对交办事项研究细化，明确责任部门，截至三季度，涉及岳塘区主体责任的15项交办事项，已完成可申请销号的6项，阶段性完成正有序推进的9项。涉及市直部门牵头负责岳塘区项目的共8项交办事项，已完成可申请销号的3项，阶段性完成正有序推进的4项。

【重点项目投资】 2019年全区铺排重点建设项目95个，年计划投资98.63亿元，1—10月累计完成投资65.27亿元，完成年计划投资的66.18%。其中64个为实施类重点项目，年计划投资82.63亿元，1—10月，累计完成投资58.16亿元，完成年计划投资的70.38%。其中，市政府与岳塘区签订目标责任状的市级重点建设项目38个，第二批增补1个，共39个项目。年计划投资47.68亿元。1—10月产生投资的项目34个，累计完成投资42.75亿元，完成年计划投资的89.66%。

【产业项目投资】 2019年，岳塘区计划安排实施类产业项目34个，年计划投资51.69亿元。1—10月累计完成投资44.13亿元，完成年计划投资的85.37%。其中，市级重点产业项目17个，年计划投资34.5亿元。1—10月累计完成投资33.38亿元，完成年计划投资的96.75%。10月下旬增报省“五个一百”重大产业项目1个，湖南省长株潭仓储物流园（一期）项目，年计划投资5亿元，截至10月底，累计完成投资4.98亿元，完成全年计划的99.60%。

【基础设施领域补短板项目投资】 2019年，实施类基础设施领域补短板项目30个，年计划投资30.94亿元，1—10月累计完成投资14.03亿元，完成年计划投资的45.35%。其中，市级重点基础设施领域补短板项目22个，年计划投资13.18亿元。1—10月累计完成投资9.36亿元，完成年计划投资的71.02%。

【重点项目开竣工】 岳塘区将2019年度要求新开工项目清单化，明确责任单位，并将年度目标进行节点任务分解，要求各项目根据时间节点按时开工、按质竣工。全区64个实施类重点项目已开工60个，开工率93%，怡亚通（湘潭）供应链整合基地项目、竹埠港新区起步区项目、中国湘菜文化博览园项目及湖南省竹埠港工业园易家坪片区土壤污染综合治理工程项目由于征拆扫尾、公司组建、土地报批及风控等原因暂未启动建设。湖南省长株潭仓储物流园一期项目、小康综合农贸商品城项目、新华书店有限责任公司湘潭市分公司“东迁”项目等26个项目已竣工。四季度拟计划开工项目11个，其中产业项目6个，基础设施领域补短板项目5个。（田 媚）

2019年岳塘区5000万元以上投资项目情况表

表18　　单位：万元

项目名称	单位详细名称	2019年完成投资
长株潭中央仓储物流园	湖南新中弘置业发展有限公司	22265
竹埠港地址重金属污染治理和搬迁工程（退二进三工程）	湘潭发展投资有限公司	66697
红旗渠水系改造项目	湘潭发展投资有限公司	10247
竹埠港老工业区重金属污染竹埠片区土壤综合治理工程	湘潭发展投资有限公司	21732
湘潭市电工路（湘潭下摄司经易俗河至花石公路一期）工程	湘潭交通发展集团有限公司	41627
岳塘国际商贸城五星级酒店项目	湖南省泓岳商业管理有限公司	70723
岳塘国际商贸城游客接待服务中心项目	湖南省泓岳商业管理有限公司	8000
岳塘国际商贸城智能化集中监控管理系统工程项目	湖南省泓岳商业管理有限公司	33180
岳塘购物流信息交易综合平台	湖南省中岳物流有限公司	32177
中国儿童全产业中心项目	湖南中弘童汇实业有限公司	50558
工业用电机线圈智能制造平台创新项目	湘潭电机股份有限公司	6495
湘潭市河东污水处理厂新增5万吨/天处理能力建设工程	湘潭环境水务投资有限公司	3255
湘潭市四大桥环城加油站建设项目	湖南省眸眸牛能源贸易有限责任公司	15171
公共实训基地建设工程项目	湖南理工职业技术学院	9000
湘潭市博纳学校	湘潭博纳教育管理有限公司	27954
怡亚通（湘潭）供应链整合基地	湘潭怡亚通金津乐供应链产业发展有限公司	23962

续表 18

项目名称	单位详细名称	2019年完成投资
湘钢大板房（城中村）改造项目二期	湘潭房产集团有限公司	8400
湖南湘钢梅塞尔气体产品有限公司7#空分装置项目	湖南湘钢梅塞尔气体产品有限公司	7323
湘钢新二烧全烟气脱硫脱硝环保改造	湘潭钢铁集团有限公司	8710
福星西路	湘潭城乡建设发展集团有限公司	0
湖南天伦医养康复中心建设项目	湘潭发展投资有限公司	6266
“智慧岳塘”建设项目	湘潭发展投资有限公司	10878
棚改板塘片5号地块立体停车楼项目	湘潭城乡建设发展集团有限公司	1780
东湖路综合提质改造	湘潭城乡建设发展集团有限公司	0
双拥路综合整治项目	湘潭城乡建设发展集团有限公司	0
岳塘三号路	湘潭城乡建设发展集团有限公司	0
芙蓉大道综合提质改造（板摄路口到二大桥段）	湘潭城乡建设发展集团有限公司	0
湘潭市民之家建设项目	湘潭城乡建设发展集团有限公司	6600
湖南三鑫国际汽车文化广场三期项目	湖南三鑫车业有限公司	90
梦泽山庄酒店提质改造	湘潭市梦泽山庄有限公司	13383
第三水厂提质改造及扩建工程	湘潭中环水务有限公司	8939
湘潭市岳塘区湖湘学校项目	湘潭发展投资有限公司	12720
福星凯莱大酒店改建工程	湘潭市福星凯莱大酒店有限公司	5012
精美湘潭绿道建设百亩湖爱劳渠湿地公园项目	湘潭城乡建设发展集团有限公司	1205
河东沿江风光带一大桥至二大桥段	湘潭城乡建设发展集团有限公司	0
岳塘国际商贸城智慧物流园	湖南新中弘置业发展有限公司	25466
竹埠港老工业园区及周边综合管廊建设项目	湘潭发展投资有限公司	2691
板塘十七号路（赤金路—芙蓉大道）项目	湘潭发展投资有限公司	4596
湘潭竹埠港老工业基地工业遗址公园建设项目	湘潭发展投资有限公司	13127
岳塘国际实验学校	湘潭发展投资有限公司	34453
中国杜鹃花博物馆	湘潭盘龙生态农业示范园有限公司	64385
湘潭荷塘综合客运枢纽站	湘潭交通发展集团有限公司	16074
步步高自动化仓库建设项目	步步高商业连锁股份有限公司	45425
湘潭市竹埠港工业园易家坪片区土壤污染综合治理工程	湘潭发展投资有限公司	40661
佳木路（滨江北路—昭山二十三号路）	湘潭发展投资有限公司	17253
中国（中部）岳塘国际商贸城智慧大平台	湖南岳塘购网络科技有限公司	12820
岳塘国际商贸城公路港仓库项目（东、西地块）	湖南新中弘置业发展有限公司	8007
岳塘国际商贸城智能立体仓储配送系统	湖南省中岳物流有限公司	15981
上瑞高速联络线项目（芙蓉大道—芙蓉大道复线）	湘潭城乡建设发展集团有限公司	850

湘潭发展投资有限公司

【概况】　湘潭发展投资有限公司由湘潭市岳塘区人民政府委托岳塘经济开发区与湘潭市城乡建设发展集团共同出资成立（其中岳塘区占股51%，城乡建设集团占股49%），2013年7月正式挂牌成立，注册资本金6亿元，是岳塘区、岳塘经开区国有资产经营管理、区域内土地整理开发、基础设施与配套设施建设等开发建设工作的主平台。2015年，获得国开行股权投资7.74亿元，公司注册资本变更为16.18亿元，股东持股比例调整为湖南湘潭岳塘经济开发区管理委员会34%，湘潭城乡建设发展集团有限公司33%，国开发展基金有限公司33%。

【公司团队建设】　2019年因公司发展需要，实行产权明晰、权责明确、政企分开、管理科学的现代化企业模式，内设六部一室，全资子公司增加至3个：湘潭竹埠港重金属污染治理投资有限公司、湘潭岳城盛和建设开发有限公司、湘潭竹埠港生态环境治理投资有限公司；参股子公司增加至5个：湘潭竹埠港建筑垃圾再利用公司、湘潭五八科创有限公司、湘潭盘龙荷鹃建设开发有限公司、中铁建竹埠港新区建设开发有限公司、湘潭市发展投文化旅游集团有限公司，以城市建设、融资争资、资产经营、土地整理、污染治理、房地产开发、文体产业等工作为主营业务，拥有一支高效、高素质、高凝聚力的专业团队。

【经济指标计划完成】　2019年，在区委、区政府、岳塘经开区和城发集团的坚强领导与大力支持下，公司紧密团结，攻坚克难，发挥党建引领作用，强化责任担当意识，全年完成融资授信41.95亿元，到位18.62亿元；完成争资4.75亿元；完成重点项目投资21.13亿元，完成AA主体信用评级，主要经济指标全面完成。

【服务能力建设】　坚持党的领导，夯实巡察整改实效。2019年，公司坚持党的领导和“一岗双责”，深入推进“两学一做”学习教育常态化制度化，全面开展“不忘初心、牢记使命”主题教育，贯彻落实“三会一课”、主题党日、双重组织生活会制度，提交调研报告7篇，收集班子和个人意见建议64条。加强党风廉政建设，接受政治巡察、专项巡察、自然资源审计、经责审计等巡察工作4次，梳理党建、党风廉政建设、项目招投标、融资等方面的问题清单，制定专项整改方案，及时上报整改进展情况，对重点问题进行跟踪督办和销号管理，确保全面整改到位。

【防控化解债务风险】　多措并举，全面防控化解债务风险。2019年以来，公司在和金融机构充分协商的基础上，采取适当贷款展期、调整还款结构、降低融资成本、隐性债务置换平滑、经营性项目策划包装及融资等方式，积极化解债务风险，全年累计完成还本付息15.05亿元，做到无一笔贷款逾期。一是根据相关政策文件，强化债务台账管理，及时跟进和监测统计债务余额，按时完成区财政局对公司债务清查及财政部地方政府全口径债务系统还本付息数据上报。二是积极对接流贷和定融计划，确保振湘投债券、非标融资等公开市场刚性兑付。三是重点推进华融湘江银行佳木路贷款3.6亿元、竹埠片区项目贷款6.61亿元等债务平滑和整体债务置换。

【拓展融资授信渠道】　精准施策，积极拓展融资渠道。面对严峻复杂的经济形势，公司紧扣资金命脉，全力强化筹资融资力度。一是深化银企合作，将融资触角向政策性银行和非银行金融机构延伸，全年累计融资授信41.95亿元，资金已到位18.62亿元。二是深入研究政策，严格把控融资成本；定融计划、银行贷款等综合融资成本均为同期同类产品最低水平。三是探索资本市场，谋划企业债券发行，积极和券商、审计机构、评级机构、省市发改部门对接，根据债券审批发行要求和园区产业政策、产业规划，策划竹埠港新区城际站场周边综合开发项目、竹埠港重金属污染治理项目2个募投项目，完成券商和可研单位的选定，实施项目策划包装等前期工作。

【保障重点项目建设】　突出重点，有序推进项目建设。紧紧围绕“项目建设攻坚年”的工作部署，积极协调克服项目前期、征地拆迁、资金调度等困难，扎实推进重点项目。完成板17号路、昭山23号路、苏湖公园、岳塘人民剧院、电化厂区旧址锰污染治理等5个项目的竣工验收；实现湖湘学校和天伦养老一期的开工建设；全面推进团竹路、X157、佳木路、棚户区二期等一批基础设施和配套设施项目的建设，年度项目建设任务完成。

【公司互信合作签约】　精心布局，转型发展打开局面。2019年，公司围绕高质量转型发展要求，主动学习和适应新的政策、市场形势和发展要求，一是坚持规划先行，委托专业咨询服务机构完成转型发展基本思路的编制，启动“公司五年转型发展规划”的编制，进行尽职调查等前期工作。二是整合盘活存量资产，全面梳理公司资产并建立台账，完成原雷恩机电资产的收购。公司共有土地资源约4000亩，其中完成土地报批的约3000亩（含高新区1027亩土地），完成权证办理的土地为38宗，总面积近1000亩；房屋资产26处，总面积约47000平方米，先后与19家业主单位签订资产租赁合同，形成租赁收入约1000万元；启动工矿棚户区一期第一批房屋销售工作，完成销售额约5000万元，并予以交房；同时，以天伦养老项目与湘雅夕乐苑签订合作框架协议，项目一期已落地开工。三是加强对外投资合作，根据投资合作协议，加强对已投资的公司的经营管理，同时，根据转型发展思路和公司实际需求，加快与中铁建的合作洽谈，完成中铁建竹埠港新区建设开发有限公司、湘潭58科创产业发展有限公司等组建及运营，加快公司转型发展进程。

（张弘扬）

工业·交通运输

工　业

【概况】　2019年，岳塘区获评湖南省真抓实干奖励（清理拖欠民营企业中小企业账款工作成效明显的县市区）、湖南省中小企业运行监测工作先进单位、湖南省规模工业企业建档立卡、样本检测及问卷调查工作先进单位。2019年岳塘区规模以上工业增加值比上年增长8.4%。在规模以上工业中，非公有制企业增加值增长11.1%，占规模以上工业的比重为46.6%。省级及以上产业园区规模工业增加值增长9.4%，占规模以上工业增加值的比重为64.7%。全年规模以上工业企业实现利润总额34.2亿元，比上年增长21.7%。

【企业服务平台建设】　一是岳塘区中小企业公共服务平台正式运营。为扎实推进中小企业公共服务体系建设，引进一批专业的服务机构，更好地为全区中小企业开展全方位的服务，岳塘区中小企业公共服务平台于2019年2月26日正式投入运营，成功举办“护航成长专项行动”——中小企业多元化融资渠道解析、湘潭市中小微企业金融服务巡回大讲堂活动、岳塘区中小微企业上云上平台事务培训暨财税培训活动、岳塘区中小微企业惠企政策解读及申报指导培训活动。二是编制《岳塘区企业黄页》，宣传推介岳塘品牌。着眼服务企业能力建设，大力推介岳塘企业，编印《岳塘区企业黄页》，达到宣传岳塘产品、打造岳塘企业名片，方便企业联系，实现产品对接，促进企地合作，贯通产教融合，同谋岳塘发展大计。三是成功举办湘潭市“智造莲城”创新成果转换项目路演、2019年“创客中国”湖南省中小微企业创新创业大赛岳塘赛区初赛暨“万企上云”宣讲会，助推企业高质量发展。四是着力开展义务巡诊活动。邀请机械工程、企业管理创新对标、法律咨询、企业技术、投融资等方面的专家组成的专家组，对伟鸿食品股份有限公司、湖南中德电器有限公司、湖南潭诚玻璃有限公司、湖南荣科精密制造有限公司等11家企业开展三批次系列巡诊活动。

【企业项目资金扶持】　积极组织企业项目申报。2019年，湖南华菱湘潭钢铁有限公司、湖南江滨机器（集团）有限责任公司、湖南湘钢瑞泰科技有限公司3家企业获得工业企业技术改造税收增量奖补资金共计1128.36万元；湖南白兰智能电子有限公司获得2019年湖南省移动互联网产业发展专项资金20万元；伟鸿食品等7家企业获得湘潭市制造强市项目资金（第一批）共计80万元；湖南华菱湘潭钢铁有限公司等4家企业获得湘潭市第二批制造强市专项资金104.9万元。促进实体经济、扶持中小企业发展项目资金。经过企业自主申报，区发改局、区科工信局、区财政局、区审计局、区统计局等部门联合会商，经领导调度批示，有湖南江滨机器（集团）有限责任公司、湖南久千钎具有限公司等5家企业获得奖励共计22万元。

【社会职能分离】　驻湘潭央企省企办社会职能分离移交工作。通过学习政策文件，制定“框架协议—正式协议—补充协议”三步走的工作流程，截至2019年12月30日，已完成11家驻区央企省企移交协议的签订，已签订移交协议的11家企业中，江滨集团已完成资产的移交，社会性事务也已由五里堆街道接管；中石化西南石油局已完成资产的移交，权证正在办理；其他企业的办社会职能分离移交工作也正在对接中。　（田　茜）

2019年岳塘区规模企业名单一览表

表19

序号	单位名称	法人代表	街（村）、门牌号	主要产品	开业年份	备注
1	伟鸿食品有限公司	王建伟	荷塘街道荷塘村	分割肉	1999	
2	湘潭市华强新型建材有限责任公司	陈小青	荷塘街道竹埠村	矿渣	2006	
3	湘潭市飞山奇建材有限公司	李林飞	荷塘街道清水村	混凝土砌块	2007	
4	湘潭市金湖混凝土有限公司	谢鑫昕	荷塘街道 金湖村	商品混凝土生产、加工	2007	
5	湖南华任建材有限公司	许烈崇	荷塘乡清水村芦家组326号	蒸压加气混凝土砌块、新型建筑墙体材料的生产	2007	
6	湖南中德电器有限公司	廖明德	荷塘街道金阳工业园	电控柜	2002	
7	湖南潭诚玻璃制品有限公司★	冯 畅	荷塘街道金阳工业园	技术玻璃制品的加工、销售；门窗、幕墙的设计、制造、安装、销售	2010	2019年2月新增
8	湘潭日出东方食品有限公司	陈梦辉	霞城街道霞城村	食品	2003	
9	湖南瑞和冶金石灰有限公司	童荣	东坪街道联合村	冶金石灰	2009	
10	湘潭长青建材有限公司★	陈文根	霞城街道下摄司铁中路	水泥生产、销售；钢渣、废炉渣粉、烟囱灰、水渣加工销售	2006	2019年2月新增
11	湖南久千钎具有限公司	蔡宏顺	东坪街道和平村	钎具钢、六角钢	2006	
12	湘潭中环污水有限公司	赵凯	建设路口潭水大厦4楼	对城镇污水收集、处理、排放设施的建设、管理、运营维护，提供污水处理服务等	2006	

交通运输

【概况】 岳塘区交通运输局是2019年4月机构改革成立的，属区人民政府工作机构，为正科级。区交通运输局宣传、贯彻、执行国家及省、市有关交通运输工作的方针政策和法律法规；依法组织拟订辖区内综合交通运输发展战略，组织编制辖区内综合交通运输体系规划，指导辖区内综合交通运输枢纽规划和管理；拟订并监督实施辖区内公路、水路发展战略和规划。有党组成员2人，其中党组书记、局长1人，党组成员、副局长1人；内设综合办公室。区治超办和区交通问题顽瘴痼疾整治办公室设在区交通运输局。

区交通运输局2019年以来，区交通运输局在区委、区政府的正确领导下，认真贯彻落实党中央关于交通运输工作的方针政策和决策部署以及省委、市委、区委、区政府的决策部署要求，进一步加强与省、市交通公路部门的工作联系及与高新区、昭山示范区的工作衔接，围绕2019年度的目标责任和重点任务，扎实推进工作，交通运输工作取得较好的成绩。

【党建引领】 坚持党建引领，把政治建设放在首位。局党组坚持以习近平新时代中国特色社会主义思想和中共十九大精神为指导，深入学习贯彻习近平总书记关于交通工作重要讲话和党中央、国务院纲领性文件内容，在省、市、区委的坚强领导下，扎实推进政治建设、思想建设、组织建设、队伍建设、作风建设、纪律建设。一是坚持党的领导，牢牢把握政治方向。局党组认真学习践行习近平新时代中国特色社会主义思想，树牢“四个意识”、坚定“四个自信”，坚决做到“两个维护”，进一步贯彻落实习总书记关于“贫困地区要脱贫致富，改善交通基础设施很重要”“四好农村路”建设等系列重要讲话精神，自觉把“交通强国”战略和交通运输行业凝心聚力开拓进取的旗帜扛在肩上，始终坚持和加强党的领导，突出政治建设，为交通运输高质量发展提供坚强思想政治保障，抓好农村公路建设管养维护、治超、交通问题顽瘴痼疾集中整治、公路、铁路、水上交通安全等工作，积极推进脱贫攻坚、乡村振兴的中心工作，服务中国（中部）岳塘国际商贸城、金阳农产品物流中心等重点项目。二是加强党的建设，营造担当作为氛围。局党组牢固树立正确的政绩观，把抓好党建统揽、引领中心工作，确保重点任务完成作为最大政绩，党组班子带头讲团结、讲担当，积极营造干事创业的良好氛围。2019年，局党组成员牵头开展交通问题顽瘴痼疾集中整治行动3次，指导、督查交通运输行业单位、站场、货运源头企业做好安全生产，定期巡视巡查辖区高速路口、板塘、荷塘城铁站、普铁、水上交通、农村公路10余次，确保关键物资物流交通运输通畅。三是全面从严治党，持续优化政治生态。局党组认真落实管党治党、从严治党要求，党组书记、成员不断强化责任意识，严格按照民主集中制要求完善会议决策机制，以高质量的批评与自我批评活跃党内民主生活，科学制定并完善《人员职责分工制度》《财务制度》《请销假制度》等多项制度，加强干部职工作风建设，开展谈心谈话，坚持“四必谈”，加强日常关怀和日常管理。严格按照“不忘初心、牢记使命”主题教育要求，以“学习教育、调查研究、检视问题、整改落实”贯穿始终，通过上级点、群众提、自己查等方式检视问题13个，局党组坚持立即整改与长期整改相结合，改进工作作风，认真研究制定整改方案，聚焦为民解难题，按期保质完成整改。严格落实廉洁自律规范，局领导班子带头严格贯彻执行中央八项规定精神，模范遵守从严治党和廉洁自律相关规定，身体力行，以上率下，形成“头雁效应”，自觉加强从政道德修养，做到廉洁用权。加强自律，慎独慎微。

【交通发展】 坚持服务发展，贯彻交通强国战略。贯彻落实习总书记关于交通工作重要讲话《交通强国建设纲要》要求，坚持区委、区政府正确领导，坚持“道路通，百业兴”的发展理念，坚持民生优先、量力而为、立行立改、因地制宜，避免重复投资浪费等原则，采取实地走访，多方听取意见，反复比对等工作方式，2019年全区交通运输工作完成情况较好。一是坚持目标导向，圆满完成省市交通实事项目。在自然村通水泥（沥青）路实事项目建设上，2019年，省、市下达全区重点实事项目自然村通水泥（沥青）公路建设任务12.15千米，年底完成自然村通水泥（沥青）路8.31千米，经上级部门批准调整4.44千米道路（已销号），2019年自然村通水泥（沥青）路任务完成度为105%，超额完成任务。在农村公路大中小修实事项目建设上，采取增加会车道、局部加宽、路面换板、清灌缝等方式，在荷塘、正江、清水、金群等村范围实施中小修工程，已全面完成任务。正江村将滴蒿线（正江村段）实施局部路面加宽，增加12处会车平台；金群、指方、清水等村为满足群众出行方便要求，投资80余万元进行村组道路拓宽和维修等。在文明示范路项目建设上，经区交通运输局结合各地实际，多方听取意见，实地考察，确定文明示范路为指方村黄登组线，签订施工协议，工程已实施完工。在生命安全防护工程项目建设上，2019年岳塘区生命安全防护工程一阶段设计图纸已完成，共11个项目，总预算300.6万元，共计加装防护栏5100米，交通警示标志76块，反光镜和减速带83组，惠及10个村（社）。总预算少于20万元的7个项目已签订施工合同，实施完工。总预算多于20万元的4个项目，正进行招投标，该局严格把关，稳步推进，按时按质按量完成剩余任务。在道路提质改造工程项目建设上，完成X157线（2.8千米）提质改造工程；霞城街道阳霞路（0.53千米）“白改黑”提质改造建设。提质改造后，在绿化美化环境，方便居民出行，促进物流发展等方面起到重要作用。二是坚持问题导向，牢牢把住交通安全底线。在道路交通安全建设上，落实精神制定方案，根据潭办发电《关于坚决整治道路交通安全顽瘴痼疾的通知》文件和潭交安委《关于印发〈深入开展交通运输领域安全生产“大排查大管控大整治”行动工作方案〉的通知》文件精神，认真贯彻落实区委、区政府关于道路交通安全有关要求，结合全区实际，牵头起草《湘潭市岳塘区道路交通安全顽瘴痼疾整治专项行动工作方案（审议稿）》和《岳塘区深入开展交通运输领域安全生产“大排查大管控大整治”行动工作方案》，经区委、区政府研究同意后，按照工作方案要求，把握时间节点，完成专项工作；为深刻汲取湘潭市“9·22”重大事故教训，国庆节前对全区农村公路、城中村道路安全隐患进行全面排查，正认真研究解决办法，计划同生命安全防护工程相结合，力求尽快解决隐患，保障人民群众安全；宝塔、书院路、建设路等街道迅速行动，在江边、湖渠、陡坡等区域设置减速带；城中村区域的福星、岳塘等村也利用项目建设的契机加大投入，提升农村道路通行能力。按照区领导的批示、指示和要求，重点督促中部国际商贸城隐患路段和X157线隐患路段。2019年9月30日，区人民政府副区长王林涛带队巡查岳塘中部国际商贸城内部道路、荷塘支路十一（红河路段）及荷塘街道沿线铁路、盘龙大观园交通拥堵路段、X157县道Y010乡道陡山坡需要修补路段和铁牛埠码头安全整改情况等重点交通路段，并作出重要批示。开展全面摸底排查行动，对岳塘区农村道路、城乡接合部、城中村道路进行摸排，排查出指方村、和平村、铁牛路、江边村等共计92处道路交通安全隐患，下一步将进行隐患梳理、持续摸排、持续整治行动，实现岳塘区交通运输安全隐患动态清零；走访东坪、霞城、荷塘等街道，针对4.5吨以下的货运车辆驾驶员，通过发放“迎国庆，保安全”宣传单，讲解道路安全法规的方式，营造安全生产气氛。在水上交通安全建设上，霞城街道下摄司村铁牛埠渡口凉亭已完工，渡口边设立六不发航制度石牌；积极协调马家河渡口关停工作；对五星渡口、铁牛埠渡口签单员进行船舶安全生产宣传和检查，加强水上交通安全管理。在城铁、普铁安全建设上，根据《湘潭市公跨铁桥梁、铁跨公桥梁（涵洞）、公铁并行路段安全隐患整治情况表》，沪昆铁路娄底工务段湘潭市岳塘区指方村村下左1115+930-970处，因平行铁路新建或改建道路，导致公铁并行防护栏失效，路面降低，基础裸露，存在机动车冲入铁路的安全隐患。采用加高路面，覆盖保护基础路段，完成整改。开展城际铁路安全隐患排查，查出10个隐患项目，正进行施工图纸设计、实地勘察等整改前期工作。在治理车辆超限超载工作上，贯彻落实《湖南省车辆超限超载治理办法》《关于进一步加强货物运输车辆超限超载治理的通知》等重要文件和省、市、区治超工作重要会议要求。高度重视治超工作，开展联合执法行动12次，召开治超工作会议3次，查处货运车辆20台；积极对接易家湾治超站，至2019年10月，查处货运车辆520台，转卸货物9765.5吨，扣分2367分。开展源头企业治超检查行动2次，其中，副区长王林涛带队检查1次，当场查获2辆超载货车，超载12立方米，经跟踪治理，相关货运公司已召开安全生产会议、修订安全生产方案，严格按治超要求更换运输车辆。三是坚持根本导向，服务经济发展重点项目。在服务中部国际商贸城重点项目建设上，经协调，确定128路公交车在2019年8月31日将通至岳塘国际商贸城。D85和8路两条公交线路待岳塘国际商贸城与东二环链接口开通后，按原方案执行。在服务盘龙大观园创5A重点项目建设上，协调30路公交车调整优化线路问题整改到位；协调X157线湘潭—株洲交接段，保障景区通行。在服务其他重点项目上，金阳农产品物流中心货物运输协调工作，促进物流行业发展，协调X157线提质改造工程，奖补资金到位290万元，按时按量完成岳塘区ETC推广任务。

（郭超英）

2019年岳塘区通自然村混凝土路面浇筑完成情况表

表20

序号	县（区）	所属乡镇	建制村	线路名称	线路编码	施工长度（千米）	备注
1	岳塘区	荷塘街道	清水村	西塘2号线	VX32	0.1173	已完成
2	岳塘区	荷塘街道	清水村	西塘线	VX30	0.721	已完成
3	岳塘区	荷塘街道	清水村	西塘1号线	VX31	0.2932	已完成
4	岳塘区	荷塘街道	指方村	指青线	VQ26	0.7532	已完成
5	岳塘区	荷塘街道	指方村	黄登支线	V009	0.1765	已完成
6	岳塘区	荷塘街道	指方村	茶园组1号线延长线	C12B	0.173	已完成
7	岳塘区	荷塘街道	荷塘村	势竹线	VS22	0.5266	已完成
8	岳塘区	荷塘街道	金群村	上华线	VS15	0.137	已完成
9	岳塘区	荷塘街道	正江村	基地线	VJ43	0.986	已完成
10	岳塘区	荷塘街道	正江村	古日线	V014	0.2366	已完成
11	岳塘区	东坪街道	顺江村	望天垄线	VW16	0.386	已完成
12	岳塘区	荷塘街道	荷塘村	势竹线支线	VS22	0.0975	已完成
13	岳塘区	荷塘街道	指方村	椴家组线	C92A	0.247	已完成
14	岳塘区	荷塘街道	指方村	黄金组线	V002	0.093	已完成
15	岳塘区	荷塘街道	指方村	黄金组1号线	C15A	0.2455	已完成
16	岳塘区	荷塘街道	指方村	从木组线	C28B	0.3	已完成
17	岳塘区	荷塘街道	指方村	关山组线	V013	0.2314	已完成
18	岳塘区	荷塘街道	指方村	青山组线	V014	0.2477	已完成
19	岳塘区	荷塘街道	指方村	茶园组线	C93A	0.177	已完成

续表20

序号	县（区）	所属乡镇	建制村	线路名称	线路编码	施工长度（千米）	备注
20	岳塘区	荷塘街道	指方村	茶园组1号线	C12B	0.2185	已完成
21	岳塘区	荷塘街道	指方村	茶园组2号线	C35B	0.175	已完成
22	岳塘区	荷塘街道	指方村	黄金组2号线	V036	0.22	已完成
23	岳塘区	荷塘街道	指方村	伍家组线	C90A	0.0488	已完成
24	岳塘区	荷塘街道	指方村	黄登组线	V009	0.5486	已完成
25	岳塘区	荷塘街道	指方村	从木组1号线	V012	0.13	已完成
26	岳塘区	荷塘街道	指方村	伍家组1号线	C28A	0.1171	已完成
27	岳塘区	荷塘街道	指方村	车皮组线	C34A	0.1682	已完成
28	岳塘区	荷塘街道	指方村	车皮组1号线	V022	0.2375	已完成
29	岳塘区	荷塘街道	指方村	新塘组线	V035	0.2538	已完成
合计						8.263	

2019年自然村通水泥路建设工程中间计量情况表

表21

建设单位		岳塘区交通运输局				
工程名称		湘潭市自然村通水泥路建设工程				
项目名称		18厘米厚C25混凝土路面				
序号	乡镇村	线路名称	本期计量数量（千米）	是否贫困村	错车道（处）	备注
1	荷塘街道—指方村	指青线 VQ26	0.7532	否	2	完成
2	荷塘街道—指方村	黄登支线 V009	0.1765	否	0	完成
3	荷塘街道—指方村	茶园组1号延长线 C12B	0.173	否	0	完成
4	荷塘街道—清水村	西塘线VX30	0.721	否	2	完成
5	荷塘街道—清水村	西塘1号线 VX31	0.2932	否	1	完成
6	荷塘街道—清水村	西塘2号线 VX32	0.1173	否	0	完成
7	荷塘街道—荷塘村	势竹线 VS22	0.5266	否	1	完成
8	荷塘街道—荷塘村	势竹线支线 VS22	0.0975	否	0	完成
9	荷塘街道—金群村	上华线 VS15	0.137	否	0	完成
10	荷塘街道—正江村	基地线VJ43	0.986	否	3	完成
11	荷塘街道—正江村	古日线 V014	0.2366	否	0	完成
12	荷塘街道—顺江村	望天垄线 VW16	0.386	否	1	完成
合计			4.6039		10	

2019年岳塘区经停境内公共交通线路一览表

表22

线路	首末站	途经主要站点
1路	火车站—半边街	火车站、草塘市场、水务局、杨家湾路口、园林处、基建营、康星百货、体育中心、建设中路、莲城步行街北、市三中、工人新村、菊花塘公园、泗神庙、新五村、湘钢二中、湘潭大道路口、岳塘、岳塘路口、工程学院南院、岳塘公安分局、下摄司、中洲路口、半边街
3路	新城社区—涟水桥	新城社区、岳塘区政府、汽修厂、纺配、铭扬广场、板塘步步高、货运东站、特殊学校、市粮站、公安局、汽车东站北、电厂新村、芙蓉农贸市场、锦源广场、市政府、广电中心、劳动局、十二中、高新技术大楼、天鹤村、华都国际大酒店、莲城步行街、建设路口、建设中路、体育中心、民主路、民主路西、二医院、财政局、湘潭宾馆、南盘岭、汽车西站、砂子岭、龙行天下、科林医院、市互感器厂、长城渔场、滨湖西郡、林敏医院、县公路局、中心组、市真空电器厂、高坪、长城加油站、红太阳油站、涟水桥北
5路	新城社区—砂子岭	新城社区首、岳塘区政府、汽修厂、纺配、铭扬广场、板塘步步高、货运东站、板摄路口、汽车城、双拥广场东、电调中心、中天家居广场、疗养院、盘龙山庄、红月亮大酒店、住房公积金中心、煤机厂、河东大道路口、建设中路、体育中心、雨湖区政府、海会寺、市十一中、中医院、白石古莲城、许家铺子、九中、汽配城、砂子岭首末站
7路	马家河—东坪镇	马家河水泥厂、潭州商砼、金三角、石灰厂、双马安置区、马家河供电所、板霞路口、新站社区、月华村、和尚岭、珀景花园、社会福利院、龙塘、市七中、板马公寓、工农完小、五一村、板塘蔬菜市场、三医院、板塘步步高、货运东站、板摄路口、汽车城、双拥广场东、双拥广场、福星国际金融中心、红旗商贸城北门、湖南工程学院、福星中路、宝塔路口北、福星中路西、体育中心南门、东坪镇
8路	荷塘城铁站—铁牛埠	荷塘城铁站、五爱村、江滨、岳塘区政府、汽修厂、纺配、铭扬广场、板塘步步高、货运东站、特殊学校、市粮站、公安局、汽车东站北、高新德国工业园、湘电风能、远大住工、莱茵城、城建学校高新校区、消防中队、煤站、友谊广场东、一医院、斑竹塘、工程学院南院、岳塘公安分局、下摄司、栗塘村、岳塘区一完小、自建社区、三株路口、腾达模具、湘钢水泥厂、铁牛埠涵洞、长青建材、铁牛埠
10路	电大—县一中	电大、湘大职院、甘亭寺、高岭路口、食品机械厂、崇佛寺、中心村、中心村委会、先锋乡、江麓小学、党校、江麓广场、广云路口、湘运总公司、长途汽车站、基建营、康星百货、体育中心、建设中路、建设路口、莲城步行街、华都国际大酒店、天鹤村、晓塘、晓塘路口、高新区管委会、故里居、海诺电梯、高新火炬园、城建学院高新校区、莱茵城、二桥北、二桥南、中南建材广场、山水金庭、县一中、金霞广场、县国土局、贵竹安置区
11路	万楼—电机北门	万楼、文昌村、文昌村南、新景家园东、三桥北、雪园村、百姓家园、文家围子、通济门路、雨湖公安分局、熙春门路、口腔医院、雨湖、体育中心、建设中路、建设路口、莲城步行街、华都国际大酒店、天鹤村、心连心芙蓉广场、湘潭大道路口、峨眉路口、希望大厦、斑竹塘、一医院、友谊广场南、电机北门
12路	东坪镇—宝安江南城	东坪镇、福星西路口、三角坪社区、市三路、工人新村、菊花塘公园、霞光路口、霞光路、建霞路口、卫生局、湘银纳帕溪谷、市总工会、湖湘公园、市人大、军分区北、市教育局、高新路、岳塘区法院、西塘村、高新企业加速器、五岳新城、毛塘、板塘街道办事处、宝安江南城
15路	半边街—义乌商城	半边街、中洲路口、下摄司、岳塘公安分局、工程学院南院、斑竹塘、一医院、友谊广场、电缆菜场、晓塘、天鹤村、华都国际大酒店、莲城步行街、建设路口、建设中路、体育中心、一桥北、工人文化宫、解放路口、中山房管所、货运码头、大码头、唐兴寺、白石古莲城、许家铺子、九中、汽配城、金都大市场、长城乡政府、湘仁医院、农产品市场路口、公交西站、洪桥村、义乌小商品城
16路	法华村—阳塘	法华村、法华村委会、法华山、姚家塘、马家河收费站、板马路口、马家河水果市场、马冲、新电厂、新电社区、迅达集团、迅达路口、市救助站、高新国土分局、人防指挥中心、汽车东站、电厂新村、芙蓉农贸市场、双拥南路、故里居、高新区管委会、晓塘路口、晓塘、心连心芙蓉广场、湘潭大道路口、岳塘、岳塘路口、工程学院南院、岳塘公安分局、下摄司、中洲路口、半边街、南国路、湘电南门、迎东社区、阳塘

续表22

线路	首末站	途经主要站点
19路	火车站—半边街	火车站、草塘市场、水务局、杨家湾路口、园林处、基建营东、大同花苑、通济门路口、文家围子、金海大布市、三桥北、天虹欢乐魔方、福星国际金融中心、红旗商贸城北门、湖南工程学院、福星中路、盘龙布市、住房公积金中心、煤机厂、河东大道路口、建设路口、莲城步行街、霞光路、岚霞中路、岚霞南路、心连心芙蓉广场、晓塘、电缆菜场、友谊广场、一医院、斑竹塘、工程学院南院、岳塘公安分局、下摄司、中洲路口、半边街
21路	十万垄—邓桥山庄	白石古莲城、许家铺子、九中、汽配城、客运管理局、民康医院、滨湖小区、迎宾路、二医院、市十一中、海会寺、雨湖区政府、雨湖、口腔医院、熙春门路、雨湖公安分局、熙春路油气站、雪园村、三桥北、天虹欢乐魔方、双拥广场、湘潭医卫职院、市教育局、高新路、汽车车站北、高新德国工业园、凳桥山庄
22路	火车站—东方锦泰	火车站、草塘市场、水务局、杨家湾路口、园林处、长途汽车车站、老人大、体育中心北、沿江风光带、市妇幼、福星集贸市场、工程学院北门、木鱼湖公园、福星中路、湖南工程学院、红旗商贸城北门、福星国际金融中心、双拥广场、湘潭医卫职院、军分区、市委、双拥南路、海诺电梯、高新火炬园、湘江学府、红霞小学、彩霞名苑、东方锦泰
23路	火车站—县电力局	火车站、草塘市场、水务局、杨家湾路口、园林处、基建营、康星百货、民主路、白马湖路口、雨湖区政府、体育中心、建设中路、建设路口、莲城步行街、华都国际大酒店、天鹤村、高新技术大楼、十二中、劳动局、广电中心、市政府、锦源广场、芙蓉农贸市场、电厂新村、高新德国工业园、湘电风能、远大住工、二桥北、二桥南、县水利局、五洲通、凤凰中学、白石广场、步步高、县司法局、县政府、县电信局、县新华书店、县电力局
24路	板塘铺—义乌商城	板塘铺、铭扬广场、板塘步步高、货运东站、特殊学校、市粮站、公安局、汽车东站北、电厂新村、芙蓉农贸市场、市委、军分区、湘潭医院职院、双拥广场、天虹欢乐魔方、三桥北、金海大布市、文家围子、通济门路口、大同花苑、基建营东、长途汽车站、芙蓉影院西、湘潭宾馆、南盘岭、汽车西站、砂子岭、长城乡政府、湘仁医院、农产品市场路口、水泵房、洪桥村、义乌小商品城
25路	江麓广场—江麓广场	江麓广场、益智中学、省建三公司、市二中、白马湖路口、雨湖区政府、体育中心、建设中路、河东大道路口、煤机厂、宝塔路口、物价局、广电中心、市政府、市委、军分区、湘潭医卫职院、双拥广场、天虹欢乐魔方、天桥北、金海大布市、文家围子、通济门路口、大同花苑、基建营东、长途汽车站、湘运总公司、广云路口、江麓广场
27路	板塘城铁站—法华村	板塘城铁站、五里堆社区、板塘步步高、铭扬广场、纺配、汽修厂、岳塘区政府、江滨社区、江滨、五爱村、荷塘城铁站、清水学校、农场路口、综合农场、荷塘农场、颜家坡、贺家冲、傅家屋场、红旗水库、托塘瓦屋、法华村部、法华村
30路	板塘城铁站—十里冲	板塘城铁站、五里堆社区、板塘步步高、铭扬广场、纺配、汽修厂、岳塘区政府、江滨社区、江滨、五爱村、荷塘乡政府、新奥储气站、团山铺、中部机械物流园、步步高物流园、荷塘路口、杜家组、荷塘村部、红旗组、汉林组、青山村、芝樱园、盘龙大观园、十里冲
31路	昭山—东坪镇	东坪镇、福星西路口、三角坪社区、莲城步行街北、河东大道路口、煤机厂、住房公积金中心、盘龙山庄、疗养院、中天家居广场、电调中心、双拥广场东、汽车城、板摄路口、货运东站、板塘步步高、铭扬广场、纺配、汽修厂、岳塘区政府、江滨社区、江滨、五爱村、荷塘乡政府、新奥储气站、团山铺、步步高物流园、荷塘、昭山国土分局、盘龙大观园、城建学院新湖校区、四维、湘春楼、长株潭布市、株易路口、昭山镇政府、昭山示范区、易家湾、窑洲、化机厂、南天学校、昭山
32路	板塘城铁站—中心医院南院	板塘城铁、五里堆社区、滴水湖公园、汽车城西、火炬小学、市教育局、军分区北、湖湘北路、纳帕溪谷后湾、湘银纳帕溪谷、卫生局、建霞路口、霞光路、霞光路口、泗神庙、新五村、湘钢二中、湘潭大道路口、峨眉路口、希望大厦
34路	昭山城铁站—七星村	昭山城铁站、长株潭大市场、株易路口、昭山镇政府、昭山示范区、易家湾、晴岚路口、罗家香铺、铸厂围子、晴岚路朝阳路口、枫树坳、安子坪桥下、瑞石岭、七星村委会、油麻冲、汤家屋场、马鞍村口、马鞍村、柿子坪、七星村

续表22

线路	首末站	途经主要站点
35路	昭山城铁站—义乌小商品城	昭山城铁站、红易大道、株易路口、长株潭布市、湘春楼、四维、城建学院新湖校区、盘龙大观园、昭山国土分局、荷塘、步步高物流园、团山铺、新奥储气站、荷塘乡政府、五爱村北、四桥北、四桥西、四桥路口、五矿尊城、潭九路口、国土局、石马头、科技大学南门、赤马路口、二十三冶、雨湖区武装部、桃园公寓、桃园世纪广场、五医院、工贸中专、高岭路口、技师学院路口、湘大体育馆东、红月山庄、湘大南门、长城中学、平安驾校、义乌小商品城
36路	昭山景区—玉屏村	昭山景区、昭山村、钟家塘、天鹅冲、白合分社、昭山服务区、白合村口、白合村、茅坡岭、金星村口、金星村、玉屏村南、玉屏村
106路	火车站—下摄司	火车站、草塘市场、水务局、杨家湾路口、园林处、基建营、康星百货、体育中心、建设中路、建设路口、莲城步行街、华都国际大酒店、天鹤村、晓塘、电缆菜场、友谊广场、一医院、斑竹塘、工程学院南院、岳塘公安分局、下摄司
高新1专线	宝安江南城—东坪镇	宝安江南城、天士力、高新双马工业园、迅达集团、迅达路口、市救助中心、高新国土分局、人防指挥中心、汽车东站、高新德国工业园、凳桥山庄、吉安路社区、茶园路、湘电风能南、远大住工、莱茵城、城建学院高新校区、高新火炬园、海诺电梯、故里居、高新区管委会、晓塘路口、晓塘、天鹤村、华都国际大酒店、莲城步行街、建设路口、建设中路、体育中心南门、东坪镇
高新2专线	东坪镇—五桥北	东坪镇、福星西路口、三角坪社区、莲城步行街北、建设路口、莲城步行街、华都国际大酒店、天鹤村、晓塘、晓塘路口、高新区管委会、故里居、海诺电梯、高新火炬园、城建学院高新校区、莱茵城、花漾年华、新华村、新华村东、幸福路口、庭香学校、迅达科技园、迅达集团、象形村、湘潭屹丰、五桥北
湘潭综保区河东专线	万达广场—综保区	万达广场、高新区管委会、宝塔北路牡丹路口、十二中、高新技术大楼、天鹤村、华都国际大酒店、莲城步行街、建设路口、河东大道路口、煤机厂、住房公积金中心、盘龙山庄、疗养院、中天家居广场、电调中心、双拥广场、天虹欢乐魔方、三桥北、富强村、富鑫源小区、永红村、步步高新天地、四桥路口、四桥西、沿江路、九华和平小学、五矿万境水岸、湾田九华湖壹号、正东佳源、广绘轴承、合山社区、南方机电、新景未来城南、美江国际社区、帝豪国际、钢材物流园、桃李路口、城果广场、湘潭国际会展中心、威胜电气、九昭西路、木头塘、青竹冲、严家塘、湘潭综保区
D85路	综保区—荷塘城铁站	湘潭综保区、严家塘、青竹冲、木头塘、山水泵业、湘潭国际会展中心、国检中心、白石路口、泰富重工西门、麻园路口、湘潭北站、兴隆村口、冯家村口、泰富重工、佰利奥体城、市公安局新址、国中水务、罗家祠堂、九华公安分局、九华首末站、合山社区、广绘轴承、正东佳源、湾田九华湖壹号、五矿路口、九奥路口、四桥西、四桥东、五爱村东、荷塘城铁站
101路	江声中学—湘潭北站	湘潭北站、麻园路口、泰富重工西门、泰富重工、佰利奥体城、疏港路口、金海重工、鼎盛石油、合山社区、广绘轴承、正东佳源、富瑶天下、九华管委会、红旗社区、百合御都、翰林居、五矿尊城、四桥路口、四桥西、四桥东、五爱村北、五爱村、江滨、岳塘区政府、汽修厂、纺配、铭扬广场、板塘步步高、货运东站、特殊学校、市粮站、公安局、汽车东站北、高新德国工业园、湘电风能、远大住工、二桥北、二桥南、中南建材市场、水印康桥、山水金庭、圆梦华庭、欣积福湾、天易小学、学府雅苑、县政务中心、鑫田国际大酒店、天易汽车站、县总工会、长江宾馆、金城、白石花园、白石广场、牛头岭汽车站、易俗河大市场、县中医院、湘莲大道路口
102路	昭山城铁站—中州路口	昭山城铁站、红易大道、株易路口、长株潭布市、湘春楼、四维、城建学院新湖校区、盘龙大观园、昭山国土分局、荷塘、步步高物流园、团山铺、新奥储气站、荷塘乡政府、五爱村、江滨、岳塘区政府、汽修厂、纺配、铭扬广场、板塘步步高、货运东站、板摄路口、汽车城、双拥广场东、电调中心、中天家居广场、疗养院、盘龙山庄、红月亮大酒店、住房公积金中心、煤机厂、河东大道路口、莲城步行街北、市三中、工人新村、菊花塘公园、泗神庙、新五村、湘钢二中、湘潭大道路口、岳塘、岳塘路口、工程学院南院、岳塘公安分局、下摄司、中洲路口

续表22

线路	首末站	途经主要站点
102路B线	下摄司—岳塘收费站	中洲路口、下摄司、岳塘公安分局、工程学院南院、岳塘路口、岳塘、湘潭大道路口、湘钢二中、泗神庙、菊花塘公园、市三中、莲城步行街北、河东大道路口、煤机厂、住房公积金中心、盘龙山庄、疗养院、中天家居广场、电调中心、双拥广场东、汽车城、板摄路口、货运东站、板塘步步高、铭扬广场、纺配、汽修厂、岳塘区政府、江滨社区、江滨、五爱村、荷塘乡政府、新奥储气站、团山铺、步步高物流中心、机械物流园东门、伟鸿食品、湖南乐维、岳塘收费站
105路	岳塘区政府—伍家花园	板七路口、新城社区、岳塘区政府、汽修厂、纺配、铭扬广场、板塘步步高、货运东站、板摄路口、汽车城、双拥广场东、电调中心、中天家居广场、疗养院、盘龙山庄、红月亮大酒店、住房公积金中心、煤机厂、河东大道路口、建设中路、体育中心、雨湖、口腔医院、熙春门路、雨湖公安分局、通济门路、通济门路口、大同花苑、基建营东、长途汽车站、湘运总公司、广云路口、江麓广场、益智中学、芙蓉影院西、湘潭宾馆、南盘岭、汽车西站、砂子岭、长城乡政府、湘仁医院、农产品市场路口、公交西站、洪桥村、义乌小商品城、湘大路口、伍家花园路口、宋家嘴、农科所、生物科技学校、伍家花园
107路	湘潭大学—下摄司	岳塘区一完小（下摄司）、栗塘村、下摄司、岳塘公安分局、工程学院南院、斑竹塘、医院、友谊广场、电缆菜场、晓塘、高新技术大楼、十二中、劳动局、广电中心、市政府、市委、军分区、湘潭医卫职院、双拥广场、天虹欢乐魔方、三桥北、富强村、富鑫源小区、永红村、步步高新天地、潭九路口、国土局、石马头、科技大学南门、赤马路口、二十三冶、雨湖区武装部、桃园公寓、桃园世纪广场、五医院、工贸中专、高岭路口、技师学院路口、湘大体育馆东、红月山庄、湘大南门
108路	易俗河—三桥北	吴家巷、车辆检测站、梅林派出所、县人民医院、花果山、县军干所、玉兰芳电影院、牛头岭、牛头岭汽车站、牛头岭农贸市场、白石广场、凤凰中学、凯旋国际、县水利局、中南建材市场、二桥南、二桥北、莱茵城、城建学院高新校区、消防中队、煤站、友谊广场东、友谊广场、电缆菜场、晓塘、天鹤村、华都国际大酒店、莲城步行街、建设路口、建设中路、体育中心、雨湖、口腔医院、熙春门路、雨湖公安分局、熙春路油气站、滨湖东郡、观湘门回程走观湘门、三桥北、雪园村、熙春路油气站接原线行驶
115路	砂子岭—暮云	砂子岭、汽车西站、立竹路口、南盘岭、湘潭宾馆、芙蓉影院西、省建三公司、市二中、民主路、康星百货、基建营、基建营东、大同花苑、通济门路口、文家围子、金海大布市、三桥北、天虹欢乐魔方、双拥广场、双拥广场东、汽车城、板摄路口、货运东站、板塘步步高、铭扬广场、纺配、汽修厂、岳塘区政府、江滨社区、江滨、十五爱村、荷塘乡政府、新奥储气站、团山铺、步步高物流园、荷塘、昭山国土分局、盘龙大观园、城建学院新湖校区、四维、湘春楼、长株潭布市、株易路口、昭山镇政府、昭山示范区、易家湾、窑洲、化机厂、南天学校、昭、昭山火车站、黄金村、暮云
116路	鹤岭镇—江声中学	鹤岭广场、鹤岭镇、鹤岭镇政府、湘鹤运输部、响水派出所、响塘加油站、七亩丘、交警五中队、瓷厂、湾塘子、花桥、黄龙村、弯船埠、毛集井、毛集井道口、技校、响水垃圾中转站、响水信用社、响水坝、金桐蔬菜基地、六冲塘变电站、粮校、天福陵园、桐子湾、桐子村委会、桃园路口、金塘湾、交通驾校、公汽河西分公司、雨湖消防大队、和平公园、湘运总公司、长途汽车站、基建营东、大同花苑、通济门路口、文家围子、金海大布市、三桥北、天虹欢乐魔方、双拥广场、湘潭医卫职院、军分区、市委、锦源广场、芙蓉农贸市场、电厂新村、高新德国工业园、湘电风能、远大住工、二桥北、二桥南、雪松路口、谭煤宿舍、县城管局、县商务局、云龙小学、县电力局、县新华书店、县电信局、县政府、县司法局、步步高、牛头岭汽车站、易俗河大市场、县中医院、湘莲大道路口
117路	科技大学—半边街	科技大学南门、赤马路口、二十三冶、雨湖区武装部、桃园公寓、桃园路口、金塘湾、交通驾校、公汽河西分公司、雨湖消防大队、和平公园、广云路口、江麓广场、益智中学、省建三公司、市二中、白马湖路口、雨湖区政府、体育中心、建设中路、莲城步行街北、市三中、工人新村、菊花塘公园、泗神庙、新五村、湘钢二中、湘潭大道路口、岳塘、岳塘路口、工程学院南院、岳塘公安分局、下摄司、中洲路口、半边街、电厂生活区、老发电厂

续表22

线路	首末站	途经主要站点
118路	汽车西站—湘钢一中	汽车西站、立竹路口、南盘岭北、南岭花园、南岭社区、老干所、先锋派出所、江麓小学、党校、江麓广场、广云路口、湘运总公司、长途汽车站、中心医院、口腔医院、雨湖、体育中心、建设中路、建设路口、莲城步行街、华都国际大酒店、天鹤村、晓塘、电缆菜场、友谊广场、医院、斑竹塘、希望大厦、湘钢一中、湘钢新二村
125路	板塘城铁站—竹埠港	板塘城铁站首末站、五里堆社区、板塘步步高、铭扬广场、纺配、汽修厂、岳塘区政府、江滨社区、江滨、赞秋学校、滴水农居点、电化工人文化宫、老电化厂、双埠村、电化社区、化剂厂、七亩垄、新桥社区、易家坪村、竹埠港
126路	卫生局—湘潭北站（九华）	卫生局、建霞路口、莲城步行街、建设路口、河东大道路口、煤机厂、住房公积金中心、盘龙山庄、疗养院、中天家居广场、电调中心、双拥广场、天虹欢乐魔方、三桥北、富强村、富鑫源小区、永红村、步步高新天地、翰林居、百合御都、红旗社区、九华管委会西、富伏路口、美江国际社区、帝豪国际、钢材物流园、赤江路、宏船科技、泰富重工西门、麻园路口、湘潭北站
湘潭公交CZT、101路湘潭、长沙	昭山城铁站—长沙汽车南站	昭山城铁站、长株潭大市场、株易路口、昭山镇政府、易家湾、窑洲、化机厂、昭山、昭山火车站、黄金村、黄金烟草物流园、暮云、暮云老火车站、童子坡、莲荷村、湖南科技职院暮云校区、花园岭、花园村、中意电冰箱厂、水电八局、山城明珠、暮云派出所、南托岭、省建四公司、牛角塘公交总站、核工业三、杨桥村、三兴小学、栗山村、大托分考场、大托城外城、中意路新梅路口、大托铺、友阿奥特莱斯、湘府中学、新屋里、外贸学院、中国保险学院、汽车南站过渡站
湘潭公交CZT、102路湘潭、株洲	昭山城铁站—红旗广场南	昭山城铁站、石金村、新楠村、黄茅、清塘坳、尚冲涵洞、白马垅、张家山、下响塘、三丘田、黄沙塘、虾子塘、煤气公司生活区、清水办事处、果园社区、清石广场、建设路天桥路口、响石广场南口、杉木塘、建设路贺嘉路口、中心广场北口—新华桥东—文化路口—红旗广场南
CZT—104路	湘潭十万垄—株洲火车站	天元桥东、徐家桥、建设路星通路口、株洲金都大市场、建设路车站路口、中心广场北口、建设路体育路口、神农公园—建设路贺嘉路口、文化园正门、芦淞国税局、白石港、杉木塘、桥梁厂、石峰公园南门、石峰公园、响石岭综合市场、响石广场西口、响田西路东、响田西路中、石峰桥东、铜霞路上沿河路口、铜霞路喻家坪路口、叶子冲、鸡头塘、木山、冶炼厂后卫门、冶炼厂路口、孙家巷、茶园坳、老屋湾、霞湾新小区、坝脚、袁家坝、十四车间、垃圾处理场、砂子码头、霞湾、合盛、栗才坡、马家河桥下、湘潭福寿陵园、湘潭福寿陵园西、云河村、马家河社区、马家河水泥厂、潭州商砼、金三角、石灰厂、双马安置区、马家河水果市场、马冲、新发电厂、新电社区、迅达集团、迅达路口、市救助站、高新国土分局、人防指挥中心、汽车东站、电厂新村、芙蓉农贸市场、市委、军分区、湘潭医卫职院、双拥广场、天虹欢乐魔方、三桥北、金海大布市、文家围子、通济门路口、大同花苑、基建营东、长途汽车站、芙蓉影院西、湘潭宾馆、南盘岭、立竹路口、汽车西站、砂子岭、金都大市场、汽配城、九中、许家铺子、白石古莲城

农 业

农业与农村工作

【概况】 2019年3月，区机构改革，成立湘潭市岳塘区农业农村局（以下简称区农业农村局），为区政府工作部门，正科级，对外加挂湘潭市岳塘区扶贫开发办公室牌子。中共湘潭市岳塘区委农村工作领导小组办公室（以下简称区委农办）设在区农业农村局。区农业农村局贯彻落实党中央关于“三农”工作的方针政策和决策部署以及省委、市委、区委关于“三农”工作的部署要求，在履行职责过程中坚持和加强党对“三农”工作的集中统一领导。下设三个副科级二级机构，分别为区畜牧水产事务中心、区农技推广服务中心、区农民素质教育管理办公室。

2019年，岳塘区农业农村工作以实施乡村振兴战略为总抓手，抓重点、强基础、补短板，大力发展特色现代农业，全力以赴脱贫攻坚，稳步推进农村各项改革，有效促进农业增效、农民增收和农村人居环境改善，确保农村经济社会平稳快速发展。

2019年，岳塘区全年完成农村居民人均可支配收入33347元，增速8.6%；荷塘现代农业示范园完成重点项目投资5.89亿元，农业产业取得长足的发展。全面开展村庄清洁行动，集中整治村庄环境卫生脏乱差问题，深入推进“厕所革命”，完成改厕3022户，推进农业生产废弃物资源化利用，积极推进美丽乡村建设，投入资金967.5万元，农村人居环境明显改善。农村土地承包经营权确权登记颁证工作基本完成。农村集体产权制度改革稳步推进，全面进入农村集体经济组织成员身份界定阶段。供销社改革全面推进，采取供销社改革（村级惠农服务社）与湖南省信息进村入户工程（益农信息社）相结合方式推进，全区16个行政村站点已全面完成。积极推进文明村镇创建。霞城街道阳塘村获评第五届全国文明村镇。着力抓好教育扶贫，提升农村社会保障水平，把产业帮扶、就业创业和消费扶贫作为农民增收主渠道，农村民生保障不断提高。

【农业产业化建设】 2019年，岳塘区推进农业产业化经营，大力培育壮大农业龙头企业。全区农业龙头企业达到8家，分别是国家级龙头企业1家，伟鸿食品股份有限公司；省级龙头企业2家，湖南东信集团有限公司、湖南唐臣粮油实业有限公司；市级龙头企业5家，湘潭上禧食品公司、湖南月意生态集团、湖南利佳生态农业综合开发有限公司、湖南莲城生鲜超市有限公司，湘潭新湘农生态科技有限公司，完成农业产业化龙头企业总产值60亿元。农业产业化的发展带动辐射作用明显增加，带动农民就业，与贫困户建立“长效利益联结机制”带动当地经济发展。

【美丽乡村建设】 2019年，岳塘区贯彻落实省委、省政府关于“千村美丽、万村整治”工作的部署要求，积极开展“十百千万”美丽乡村创建工作。重点创建省级、市级、区级美丽乡村各1个。建立三级书记抓的工作机制，每个创建村安排一名区级领导联点，指导美丽乡村创建工作。各个村根据各自创建验收的要求，制定创建工作实施方案，明确工作重点。

通过创建，2019年全区各创建村从农村改革、脱贫攻坚、人居环境、基础设施、基层治理等方面加大力度，取得明显成效，共投入资金967.5万元，惠及农民群众3040户，7827人。荷塘街道荷塘村被评为“2019年湖南省美丽乡村示范创建村”，霞城街道岳塘村被评为市级美丽乡村示范创建村，东坪街道联合村被评为区级美丽乡村示范创建村。区、街道、村积极“美丽家园”评选活动，共评选区级“美丽家园”32户。

【扶贫开发】 2019年，岳塘区在全国扶贫开发信息系统在册1279户3619人；全区建档立卡贫困人口100人以上的非贫困村13个。始终把脱贫攻坚作为头等大事和第一民生工程，按要求落实好“两不愁三保障”政策，不断巩固与提升脱贫攻坚工作成效。

【产业扶贫】 抓产业扶贫。坚持对困难群众负责，委托适合产业项目发展且有合作意愿的正江村湖南利佳蔬菜基地、五爱村上禧食品（原湘翼鸭业）、指方村科林苗木新品种种植基地与贫困户建立利益联结，通过“一企多村”的形式，实现“村村有产业项目，户户有产业帮扶”。

【就业扶贫】 抓就业扶贫。就业创业、技能培训等各项扶贫任务逐一落实。2019年实现新增贫困劳动力转移就业27人。

【居安扶贫】 抓危房改造。严格抓好鉴定工作，采取各种措施改造整治存在安全隐患的房屋，实现住房安全有保障。

【教育扶贫】 抓教育扶贫。构建覆盖全区所有学段贫困家庭学生的帮扶工作机制，认真落实“两免一补”政策、免费发放教辅材料政策。对农村建档立卡贫困家庭子女就学实施“补天窗”政策。2019年，贫困家庭子女无一辍学，对1348名建档立卡贫困生发放教育助学金100.766万元。落实雨露计划学历教育补助政策，2019年春秋季共补助198人次，发放“雨露计划”补助资金32.55万元。

【卫健扶贫】 抓健康扶贫。全面落实贫困人口参保补助政策，建档立卡贫困人口3619人全部参加城乡居民医保和大病保险，并由政府代缴扶贫特惠保。实施“先诊疗后付费”、“一站式”结算服务，确保农村贫困人口在区域内住院综合保障后实际报销比例达到90%。“三个一批”落实到位，通过成立家庭医生签约服务团队，对慢性病贫困人口进行签约服务，签约率100%。

【兜底保障】 抓兜底保障。抓好农村低保制度与扶贫开发政策有效衔接，实现“应保尽保、应兜尽兜、应退尽退”。

【生活用水安全】 抓饮水安全。2019年，对全区范围内的建档立卡贫困人口饮水安全问题进行四次普查，从根本上解决问题，实现建档立卡贫困人口饮水安全问题清零。

【农村环境整治】 2019年，根据中央及省、市《农村人居环境整治村庄清洁行动方案》部署安排，全区上下一盘棋，扎实开展农村人居环境整治工作，农村人居环境得到明显改善，荣获“全市农村人居环境整治工作先进单位”称号。

【村庄清洁行动】 全面开展村庄清洁行动。各街道围绕“四清一改”，重点抓好城乡接合部、农户庭院、卫生死角的卫生整治。共清理陈年垃圾15127吨、清理河塘沟渠1498处、清理卫生死角17708处，拆除空心房12处，共计183平方米，拆除违章建筑49处，共计8556.66平方米，改建垃圾池467个，发放垃圾桶1610个，全年出动整治人员24410人次、出动工程车辆3199次，周边绿化72020平方米。

【农村生活垃圾处理】 加强农村生活垃圾治理。建立完整的“户收集—村转运—区处理”三级农村垃圾清运体系，街道聘请专门清扫人员、垃圾清运人员和车辆，每日定期对沿线生活垃圾、渠道垃圾、卫生死角进行集中清理。农村生活垃圾治理覆盖全区16个行政村。

【厕所改造】 深入推进“厕所革命”。岳塘区作为全省18个“厕所革命”整县推进的示范单位。各村挂图作战，全面完成3022户厕所改造任务。

【村庄道路建设】 加强村庄道路建设，完成12.5千米。推进农业生产废弃物资源化利用，畜禽粪污资源化利用率达85%。农作物秸秆综合利用率达92.86%。

【农村“三农”经济】 牢牢把握服务“三农”主线，努力实现农业增效、农民增收、农村社会稳定的总目标。积极推进农村土地确权“回头看”工作，推进农村集体产权制度改革，加强农民权益维护和农民负担监管，积极培育新型农业经营主体，激活农村经济的内生动力。

【农村土地确权】 扎实开展农村土地确权“回头看”工作。全面排查农村土地承包经营权证书颁发情况、确权数据质量情况、档案建档和管理情况、资料和数据保密管理情况、中央财政补助资金管理使用情况等，各项工作均按要求完成。土地确权颁证率98.7%，信息应用平台建设已完成，数据已汇交至农业农村部，农户档案已整理完成并移交入区档案馆。

【集体产权制度改革】 稳步推进农村集体产权制度改革。全区农村集体产权制度改革工作涉及6个街道16个行政村7个集资委，近5万农村人口，2019年完成农村集体经济组织成员身份界定，进入集体资产股权量化及村集体经济组织登记赋码阶段。

【农民权益保护】 加强农民权益维护和农民负担监管。进一步规范村级财务管理，发放农民负担监督卡1.2万份，让农民群众充分了解减负惠农政策，切实有效的减轻农民的经济负担。积极培育新型农业经营主体。努力提高新型农业经营主体的示范带动作用，2019年成功创建2家市级示范农民专业合作社。

【农业产业发展】 2019年，岳塘区持续抓好一二三产业融合，推进产业联动。抓好以盘龙大观园为核心的休闲农业、观光农业建设，积极支持盘龙大观园创建国家AAAAA级景区和中国杜鹃花博物馆建设。做好农产品加工、产业链延伸的文章。抓好申报的湖南省湘潭市农产品骨干冷链物流基地建设项目和58众创·乡村振兴产业园、汉林旅游综合开发等项目建设。做好“农业+”、促融合的文章，推动一二三产业融合发展。着力拓展产业规模。推进花果产业规模化，有效整合盘龙大观园、指方村、荷塘村、清水村资源，打造集中连片“千亩花果园”特色基地。

【产业平台建设】 着力推进产业融合深度。大力发展休闲观光农业和乡村旅游，积极推进沈家湾旅游综合开发项目建设，从建设美丽乡村向经营美丽乡村转变，推动一二三产业融合发展。着力扩大产业平台影响。充分发挥岳塘国际商贸城、58众创等载体作用，在“三带三帮”脱贫奔小康现场对接活动和“三湘农品嘉年华，福满莲城年货节”成功经验的基础上，完善平台建设和益农社建设，整合特色优质农产品资源，加快以消费为引领的产业集群建设，推动“湘品出湘”，更好的服务消费扶贫和特优农产品的线上线下交易。

【种植业】 稳步推进粮食生产。加强工作督查和遏制耕地抛荒，落实耕地地力补贴等惠农政策，加强科技推广服务，严格种子经营管理，全区粮食生产总体稳定。2019年全区粮食种植面积0.57万亩，其中水稻种植面积0.5万亩，主要为一季晚稻，旱粮作物0.07万亩。加强秋冬农业生产服务。在粮食种植的基础上，在水稻收割后及时抓好秋冬季种植，共种植油菜0.2万亩，蔬菜0.2万亩（含马铃薯等）。

【农机服务体系】 岳塘区农业局负责全区（包括高新区和昭山示范区）的农业机械管理服务工作。2019年，农机工作重点放在加强服务体系建设，全面落实农机购置补贴政策，大力推广先进适用的农业机械；农机安全生产结合新农村建设开展创建平安农机示范村活动。

【农机服务载体】 2019年，全区机耕面积4800亩，机插面积2200亩，机收面积4000亩，水稻机械化水平超72%；农机保有量332台，其中拖拉机316台。落实农机购置补贴政策，专人负责，确保农民真正得到实惠，加快农业机械现代化的推进进程。以创建“平安农机”为载体，不断创新农机管理机制体制，夯实农机安全管理基础。在重点时段、重点路段加强农机使用现场监管检查，发现问题及时处置整改，全年农机安全事故零发生。通过开展平安农机创建活动，荷塘街道滴水埠村获评“全市平安农机示范村”。

【蔬菜水果基地建设】 大力开展蔬菜基地标准化建设。重点抓好荷塘正江利佳蔬菜基地和盘龙现代农业示范园蔬菜基地标准化建设。其中，利佳蔬菜基地创建面积达1000亩，示范开展秋延后栽培辣椒、茄子取得较好的经济效益；盘龙现代农业示范园蔬菜基地继续建设高档农业设施，开发盆景蔬菜、园艺蔬菜和家庭菜园，集现代农业技术、现代农业设施于一体，形成休闲观光型“盘龙模式”。两个基地都受到上级一致好评，成功创建市级一类标准园，并被市列入重点蔬菜示范基地。

【畜牧水产】 2019年，全区出栏生猪1.8万头，牛、羊年存栏0.05万头，禽类14.2万羽；水产品总产量2564吨左右，其中捕捞产量36吨。年底存栏生猪0.69万头，牛、羊0.03万头，禽类2.34万羽。根据《长江流域重点水域禁捕和建立补偿制度实施方案》，湘江流域全面实行禁捕退捕，对全区共有11户专业渔民的船、网、辅助动力进行评估、回收、拆解，对证照进行回收，补偿52.4万元，截至12月31日全面完成退捕工作。开展禁养区现存20户畜禽养殖户退出工作，完成退养栏舍面积共5922.17平方米，退养补偿155.26万元。

【畜禽防疫】 全面开展春防、秋防动物防疫工作，全年共下发禽流感疫苗 7.1万毫升，猪口蹄疫疫苗 6.7万毫升，小反刍兽疫0.16万头份，牛羊口蹄疫苗0.6万毫升。完成免疫猪21630头，牛羊720头，禽类79934羽。确保岳塘区猪瘟、口蹄疫、高致病性禽流感、高致病性猪蓝耳病的免疫密度100%，免疫效果监测达省农业部标准。2019年，面对非洲猪瘟疫情，岳塘区全力开展防控工作。实行“一线工作法”、跨区调运落地报告制、“24小时值班”和领导轮值制，切实做好高速公路出口过往运载生猪及生猪产品车辆的监督、检查、消毒和登记等工作；严格落实疫情核查制度，对每天上市的生猪开展检验检疫核对登记，确保上市肉品有迹可查；进一步落实屠宰户、贩运户主体责任，下发告知书并签订责任状，严格禁止购销、屠宰病死猪和来自疫情省份的生猪。为确保非洲猪瘟防控工作的有效落实，降低养殖户损失，制定扑杀补助标准，全区共扑杀受感染的生猪 611头，全部作无害化处理，发放补助35.85万元；屠宰环节无害化处理生猪及其产品3201头。同时，坚持疫病防控与产业发展两手抓，强化生猪生产扶持，保护好生猪产业基础。为降低生猪养殖风险，增强生猪养殖风险御抵能力，认真落实政策性生猪保险工作，引导和鼓励养殖户积极投保。投保工作稳步推进，共投保生猪665头，投入资金3.19万元。

【农民素质教育】 2019年，深入学习贯彻中共十九大精神，以实施乡村振兴战略为总抓手，紧紧围绕现代农业发展，根据农情民意，制定可操作性强的阶段性培训方案，做到农民素质教育培训工作的针对性、连续性和长期性。利用互联网、田间培训、电话和微信等渠道，在各农业企业、合作社和农户中，搭建专家教授、农技人员或土专家与企业及农户的桥梁，为企业和农民提供技术指导和咨询服务，努力解决农业企业生产中遇到的技术难题，不断提高岳塘区农民素质教育水平，促进农业增效，农民增收和农村稳定。2019年，共举办9期培训班，完成农民素质教育培训817人次，其中，建档立卡贫困户培训班（三期）312人、三下乡现场技术培训52人、扫黑除恶培训班78人、农村人居环境整治厕所革命培训班150人、健康养生讲座培训班（二期）137人、农村集体产权制度改革培训班88人等。制作教学课件26个，印发资料6000余份，聘请素质高、专业理论强、实践经验丰富的专家、教授和专业技术人员授课。主要采用“学校授课+基地学习”“外出考察+现场指导”等形式进行培训，体现培训的针对性和实用性。（黄湘乾）

水 利

【概况】 岳塘区水利局主要负责贯彻执行国家及省有关涉水行政工作的法律、法规和方针政策，拟制全区水利工作的发展战略、中长期规划和年度计划，研究起草有关实施细则并监督实施。指导生活、生产经营和生态环境用水的统筹和保障等工作。岳塘区河长制工作委员会办公室服务中心的日常工作。区水利局核定行政编制5名，事业编制5名，其中，局长1名、副局长2名；湘潭市岳塘区河东大堤事务中心为区水利局管理的公益一类事业单位，副科级，事业编制48名，在编34人，其中，主任1名。湘潭市岳塘区仰天湖大堤事务中心为区水利局管理的公益一类事业单位，副科级，事业编制22名，在编14人，其中，主任1名。

【水利体系建设】 2019年水利局始终坚持以习近平新时代中国特色社会主义思想为指导，深入践行绿水青山就是金山银山的新发展理念，积极落实“节水优先、空间均衡、系统治理、两手发力”治水方针，全面贯彻上级水行政主管部门及区委、区政府关于水利工作决策部署，以“水利工程补短板、水利行业强监管”为总基调，以水生态文明建设为统领，以推进水利高质量发展为核心，紧紧围绕年度目标任务，统筹做好水旱灾害防治、重点项目建设、最严格水资源管理、全面推行河长制等各项工作，水利服务经济社会发展大局能力得到不断提升，为建设富饶美丽幸福现代化岳塘提供坚实的水利支撑。

【抗洪抢险】 坚持以“五个确保”为总目标，科学调度，应对水旱灾害取得全面胜利。2019年，全区降雨总量偏多，旱情平稳，汛情较为严重。全区水利系统按照“思想不松、标准不降、力度不减”的要求，切实做好防大汛、抢大险、救大灾的思想准备，全区防汛备汛高位调度不断加强，防汛责任机制和度汛预案精准科学，隐患排查整改及时坚决，应急演练扎实有效，防汛储备全面到位，在省、市组织的多次专项现场督查中，岳塘区防汛备汛工作均予以好评《湖南日报》《湘潭日报》上有多篇文章正面报道。尤其是7月9日以来，全区水利系统连续9天9夜三班倒、白+黑战斗在抗洪第一线。按照“加”大准备力度、“减”少损失风险、“乘”以工作效率、“除”去安全隐患的任务目标，先后组织派出水利技术专家14人10余批次，深入险情处置，现场制定方案，指导险情处置，17处突发险情得到有效控制，挽回直接经济损失400多万元，用“加减乘除”法筑牢全区水旱灾害防御工作安全线。

【水利建设投入】 坚持围绕乡村振兴战略，补齐短板，水利工程建设蹄疾步稳。突出“抓重点、增投入、补短板、强弱项”要求，开展以应急抢险、农村小水利建设、山洪灾害防治、“智慧防汛”等为主要内容的水利工程建设。全年累计完成水利建设资金投入4000余万元，投入劳动工日4.12万个，移动土石方7.18万立方米，出动机械台班1.2万个，完成水利工程70多处，修复水毁工程设施18处，渠道清淤改造20处，塘坝、堰闸维护24处，泵站维护13处，加固堤防3千米，清淤沟渠27千米，恢复和新增灌溉面积0.34万亩，改善排灌面积0.16万亩，为历年来投资额度最大、覆盖范围最广、受益群众最多的一年，全区水利建设投资、进度、质量均居全市前列。红旗渠防汛应急抢险工程、“五小水利”建设全面完工，山洪灾害防治和“智慧防汛”信息化建设有序进行，全区水利基础设施的防灾减灾综合体系支撑保障作用明显增强。

【湖河水系治理】 坚持以河长制为抓手，综合施策，河湖治理领先全市。3月上旬，辽宁省铁岭市水利局派出代表团到岳塘区考察借鉴河长制工作经验。全民共治纵深推进。第二十七届“世界水日”，岳塘区“集中+分会场+专项行动”的宣传方式被全市推介，湘潭日报、湘潭电视台进行专题报告，影响深远广泛。三级联治常态管理。区、街、村（社区）三级河长工作上下联通、信息共享、无缝对接的三级河长体系持续健全完善，全年区级河长巡河100余次，街道级河长巡河900余次，村级河长巡河1700余次，其中区、街道两级河长巡河APP使用率达100%在全市绝无仅有。重拳治乱成效明显。对《湖南省湘潭市疑似“四乱”问题清单》其中涉及岳塘区的3个河湖遥感监测疑似问题通过“查、看、问、听、寻”的方式逐一现场核对，严格按照“一单四制”要求，发现一处、整治一处、销号一处，在长江委、省、市组织的专项检查中获得好评。“样板河湖”创建不断升温。全面推进河湖岸线管理规范化，全区示范打造滴水湖、木鱼湖、南洋渠、菊花塘、红旗渠、湘江、三泉塘、大阳塘8条样板河湖已全部完成，全面实现岳塘区样板河湖“一村（社区）一亮点”的靓丽风景。创新激励持续发力。在全区总河长会议上审议通过《对河长制工作真抓实干成效明显地区进一步加大激励支持力度的实施措施》，争取的区财政20万元河长制专项奖励资金，在全市尚属先例。水土流失监管与治理突出实效。在全市范围内率先开展的长江经济带生产建设项目水土保持监督执法专项行动中及时依法交办岳塘区国际商贸城、胜利渠等重点流域水土保持补办手续，推动全区水环境持续转好。

【水资源环境管理】 坚持最严格水资源管理制度，规范管理，水环境保护乘势而上。2019年，始终牢牢坚持“节水优先”方针，强化水资源论证，严格规范取水许可，科学严控水资源开发强度，严格保护水资源，全面推进水生态保护修复。在长江委决策的取水工程（设施）核查登记工作中，岳塘区在全市率先启动，全面完成在省级取水工程（设施）目录清单中的52家区属企业填报任务，着力提升全区取水用水规范化，水资源管理精细化水平。水利部对全国县级区域内开展的水资源管理和节约用水监督检查工作是2019年度国对省、省对市最严格水资源管理制度考核的有力依据，岳塘区代表湘潭市接受全面检验，水利部监督司、水资源司、全国节水办领导在现场询问、实地查看、查阅资料抽查岳塘区取水、取水监管、饮用水水源管理、节约用水情况后给予岳塘区极高评价。

【农村饮水安全普及】 坚持以人为本，解民忧，农村饮水安全问题重整行装再出发。围绕脱贫攻坚、建成全面小康社会总目标，探索创新出“以奖代补、先建后补、公办民助、村（社）兜底”的筹资建设模式。全年完成农村饮水安全巩固提升工程总投资348余万元，其中五爱村248余万元，顺江村100余万元。两村自来水管网延伸工程已高效高质完工，统筹解决含建档立卡贫困户在内的1200多人的农村自来水普及问题。据统计，2019年全区农村集中式供水受益人口比例为89%，高于2020年湖南省终期目标85%，全区农村人口自来水普及率为89%，高于2020年湖南省终期目标80%。

【防范债务风险】 坚持防范化解债务风险，谋划长远，争资争项赶超预期。区政府2019年下达给该局的全年目标任务是1861万元，较上年目标任务增加122万元，增幅7%。年初，全局针对水利项目发展资金中发现的问题，切实把普遍问题找出来、把真实情况摸上来、把他人创新经验总结好；对早已看准，迟早要建的有效水利投资项目吃透政策抓好谋划，紧盯项目进笼子。截至10月，区水利局实际争取到位19个项目1340万元资金，完成年度目标的72%。

【防汛与抗旱】 全区共有一线大堤2处32.15千米，保护工矿企业单位350多个，保护面积5.1万亩，其中保护耕地2.65万亩。撇洪主渠12条，大小涵闸45处，排渍机埠13处47 台13945千瓦，有小型水库4座（其中岳塘区属3座），蓄水容量183.24万立方米，有塘坝615处，蓄水容量387.86万立方米。2019年全区共发生25处险情，经济损失59万余元，岳塘区水利局先后组织派出水利技术专家14人10余批次，深入险情处置，现场制定方案，指导险情处置，17处突发险情得到有效控制，挽回直接经济损失400多万元，被评为“2019年湘潭市抗洪抢险先进单位”。2019年旱情平稳，未发生旱灾。

【水利工程建设】 2019年累计完成水利建设资金投入4000余万元，投入劳动工日4.12万个，移动土石方7.18万立方米，出动机械台班1.2万个，完成水利工程70多处，修复水毁工程设施18处，渠道清淤改造20处，塘坝、堰闸维护24处，泵站维护13处，加固堤防3千米，清淤沟渠27千米，恢复和新增灌溉面积0.34万亩，改善排灌面积0.16万亩。

【农村饮水工程建设】 2019年完成农村饮水安全巩固提升工程总投资348余万元，其中五爱村248余万元，顺江村100余万元。统筹解决含建档立卡贫困户在内的1200多人的农村自来水普及问题。据统计，2019年全区农村集中式供水受益人口比例为89%，高于2020年湖南省终期目标85%，全区农村人口自来水普及率为89%，高于2020年湖南省终期目标80%。

【水资源管理】 2019年全面完成在省级取水工程（设施）目录清单中的52家区属企业填报任务，着力提升全区取水用水规范化，水资源管理精细化水平。

【河长制工作】 全年区级河长巡河100余次，街道级河长巡河900余次，村级河长巡河1700余次，其中区、街道两级河长巡河App使用率达100%在全市绝无仅有。全区已完成滴水湖、木鱼湖、南洋渠、菊花塘、红旗渠、湘江6条样板河湖的创建，向区财政局争取20万元河长制专项奖励资金。

【水土保持】 完成全区24处核查工作并对未办理水土保持手续的单位下达通知，审批水土保持方案3个；下达《依法编制水土保持方案的通知》29个，完善规费征收下达征收水土保持费通知3个，免征水土保持费单位1个；水土保持监督管理行为2019年水土保持方案的行政审批全部进窗。

【移民工作】 岳塘区有大中型水库移民人口为18人，移民后扶直补资金1.08万元。2019年核准移民后扶人口18人（荷塘3人、霞城3人、东坪7人、宝塔1人、建设路4人），及时将移民补助资金按照600元/人·年标准，通过“一卡通”形式发放到移民个人账户；2019年累计实施3个移民项目，投入扶持资金28.08万元，重点解决农田水利设施、村组交通、村居环境等薄弱环节，有效改善移民区的生产、生活条件。

【水利改革】 公布区水利本级“马上办、网上办、就近办、一次办”事项5项，区水利本级11项政务服务事项纳入“互联网+政务服务”一体化平台运行，依申请类政务服务事项网上可办结率达100%。

（何　畅）

住房和城乡建设·环境保护

住房和城乡建设

【概况】 根据《关于湘潭市岳塘区住房和城乡建设局职责和机构编制调整》文件精神，岳塘区住房和城乡建设局设行政编制7名，工勤编制1名，事业编制3名（空编），共计9人（其中局长1人，副局长2人，总工程师1人；其他编制人员5人）。内设办公室、市政股、住建股、人防办、市政服务中心5个机构。其中，办公室负责文电、会务、机要、档案等日常运转工作及承担信息、新闻宣传、安全、保密等及其他工作。市政股负责区本级城市基础设施建设和道路占破管理；宣传贯彻执行国务院《城市绿化条例》；小街小巷绿化补植绿化建设工作。住建股负责全区棚户区改造、危旧房、城中村建设相关工作；负责区经济适用房申请住户资料初审以及区公共租赁住房、棚改安置房建设等工作；参与全区新型城镇化及小城镇工作的统筹协调等工作；会同有关部门做好私房审批工作等。人防办负责全区人民防空工作。市政服务中心主要职责服务居民群众，随时接受城市110应急处理，负责危树处理、下水堵塞、破损井盖的更换、无物业小区的危房及围墙险情的处置。另外承担全区双修双改办、建设领域历史遗留问题处置办、黑臭水体治理办等重点中心工作任务。

【建设项目】 主抓双修双改，推动建设新进展。2019年，涉及岳塘区建设项目主要有以下几个方面：“双修双改”建设项目，全区“双修双改”建设项目任务为47个，截至12月27日，已开工项目28个，开工率为60%，累计完成投资27亿元。其中城市“双修”建设项目36个（市级任务29个，区级任务7个），市级任务已开工17个，开工率为47%，湘潭大道至钢城大道连接延长线项目、盘龙大观园（一期、二期）创建国家AAAAA级旅游景区提质改造及配套设施完善和岳塘区锦湘农贸市场建设3个项目已完成；农村“双改”建设项目11个，已开工9个，开工率为81%。一是盘龙生态小镇建设。11月7日盘龙生态小镇建设完成投资2.4亿元，完成年度目标任务50%。X157项目已投资约1.7万元，完成进度90%；红旗渠改扩建及生态治理工程总投资3.4万元，已完成部分路面施工、土方、防风墙等；完成盘龙大观园一期、二期原有设施设备更新、完善、改造等部分工作，房车小院项目已完成，中国杜鹃花博物馆项目已完成两型准入、立项、社会稳定风险评估、地勘、土地报批等工作，土地征收公告已公示，即将启动项目上市招拍挂工作。二是黑臭水体治理。辖区内6条已完成基础治理的渠道内日常管养由湘潭市政集团及施工单位负责，堤外环境卫生整治工作由属地街道负责管理。未完工的爱劳渠水体由原建设单位城发集团负责，爱劳渠黑臭水体综合整治项目已开工建设，建设单位为市棚改公司，施工单位为中交天津航道局。排查汇总全区零星黑臭水体治理共计10处，其中碧泉路、工程学院后、三湘大酒店、栈板塘4处零星黑臭水体已完成整治，货运东站黑臭水体正在治理中。七里冲沟沿线污水截流工程、汽车城片区雨污分流改造项目正在进行前期工作，纳入全区示范城市实施项目。

【争资争项】 主抓争资争项，积极保障新高度。2019年共计争取项目资金1.3亿元，超额完成2019年目标任务5768万元，完成率139%。其中争取七里冲沟沿线污水截流工程、汽车城片区雨污分流改造项目资金约3316万元，五改工程93万元，棚户区改扩翻项目1900万元，保障性安居工程配套设施建设项目2255万元，棚户区改造专项债券5850万元。

【民生实事】 主抓民生实事，群众满意新提升。一是品质岳塘建设项目。2019年市级提质改造5个老旧小区预计总投资约840万元，已完成现场勘测、设计、编制预算，正在协调财政评审，下一步将进行挂网和招标；5个老旧小区区级提质改造已完成招投标，施工队伍已进场施工。二是棚户区改造项目。2019年第一批190户改扩翻项目，电工机械厂、米厂宿舍改扩翻项目和解放村、大庆新村167栋、新型建材厂1栋宿舍改扩翻项目改扩翻项目正在全面施工。任务调整后第二批改扩翻项目（489户），正在或即将进行资格审查，准备走挂网程。1000户更新棚改项目，可通过高品质社区、老旧小区提质改造完成。

【服务群众】 主抓服务群众，品质岳塘新作为。一是加强市政设施维修维护，根据市长热线、城管信息平台、创卫督查、联点交办等，至今共处理市政维修维护450件，其中更换破损井盖250套，修补破损路面、人行道等8000平方米，新建、疏通下水管道6000米，更换路缘石800米，砍伐危树、枯树、修剪树枝300棵。二是新型城镇化建设，主动服务推进竹埠港片区转型发展，协调加快盘龙生态小镇概念性规划、前期手续办理及项目建设，积极指导并推广绿色建筑、装配式建筑。三是安全生产平稳。组织全区在建项目工地相关负责人进行安全生产专题培训，开展“提高灾害防治能力，构筑生命安全防线”主题的防灾减灾应急知识集中宣传活动，设置宣传展板，印制发放《岳塘区建筑施工安全知识》手册100份，提供现场咨询服务50人次。班子带队对金芙蓉国际广场、湘潭大道等项目进行安全生产检查。

【精准脱贫】 主抓攻坚之战，精准脱贫新成效。一是全力做好“精准扶贫”工作。根据2019年市、区农村危房改造工作要求，通过多轮次排查回头看，全区需对31户农村危房整体改造，涉及东坪街道5户，荷塘街道10户，霞城街道16户，已全部竣工，30户验收合格其中1户未达到验收标准，正在进行整改。验收合格的按照农村危房改造办法规定和程序，国省补助资金27.6万元全部拨付到位，区级补助资金46.11万元正在拨付。二是积极开展结对帮扶工作。全局结对帮扶联点东坪街道顺江村9名帮扶对象，分别制定帮扶计划和实施方案。2019年5月开始，结对帮扶责任人每月入户走访一次，全面落实“十必看”“五个一”“五知”工作要求。

【历史遗留问题处置】 主抓历史遗留问题处置，权证办理新增长。岳塘区纳入建设领域历史遗留问题和矛盾纠纷的项目共73个，其中第一批26个，第二批18个，第三批22个，政府性投资项目7个。按照市委、市政府及区委、区政府的统一部署，在各成员单位积极配合、市直部门大力支持下，2019年岳塘区建设领域历史遗留问题处置工作取得阶段性成果。斑竹新苑、建鑫二期、中天家居广场等项目打开办证通道，共有19个项目打开办证通道，2019年办理权证2015户，累计办证7363户。江景名城项目重新办理规划、报建、施工许可、预售许可等审批手续，并妥善协调原购房户与开发商的纠纷矛盾。冠发小区进入破产重整，协调资产管理人对一期房屋质量问题进行整改，并拟启动二期湘江公馆建设。协调推进宏通毕加索、时尚康都等项目处置工作。陆续梳理汽车城火炬学府、宏伟机械物流园等新遗留问题上报市处置办。（陈诗昱）

城市管理和综合执法

【概况】 2019年，城市管理工作按照区委、区政府关于城市管理精细化工作部署，以全区“两创一深化”为重点，严格对标，创新举措，凝心聚力，不断创新工作思路，巩固完善工作机制，按照“严格执法、文明执法、规范执法、为民执法”十六字方针要求，狠抓各项工作落实，努力提高城市管理执法和服务水平，为打造“四新”岳塘作出贡献。全年完成收缴非税收入791万元（其中，区执法局65万元，区环境卫生服务中心726万元），完成争资争项2708.22万元，超额完成任务20.21%。在全市城市管理工作综合考评中获一季度第一名、第三季度第二名、第四季度第三名，同时获得年度全市城市管理考核第一名；季度和年度同业对标考核中均获得第一名；获评2019年度人大代表建议和政协委员提案办理先进单位；获评湖南省住房和城乡建设厅“综合执法类先进单位”。

【工作作风建设】 岳塘区城管执法局在城管系统深入开展“强基础、转作风、树形象”三年行动，区城管局通过强化教育培训、完善制度建设、优化队伍配置、推进依法行政、改进工作方式、加强宣传引导等六项举措，切实推动工作作风上进一步改变、行政执法效率上进一步提升、政治意识上进一步增强，树立岳塘城管的新形象。坚持处罚与教育相结合，灵活运用说服教育、劝导示范、行政指导等非强制行政手段，杜绝粗暴执法。完善执法监督机制，严格落实党风廉政建设责任制，推进惩防体系、内控机制建设，加强对重点岗位、关键环节、敏感事项的监督制约，着力解决“四风”和“雁过拔毛”式腐败问题。

【优化队伍】 为坚决落实习近平同志关于城市管理工作要注重在科学化、精细化、智能化上下功夫的工作要求，岳塘城管科学优化城管力量，整合局执法队伍和各街道执法室力量，立足长远，制定《岳塘区城市管理和行政执法局分片包干工作方案》，并出台《执法队伍规范化建设考评办法》，对各执法队伍服务主体、作风形象、业务技能、内部管理和服务保障等五个方面进行考评，强化依法行政、文明执法，提升作风效能、业务技能和为民服务水平。为增强城管队伍精细化管理水平，推进执法全过程记录制度，一线执法队伍全部配备执法记录仪，在实施行政执法行为中，实现全过程留痕和可回溯管理，进一步规范行政执法程序，推动公正执法、文明执法。为深化拓展城管智能化，岳塘城管依托“智慧城管”信息平台二、三级平台机构，以及全区130余个城管摄像头，每日不间断对全区市容环境和市容秩序进行监管，对发现的问题及时交办相关片区中队和街道执法室，进一步提高城市管理事项的处置反应能力和速度，节约行政成本。2019年共处置“智慧城管”信息平台城管事件32188条，办结率均在99.9%以上。

【环卫精细作业】 始终贯彻精细化的管理理念，坚持环卫作业高标准、严要求。对主次干道实行24小时全天候无缝隙巡回保洁。落实辖区3885437.78平方米道路的清扫保洁、洒水降尘、道路清洗、生活垃圾清运等工作。2053653平方米道路的机械清扫和146350平方米绿化维护任务和38311.04米交通护栏的抹洗工作，以及1891个果皮箱、963个摇臂式箱桶、281个梯形不锈钢垃圾桶、21个垃圾斗的垃圾收集和保洁及维护；39座中转站的垃圾中转的维护和保洁（其中集装箱式中转站5座、液压式中转站34座）、76座公厕（8座环保型公厕和2座移动公厕）的维护保洁，全年共计清运垃圾、收集垃圾12万吨。

【环卫基础设施】 2019年新增2台后装式压缩挂桶车、3台餐余收集车、4台人行道清洗车、1台吸污车；摇臂式箱桶231个、中转站1座、公厕2座、车载移动公厕1座；安装垃圾分类桶579组。同时，荷塘、江滨两座垃圾中转站投入运行，5座移动公厕已完成安装任务并试运行；已完成20座公厕、10座垃圾中转站的除臭设施的采购和安装；已完成工业品市场厕所的改造任务和2座旱厕拆除重建工作。

【环境整治】 为进一步推进创建国家卫生城市工作，提高城市市容环境质量，结合“门前三包”和“路长制”工作内容，全局每周分片区联合相关属地街道及职能部门开展综合整治行动，一是开展岳塘区占道经营综合整治行动。对河东大道、东湖路、申塘路、钢城北路等主次干道，以及头头是道巷、兴和巷等背街小巷进行监管，特别是对湘潭金融商贸区周边市容环境整治、宝塔生鲜专项整治、红旗商贸城、万福街、农民街等周边市容环境开展联合执法整治行动，规范市容环境秩序。二是开展岳塘区校园周边环境及“马路市场”综合整治工作。劝导24所学校周边小游商、无证摊点占道经营5000余起。区城管委办制定《岳塘区“马路市场”周边市容环境综合整治行动工作方案》，从9月24日开始起按照严防死守、疏堵结合的形式，先后取缔或规范新屋路、稻香村、岳塘路钢城步步高及生鲜超市、晓塘西路等周边及沿线道路，进一步改善周边的市容环境。三是规范社区（村）人居环境，集中对辖区内所有菜地进行摸底并集中整治，重点对申塘路围东侧、云盘安置区、江边村、滨江路南等周边菜地进行规范管理，同时对乱搭乱建菜棚进行整改，2019年，共计铲除违规菜地100余处，清理垃圾50余吨，规范菜地200余处，拆除乱搭乱建125处，整改效果显著。四是积极参与创卫国检及创文复查测评工作。通过市民学校、板报、标语牌、电子显示屏、上门发送宣传资料等形式，全方位、多角度、多层次地营造创卫国检及创文复查测评工作的良好氛围。同时对稻香村、大阳及九洲农贸市场等14个农贸市场周边及东湖路、宝塔路等主要路段进行全面、不间断地开展市容环境整治。累计开展集中整治200余次，共计整治店外经营6000余处，劝导流动摊点近7500余个，发放3万余份宣传资料。

【餐饮管理】 继续开展餐饮油烟净化器安装工作，新增油烟净化器安装300余台，成功创建福星中路为全市无油烟示范街。重点抓好点外夜市取缔和点内夜市管理工作，主要针对莲城夜市一条街、新一佳等夜市集中区域周边进行规范管理，每周开展2次集中整治行动，劝导夜市占道经营现象2000余次，劝导查处夜市违规摊点1500余个，处理油烟和噪音扰民群众投诉480余起。为打好污染防治攻坚战，岳塘区已选定35家规模以上（灶头数≥4个）餐饮企业及单位食堂作为全市高效油烟净化和试点安装餐饮油烟在线监控设备对象。

【依法查处违建】 2019年，全区累计拆除违法建设面积8.9万平方米，其中，拆除旱厕4548.41平方米；项目内违法建设19938.99平方米；五年行动违法建设34393.81平方米；其他违法建设30219.19平方米。拆除户外广告6661.65平方米。并已按照中央环保督查工作要求，严格落实好绿心地区华任、飞山奇企业退出工作。

【渣土专项整治】 积极开展渣土专项整治行动57次，对城区道路和基建工地进行巡查和监管，对渣土运输车辆密闭不严、沿途撒漏、车轮带泥上路等违章运输现象开展专项治理，查处违章车辆84台，罚款21.65万元。

【环保执法】 为坚决打赢“蓝天保卫战”，岳塘城管专门成立一支执法队伍，严查餐饮油烟、垃圾焚烧、秸秆露天焚烧、散煤等行为。2019年，已完成餐饮企业及新增油烟净化器安装200余台，有180家餐饮门店已递交第三方检测合格报告。双拥路、湖湘西路、宝塔路、福星中路四条无烟示范街的工作，取得阶段性的胜利，达到预期的效果。

【物业管理】 牵头对2019年新版《湖南省物业管理条例》开展贯宣会，讲解业主大会和业主委员会成立程序。积极处理各类物管投诉。处理尚玲珑电梯故障，湘江学府安置区撤管问题、霞光山庄一期物业选聘问题等投诉100余起。在全区物业小区成立爱卫领导小组，对160余个小区设置安装创卫宣传栏、健康教育宣传栏。

【处理信访投诉】 完善来信来访分类登记制度，及时办理投诉工作。把做好信访投诉举报工作作为深化城市管理工作的有效切入点，定人定岗定职责。2019年共受理接待来访群众27批53人次，来电投诉105起，受理湖南省信访平台投诉5件，办理中央扫黑除恶2件（全部完结），湘潭在线4件（全部完结），网格平台投诉105件（全部完结）。

【民生实事】 受理人大代表建议、政协委员提案49件（其中建议26件，提案23件。）。由局领导牵头、登门走访、实地调查、专项整治、多方协调等措施，使办结率、答复率、满意率均为100%。

【安全生产】 以安全生产主题方案为依据，上下联动，齐抓共管，积极开展安全生产大检查和隐患排查治理工作。集中开展“打非治违”3000余次，立案300余起，出动执法人数30000余人次，总计罚款近100万元；坚持安全生产“一岗双责，党政同责”的工作要求，认真部署安全生产工作，全面深入宣传发动，组织全体干部职工学习专题会议12次，制作发放宣传手册500余份，专题宣传资料1000余份。

【燃气管道安全整治】 认真配合市城管执法局积极开展燃气管道安全隐患排查整治工作。并对环境卫生服务中心和荷塘新奥燃气站进行日常督查。

【党风廉政建设】 定期召开党风廉政建设部署会，将党风廉政建设工作纳入全年工作总体部署，共召开4次专题部署会；定期开展约谈、谈心谈话廉政活动，开展谈心谈话19次，与130人次开展廉政谈话；积极开展廉政专题教育。全年党委书记上廉政党课2次，班子成员到联点支部上廉政党课3次。充分利用廉政学习日、廉政宣传周、廉政学习月等活动，组织全体党员学习党章、《中国共产党纪律处分条例》等，深入领会宪法、党章、党纪的深刻内涵，并两次组织党员干部及入党积极分子等140人到红色基地接受廉政教育。

【作风建设】 通过节假日期间重点查、日常工作随机查的方式，向全局党员干部推送廉政提醒短信21批次1000余条，通报学习各类典型案例43次。对不良现象进行通报，全年开展日常督查52次，通报批评79人次。促进作风检查制度化、常态化，依托作风建设110热线平台，采用“四不两直”方式，紧盯“四风”问题。

【党建工作】 进一步健全党建工作责任制，制定《党建工作要点》《推进“党建领航工程”宣传工作方案》等方案，认真履行“一岗双责”，实行党建工作“月计划”“周调度”制，建立健全党委委员与支部联点模式，以制度层层压实管党治党主体责任；深入开展“五联五问”和“六个围绕”大调研活动；积极培育“三力提升人民服务，让城市生活更美好”的党建品牌。抓好队伍的学习教育。进一步完善局党委中心组年度学习计划，认真组织召开民主生活会。组织开展党员素质提升专项行动，积极发动党员参加市网络学院学习和党内知识竞赛活动。开辟“党的十九大”学习小课堂，推选《阔步新时代，奋战新征程，努力做优秀城市美容师》微党课。邀请区宣讲团成员宣讲十九大精神3次。夯基固本逐步提高党建科学化水平。进一步规范基层党支部设置，查摆、整改问题。表彰先进基层党组织3个，优秀党务工作者3名，优秀党员14名；严格践行“四责四诺”；组织开展各类交心谈心26次，约谈28人次；严格落实“三会一课”、广泛开展主题党日活动、志愿者等活动；组织党员观看《厉害了，我的国》《社会主义有点潮》等视频节目，集体学习杨汉军、黄群等5人的先进事迹。认真开展“党员先锋岗”“党员示范窗口”等活动，进一步激励党员工作热情和带头领学、领做先锋作用。积极开展“联点共建”活动8次；组织扶贫业务知识培训和测验，开展联点扶贫工作，向金群村困难群众慰问34000余元，并力所能及提供入学、就业等帮扶。

【城市管理宣传】 先后与湘潭电视台、《湘潭日报》、岳塘红网等主流媒体合作，共投递通讯200余篇，其中市级媒体报道40篇次。让广大人民群众更加了解、理解、支持、参与城管工作，营造全民参与、齐抓共管“大城管”格局。

（彭田甜）

岳塘区城市建设投资开发有限公司

【概况】 湘潭市岳塘区城市建设投资开发有限公司成立于2003年，是岳塘区人民政府投资注册的国有独资企业；是城建项目的投融资主体；是依据现代企业制度进行运作的企业法人；是着力打造集融资、投资、建设、运营、产业经营于一体的新型国有企业平台公司。公司注册资本1亿元，净资产4.15亿，拥有一支优秀的专业团队。作为区人民政府重要的项目运作平台，承担政府性项目建设任务、岳塘区范围内城市基础设施、公益性项目的投融资及建设，受区人民政府委托经营管理区政府特许经营权及停车场、广告位、地下管网（廊）等公共资源。公司在岗人员为23人，管理层5人，员工18名，公司内设四部一室，即综合管理部、财务融资部、资产管理部、工程管理部、纪检监察室。公司成立以来，作为建设业主先后实施板塘大道拓改、板塘地区棚户区改造、板七通江大道、双拥南路、岚霞路、胜利路、龙头坝安置项目、滴水安置区、板竹安置区、毛正坝安置区、冯家漫排水工程、上下岳塘综合治理等一批项目，为幸福新岳塘建设作出重要贡献，实现投资47亿余元。

在区委、区政府的坚强领导下，2019年，公司积极防范和化解政府性债务风险、提升内部管理水平、加快平台转型升级。在党的建设、国有资产管理、投资融资、增资增项和项目建设等各方面取得一定的成效。全年实现融资8750万元，创历史新高；经营收入578.068万元；争取上级专项资金625.2万元；为区财政实现国有资产变现2215万元；湘缆移交资产、板塘大道等历史遗留问题平稳妥善处置；晓塘棚改项目推进被推荐到住建部参与全国优秀棚改项目评选。

【项目建设】 晓塘棚户区改造项目（一期）。该项目涉及征收户数94户，征收面积23亩。为推进项目顺利开展，率先采用“两轮征询、三榜公示、公开签约”的征拆新模式，项目累计投资8363万元，投资目标完成率117%。云盘村唐家组地质灾害治理。该项目于2019年上半年启动建设，主体建设全部完工，已进入工程扫尾阶段。迎东棚户区改造项目。该项目涉及拆迁房屋总面积16688.81平方米，拆迁户数265户，全部为公司公有资产。2019年12月30日，与区优居中心签订迎东征收补偿协议，已起草公产腾退方案。历史遗留问题。实行党委总揽协调、定期专题研究、班子成员包干负责制，全面理清历年来12个招商引资、项目建设遗留问题，所有问题都得到有效的缓、化解。岚霞路项目工程市财评中心出具工程初审结果；板塘大道拓宽改造项目理清湘潭富瑞和省建工集团的结算主体资格，完成工程审计并出具审计报告，进入工程决算阶段；胜利路（东段）完成工程审计复核和审计报告初审结果；湘缆移交资产合作开发遗留问题与信泰置业、华鑫置业签订补偿协议，该问题得到有效化解；2017年老旧小区背街小巷尾款全面清零，协调解决龙头坝安置区居民屋面漏水问题。

【资产盘活】 一是资产盘活变现。晓塘棚户区改造项目（一期）内的19亩湘缆技校公产（财政收入）、12户私产户、4户半公产变现金额合计2550万元。与区优居中心签订迎东棚户区改造项目征收协议，合同金额10698.19万元。龙头坝安置房2019年共出售4套房屋、2个工具间，实现可观的销售收入。二是资产租赁收入。原装卸公司共计出租门面13个，包装分厂车间、友谊学校、华能机电配件公司、标准件厂等4处资产及公司办公楼部分资产出租，2019年总计租金收入103万元。三是出让金返还收入。原装卸公司土地出让金返还407万元（其中200万元上缴区财政）。

【融资工作】 一是强化银企合作。加强与金融机构的沟通协调，与建行、农行、农商行签订战略合作协议，共计取得授信资金11亿元。2019年已到位资金3050万元。二是争取部门支持。利用棚户区改造项目的政策优势取得市区两级财政、住建等部门支持，成功申请湖南省棚户区改造专项债券5700万元。三是畅通政企通道。利用国有企业改制、老旧小区改造、棚户区改造等优惠政策，争取国家保障性安居工程专项资金补助216.2万元，土地出让金返还407万元。

【党的建设】 一是突出政治导向。加强党对国企全面领导，构建“党建+管理”“党建+项目”“党建+资产”“党建+安全”体系，充分发挥“日日昇”党建品牌“润物细无声”“融合促发展”“率先做先锋”作用，以“不忘初心、牢记使命”主题教育为抓手，全年组织开展24次学习活动、5次专题研讨、2次知识测试，高质量开好民主生活会和组织生活会，全体党员的党性修养和宗旨意识得到全面提升。二是突出目标导向。以“五星”党支部为目标，抓实党委理论中心组学习，做好“三会一课”、主题党日、党员教育等基础性工作。三是突出问题导向。聚焦群众最困扰、最突出问题，开展清理拖欠民营企业中小企业账款行动，解决龙头坝安置区屋顶漏水、纺城铭苑开发用地围墙安全隐患、建设村井盖噪音扰民、装卸公司环境卫生脏乱差等问题。四是狠抓作风建设。全面深化从严治党，全年开展作风建设检查19次、提醒谈话44人次，完成区对平台专项检查20项问题整改并建立长效机制。以优良的工作作风积极推动公司金融风险化解，切实做好在建项目防尘、防噪措施，顺利完成脱贫攻坚省检实地考核工作，助力三大攻坚战。 （刘文娟）

优化人居环境事务

【概况】 根据区委机构改革精神，岳塘区优化人居环境事务中心于2019年3月26日正式挂牌对外办公，各项工作有序开展，确保工作不因改革断链。新组建的区优化人居环境事务中心，为区政府直属正科级公益类事业单位，不再保留区土地和房屋征收事务管理办公室、区土地和房屋征收事务所。根据《优居中心有关机构编制事项的通知》规定，核定编制数28名，领导职数1正3副，内设8个股室（即办公室、计划财务股、征管股、政策法规股、社会事务股、信息管理股、征地拆迁事务股、房屋征收事务股）。

【自身建设】 突出党建领航对中心各项工作的全面领导。一是强化基层党组力量。2019年支部班子进行换届选举，选优配强支委班子，由党建分管领导担任机关支部书记。二是紧扣“不忘初心、牢记使命”主题教育，将主题教育与新单位组建、征拆业务工作、解决历史遗留问题紧密结合，班子成员主动认领任务，带头参与调研，深入开展研讨，将学习教育、调查研究、检视问题、整改落实贯穿始终。中心接待信访投诉累计200余人次，全部按期回复，回复率100%。三是强化党建引领，助力精准扶贫。中心23名党员干部结对帮扶指方村23户困难家庭，累计支持指方村扶贫经费6万元，改造贫困户入户道路3.2千米，帮助销售农户种植的黄桃900斤1.35万元。主要负责人帮助帮扶对象进行房屋维修。四是强化内部管理。完善制定《“三重一大”事项决策、报告和监督制度》《党组议事规则》《财务管理制度》《劳务派遣人员管理办法》等。对工作不力、作风不实的人员进行清退，2019年6月，共清退人员50名。严格执行中心财务管理制度、公务接待管理等相关规定，2019年“三公经费”比2018年下降50%；每月不定期开展作风建设督查，2019年中心共下发督查通报13份。

【项目征拆】 棚改项目稳步推进。晓塘棚户区改造项目创造性地在湘潭市首次实行“两轮征询”阳光征收政策，累计完成签约92户，签约率98%；迎东棚户区改造项目按期完成扫尾清零；大板房二期棚户区改造项目已发布征地公告，涉及岳塘村84户已完成摸底，和平村75户正在上户调查摸底。扫尾攻坚有声有色。自10月16日任务下达以来，中心主要负责人带领项目工作人员，深入到项目一线，深入到征拆群众家中，耐心讲、诚心谈，市级交办的12个项目累计签约285户，面积88220.26平方米（其中国有签约97户，面积32128.98平方米；集体签约188户，面积56091.28平方米）；拆除15户，面积7401.9平方米；芙蓉大道复线及商城路项目完成扫尾清零任务。湘钢技改项目自12月21日启动签约以来，同样采用“两轮征询、三榜公示、集中签约”的“阳光征拆”操作模式，已累计签约190户，签约率达68%。三是积极解决个案问题。针对项目推进中存在的个案问题，积极上报市级协调处理，如易家坪棚改的中石化荷塘油库业主单位变更问题、滨江路守桥部队营房征收问题、十二中项目社保资金问题；多次邀请市优居中心到东坪、荷塘、霞城、书院路、下摄司等街道进行现场办公，解决项目扫尾攻坚存在的个案问题，如迎东棚改租赁户享受个人住宅奖励以及装修套档政策、东坪街道村级附属设施、荷塘街道滨江路、芙蓉大道复线等项目不可预计费用结算问题等。

（冯　宏）

2019年岳塘区征拆项目实施情况表

表23

序号	责任主体	项目名称	项目类型	总任务量			2019年以前累计完成量				2019年1—12月完成量				备注
							已签约		已拆除房屋		已签约		已拆除房屋		
				征地（亩）	房屋（栋/户）	面积（平方米）	房屋（栋/户）	面积（平方米）	房屋（栋/户）	面积（平方米）	房屋（栋/户）	面积（平方米）	房屋（栋/户）	面积（平方米）	
1	岳塘区	杨梅洲大桥工程建设项目	国有		30	8425.65	27	7025.65	27	7025.65					
2	岳塘区	杨梅洲大桥南北引线（含岚园路延长线）项目	国有		44	16603.08	44	16603.08	44	16603.08					
3	岳塘区	板塘片区棚户区改造项目（4号地块）	国有		16	3262.89	9	2146.56	8	1885.89					
4	岳塘区	东坪路西段	国有		17	4787.21	14	3236.36	10	2351.62					
5	岳塘区	湘江风光带（烧窑港—湘钢铁牛埠宽厚板码头段）	国有		318	57265.76	261	41365.96	211	32782.84					
6	岳塘区	福星西路建设项目	国有		1	23121.91					1	23121.91			

续表23

序号	责任主体	项目名称	项目类型	总任务量			2019年以前累计完成量				2019年1—12月完成量				备注
							已签约		已拆除房屋		已签约		已拆除房屋		
				征地（亩）	房屋（栋/户）	面积（平方米）	房屋（栋/户）	面积（平方米）	房屋（栋/户）	面积（平方米）	房屋（栋/户）	面积（平方米）	房屋（栋/户）	面积（平方米）	
7	岳塘区	板塘片区棚户区改造（3号）	国有		88	15168	88	15168	85	14784.38			3	383.62	
8	岳塘区	板塘片区棚户区改造（9号）	国有		19	2630.97	1	113.18							
9	岳塘区	阳塘路	国有		83	18541.36	78	11375.14	74	6154.09					
10	岳塘区	湘江东岸云盘片区环境整治及棚户区改造项目（集约用地和谐大厦及加油站地块）	国有		2	11458.60	2	11458.60	2	11458.60					
11	岳塘区	建设路农贸生鲜超市建设项目	国有		1	2944.11									
12	岳塘区	湘潭市电工路（湘潭下摄司经至易俗河至花石公路一期）工程	国有		136	60355.94	120	44894.63	10	5763.4			24	3166.8	
13	岳塘区	湘江河东风光带二期（景观工程）	国有		694	62030.67	687	55689.15	435	24040.87	1	135.53	4	639.33	
14	岳塘区	湘钢大板房片区（含城中村）棚户区改造项目（二期）	国有		48	5071.94	48	5071.94							
15	岳塘区	湘潭竹埠港工矿棚户区改造项目	国有		62	8590.30	62	8590.30	62	8590.30					

续表23

序号	责任主体	项目名称	项目类型	总任务量			2019年以前累计完成量				2019年1—12月完成量				备注
							已签约		已拆除房屋		已签约		已拆除房屋		
				征地（亩）	房屋（栋/户）	面积（平方米）	房屋（栋/户）	面积（平方米）	房屋（栋/户）	面积（平方米）	房屋（栋/户）	面积（平方米）	房屋（栋/户）	面积（平方米）	
16	岳塘区	晓塘棚户区改造项目（一期）	国有		94	10552.68					89	4183.46			
17	岳塘区	钢城大道与湘潭大道连接线	国有		7	1229.71	6	1128.34	6	1128.34	1	101.37	1	101.37	
18	岳塘区	迎东片区棚户区改造项目	国有		1	16688.86					1	16688.86			
19	岳塘区	东方名苑	集体		10	7847.48					4	4957.93	2	4348.41	
20	岳塘区	步步高荷塘商务区	集体	257.15	129	36586.58	123	34079.88	101	28888.24	1	174.8	1	174.8	
21	岳塘区	三大桥交通优化及环境整治	集体	31.1797	17	6897.79	16	6361.49	14	5695.36	1	536.3	1	536.3	
22	岳塘区	岳塘国际实验学校	集体	5.1927	20	7084.05	19	6247.15	19	6247.15	1	836.9	1	836.9	
23	岳塘区	统征地五号地块（一期）	集体	69	18	5294.59					18	5294.59	18	5294.59	完成征地69亩
24	岳塘区	统征地五号地块（二期）	集体	119	46	16560					43	10875.58	49	11671.77	完成征地110亩
25	岳塘区	湘潭大道至湘钢正门钢城大道连接线	集体	6.354	11	3867.67	4	1583.25	4	1583.25	6	1806.78	6	1806.78	
26	岳塘区	湘钢4.3米焦炉环保提质改造	集体	660	282	89788.41					179	53068.03			

续表23

序号	责任主体	项目名称	项目类型	总任务量			2019年以前累计完成量				2019年1—12月完成量				备注
							已签约		已拆除房屋		已签约		已拆除房屋		
				征地（亩）	房屋（栋/户）	面积（平方米）	房屋（栋/户）	面积（平方米）	房屋（栋/户）	面积（平方米）	房屋（栋/户）	面积（平方米）	房屋（栋/户）	面积（平方米）	
27	岳塘区	竹埠新区二期	集体	2391	882	235200					13	4202.61			
28	岳塘区	怡亚通（湘潭）供应链整合基地项目（统征地〔2018〕53号）	集体	101	36	10800					26	7729.32	33	9554.8	完成征地101亩
29	岳塘区	芙蓉大道复线（北二环路—商城路以北）	集体	43.224	5	677.24	2	181.06	2	181.06	3	496.18	3	496.18	
30	岳塘区	城镇商住区西区（东坪路部分）	集体	5.211	12	4170.52	6	2004.91	4	1060.29			2	944.62	
31	岳塘区	湘江防洪带（河东沪昆高速公路—湘黔铁路桥段）	集体	212.416	210	61200	206	60358.84	203	59469.65	1	87.02	4	976.21	
32	岳塘区	湘钢大板房片区（含城中村）棚户区改造（二期）	集体	74.646	150										
33	岳塘区	城镇商住区东区（东坪路道路用地范围）	集体	133.0335	199	62469.7	193	60161.39	193	60161.39	1	233.01			
合计				4108.407	3688	877173.7	2016	394844.9	1514	295855.5	390	134530.2	152	40932.48	

环境保护

【概况】 2019年10月18日，中共湘潭市委深化机构改革领导小组印发《湘潭市生态环境机构监测监察执法垂直管理制度改革实施方案》《湘潭市深化生态环境保护综合行政执法改革实施方案》通知。区制定《岳塘区生态环境机构监测监察执法垂直管理制度改革实施方案（审议稿）》《湘潭市岳塘区污染防治攻坚战2019—2020年度工作方案》，11月22日上午，市生态环境局岳塘分局顺利挂牌。根据分局职责职能，局内设置办公室、管理股、综合室，主要职责职能为贯彻执行生态环境有关法律、法规和标准，贯彻落实国家及省、市生态环境基本制度和相关政策、要求，监督和指导岳塘经开区、街道落实相关生态环境保护职责等。

2019年，推动解决一批生态环境“老大难”问题，实现环境质量整体改善和全面提升，确保辖区生态环境安全，取得上级与群众认可的工作成绩。一是大气环境质量状况。2019年，岳塘区空气质量优良率为74.2%，空气质量优良改善率在全市8个县市区（园区）排名第一，空气质量综合指数改善率排名第二；暂未达到2019年空气质量达标率77%的考核目标。二是水环境质量状况。湘江断面水质和县级以上集中式饮用水源水质考核一直保持Ⅱ类以上，稳中向好，是2019年唯一一个均保持水质稳定达标的县市区。三是土壤污染防治。竹埠港重金属污染风险管控方案经多轮对接，开展省市专家评审，明确“大统筹、小分片”的工作思路，为竹埠港新区建设奠定良好的基础。

【蓝天碧水净土保卫战】 蓝天保卫战顺利推进。区生态委2019年对禁烧工作不力的街道进行警示约谈4次，对霞城街道禁燃禁烧工作不力进行警示约谈和行政追责问责；2019年处置蓝天保卫问题共计519件（其中立行立改344件，正式交办175件）；持续推进“工业污染防治飓风行动”。2019年以来立案查处29起，处罚金额10万元，移送公安2人，查封13起；有效控制扬尘。共督查全区在建工地40个，对11个存在问题工地进行查处，严格按照“八个100%”治理要求限期整改；严查渣土运输。共计查处渣土车辆及散装货运运输车辆84辆，处罚216500元，处置道路污染扬尘整治374起，完成388万平方米主次干道的日常清扫保洁、洒水降尘；严控餐饮油烟。治理油烟污染523起，查处露天烧烤120起，餐饮企业加装油烟净化设备 124个；严处垃圾焚烧。常态化开展日常禁烧巡查，处置垃圾焚烧325起；“蓝天保卫战”开展以来，发放各类禁燃、禁烧倡议书约15万余份，春节期间，开展专题禁燃宣传活动，在辖区范围内营造浓厚的蓝天保卫氛围。上年召开两次环保志愿者座谈会，形成公众积极参与的良好氛围。

碧水保卫战顺利推进。一是扎实做好长江经济带固废清运工作。对东坪、下摄司街道两家钢渣堆场固废清运工作进行每月现场检查、指导、督办，每月20日向市生态办报送进展情况。东坪顺鑫炉料公司渣场清运编制技术方案，开展专家评审，获得市级45万元专项资金，已清运3.1万吨；支持下摄司街道10万元对裕祺公司渣场清运，编制技术方案，已清运11.3万吨；两家钢渣堆场共计剩余5.5万吨，将对标对表，严守时间节点完成清运任务。二是做好饮用水源保护区界碑、宣传牌清理整治、移位工作。对荷塘街道红旗水库沿线及东坪街道部分位置不精准界碑、年久破损的宣传牌进行拆除及更新。三是做好违规建别墅摸底排查工作。配合湘潭市生态环境局对辖区范围内一级饮用水源地的排查，同时，牵头开展区二级饮用水水源地范围内的摸排工作。

净土保卫战顺利推进。扎实推进竹埠港地区重金属污染治理工作。竹埠港风险管控项目的场地环境调查工作和风险评估报告评审已全部完成，相关工作已移交岳塘经开区；同时，2019年全区24万平方米裸露黄土得到整治，对蓝天保卫战工作起到重要作用。

【农村生活污水治理】 支持有关街道、村（社区）水源地保护综合整治资金50万元。对辖区内收纳农村生活污水的渠道和水塘的开展专项治理行动。2019年，全区辖区内六条涉农水渠的排污废水截留工作已完成，渠道沿线污水在截留后已全部纳入排污管道并交由污水处理厂进行处置。自筹资金8000余万元用于王家晒渠黑臭水体整治，取得明显成效。

【督察整改】 2018—2019年，岳塘区对2017年中央环保督察40件、2018年省环保督察47件任务全面“回头看”；全区各部门联动开展餐饮油烟、汽修喷漆、畜禽养殖等联合执法30余次，确保整改落地落实。“绿心”地区工业企业严格按照时间节点及要求完成阶段性退出，不仅避免污染治理“一刀切”，更保护绿心地区生态环境。2019年配合做好岳塘区自然资源审计工作，在中央及省环保督察信访交办进行抽查中，抽查情况较好。全省“夏季攻势”交办的省级工业园区污水处理问题，岳塘经开区企业污水已于2018年底全部接入河东第二污水处理厂集中处置，有关资料于11月4日上报省厅。

【建设项目审批】 严把建设项目审批关。杜绝新污染源的产生。截至2019年11月1日，岳塘区“三同时”建设项目预审及审批单位数共计22家，项目总投资225552.52万元，环保投资2612.49万元。其中编制环境影响评价报告表的项目19个，出具（预）审批意见的项目3个。

【环境监察】 严格执法，加大环境监察力度。全年共出动车辆人员480余人次，检查各类单位和企业160余家，立案查处27起，处罚金额9万余元，移送公安2人。在执法工作中，监察大队综合利用各项环保法律法规与四个配套办法，应罚尽罚，应移尽移，严厉打击各项环境违法行为，并有效震慑其他的违法个人或企业。通过严格监察执法，倒逼企业落实主体责任。年初，岳塘区对其拒不执行停建命令的企业负责人进行刑拘的新闻，被央视《新闻30分》和《东方时空》连续报道。共检查各类单位和企业160余家，立案查处29起，处罚9万余元，移送公安2人，查封13起。

【信访纠纷投诉处理】 以人民满意为要求，积极解决信访纠纷投诉。2019年，通过环保投诉热线“12369”、市长热线“12345”以及红网、湘潭在线等网络投诉等多渠道共收到各类环保举报投诉475起，编制全省第一个行政区域突发环境事件风险评估及应急预案《岳塘区突发环境事件应急预案》，文本质量得到省环境应急与事故调查中心、市环境监察支队专家好评，认为好经验可复制、可推广。牢固树立“群众利益无小事”的观念，抓住问题导向，精准施策，综合运用查处、整改、调解等多种方式解决环境矛盾纠纷，做到环境投诉“件件有着落，事事有回音”，处理率100%，满意率95%以上。

【危险废物申报】 根据《关于全面开展全国固体废物管理信息系统应用工作的通知》要求，为进一步加强全区固体废物管理，全面落实固体废物清理和规范化处置，督促辖区内固体废物产生单位在全国固体废物信息管理系统完成2019年固体废物申报登记工作。对东坪、下摄司街道两家钢渣堆场固废清运工作进行每月现场检查、指导、督办，每月20日向市生态办报送进展情况。东坪顺鑫炉料公司渣场清运编制技术方案，开展专家评审，获得市级45万元专项资金，已清运3.1万吨；支持下摄司街道10万元对裕祺公司渣场清运，编制技术方案，已清运11.3万吨；两家钢渣堆场共计剩余5.5万吨，将对标对表，严守时间节点完成清运任务。2019年岳塘区对10家产废单位进行考核评分，其中8家达标，2家基本达标，达标率为80%。已督促未达标企业落实危险废物污染防治的主体责任，对不达标内容，提出整改要求。具体落实管理台账、管理计划、标识标志、转移管理、内部管理、应急预案等方面工作，并于2019年7月29日对辖区内危险废物产生单位进行培训，对企业在危险废物规范化管理中存在的问题进行培训和解答，有效提高辖区内涉危废企业的规范化管理水平。

【环境宣传教育】 11月，区查处非法电镀厂被湘潭电视台报道，对破坏生态的违法产生极大的震慑效应。全年上稿市环保局官网100余篇。“六五”期间组织街道和有关部门开展“美丽中国，我是行动者”宣传展板集中展示和评比活动，发放环保宣传资料、宣传折页5000余份、法律汇编2000本、高考禁噪倡议书1000余份和环保纪念袋、香皂1000余份。开展环保宣传“进社区、进机关、进企业、进学校、进家庭”“五进”活动，组织正江学校全体师生、岳塘区政府办联合党支部党员到河东第二污水处理厂参观学习。组织岳塘区大桥学校、火炬学校、滴水湖学校开展多种形式的环保宣传教育主题活动，真正让环保教育从娃娃抓起，使各级领导、基层群众、学生更加理解环保、支持环保。2019年，两次组织召开环保志愿者座谈会，互相沟通交流、促进工作。（刘玉欢）

教育·科技

教 育

【概况】 全区共有中小学校26所，其中中学3所，9年一贯制学校1所，小学22所，共有中小学生23564人，在职在编教师1138人。幼儿园81所，其中普惠性民办幼儿园42所，公办幼儿园21所，幼儿总数12838人。2019年，岳塘区教育局继续深化改革创新，全面实施素质教育，着力提升教育质量，推进义务教育优质均衡发展，攻坚克难，先后获得“省政府真抓实干奖励（奖金500万元）”“2019年国家义务教育质量监测优秀组织单位”“湖南省平安校园创建先进县市区”“湖南省中小学责任督学挂牌督导创新县（区）”“湘潭市文明单位”“岳塘区三年禁毒大行动先进集体”“岳塘区‘我和我的祖国’合唱比赛一等奖”等荣誉，圆满完成各项教育发展目标任务。

【党建领航】 一是“不忘初心、牢记使命”主题教育高质量开展。教育系统23个基层支部，485名在职党员、359名退休党员全部参与。各基层支部利用当地红色资源，纷纷开展“寻先烈足迹、悟初心”活动，组织党员到韶山毛泽东纪念馆等党性教育基地，开展革命传统教育和警示教育。中华人民共和国成立70周年之际，各学校结合主题教育，在学生中广泛开展“我和国旗合个影”“向国旗敬礼”等活动。湘机小学教育集团微视频《最美的未来》，成功入选人民网、中国共产党新闻网“不忘初心、牢记使命”主题教育微视频作品集。局党委将大桥学校、湘机小学教育集团校门口交通拥堵问题，作为重点解决问题，已整改落实到位。“巩固化解大班额成果压力很大”作为区委主题教育专项整治重点问题，局党委迎难而上、攻坚克难，最终成为专项整治先进典型被区委推介。二是党建品牌的引领和辐射作用充分发挥。各基层党组织在“党员·人才双培养”品牌总体规划下，创建彰显学校特色的党建品牌。如湘钢三校教育集团的“钢花璀璨，向阳而升”、火炬学校教育集团的“教师·人·成长”等党建品牌，做到“一校一品”“一支部一特色”，全局党建品牌“党员·人才双培养”荣获创建范例一等奖，奖金15000元。大力推动“党建+”融合创新，湘机小学教育集团“党建+师德师风”、育才小学教育集团“党建+教学实践”、湘纺小学“党建+德育”融合创新案例作为优秀案例被上级部门推介。8月，全局组织局机关党员干部、基层党支部书记和副书记近100人次到红色革命圣地韶山参加培训，着眼于政治思想素养和业务能力的提升，着眼于骨干教师和学科带头人的培养，着眼于最新教育改革理念的探索与实践，着眼于教育教学改革与创新，开展课题研究。

【学前教育】 岳塘区有公办幼儿园21所，幼儿3610人，普惠性幼儿园42所，幼儿5961人，民办非普惠性幼儿园17所，幼儿3267人，共计519个班。全区普惠性民办幼儿园和公办幼儿园占全区总数的77.8%，公办幼儿园及普惠性民办幼儿园在园人数占比74.5%。2019年，岳塘区制定并出台《湘潭市岳塘区第三期学前教育行动计划》，加快公办普惠幼儿园建设，加大对公办幼儿园和普惠性幼儿园的投入和扶持力度，纠正“小学化”倾向，提高幼儿园保教质量和办园水平。累计投入3000多万元，已建成公办幼儿园21所。

【义务教育】 岳塘区有中小学26所（含民办小学1所），其中完全小学22所，初级中学3所，九年一贯制学校1所，注册幼儿园87所。2019年春季在校中小学生22235人，在园幼儿11462人；2019年秋季在校中小学生23564人，在园幼儿12350人。适龄儿童入读率100%，小学升初中升学率100%，残疾儿童入读率100%，小学、初中辍学率为0。2019年，岳塘区通过扩班35个，增学位1575个，确保化解大班额成果得到全面巩固，全区2019年新生入学未新增一个大班额。认真做好留守儿童关爱服务工作，全力保障进城务工子女平等接受义务教育权益，切实做好残疾儿童随班就读工作。适龄小学、初中入学率，初中毕业升学率，义务教育巩固率均为100%。

【终身教育】 各社区学校举办各类社区公益讲座、办班学习269次，学校开展读书活动、家庭教育讲座115次。2019年涌现出一大批先进个人、家庭、社团，并获省级荣誉项目，1个“百姓学习之星”、1个“学习型家庭”、1个“老年教育学习体验基地”等称号。2019年11月在湘潭市“终身教育活动周启动仪式”上，岳塘区有2个“百姓学习之星”、3个“优秀学习团队”、2个“学习型家庭”、3个“终身学习品牌项目”获得市级荣誉，并在开幕式上受到表彰，是五个县市区中获得荣誉最多的区。

【民办教育】 岳塘区有取得办学许可证的民办教育培训机构90所，其中学科类42所、艺术类38所、综合类4所、其他类6所。2019年，岳塘区做好教育部、省、市部署的《教育部办公厅关于开展校外培训机构专项治理“回头看”活动的通知》《关于加强2019年暑假校外培训机构监管工作的通知》《校外培训机构安全整改排查》等系列工作，11月向社会公布岳塘区第三批校外培训机构白名单，加强对90家白名单机构的监管，对有办学场地存在安全隐患、对超前超标培训、与招生入学挂钩情况、培训班名称不规范、从事学科类培训教师无教师资格证、培训内容和培训教师信息公开、收费跨度、培训时间等是否有违规情况进行查处，发各类整改通知书32份。同时对进行死灰复燃和新生有照无证、无证无照的校外培训机构整治清理，发整改通知书16份，取缔通知书10份。印发《岳塘区开展规范民办学校办学行为专项治理行动工作方案》的通知，开展防范化解民办学校风险的专项行动检查，对90个校外培训机构校进行检查，为保持岳塘区培训机构的理性发展，维护好民办教育市场的良好秩序，特制定《关于进一步规范岳塘区民办教育机构申办的通告》。

【德育与教育科研】 一是德育活动彰显特色。全区26所中小学校有序开展“学雷锋”志愿服务、“清明祭英烈”等德育活动。组织“三优”评选、“红领巾共育文明城”庆六一表彰活动，强化德育品牌效应。举办“525”心理健康教育活动，火炬学校获评“湖南省心理健康教育特色学校”。火炬学校、湘机小学被评为省级“生态文明示范校园”；湘机小学获评“湖南省依法治校示范校”；育才学校获评“湖南省中小学知识产权教育试点学校”；滴水湖学校、湘纺小学被评为市级健康学校；湘钢三校、湘钢二校、红霞学校被评为市级家长学校；建设路学校被授予湘潭市第一所“少年交警校”称号。二是“体卫艺”（体育、卫生、艺术）齐头并进。组织“艺术百佳”，积极开展“阳光体育”活动，组织区足球、篮球联赛、中小学生运动会等，在实践活动中提升未成年人思想道德品质。岳塘区有大桥学校等15所学校成功创建为全国足球特色学校；火炬学校、湘纺小学成功创建为全国篮球特色学校。滴水湖学校获评“全国校园大课间啦啦操推广实施单位”，湘纺小学获湖南省第二届“舞动中国”排舞联赛特等奖。三是课程改革不断深化。校本课程开发品牌效应初显，如育才学校教育集团“小学生心理健康教育”、湘钢三校教育集团“我爱吟诵”、火炬学校教育集团“好玩的科学”、湘机小学教育集团两个电影德育案例课程在中国梦—行动有我：2019年全国中小学校本德育课程和教育案例评选展播。成功申报2019年省、市中小学科研课题37项，组织省市级科研课题结题鉴定会；完成2019年“一师一优课，一课一名师”晒课工作，晒课率达300%，位居全市第一，30节优课选送至上级参评。

【教育管理与保障】 一是大力推进集团化办学。不断加大资金投入力度，区财政预算专项发展引导资金提高到40万元，使得集团化办学更有成效。红旗学校、清水学校从原来几十人的办学规模，发展到几百人的办学规模，真正实现强校带动弱校。全区四个教育集团，在校学生占全区小学生在校人数的60%，大大提高优质教育资源的覆盖率、巩固大班额化解成果，有效促进岳塘区优质资源共享。二是师资队伍持续优化。选调、公开招聘、流动调配中小学教师74人，招录免费师范生10人。每年财政投入90万元用于教师培训，2019年培训校（园）长、教师、保育员等共计达3000多人次。开展市区学科带头人、骨干教师网络研修；组织全区思政教师培训，举行思政教育故事竞赛及思政学科竞赛；举办青年教师培训及成果汇报展示活动、组织新进教师岗前培训，提升青年教师专业素养。组织区第一届青年教师教学比赛，选拔出14位优秀教师参加市赛，戴颖老师荣获市“五一先锋奖”，钟海红等3位老师荣获市“教学能手”称号，比赛成绩在湘潭市五个县市区中位居前列。戴颖老师作为湘潭市唯一一位小学英语学科代表参加省赛，一举夺得“湖南省教育教学能手”称号。湘钢二中周婷老师荣获第十三届全国初中英语教师教学基本功大赛中湖南省唯一的“教学基本功大赛一等奖”，刘泰老师荣获“优秀指导教师奖”；湘钢三校教育集团马茜琳老师荣获湖南省小学英语教学观摩优质课展示一等奖。强化师德师风，开展师德师风承诺及“十查十看”活动，评选骨干教师100余名。完成岳塘区第四届教育“米兰奖”推选工作，评选表彰10名获奖者，9月10日晚，举行颁奖晚会；湘钢二中刘泰老师当选“莲城教育名师”；滴水湖学校书记、校长曹峰荣获“湖南省芙蓉百岗明星”称号。提高临聘教师待遇，参照岳塘区事业单位合同制聘用人员标准发放临聘教师工资3500元/月；中小学教师绩效奖金提高到17000元/年。三是教育督导提质提效。完善教育督学制度和督学责任区建设，加强对督学责任区管理，聘任一批专兼职督学，充实教育督学队伍，加强对督学队伍的管理和培训。四是教育服务到位到心。出台《岳塘区中小学校内课后服务工作实施方案》，在城区义务教育学校开展课后服务工作，解决好社会关切的课后“三点半”问题。各学校逐步形成以本校老师为主、校外专家为辅，为学生开设特色课程、辅导作业的课后托管服务新模式。全区受益学生约1万名，占小学生人数的50%。

【学校建设与安全】　一是学位项目建设稳步推进。4月，岳塘区全面启动教育配套建设工作。区委书记、区长调度，区人大、区政协一把手出面协调，全区各部门、街道通力配合，已缴纳到位的配建费有较大突破；积极争资争项，加快湖湘学校和湘纺中学综合楼的建设速度。根据规划，湖湘学校投入使用后可接收42个班1890名学生，湘纺中学综合楼改造后可新增教室25间、学位1125个。二是校园安全工作扎实开展。全区各中小学校、幼儿园共组织安全知识宣讲65场次，开展主题班会217场，开展应急演练136场次，制作专题板报62块，悬挂宣传横幅45条，防溺水“六个一”教育、交通安全知识教育等活动开展得有声有色；区政府投资80多万元为所有学校校门前统一安装高标准防冲撞设施和增加保安7名，确保学生安全；组织开展安全隐患“三大行动”（大排查大管控大整治）百日行动，至10月29日，共发现安全隐患67处，立即整改49处，延期整改18处，下发安全隐患整改交办单12份。

【扶贫助学】　一是教育扶贫精准发力。按月上报“一单式”系统中贫困生在校情况，重点监控疑似失学辍学学生就学情况，责任到校、责任到人，确保数据真实准确。为力保教育行业扶贫不出差漏，系统开展一次电话调查，每个学校抽取20%的资助学生家长进行核实，汇总结果后又集中点评培训。2019年，全区建档立卡学生1992人次精准得到资助金额200.85万元，义务阶段建档立卡贫困户学生无一例辍学；全区家庭困难幼儿、中小学生共3132人次享受国家资助143.1万元。二是结对帮扶精准施策。除完成各项教育扶贫常规工作外，该局还承担全区任务最多的结对帮扶任务（共243户），共涉及4个村。局党委安排四位班子成员负责联点一个村，每村下设小组长对分管领导负责，组员（结对帮扶责任人）对小组长负责，工作层层落实。每月由综合办公室具体安排结对帮扶工作，确保扶贫手册数据和信息真实、更新及时、上下一致。自双月四清零活动开展以来，区教育局按照区里要求，迅速组织人员与村部对接，在各村委的带领下，逐村、逐户、逐人、逐项进行走访督查，针对发现的问题，现场进行整改，现场解决不了的做好记录，及时向村委、街道和相关部门报告，全系统上下齐心，确保结对帮扶工作不给全区拖后腿。该局还派出一名驻村帮扶队队长欧阳勇，任下摄司村第一书记，工作获得街道、村委和村民的一致认可。

【湘钢二中】　湘钢二中有33个教学班级，学生1678人，教职员工128名，其中湘潭市学科带头人4人、湘潭市骨干教师10人、岳塘区级学科带头人6人、岳塘区骨干教师25人。学校落实立德树人根本任务，大力发展素质教育，2019年中考名列湘潭市规模学校第三，位居河东第一。该校以“促进学生全面发展，培养个性特长，提高学生综合素养”为主要目标，开展丰富多彩的社团活动，在中华人民共和国成立七十周年之际，承办团区委“我与祖国共奋进”特别主题团日活动。2019年，学校被评为“全国青少年校园足球特色学校”，在湖南省学生阳光体操节获啦啦操比赛双冠。周婷老师荣获第十三届全国初中英语教师教学基本功大赛一等奖，冯倩婷老师先后两次被中央统战部、湖南省人民政府侨务办公室选派前往新西兰基督城和美国旧金山进行文化交流。

【湘纺中学】　湘纺中学是一所拥有57年历史的老牌学校，学校坚持“文明其精神，野蛮其体魄，引导和促进学生健康发展”的办学理念和“学以致用，用以原道”的校训，深入开展以湖湘精神为内核的校园文化建设，在教育教学等方面取得较大的成绩。学校拥有教职工89人，其中研究生学历4人，中学高级教师35人，中学一教教师37人。学校有22个教学班，拥有学生1112名。2019年中考该校学生毕业合格率为100%，学生丁一帆以985.5的高分获得岳塘区属中学中考总分第一名。2019年，学校被教育部授予“全国青少年校园足球特色学校”称号，并荣获“湘潭市中小学生田径运动会中学乙组团体冠军”“岳塘区2019年度中小学运动会中学组团体冠军”。12月26日学校举行元旦文艺会演暨第五届校园文化艺术节，《湘潭日报》、岳塘新闻网等多家媒体均予以报道。

【火炬学校教育集团】　火炬学校位于湘潭市河东城市中心区，占地面积90亩，建筑面积达3.0475万平方米，拥有标准教室68间、专用功能教室30间，教学设施全市一流。集团有教师170人，其中省特级教师1人，省、市、区级骨干教师38人，市学科带头人5人。现有教学班63个，学生3220人。学校承霞城书院文脉，以“追求卓越”为校训，以“长善、笃学、格物、明达”为育人目标，树立“我们所做的一切就是为成就未来的你”的办学理念，努力打造特色鲜明的一流名校。2019年学校各方面取得丰硕的成果：学校被认定为“中国楹联教育基地”，荣获“省心理健康教育特色学校”“省生态文明示范学校”“湖南省文明校园”“湖南省DI大赛一等奖”等荣誉。全年，该校教师在论文、赛课、辅导学生参赛、集体备课大赛等活动中获得国家级5人次，省级20人次，市级20人次，区级50人次。红旗学校占地面积88487平方米，建筑面积4100平方米。2019年红旗校区有15个教学班班，每间教室配备有电子白板，配备有设施完备的实验室、体育器材室、图书室、阅览室和能容纳150人的多功能报告厅，有学生651名，在职教师22人，临聘教师11人，副高级教师2名，专任教师学历合格率达100%。2019年，红旗校区获得“湖南省优秀少先队学校”“湘潭市生态文明校园”“湘潭市基础教育课程改革样板校建设学校”“湘潭市公益小天使示范学校”的称号。组织学生参加各级各类比赛获得

"湖南省第十一届DI创新活动展示会即时挑战第一名""湖南省第十一届DI创新展示会一等奖""湘潭市中小学、幼儿园啦啦操比赛优秀组织奖""湘潭市中小学、幼儿园啦啦操比赛小学乙组一等奖"等荣誉。学校开展的"开笔礼""毕业礼""体育节""艺术节"已经成为闪亮名片，获得良好的社会效应。

【育才学校教育集团】 集团育才校区共有29个班，在校学生1361人，在编教师62人；清水校区共有12个班，在校学生464人，在编教师14人。集团秉承特色立校的传统，通过每年举办校园科技节、艺术节、体育节和读书节活动，搭建平台培养学生的核心素养。2019年，集团荣获"中国楹联教育基地""2019年青少年科学调查体验活动实施学校""全国青少年人工智能活动特色单位""湖南省中小学知识产权教育试点学校""2019年'童心向党'献礼中华人民共和国成立七十周年暨湖南少年儿童合唱展演优秀团队"等称号。清水校区2019年被教育部评为"全国青少年校园足球特色学校"，获2019年湖南省第二届排舞比赛暨"舞动中国"排舞联赛（长沙站）自选曲目特等奖、开放组一等奖及市级"课程样改校"等荣誉。

【湘钢三校教育集团】 集团钢三校区，共有38个教学班，在校学生1936人，在编教师103人。和平校区共有12个教学班，在校学生482人，在编教师21人。和平校区是中央文明办授予"乡村少年宫"项目实施学校，给农村孩子打开一扇艺术之窗。集团全面推进"以德治校、质量立校、科研兴校、管理强校、特色亮校"五大战略，打造"奋进、特色、实力、平安、幸福、科研、书香、人文"的学校。坚持以德治校。2019年集团承办市"逐梦新时代争做好队员"庆"六一"大队活动；举办"诵读传经典，筑梦新时代"千人诵读活动，60周年校庆汇报演出，高雅艺术进校园、名家进校园活动，开展听参战老兵讲抗战故事、"开笔礼"等各类实践活动。集团还与新疆吐鲁番市高昌区皮亚孜其拉小学签订结对交流合作协议。坚持科研兴校。2019年集团成功立项一个省级规划课题，一个市级重点课题，三个市级一般课题；和平校区"家校共育课题"被立项为国家级重点规划课题；省级项目"小学国学翻转课堂实践研究"项目完成验收工作。同时涌现出一大批名师。谭永红、陈遥、杨金老师参加全国读讲精练比赛均获全国特等奖；马茜琳老师被评为"湘潭市教学能手"；英语教研团队荣获湘潭市首届"优秀学习团队"称号。坚持特色亮校。2019年，集团各项文体艺术活动硕果累累。荣获"第十九届华人少年作文比赛"优秀组织奖、第十届湖南省少儿才艺大赛优秀组织奖、湘潭市第十三届青少年科普"六个一"系列活动优秀组织奖；获评湘潭市生态文明示范学校、湘潭市健康学校、湘潭市示范家长学校；和平校区获评省级文明卫生单位、湘潭市课堂改革建设样板校；先后获得湘潭市中小学生羽毛球比赛团体第一名、乒乓球赛团体第二名，和平校区获湘潭市足球比赛第六名。

【湘机小学教育集团】 集团分湘机小学、一完小两个校区，校园占地面积为37664平方米，学校有52个教学班，学生2338名，教师105名。2019年，集团荣获"全国青少年人工智能教育示范基地""湖南省文明标兵校园""湖南省两型示范学校""湖南省生态文明示范学校""湘潭市第二批'五星'党支部""湘潭市中小学运动会小学组团体总分第一名"等40余项国家及省、市、区级荣誉。主题教育微视频《最美的未来》登上人民网·中国共产党新闻网上"不忘初心、牢记使命"主题教育官网，两个电影德育案例课程在"中国梦—行动有我：2019年全国中小学校本德育课程和教育案例评选"中展播。承办湘潭市"大力推进中小学生'三位一体'法治教育"政协提案协商会、湘潭市首场"关爱生命、救在身边"急救知识进校园活动、岳塘区"防溺水"安全教育进校园等活动。市区人大领导到校就交通拥堵治理工作进行现场调研办公解决问题，对学校采取的一系列安全举措表示肯定。学校"湘韵小梨园"社团在湖南省庆祝中华人民共和国七十周年戏曲进校园比赛中获"最佳节目奖"，学校获"最佳组织奖"。学校的各项工作在《人民日报》、学习强国、湖南省教育厅开设的《教育脱贫攻坚成就展》、新湖南、湖南教育新闻网、《湘潭日报》、湘潭在线等多家媒体上进行深度报道。

【滴水湖学校】 滴水湖学校2018年10月8日正式投入使用。学校占地面积44.96亩，总建筑面积27910.42平方米。有教师57名，在校学生1176名（1—3年级）。学校八大功能教室22间，天文馆、海洋馆、昆虫馆等功能室独具学科特色，其中还有高科技功能教室——创客教室、智慧平板教室、可同步网络直播录播教室以及校园文化科技体验馆等。学校以"恒·润"为文化核心，紧紧围绕"滴水润书香"的办学理念和"滴水恒流远，书香润童年"的文化主题，走内涵式发展路线，立足将学校打造成为开放型图书馆式学校，2019年学校获得"全国校园大课间啦啦操推广实施单位""湘潭市文明卫生单位""湘潭市无烟单位""湘潭市生态文明学校""湘潭市青少年科技创新优秀组织单位""湘潭市'课改样板校'""湘潭市啦啦操比赛获得一等奖第一名"等荣誉。

【湘纺小学】 湘纺小学创办于1954年，原名湘潭纺织印染厂子弟小学。学校有36个教学班，在校学生1685人，教师86人。其中高级教师5人，一级教师70人，市级名班主任1人，市级学科带头人1人，区级学科带头人5人，骨干教师17人。2019年荣获"全国特色篮球学校""全国'第十九届华人少年作文比赛'优秀组织奖""湖南省第十二届少儿书信绘画比赛先进组织单位""湖南省排舞比赛特等奖""湘潭市五星支部""湘潭市科普特色学校"等荣誉。

（许容畅　宾国恒）

2019年岳塘区教育情况一览表

表24　　单位：人

		班级情况		学生情况					教师情况（在职党员490人，退休360人，共850人　）											
	数量（个）	班数（个）	班均	学生总数	建档立卡	外来务工	留守	随班就读	教师总数	区骨带头	市骨带头	特级	正高	高级	一级	二级	未评	工勤	退休	临聘
中学	1	34	49.35294118	1678	17				124	17	5	0	0	44	67	9	4	1	139	7
集团	6	327	42.98165138	14055	299				678	141	19	3	1	97	422	152	6	7	723	183
500人以上	6	148	46.21621622	6840	58				307	55	6	0	1	24	213	61	8	0	271	67
100~500人	3	23	43.08695652	991	37				29	9	4	0	0	4	18	7	0	0	59	14
合计	16	532	44.29323308	23564	411	4333	825	128（送24）	1138	222	34	3	2	169	720	229	18	8	1192	271
公办	14	92	29.0326087	2671					157	公办幼儿园分布情况：宝塔1个：火炬；东坪1个：大桥德才；荷塘2个：滴水、青山；书院路1个：书院路街道公办；五里堆1个：社建村公办；霞城1个：霞城中心园；下摄司2个：蓓蕾、一完小公办；建设路1个：大桥学校公办；岳塘3个：湘钢一三四幼；经开区1个：经开区公办（未开园）										
民办	65	450	23.07333333	10383					885											
普惠	45	269	25.36431227	6823					493											
合计	124	811	26.53252033	13054					1042			有职称157人，有编1人。党员22人								
文化类	42																			
艺术类	38																			
综合类	4																			
其他	6																			
合计	90	671		14082					694				有职称137人 党员35人							

2019年岳塘区教育情况一览表

表25

序号	单位名称		占地面积	校舍面积	班级数量	学生情况（人）					教师情况（人）														
			平方米	平方米	班数（个）	学生总数	建档立卡	外来务工	留守	随班就读	在编教师人数	区骨带头	市骨带头	特级	正高	高级	一级	二级	未评	工勤（政工师）	教职工合计	退休人数	临聘人数	在职党员人数	退休党员人数
1	纺中教育集团	江滨学校	8970	3721	14	504	22	229	23	5	29	5	2	0	0	10	16	3	0	0	29	59	7	10	15
2		荷塘中学	15703	2718	2	35	10	3	0	0	9	0	0	0	0	4	4	1	0	0	9	28	1	1	9
3		湘纺中学	31248	10752	22	1112	42	168	77	5	72	9	0	0	0	24	34	13	1	0	72	44	16	27	11
小计			55921	17191	38	1651	74	400	100	10	110	14	2	0	0	38	54	17	1	0	110	131	24	38	35
4	钢三教育集团	湘钢三校	14434	8572	38	1936	16	289	49	8	99	22	1	1	0	8	70	21	0	4	103	94	7	37	34
5		和平学校	8050	3081	12	482	24	245	10	5	20	4	0	0	0	2	11	7	0	0	20	60	5	8	10
小计			22484	11653	50	2418	40	534	59	13	119	26	1	1	0	10	81	28	0	4	123	154	12	45	44
6	湘机教育集团	湘机小学	17684	13109	39	1782	13	225	12	11	80	24	3	0	0	5	58	16	1	0	80	122	18	28	51
7		一完小	19980	9105	13	556	25	296	40	13	26	2	1	0	0	4	19	3	0	1	27	57	5	11	
小计			37664	22214	52	2338	38	521	52	24	106	26	4	0	0	9	77	19	1	1	107	179	23	39	51
8	火炬教育集团	火炬学校	45880	31816	69	3219	6	223	26	15	135	38	5	2	1	18	66	50	0	0	135	66	40	58	27
9		红旗学校	8487	4018	15	651	17	179	5	0	22	5	0	0	0	3	11	8	0	0	22	16	13	7	5
小计			54367	35834	84	3870	23	402	31	15	157	43	5	2	1	21	77	58	0	0	157	82	53	65	32
10	育才教育集团	育才学校	15000	9743	29	1360	16	179	5	8	58	14	5	0	0	6	43	8	1	0	58	31	24	28	15
11		清水学校	13540	6100	13	464	31	113	6	2	12	1	1	0	0	2	4	4	2	0	12	14	18	3	0
小计			28540	15843	42	1824	47	292	11	10	70	15	6	0	0	8	47	12	3	0	70	45	42	31	15

续表25

序号	单位名称		占地面积	校舍面积	班级数量	学生情况（人）					教师情况（人）														
			平方米	平方米	班数（个）	学生总数	建档立卡	外来务工	留守	随班就读	在编教师人数	区骨带头	市骨带头	特级	正高	高级	一级	二级	未评	工勤（政工师）	教职工合计	退休人数	临聘人数	在职党员人数	退休党员人数
12	纺小教育集团	湘纺小学	13000	9441	36	1682	16	227	18	3	86	16	1	0	0	4	69	13	0	0	86	67	9	31	0
13		青山学校	9800	1494	6	60	11	2	0	0	7	1	0	0	0	2	3	2	0	0	7	8	5	3	1
14		竹埠学校	10089	1406	6	81	18	18	0	2	8	0	0	0	0	1	6	1	0	1	9	22	4	6	3
15		滴水学校	13480	4704	6	85	2	39	0	1	9	0	0	0	0	2	5	1	1	1	10	26	4	3	8
16		正江学校	5670	1280	6	46	9	8	5	1	5	0	0	0	0	1	3	1	0	0	5	9	7	2	1
小计			52039	18325	60	1954	56	294	23	7	115	17	1	0	0	10	86	18	1	2	117	132	29	45	13
17		湘钢二中	15136	13827	34	1678	17	52	396	3	124	17	5	0	0	44	67	9	4	1	125	139	7	48	40
18		滴水湖学校	29943	27790	24	1175	6	48	0	1	54	15	3	0	1	3	16	30	4	0	54	0	2	25	0
19		湘钢一校	15969	14276	28	1292	8	154	10	5	58	13	1	0	0	4	48	5	1	0	58	35	10	24	16
20		湘钢二校	10743	6033	32	1513	15	236	7	5	73	13	0	0	0	4	53	14	2	0	73	87	16	26	31
21		建设路学校	8788	4692	25	1143	10	408	42	6	49	6	1	0	0	5	40	3	1	0	49	43	16	28	16
22		大桥学校	16700	10783	20	924	19	196	49	7	40	2	0	0	0	5	29	6	0	0	40	55	12	23	15
23		红霞学校	10000	3220	11	466	24	121	10	8	16	7	4	0	0	3	9	4	0	0	16	37	12	10	8
24		友谊学校	11500	4260	18	793	11	378	23	5	33	6	1	0	0	3	27	3	0	0	33	51	11	13	1
25		葩金学校	5367	2451	6	277	13	210	0	1	13	2	0	0	0	1	9	3	0	0	13	22	2	6	7
26		湖湘学校			0	0	0	0	0	0	1	0	0	0	0	1	0	0	0	0	1	0	0	0	0
27		慈光学校			6	248	10	87	12	4															
		局机关																						21	37
合计			375161	208392	530	23564	411	4333	825	127	1138	222	34	3	2	169	720	229	18	8	1146	1192	271	487	361

科　技

【概况】　2019年，岳塘区科技和工业信息化局，内设3个机构：综合办公室（加挂改制办牌子）、工信股、科技股；成立区科技创新发展服务中心，属区科技和工业信息化局管理的公益一类事业单位，副科级。局系统在职在编人员共9人，其中核定行政编7人。主要职能为负责协调、联系全区规模以上工业经济的日常运行调节和服务工业企业、监测分析规模以上工业企业运行态势、指导区属规模以上工业企业安全生产工作、推进中小企业服务体系建设，组织开展中小企业服务工作、区直企业改制、科技管理、科学技术普及、科技成果引进推广、科技创新、电力等工作。

2019年，岳塘区科技和工业信息化局全面贯彻中共十九大及省、市、区工作会议精神，以提高经济增长质量和效益为中心，稳中求进，不断创新，努力改进工作作风，提升服务水平和效率，取得一定成绩。出台《湘潭市岳塘区人民政府关于印发〈湘潭市岳塘区贯彻落实《湖南创新型省份建设实施方案》的行动计划（2019—2020年）暨开展“千百扶培·科技创新驱动高质量发展行动”的实施方案〉的通知》。起草《实施方案》，在岳塘区人民政府第7次区长办公会议上进行研究通过，并以区人民政府的名义发文，确保各领域科技创新工作有序推进。文件指出对于2019—2020年在岳塘区进行登记备案且年底被市科技局认定为区属高新技术企业的企业，给予奖励金10万元。

高新技术企业数已完成当年认定的任务。有效高新企业数14家，增速27.27%，其中科通电气等4家企业成功认定为高新技术企业。全社会研发经费投入强度达2.1%，全社会研发经费投入总量5.66亿元，同比增长44.76%。全年共取得省级以上科技成果15项，共签订技术合同126项，技术合同成交金额11.7亿元。高新技术产业增加值307.4亿元，增长6.6%，高新技术产业增加值占GDP的比重为52.1%。

【企业服务】　一是积极争取项目资金。2019年岳塘区获得省、市科技财政资金超千万元，其中省项目资金1169.67万元，市项目资金98万元。省项目资金：湖南华菱湘潭钢铁有限公司获得湖南省高新技术企业经济贡献奖100万元；湖南华菱湘潭钢铁有限公司、湘潭电机股份有限公司、云通物流服务有限公司等三家企业共获得湖南省研发财政奖补资金1059.67万元；岳塘区科技专家服务团项目获得湖南省2019年第六批创新型省份建设专项资金10万元。市项目资金。根据《关于下达2019年度湘潭市第一批创新型省份建设专项项目及经费的通知》，久千钎具、碧蓝环保、伟鸿食品等20多家单位共获98万元专项经费专项经费。二是进一步加大财政科技支出力度。对已设立的科技发展专项资金，每年保持20%以上增长速度，2019年已安排54万元科技专项经费对重点研发、产学研合作、成果转化、科技宣传单位进行奖补。三是积极建设创新平台。长塘创业孵化器被认定为省级“科技企业孵化器”。积极指导和推荐湖南长塘工贸等单位申报国家级众创空间和孵化器。

【科技队伍建设】　落实科技人才队伍建设市派特派员项目。2019年，岳塘区市派特派员项目实施企业均为成长型企业，急需专业的技术指导和升级，李鹏驻长云公司、任振华驻两型市政、文质彬驻上禧食品。为企业产业转型提供强大的技术累计支撑带动项目投资650万元，创办、领办、协办企业19家，安置劳动力就业120人，开发新产品5项。实施区派特派员项目。区级科技特派员对口联系区需要技术支持的企业。左晓红驻伟鸿食品、陈新卫驻利佳生态、潘立军驻云通物流，累计带动项目投资148万元，引进、推广新技术、新品种7项，开发新产品1项，安置劳动力就业30人。潘立军特派员开展深度校企合作，申报的湖南省创新创业基地被省教育厅立项，建立智慧零售实验室，组建科技专家服务团。岳塘区科技专家服务团由岳塘区科工信局和岳塘区农业农村局共同组建，开展科技专家服务团服务工作，以伟鸿食品股份有限公司为团长单位，开展湘沙猪配套系的母系父本、父系猪的选育，进展良好。性能测定数据每月及时上传到全国生猪遗传评估中心；根据全国生猪遗传评估中心反馈的结果进行选种，并进行遗传趋势分析；开展种猪遗传交流。根据《湖南省财政厅 湖南省科学技术厅关于下达2019年第六批创新型省份建设专项资金的通知》，区科工信局的科技专家服务团项目获得专项资金10万元。

（田　茜）

文化体育·卫生健康

文化体育

【概况】 岳塘区文化旅游广电体育局是区政府工作部门，为正科级，对外使用区文物局名称。是2019年4月实行机构改革，把原商务旅游局的旅游职能划入而成的。全局有干部职工16人，行政编制6名，其中局长1名，副局长2名；事业编制11名；内设一室一股，即办公室、综合业务股，下设一馆，即区文化馆（区图书馆、区体育馆）。其主要职能是负责全区旅游发展以及安全生产（含乡村旅游、休闲度假旅游）等工作；负责全区文物、历史建筑等监管保护、组织申报及安全生产等工作；负责管理全区文化市场及经营活动的审核、申报、办证、年检换证工作；负责全局的安全生产、综合治理（平安创建）、环境保护、质量强市、绿色网吧、农家书屋等工作；负责全区广播电视（有线电视和农村广播电视）以及安全生产工作；负责全区群众体育（全民健身、公共体育设施建设）工作；负责组织国民体质监测；负责全区经营高危险性体育项目行政审批以及安全生产工作。

2019年文旅广体局深入贯彻落实习近平新时代中国特色社会主义思想和中共十九大精神，巩固省级现代公共文化服务体系示范区成果，进一步加强公共文体设施建设，提升公共服务水平，努力引导文旅产业发展，壮大文旅产业规模，强化文旅广体系统干部队伍综合素养，不断满足群众日益增长的文化精神生活需求，努力推动岳塘文体事业的大繁荣大发展。

【重点工作】 抓重点，突难点，积极推动重点工作。抓紧韶华大剧院（原湘纺工人文化宫）施工，于年底基本完工。区文化馆、图书馆完成数字工程建设，提升服务水平。开展文化扶贫工作，投入40万元在5个村新建文体广场。推动高品质社区建设工作建设，投入40万元在5个社区新建文体广场。

努力做好文旅融合文章。积极推动和支持盘龙大观园国家AAAAA级旅游景区建设，促进盘龙大观园换挡升级。加强与经开区的对接，促使中国湘莱文化博览园早日开工建设，培育岳塘区新的文化龙头企业。整合全区文化产业资源，重点策划包装区全民健身中心的提质改造和整体运营。全力完成中心工作任务。对文旅广体经营场所开展“扫黑除恶”“安全生产”“创卫”工作的督促检查和排查，保证中心工作落实到位。

【文化产业】 做调研，出策划，补齐文化产业短板。文化产业布局上形成思路。借助外脑，请中南大学研究团队就岳塘区的文化产业工作进行课题研究，形成以东坪街道开发建设为契机打造古镇文化产业；以宝塔北路文创街为载体打造创意文化产业；以经开区建设为平台打造盘龙大观园、湘莱博览园休闲旅游产业；以韶华大剧院演出为带动，推动板塘铺发展演艺文化产业；以健力美、原湘缆俱乐部体育中心、国际商贸城体育综合体等项目为龙头，打造体育文化休闲产业的规划思路。宝塔北路文创街积极推进。会同区金融办制定宝塔北路文创街招商引资的优惠政策，组织相关部门开展文创街建设的调研工作。文化产业增加值稳中有升。2019年岳塘区25家文化产业企业全年总营业额为10.6亿元，上年同期营业额为9.5亿元，增速达到11%。

【公共文化服务】 构建公共文化服务体系。岳塘区首家24小时自助图书屋在区全民健身中心正式揭牌对外开放，为“书香岳塘”建设添砖加瓦；区图书馆湘纺小学分馆挂牌成立；区图书馆与禾+书吧签订政府购买服务协议。加大文化免费培训力度。做好免费开放服务工作，区文化馆、图书馆、9个街道、45个社区文化服务中心免费开放服务。同时，政府向辖区内部分专业培训机构购买服务，定点定时开办各类免费培训。

【群众文化活动】 强活动，出效果，大力开展群众文化活动。春节期间文化活动纷呈。举办2019年岳塘区春节联欢晚会，开展“为民送万福写春联”活动6场，累计为居民群众送春联、福字2000余份；积极开展送文化、送科技、送卫生“三下乡”慰问活动。全民k歌大赛参与广泛。岳塘区第三届阳光娱乐节全民红歌大赛在长房潭房·时代公馆启动，活动共吸引1000余名选手报名，10余家娱企参与支持。全民阅读活动形式多样。在世界读书日开展“学习强国”积分兑换书籍活动。积满2000分兑换一本书籍的活动得到广大机关干部职工的热烈响应。

“周周乐”宣传效果凸现。岳塘区2019年“周周乐”群众文化活动暨湘潭市禁毒宣传进基层启动仪式在岳塘区书院路街道华雅花园前坪举行，《大美看湘潭创卫我先行》《扫黑除恶顺民心》《天下无毒》等节目分别结合创卫、扫黑除恶、禁毒等中心工作，通过群众喜闻乐见的文艺表演方式达到良好的社会宣传效果。

“送戏下乡”惠民演出深入。区文旅广体局、湘潭市艺术剧院联合举办的“送戏下乡”惠民演出全区累计演出7场，开展扶贫知识的宣传，把文化活动与脱贫攻坚工作紧密结合起来。

【群众体育活动】 承传统，用新招，精心组织群众体育活动。举行元宵民俗体育活动。元宵节当日上午，“百龙百狮舞莲城·红红火火闹元宵”民间文艺活动岳塘专场分别在东方红广场和区全民健身中心两地举行；晚上在竹埠村开展非遗火龙表演，凸显传统文化和地方特色，营造喜气祥和的元宵佳节氛围。组织首届农民趣味运动会。结合乡村文化振兴工作，首届“岳塘国际杯”农民趣味运动会在国际商贸城举行，来自全区16个村的500多名运动员参加趣味运动会。全民健身日“舞”动盛夏之夜。8月8日晚，2019年岳塘区广场舞（排舞）比赛决赛在长房潭房时代公馆营销中心前坪火热上演。12支参赛队伍用激情与活力“舞”动盛夏之夜。当天比赛是湘潭市“全民健身日”（岳塘站）的活动之一，以“健康中国·你我同行”为主题，由岳塘区委宣传部、区创卫办、区文化旅游广电体育局共同主办，湖南合声造景文化发展有限公司承办。全区共39支队伍参加初赛，12支队伍胜出参加当晚的决赛。

创新深化休闲体育节活动。12月30日上午，由岳塘区总工会、岳塘区文旅广体局主办的“乐在岳塘”2019年休闲体育节趣味运动会在岳塘国际商贸城拉开帷幕。比赛分为街道和区直部门两个专场进行，共28支队伍参赛。此次运动会将竞技与娱乐相结合，着重参赛人员的团结和协作。休闲体育节还创新活动形式，举办滑轮比赛，吸引长沙、株洲等地的青少年参赛；趣味运动会、老年门球赛进一步丰富群众的体育生活。

【文化市场】 提站位，抓严管，保证文化市场安全有序。做好全区文化市场行政许可设立、变更。对网吧、娱乐场所加强日常安全、创文、创卫等工作的巡查；联合区公安分局、岳塘消防大队、工商岳塘分局等单位开展春节、全国“两会”期间文化市场安全生产大检查；文化市场持续保持意识形态工作的安全有序。

【自身建设】 强学习，建制度，全面加强自身建设力度。贯彻落实“党建领航”工程，积极配合做好区委巡察组自查自纠工作；以“四责四诺”为抓手，坚决落实重大事项党组决策制度，每月进行工作调度。切实加强党风廉政建设，坚持纪检派出组对工作的监督；定期组织党风廉政知识学习，加强警示教育，筑牢思想防御大堤。（谭燕华）

2019年度岳塘区群众体育赛事活动一览表

表26

序号	赛事活动名称	主办单位	时间	地点	参与人数（人）
1	“龙腾狮跃闹元宵”	岳塘区文旅广体局	2019年2月19日	东方红广场、岳塘区全民健身中心	2000
2	首届农民趣味运动会	中共岳塘区委、岳塘区人民政府	2019年4月26日	中部国际商贸城	350
3	广场舞比赛	岳塘区文旅广体局	2019年8月8日	长房时代公馆	1000
4	“休闲体育节”轮滑比赛	岳塘区文旅广体局	2019年10月13日	万达广场	220
5	“休闲体育节”趣味运动会	岳塘区文旅广体局	2019年12月30—31日	中部国际商贸城	500

岳塘区文学艺术界联合会

【概况】 岳塘区文学艺术界联合会，2019年增核编制数为4个。岳塘区文联下设11个基层单位，分别为岳塘区作协、岳塘区舞协、岳塘区音协、岳塘区美协、岳塘区书协、岳塘区摄协、岳塘区诗联、岳塘区收藏协会、岳塘区企校联谊会、岳塘区青少年文艺活动中心、岳塘区五里堆街道文联、岳塘区霞光社区文联。

【落实意识形态工作责任】 区文联在区委、区政府的正确领导下，充分发挥桥梁纽带作用，认真履行联络、协调、服务职责，与时俱进，开拓进取，积极开展文艺活动。为丰富岳塘人民群众的文化生活，为创建文化先进做出积极贡献。认真组织专题学习习近平总书记看望参加政协会议的文艺界、社科界委员时的讲话，就如何繁荣和发展文艺事业开展讨论交流；按照中央的要求和区委的部署，认真开展“不忘初心、牢记使命”主题教育活动，主要从六个方面推进主题教育活动，集中学原著原文和学习心得交流；解决巡察组反馈的问题，着力强化工作作风，服务基层；深入开调查研究，撰写调研报告，开展“担使命、履职责、矢志为民服务”专题研讨；对照党章党规找差距，撰写检视剖析材料和民主生活会；组织基层协会组织开展专业学习和培训，共举办《岳塘之光》文艺讲坛7期（累计20期）。

【楹联文化建设】 在岳塘区委、区政府的领导下，岳塘区文联带领岳塘诗联协会，积极开展推进创建“中国楹联文化区”工作，自2015年湘潭市岳塘区诗词楹联协会成立以来，大力发挥湖湘文化“经世致用”精神，倡导联文化“崇实尚用”功能，组织会员开展“楹联十进”（进机关、进学校、进企业、进农村、进军营、进医院、进社区、进家庭、进景区、进工地）活动，创作出大批优秀联作品，其中，《中国楹联报》刊登岳塘区关于积极创建楹联文化城市的专题报道，引起广泛关注。通过打造楹联教育基地，培育培养一批楹联新人，通过景区楹联建设，打造盘龙大观园、高峰塔2个楹联文化公园，通过《岳塘风采》、《岳塘诗联》、“岳塘之光”文艺讲坛等平台，广泛开展创作交流推介岳塘联文化，特别是创新文艺创作和展示方法，把楹联、美术、书法艺术深度融合，成功举办首届联墨优秀作品展览、组织编辑《中国对联集成·岳塘卷》等工作和活动，营造浓厚的楹联文化氛围，促使“岳塘联”的知名度、美誉度与日俱增，促进岳塘文化的发展和繁荣，2019年10月底，中国楹联学会国家检查组到岳塘区检查验收，岳塘区的楹联文化建设工作，得到检查组的认可和肯定。11月12日，岳塘区获得“中国楹联文化区”的命名，岳塘区火炬学校、育才学校获得“中国楹联教育基地”命名。

【文艺创作】 打造文学艺术品牌，办好《岳塘文艺》杂志。始终坚持“宣传岳塘、展示岳塘”的办刊宗旨，为促进岳塘文艺工作者与外地交流搭建平台。《岳塘文艺》累计办刊四十期，杂志内容日趋丰富、作品质量不断提高，受到广大读者的好评。

围绕创作主题，力抓文艺精品创作。组织有潜力的书法工作者精心创作，参赛全国第十二届书法作品展，举办迎书法十二届国展、省展书法创作专题讲座，组织部分骨干会员积极参加市书协组织的国展看稿会，经过潜心创作，共创作20件优秀作品，由作者寄送北京参赛；组织有潜力的美术工作者精心创作，参赛全国第十三届美术作品展，举办美术参赛创作技巧培训，经过反复打磨，共创作40件优秀作品，选送35件优秀作品参加湘潭市评选，34件入选市展并参赛全国十三届美展湖南赛区，31件获得入选入展，其中1件获得优秀并送北京评选、3件获得湖南赛区优秀、13件入展湖南赛区、15件入选湖南赛区；组织举办庆祝中华人民共和国成立70周年美术书法摄影作品展。此次展览，共征集到美术、书法作品200余件，经过评选，共展出137件优秀作品，举办岳塘区首届联墨优秀作品展，创新文艺创作，把美术、楹联、书法艺术深度融合，首先创作美术作品，然后由楹联家根本美术作品撰写楹联，最后由书法家创作成书法作品，经过评选，首届联墨展共展出联墨优秀作品123件（其中：中堂35幅、楹联53幅）；组织文艺界政协委员并邀请部分美术、书法、诗联、摄影家参加《岳塘文史》文艺创作活动。共创作69件诗书画优秀作品，其中，美术作品23件、书法作品26件、诗联作品20件登载《岳塘文史》之中，《岳塘文史》的全部图片由岳塘区摄影家协会组织精干力量全力拍摄；为庆祝中华人民共和国成立70周年，组织举办征文活动，共征集137件文学作品，经过评审，评选出一等奖3件、二等奖15件、三等奖23件、优秀奖32件，73件作品集中在《岳塘文艺》第三期上登载；围绕服务基层文艺惠民，开展文艺创作展示，举办岳塘区首届摄影作品进社区展览，岳塘区摄协组织摄影家奔赴全区60个社区，以社区居民参与的各种活动为主题，开展摄影创作，评选出100件优秀作品，走进宝塔街道阳光社区进行展览，与五里堆街道共同举办岳塘区首届高品质社区美好节书画大家赏活动，邀请20位书画名家参与创作，组织街道辖区成年书画爱好者和青少年书画爱好者参赛创作，活动展出20件名家名作、80件书画爱好者的优秀作品，并在五里堆社区、滴水社区、长房时代公馆进行巡展。

编撰文艺专辑（含丛刊）、构建互联网+。由文联牵头，各文艺协会积极汇集，共编撰6套专辑（包括《中国对联集成岳塘卷》《岳塘文艺》《岳塘区第十届文化艺术节美术书法优秀作品集》《岳塘区首届联墨优秀作品集》《岳塘诗联》《墨痕》），岳塘区美协在百度建立网站，搭建网络交流平台，充分展示岳塘区文学艺术的风采。

开展文艺创作交流，不断提高创作水平。全年共开文艺创作交流14次（其中书法6次、美术2次、摄影3次、楹联3次），共举办文艺培训8场（其中美术、书法、摄影、音乐各1场、诗联4场），广大文艺工作者整体创作水平不断提高。

不断加强基层协会建设。指导岳塘区作家协会、岳塘区诗联协会做好换届工作。指导基层协会建立健全协会各项制度，特别是指导岳塘区诗联协会领先一步做好基层基础性工作，为岳塘区创建“中国楹联文化城区”奠定基础。

【文艺惠民】 开展文艺惠民活动，优质服务中心大局。为充分调动广文艺工作者的积极性，丰富协会活动内容，围绕中心和大局，服务基层和人民，共组织各类文艺服务活动16场次。2019年1月11日，岳塘区文联与岳塘区书协，在建设路街道霞光社区，开展首场送福送春联惠民活动，共计免费送给居民180幅春联；2019年1月11日，在岳塘区会议中心201室，岳塘区文联指导、市广场舞协与岳塘区舞协共同举办“学习习近平新时代中国特色社会主义思想”舞蹈汇报演出暨第三届舞蹈联谊演出年会，分两场演出，共计2000多演员演出51个节目；2019年1月17日，在霞城街道下摄司村，岳塘区文联、岳塘区书协，开展第二场写春联惠民活动，共计送给村民50个福字和150幅春联；2019年1月18日，在岳塘区行政中心，岳塘区文联、岳塘区书协开展第三场写春联惠民活动，共计送给干部职工50个福字和150幅春联；2019年1月22日，在下摄司街道，岳塘区文联、岳塘区书协举办“己亥挥春”写春联书法笔会进社区活动暨第四场送春联惠民活动，共计送给居民150幅春联、50会幅书法作品；2019年1月24日，在荷塘街道五爱村，参加岳塘区“三下乡六进社区”启动仪式，岳塘区文联和书协组织第五场书写春联活动，共计送给村民200幅春联；2019年1月25日，在五里堆街道五里堆社区，岳塘区文联、岳塘区书协开展第六场送春联惠民活动，共计送给居200幅春联；2019年1月29日，由岳塘区委、区政府主办，岳塘区委宣传部、岳塘区文体局、岳塘区文联、岳塘区发展投承办的岳塘区春节联欢晚会完成节目演出；2019年2月15日下午，由市文联举办，市青年音协、岳塘区文联、建设路街道承办的“我们的中国梦”——文化进万家之音乐惠民演出走进建设路街道霞光社区。2019年3月1日，岳塘区文联、书协组织书法家开展文艺服务进农村·传播雷锋精神，走进指方村，免费为村民书写书法作品；2019年3月7日，岳塘区文联、五里堆街道文联组织举办“翰墨送清风”书画进新建社区惠民服务活动；2019年5月23日，岳塘区开展第六个“全国文艺志愿服务日”活动，文艺服务走进荷塘村，送给村民20件书画作品；2019年9月14日，举办首届摄影作品走进阳光社区，展出100件作品；2019年9月16日，与五里堆街道共同举办首届高品质社区生活书画大家赏社区巡展；2019年9月18日，在岳塘区文体活动中心，举办首届联墨优秀作品展；2019年9月25日，在岳塘区文体活动中心，举办庆祝中华人民共和国成立70周年暨岳塘区第十届文化艺术节美术书法优秀作品展。

【文艺培训交流】 文艺创作培训交流。2019年2月19日岳塘区文联组织开展“己亥元宵书画家笔会”活动，参加活动的书画家有卢望明、康博文、贺书元、龙建中、周黄荣等，共创作11件书画作品；2019年3月5日，岳塘区书协举办新年第一场看稿交流活动，首次发行书协主刊《墨痕》；2019年3月10日，岳塘区美协组织召开2019年主题美术创作推进会，会议部署以庆祝中华人民共和国成立70周年、庆祝人民政协成立70周年、全国第十三届美展、岳塘区第十届文化艺术节等四大主题创作工作，会上就参加十三届美展创作进行专题培训并进行互动交流；2019年3月10日，湘潭市岳塘区美术家协会组织主席团和部分精英会员召开岳塘区美协迎接第十三届全国美展创作动员及培训会议，会议邀请市美协主席王志坚、常务副主席姜向东、副主席胡大虎（区美协顾问）、市美协秘书长罗虹、工笔画艺委会主任陈越华一行对活动进行指导；2019年3月14日，在市环保局会议室，举办“岳塘之光”文艺讲坛第十四期·摄影知识讲座，并进行创作互动交流；2019年4月4日，召开岳塘区文联主席团扩大会议，学习贯彻习近平总书记看望文艺界、社科联全国政协委员时的讲话精神，并就发展文艺事业和文艺创作开展交流讨论；2019年4月4日，召开庆祝人民政协成立70周年暨《岳塘文史》文艺（美术、书法、摄影、诗词）创作推进会议。会议就美术、书法、摄影、诗联文艺创作工作情况进行点评，也进行创作交流；2019年4月19日，岳塘区舞协召开2019年舞蹈创作研讨会，岳塘区各舞蹈团队负责人和舞蹈精英参加会议，就2019年创作进行讨论，交换2019年创作方向和创作构思；2019年全年举办《岳塘之光》文艺讲坛七期（累计二十期）。

（简　双）

卫生健康

【概况】 2019年，区卫生健康局下辖疾病控制中心、卫生监督、妇女保健计划生育服务中心、健康教育所等技术服务部门。有医疗机构337家，其中，驻区市级医院21家，区属医院1家，乡镇卫生院2家，街道社区卫生服务中心8家，村（社区）卫生室60家，卫生站4家，社会办医疗机构260家（含民营医院、个体医疗诊所）。共有卫生技术人员（医生、护士）4046人，执业医师和助理执业医师1124人，注册护士2922人。主要职责是在中共岳塘区委、区人民政府领导和市有关业务部门的指导下，贯彻国家及省、市关于卫生健康方针、政策和法律法规，研究制定全区卫生健康事业的发展规划和改革的相关政策，推进医药卫生体制改革，统筹规划、协调全区卫生健康资源配置、管理和发布卫生健康有关信息等工作。

2019年，区卫生健康工作紧紧围绕国家及省、市、区相关会议精神，以建设健康岳塘为主线，全员认真履职，医疗卫生服务水平不断提高。具有岳塘特色的医疗服务体系和有效保障居民及城市发展需求的公共卫生防预体系健全，切实加强对卫生健康工作的组织领导和责任落实，卫生健康工作事业展现新风貌。

【医药卫生体制改革】 优化医疗卫生资源配置。以湘潭市中心医院为龙头，以岳塘、五里堆街道社区卫生服务中心为平台，着力构建“三甲医院+二级医院+社区卫生服务中心”的“六统一”紧密型医联体模式。以市一人民医院、市中医院、市妇幼保健院为龙头，以影像诊断、中医药、妇幼儿童等特色专科为载体，加快形成“特色专科联盟”的医联体模式，实现专家、技术、检查、服务、信息“五流动”。实施家庭医生签约服务。2019年5月，举办“携手家庭医生，共筑健康生活”为主题的“世界家庭医生日”宣传活动周，进一步做细做实区农村建档立卡贫困人口家庭医生签约服务工作，助推脱贫攻坚工作，获得居民群众一致好评。全区组建家庭医生团队58个，各基层医疗机构以重点人群为突破口，深入机关、部门、家庭开展签约服务，已签约19.55万人，签约服务覆盖率达41.25%，农村建档立卡贫困人口和计划生育特殊家庭，家庭医生签约率达100%。创新发展“医养结合”模式。大力发展“医养结合”、康复养老院特色专科服务。始终坚持政府主导、部门协作的工作方针，书院路街道社区卫生服务中心和区中西医结合医院，充分利用现有的医疗资源，不断完善医疗设施，提高服务质量，建立集慢病管理、康复、养老、生活照顾、健康教育、心理指导、多发病和常见病诊断于一体的康复养老中心，健全“大病可医、小病可疗、无病可养、临终可孝”的养老功能，得到社会、居民、老年人的高度赞扬和肯定。加强人才队伍建设。全年面向社会公开招聘卫生专业人才10名。完成免费全科助理医生培养6人，中医全科医生转岗培训4人，区直（属）基层医疗卫生单位在职在编人员共计有高级职称8人，以基层医疗卫生机构服务人员转岗培训、全科医生在岗培训为重点，加强对街道社区卫生服务中心和乡镇卫生院卫生技术人员的培训教育。推进药品供应保障。进一步加强基层药品配备使用监管工作，对基层医疗卫生机构及村卫生室实施基本药物情况进行督查，发现问题及时整改。为做好慢性病、多发病用药，实现二级以上医院与基层医疗机构无缝对接，通过多方征求意见，遴选出37种非处方药物及1808个品规的常用低价药品，不断满足老百姓用药需求。

【传染病防控】 疾控能力建设实现质的飞跃。疾控中心新业务大楼自2015年8月年立项，2017年1月正式开工，2019年10月完成竣工验收，大楼总占地面积2625.05平方米，总建筑面积3492.56平方米，投入资金约1677万元。新业务大楼的正式启用大大改善工作环境，特别是提升实验室检验检测能力。重点传染病得到有效控制。全区无甲类传染病发生，其中乙类传染病共报告16种1226例，死亡9例，发病率为256.32/10万，死亡率为1.88/10万。召开防控会议4次，培训基层医疗机构5次，对辖区内所有托幼机构及小学开展培训2次，受训总人数约300人次。督导60家次；共采集禽流感外环境样品36份，均未检出H7阳性；采手足7批次，口病样63份，其中EV71阳性1例、CoxA16阳性4例、其他肠道病毒阳性24例；开展登革热病例流行病学调查16次，登革热蚊媒监测11次，未发生本地登革热病例。全年出动机动队成员现场进行流行病学相关调查处置70次，报告2起突发公共卫生事件相关信息，无突发公共卫生事件报告。

【疫苗接种】 给辖区内各个街道、托幼机构及学校发放各类宣传资料共计120000余份，84消毒液100余箱。免疫规划工作成效明显。为规范疫苗储存运输，安装1台18立方米普通冷库及冷链监管系统，下发冷藏冰箱7台，保障全区疫苗安全有效。同时对各接种单位的疫苗管理情况、接种信息管理各环节开展自查，召开全区疫苗管理排查工作反馈会议。开展春秋两季儿童预防接种证查验工作，查验率100%，补证率100%，漏种儿童补种率分别95.70%和95.37%。1—12月份共下发脊灰疫苗、卡介苗等共计88276支，全区免疫规划疫苗报告接种率均达到95%以上，接种率调查工作排名全市第一。对12月1日实施的《中华人民共和国疫苗管理法》开展专题培训讲解，共印制40本《中华人民共和国疫苗管理法》下发到基层，实行全面系统告知。

【艾滋病防控】 艾滋病防控力度显著增强。网络报告存活HIV/AIDS216例（其中2名外国人），其中有197人进行抗病毒治疗，抗病毒治疗比例为92.1%；CD4检测完成率100%。总计对娱乐场所干预402人次，检测261人，吸毒人员干预96人次，检测39人。共计发放安全套8560余只，宣传资料2260份，HIV抗体检测知晓结果比例100%。为全区居民及高校学生提供便捷的艾滋病咨询检测服务，在市监管中心医院、各大专院校等13家单位建立艾滋病快速检测点。慰问12名贫困艾滋病感染者，共发放慰问金14000元。

【结核病防控】 结核病防治工作有成效。全区非结防机构网报肺结核患者531例，转诊率97.74%，总体到位率96.05%。初诊患者共850人，发现活动性肺结核患者377例。开展2019年度贫困肺结核患者慰问活动，共慰问贫困肺结核患者5名，共发放慰问金5000元。8—10月，在全区145家各级各类学校开展入学新生肺结核筛查工作，共筛查32246人，发现异常158人，其中单纯PPD强阳性135人，诊断为肺结核23人，开展65岁及以上老年人及糖尿病患者肺结核筛查工作，共筛查46938人，发现可疑症状者500人，可疑症状者进行胸片检查的476人，最终发现1名肺结核患者，65岁及以上老年人及糖尿病患者肺结核可疑症状者摄片率为95.2%。

【慢性病防控与健康教育】 加强慢病防控工作规范化建设。举办三次大型培训班，组织8次宣传活动，完成2019年脑卒中高危人群筛查与干预工作，任务数2000人，实际完成院外筛查数2166人；开展全区健康支持性环境的建设，全区新增健康支持性环境36家，其中健康社区15家，健康单位7家，健康食堂4家，健康餐厅1家，健康学校8家，健康一条街1个。精神卫生工作稳步推进。国家严重精神障碍系统在册患者人数1588人，规范管理率96.66%，面访率98.87%，年服药率96.85%，规律服药率82.81%，精神分裂症服药率97.47%；参加救治救助实事项目的患者数为75人，贫困易肇事肇祸患者救助比例达100%；继续开展看护人奖励工作，在册患者纳入监护奖励政策比例为14.11%，已完成政策目标13%的要求。

【职业病、地方病防治】 地方病、寄生虫病、学校卫生体检、职业病防治工作顺利完成。地方病防治工作，组织实施并完成2019年岳塘区碘缺乏病监测工作。寄生虫病防治工作，共完成255人份血检，均为阴性。学校卫生体检工作，完成26所中小学校的健康体检，体检人数22407人，15所学校的采光照明双随机抽检工作，完成10所学校的2407名儿童青少年近视调查工作，职业病防治工作，完成500余名尘肺病人回顾性调查和随访工作，对40家存在职业病危害因素的企业开展监测、28家放射诊疗机构基本情况完成调查。寄生虫病防治工作，对医疗机构血检人数302人次。

【监督执法体系建设】 卫生计生综合监督执法，认真贯彻落实市卫计监督执法局工作会议精神，狠抓组织纪律，强化内部管理，深入公共场所、医疗执业、生活饮用水、传染病防治等卫生监督单位开展卫生监督执法，不断提升管理水平和执法力度，全员参加全省国家工作人员学法考试合格率为100%，全年未发生因监督监测不到位而引起的公共卫生事件。认真开展专项监督检查。

【监督执法检查】 全年共受理公共场所卫生许可证申请631件，发放许可证631件，受理饮用水许可证申请8件，发放许可证8件，按要求每季报区卫计局通过政府网站进行公示。对562户经营单位进行量化分级和卫生信誉度评审，其中31户经营单位信誉度等级由B级调整C级，并在网上公示。对30户设置有中央空调的经营单位和76户生活美容机构进行专项整治，其中警告9户，责令限期整改22户，罚款0户，规范生活美容市场。出动执法人员828人次，公务车辆126台次，检查医疗卫生计生单位318户，查处无证行医案件11起，没收非法所得，同时处以罚款5.9万元。查处违反卫生法律法规的医疗机构15家，罚款1万元。责令限期整改128家，警告15家，没收医疗器械20余件，药品200余盒（瓶），查处违反医疗卫生法律法规的医务人员2人。在开展医疗废物专项整治中，共监督检查区内医疗机构318家，针对检查中发现的问题提出整改意见3200余条，责令发现隐患的150家医疗卫生机构立即整改，12家问题突出的医疗机构给予警告、罚款0.5万元。

【监督执法专项整治】 在开展“两非”专项整治中，对辖区内的乡镇卫生院、社区卫生服务中心、门诊部以及妇科诊所等35家医疗卫生单位进行专项整治行动。对辖区内传染病防治进行执法检查。一是对区内22家预防接种点进行监督，重点检查接种单位资质、疫苗的采购、运输、冷藏储存等环节，督促各单位认真履行《中华人民共和国传染病防治法》和《疫苗流通和预防接种管理条例》。对疫苗报告采用网络直报形式的22家医疗卫生单位及其他非网报单位的监督检查。对医疗单位的消毒隔离、医疗废物处理的监督检查，共监督抽查318家基层医疗机构（社区卫生服务中心、诊所、乡镇卫生院、村卫生室）注射室的消毒隔离情况及医疗废弃物，个体医疗诊所废弃物集中处置率达100%。对设置有实验室的12个医疗机构进行病原微生物实验室的监督。认真开展H7N9人感染禽流感、肺结核等专项整治，共检查医疗318家，学校35所，幼儿园78所，居民小区及生活饮用水单位64家，提出各类监督文书1500余份。根据国家及省、市、区卫计行政部门安排，开展对医疗美容专项整治，共检查医疗美容机构6家、生活美容机构98家，处理群众投诉举报9起，立案查处3起，责令停止执业3家，没收医疗器械10余件，责令立即改进12家，罚款1万元。5—6月，对辖区内的318家医疗机构进行一年一度的校验，提出各类改进意见3000余条。开展药品零售店消毒产品的专项整治，共检查药品零售店31家，经营的消毒产品152个，责令改进14家。开展对生活饮用卫生专项整治，共检查学校35家、幼儿园78所、5家二次供水集中式供水单位，26家分质供水单位，13家农村安全饮用水工程，对5家违反《中华人民共和国传染病防治法》的学校进行警告。

【行政审批制度改革】 积极推进行政审批制度改革。根据法律法规和有关规范性文件规定，以区卫计综合监督执法局“权力清单”和“责任清单”为依托，梳理行政许可目录清单、行政处罚目录清单，实行行政处罚和行政审批信息“双公示”，接受群众监督。在积极推进行政审批制度改革中，强化服务意识。按照岳塘区2019年度法治政府建设考核方案要求，不断优化审批流程，推进便民服务。强化卫计监督协管督查管理。

【基层监督执法信息化管理】 依照《国家基本公共卫生服务规范》和市卫计执法局《湘潭市2019年卫生计生监督协管工作计划》的安排，为优化资源整合，推进基层卫生计生监督执法体系改革，建立健全各项协管工作制度和管理规定，为辖区内乡镇卫生院和街道社区卫生服务中心开展卫生计生监督协管工作创造良好的条件。建立畅通、快捷的卫生计生监督协管信息传达机制、卫生计生监督工作上下联动的高效工作机制。加强卫生监督执法全程记录。参照省卫计委与中国电信股份有限公司湖南分公司战略合作框架协议，同湘潭电信公司开展基于卫生监督移动手执终端的现场执法模式合作协商，租赁15台手执终端、3台A4纸打印机、3台执法记录仪，利用中国电信在云计算与移动互联网领域的优势，在卫生计生层级平台上，实现卫生计生全程监督执法领域信息化管理，做到公正执法，科学执法。有效处置群众投诉、举报事件。全区共接到各类投诉举报19起，处置19起，群众满意度为100%。

【妇幼保健】 紧紧围绕母婴安全，重点民生实事，妇幼健康能力建设，强力推进出生缺陷防治，重大妇幼公共卫生项目和基本公共卫生服务，妇女儿童健康水平持续改善。为孕妇提供免费产前筛查。全年免费产前筛查任务2000人，完成2720人，完成率为136%，高风险孕妇接受产前诊断干预率74.25%。贫困低收入家庭孕产前诊断28人，由市级补助1000元。农村适龄妇女实施“两癌”免费检查工作。全区计划实施“两癌”免费检查妇女为1500人，完成1551人，完成率为103.4%。其中宫颈阳性个案10例，10例追访到位。乳腺阳性个案1例，1例已检、治疗，已确认乳腺癌1例。新生儿疾病筛查工作，全年计划任务为1840人，完成免费新生儿筛查人数2034人，完成率为110.54%，可疑阳性人数123人，召回115人，确诊11人，阳性个案召回率为93.50%。孕产妇健康管理，2019年孕产妇死亡1例，经省、市、区三级评审为不可避免死亡，孕产妇死亡率为28.92/10万。5岁以下儿童死亡率为4.36‰。孕产妇管理率为93.32%。儿童健康管理，7岁以下儿童覆盖率94.62%，2019年下半年联合市妇幼专家对全区所有托幼机构7018名适龄儿童开展健康体检和生长发育监测、眼保健和视力筛查、口腔保健、听力筛查等健康管理，并对阳性病例进行干预、追踪和随访。预防艾滋病、梅毒、乙肝母婴传播工作，全区组织预防艾滋病、梅毒、乙肝母婴传播专题业务培训，对辖区内医疗机构开展两次专项督查，孕妇艾滋病、梅毒、乙肝检测率100%，孕早中期（28周以内）检测率99.37%。感染艾滋病、梅毒、乙肝孕产妇用药干预率100%，感染艾滋病、梅毒、乙肝孕产妇所生儿童用药干预率分别为100%、100%、100%。出生缺陷干预，全区全年婚前医学检查率80.32%，叶酸服用率95.77%，依从率86.28%，新生儿疾病筛查率101.29%，新生儿听力筛查率97.15%，地中海贫血筛查机构覆盖率100%。完成孕前优生健康检查1600人，目标人群覆盖率100.43%。早孕随访率94.64%，妊娠结局随访率95.02%，2019年省级实验室室间质评合格率100%。

【中医中药】 已构建以区中西医结合医院为龙头、乡镇卫生院、街道社区卫生服务中心为枢纽、村、社区卫生室为基础、民营中医医疗机构为补充的中医药服务网络。区中西结合医院中医整脊科获评省特色专科、市重点专科，所有基层医疗卫生机构建设标准的中医馆，积极推广50多项中医药适宜技术，辖区内每个社区卫生服务中心、乡镇卫生院能够按照中医药技术操作规范开展6类以上中医药适宜技术，构建区级龙头医院+ 基层医疗机构+个体中医诊所的中医药服务体系，顺利通过全国基层中医药工作先进单位现场复评。

【健康扶贫】 精准识别贫困人口健康状况。对全区1279户3619名农村建档立卡贫困人口的健康状况实施精准识别，对所有患者都进行分类登记建档立卡，实施分类管理、分类救治。落实贫困人口医疗保障政策。所有贫困人口城乡居民医保参保率和保险补助率达到100%，全面落实“先诊疗后付费”和“一站式”住院结算，2019年，岳塘区贫困人口县域内定点医疗机构住院享受先诊疗后付费935人次，实际报销比例达90.36%，有效减轻贫困人口医疗负担。扎实开展贫困人口基本医疗卫生服务。组建8个家庭医生服务团队，做实做细农村贫困人口家庭医生签约服务，全年开展免费健康体检1539人次，对949名高、糖、精、结等重点人群进行4次以上面访服务，对1474名慢性病患者开展个性化健康处方服务，开辟贫困人口就诊、转诊、出诊“三优先”绿色通道，实现贫困人口居民电子健康档案建档率和履约服务率100%。进一步改善村民就医环境。区财政投入近100万元加快岳塘区16个行政村卫生室标准化建设，全面消除“空白村”卫生室，公有产权率达到100%。

【爱国卫生和创卫】 深入开展爱国卫生运动。组织开展春秋集中灭鼠及夏季灭蚊灭蟑活动，组织大扫除活动16次，建设毒饵站10950余个，新创建省、市级文明卫生单位、卫生村及市级无烟单位73家，复查市级无烟单位78家，创建数量和质量居全市前列。创建国家卫生城市工作成效显著。2019年岳塘区顺利通过创建国家卫生城市省级考核鉴定和国家暗访检查，全区卫健系统负责的爱卫组织管理和病媒生物防制专业组、公共卫生与医疗服务专业组以及重点场所“四小门店”的创卫工作亮点纷呈、特色鲜明，特别是健康一条街、书院路街道社区卫生服务中心、湖湘西路“六小门店”示范街等迎检点均作为国家暗访检查特色亮点。

【计划生育服务】 人口均衡发展步入常态。2019年全区共出生3416人，人口出生率为8.83‰，人口自然增长率0.56‰；出生人口性别比104.18（正常值103~107之间），与上年同期相比下降0.57。继续强化医养结合和托育照护工作。岳塘区成功纳入“国家老龄健康服务能力建设试点地区”和“湖南省医养结合试点区”，辖内养老机构包括公办养老机构、农村敬老院、民办养老机构和社区（村）日间照料中心共计48家，多元化养老发展模式加快推进，书院路街道社区卫生服务中心医养结合模式在全省第六届湖湘医院论坛作经验推广，荆鹏家政开展的“邻里驿站”嵌入式养老服务模式，得到省卫健委领导调研考察时的充分肯定。

【中西医结合医院】 全院共有工作人员139名，其中医生53名，医技22名，护士52名，工勤人员12名。完成业务收入1274万元，与上年同期增长186万元，增长率17.1%。门诊达60523人次，住院人次达1201人次，全年无重医疗纠纷、医疗责任事故发生。医院深化公立医院改革，提升公共卫生服务能力，在全院干部职工努力下，较好地完成预期工作目标。2019年度周光裕被评为“湘潭市医疗管理先进个人”，李祥被评为“湘潭市优秀医务工作者”，朱意球被评为“湘潭好医生”刘慧琼被评为“湘潭市优秀护士”。依托人才梯队的稳定，促进医院服务能力的提升。采用“请进来、送出去”的办法，积极培养人才，形成较稳定的人才梯队。2019年引进内科主治医师1名、公招内科医生1名，调入公卫慢病医师1名，选送26人到三甲医疗机构学习中医临床、内科、公共卫生等方面知识，全面提升医院整体医疗服务能力。以健康扶贫工作、村卫生室的建设为抓手，强化公共卫生服务工作。把健康扶贫工作作为核心工作，领导带头，全院参与。根据实际情况组建健康扶贫下户团队10个，每队由1名公卫部人员任团队长，每个团队至少安排责任医生、责任护士各1名，将493户分配至各团队，分包至户，责任到人。按照村建院办的原则承办五星、和平、顺江、下摄司四个行政村的村卫生室，促进公共卫生服务的纵深发展。医院成立10个家庭医生签约团队，明确工作职责和服务范围，优先将辖区内的高血压、糖尿病、扶贫对象等重点人群列入家庭医生服务的重点人群。同时健全和实施绩效分配制度，做到签约质、量和居民的满意度与绩效挂钩，充分调动全科医生团队的积极性和提升服务质量。全年推出高血压、糖尿病等五种个性化服务包，制定相关优惠政策，鼓励居民积极参加签约服务，让签约对象满意。注重实效，积极推进医改、医联体工作。按照市、区医改领导小组的要求，全面推进各项医改工作，严格实行药品零利润和两票制采购药品。医院作为一所城区中医医疗机构和街道社区卫生服务中心，参加湘潭市医院医疗、市中医院、市妇幼保健院医疗健康集团。作为医疗集团的成员单位，积极履行相关义务，做好集团内部患者的双向转诊工作。注重学习，强抓医疗质量，提升服务内涵。为保证医疗质量，2019年先后十余次开展全院性的技能考试考核，定期开展三基考试考核，提升医疗质量。通过应急演练和技能竞赛，应急队伍应对突发事件的应急处置能力得到进一步提高。

【基层医疗卫生机构】 2019年，全区乡镇、街道级医疗卫生机构9家，分别为昭山镇卫生院，建设路、东坪街道社区卫生服务中心，下摄司街道社区卫生服务中心，荷塘街道社区卫生服务中心，书院路街道社区卫生服务中心，五里堆街道社区卫生服务中心，岳塘街道社区卫生服务中心，宝塔街道社区卫生服务中心，双马、板塘街道社区卫生服务中心。根据基层医疗卫生机构执业许可证要求，均设有全科医疗科、预防保健科、内科、外科、口腔科、妇科、妇女保健科、儿科、儿童保健科、医学检验科、医学影像科、中医科、中西医结合科、超声诊断专业科等科室。有条件的社区卫生服务中心还设有康复诊疗室、康复功能训练室、针灸理疗室、科牵引室。为辖区内居民群众开展公共医疗卫生、疾病诊断治疗、妇幼健康保健、儿童疫苗接种、家庭医生签约、健康知识讲座、居民免费体检、计划生育服务等服务项目，群众满意度均为97%以上。

昭山镇卫生院。地点设昭山镇昭山村318路口处，建筑面积2200平方米。有医护工勤人员41名，其中，医生19名、医技5名、护士13名、工勤人员4名。全年门诊达18960人次，住院22人次，为居民群众免费体检3091人次。

下摄司街道社区卫生服务中心。下摄司街道社区卫生服务中心地点设下摄司街463号，建筑面积2030平方米。有医护工勤人员51名，其中，医生20名、护士12名、医技9名、工勤人员10名。全年门诊达33851人次，住院332人次，为居民群众免费体检4405人次。

荷塘街道社区卫生服务中心。地点设金湖安置区内，建筑面积3568平方米。有医护工勤人员36名，其中，医生13名、护士12名、医技7名、工勤人员4名。全年门诊达26532人次，为居民群众免费体检3745人次。

书院路街道社区卫生服务中心。地点设建设南路1号，建筑面积5640平方米。有医护工勤人员69名，其中，医生21名、护士31名、医技药7名、财务2人，工勤人员8名。全年门诊达42458人次，住院565人次，为居民群众免费体检12696人次。

五里堆街道社区卫生服务中心。地点设永安村4号，建筑面积3061平方米。有医护工勤人员67人，其中，医师16人，护理34人，医技9人，工勤8名。全年门诊达39043人次，住院714人次，为居民群众免费体检4791人。

岳塘街道社区卫生服务中心。地点岳塘路193号，建筑面积1138.06平方米。有医护工勤人员41名，其中，医生12名、护士17名、药剂人员3名、医技1名、办公室人员1名，信息管理员4名，工勤人员3名。1—11月全年门诊达28182人次，为居民群众免费体检 7752人次。

宝塔街道社区卫生服务中心。地点设双拥中路，建筑面积24807平方米。有医护工勤人员58名，其中，医生23名、护士19名、高级职称1人，中级职称22人，本科学历37人，全科医师14人。全年门诊达54978人次，为居民群众免费体检3217人次。

双马、板塘街道社区卫生服务中心。位于湘潭高新区双马街道集体村（新电厂加油站对面），中心业务用房面积约2000平方米，现有专业技术人员48人，其中医生17人、护士19人、医技人员5人、工勤4人、其他专业技术人员3人。全年门诊人数13742人次，为辖区居民免费体检2476人次。

建设路、东坪街道社区卫生服务中心。地点设岳塘区中西医结合医院（具体数据已统计在中西医结合医院内）。（徐晶菁）

岳塘区计划生育协会

【概况】 2019年岳塘区计生协高举习近平新时代中国特色社会主义思想伟大旗帜，落实习近平总书记关于新时期党的群团工作、计生协工作系列重要指示精神，发动全区会员带头贯彻落实计划生育政策，组织协会会员发挥所长，紧紧围绕“四新”岳塘建设，进一步发挥组织优势、动员社会力量、整合服务资源、创新工作方法。

【协会队伍建设】 2019年完成岳塘区计生协换届选举，进一步优化队伍、提升工作能力，扎实做好六项重点任务，积极推进全区计生协工作新发展。打造品牌，做好创建工作经验推广。2019年1月22日，岳塘区召开创建全国计划生育基层群众自治示范工作讲评会，区委副书记郭勇，各街（镇）计生协常务副会长、秘书长（含高新、昭山示范区），各创建项目成员单位主要负责人及受表彰对象参会。会上认真总结三年来的创建工作经验，对作出贡献的先进单位和个人予以通报表彰。继续巩固成绩、提炼经验，在计生协系统形成可复制、可推广的模式，结合计生协六项重点任务，将计生基层群众自治与创建全国文明城市、全国卫生城市、落实全面两孩政策、实施健康岳塘建设、实施脱贫攻坚战略与乡村振兴战略相融合，打造岳塘特色品牌。进一步创新工作理念、工作内涵和工作方法，确实发挥好先进典型示范、引领的作用，为促进区人口长期均衡发展作出贡献。

【生育关怀】 服务群众，深入做好生育关怀工作。岳塘区计生特殊家庭成员每年约增长10%以上，2019年共有此类对象1206人，一是在省财政安排专项资金的基础上，争取区级财政配套资金，认真梳理名单用于计生特殊家庭成员购买每人150元的健康保险，共计18.045万元（续保时已有三名对象去世）。截止到2019年12月，计生特殊家庭健康保险理赔额近17万元，切实为计生特殊家庭成员在住院医疗方面减轻负担。二是各级计生协2019年共上门探望慰问1600余次，送去慰问金及物资累计金额13余万元。三是认真落实好计划生育特殊家庭住院护理补贴发放工作，2019年岳塘区收到省计生协下拨的护理补贴经费共27.39万元，截止到2019年12月共发放补贴286人次、40.8万元，占拨款的149%，受到广大服务对象好评。岳塘区计生协工作人员郭鸽获评2019年度全省计生特殊家庭住院护理补贴工作先进个人。全年岳塘区计生协收到省计生协下拨的计划生育“三结合”项目经费6万元、计生家庭创业贷款贴息项目经费2万元，岳塘区计生协还争取区级财政资金，帮扶区级三结合项目3万元，经省、市计生协审核认定已将此项经费拨付至项目点帮扶项目发展，带领更多的计生家庭脱贫致富。为保证岳塘区范围内的高考学子安心步入大学殿堂认真学习，2019年7月，区计生协在全区（含高新区、昭山示范区）范围内对计生困难家庭特别是困难优秀高考学子开展“关爱计生家庭、金秋温暖送学”专项慰问活动，共慰问52人次、共计5.3万元，其中奖励慰问20名计生困难家庭的优秀高考学子，共计2万元。岳塘区计生协2019年在全区（含高新、昭山示范区）广泛宣传并开展“小善举 大爱心”募捐活动，截止到9月底，共计捐款8868.6元。2019年1月28日，岳塘区中西医结合医院的困难职工接到区计生、区卫计局协送来的2018年度“小善举 大爱心募捐活动”爱心捐款5000元。岳塘区各级计生协在各个佳节和临时生育关怀慰问活动中共慰问计生特殊家庭、贫困母亲、春蕾女孩、失独家庭、困难卫计专干、计生困难家庭优秀考高学子约3100人次，发放慰问金近83万元，其中含区计生协慰问金13万元，营造有利于计生协改革发展的良好社会氛围。

【关爱计生家庭】 精心部署，突出搞好“5·29”活动。2019年5月29日是中国计生协成立39周年纪念日，也是计生协第21个“会员活动日”。岳塘区将“5·29”活动与创建卫生城市工作、精准扶贫工作有效融合，以“关爱计生家庭，助力健康岳塘”为主题积极开展宣传服务活动。各级计生协积极开展关爱女孩、慰问贫困母亲、走访困难计生家庭，以及表彰计生协优秀会员、“五好文明家庭”等活动。各级计生协联合各社区卫生服务中心开展免费义诊20次，共发放药具知识手册、防治两癌、孕前优生、产前筛查、健康素养等宣传资料7000余份，发放免费避孕药具2000余盒，发放纪念品3000份，为10000余人进行免费义诊，提供健康咨询2000余人次。活动期间慰问现金、实物金额约28万元以上，共慰问1500余名贫困母亲、春蕾女童和困难计生工作者、失独老人。

【协会组织全覆盖】 换届选举，优化队伍提升工作能力。岳塘区计生协筹备于6月3日召开计划生育协会第六次会员代表大会，会上听取并审议第五届理事会工作报告，选举产生第六届理事会理事、常务理事、会长、第一副会长、常务副会长、兼职副会长。市计生协副会长陈小剑、区领导陈爱民、王玲等参加会议。此次换届让一大批在新形势下业务能力强、热心协会工作、创新探索的人才进入协会理事队伍，使新一届协会队伍建设更加精炼、能干、更善于创新探索。2019年4月，区计生协对全区12个街（镇）及94个村（社区）计生协2018年度开展“创先争优、服务大局”活动工作进行考核评估，拨付经费5.1万元用于基层协会常务副会长的补助经费配套差额部分。

【计生保险】 计生保险，全力保障会员队伍权益。2019年度岳塘区计生保险实现保费82.67万元，累计承保1.68万户。人寿保险公司简化理赔流程，快速办理理赔，为计生家庭提供一份坚强的保障。截止到2019年12月，岳塘区累计理赔408人，赔付金额合计55.2万元，赔付比例66.8%。岳塘区计生协于2019年7月为全区181名村、社区计生协专干续买意外险共计1.81万元。截止到2019年12月底，共理赔2人次，理赔金额近1万元。

【会员培训】 提升素养，抓好会员学习培训工作。经过认真周密筹备，2019年7月9日，岳塘区计生协2019年服务能力建设培训班正式开班。来自全区各街道、社区（村）计生协专干以及湘潭市关爱家庭协会志愿者们共140余人参加一整天的集中培训。培训特邀心理咨询师开展《情暖家庭·关爱特殊家庭》公益大讲座，着力提升各级计生协专干和志愿者为特殊家庭成员提供心理疏导、精神慰藉、生活照料、临终关怀服务的工作能力，帮助失独家庭老人解决生活、养老、精神上的现实困难和担忧，改善他们的生活质量和生存环境，增强生活信心和希望。常务副会长蒋海波还就注重家庭、注重家风、注重家教，弘扬家庭美德、促进家庭和谐幸福进行专题辅导。培训还包括计生保险业务培训、青春健康知识讲座、计生特殊家庭护理补贴业务讲解等知识内容。

（齐冬梅　郭　鸽）

社会生活

民　政

【概况】　岳塘区民政局有编制19人，在编干部职工12人，其中班子成员3人。内设3个股室，分别是综合办公室、基层政权建设和社区治理股、民生服务股，归口管理区低收入家庭核对中心、区社会福利院和区婚姻登记中心3个公益一类事业单位。全区9个街道均设立民政所，都配有1名民政所长；同时设置社会工作站10个，配备社工12名。全区45个社区、16个村均建立社区（村）社会救助服务中心，共有低保员91人。民政部门工作职责涉及25大类，共100多项事务。概括为“三大板块，四个体系”。三大板块：基本民生的保障、基层民主的发展、基层社会的管理。六个体系：社会救助体系、社区工作体系、社会福利体系（含福利院、慈善捐助等）、专项事务体系（含婚姻登记、养老服务、收养登记、社团登记、流浪乞讨、殡葬管理、区划地名、公共服务等）。2019年因机构改革，将退役军人优抚安置、救灾、救灾物资储备、医疗救助、老龄办的行政职能划出，增加儿童福利、志愿服务、困难残疾人生活补贴和重度残疾人护理补贴资格审查、补贴发放、监督管理的工作职责。岳塘区民政局涉及的日常工作有城乡低保救助、特困供养、社区建设、基层政权、养老服务、婚姻登记、收养登记、区划地名、慈善、民间组织登记等等。

【社会救助】　脱贫攻坚兜底保障工作推进有力。全面开展兜底保障对象的救助工作。2019年全区建档立卡贫困人口中有573人纳入低保或特困人员救助供养，其中农村低保516人、城市低保23人，特困人员34人。在省、市考评中多次获得好评。实行城乡居民申请低保、特困供养、临时救助“最多跑一次”。利用“一门受理”窗口，街道社工和村级民政协理员互相配合的方法，实现“一次办成多项事”，让社会救助服务变得更高效，让服务对象感到更便捷。全面规范各项救助制度申请、审核、审批工作流程，明确职责，真正实现社会救助操作过程中的标准化和规范化。救助水平居全省前列。认真做好各类救助。城乡低保应保尽保，救助水平处于全省前列。岳塘区的城乡低保标准均为500元/人·月，2019年12月，有城市低保对象3579户，5359人，月人均补差水平达420元；农村低保对象405户，678人，月人均补差水平376元，远远超过实事目标任务，救助标准排名全省前列。累计发放城市低保资金2916.4386万元，农村低保资金303.1424万元。

【基层政权建设】　基层政权和社区建设。规范运行机制，推进减负增效。为推进社区工作规范化建设，指导各社区严格按照“办公区域最小化、服务场地最大化、社会效益最优化”的原则，制定社区工作服务用房建设标准。按照岳塘区实际情况，全面梳理建立责任清单，指导全区建制村建成标准、内容、规格统一的村务公开栏。“一约四会”制度进一步健全。制定下发《关于建立健全“一约四会”制度的指导意见》到街道，要求各村（社区）建立“一约四会”，实行制度上墙，做好相关台账资料。9月初，进行专项督查。从督查的情况看，61个村（社区）全部建立健全“一约四会”。全面推进社会工作服务站工作。通过政府购买服务，每年政府投入80万元经费加强社会工作服务站建设，总站指导各分站开展“三社联动”，各站点专业社工在机构引领下，根据各社区实际情况和需求解决各类问题，加强志愿者培训、登记和管理，岳塘区的志愿者工作和个案工作作为典型经验代表湖南参加民政部志愿者工作座谈会，8月29日，国家级媒体《中国社会报》专题报道岳塘区志愿者工作经验。

【社会事务管理】　社会事务管理工作进一步优化。一是老龄事务。

加快推进老年人福利城乡一体化进程，落实城乡一体的老年人福利政策，岳塘区是湘潭市首家由政府出资为特殊困难老人购买意外险的单位，连续数年为特殊困难老人购买全年每人两份老年人意外伤害保险。完善政府购买居家养老服务制度。湘潭市荆鹏家政服务有限公司与岳塘区合作落实政府购买服务政策，形成“三社联动、政府出资、企业服务、财民共管”岳塘模式。结合市局创建无障碍环境市试点工作，对老年人家庭进行适老化改造试点，为城乡年满65周岁以上的低保、特困老人家庭提供住房无障碍、安全、整洁居住环境。根据实际需求，投入每户3000~5000元。支持社区老年人日间照料中心建设，全区已相继打造25家公办日间照料中心及养老服务示范点，拥有床位145张。采取“以点带面，全面辐射”模式推进社区居家养老试点工作。二是流浪救助工作。不断提高救助管理规范化、社会化、人性化水平。联合市民政局、市救助站开展流浪乞讨“开放日”“寒冬送温暖”“夏季送清凉”等活动，收到良好的社会效果。全年共救助流浪乞讨人员413人，同时发放食品、衣物、常备药品等物资，救助资金达120万元。三是困境儿童及孤儿救助。全区共有12名孤儿，全年共计发放孤儿生活补助11.97万元；对全区986名困境儿童和11名农村留守儿童进行核查统计，并进行多次慰问活动，累计发放物资合计60余万元，此举对提升城市管理，稳定社会发挥积极作用。四是殡葬改革工作。做好全区殡葬管理及清明的文明扫墓的宣传工作，大力推行惠民殡葬、节地生态安葬，实行城乡低保户、特困供养人员基本丧葬费用全免制度。利用“清明节”殡改宣传月，加大宣传工作力度，扩大政策的群众知晓率，倡导节约资源，保护环境，树立厚养薄葬，文明节俭办丧事的社会新风，营造有利于殡葬改革的良好环境，推动全区的生态文明建设，火化率在全市排名第一，处于全省先进行列。五是婚姻登记处工作。坚持依法登记，全年未出现一例新闻负面报道，未出现一起行政复议、行政诉讼情况，婚姻登记合格率100%。巩固婚姻登记机关3A创建成果，不断优化登记环境，强化软硬件设施建设，着力提高婚姻登记服务水平，开通网上预约系统，提高婚姻登记信息化水平。婚姻登记群众满意度100%，居全市第一。六是社会组织工作。依法开展各项日常登记管理工作。今年依批准成立民办非企业单位11家、社团2家，办理民非变更登记11家，民非注销登记3家，社团注销1家，服务水平居全省前列。完成2018年社会组织年检工作。对岳塘区的148家社会组织进行年检，年检率达98%。

【基层组织建设】 2019年，指导全区61个村居在充分听取群众的意见建议后修订完善村规民约和居民公约，并在村（居）务公开栏及小组进行张榜公布，以宣传单、网络群等形式向村（居）民普及，通过多种方式进行宣传教育，使村（居）民共同守约。

出台《湘潭市岳塘区关于加强社区工作者队伍建设的实施细则》，从2019年1月起，全区各社区书记、主任、工作人员的工资报酬由基本工资、学历工资、职业资格津贴、绩效奖金四个部分组成。社区工作者基本工资实行正职、副职和工作人员三档基本工资按全市2017年度在岗职工月平均工资乘以所对应岗位等级系数计算，即基本工资=基数（全市2017年度在岗职工月平均工资）×系数（本人所对应岗位等级系数）；学历工资按照本科100元、硕士研究生200元、博士研究生400元每月进行补贴；职业资格津贴按照考取助理社会工作师100元、社会工作师200元、高级社会工作师400元每月进行补贴；绩效奖金按照基本工资的10%从社区运转经费中安排。

联合区委组织部、财政局、农业农村局出台《关于进一步加强村级组织运转经费保障的通知》文件，从2019年1月起，村年运转经费按每村30万元拨付，各社区年运转经费提高到60万元。

全区45个社区按10万元/个社区安排惠民项目专项资金，共计450万元，其中区财政配套225万元，资金分上下半年度拨付到位。严格项目实施程序，由各社区按“四议两公开”程序确定后，经街道办事处核实审批予以实施，区委组织部、区民政局和区财政局对项目进行监管和抽查。主要用于开展社区服务类项目、社区环境类、公共设施管理、三社联动类、其他惠民事项。

【民间组织管理】 2019年按照《社会团体登记管理条例》和《民办非企业单位登记管理暂行条例》的规定，认真把好登记初审关，严格履行法定程序，对民办非企业单位、社会团体的审批，全区依法登记的社会组织共200家，其中社会团体37家，民办非企业单位163家。

为进一步扩大党在“两新”组织中的组织和工作覆盖，巩固和扩大党的群众基础，推进社会组织自身发展，深入调查社会组织党建情况，摸清社会组织党员、党组织组建情况，建立社会组织党组织建设情况台账。2019年新增2家功能性党支部分别是湘潭市岳塘区摄影家协会党支部和湘潭市岳塘区东方红微马跑步协会党支部。

湘潭市岳塘区社会组织孵化基地是岳塘区政府投资设立的社会组织培训和孵化专门机构，归属岳塘区民政局管理。占地面积为350平方米，基地采取“政府资金支持、民间力量兴办、专业团队管理、政府公众监督、社会民众收益”的运营模式，按照“政务公开、优质服务”的要求，旨在整合社会资源，建立支持社会组织体系，对社会组织给予能力建设、资源和智力支持，培育社会组织发展，引导社会组织提供公益服务，促进社会组织在社会建设中发挥积极作用。

2019年岳塘区社会组织孵化基地通过微信、网站、报纸、走访社区和各社会组织等各种形式招募入驻社会组织，通过为期2个月的广泛发动和宣传动员，一共有10家社会组织入驻孵化基地。孵化基地通过组织工作人员去观摩学习、考取社会工作师等方式，不断地提升工作人员的自身素养和专业能力。2019年1月基地召开年度总结大会，基地负责人在会上对2018年开展的活动、培训进行总结，对2019年基地做出规划发展；3月，湘潭市民政局社会组织科刘勇带队的考核评估小组对岳塘区社会组织孵化基地进行业务指导。市民政局肯定基地的日常、党建等工作。同时提出，要建立特色党建，基地党建与社会组织党建相结合，共促党建领航发展；7月，参加湘潭市社会组织孵化基地举办的“99公益”活动；9月，基地工作人员到雨湖区社会组织孵化基地参加专业社工培训；10月，与市、区孵化基地工作人员一同前往湘潭县孵化基地参观学习；11月，参加由岳塘区民政局主办的为期半个月的计算机培训班；12月，邀请湖南省孵化基地社工专家到基地对工作人员进行一对一的业务指导，包含财务、社工、基地能力提升、党建引领等相关方面。

2019年岳塘区民间组织一览表

表27

社团名称	登记时间	业务主管单位	备注
湘潭市岳塘区成蓁爱心帮扶协会	2019年8月13日	湘潭市岳塘区民政局	
湘潭市岳塘区昭山电商协会	2019年5月5日	湘潭昭山示范区招商商务旅游部	
湘潭市岳塘区舞蹈家协会	2018年12月13日	湘潭市岳塘区文学界艺术联合会	
湘潭市岳塘区书法家协会	2018年9月11日	湘潭市岳塘区文学艺术界联合会	
湘潭市岳塘区竹埠蔬菜种植协会	2018年8月28日	湘潭市岳塘区科学技术协会	
湘潭市岳塘区摄影家协会	2018年8月28日	湘潭市岳塘区文学艺术界联合会	
湘潭市岳塘区美术家协会	2018年7月19日	湘潭市岳塘区文学艺术界联合会	
湘潭市岳塘区东方红微马跑步协会	2018年3月5日	湘潭市岳塘区文化体育局	
湘潭市岳塘区昭山楹联书法协会	2016年10月17日	湘潭昭山示范区党群和人社工作部	
湘潭市岳塘区昭山足球协会	2016年7月7日	湘潭昭山示范区文化广电新闻出版局	
湘潭市岳塘区利佳蔬菜协会	2016年3月15日	湘潭市岳塘区科学技术协会	
湘潭市岳塘区音乐家协会	2015年8月24日	湘潭市岳塘区文体局	
湘潭市岳塘区艺术收藏家协会	2015年3月19日	湘潭市岳塘区文联	
湘潭市岳塘区作家协会	2014年12月25日	湘潭市岳塘区文体局	
湘潭市岳塘区红色文化研究会	2014年12月18日	中共湘潭市岳塘区委党史研究室	
湘潭市岳塘区诗词楹联协会	2014年10月30日	湘潭市岳塘区文体局	
湘潭市岳塘区青年志愿者协会	2013年11月22日	中共湘潭市岳塘区团委	
湘潭布市盘龙商会	2012年12月1日	湘潭市岳塘区工商业联合会	
湘潭市岳塘区领导干部家庭助廉联谊会	2012年5月11日	中共湘潭市岳塘区纪委	
湘潭市岳塘区少数民族联谊会	2011年5月20日	湘潭市岳塘区统战部	
湘潭市岳塘区艺术家协会	2011年5月4日	湘潭市岳塘区文体广电局	
湘潭高新区消费者协会	2010年5月21日	湘潭市工商局高新分局	
湘潭市岳塘区民办教育协会	2009年5月30日	湘潭市岳塘区教育局	
湘潭市岳塘区工商行政管理学会	2008年12月11日	湘潭市工商局岳塘分局	

续表27

社团名称	登记时间	业务主管单位	备注
湘潭市岳塘区长株潭大布市商会	2008年10月31日	湘潭市岳塘区民政局	
湘潭市岳塘区老年人体育协会	2008年10月8日	湘潭市岳塘区文化体育局	
湘潭市岳塘区见义勇为奖励促进会	2006年10月17日	湘潭市岳塘区政法委	
湘潭市岳塘区长株潭大市场百货家电城商会	2005年8月26日	直接登记	
湘潭市岳塘区长株潭大市场摩配城商会	2004年12月31日	直接登记	
湘潭市岳塘区纪检监察学会	2004年11月27日	中共湘潭市岳塘区纪委	
湘潭市岳塘区老科技工作者协会	2003年12月29日	湘潭市岳塘区科学技术协会	
湘潭市岳塘区总商会	2000年3月18日	湘潭市岳塘区工商联	
湘潭市岳塘区消费者委员会	1997年12月3日	湘潭市工商局岳塘分局	
湘潭市岳塘区水果种植行业协会	2016年7月7日	湘潭市岳塘区科学技术协会	2019年7月注销

【岳塘与天心、雨花定界勘察】 2019年对涉市“长潭线”、县级“雨湖岳塘线”进行联合检查。“长潭线”联合检查工作根据湖南省民政厅《关于做好县级以上行政区域界线第四轮联合检查工作的通知》通知精神，5月中旬，制定长潭线联合检查实施方案，成立由湘潭市岳塘区、长沙市天心区、雨花区民政局组成的联合检查工作领导小组，领导小组由湘潭市岳塘区牵头，长沙市天心区、雨花区为成员组成。领导小组成立后3区各自进行“内业检查”、查档案、审方案。5月下旬岳塘区、天心区、雨花区各自进行外业检查，走访“长潭线”岳塘区段边界线28.56千米，对村民进行询问，了解边界动向，在确定双方边界两边村民遵守边界协议、和谐相处，对界线走向及界桩进行实地踏勘核对。于5月28日，湘潭市和长沙市“长潭线”联合检查领导小组全体成员对涉边界桩进行实地勘察，填写界桩登记表，拍摄界桩影像资料，对界线走向和界桩方位及方位物有无变化进行逐段核对，并用红漆对界桩文字进行重新描绘。实地对界桩和界线勘查后，根据三区整理的“内业”和“外业”检查的资料进行归档整理，经三区反复审校无误后，将“长潭线”联合检查所有资料整理成册，于6月分别上报湘潭市、长沙市民政局。

【岳塘与雨湖区定界勘察】 “雨湖岳塘线”联合检查工作按照市民政局的统一安排部署，由雨湖区牵头，成立“雨湖岳塘线”联合检查工作领导小组。领导小组成立后各自进行“内业检查”、查档案、审方案。然后各自进行外业审查，走访边界线24.4千米，对村民进行询问，了解边界动向，在确定双方边界两边居民遵守边界协议、和谐相处。于4月19日联合检查工作领导小组对界桩进行实地踏勘核对。清除界桩周围的杂草、遮挡物，填写界桩登记表，拍摄界桩影像资料，对界桩方位及方位物进行审核，并用红漆对界桩文字进行重新描绘。联合勘查结束后由雨湖区政府上报市政府。

【创建和谐平安边界】 根据《岳塘区创建平安边界实施工作方案》的要求，区创建平安边界工作领导小组办公室于7月24日、25日、26日3天对涉及边界的市级界线（株潭线、长潭线）、县级界线（岳塘湘潭线、雨湖岳塘线）进行走访调查，走访部分村委会了解边界村（居）民情况，有无纠纷矛盾，是否存在边界纠纷隐患。昭山镇组织涉边部分村召开座谈会，到界桩实地察看，落实界桩看护人，签订界桩看护协议。通过走访全区4条边界线村（居）委会了解情况，边界无纠纷，边界两边村（居）民和谐相处，界桩完好无损。

【地名普查建档管理】 加强地普信息，实现成果转化，为规范第二次全国地名普查档案管理，确保档案完整、准确、系统、安全和有效利用，按照民政部、国家档案局制定的《第二次全国地名普查档案管理办法》整理档案。按照国家档案法规和要求，建立《岳塘区档案管理制度》，认真履行档案工作职责，对档案进行统一管理。地名档案按照管理要求分成业务类、成果类、其他类整理归档，其中业务类45盒136卷、成果类30盒45卷、其他类4盒4卷。其中11大类58个子类的地名信息10111条，含有陆地水系9条，陆地地形75条，行政区域类13条，群众自治组织834条，非行政区域名称1263条，居民点名称2125条，交通运输设施448条，水利、电力设施名称892条，纪念地、旅游景点名称36条，建筑物名称243条，企事业单位3518条，历史地名327条，进行整理归档。标绘1∶50000纸质地图102幅，地名标准化处理51条，设置制作地名标志655条，制作地名标志登记表655份，采集地名多媒体信息13020条，符合国家及省要求匹配成功录入数据库10115条，新增国家地名数据库地名信息5441条（一普地名信息数据4674条），修改整饰国家地名数据库矢量地图。生成1∶10000地名成果图表16幅。于10月上旬完成市级验收。并对国志、省志第一部分和岳塘区地名图集及标准地名录、地名志进行多次反复修改并将修改稿报送市、省审稿。岳塘区地名图集收录地名信息1万余条，标准地名录收录地名信息3000余条，地名志编辑20余万字。

根据省民政厅《2019年度工作要点的通知》和市局工作安排部署，于10月份对全区206.4平方千米，所辖11个街道、1个镇，共24条乡级边界线路，总长约101.2千米，进行初步审查，预计2020年6月底完工。

此外还对辖区内的大、洋、怪地名进行清理，整改4条；对未命名的新修道路和小街小巷进行排查，7条道路经专家审定名称后上报市地名委员会审定命名。

【行政区划调整】 至2019年末，全区辖11个街道（高新区代管街道2个）、1镇（由昭山示范区代管）、59个社区居民委员会（高新区代管10个、昭山示范区代管4个）、35个村民委员会（高新区代管8个、昭山示范区代管11个）。

2019年岳塘区街道（镇）居委会（村）情况一览表

表28

街道镇名称	面 积（平方千米）	居委会个数（个）	居委会名称	村委会个数（个）	村委会名称
岳塘街道	10.5	6	三株岭、纯冲塘、大板房、岳塘岭、菊花塘、瓦窑塘		
书院路街道	6.5	5	新塘、晓塘、芙蓉、葩金、飞机坪		
建设路街道	6.2	5	湖湘、建设路、曙光、大桥、霞光		
宝塔街道	6.7	7	阳光、云盘、长塘、红旗、盘龙、云峰、宝塔		
霞城街道	6.3	2	牡丹、向家塘	5	五星、下摄司、岳塘、阳塘、霞城
五里堆街道	8.5	8	向阳、纱厂街、板塘、金耐、五里堆、安乐、学卫、江滨		
东坪街道	7.3	3	三角坪、横街、泗神庙	3	顺江、和平、联合
荷塘街道	43	1	商城	8	指方、荷塘、清水、正江、五爱、竹埠、金群、滴水埠
下摄司街道	6.9	8	九洲、运河、栗塘、半边街、鸦雀塘、长城、铁园、禾花塘		
双马街道	24.5	8	新塘里、象形、新电、新站、马家河、国强、华金、吉安路、	5	云和、月华、法华、新华、向阳
板塘街道	14.5	2	桥湾、摇钱	3	新农、西塘、农联
昭山镇	65.5	4	双建、大塘、窑洲、路口	11	昭山、蒿塘、红旗、玉屏、幸福、白鹤、高峰、楠木、新民、七星、新湖
合计	206.4	59		35	

【城乡最低生活保障】 城乡最低生活保障应保尽保，救助标准和救助水平处于全市前列。在城乡低保认定上，实现单一的收入型向收入型和支出型并重转变，对重残、重病患者可单独纳入低保。不断探索城乡低保申请家庭经济状况科学核算办法，从评议为主向核对为主、评议为辅转变，明确家庭成员范围、收入计算内容和方式、家庭支出的核减办法等。为认真贯彻落实《湘潭市社会保障兜底“一季一专题”集中治理活动方案》精神，根据市民政局和区专项治理工作会议的部署和要求，该区制定《岳塘区

社会保障兜底“一季一专题”集中治理活动方案》，全面贯彻落实党中央关于打赢脱贫攻坚战的决策部署，坚持问题导向，集中治理“人情保”“关系保”“错保”“漏保”，坚决查处城乡低保工作中的腐败和作风问题，全面公开低保政策和投诉举报电话，实行近亲属备案制度，回应和解决群众反映强烈的突出问题，进一步提升城乡低保规范管理水平。截至2019年底，未发现有违纪违规案例。2019年，岳塘区的城乡最低生活保障标准均为500元/人·月，截至2019年12月，有城市低保对象3579户，5359人，月人均补差水平达420元；农村低保对象405户，678人，月人均补差水平376元，远远超过实事目标任务。全年累计发放城市低保资金2924.9685万元（含5—12月临时物价补贴69.3584万元），农村低保资金304.2272万元（含5—12月临时物价补贴8.3162万元）。实行阳光救助，动态管理到位。全年城乡低保累计增加180户，306人，12.7546万元；减少515户，954人，38.7178万元。按每人每年60元的标准（90%由政府负担）资助建档立卡范围外的低保、特困对象6500人购买贫困家庭综合保险。

【城乡特困人员供养】 2019年，全区有特困供养对象119人，供养标准为650元/人·月，年供养标准为7800元/年·人，全年发放救助供养金95.16万元，护理费29.06万元，丧葬费6.24万元，一次性补贴15.2319万元，合计145.6919万元。全区失能人员22人，失能人员集中供养13人，供养率59%。

【市救助管理站建设管理】 2010年湘潭市救助管理站在双马街道向阳社区建成，占地面积20.5亩，建筑面积5000多平方米，按国家二级救助管理站建设，设床位数120个，自建成以来，每年接收流浪乞讨人员4000余人次。

【市区社会福利院建设管理】 湘潭市社会福利院。湘潭市社会福利院创建于1979年，占地20000平方米，建筑面积15000多平方米，依地势建有“松鹤园”、“回春阁”、“蓓蕾园”、餐厅、办公楼、孤儿楼。孤儿楼设计先进、造型新颖，集婴幼儿生活、娱乐、教育、康复、医疗于一体，楼内设施配套、设备齐全，楼前有2000余平方米的孤儿娱乐场，场内建有游泳池，配备各类大型的儿童文娱体育器械。建院40多年来，该院共收养5800余名无依无靠、无家可归、无生活来源的孤、老、残、幼和精神病人。有在院人数210多人，其中残老、精神病人70余名、婴幼儿130余名。

岳塘区社会福利院。岳塘区社会福利院建于1985年，位于五里堆街道金耐社区，紧邻中央直属板塘粮库，占地面积20余亩。现有房屋2栋，建筑面积2000平方米，包括会议室、办公室、食堂及住房30间、可容纳60人。有编制2名，归口区民政局管理。湘潭市荆鹏养老服务有限公司全面承接区福利院建设运营事宜，实现公建民营，为福利院“三无”老人提供生活照料、康复护理、健康指导等服务。岳塘区社会福利院已建设成为岳塘区居家养老服务送餐中心，岳塘区荆鹏日间照料中心、岳塘区养老机构和荆鹏养老护理员培训实训基地，岳塘区废旧衣物捐赠回收处理中心等。供养“三无”五保老人10人，其生活来源主要依靠特困供养金和区级财政投入。除“三无”老人外，还接纳特困供养人员、重点优抚对象及社会老人入住，实现区社会福利与区中心敬老院、区光荣院三院合一，将社会化养老和供养有机结合，成为岳塘区托老中心。

养老机构。全区有街道敬老院2所，市级、区级福利院各1所，民办、医养结合型养老机构13所。

霞城敬老院。霞城乡敬老院始建于1985年，占地面积3.5亩，建筑面积3500平方米。院内有办公楼、四合型老年公寓楼、食堂、老年活动中心和室内活动场地；配套设施齐备，配备办公、住房、厨房、餐厅、会议室、康复室、阅览室、书法室、绿色网吧、棋牌娱乐室、洗浴室、卫生室、多媒体活动室等，拥有床位150张，平均入住率50%以上。

荷塘街道敬老院：荷塘街道敬老院位于该街道综合农场。始建于1990年，经占地2.2亩，建筑面积达3000平方米，2019年1月，湘潭市岳塘区荷塘街道与湖南华鑫养老服务有限公司就荷塘敬老院“公建民营”签订合作协议，已全面完成提质改造工作，拥有床位98张。该院有工作人员4名，入住政府兜底老人12人。区养老公建民营模式曾被各级媒体多次报道，得到社会的广泛认同和省市领导的充分肯定。

【救灾救济】 2019年，发放60年代精简退职生活救济费123人，共计3.69万元；发放救灾资金81.13万元。2019年因机构调整，相关职能职责已移交至区应急管理局。

【社会救助兜底保障】 利用“一门受理”窗口，街道社工和村级民政协理员互相配合的方法，实现“一次办成多项事”，让社会救助服务变得更高效，让服务对象感到更便捷。全面规范各项救助制度申请、审核、审批工作流程，明确职责，真正实现社会救助操作过程中的标准化和规范化。按照《关于在脱贫攻坚三年行动中切实做好社会救助兜底保障工作的实施方案》要求，全面开展兜底保障对象的救助工作，实现“应保尽保、应兜尽兜、应退尽退”，对社会救助兜底对象实行一户一档管理。截至2019年12月，全区建档立卡贫困人口中有579人纳入低保或特困人员救助供养，其中农村低保521人、城市低保24人，特困人员34人。有农村低保、特困人员一类对象124人（其中农村低保90人，特困人员34人），二类对象278人（其中农村低保260人，城市低保18人），三类对象177人（其中农村低保171人，城市低保6人）。

【城乡大病医疗救助】 城乡大病医疗救助。资助城乡低保户、特困供养人员等6819人参加城镇居民医疗保险，资助金额达150.018万元，资助参保率达到100%；住院医疗救助158人次，36.51万元；重特大救助54人，34.28万元；对全区建档立卡的贫困户进行住院费用一站式结算；7月底完成医疗救助完成移交工作，进行新系统的安装、信息录入，加强与市、区医疗局工作上的对接，确保平稳移交。

【城乡临时救助】 城乡临时救助。进一步完善临时救助制度，转发并执行《湘潭市临时救助实施细则》全年临时救助累计救助635户，222.2万元，实现“救急难”的目标。

【孤儿生活救助】 孤儿生活救助。孤儿生活救助。2019年3月新增1名社会散居孤儿，8月新增2名社会散居孤儿，共12人。同时社会散居孤儿生活基本生活费从2019年1月起，由原来的800元/人·月提高至950元/人·月。全年共发放孤儿基本生活费11.495万元。

【残疾人两项补贴】 残疾人两项补贴。2019年岳塘区残疾人两项补贴按月足额发放，同时加强信息管理，享受两项补贴的人员信息已全部录入全国管理系统。全年累计发放金额为242.69万元，其中享有重度护理残疾人为17851人次，累计发放补贴金额为124.957万元；享有困难生活补贴残疾人为16819人次，累计发放金额为117.733万元。

【婚姻登记】 2019年，根据省、市民政部门要求，将中华人民共和国成立以来保存的纸质婚姻档案录入全国婚姻登记网络系统，共录入10000多条信息。同时对保存的纸质档案加强管理，安排专门人员定期维护，确保婚姻档案安全。按照全国婚姻登记机关规范化建设要求，该局于2017年创建全国AAA级婚姻登记机关。2019年婚姻登记处继续巩固创建成果，不断优化登记环境，着力提高婚姻登记服务水平。全年共准予结婚登记1772对；准予离婚登记1371对。进行婚姻调解100多对，成功调解77对。

【养老服务工作】 岳塘区民政局下属的岳塘区老龄工作委员会办公室更名为岳塘区健康教育所，已于2019年8月调整为区卫健局所属的事业单位。随着老龄化趋势不断加快，区逐步建立起以居家为基础、社区为依托、机构为支撑的养老服务体系。截至2019年末，岳塘区老年人口数（含昭山、高新）达8.2655万人，养老床位达3171张，每千名老人床位数达38.3张，已提前完成十三五规划提出的2020年每千名老人拥有养老床位数35张的目标；床位利用率达80%，护理区床位占比率超过30%，民办养老机构占比率超过50%。

2019年1—12月，为740位高龄老人发放高龄津贴84.09万元；共为488位四类特殊困难老人购买全年每人两份老年人意外伤害保险，惠及金额达2.928万元；2019年政府购买居家养老服务对象惠及199人，按照每月400元、300元、200元补贴标准进行服务，全年共投入68万余元；按时按量完成2019年市实事工作60户特困供养及低保老人家庭适老化改造任务；为65岁以上老年人免费办理老年人优待证及幸福卡，2019年共办理5000余本；对岳塘区农村留守老人进行100%摸底，摸底覆盖16个村及街道所有的农业户口老人，共有留守老人8人，其中霞城街道5人，东坪街道2人，荷塘街道1人。出台《岳塘区民政局关于加快建立农村留守老人信息台账和定期探访制度的通知》《关于建立农村留守老人关爱服务联席会议制度的通知》等文件，建立农村留守老人信息台账，完善各项工作机制，逐步形成农村留守老人探访制度及农村留守老人关爱服务联席会议制度。

督促指导辖区内养老机构对照重大风险隐患28项指标及《养老院服务质基本规范》开展自查和整治提升，全区14家公办、民办养老院均达到《养老机构服务质量基本规范》要求；积极推动社区日照中心社会化运营，采取“以点带面，全面辐射”模式推进社区居家养老试点工作，全区共打造26家社会化社区日间照料中心。在机构养老服务方面，鼓励社会力量兴建养老机构，落实民办养老服务一次性建设补贴、机构床位运营补贴和养老机构责任保险补贴等，公办、民办、医养结合型养老机构共计15个。区委、区政府高度重视养老项目建设，区长调度相关工作，召开专项调度会议。2019年5月，区分别与湖南方盛制药股份有限公司、湖南湘雅夕乐苑健康养老管理有限公司签署战略合作框架协议，城企联动普惠养老项目成功签约，新增800张普惠性养老床位。

【慈善工作】 岳塘区慈善会业务涉及五个方面。筹募善款：筹募和管理符合本会宗旨的慈善基金和各类专项基金，接收个人、法人及其他组织的捐赠，接收国际及港澳台地区民间组织和个人的捐赠，接收政府部门委托的其他捐赠，开展合法的社会募捐活动；帮困救助：组

2019年岳塘区百岁寿星一览表

表29

姓　名	性别	出生年月	年龄	所属街道	备　注
邹树桐	女	1911年1月	109	岳塘街道木屐塘社区	
楚鸽莲	女	1913年10月	107	岳塘街道菊花塘社区	
王桂林	男	1915年10月	105	东坪街道泗神庙社区	
吴翠平	女	1915年8月	105	建设路街道霞光社区	
高礼敏	女	1919年12月	101	建设路街道霞光社区	2019年新增
刘善芝	女	1917年6月	102	荷塘街道五爱村	2019年2月去世

织开展各种慈善项目和活动，扶助弱势群体和个人，积极参与政府的扶贫工程和社会救济、抚恤工作；赈灾救助：承担赈灾援助工作，接收、分配国内外通过本会捐赠的款物，协助政府开展救灾赈济工作，2019年，累计为困难群众发放450袋米，770壶油；社会福利：资助和兴办安老、助孤、助医、济困的各种社会福利机构，推动社会福利社会化，为弱势群体提供物质帮助和精神抚慰。积极参与其他社会公益性慈善援助活动；对外合作与交流：加强同国内外慈善机构的联系与合作，为在岳塘区兴办慈善公益事业的人士、企业及各种机构提供帮助和服务，参与国内外的慈善援助活动；

【殡葬改革】 2019年，全区遗体火化率达99%。结合岳塘区实际情况，殡葬惠民政策全年累计惠及87人，优惠金额13.2万元。积极引导群众树立厚养薄葬、节地生态、移风易俗的殡葬新风尚。在清明期间，加大宣传工作力度，扩大政策的群众知晓率。联合湘潭电视台、《湘潭日报》、岳塘红网等各种媒体先后开展系列专题报道，深入宣传殡葬改革法规政策，强化群众厚养薄葬、文明治丧的新观念，为殡葬整治工作的持续推进奠定坚实的思想基础，营造良好的社会氛围。其间，共制作宣传展板6块，张贴倡议书1000张，发放文明公约7000本，免费提供鲜花10000株。

（黄紫嫣）

人力资源和社会保障

【概况】 机构改革后，岳塘区人社局内设办公室（政策法规和基金监督股）、人事管理股、就业社保股3个职能股室，下辖区社会保险服务中心、区就业服务中心、区劳动保障监察大队（区劳动人事争议仲裁院）3个归口管理的副科级事业单位。局系统在编在岗工作人员30名，另有社保员、劳务派遣及其他人员等18名。2019年，区人社局坚持以人民为中心思想，切实保障和改善民生，全力服务大局，获得多项省市荣誉。长塘创新创业街被评为省级创业孵化基地和省级返乡农民工创业园，分别获得40万元和100万元的资金奖励；书院路街道被评为全国人力资源社会保障系统2017—2019优质服务窗口；湘潭市华顺人力资源服务有限公司被评为全国就业扶贫基地。

【党建领航】 党的建设常抓常新。贯彻落实“两学一做”学习教育常态化制度化要求，深入开展“不忘初心、牢记使命”主题教育，深刻检视问题，加强调查研究，开展“不忘初心担使命，我为群众办实事”主题活动，组织学习中共十九大精神，坚持读原著、学原文、悟原理，坚定用习近平新时代中国特色社会主义思想理论武装头脑，指导实践，推动工作，全体党员政治意识、大局意识、核心意识、看齐意识得到明显增强，为民办事能力显著提高，党组织战斗堡垒作用进一步增强。

【劳动就业】 就业工作亮点纷呈。一是就业总量持续增长。全年，全区实现城镇新增就业15993人，完成目标任务的114.24%，城镇登记失业率为3.32%。二是就业质量稳中有升。组织贫困劳动力，失业人员、大学毕业生3634人参加职业技能培训和创业能力培训，实现“培训一人，就业一人”。三是就业服务不断优化。建设人力资源扶贫市场，定点定期开展供需招聘洽谈会，搭建求职用工服务平台；开展“创业服务三湘行”岳塘区系列活动，启动稳岗补贴工作，加强双创一条街建设，大力推动创业带动就业工作。办理人力资源许可证审批人力资源有限公司21家，组织精准扶贫、春风行动、民营企业招聘周等活动15场，提供就业岗位16000余个；开发扶贫公益性岗位33个，安置就业困难人员114人；认定扶贫车间1家，吸纳贫困劳动力12人；认定11家高校毕业生就业见习基地，提供见习岗位64个；对入驻创业一条街的新创企业给予开业补贴、租金补贴等11项扶持政策，扶持入驻企业62个，带动就业500多人。

【社会保险】 社保体系更加完善。按照兜底线、织密网、建机制的要求，不断提升社会保障体系建设水平。一是不断扩大社保覆盖范围。重点吸纳非公经济从业人员、灵活就业人员、农民工等群体参加各类社会保险，基本实现社会保险法定人员全覆盖。2019年，全区城镇企业职工养老保险参保人员18885人，累计新增参保人员1702人，征缴养老保险费28527.25万元（任务18100万元），完成目标任务的157.61%；机关事业单位养老保险参保单位113家，缴费人员2531人；失业保险参保人数9854人；城乡居民养老保险（含昭山示范区）参保人数25572人。二是深入推进社保制度改革。按照国省、市统一部署，完成部分社保费和部分非税收入征管职能向税务部门划转工作。三是稳步提高社保待遇水平。将城乡居民基础养老金省定最低标准提高到103人/月，失业金标准提高至1445人/月，享受城乡居民养老保险发放待遇的困难群体人数1090人，60岁以上的贫困人口全部享受基本养老保险待遇。落实被征地参保养老保障等政策，共有1157人通过程序审定被征地农民身份，申请被征地农民社会保障资金10253万元，新增被征地农民退休人员709人。

【人事管理】 人事工作不断规范。一是做好人才引进工作。严格按照公开、公平、公正原则，完成事业单位人员的招聘工作，2019年公开选调中小学优秀教师25名，招聘教师43名，卫生专业技术人才10名。二是认真组织2018年度一般干部年度考核工作，严格执行受处分人员与年度考核挂钩兑现有关规定，增强考核严肃性。三是完成2018年度教育系统职称评审工作，评出初级47人，中级12人，高级16人，为全区经济社会发展提供人才保障和智力支撑。四是做好机构改革事业单位工作人员转隶工作。

【劳动保障】 劳动关系日趋和谐。

坚持依法行政，妥善化解劳资纠纷，保持全区劳动关系和谐稳定。在开展2018年度用人单位劳动保障书面审查及守法诚信等级评价工作基础上，创新监察执法手段，推进劳动保障监察“两网化”管理建设，进一步做好各镇（街）劳动保障监察执法指导监督工作。全年，接待群众来信来访1020余人次，处理市长、区长热线20多起，受理举报投诉案件80多起，下达劳动保障监察询问书15份，劳动保障监察限期改正指令书38份，监察立案6起，仲裁立案受理26起，通过劳动保障监察和劳动仲裁为劳动者追索损失共计107万元。组织清欠专项活动4次，组织政府督查1次，检查用工单位430多户，涉及劳动者约9000多人。妥善解决碧桂园潭州府项目、鸿胜一品项目、商贸城九标劳务二组方成良木工班组、湖南望云建设有限公司刘虎华等项目农民工工资问题，为600多名农民工，解决农民工工资1800多万元，有效地维护劳动者的合法权益。

【民生实事】 实事工作扎实推进。2019年，省、市重点民生实事项目涉及岳塘区的具体目标任务共24项（其中有3项省市任务重叠）。8项省实事任务全部整体完成，分别是新增城镇就业完成15993人，完成任务114.24%；改（新）建农村户用厕所3022户，完成100%；“提高困难残疾人生活补贴和重度残疾人护理补贴发放标准”执行到位，完成100%；“提高农村低保标准和救助水平”执行到位，完成100%；自然村通水泥（沥青）路已完成12.5千米，占比104.17%；“孕产妇产前免费筛查”完成2586人，完成任务129.3%；推行一村一辅警，完成100%；农村及城镇低保适龄妇女“两癌”免费检查1551人，完成任务103.34%。16项市重点民生实事项目已全部完成，其中有7件提前超额完成任务。

【人才工作】 人才队伍建设。规范开展2019年事业单位公开招聘工作。一是面向湖南省范围内（不含岳塘区）公开选调中小学优秀教师25名。二是公开招聘教师和医卫等事业单位专业技术人才53人，均为大学本科及以上学历，其中硕士研究生4人。

事业单位人事管理。完成2018年度教育系统职称评审工作，初级47人，中级12人，高级16人。成功审核推荐滴水湖学校曹峰老师评为中小学正高级教师。

年度考核工作。完成2018年度一般干部年度考核工作。2018年度一般干部考核评为优秀394人，称职以下等次共计14人，其中行政3人，事业11人。严格执行受处分人员与年度考核挂钩兑现有关规定，增强考核严肃性。

事业单位岗位设置。全区列入岗位设置管理的事业单位进入日常动态管理阶段。按照一年一调整一备案的工作要求，组织事业单位岗位空余岗位清理，对因人员退休、人员调出等原因出现相应岗位空缺的及时进行内部岗位调整补充。

（余　果）

2019年岳塘区事业单位工作人员一览表

表30　　单位：人

序号	系统（单位）	合计	女					男					学历			
			小计	30岁以下	31~40岁	41~50岁	51岁以上	小计	30岁以下	31~40岁	41~50岁	51岁以上	硕士研究生以上	大学本科	大学专科	中专及以下
1	学校	1155	904	117	264	416	107	251	16	31	119	85	30	860	256	9
2	卫生系统	179	127	21	57	38	11	52	5	23	15	9		106	50	23
3	街道	104	32	4		27	1	72	11	45	9	7	1	32	49	22
4	其他事业单位	321	82	7	21	49	5	239	16	74	79	70	5	95	138	83
	合计	1759	1145	149	342	530	124	614	48	173	222	171	36	1093	493	137

序号	系统（单位）	合计	管理职务				专业技术职务				工勤技术职务				
			管理七级	管理八级	管理九级	管理十级	正高	副高	中级	初级	高级技师	技师	高级工	中级工	初级工
1	学校	1155			1		1	170	712	265		2	4		
2	卫生系统	179		2	12			6	56	91			6	5	1
3	街道	104		1	14	1					1	14	21	34	18
4	其他事业单位	321	4	14	43			4	11	16	9	73	66	52	29
	合计	1759	4	17	70	1	1	180	779	372	10	89	97	91	48

社会保险

机构改革后，原湘潭市岳塘区社会保险事业管理局更名为湘潭市岳塘区社会保险服务中心，仍为区人力资源和社会保障局所属副科级公益类事业单位。中心有在编在岗人员6名，社保员及其他人员6名。

【机关社会保险】 机关事业单位养老保险。全区共有参保单位113家，其中在职缴费人员2531人，退休人员1735人；职业年金征缴846.46万元，发放退休金9490.41万元。做好退休人员养老金待遇调整、机关事业单位退休人员生活补贴调整工作。扎实做好原试点期间数据清理工作，全面清理原试点期间缴费情况，维护参保人员切身利益。

【城乡居民社会保险】 城乡居民养老保险。城乡居保（含昭山示范区）参保人数25572人，其中缴费人数19064人，征养老保险费326.79万元；领取待遇人数为3108人，共发放养老金370.95万元。2019年为辖区内的贫困人口、低保对象、残疾人员、特困人员共计4241名缴费困难群体按照最低缴费档次为其代缴养老保险费424100元，全区代缴工作基本完成。岳塘区城乡居保参保贫困人员中，已经享受养老金待遇1090人（其中建档立卡贫困户632人、残疾1~4级152人、低保ABC类306人）；60岁以上的贫困人口全部享受基本养老保险待遇（已按视同录入应缴年限贫困人员16人）。

【企业社会保险】 城镇企业职工养老保险。全区共有参保人员18885人，其中参保单位430家5634人，新增参保人员1702人。2019年征缴养老保险费25590.24万元（其中被征地农民项目征缴11028万元），完成目标任务的142%；退休人员13215人，养老金支出27458.71万元（新增退休人员1142人）。积极参加人社局、就业中心举办的招聘会20多次，共发放宣传资料1500多份，接待咨询政策人员270多人次；为持续推进全区被征地农民社会保障工作，社保服务中心在东坪街道万福社区、荷塘街道清水村、宝塔街道云盘村等地开展政策宣讲、业务培训及现场答疑共6场，参与培训人员达300多人次，发放宣传资料400多份。区人社局2019年承接启动湘潭市第十二中改扩建、杨梅洲大桥工程等25个征地项目的社会保障工作。在开展大量的宣传工作的基础上，为解决成建制转户人员的社会保障问题，区人社局热情服务基层，针对工作实施过程中出现的各种情况及时向上级有关部门请示报告，帮助各村按政策按程序申报被征地农民养老保险资料，接待群众来访100余人次，切实保障群众利益，获得群众的好评。根据政策，共有1157人通过程序审定被征地农民身份，申请被征地农民社会保障资金10253万元，新增被征地农民退休人员709人。

【社会保险信息采集】 社会保障卡应用工作。2019年，区人社局完成10195张社会保障卡的信息采集和申报工作，完成目标任务的102%。2019年度受理社会保障卡业务咨询1885人次、社会保障卡零星激活589人次、社会保障卡密码修改429人次、社会保障卡密码重置180人次、社会保障卡解锁128人次、异常卡登记5人次。同时，加强社保卡的应用，目前已应用社保卡顺利开展养老金和失业金发放、社保缴费。2019年养老保险新增退休人员1142人，全部通过社会保障卡领取养老金；原退休人员105位居民申请变更为社会保障卡领取待遇，城乡居民社会养老保险16110人全部绑定社会保障卡，城乡居民社会养老保险退休人员3051人全部通过社会保障卡领取养老待遇；社保卡既可作为医保卡使用，也能作为医院的诊疗卡进行医院诊疗全业务办理，同时也可以使用社保卡金融账户做到无现金结算。 （张 晓）

劳动就业

【就业安置】 机构改革后，原湘潭市岳塘区就业服务局更名为湘潭市岳塘区就业服务中心，仍为区人力资源和社会保障局所属副科级公益类事业单位。中心有在编在岗人员6名，社保员及其他人员7名。

就业民生任务圆满完成。截至2019年12月底，全区实现城镇新增就业15993人，完成目标任务的114.24%；失业人员再就业8954人，完成目标任务的109.87%；就业困难人员就业4096人，完成目标任务的113.78%；城镇登记失业率为3.32%，就业局势保持平稳；新增农村劳动力转移就业209人，完成目标任务的209%；新增贫困劳动力转移就业27人，完成目标任务的270%；创业培训1030人，职业技能培训2604人；失业保险参保9504人，完成目标任务的100.4%，基金征收304.32万元。

【就业扶贫】 就业扶贫工作成效明显。全年，享受就业扶贫政策749人，共计发放各类就业扶贫补贴337419元。其中，贫困劳动力技能培训125人，发放培训补贴生活费补贴178419元；贫困劳动力转移就业352人，发放交通补贴68100元；贫困劳动力一次性求职创业补贴：审核303人，发放补贴90900元。扶贫公益性岗位开发。全区16个行政村共开发扶贫公益性岗位33个；认定荷塘街道的和祺食品有限公司为扶贫车间，安置贫困劳动力就业12人。建立扶贫市场，专人为扶贫对象提供就业指导、岗位匹配等人力资源服务。2019年，经过扶贫市场推荐达成就业愿望已经就业的扶贫对象为58人。技能培训到家门口，霞城街道下摄司村举办的育婴员培训班，共有22个贫困劳动力参加培训，荷塘街道举办的保健按摩师培训班，共有30个贫困劳动力参加培训，东坪街道举办花卉园艺培训班，共有32个贫困劳动力参加培训。

【就业培训】 人力资源服务和培训工作继续加强。举办专场招聘会23场，每周招聘例会10场，提供就业岗位25000余个。为失业人员、农村劳动者、就业困难对象以及扶贫对象、征拆对象等各类失业人群提供就业指导、职业介绍、政策咨询等免费服务9000余人次。继续开展毕业未就业大学生就业见习活动，将就业见习人员范围扩大至16~24岁的失业青年，认定11家企业为就业见习基地；岳塘区2019年享受就业见习补贴人员共计64人。开办培训班91期，培训人数3634人，其中，组织技能培训班77期，培训各类人员2604人，培训专业涉及保健按摩师、计算机网络管理员、育婴师、花卉园艺工、化妆师等多个专业。组织创业培训班14期，培训各类人员1030人，培训项目有创业意识培训、SYB创办你的企业培训、网络创业培训、创业模拟实训。

【失业保险】 失业保险工作稳步推进。8月16日至10月18日启动稳岗补贴工作，严格按照稳岗补贴审批条件做好失业保险的稳岗补贴工作，并激励企业承担稳定就业的社会责任。10月底完成对所有申请单位的资料审核，共52家单位申请稳岗补贴，补贴金额为56.60万元。2019年8月初岳塘区率先设立职业技能提升行动专项资金专户，按规定将失业保险基金结余中80.5万元划拨至技能提升资金专户。2019年，失业保险参保9504人，完成目标任务的100.4%，基金征收304.32万元。 （郑　欢）

劳动保障与监察

岳塘区劳动保障监察大队（岳塘区劳动人事争议仲裁院）为区人力资源和社会保障局归口管理的副科级公益类事业单位。核定全额拨款事业编制11名，实有在岗在编人员3名，社保员及雇员2名。

【劳动监察】 劳动监察工作。2019年，岳塘区劳动保障监察工作在区委、区政府和市人社局的帮助指导下，扎实有效开展劳动保障日常巡查，安排部署用人单位规范劳动用工，建立劳动用工备案工作台账，开展劳动用工诚信等级评定，协调劳动用工三方创建和谐劳动关系，深入企业、社区走访、宣传政策法规。全年先后组织开展农民工工资清欠工作专项整治行动、规范人力资源市场秩序整治活动、女职工、未成年人权益保护专项检查、规范劳动合同和社会保险执法检查、防暑降温专项执法检查和打非治违整治等执法专项检查行动。全年共检查用人单位630多户，涉及劳动者15000多人，接待群众来信来访1020余人次，解答群众政策疑惑500余条，组织开展政策法规宣传5场，协助处理市长、区长热线30多起，受理举报投诉80多起，指导街道、社区协调协商处理案件60多起，对涉事用工单位下达劳动保障监察询问书15份，劳动保障监察限期改正指令书38份，监察立案6起，结案6起，案件办结率达100%。

【劳动保障】 治理拖欠农民工工资专项检查。为抓好治欠保支工作，保证农民工的合法权益，岳塘区加强治欠保支源头治理，抓好建设领域农民工工资清欠工作，严格按照《国务院办公厅关于全面治理拖欠农民工工资问题的意见》《湖南省人民政府办公厅关于全面治理拖欠农民工工资问题的实施意见》《关于印发〈湘潭市治理拖欠农民工工资问题三年行动计划（2017—2019年）〉的通知》等文件的精神，制定下发《岳塘区治理拖欠农民工工资问题三年行动计划（2017—2019年）的通知》，对所有在建工程项目农民工工资问题进行摸底排查，督促各责任单位推行农民工实名制、分账制、按月发放制和银行代发工资等制度管理，从源头上把建设领域保障农民工治欠保支工作抓好抓实。在全区范围内开展农民工工资支付专项整治行动，全年开展专项检查4次，对欠薪隐患项目和未及时支付农民工工资的30多家责任单位下达督办函55份、限期改正指令书38份，责令限期整改。完成省、部交办方成良、贺显求、成梁案件。协调处理碧桂园潭州府项目、鸿胜一品项目、国际商贸城等项目农民工工资纠纷，为600多名农民工追索劳动报酬达1800多万元，有效地维护农民工的合法权益，确保社会和谐稳定。

【劳动仲裁】 劳动人事争议仲裁调解工作。贯彻落实中共十九大精神，加强政策法规宣传，突出抓好调解员队伍建设，规范调解工作制度，通过率先引领作用，抓好基层调解中心建设，按照《中华人民共和国劳动争议调解仲裁法》《劳动人事仲裁办案规则》的要求，严格规范调解工作程序，拓展争议纠纷处理方式方法，努力提高争议纠纷调解效能，有力维护用人单位和劳动者的合法权益。2019年，接待群众来信来访900余人次，接受政策法规咨询服务600多人次，指导基层调解中心调处劳动争议案件40起，区劳动人事争议调解中心成功调解处理8起，劳动争议矛盾纠纷的调处结案率100%，为劳动者追索工资报酬和经济补偿达270多万元。区劳动人事争议仲裁委员会接待处理仲裁案件35起，其中不符合受理条件不予受理的案件有9起，立案受理26起，结案26起，其中撤回申请2起，撤销案件1起，调解13起，裁决10起，为劳动者追索损失共计107万元，仲裁案件处理结案率100%，维护劳动者的合法权益。 （杨　玲）

2019年岳塘区省重点民生实事项目完成进度数据评估认定情况表

表31

申报单位（盖章）	考核项目		
	指标名称	计划完成数	累计完成数（进展情况）
湘潭市岳塘区实事考核领导小组办公室	城镇新增就业	1.4万人	15993人，完成任务114.24%
	自然村通水泥（沥青）路	12千米	已完成12.5千米，占比104.17%
	孕产妇免费产前筛查	2000人	完成2586人，完成任务129.3%
	农村及城镇低保适龄妇女“两癌”免费检查	1500人	1551人，完成任务103.34%
	提高农村低保标准和救助水平	不低于5520元/年、340元/月	农村低保达6000元/年，救助水平达374元/月
	提高困难残疾人生活补贴和重度残疾人护理补贴发放标准	不低于70元/人・月	已达到70元/人・月
	改（新）建农村户用厕所	3022户	完成3022户
	推行一村一辅警	16人	16人已全部到岗

2019年岳塘区市重点民生实事项目完成进度数据评估认定情况表

表32

申报单位（盖章）	考核项目		
	指标名称	计划完成数	累计完成数（进展情况）
湘潭市岳塘区实事考核领导小组办公室	新增城镇就业	1.4万人	15993人，完成任务114.24%
	中小学教室灯光照明提质改造	161间	已完成161间，完成任务的100%
	新建农村公办幼儿园	4所	已完成4所，完成任务的100%
	农村中小学防雷工程改造	1所	已完成1所
	农村敬老院防雷工程改造	2个	已完成2个
	全区城乡特困供养老人和低保老人家庭适老化改造	60户	已完成60户
	救治救助贫困重性精神病患者	70名	已住院治疗75名，占比107.14%
	免费为新生儿进行遗传病筛查	1840例	已完成2034例，占比110.54%
	自然村通水泥（沥青）路建设	12千米	已完成12.5千米，占比104.17%
	农户无害化卫生厕所改造	3022户	完成3022户
	开放式垃圾池改造	500个	已完成566个，占比113.2%
	帮助城市困难职工解困脱困	55户	已解困脱困65户，占比118.18%
	启动城区豆制品、米粉生产经营店标准化整治	34家	已启动34家标准化经营店
	城区老旧小区改造	5个	已完成10个
	棚户区改造	1552户	已完成1580户
	农村危房	12户	12户已验收完成

民生实事

【民生实事运行管理】 重点项目后续管理运行情况。一是建立责权明确的饮水安全管理体制。针对往年的饮水安全工程，采取因地制宜地推行集中式供水工程和自来水管网延伸等模式，建立良性运行机制，建立科学有效的水源监测体系，以确保工程良性运行，每处工程发挥出效益，输送出“放心水”。二是不断完善城区广场文化、体育健身设施。该区以创文和创建全省现代公共文化服务体系示范区为契机，将体育健身器材维护维修工作纳入后续管理，投入资金200余万元，对全区范围内的60多处老旧健身器材进行集中维修维护，185件器材全部焕然一新。三是农村公路项目的后续管理持续加强。将养护经费纳入交通办预算经费，给予农村公路养护（后续管理）1000元/千米的补助资金，补足村级集体经费不足部分，鼓励村集体做好农村公路的养护、管理工作。村级投入明年达600余万元。在全区试行《岳塘区农村公路建设管理章程》，要求街道、村明确专人负责农村公路的管理、养护工作（后续管理），建立街道、村农村公路管理、养护制度，投入适当资金，全面管好村道、养好道路。

【民生实事决策部署】 工作开展情况。抓重视、抓格局。全区实事办理一盘棋，继续实行“一把手”工程，由区委书记、区长牵头挂帅，常务副区长全面协调调度，各分管副区长分块分线负责，区直责任单位和街道、园区齐抓共管的工作格局。抓责任、抓细化。2019年省、市重点民生实事项目目标任务分解清楚详细，责任单位明确具体，责任层层压实，压力层层传导。21项考核指标都落实“一个项目有一名区级领导联系协调、一个区直部门牵头负责、一个环节一个具体责任人、一套考核验收标准、一套工作台账。”抓调度、抓督查。区委领导调度督查。区委常委、常务副区长黄珂要求要加强民生保障，要按时按质按量完成省市重点民生实事，确保把实事办好、实事办实。并要求各单位查摆工作中的问题、难点，逐项责任落实到人。区实事办会同区政府督查室等组织开展全区重点民生实事3次专项或综合督查。各街道、区直责任单位也开展自查督办。抓管理、抓服务。区实事办坚持两手抓：一手抓落实好当年承办的实事目标任务，一手抓往年已办实事的后续管理，并将往年已办10项民生实事项目纳入2019年后续管理的重要内容，一同部署安排，一同督查落实，一同考核评比。

【民生实事信息采集】 抓宣传、抓发动。全年据不完全统计全区就重点民生实事工作在区级以上媒体发表宣传信息稿件120多篇。其中在《湖南日报》、《湘潭日报》、《湖南民生网》及《湘潭电视台》等市级以上媒体发表各类稿件30多篇。自办电子版的内刊《岳塘实事工作动态》，对推动全区的实事项目开展，起到积极作用。 （陈果兰）

岳塘区残疾人联合会

【概况】 2019年机构改革后，区残联编制5人，在职6人，退休人员5人，理事长1名，副理事长1名。残联机关支部党员9人（退休党员4人）。

2019年，岳塘区残疾人事业各项工作在区委、区政府的正确领导和上级残联的指导下，在各级党委、政府和有关部门的积极配合，以及社会各界的大力支持下，全面贯彻落实中共十九大和习近平新时代中国特色社会主义精神，围绕区委、区政府的中心工作，在党员干部中深入开展“不忘初心、牢记使命”主题教育活动，努力为残疾人群众办实事，致力发展残疾人事业，在残疾人康复、教育就业、扶贫、宣传文体和社会保障等方面工作取得预期效果。

【残联阵地建设】 阵地建设日趋完善。2018年区政府将原区信访局服务大厅作为区残联区残疾人服务中心，2019年区残联对其进行升级改造，通过设置低位台服务区，休息区，宣传查询区等提高工作者办事效率，提升残疾人办事舒适度。结合助残志愿者服务，创新服务方式，新建残疾人心灵驿站、残疾人康复维权室、残疾人助残志愿者服务站。

【残联队伍建设】 队伍建设日益规范。要求各街道各设置一名残联工作分管领导、残联理事长、残联专干，各社区民生副主任分管社区残联工作，安排一名社区残联专干和一名残疾人联络员，自上而下规范残联工作队伍建设，形成较为完善的残联工作队伍体系。同时，为全面提升残疾人工作者能力素养，全年举办两次全区残疾人工作者业务培训班，组织全区各街道残联理事长、残联专干、社区民生副主任、社区残联专干共计160余人开展业务知识及党风廉政知识培训，并组织残联骨干赴长沙天心区参观残疾人组织建设示范点。

示范点建设逐步推进。残联积极推进示范点建设，力求打造残疾人服务特色品牌，2019年区残联认真组织街道残联积极参与残疾人组织规范化建设，通过前期指导、培训和对创建单位的申报资料筛选、审核。经过省、市、区残联实地考核验收后：瓦窑塘社区成功创建为省级无障碍社区，建设路街道成功创建为市级残疾人辅助器具服务站，纯冲塘、霞光、曙光3个社区成功创建为市级残疾人高品质生活社区康复站。盘龙等9个社区成功创建为残疾人康复之家。

【助残帮扶】 开展“户帮户亲帮亲，关心关爱残疾人，互助脱贫奔小康”活动。利用第二十九次全国助残日活动契机，结合全区结对帮扶工作，区残联制定岳塘区第二十九次“全国助残日”活动方案并报区委、区政府审批同意经两办行文，发动全区67个区直单位和街道对全区107名建档立卡贫困残疾人及其他贫困残疾人开展慰问，每名残疾人的慰问金不少于500元，共计发放慰问金6万余元。开展“六一”儿童节慰问贫困残疾儿童活动，赴残疾儿童康复机构和医院为98名残疾儿童送去牛奶、积木玩具及慰问金，合计金额2万余元。

强化舆论宣传。在舆论引导对外宣传中，残联始终坚持正面宣传，通过学习教育、电子宣传屏、悬挂横幅、宣传折页等手段宣传习近平新时代中国特色社会主义思想和习总书记关于残疾人脱贫攻坚重要论述。以新闻媒介为载体，加大宣传力度。2019年在省市各大媒体发表信息15篇，向区政府网站报信息19条，在中华人民共和国成立70周年和脱贫攻坚工作等节点，组织开展岳塘区残疾人和残疾人工作者庆祝中华人民共和国成立70周年歌唱比赛、岳塘区残疾人阳光艺术作品展和平安创建、创卫倡议签名等活动，引导区广大残疾人朋友以习近平新时代中国特色社会主义思想武装头脑，听党话、跟党走、感党恩。

落实残疾人补贴保障。协助区民政局开展残疾人“两补”（重度护理残疾人补贴和困难生活残疾人补贴）工作，共有2187名残疾人享受“两补”待遇，其中享受护理补贴1502人，享受生活补贴1399人。

【残疾人救助保障】 落实残疾人保险保障。为6511名持证残疾人购买团体意外险，共计325550元；为371名一二级重度残疾人购买城乡基本医疗保险，共计81620元。

0~6岁残疾儿童康复救助服务。以0~6岁残疾儿童抢救性康复为重点，整体推进残疾人康复水平，在全市范围内率先下发《关于印发〈岳塘区落实残疾儿童康复救助制度实施方案〉的通知》，为具有岳塘区户籍或有效居住证，有康复需求和适应指征的0~6岁视力、听力、言语、肢体、智力等残疾儿童和孤独症儿童提供康复救助，并将建档立卡贫困家庭的残疾儿童救助年龄范围放宽至8岁。全年共为77名残疾儿童在湘潭市妇幼保健院、湘雅博爱医院、亲园培智学校等机构进行康复救治。

【残疾人服务管理】 残疾人基本服务状况和需求信息数据动态更新工作。2019年按照省残联等十二部门《关于转发全国残疾人基本服务状况和需求信息数据动态更新工作意见的通知》和《关于印发〈岳塘区残疾人基本服务状况和需求信息数据动态更新工作实施方案〉的通知》文件精神，围绕更新时间段、更新内容、完成时限及动态更新质量控制等环节，认真开展动员培训、入户登记、数据录入、检查验收，用近三个月时间，完成对全区7235名残疾人的基本服务状况和需求信息数据动态更新工作，为残联工作的开展提供数据保障及依据。

推进残疾人辅助器具适配工作。2019年共发放辅助器具200余件。为强化行业扶贫，助力“干群一家亲，党群心连心”结对帮扶工作，区残联将建档立卡贫困残疾人康复服务工作与各单位结对帮扶工作相结合，为58名结对帮扶建档立卡残疾人发放辅助器具。建档立卡残疾人康复服务率达到100%，辅助器具适配率达到100%。

残疾人特殊扶助。为220名精神残疾人提供免费服药服务，标准为700元/人·年。为250名残疾人申报燃油补贴，共计6.5万元。为190名贫困残疾人提供托养服务，财政、民政、人保、卫生、教育等有关职能部门和各级政府紧密配合，形成共识。为25名贫困残疾人提供家庭无障碍改造。使他们的生活质量得到较大提高。残疾人家庭无障碍改造工作涵盖进出门坡道改造，残疾人轮椅通道、门户改造，地面硬化、安装马桶、坐便椅、沐浴椅、扶手、厨卫护窗等。通过残疾人家庭无障碍改造工作的开展，帮助残疾人改善其生活环境，从根本上改善部分贫困残疾人家庭配套设施及出行条件，得到残疾人的一致好评。为52名贫困残疾学生和贫困残疾人家庭子女提供助学扶助，共计11.12万元。缓解一些贫困残疾人学生及残疾人家庭子女上学难、难上学的问题。开展“智力扶强、后代扶残”项目，为全区残疾人及残疾人家庭子女提供教育资助，合计资助2.55万元。

【残疾人创业管理】 残疾人创业扶持。按照“平等、参与、共享”的要求，着力完善政策体系，着力提高面向残疾人的就业创业服务能力，促进残疾人就业创业，努力缩小残疾人生活水平与社会平均水平的差距，使广大残疾人在积极参与小康社会建设的同时，共享全面小康社会建设的成果。2019年为18名残疾人创业者提供创业扶持，为75名残疾人提供技能和创业培训。开展三场残疾人专场招聘会。组织550名残疾人参加，提供170多个残疾人岗位。提供咨询服务400人次，达成求职意向83人。开展农村残疾人阳光增收计划。为荷塘、东坪街道共计50名农村残疾人开展阳光增收培训，提供增收增产技术指导，发放鸡苗、鸭苗、种子等农资，帮助其改善生产条件，提高生活水平。（庞　埅）

2019年岳塘区残疾人持证基本情况表

表33　　单位：人

残疾类别	持证人数	荷塘街道	东坪街道	霞城街道	五里堆街道	书院路街道	建设路街道	岳塘街道	宝塔街道	下摄司街道	昭山镇	高新区
肢体残疾	3812	377	317	239	446	209	169	405	190	508	389	563

续表33

残疾类别	持证人数	荷塘街道	东坪街道	霞城街道	五里堆街道	书院路街道	建设路街道	岳塘街道	宝塔街道	下摄司街道	昭山镇	高新区
视力残疾	821	90	60	31	115	48	43	70	53	104	77	130
智力残疾	710	72	48	46	103	37	29	70	26	68	85	126
精神残疾	1090	83	79	42	151	72	92	152	70	166	80	103
听力残疾	566	45	32	29	79	27	39	55	34	63	60	103
言语残疾	107	8	10	7	11	4	7	13	2	14	9	22
多重残疾	55	4	0	1	6	1	1	13	3	14	8	4
合计	7161	679	546	395	911	398	380	778	378	937	708	1051

岳塘区红十字会

【概况】 根据《湘潭市机构编制委员会办公室关于同意设立岳塘区科学技术学会等群团机构的批复》，于2015年7月设立湘潭市岳塘区红十字会列入机构序列，副会长1名（彭金莲2015年7月任副会长，后于2019年3月辞去副会长职务。王四福于2019年3月任副会长）。红十字会机关设一个内设机构综合股。2019年10月，核定全额拨款事业编制4名。主要职责为宣传、贯彻、落实《中华人民共和国红十字会法》和《湖南省实施（中华人民共和国十字会法）办法》等法规；开展备灾救灾工作，在自然灾害和突发事件中开展救援救护和救助工作，及时向灾区群众和受难者提供急需的人道主义援助；开展卫生救护和防病知识的宣传普及和培训工作并组织动员群众参加意外伤害和自然灾害的现场救护，提高应急条件下的应急救助能力和水平；参与组织、宣传、动员输血献血工作，推动无偿献血事业的发展，组织管理骨髓移植、器官移植和遗体捐献；组织和管理会员、志愿者工作开展符合红十字会宗旨的社会服务工作；依法开展募捐活动；组织红十字青少年开展建设社会主义精神文明和弘扬人道主义活动；按照国家有关规定开展与国内、境外、国外红十字会的交流与合作；承办区委、区政府交办的其他工作。围绕区红十字会的职责切实做好各项工作。

【博爱送万家活动】 2019年红十字会工作的目标是按照红十字人道工作的总体目标要求，抓好以“三救”“三献”为核心的基本业务，促进区人道事业稳步发展。

全面开展“三救”工作。2019年春节前开展“博爱送万家”活动。区红十字会通过各种渠道筹措4万余元物资用于开展2019年春节期间博爱送万家活动。于2019年1月21日区红十字向辖区内13个社区发放共计240袋米、240桶油和180床被子，要求收到物资的社区对辖区内的困难家庭进行慰问和发放物资，春节期间区红十字会走访14个困难家庭，为他们送去米、油、被子。全面开展人道救助工作。为积极争取省级人道救助资金，帮助真正需要救助的困难群众解决燃眉之急，向全区各区直部门、街道，发出《湘潭市岳塘区红十字会关于开展符合人道救助条件对象摸底调查工作的函》，共计收到救助申请资料52份，经层层审核最终确定向省红十字会申报23名困难群众，争取人道救助资金。认真开展中国红十字基金会“小天使基金”和“天使阳光基金”摸底和及时申报工作，对符合对象严格审核并予以资助，先后向上级红会申报两例“小天使基金”申请。继续做好应急救护培训工作。联合市蓝天救援队在全区范围内驾考点、建设路街道霞光社区设立应急救援知识定期培训教学试点，每月2期。在“红十字活动月”期间，在湖湘社区举办“爱心相伴‘救’在身边”的主题应急救护培训班，此次培训共50多位居民参加，通过此次培训让大家了解应急救护知识，并掌握基本急救技能，再遇到紧急情况能够及时进行自救和互助，受到居民一致好评。继续开展应急救护知识进机关、企事业单位、学校、街道社区等，使广大民众掌握常见突发事件的自救、互救方法，有效提高公民自救、互救和应急突发事件的应对能力。全年合计举办各类培训班50余场，受益人数共计8000余人。区红十字会派4名志愿者队员参加省应急救援师资力量培训班，截至2019年，在全区范围内有具备培训资质的应急救援师资共计37人。

【志愿者服务活动】 大力开展宣传活动。以第72个世界红十字日为契机，开展宣传活动，5月10日于板塘铺多伦步步高前坪举行“爱心相伴，‘救’在身边”的主题宣传活动，此次活动采取悬挂横幅、设立宣传咨询台、摆放宣传展板等方式，进行艾滋病预防、老年病预防、自救自护知识、红十字法律、法规知识宣传，开展义诊、现场应急救护模拟操作等。此次活动发动志愿者20多人，印制发放《红十字宣传手册》及人体器官组织捐献、骨髓、遗体角膜捐献、干细胞捐献、无偿献血、各类疾病预防等相应宣传单2万余份。

积极做好三献工作。始终把宣传《中华人民共和国献血法》，普及献血知识，推动捐献造血干细胞和遗体捐献工作作为全区精神文明建设的重要内容，积极开展多种形式的宣传活动，动员和组织红十字会基层组织和广大会员、志愿者带头参与，形成良好的社会氛围，无偿献血、捐献遗体（器官）工作迈上新台阶。采取多种办法与市中心血站献血点联系宣传招募骨髓捐献志愿者，配合市红十字会对高分辨率骨髓捐献志愿者系列工作，角膜遗体器官捐献意向人群成倍增长。

【扶贫济困活动】 全力投入脱贫攻坚战。根据统一安排，结对帮扶对象为正江村村民两户。2019年上半年以来帮扶责任人已先后入户走访八次，通过走访深入了解帮扶对象的家庭情况分析致贫原因，建立双方的互信互动。送温暖帮助贫困户解决燃眉之急，在春节、五一、端午节前后为帮扶对象送去慰问物资，并和帮扶对象一起对居住环境进行打扫，让帮扶对象感受节日的氛围。帮助贫困户寻找新的经济增长点，引导贫困户发展种养业，增加家庭收入，结合行业优势实施重点救助，每年省、市都有一到两次的救助行动，将帮扶户拉入救助申报名单中。 （唐　宇）

退役军人事务工作

【概况】 在区委、区政府的坚强领导下，2019年，区退役军人事务局认真贯彻落实习近平总书记关于做好退役军人工作重要论述和批示指示精神，按照“守底线、抓重点、开新篇”总要求，坚持边组建、边推进工作，用心用情用力开展各项工作，市局向省厅书面推荐岳塘区退役军人事务特色亮点思想政治工作；方世平为全市唯一获评“全国模范退役军人”，体系建设、双拥工作、思想政治、就业安置等工作得到省厅肯定、市局好评。

【基层建设】 提升站位抓体系建设，着力强化基层基础。一是对标抓组建。第一时间成立由区委书记任组长、区长任第一副组长的区委退役军人事务工作领导小组，及时成立由区长任组长的双拥工作领导小组。2019年3月4日，岳塘区退役军人事务局正式组建，区退役军人服务中心于5月24日批复成立，7月初正式运行。全区9个街道、61个村（社区）退役军人服务站全部挂牌成立，街道服务站明确并安排2名编制，村（社区）均安排1名兼职工作人员。贯通上下的区、街、村（社区）三级服务保障体系基本建立。二是规范抓运行。在全市率先建立退役军人月工作例会制度。严格落实“五有”“全覆盖”要求，转发全市乡镇（街道）、村（社区）退役军人服务站规范化建设方案，认真贯彻上级“政策培训年”要求，集中组织各街道、村（社区）退役军人服务站站长业务培训2次。三是统筹抓保障。区财政保障10万元开办经费，区级财政预算安排2019年度资金共计600多万元，保障工作有序开展。5月组织对局办公服务场地进行改造修缮，区退役军人服务中心政治氛围营造已基本完成。

【落实优待抚恤政策】 提升标准抓政策落实，着力优化服务管理。扎实做好优待褒扬。严格落实各项优待抚恤补助政策，各类抚恤补助经费全部按标准及时足额发放到位。开展2019年优抚医疗巡诊。分四批为退役军人短期疗养。组织“9·30”烈士纪念日活动。区领导带队为荣立二等功以上的军属送喜报，走访慰问中华人民共和国成立70周年受阅官兵。构建帮扶长效机制。区委、区政府主要领导示范带头，与退役军人结对交友，区领导分别在春节、“八一”建军节、“十一”国庆节前对中华人民共和国成立前入伍的退役军人、烈士遗属、伤残军人、退役军人中的功臣以及困难退役军人进行褒扬激励性慰问。全区慰问现役部队，慰问物资。

【创业就业培训】 创新推进创业就业。坚持抓好就业创业的根本，培育长塘退役军人创业孵化基地，全年组织2场退役军人专场招聘会；10月30日，组织承办市退役军人就业创业一体化服务启动仪式暨退役军人军属专场招聘会。组织退役军人军属就业培训，开展重点安置对象上岗培训。稳妥推进社保接续。成立部分退役士兵社保接续补缴工作专班，召开专题会议进行安排部署，邀请省市专家进行2次业务培训，同时强化督查推进。

【退役士兵安置】 7月22日发布公告，于7月23日全面受理以政府安排工作方式退出现役的部分退士兵补缴社会保险的申请事项，有关工作正稳步推进。五是有序抓好移交安置。2019年上级下达岳塘区退役士兵安置任务。有的已安置到中央及省属企业和市直行政事业单位，另重点安置对象已全部入编安置走上新岗位，随调随军家属已制定安置方案，建立退役待安置士兵岗前谈心谈话制度。随军未就业家属落实生活补贴。

【退役军人服务管理】 大力开展宣传引导。推选方世平为全国模范退役军人。积极组织发动首届“莲城最美退役军人”和“莲城最美军人家属”的评选活动，张昭、郭娟被评选2019年度湘潭市最美退役军人、军属。在红网岳塘站开设《致敬新时代退役军人》专栏，开展以“荣光”为主题的推介宣传，第一批推选出6名退役军人优秀代表。面对洪灾，第一时间组织发动退役军人奔赴一线，其间，11支退役军人抢险突击队坚守在大堤，形成较好的正能量和社会反响。

【自身建设】 提升高度抓自身建设，着力夯实组织保障。一是切实扛牢党建责任。严格履行党要管党、从严治党责任，坚决贯彻习近平总书记关于党的建设指示批示精神，全面构建党组书记带头抓、班子成员协力抓、各级组织共同抓，党建与业务一起机的党建责任体系。认真抓好区委常委会工作要点，区委经济工作会议及区政府工作报告有关安排部署的落实，区委、区政府主要领导批示、交办事项及时按要求办理并回复到位，第一时间报批成立机关党支部，同步推进党建与业务工作。加快推进的党的建设，印发区退役军人事务局制度汇编，提供干事创业有力遵循。全年党组会议专题研究党建相关工作7次。压实意识形态工作责任，成立局意识形态工作领导小组，2次专题分析研退役军人领域意识形态工作。局机关支部成立后，全体党员全面注册学习强国，把学习做到“一手掌握”，党性得到进一步锤炼。二是深入推进主题教育。坚持“四张清单”管理，动态抓好学习教育、调查研究、检视问题、整改落实贯穿“不忘初心、牢记使命”主题教育全过程。明确领导班子基层党建联系点制度，督促班子成员扎实履行“一岗双责”，过好双重组织生活，3次对机关科室负责人进行谈心谈话。严格“学习清单”，9月、10月、11月局党组分别安排3天，按照区委要求的主要学习内容和跟进学习内容严格集中学习，开展研讨3次。严格“调研清单”，拟定调研主题4个，形成调研材料4篇并组织调研成果交流会。严格“问题清单”，征求意见17条，梳理问题27条。严格“整改清单”，对检视和梳理问题，逐条制定具体可行的整改措施，明确整改期限，将工作的推动落到实处。开好专题民主生活会，按要求推进后续整改工作。三是着力锤炼过硬队伍。建立党组会议前安排政治理论学习主题党日后安排业务骨干讲授政策业务知识机制，全年组织8次理论学习中心组学习，参学率100%。组织6次业务学习，提升干部队伍业务能力。局党组书记带头上党课2次，班子成员在分管领域上党课2次。切实推动“五化建设”（支部设置标准化，组织生活正常化，管理服务精细化，工作制度体系化，阵地建设规范化）落实“三会一课”，丰富主题党日活动方式，赴烈士陵园、毛泽东故居开展革命传统教育。全面启动“四责四诺”工作，制定实施方案，建立推进机制，狠抓干部队伍执行力建设。深入开展精准帮扶，贯彻群众路线，扎实做好联点共建，通过慰问金和产业消费扶贫等方式，统筹安排5万余元，帮助脱贫3户12人，联点顺江村各项扶贫政策落实到位。 （谭　志）

街 道

荷塘街道

【概况】 荷塘街道原名荷塘乡，1992年7月从湘潭市郊区划入岳塘区。2015年，撤滴水埠街道，撤荷塘乡，合并设立荷塘街道，2016年划出向阳、江滨、新城3个社区至五里堆街道，形成现有境域。街道处岳塘区中部偏北，北接昭山镇蒿塘村、新湖村、楠木村，南邻五里堆街道江滨社区、向阳社区，东至指方村与株洲市石峰区及双马街道月华村、法华村为邻，西濒湘江，总面积约43平方千米，常住人口约3万人。辖商城社区居委会和指方、滴水埠、荷塘、清水、正江、五爱、竹埠、金群8个建制村，街道办事处驻芙蓉大道团山铺（原荷塘乡政府机关）。境域农耕经济发达，建材、机电、化工、食品加工工业都具有一定实力。改革开放以来，境域经济逐步由单纯农业向现代商贸物流业发展。交通条件的改善，为境域经济腾飞插上翅膀。107国道（芙蓉大道）从北至南将全境分割成东西两部分，沪昆铁路、京广澳高速穿境而过。上（海）瑞（丽）高速公路建成通车后，在境内竹埠港设出入口，名上瑞高速岳塘收费站。长株潭城际铁路在境内设有荷塘站，更为街道经济快速发展创造条件。

2019年，荷塘街道在区委、区政府正确领导下，以习近平新时代中国特色社会主义思想为指引，认真学习贯彻中共十九大精神，围绕建设“四新岳塘”的目标，突出“服务一个园区、统筹城乡融合、打造三大板块”，全街上下同心同向、攻坚克难、勇于担当、主动作为，各项重点中心工作扎实有序推进，取得一定成效。

【从严治党】 突出抓政治建设，从严治党出现新气象。一是切实提高政治站位。认真学习贯彻落实习近平新时代中国特色社会主义思想和中共十九大精神，对上级的各项决策部署，及时召开会议，做到第一时间学习，第一时间研究，第一时间落实；党工委会议专题研究基层党建工作14次，解决突出问题13个。动态完善“学习、调研、问题、整改”四个清单，开展主题教育学习30余场次、专题研讨3场，开展党工委中心组理论学习12次，班子带头讲党课18次，撰写调研报告9篇，专题民主生活会检视问题289条。完成国家暗访组创卫检查、全省脱贫攻坚考核、省安委会考核巡查等重点任务。二是认真履行两个责任。发挥党工委头雁效应，全年共召开党工委会议40次，坚持民主集中制，严格执行“三重一大”“末位表态”等制度，谈心谈话常态化，对群众反映的一般性问题，都纳入谈话函询的范畴；对违规情节较轻，给予全街通报批评2人。压紧压实“两个责任”，班子成员谈心谈话300余人次。强化执纪问责，继续深入开展扶贫领域作风、扫黑除恶、反腐败问责等专项整治，开展作风督查30余次，通报批评10人，党纪政纪处分7人。纪工委处置问题线索14件、结案4件。三是扎实推进问题整改。对2018年区委书记胡海军点评指出的问题，建立清单，逐一整改到位。针对干部教育管理的问题，加强党员干部学习、培训及管理，完善定期谈心谈话、任职谈话、警示约谈等机制；针对规范党员发展的问题，制定发展党员流程表，严肃党员发展纪律；针对党“五化建设”（支部设置标准化，组织生活正常化，管理服务精细化，工作制度体系化，阵地建设规范化）推进不均衡的问题，完善党建工作调度和督查机制，五爱、荷塘及滴水埠村获评市级“五星党支部”。四是持续夯实基层基础。新增市级“五星党支部”3个。健全17名后备干部一对一跟踪培养机制，接收预备党员4人，按期转正党员8人，确定入党积极分子13人。投入资金200余万元修缮商城社区办公楼，打造高品质社区党建示范点。新建滴水环保等2家“两新”党支部。推荐提拔副处级干部1名、正科级干部1名、重用正科级干部2名，选派7名干部脱产驻村扶贫、23名干部结对帮扶。五是党建合力不断增强。严格落实采审发机制，网评工作稳居全区前三，全年未发生意识形态工作负面事件。开展“荷塘好声音”评选活动，报道优秀党员先进事迹5篇。组织辖区内党代表、人大代表、政协委员调研活动30余次，获评区级优秀联工委称号。清水村获评市级“同心美丽乡村”。

【项目建设】 突出抓项目建设，经济发展实现新跨越。一是经济发展稳中有进。第四次全国经济普查摸底法人单位277家、个体户11家。社会消费品零售总额完成税收4.87亿元，同比增速1.5%。完成7.14亿元，同比增速10.1%。争资争项完成689.66万元，完成全年任务170%。完成固定资产投资13.6亿元，完成全年任务104.6%。新增4家社会消费品零售总额企业，完成全年任务400%。二是重点项目全力攻坚。市区交办项目8个，其中岳塘国际学校、荷支13路项目实现拆除清零，芙蓉大道复线扩征项目实现签约清零。征收土地223.31亩，签订征拆协议55份，拆除房屋81栋，面积13571.41平方。2019年办理客运枢纽站、四条路网扩征等项目的社保指标297个。做好荷支13路、永仓、临仓的施工现场矛盾纠纷调处，为岳塘国际商贸城运营打造优良运营环境。三是持续推进“一创两深化”。建立并坚持周调度机制，全力完成创卫迎国检任务。出动整治人员5200人次，工程车辆1200余次，25处卫片图斑全部处置到位。清理生活垃圾8000余吨，清运建筑垃圾废土1万立方米，整治卫生死角800余处，清除杂草杂物4.8万平方米。整治空心房28处、违建别墅5处，拆除房屋1.1万平方米。取缔村道马路集贸市场3个。取缔开放式垃圾池268个，配备摇臂式活动垃圾箱211个，发放分类垃圾桶266个。拆除12处旱厕，超额完成1709个改厕任务。打造50米创卫专题文化长廊，张贴宣传公益广告板块及海报4500余份。街道自制宣传音频，利用“村村响”广播定时播放，乡风乡貌持续转好。

【社会民生】 突出抓“三大攻坚战”，高质量发展实现新突破。一是金融风险防控工作方面。班子分线走访税源企业，开展“大走访、大摸排、大服务”活动。张贴防范非法集资宣传画报400余份，发放宣传折页7000余份，发布“警惕非法集资陷阱”提示1000余条。二是精准脱贫工作方面。全街建档立卡户共786户、2311人，占全区61%。建立“三联一到位”扶贫机制，分片联村联组包户。街道选派7名干部脱产驻村、专职扶贫，选派23名机关干部开展“一帮一”帮扶。产业扶贫惠及全街贫困对象，岳塘国际商贸城等后盾单位安置贫困人口500余人。为459名扶贫对象发放11.1万元创业补助及就业交通补助。资助856名贫困学子，发放教育补助63.6万元。城镇居民医疗保险实现全覆盖，16470人参保，参保交费314.97万元。实现住院“先诊疗后付费”548人次，实现就医“一站式结算”844人次。危房改造9户，1130户实现农村房屋鉴定全覆盖。申报和祺食品有限公司为扶贫车间，帮助11名贫困对象解决就业。“三联一到位”机制成效显著，扶贫工作群众满意度跃升至95%。三是污染防治工作方面。义务植树1100棵，植绿19万平方米，绿网覆盖3000余平方米，打造2千米森林步道；处理市、区两级蓝天保卫战巡查交办问题20余条，处理各级投诉10余条；处置各类露天焚烧行为100余起，劝导禁止燃放烟花鞭炮10余起，辖区内空气质量持续向好；清理河塘沟渠130处，对113处河、渠、塘、库精准定位。区水利局投入52万元，委托街道改造正江村防汛机埠；对辖区内项目施工区域周边渣土运输开展整治工作，督促施工方处理路面污染情况22起，查处乱倾乱倒垃圾及渣土现象3起。保护绿心区生态环境，配合区发改局，拆除华任、飞山奇2家建材企业。

【乡村振兴】 突出抓“乡村振兴”，农村面貌焕发新活力。一是人居环境整治到位。率先超额完成“厕所革命”任务，提前完成农村人居环境整治三年行动目标，五爱村、荷塘村达到农村人居环境示范型，滴水村等5个村达到标准型，竹埠村达到基本型。二是深化农业农村改革。在全区率先完成8个村的村集体经济组织成员身份界定及公示工作。建成2个村级惠农综合服务社，1个村级供销社试点，4个村级电商服务点已完成选址和现场查勘。三是村集体经济发展探索初见成效。指方村全年销售黄桃10000千克，荷塘村全年销售西瓜7000千克。荷塘村汉林农业有限公司和正江村南瓜基地等项目方案正接受区委审批。

【平安创建】 突出抓平安创建，文明和谐展示新风貌。一是安全基础持续巩固。完成省安委会年度考核巡查任务。检查安全生产企业104家，取缔非法经营单位4家，查处非法柴油储存点2处。对86家食品店专项检查，发现问题79处，均整改到位，辖区内未发生食品中毒事件。二是成功创建信访“三无街道”（无越级访、无集体访、无重复访）。市级接访2批次，同比下降84.6%。区级接访15批次，同比下降2.1%。网上信访受理并答复12起，同比下降77%。停访息诉2起，解决历史遗留问题1起。三是扫黑除恶全面铺开。利用各种载体对扫黑除恶专项斗争多方位全面宣传，重点针对强揽工程、恶意阻工、行业垄断、滥开滥采等行为进行专题宣传。全年共收集上报线索10余条，全面扫黑除恶氛围日益浓厚。四是突出做好群众民调工作。走访全街6530户居民，收集问题52条，妥善解决28条，解释说明24条。为五爱村解决210余户自来水饮用难题，为指方村新增140盏太阳能路灯，有效提升群众满意度。

【民生保障】 突出抓民生保障，群众幸福感取得新提高。一是省市实事超额完成。完成14项民生任务，超额完成城镇新增就业任务。滴水安置区新建停车充电棚2个，新增充电桩16个。指方村3.6千米道路硬化完成验收。清水村1.5千米完成道路硬化。二是有效提升卫健水平。街道获评市级“最美基层妇联组织”。超额完成妇女“两癌”免费筛查工作。春节慰问辖区内计生特殊家庭和困难群众等220户、331人，发放24.1万元的慰问物资。对872名慢病人员每季开展上户走访服务，开展义诊10余次。三是文化生活日益丰富。成功组建舞龙队等9支群众性娱乐队伍。承办市区级“三下乡”文艺会演、“三五学雷锋”、“周周乐”等文体活动30余次，参加市区级农民运动会、阳光娱乐节等活动10余次，组织60名机关工作人员参加“我和我的祖国”合唱比赛，文体生活丰富多彩，稳步提升村（居）民幸福感。

（肖咏雪）

霞城街道

【概况】 霞城街道的土地总面积5.7平方千米，常住人口4.3万，管辖5个行政村，2个社区，即五星村、下摄司村、岳塘村、霞城村、阳塘村、牡丹社区和向家塘社区。街道党政工作机构设置为“四办”，即党政综合办，经济发展和社会事务办公室（农业农村和卫生健康办公室），城市管理办（自然资源和生态环境办公室），社会治安和应急管理办公室；街道事业机构设置3个，即综合服务中心【政务（便民）服务中心】，退役军人服务站，综合行政执法大队 。街道在职在编34人，其中，行政编18人、事业编16人。

【基层党组织建设】 建章立制，基层党建不断加强，夯实基层基础，提升基层保障力。建设规范化党组织，向家塘社区、牡丹社区和五星村授予市级“五星党支部”称号；岳塘村完成基层薄弱、问题较多党组织摘帽；严格按照程序补选霞城村村委会主任；向家塘社区、牡丹社区成立小区党支部，社区社会治理更加完善。学习教育抓实推进，有序有力推动“不忘初心、牢记使命”主题教育。党工委班子示范带动，把学习教育、调查研究、检视问题、整改落实贯穿始终，引领支部和党员全程参与，做到主题教育无盲区全覆盖。班子开展9次集中学习研讨，上党课8堂，征求意见建议16条，检视梳理问题114条，即知即改105条，形成调研成果8篇，解决群众急难愁盼问题2个，让基层群众及时看到主题教育带来的新变化新气象。守牢意识形态阵地，始终把意识形态作为增强“四个自信”的首责、主责、全责来抓。全年专题研究意识形态工作4次，开展中心组学习15次，充分发挥“学习强国”“村村响”等载体作用，开展党的理论政策宣讲16次，制作发放《霞城脱贫攻坚宣传册》。深化党风廉政建设，落实谈心谈话制度，以个人谈话和集体谈话相结合的方式，共开展干部谈话180余人次。开展廉政“家风”故事分享会等活动7次，评出“廉政家庭”4户。开展扶贫领域等督查50次，约谈8人次。查办违纪案件3起，党内处分3人次。

【经济工作】 稳中求进，经济实力不断增强，狠抓量化指标，经济运行平稳。1—12月，完成财政收入5264.44万元；税收净入库1.51万元；争资争项507.27万元；重点项目投资1.27亿元；固定资产投资10.7亿元；规模以上工业总产值1.12亿元；社会消费品零售总额1.83亿元。以区审计组进点审计为契机，加强资产、资金使用和管理。

【重点项目建设】 聚焦项目建设，增经济发展后劲。合力攻坚克难，实行项目进展一日一通报、一日一调度，推动项目建设，湖南城建职业技术学院扩建项目7、8号学生宿舍楼主体竣工；湘潭大道至钢城大道延长线已于3月中旬顺利通车；阳塘养老产业中心项目建设稳步推进，阳塘村成立置业公司，已办理立项、土地报批等手续，与多家单位深度洽谈合作事项；湘钢4.3米焦炉提改项目征拆“集结号”于12月21日全面吹响，10天集中签约179户，完成率63.7%，刷新湘潭市农村集体土地征收记录，创造岳塘速度。服务好项目建设，督促下摄司村解决道路拓宽占用村民菜地问题、岳塘村解决施工环境问题，助推铁园路提质改造项目建设和爱劳渠黑臭水体治理。

【社会事务】 优质服务，社会民生落到实处，着眼群众需求，保障和改善民生。推进村集体产权制度改革，五星村、岳塘村、霞城村已完成一轮公示，下摄司村进行第四轮补充公示，阳塘村三轮公示已全部完成。狠抓脱贫攻坚，建设好村党支部和“结对帮扶责任人临时党支部”，形成村干部、党员骨干、结对帮扶责任人的立体帮扶网络，党员下户走访1100余人次，解决问题40余个。落实各项扶贫政策，共发放贫困助学金和雨露计划资金43.63万元，惠及贫困学子383人次；323户贫困户全部签订产业扶贫项目帮扶协议；危房改造10户；举办贫困户技能培训班和创业培训班6期，精准扶贫专场招聘会2场，新增贫困劳动力转移就业5人。保障民生民利，发放低保、社会救助等资金212.66万元。组织1200余人次参加市、区就业招聘会20场次，新增城镇就业人数299人，新增农村劳动力转移51人。建设4个村级卫生室，完成免费孕前优生53对，产前筛查127人，超额完成任务。

【美丽乡村建设】 重点治理，街道环境不断优化，改善城乡面貌，持续治理显长效。农村人居环境整治见成效，阳塘村作为全区唯一村入围“全国乡村治理示范村”；岳塘村获评市级“美丽乡村”。905户“厕所革命”改厕任务全面完成；评比出“美丽家园”等示范户51户；严格落实“河长制”，推动阳塘样板塘建设，整治河道、渠道15处，清运河堤违规倾倒建筑垃圾100余吨。深化国家卫生城市创建。友谊农贸市场作为市级示范点在全市会议上做典型发言。阳塘村被国检暗访组抽中，顺利通过检查。结合周五创建日和“决战三个月，苦干一百天”创卫攻坚活动，共出动挖掘机、推土机40台次，消除裸露黄土区域约18万平方米；更换破损沟盖板100余块；清理清运垃圾、杂物1500余吨；开展除“四害”行动9次，发放消毒柜39个；坚持市容环境常态化巡逻，规范流动摊贩、占道经营800余起，取缔无证经营门店3家；湘江学府、湘江花园成立业委会。巩固全国文明城市创建成果，向家塘社区获评省级“文明卫生单位”；五星村获评市级“文明村镇”。围绕“我们的节日”开展系列活动12场，组织“送电影下乡”“送戏下乡”活动6次，完成2处文化广场提质改造，评选出“好婆婆好媳妇”20名，推荐市级“移风易俗家庭”1户，进一步弘扬主流价值观。维护社会稳定，提升群众安全感，围绕群众诉求解民忧，全面提升“平安霞城”建设，大力推进“扫黑除恶”专项斗争，入户走访6482户，解决群众诉求80余个，签订“扫黑除恶”承诺书648份，摸排线索28条，核实2条，友谊农贸市场接受中央“扫黑除恶”督导组检查，获得好评。坚持领导公开接访，接待来访群众80余次。聚焦安全生产强监管，落实安全生产“一岗双责”，班子成员定期带队开展大排查大管控行动，检查生产经营单位150余家，对3个渡口码头及渡运安全进行专项检查21次，下发整改书31份。开展宣传活动8场次，应急演练8次，获得区消防技能竞赛大比武团队第三名，全街未发生安全生产事故，接受省安全委员会考核巡查，并完成问题整改。全力以赴打赢防汛抗灾保卫战，班子成员带头24小时值守巡查，排查隐患8处，保障人民群众生命财产安全。

（王　勇）

宝塔街道

【概况】　宝塔街道地处湘潭市河东市政中心区，是河东核心商务区，东至双拥北路、芙蓉大道，与五里堆街道、高新区双马街道相邻；南邻湘潭大道，与高新区双马街道相邻；西至宝塔北路、湖湘西路，与建设路街道相接；北邻湘江。辖区面积6.5平方千米，常住人口7.6万余人。境内有“一带二景三馆四园”，一带：沿江风光带；二景：高峰塔、天师宫；三馆：博物馆、规划展览馆、党史馆；四园：市民公园（东方红广场）、木鱼湖公园、湖湘公园、云盘公园。

2019年6月，根据岳塘区委机构编制委员会《宝塔街道机构改革实施方案》对街道机构设置及编制的方案，街道内设机构为党政综合办公室（党建工作办公室）、经济发展和社会事务办公室（卫生健康办公室）、城市管理办公室（自然资源和生态环境办公室）、社会治安和应急管理办公室，设立人民武装部、财政所；整合街道事业机构承担的公益性职责，设立综合服务中心［政务（便民）服务中心］，设立退役军人服务站；推进行政执法权限和力量向基层延伸和下沉，强化街道的统一指挥和统筹协调职责，组建街道综合行政执法大队。现有行政编制17人，事业编17人（其中工勤编7人），街道办事处机关驻红旗中路39号。

街道下辖云峰、云盘、长塘、宝塔、盘龙、阳光、红旗7个社区和云峰、云盘、长塘、江边4个集体资产管理委员会。街道现有基层党组织25个（其中7个社区、4个集体资产管理委员会党组织，2个机关支部，12个“两新”党支部），共计1261名党员。

2019年，宝塔街道在区委、区政府的正确领导下，紧紧围绕区委、区政府安排部署，以湘潭市创建国家卫生城市为契机，以“不忘初心、牢记使命”主题教育为抓手，扎实紧扣稳增长，促改革，调结构，惠民生，防风险的工作目标，稳步推进各项工作的开展，较好地完成各项工作。街道成立城区首个示范性街道科协组织，全街获国家及省、市级荣誉37项，盘龙社区获得全国综合减灾示范社区，街道及云峰社区、盘龙社区、长塘社区获省级文明卫生单位，长塘创新创业街获评“省级创业孵化基地”和“省级返乡农民工创业园”，岳塘区依托长塘创新创业街成功打造湖南省“双创”示范基地，红旗社区获评省级卫生社区、云盘社区获评省地震安全示范社区。

【党的建设】　一是促学习、抓整改，认真开展“不忘初心、牢记使命”主题教育活动。明确时间表、路线图和任务书，细化任务。采取“读书班”的形式深入学习并开展专题学习研讨，开展党课宣讲25堂，提交研讨交流思想材料9篇、专题调研材料9篇，督促党员、干部在学习的同时以“学思践悟”等方式达到思想的提升，通过实地调研、设立征求意见箱、发放意见征求表等方式，共征集意见建议22条，同时为认真解决意见建议，把收集的问题吸纳到党工委班子问题清单和班子成员个人问题清单，党工委班子共检视问题5个，班子成员共检视问题27个，“8+1”专项整治查找问题5个；全面落实从严治党，压实各级党员干部责任。落实党风廉政建设“一岗双责”，谈话提醒100%；研究制定《宝塔街道2019年度机关工作人员目标管理考核暂行办法》；调整专职纪工委副书记，充实配强纪工委班子成员；率先在岳塘区完成上半年村财录入工作。组织机关支部全体党员、社区集资委书记主任到市警示教育基地学习开展廉政警示教育活动；在全街营造风清气正的廉政氛围，党工委书记、纪工委书记分别上廉政专题党课。强化党内监督，立案查处党员违纪案件5起，处置不合格党员5人，开除党籍3人，持之以恒落实中央八项规定精神，及时上传和公开“互联网+监督”数据。二是夯基础，强队伍，促进基层党建工作有序发展。党工委书记多次到软弱涣散基础党组织科通电气和基础薄弱、问题较多的阳光社区调度整顿工作。党工委班子成员联点社区（集资委）帮助解决实际问题。召开党工委班子民主生活会，从思想政治、精神状态、工作作风三个方面深入开展批评和自我批评。推荐2名社区书记、1名街道事业编制人员、1名社区党组织书记岗位考录为公务员共计4人参加湘潭市择优选拔乡镇（街道）领导班子成员公开比选，1人成功选拔为乡镇（街道）领导班子成员。云盘社区和宝塔社区完成市级“五化”验收，成功创建为全市第二批“五星”党组织。召开党建年度工作部署会，研究全年“两新”党建重点工作任务。组织党员开展《中国共产党支部工作条例（试行）》学习宣讲，集中收看2019年两会直播，动员党员积极参与抗冰除雪、学习强国、扫黑除恶、创卫宣传、绿色植树等活动有序推进“两新”党支部“五化”建设，党组织活力日渐凸显，党员队伍整体素质显著提升。三是继续打造城市基层党建品牌。结合企业生产经营积极组织参与主题教育，打造企业在生产一线根植党的“红色基因”；盘龙社区、云盘社区、宝塔社区和红旗社区成功创建为全市第二批“五星”党组织；在市、区领导的大力指导协调下，顺利解决云峰社区基层服务阵地问题，首批市级高品质生活社区示范点云峰和长塘社区的创建工作正在有序推进。继长塘创新创业街联合党支部建设的先行经验，宝塔街道党工委联合23家福星金融商务区行业党组织，组建基层党建两新组织“福星国际金融中心党建服务中心”，完成阵地建设，以“党建激活力，共筑金商圈”首场文艺活动开启宝塔街道商圈党建联动新模式。四是建设“平安宝塔联盟”立体式防控体系。借鉴枫桥经验，构建由党政统领、公安主导、社会力量共同参与的“平安宝塔联盟”立体化社会防控体系，运用治安联建、矛盾联处、风险联控、问题联查、机构联组、制度联建、业务联训“七联工作法”，打造公众参与全覆盖、联盟成员稳平安、志愿力量广覆盖的社会治理大格局。“平安宝塔联盟”配备巡逻汽车5台，摩托车15台，通过整合辖区队伍力量，现有入册联盟队员458人，共抓获偷盗现行3起，发现制止偷盗22起，为1名失散儿童找到其家人，开展业务集中培训2次，化解矛盾纠纷52起。积极发动辖内各单位共同参与，形成群防群治合力的氛围，切实提升人民群众满意度和获得感。

【经济社会发展】 按全口径预算，2019年全社会生产总值增长5.4%；完成财政总收入4260万元，完成上报固定资产投资20.6424亿元；城乡居民人均可支配收入的增长4.8%。社会消费品零售总额30.2亿元，增速7.2%，引进内资7.6亿元，新增注册资金在30万元以上的纳税企业407家。申报2020年重点建设项目4个，总投资达8.4个亿。及时发放耕地地力保护资金，通过网上一卡通全部发放耕地地力保护资金1.96万元，补贴面积246亩，享受户数131户，并予张榜公示。在全街营造招商引资大格局，充分利用湘潭金融商务区入驻企业税收优惠政策和长塘创新创业街的优越条件，加大招商力度，激活招商机制，创新招商形式，扩宽招商领域，重点发展医疗、教育、养老产业。协助湖南省工业设备安装有限公司、国网湘潭供电公司、湖南盐业有限公司进行社会事务移交。对辖区内重点楼宇企业进行多次全面的排查，进一步摸清辖区内涉嫌非法集资风险企业情况，排查出来19家各类投融资及担保咨询公司，其中主动投案自首的1家，关门倒闭3家、搬迁4家，正在关注的11家，切实提升非法集资风险整治工作成效。

【创新创业】 申报2020年重点建设项目4个，总投资达8.4个亿，长塘芙蓉农贸市场与香港东升国际投资有限公司的全资子公司恒耘（上海）农业发展有限公司签订“邻里中心”意向合作协议，预计总投资4亿元。湘潭金融商务区打造省级特色金融产业示范集聚区，入驻企业301家，全年缴税总额7.3亿元，纳税千万元以上企业19家。长塘创业基地有企业和个体工商户逾1600家，2019年实现产值12.2亿，利税5100万元，安置就业人数3000多人。

【社会治理】 一是大力查处和打击非法集资。对辖区内重点楼宇企业开展“扫楼行动”，排查出来的19家各类投融资及担保咨询公司中、主动投案自首的1家，关门倒闭3家、搬迁4家，正在关注的11家，提高居民防患非法集资的知晓率，增强居民识别、抵制、防范各类非法金融活动的能力。二是深入推进大气污染综合治理。对辖区重点区域开展夜市整治行动，查处夜市点占道经营现象64起，查处露天烧烤39起，治理油烟污染80余起。

【城乡建设】 精致市容市貌，扮靓“城市客厅”。接到并处理市城管信息监督中心交办投诉5052起，市长热线210余起，区领导重点交办任务50余起。成立“一创两深化”专办，专注提升全街城市品质内涵。在全市率先实行“创卫工作动态一日一报”，持续开展市容环境“每天一小时”集中整治行动，辖区三条主次干道被评为首轮“六小门店”示范街，获评第一批市级创卫达标竞赛及资料档案评比优胜单位，5个社区顺利通过第一批达标验收，街道及盘龙社区、宝塔社区、长塘社区被评为市级创卫工作先进单位。压实“河长制”河道巡查工作的责任。街、社两级河长巡河（湖）达200余人次，开展河道清理50余次，及时处置河面漂浮物。提升社区管理服务水平。建立健全社区居民委员会、业主委员会和物业服务企业“三方联动”服务机制，协助建鑫二期10栋、11栋办理不动产登记证2300余户。

【民生服务】 打造更加便捷的街道便民服务中心，扎实做好“最多跑一次”工作。严格按照标准开展低保救助工作，核实低保户281户，429人，发放低保金212.5513万元；发放各类救助金25.26万元；发放残疾人两项补贴172人次，19.705万元；发放各类优抚金345人次，285.499万元。办理老年优待证578本，幸福卡412张，发放高龄津贴50人，5.21万元。做好重阳节宣传，慰问辖区内的90岁以上的老年人44人，8800元。全国优抚系统录入1489人，发放光荣牌1435块。城镇新增就业3033人，完成目标任务的115.32%，失业人员再就业1089人，完成目标任务的121%，就业困难人员再就业555人，完成目标任务的114.43%，城镇登记失业率控制在4.0%以下，全街道零就业家庭动态实现清零。组织辖区内12家优质初创企业、个体工商户参加双百工程评选。为江边村、云盘村、云峰村543人办理失地农民养老保险。完成免费孕前优生检测目标任务；免费产筛、新生儿免费疾病筛查分别超额完成目标任务的34.5%、32%。通过走访掌握居民需求，结合实际确定并实施惠民项目19个。试点完善“大网格”管理模式，社会治理变被动为主动。访民情解民难，率先召开2019年下半年“平安创建”大走访动员会，共走访居民18800户，共收集解决居民诉求58条；人大代表接待选民和党代表“六个一”活动持续开展，共接待选民38人次、共收集并解决建议、批评和意见22件。调处各类矛盾纠纷77起，为居民群众挽回经济损失近百万元；三是建立完善社会矛盾化解、应急突发事件处置等机制，攻坚化解信访积案。湖南省网上信访平台接收居民群众意见70件，办结63件。办理中央扫黑除恶巡视组交办件10件，上级交办件3件，湘潭市第五巡视组和市长交办件各1件。

【卫生健康服务】 夯实基础，认真落实卫生健康责任制。全年共计出生464人，上报死亡167人，办理发放生育服务登记证517本。发放社区纯居民独生子女家庭203户，28320元。做好辖区18个重症精神障碍患者的随访及监护人申领奖励金的发放工作，重性精神病患者住院救治救助8人。二是提升服务意识，全面开展卫生健康促进和健康教育工作。利用“5·29”协会活动日、“7·11”世界人口日开展文艺会演，大力宣传全面二孩政策。开展丰富多彩的老年文化艺术活动，开展各类活动30场次，办理老年证55个。举办健康知识讲座10场，大型义诊10场。完成第一批示范街（福星中路、湖湘西路）创卫达标验收工作。宝塔街道获得2019年第一批全民健康生活方式行动健康支持性环境考评验收“健康单位”，红旗社区、宝塔社区成功获得2019年第一批全民健康生活方式行动健康支持性环境考评验收“健康社区”；认真做好辖区“四小门店”创卫达标验收工作，全街“四小门店”165家（其中美容美发127家、小歌舞厅1家、小足浴室16家、宾馆旅店21家），加大督促检查力度坚持按周实行问题消减制，街道统一安装灭蚊灯、消毒柜，统一制作各类公示，确保四小门店达标。三是开展妇幼健康和各项公共卫生服务。对辖区内特殊家庭开展走访慰问活动，送去慰问金、物资等6万多元。完成2019年度农村奖扶对象118人、特扶对象39人的年审工作，全面摸底上报2019年度新增农村奖扶对象8人、特扶对象13人。落实市级重点民生实事项目扶助“60周岁以上的失独人员”；组织635人参加免费产筛；给585个新生儿进行免费疾病筛查；为育龄妇女免费提供生殖健康服务，发放免费避孕药具110000多盒。全年共组织育龄妇女524人进行妇科病普查普治和两癌筛查。

【文化教育】 2019年，成立宝塔街道科协，完成第一次科技代表大会，长塘社区成功申报科普示范社区。组织实施岳塘区“周周乐”群众文化活动暨“欢乐潇湘”宝塔街道海选文艺会演活动；开展党建激活力·共筑“金”商圈福星金融商务区党建服务中心启动仪式暨文艺会演；7个社区完成全民健身迎检资料，其中，云盘社区被评为市级全民健身示范区；长塘社区被纳入岳塘区高品质人文示范社区创建。完成2019年辖区0~6岁儿童情况摸底，共计2683人；校车审核共计28次，初审新增培训机构学校11家；开展未成年人防溺水专题讲座12场，定期巡查高危水域、游泳池、人工湖52次；开展食品安全知识讲座14场；开展野生蘑菇中毒防控专项检查7次。

【改善城市品质】 一是持续开展“一创两深化”工作。在湘潭市创卫办组织举办创卫资料收集达标竞赛中，宝塔街道、长塘社区获评全市资料收集的优胜单位。率先在全市实行“创卫工作动态一日一报”。充分发动志愿者、社区党员、居民参与环境卫生整治，共计清扫背街小巷道路50条，喷洒杂草面积10000平方米，投放鼠药近640千克，填埋鼠洞150余处，清除坛罐积水50余处，清理卫生死角68处，有效清除“四害”孳生地，进一步改善辖区环境卫生，提高街道整体卫生水平。二是开展集中整治，美化城市环境。对辖区主次干道、背街小巷、市场、无物业小区等地开展联合整治行动7次；开展市容环境“每天一小时”集中整治行动，取缔新屋路马路市场；投入大量人力、物力、财力对集约用地项目、云盘公园项目，云盘山庄项目等多处项目用地的陈年垃圾、卫生死角进行全面的清理，清除卫生死角105处，陈年垃圾280吨；对东方名苑、建鑫广场、云峰安置区、柏丽广场等重点区域开展夜市整治行动，查处夜市点占道经营现象52起，查处露天烧烤35起，治理油烟污染70余起。三是加强对小区管理指导。指导宝塔社区盘龙名府小区首届业主委会成立，指导阳光社区云盘花园小区、云峰社区尚玲珑小区和电厂新村小区业委会换届成功；成功指导云盘社区华厦家园小区和建鑫二期小区业委会委员补选工作。指导云盘社区华厦佳园小区成功推选出5名监督小组成员。并协助建鑫二期办理10、11栋国土证的办理产权证，成功发证2000余户。

【社会大局和谐】 加强走访了解，回应民生诉求。全面开展“平安创建”大走访，向辖区内居民群众推送40000多条平安创建信息，向居民发放“平安岳塘”“平安宝塔”等各类宣传资料37850多份，开展三官一律法律知识讲座10次。上半年收集居民群众在生活中遇到的各类问题咨询88条，当场解决43条，提交区、市级13条，由街道配合各部门、各社区解决32条。全力开展扫黑除恶专项斗争宣传。全年共召开扫黑除恶专项斗争工作各类会议共31次，2018年到2019

年12月，共上报线索18条。组织法律服务者宣讲团专题巡回宣讲扫黑除恶知识11场。利用微信、QQ群、短信发送扫黑除恶相关信息20000多条，发放宣传资料18000多份，设立群众举报信箱12个。积极化解矛盾纠纷，维护辖区大局稳定。缓解云盘山庄过渡费、江边村社保费退缴等群体性事件。排查化解矛盾纠纷和社会不安定因素77件，为居民群众挽回经济损失近百万元。组织居民参加安全生产培训和演练8次，进行日常、集中执法活动55次，出动执法人员117人次，检查生产经营单位144家，经济处罚1.38万元。 （刘 霖）

建设路街道

【概况】 岳塘区建设路街道，地处湘潭市河东建设路口核心商务圈，东起湖湘西路，西至岚霞路，南临湘潭大道，北接滨江中路，总面积约5.3平方千米；街道机构设置为综合服务中心、财政所、经济发展和社会事务办公室、社会治安综合治理和应急管理办公室、退役军人服务站等“四室一站”；街道党工委现有党政班子成员9人，公务员定编15人，事业编制定编14人；辖霞光、曙光、大桥、建设路、湖湘五个社区和福星、东湖两个村集资委，共有37个网格，26435户，常住5.8万人；街道党工委下辖1个机关支部、4个社区党委、1个社区党总支、1个“两新”党总支，共有基层党支部37个、党员1361人。2019年，在岳塘区委、区政府的坚强领导下，建设路街道以习近平新时代中国特色社会主义思想和中共十九大精神为引领，以建设四新岳塘、建功大美湘潭为己任，推进“五个建设”，各项工作稳中有进。街道“君子莲”商圈党建联盟获《湖南日报》头版头条宣传推介，固投、财税经济指标均创新高，城管考核连续三年蝉联全区第1，获评全省民族团结进步创建示范单位、市三年禁毒大行动先进集体。

【基层党建】 红色街道，基层党建激发新活力。一是把强化政治建设放在首位。街道党工委坚持每月参加区委中心组集中学习一次，把学习贯彻中共十九大精神作为首要政治任务，坚持以习近平新时代中国特色社会主义思想武装头脑，在思想上政治上行动上同以习近平同志为核心的党中央保持高度一致，对上级各项会议精神决策部署及时传达、贯彻、落实，对交办事项明确“快办快复”机制；开展“不忘初心、牢记使命”主题教育学习研讨、成果交流等10余次，班子共讲党课18次，撰写调研报告10篇；对2018年度述职评议点评指出的问题，建立14项任务清单，逐一整改销号；班子及成员检视整改问题160个，“8+1”专项整治8个，解决群众反映强烈民生问题45个；举办参观党史馆、过政治生日、爱国歌曲快闪等活动20余场次，“学习强国”综合排名全区街道第一，获评全市优秀学习组织；岳塘红网上稿排名全区街道第一。街社主题教育工作获省委第四巡回指导组调研并充分肯定；作为全区唯一代表接受省委组织部党建调研并获好评；全年同业对标考核稳居前列。二是君子莲商圈党建联盟合力增强。举办“君子莲商圈党建联盟”文化月暨启动仪式大型文艺活动，开展“一月一主题”特色党建共建活动4场；创新“一图四清单”，省、市高品质生活社区大桥社区“心桥家园”、霞光社区“六色花”等党建品牌不断打响；各成员单位开展建党98周年党建活动10场次；完成福星集资委党支部规范化建设，新建1家两新党支部，曙光、建设路社区获评第二批市级“五星”党支部；广泛开展“为廉洁代言·我接力”活动，坚持作风纪律督查40次，提醒谈话16人，通报批评2人，查处案件及信访线索10起；完成上级巡视组信访交办3件及“四责四诺”督办344件；全年先后从街道抽调4人支持配合市、区巡察工作。三是“党建+”建设成效显现。贯彻落实省委“1+5”文件精神，完成街道机构改革，7名干部得到提拔重用，其中街道党政办主任通过比选进入街道班子，霞光社区书记担任团省委兼职副书记；选拔部门负责人1名，转正党员4名，接收预备党员9名；征兵体检政审合格4人，基层武装部星级达标阵地建设率先完成；积极发挥新的社会阶层左右，探索形成“共驻共建共享”城市商圈统战格局，霞光社区获评全国民族团结进步示范社区，街道被评为全省民族团结进步示范创建单位，街道在全市统战民宗工作会议上作典型发言；获评“市五四红旗团委”；霞光获评全国最美志愿服务社区。

【经济建设】 核心商圈，经济发展迸发新动能。一是盯紧主要指标。重点税源稳步增长，经济指标屡创新高，全年完成固定税源税收约15000万元，同比增长7%，完成固投约20.01亿元、社会消费品零售总额增速10.2%，新增“四上”企业2家，新增年纳税30万以上企业3家，出外税收流入1147.43万元，内联引资8.9亿元，完成外商再投资9000万美元，争资争项583万元，完成全年任务89.23%。二是服务重点项目。积极为辖区重点项目排难解忧。市妇幼健康服务大楼项目已投入使用；碧桂园·潭洲府项目，现房屋预售38%；鸿胜·一品公馆项目预售全部完成；“福星农贸市场改造项目”进入过渡市场建设；中地凯旋二期项目进入立项阶段，已办好跨区域登记户；理工职院公共实训楼进入装修装饰阶段；中西医结合医院中医大楼完成规划选址、国土预审等前期工作。三是主动走访联系企业。完成第四次经济普查扫尾工作，走访法人单位804家，产业活动单位220家，个体户260户；党工委主要领导带头，班子全员参与，主动走访辖区年税收入10万元以上的企业120余家，上门了解情况协调问题；完成经济普查任务，普查法人单位和个体户4360户，排查稳控寿康养老等风控重点楼宇9栋，关停重点风控企业3家，未出现失控现象；成功创建两型机关。

【城市管理】 圆满完成创卫国检。

推出创卫“十要十不要”市民公约，签订承诺书2万余份；整治店外经营2200余处、流动摊贩3300余起，拆违控违4269平方米，开展爱国卫生大扫除活动20余次，整治菜地100余亩，清理牛皮癣7000余处，拆除垃圾池14个、清洗垃圾桶4000余个；解决一大桥地下通道流动摊点、莲城夜市环境整治、万福街汽修等一批城管突出问题。湖湘西路获评市“六小门店”示范街；作为全市创卫迎检任务最重、点位最多的街道，完成任务。着力基础设施改造。完成锅炉厂、粮油机小区改扩翻验收，全面启动电工机械厂、二化厂宿舍改扩翻工程；拆除并改造锅炉厂、电工机械厂及路桥公司旱厕7座，在无物业老旧小区率先引进自动化机械清扫机，解决奋飞一佰小区通道、万福街人行道改造、富安娜下水管道堵塞等突出问题20余起；获市文明单位称号；区城管考核排名第一。攻坚蓝天保卫战。解决中地项目等裸露黄土黄土问题7000余平方米，发放禁燃禁烧倡议书4600余份；处理环保热线投诉40余条；完成城管智慧系统事件处理4800余条、市长热线投诉整改回复90余条。

【综合治理】 信访工作。稳妥处理东湖安置房、福星社保、理工职院修路等群体性事件10余起；有效化解矛盾80余起，调解案件19起；及时受理、按期办结来信来访153件；实体化解和办结化解省级“双百攻坚”信访交办件。平安创建工作扎实有效。走访居民2万余户、驻街单位122家，发放《平安岳塘》等宣传资料近30万份，发送宣传短信4万余条；开展“三官一律”、民情恳谈会、治安形势分析会30余场；更新网格化数据18915条，处置事件4068条，化解民生问题550余个。获评全市“平安乡镇（街道）”和2015—2018年全市三年禁毒大行动先进集体；打造君子莲平安联防网，11月发案率下降38.3%。安全生产狠抓整改。开展班子带队安全生产检查周40余次，排查整改莲城夜市人车混流、酒吧消防安全等隐患63起，立案处置17起，经济处罚11800元；开展安全技能培训18次，编印《安全生产知识宣传手册》和宣传抽纸2万份，向居民发送安全生产温馨提醒短信10000余条；扎实开展防汛抗洪工作，排查处置东湖废弃水井管涌等险情3处。

【民生保障】 办好民生实事。举办创业技能培训2期，新增就业2810人，失业人员再就业1374；发放低保金2431597元，特困金33300元，电费补贴10907.4元、临时物价补贴21645元；残疾两项补贴196490元，高龄补贴69600元；医疗救助11户23500元，临时救助40户120400元；助学救助37人次；殡葬减免优惠服务8户；慰问烈属、优抚对象39人21500元，为退役军人上户悬挂光荣牌；成功创建市残疾人联合会残疾人辅助器具服务站；获评市级乡镇（街道）统筹城乡就业一类单位。抓好惠民项目。全年出生人口317人，免费孕前优生健康检查138人、产前筛查372人，为84名适龄妇女免费“两癌”筛查；为295名已婚妇女进行免费的生殖道健康检查，完成新生儿疾病筛查2532人，无偿献血47人。重大病住院护理补贴19人，27700元；为8名贫困重性精神病患者安排入住市五医院获救治救助；适老化改造7户。特扶94人，发放纯居民独生子女费33340元；慰问计生家庭3.9万元。注重文化惠民。举办文化进万家专场音乐会、党建联盟“文化月”文艺会演、“周周乐”等大型演出活动20余场，组织社区主题文化活动30余场、公益性电影进社区活动10余场次。

（刘柏松）

岳塘街道

【概况】 岳塘街道位于岳塘区西南部，辖区面积5.7平方千米，东起岚霞路、西至湘钢厂区、南临湘江、北接岚园路，常住人口3.88万人。街道范围内有湘钢一中、湘钢二中、湘潭市三中、湘钢一、二、三校等6所学校，国有大型企业湘钢是最大的驻街单位。街道党工委下辖党委1个，党总支3个，党支部22个，其中“两新”组织6个，共有党员679人。

根据《岳塘街道机构改革实施方案》规定，街道党政机构共设置4个，即党政综合办公室（党建工作办公室）、经济发展和社会事务办公室（卫生健康办公室）、城市管理办公室（自然资源和生态环境办公室）、社会治安和应急管理办公室。整合街道事业机构承担的公益性职责，设立综合服务中心［政务（便民）服务中心］，为街道直属事业机构。设立退役军人服务站。推进行政执法权限和力量向基层延伸和下沉，强化街道的统一指挥和统筹协调职责，组建街道综合行政执法大队。明确岳塘街道机关行政编制14名（其中财政所行政编制2名）。岳塘街道事业机构事业编制为14名。其中，综合服务中心［政务（便民）服务中心］9名，退役军人服务站2名，综合行政执法大队3个。岳塘街道领导班子职数按9名进行配备，其中，党工委书记1名，党工委副书记（办事处主任）1名，党工委副书记1名，人大联工委主任1名，副主任（政协联工委主任）1名，纪工委书记1名，组织委员1名，武装部部长（副主任）1名，副主任1名。

【经济发展】 坚持稳中求进，全面提质区域经济发展。一是强化制度保障。建立经济工作月调度制，每月由主要负责人召集召开，针对经济指标完成情况、项目推进情况等动态调度，班子成员每月对纳税额5万元以上企业进行联系走访服务，通过走访，新增纳税户50家，确保“依法征税、应收尽收”。二是聚焦产业发展。做好个转企、登高、入规的政策宣传和解释，为个体户和企业做好量身服务、定制服务。2019年新增1家规模以上的服务业企业——湖南顺祥物流有限公司，新增1家社会消费品零售总额企业——湘潭铜豌豆电子商务有限公司，正在申报资料。三是突出项目带动。在上年已经全面完成湘钢大板房一期、二期、湘潭大道延长线项目征拆任务的基础上，做好后续项目办结和征拆工地维护工作；2019年启动的三烧脱硫项目、仓储中心改造、新增串联机、新增钢丝绳产能1000吨这4个项目已全部完工。申报2020年重点项目5个，总投资达8.1亿元【湘钢大板房（城中村）改造项目二期（国有土地）3.5亿元、稻香村农贸市场2000万元、湘潭金启航综合物流园1亿元、湘潭市中心医院南院区电力增容1400万元、湘潭中心医院南院区办公楼改建项目3.5亿元】。

【社会治理】 坚持以人为本，切实增强社会治理成效。始终把群众安全感、幸福感放在首位，全年共发生可防性案件490起（刑事81起，治安419起），同比分别下降12%和9.1%。投入工作经费60万余元开展平安创建工作，走访慰问居民群众3万余人，收集问题88条，均已解决到位，开展小区鸡犬整治行动12次，小区麻将馆整治行动2次。投入经费12万余元，开展扫黑除恶大型集中宣传活动，使扫黑除恶工作深入人心，对辖区内治安混乱地区、易发案重点场所开展集中整治行动6次，成效明显。为群众提供法律咨询300多人次，排查调处矛盾纠纷112起，调解成功率达到100%。全年共处理初信初访38件，解决率100%。扎实开展安全生产强执法防事故活动和三大行动，1—10月街道共组织86次行动，检查234家门店，制作检查现场记录89份，下达责令整改8份，现场处理措施19份，责令整改59份，复查指令66份，简易程序22起，一般程序4起，处罚金额16200元，曝光典型安全隐患20个，挂牌督办重大风险隐患55个，查处违规违法企业26家，实现全年零安全生产责任事故。大力整治“一创两深化”工作薄弱环节，共整改问题2000余条，街道、菊花塘社区、大板房社区和三株岭社区创卫成效获市、区创卫办通报表扬，并被多个媒体多次报道，菊花塘社区获评“湘潭市2019年上半年度最美社区”，街道城管工作二季度排名全区第一。实行5+2的工作模式持续对峨眉路等路段和大板房临时菜场周边进行整治，共开展行动12次，劝导流动摊贩300余次，店外经营150余起；在稻香村市场安装三处硬质隔离，取缔20余个摊位，拓宽停车场并砌围墙，实现车人分流，通过整治消除安全隐患，确保通道的畅通，稻香村菜场实现规范运行。积极组织开展清扫行动和联点共建活动，共开展各类清扫活动20余次，清理卫生死角1000余处，垃圾50余吨，清除“牛皮癣”1200余处。对霞光西路沿线清洗油污60余处，对牛奶场、霞光西路等四处裸露黄土进行整治，污染防治工作保持“零交办零约谈”的态势。指导万和金色华庭小区成功成立业主委员会，保障维护业主合法权益 。

【社会事业】 坚持优化服务，推动社会事业持续进步。全年共实现城镇新增就业1322人，完成目标任务的115%；失业人员再就业805人，完成目标任务的115%；就业困难人员就业344人，完成目标任务的116.6%；为辖区内“四小门店”发放消毒柜70个、灭蝇灯70个、头癣工具箱34个、垃圾桶70个，确保干净的经营环境。农村适龄妇女、城市低保妇女“两癌”免费检查目标任务50人，完成50人，完成率100%；对辖区内特扶对象开展走访，共发放慰问金89600元，为33人次特扶对象申请重大疾病住院护理补贴共计59600元。完成孕前优生健康检查66对，完成率达120%，产前筛查200例，完成率100%，新生儿筛查183例，完成率96%。为辖区内9名严重精神障碍患者进行救助救治，完成率达90%。通过开通办事窗口绿色通道、推出专属邮政快递服务优化服务，成功创建湖南省卫生健康“依法办事示范窗口”（全市仅2个单位获此殊荣）。瓦窑塘社区成功创建省级和谐社区、省级无障碍示范社区；纯冲塘社区成功创建省级两型社区。

【平安创建】 始终把群众安全感、幸福感放在首位，全年共发生可防性案件490起（刑事81起，治安419起），同比分别下降12%和9.1%。投入工作经费60万余元开展平安创建工作，走访慰问居民群众3万余人，收集问题88条，均已解决到位，开展小区鸡犬整治行动12次，小区麻将馆整治行动2次。投入经费12万余元，开展扫黑除恶大型集中宣传活动，使扫黑除恶工作深入人心，对辖区内治安混乱地区、易发案重点场所开展集中整治行动6次，成效明显。为群众提供法律咨询300多人次，排查调处矛盾纠纷112起，调解成功率达到100%。

【党建工作】 全街各支部严格落实“三会一课”制度，全年共开展主题党日144次，通过多样化开展主题党日活动，带领党员干部抓好重点工作、中心工作。继岳塘岭社区党总支成功创建市级首批“五星党支部”后，纯冲塘社区党总支、天伟工贸有限公司党支部于2019年10月被授予第二批“五星党支部”。街道进一步加强队伍建设，6月通过首次交流学习班推选优秀党员担任社区书记、副书记4人，9月通过选举程序补选社区居委11人，10月，通过层层审核推选4名优秀干部参加比选，且1人成功被选入党工委班子队伍，11月底启动第二次交流学习班，2019年已发展党员8名。软弱涣散党组织瓦窑塘社区积极整顿，通过配优选齐社区支居“两委”班子、组织生活常态化、制度化，建立服务功能室齐全的党群服务中心、为居民建立小游园、为残疾群众打造无障碍通道，丰富居民群众生活，于12月成功摘帽。

【美好社区建设】 岳塘街道立足抓好实事工作，解决居民实际困难和问题，积极顺应广大群众提高生活幸福指数的强烈愿望，针对老旧小区公共设施基础差、公共管理不到位、生活环境差等突出矛盾和问题，积极落实市区两级利民政策和举措，抓住机遇促发展，在全街道大力实施老旧小区改造提升工程，通过一系列扎实有效的工作，不断夯实美好社区的建设基础，取得良好的阶段性成效，受到广大居民群众一致好评。岳塘街道为推进美好社区建设基础，积极推进老旧小区改造工作，共计引进资金约1.2亿元，实施提质改造小区39个，道路3条，改造面积360000余平方米，惠及居民9000余户30000余人。

【环境整治】 大力整治“一创两深化”工作薄弱环节，共整改问题2000余条，积极组织开展清扫行动和联点共建活动，共开展各类清扫活动20余次，清理卫生死角1000余处，垃圾50余吨，清除“牛皮癣”1200余处。街道、菊花塘社区、大板房社区和三株岭社区创卫成效获市、区创卫办通报表扬，并被多个媒体多次报道，菊花塘社区获评“湘潭市2019年上半年度最美社区”。

【城市管理】 街道城管工作二季度排名全区第一。实行5+2的工作模式持续对峨眉路等路段和大板房临时菜场周边进行整治，共开展行动12次，劝导流动摊贩300余次，店外经营150余起；在稻香村市场安装三处硬质隔离，取缔20余个摊位，拓宽停车场，并砌围墙实现车人分流，通过整治消除安全隐患，确保通道的畅通，稻香村菜场实现规范运行。对霞光西路沿线清洗油污60余处，对牛奶场、霞光西路等四处裸露黄土进行整治，污染防治工作保持“零交办零约谈”的态势。指导万和金色华庭小区成功成立业主委员会，保障维护业主合法权益。

【退役军人服务】 认真摸清底数，建立健全退役军人信息台账。根据岳塘区退役军人事务局考核细则要求，设立岳塘街道退役军人服务站，下设6个社区退役军人服务站点，落实工作机构。全年已完成退役军人及其他优抚对象的信息采集和录入工作。严格落实待遇，真心解决退役军人实际困难。深入优抚对象家庭了解实际困难，对困难的退役军人或家庭实施帮扶救助，截至2019年12月，利用元旦、春节、八一建军节等节日开展走访慰问，共计发放慰问金62200元，为退役人员解决临时救助6000元，为烈士家属解决就学救助4000元。街道严格落实各项优抚政策，按月足额发放优抚对象抚恤补助金，切实做到不错不漏，发放到个人账户。街道有在册优抚对象48人，截至2019年12月，共兑付发放专项资金1475452.78万元。扎实做好部分退役军人保险续接工作。利用辖区内电子显示屏、张贴宣传资料、悬挂宣传横幅等多种形式，大力宣传，切实做好退役军人就业安置，技能培训工作。先后为退役军人及家属落实公益性岗位解决就业问题，为退役人员落实街道城管、巡逻队临聘岗位及社区“两委”工作岗位。

【城市低保】 2019年12月，全街城市低保人数为436户，583人，月发放低保金251722，全年共发放低保资金3080256元。全年新批低保21户，27人，发放保障金11070元。特困供养13户，月发放特困金8450。全年共发放特困金209950元，全年发放特困供养护理费29900元。根据上级文件精神发放城市低保、特困供养人员临时物价补贴每人15元/月。发放5月、6月、7月、8月、9月城市低保临时物价补贴金额合计44490元，特困供养临时物价补贴5月、6月、7月、8月、9月合计1035元。城市人均最低生活保障标准达到500元/月，特困供养达到650元／月，高于省委、省政府为民办实事人均最低生活保障标准不低于380元/月。对已享受低保对象定期实行年审制度，定期审核低保家庭经济状况，及时增发、减发或停发低保金。将年审作为社会救助“阳光行动”的一项重要措施，通过年审和清查，2019年取消40户、45人、20093元；增标8人、增加金额4781元；减人减标12人、减少金额4662元。新批特困供养人员2户2人、1300元。取消特困供养人员3户（死亡）3人，1950元，发放特困供养丧葬补贴23400元。 （欧阳帅）

书院路街道

【概况】 岳塘区书院路街道办事处位于建设南路原电缆厂招待所内，辖区东起宝塔路—月华路，西至岚霞路—碧泉路，南抵湘电集团北门，北达霞光路，总面积约为7.26平方千米。辖新塘、晓塘、飞机坪、芙蓉、葩金5个社区，总人口约6.82万人，有三马名车、华都酒店、兴华建设、市一医院、华菱线缆等企事业单位40余个。街道内设党政综合办、经济发展和社会事务办、城市管理办、社会治安和应急管理办、财政所、综合服务中心、司法所、退役军人服务站、综合行政执法大队等9个工作部门。党工委下辖5个社区党总支（30个党支部），7个“两新”党组织，72个网格党小组，共有党员1500余人。

【经济发展】 坚持项目建设为龙头，努力促进区域经济发展。重点指标较好完成。完成税收6970万元，完成年任务的100%；争资争项完成341万元，完成年任务的157.14%（完成率排全区第三）；社会固定资产投资全年共上报11亿元，完成年任务的85%，同比增长44%；限上社会消费品零售总额完成24亿元，增速达13.5%。内资年度任务2亿元，已申报小猪泰德纷享儿童成长乐园项目，引资1350万元；研发投入上报兴华建筑公司80万元。重点项目全力推进。“湘潭市第十二中学改扩建项目”进展顺利，今年实际累计完成投资5000万元；晓塘棚户区改造项目已签约77户；签约率96.7%。税源管理金融风险。积极拓展和完善税源服务体系，全年新增30万元以上的企业17家，其中100万元以上企业17家。防范金融风险有序推进。组织大型集中宣传活动14次，“六进”活动10次，家庭上户宣传1000余次，悬挂宣传横幅20余条，张贴宣传海报100余张，安装宣传专栏30余块，发放宣传手册2000余份。E租宝事件处置井然有序进行，辖区共核定金额367万元，登记金额288万元，核定人数99人，未登记人数37人，主动放弃34人。

【城市管理】 坚持城市管理精细化，全力提升辖区整体形象。严格标准强化落实“一创两深化”，创建全国文明城市复检测评工作，作为复检主战场，街道投入近30万元资金，完成创建全国文明城市复检测评工作。在深化森林城市工作方面，街道全方位统筹协调抓好落实，完成森林城市复检任务。严格对标达标，推进创卫竞赛。建设南路创建为“六小门店”示范街，拆除晓塘西路、中路等菜地露天垃圾围子8个，违建3处，菜地旱厕12个，取缔违规菜地19处。将原来垃圾遍地、污水横流的晓塘中路菜地整治打造成市级样板，成为全市的模板。聚焦突出问题，狠抓整改落实。开展晓塘菜地、晓塘夜市、晓塘西路马路市场、工业品市场、碧泉路及城中村和城乡接合部综合整治28次，治理黄土裸露400余平方米，拆除旱厕17个。坚持重拳出击，打好“蓝天保卫战”。对道路扬尘、渣土运输、油烟污染、垃圾焚烧、散煤等方面进行持续重点整治，取得良好效果。依法处置秸秆焚烧、纸钱燃烧问题150余起。处理油烟扰民纠纷46起，新增油烟净化器安装11台，共劝导垃圾、杂草焚烧45起，整改上级交办14起。推进物业管理，推进城区提质。税务二院小区、鑫源花苑小区完成业委会选举，其中，县粮食局小区及国税局一院、二院小区完成提质改造，小区面貌大变样。8个老旧小区、4条背街小巷完成提质改造，安装路灯、楼道灯150余盏，新增摄像头21个。

【社会事业】 坚持服务居民零距离，推进社会事业协调发展。一是抓好“六台跟进、百企挂钩、千人就业”工程。1—7月完成城镇新增就业1602人，失业人员就业801人，就业困难对象再就业390人。街道被评为全国人力资源社会保障系统2017—2019年度优质服务窗口。二是打造卫健“幸福四优”示范街。三是打造文化产业强街。协助龙魂教育申报文化扶持项目，该公司研发的乐器实现与醴陵釉五彩陶瓷技术的深度融合，已经申请专利2项。

【平安创建】 坚持“平安创建”不松劲，确保全街形势和谐稳定。一是持续推进扫黑除恶专项斗争。召开11次联席会议，签订承诺书340多份，对96人次进行“九种情形”和影响任职的情况进行审查。悬挂横幅200余条，设置大型宣传喷绘3块，向上级报送线索5条。二是强化安全生产检查。执法监督检查6次，下达限期整改指令书39次，罚没8700元。8月31日华雅花园发生火灾，街道第一时间到达现场，做好现场处置工作、灾后安置工作，并对辖区内的住宅小区的消防安全进行全面摸底，杜绝此类现象再次发生。三是专责网格员试点顺利推进。房屋数据更新14499条，楼栋更新179条，人口更新113933万条，法人单位更新46条，商铺更新718条，提供各类居民服务8640次，处理安全隐患、市长热线投诉506条，邻里矛盾得到有效解决，网格数据录入情况进入全区优秀行列。

【基层党建】 坚持“强基固本”不放松，持续推进基层党建工作。一是扎实开展“不忘初心、牢记使命”主题教育。累计开展党政班子集中学习14次共40学时；党工委书记上党课2次，各指导员下社区指导38次，上党课8次；建立领导班子调研清单10条，检视问题20个，整改20个。二是深入推进“党建领航工程”。一批重难点问题在葩金社区党总支软弱涣散问题整改转化中得到解决，成功将松涛里小区打造为小区党建示范点。新塘社区成功通过湘潭市第二批“五星党支部”验收，并计划通过“一建二引三整”的方式，把其建设成为集行政服务、教育医疗、养老、商业和娱乐为一体的高品质社区生活圈。三是创新发展宣传工作。以习近平新时代中国特色社会主义思想和中共十九大会议精神为主要内容，抓好10次中心组学习，制定并落实意识形态责任制清单、考核办法；在《湖南日报》刊发稿件1篇，湘潭新闻频道播发新闻10条，《湘潭日报》刊发稿件70篇，在岳塘新闻网刊发649篇。小岳有约发稿小视频84条，积极推广学习强国平台，覆盖率达101.5%。按次高质量撰写“网言网语”，提高评论针对性。高度关注并答复红网、湘潭在线、市区长热线、岳塘新闻网等投诉。四是全面强化党风廉政责任。深入开展作风建设，严格落实党风廉政一岗双责，定期开展党员干部廉洁教育，28名领导干部集体签订廉洁从政承诺书，召开4次党工委专题党风廉政建设会议，集中谈心谈话会5次。五是牢牢抓紧统一战线。取缔2处非法教会点，收缴发刊物近万册。积极开展“结对子、交朋友”工作，引导非公企业及爱心企业家参与创卫、抗洪、助学、扶贫等工作，取得良好社会效果。

解决近10年的斑竹新苑小区办证难问题。夯实基层党组织基础：强化专业化干部队伍建设，调整选配3名社区党总支书记，配强街社党建力量，轮训社区“两委”及后备干部120余人次，新发展党员11名、如期转正预备党员7名、处置不合格党员2名；完成4个“两新”党组织的成立、换届和撤销；打造松涛里等小区党建示范点、新塘社区“七彩党员服务站”；华都国际大酒店等3个党支部成功通过湘潭市“五星党支部”验收。

【意识形态】 抓好14次中心组理论学习，积极推广“学习强国”平台，注册人数1537人，覆盖率101.7%。加强舆论引导，凝聚传播正能量，2019年，《湖南日报》上稿1篇、《湘潭日报》70篇、湘潭新闻频道10条、岳塘新闻网726篇，小岳有约短视频投稿84条、采用8条。强化政务网、宣传栏等媒介的管理，累计处理红网、湘潭在线等投诉11条，按次高质量完成网评任务1000余条。

【统一战线】 运用“互联网+”全面科普统战知识；结合“扫黑除恶”专项斗争，取缔2处非法教会点；以统战工作促中心发展，组织辖区少数民族、民主党派、归国华侨、侨眷等人员开展周五联点共建等活动，积极开展“结对子、交朋友”，引导非公企业参与创卫、抗洪、助学、扶贫等工作，3个非公企业党支部捐资5万元助力精准脱贫，取得良好社会效果。

【党管武装】　街道党工委扛起党管武装政治责任，投入5万余元建设资金用于五星级武装部阵地建设，打造专业化武装部办公室，已完善软硬件设施，相关工作制度、政策宣传等已上墙，武装创星级达标工作已进入验收阶段。高质量完成征兵任务。精心组织，周密部署，全面开展征兵工作，街道充分利用各种宣传载体进行广泛宣传发动，查清查实政治情况，把好政审关，征兵报名率、合格率、择优率逐年提高。

【民生实事】　抓政策，促就业：完成城镇新增就业1602人，完成率110%，其中失业人员就业801人，就业困难对象再就业390人；创业培训31人，完成率103%，技能培训405人，新增创业主体数231户，创业带动就业508人；全年办理就业创业登记证275本。3月28日，全国人大常委会委员、社建委副主任委员李培林到街道视察，对就业工作给予好评。街道获评全国人社系统2017—2019年度优质服务窗口湘潭市创新创业带动就业示范单位。打造健康环境。2019年产前筛查完成285人，完成率107.5%，孕前优生65对，完成率100%，发放独生子女费4.36万元，举办各类义诊20多场，健康讲座10次。街道获评湖南省计生协会工作先进集体。打造文化产业强街：协助龙魂教育申报文化扶持项目，该公司研发的乐器实现与醴陵釉五彩陶瓷技术的深度融合，已经申请专利2项，初期投资超过700万元。　（刘光波）

五里堆街道

【概况】　街道辖区面积10.9平方千米，东与板塘街道接壤，西邻湘江沿岸约4千米，北与荷塘街道相接，南与宝塔街道相连，有居民2.5万余户、常住人口4.5万多人。下辖学卫、向阳、江滨、安乐、五里堆、金耐、纱厂街、板塘8个社区居委会，设社区党委1个，社区党总支部7个、党支部76个，党员2790名。辖区内有东信、中国虎服饰公司、工商银行、板塘支行等200余家企事业单位，湘纺小学、育才小学、滴水湖小学、江滨学校、湘纺中学5所学校，湘潭市三医院、尔康医院、社区卫生服务中心3家医疗机构。

2019年在区委、区政府的坚强领导下，五里堆街道以习近平新时代中国特色社会主义思想和中共十九大精神为指引，紧紧围绕全区中心工作，扎实做好稳增长、促和谐、惠民生、保稳定等各项工作，全力推动街道经济社会加快发展。

【基层党建】　街道党工委以党建领航为总揽，强化组织领导，全年，召开党工委会议29次，狠抓责任落实。一是扎实开展主题教育。通过集中学习、心得分享、研讨交流等推动主题教育落实落细落深，区委书记胡海军调研指导社区工作3次；党的理论政策宣讲27场，街道班子成员讲党课16次、集中学习10余场、共查摆问题110余条，制定整改措施20余条；积极组织“为群众做一件实事”活动，为群众完成600项实事。二是有序组织欢度佳节。通过“七个一”系列活动庆“七一”，评选表彰“我身边的优秀党员”30名；走访慰问退役军人和颁发纪念勋章，开展“共祝祖国好　同吃长寿面”赠送寿面券、编印《根深叶茂五里堆党建纪实》等活动，献礼中华人民共和国70周年。三是强力抓好队伍建设。发展党员8名；建立社区员额管理人员档案；以“四个一”抓实廉政学习月活动，将每月26日定为街道“廉政教育日”，开展交心谈话415人次；聘请36名“两代表一委员”担任街道政风行风监督员。四是创新开展党建行动。持续开展“树根式”基层党建行动，结合岳塘区首届社区“美好生活节”开展群众性书画大家赏、文化大家讲、才艺大家秀、运动大家乐、幸福大家找等系列活动23场，助推高品质生活社区建设。五是牢牢盯紧意识形态。组织党工委理论中心组学习11次，专题研究党建工作6次，专题研究意识形态工作2次，专题研究统战工作4次，开展“红色大讲堂”12次，“树根式”党建行动、治安防控等工作被省市媒体争相报道，街道党建引领力不断提升。

【经济建设】　一是经济指标有劲。加大财源建设和协税护税力度，超额完成区下达的财税工作任务，11—12月完成税收5593.1万元；完成争资争项869万元，完成年计划的177.3%。完成固定资产投资28.8亿元，完成年计划的115%；完成限额以上社会消费品零售总额9亿元，同比增速45%；内联引资完成16亿元，完成年计划的160%。二是项目建设有序。街道成立项目服务专班，积极为企业排忧解难。至年底，湘纺中学综合楼建设已完成地勘、绿化；湘潭汽贸加油站已投入使用；板棚改五号地块立体停车场建设主体已基本完工；岳塘人民大剧院改造基本完成；湖南天伦医疗康复中心已开工建设，着力将该项目打造成岳塘区特色养老的“样板”。三是招商引资有力。街道新增注册资本30万元以上企业53家，引进全市首家年进出口额过1亿美元外贸实体企业深圳朗道科技入驻厚和城，从雨湖区引进的万楼置业注册资本5000万元，已为岳塘区增收大量的税收，引进的晴溪庭院文化有限公司注册资本2000万元，弥补街道无纳入核算规模服务企业的不足，街域经济的实力显著增强。

【城市管理及创文创卫】　街道积极探索社区自我管理、自我服务新模式，在各社区楼栋悬挂423块楼栋长公示牌，并积极开展“两大行动”。一是大力开展“一创两深化”行动。在每周三和周五常态化开展创建日活动，组织各社区对生活小区、背街小巷垃圾桶进行全面清洗，清洗垃圾桶1500余个；更换禁烟标识1000多处；全部拆除辖区内11个露天垃圾池；新建毒饵站1420个；整治规范违规菜地约2000平方米；在主次干道、背街小巷新增宣传栏80块，宣传板块145块，发放宣传资料5000余份。二是强力开展“精美湘潭”行动。街道采取集中整治与日常管理相结合、定点值守和机动巡查相结合等措施对主次干道进行机动巡查，共整治店外经营、流动摊担500多人次。共计清除牛皮癣1000余处，上报停机号码238个，清运垃圾40车，制止乱搭乱建10余起，拆除违法建设9处，约4.6万平方米。辖区城市面貌大幅改善。

【综合治理】 平安创建“全动员”。全街干部通过入户走访、治安巡防、文艺表演、电话抽检等形式将工作做细做实，共走访16221户，走访率99%，收集群众问题89件，解决65件，制作专题宣传片，在辖区流动播放。矛盾化解“全方位”。8个2017年市级提质改造小区全部成立业委会，辖区65个小区共成立业委会53个，26个小区引进物业公司管理。召开物业联席会议4次，调解物业管理纠纷事件51起。治安防控全覆盖。在56个企业单位、学校、市场和67个小区设置治安瞭望岗和邻里守望点，组织瞭望员和守望员共494人，各守望点和瞭望点联合街道专职巡逻队员以及派出所、快警站的巡逻人员，形成24小时不间断交替巡逻，实现治安防控全覆盖。安全生产“筑防线”。顺利完成省级安全生产示范街道验收，组织辖区单位观看警示教育片，观看人数累计6000余人。评选出第三批星级门店（企业）18家，坚持每月20日“安全生产日”检查，强力推进“三大行动”发现并整改安全隐患269处，全年未发生安全事故，辖区内居民群众的安全感和幸福感大幅提升。

【民生实事】 一是低保救助“兜底线”。街道享受城市低保对象1395人，月发保障金额58.07万元；医疗、临时、重特大和原湘纺困难职工帮扶共计救助134人，共发放救助金39.1万元；新申报公共租赁住房救助51户，新增33户对象入住公共租赁住房；发放残疾爱心卡11张；二是就业创业“减贫困”。城镇新增就业完成2095人，完成任务目标108%；组织参加9场招聘会，18人求职成功；组织参加创业培训30人，30人全部获得职业培训证书；社区开发岗位安置13人；公益性岗位安置30名就业困难人员。三是卫生健康“强服务”。全面完成省级2019年城乡居民健康素养监测调查，孕产妇免费产前筛查完成254人，完成率141%；免费孕前优生健康检查完成72人，完成率100%；严重精神障碍患者救治救助完成8人，完成率100%；两癌筛查完成86人，完成率108%，成功通过创建省级卫健“依法办事示范窗口”湘潭市初审。四是文化事业“提精神”。岳塘区首个24小时自助图书屋在学卫社区全民健身中心正式揭牌，组织街道文联编印《人文五里堆》报纸二期；广泛开展最美家庭、最美楼栋、最美门店、最美党员、最美居民等评比；成功举办岳塘区首届社区“美好生活节”系列活动23场，组织辖区居民参加街道“周周乐”“欢乐潇湘”等大型文化活动，参与群众数达1.2万人，街道文化氛围越发浓厚。（李　铮）

东坪街道

【概况】 东坪街道地处岳塘区西北角。辖三角坪、横街、泗神庙三个社区，顺江村、和平村、联合村三个村，系城乡接合型街道。街道总面积约为6.98平方千米，常住人口43860人。下设81个居民小组，35个村民小组，居民小区27个，党总支5个，党支部16个（其中“两新”党支部2个）。门店213个，辖区内主要有省烟草公司湘潭分公司、市环保局等56家驻街企事业单位。街道2019年完成税收总计7.8亿元。新增14家税收10万元以上企业，新增重点项目纳税企业1家（湖南东方红建设集团有限公司）。申报争资项目28个，争资争项完成任务272万元，完成全年任务115.7%。全年完成固定投资10.2亿元，完成全年目标任务。完成工业总产值5.26亿元，同比增长6%。

【党建工作】 党建领航夯基固本。扎实开展“不忘初心、牢记使命”主题教育。将“学习教育、调查研究、检视问题、整改落实”贯穿主题教育全过程，确保全员参与，一步不漏，实现学习教育全覆盖。主题教育期间，督促村社完善各项规章制度，严格执行“四议两公开”；为群众排忧解难累计148件。基层建设呈新气象。东坪街道党管武装工作获全市示范；横街、三角坪社区被评为第二批市级“五星”党支部；三角坪社区获评全国综合减灾示范社区；联合村获评湖南省文明村；和平村获评湘潭市文明村；横街社区获湘潭市优秀人大代表工作站。顺江村软弱涣散党组织整改全面完成，泗神庙社区综合服务大楼建设完成并投入使用。干部队伍培优育强。新发展党员4名，培养推荐党外干部1名，调整3名90后年轻后备干部担任社区主职；通过区级择优遴选，2人由事业编人员、社区书记进入街道领导班子队伍。宣传工作成绩显著。全年党工委中心组共开展学习20次，学习综述上稿3篇，红网全年上稿761篇，年度乡街排名第一；省级媒体上稿2篇，市级媒体《湘潭日报》上稿28篇、湘潭新闻频道报道14条。管党治党全面从严。对区委扶贫领域专项巡察、执行力建设巡察交办问题14项全部整改到位，筑牢干部廉洁防线，开展作风纪律督查27次，廉政谈话751人次，办理案件3起。

“一创两深化”硕果累累。夯实“一创两深化”工作成果，建立长效机制。东坪街道、三角坪社区、泗神庙社区、联合村分别获2019年度市级创建全国卫生城市先进单位称号，三角坪、泗神庙社区获湖南省卫生社区称号、横街社区获湘潭市健康支持性环境健康社区称号。继续推进移风易俗，树立文明乡风，开展“欢乐潇湘·大美湘潭”群众文艺会演、“我和我的祖国”合唱比赛、农民运动会、“公益电影进村、社”等活动，为村社免费播放电影10余场。

【三大攻坚战】 三大攻坚纵深推进。污染防治取得成效，厕所革命任务全面完成，南阳渠治理、裸露黄土整治成效显著，河长巡河常态化、治理日常化，城乡环境大整治行动常态化，守控加巡查专项整治夜市烧烤、流动摊贩，街道环保工作获全市通报表彰。精准脱贫持续发力，完善各村贫困户档案并进行动态调整，和平村顺利迎接省实地考核。产业扶贫与上禧食品有限公司签订协议，惠及贫困户170户，“百企联百村”“千企连万户”“户帮户亲帮亲 互助脱贫奔小康”等活动有序推进；完成5户贫困家庭危房改造，顺江村农村饮水安全工程全面完工，解决130户545人的安全饮水问题。金融风险积极化解，多形式加强防控非法集资宣传、积极开展排查，全年共开展非法扫楼行动5次，清理涉嫌公司6家，执法检查31次，行政处罚金额2200元。

【社会保障】 民生福祉日益增进，社会保障坚实有力。街道及各村社的退役军人服务站挂牌成立。农村村级集体经济组织成员身份两轮公示已全部完成。动态管理各项民生救助，1—12月，组织召开社会救助政策培训会6场；累计发放城乡低保救助6598户，11104人，455.6535万元。累计发放特困154户，154人，10.01万元。全街城市和农村的低保标准均不低于500元/月，城市低保救助水平不低于320元/月；农村低保救助水平不低于300元/月，均已到达实事目标。积极推行“居民跑一次”便民利民政策，完成城镇新增就业821人，完成全年度目标任务117%，帮扶残疾人就业12人，成功举办3场精准扶贫专场招聘会。为杨梅洲大桥项目96户失地农民解决养老保险问题。开展村社居民集中义诊、重残和贫困户入户体检、妇女“两癌”免费筛查、孕前优生检查、产前筛查、生殖健康普查等多项群众免费服务。

【综合治理】 保障社会治理安全和谐稳定。建立《东坪街道安全风控分级制度》，绘制辖区风险点“红橙黄蓝”四色，重大风险（1级）、较大风险（2级）、一般风险（3级）、低风险（4级）网格分布图进行风险管控。将管理与服务延伸到每一个角落，打通事故预防“最后一公里”。全年检查企业108家次，整改98次，当场处罚13次，立案调查数3件，总计罚没金额7900元。同时对整改到期的单位及时进行“回头看”，确保隐患整改率100%。7月汛期时，街道实行24小时轮流值守，及时掌握雨情、水情、汛情、险情，消除一处重大隐患和多处一般隐患，确保防汛工作万无一失。暑假期间安排志愿者值守河道，劝导游泳人员，全年无溺亡事故发生。组织企业、居民、学校开展应急演练26场，在节假日等重要时段开展安全生产专项巡查；街道全年无安全生产经营性事故。街道接待人民来访65批148人次，解决问题59个，其中9名街道领导公开接待群众26批46人次，推动解决群众身边问题24个。东坪街道被评为岳塘区2019年信访工作三无街道、全省社区戒毒社区康复工作示范点。

【污染防治】 街道加大巡查力度，全方位，全覆盖，严防死守，严查严控，重点对道路扬尘、渣土污染、黄土裸露、餐饮油烟、夜市烧烤、露天焚烧秸秆、垃圾、禁放烟花鞭炮等污染进行整治。南阳渠治理，沿线的顺鑫矿渣堆场已清运矿渣5万吨。取缔一家乱排生产污水小企业。对和平大道、三塘路、和顺安置区约15亩裸露土地面积进行有效补绿护绿，植树200余棵，裸露黄土整治成效显著。焚烧垃圾等情况已杜绝，空气质量有明显改善。对养殖户养猪户进行规范，洗栏水直排至湾塘和池塘，周边蔬菜种植户滥用化学农药，实地查看整改猪舍排污管道、清运周围囤积的粪污，并整修化粪池。夜市专项整治，重拳打击夜市摊点油烟污染，清理整治乱摆乱放乱丢，共劝导夜市占道经营20余起，整治露天夜市摊点10余起，处理高音喇叭4起。街道环保工作获全市通报表彰。

【脱贫攻坚】 完善各村贫困户档案并进行动态调整，和平村顺利迎接省实地考核。产业扶贫。与上禧食品有限公司签订协议，惠及贫困户170户，确保产业帮扶收益不低于每户900元。就业扶贫。街道举办8场精准扶贫专场招聘会；组织37名贫困对象参加免费职业技能培训；开发公益性岗位，解决5名贫困对象的就业问题，推荐3名残疾贫困户到企业就业，实现农村贫困劳动力转移就业新增转移就业人数15人。为扶贫对象申报交通贴补32人，一次性求职补贴25人。兜底保障。至2019年12月，街道有建档立卡的低保贫困户50户，84人，保障金共计32275元/月。教育扶贫。全街累计发放建档立卡教育扶贫助学金258人次（其中学前教育74人次，义务教育135人次，高中及中职26人次，大专以上23人次）275420元。“雨露计划”共发放12名贫困户学生春、秋两季补助金49000元。健康扶贫。街道为贫困人口建立和完善健康档案，家庭医生签约率达到100%；建档立卡贫困人口参加城乡居民医保和大病保险达到100%。贫困对象在定点医院住院医疗报销比例均达到90%以上，并为2名贫困孕产妇申请贫困家庭孕产妇产前诊断补助。隐患房屋改造。对3个村200余户房屋进行鉴定，完成5户危房改造，资金130283元已全部拨付到位。饮水安全保障。顺江村农村饮水安全工程全面完工，解决130户545人的安全饮水问题。开展“饮水安全回头看”摸底，对建档立卡贫困户饮水安全进行再次摸底核查，经摸底街道170户贫困户均无饮水安全问题。邻里帮扶。“百企联百村”“千企连万户”“户帮户亲帮亲 互助脱贫奔小康”等活动有序推进。共慰问帮扶105户贫困对象，捐赠4.3万元，物资431份。

【化解金融风险】 街道加强防控非法集资宣传，积极开展排查。全年共开展非法扫楼行动5次，清理涉嫌公司6家，执法检查31次，行政处罚金额2200元。

【城乡环境综合整治】 街道持续开展城乡环境综合整治，从“治脏、治乱、治堵、治差”向“精细、规范、长效”转型，全民齐动，在辖区内进行环境整治清洁行动。组织各村、社、联点单位、居民、志愿者等开展周五创建活动及各类大清扫整治活动。全年治厕417个，按照标准全部完成。在主次干道、背街小巷共清理垃圾2000余车；清理废弃家具1000余车；辖区内清理卫生死角300余处；清理各类牛皮廯3000余处；主次干道门店签订门前三包协议200余份；规范菜地使用，拆除菜地私搭菜棚108个，面积约1018.55平方米；清理菜地及沟渠垃圾500余车，组织更换1600余面小红旗，提升村容村貌；清洗主次干道两侧墙面1000余米，清除杂草3000余平方米；增设垃圾箱、垃圾桶300余个；对辖区内水面、沟渠进行四清常态化治理，共清理水塘沟渠370余处，清理淤泥1400余米，清理水塘漂浮物约8.5吨、打捞水草共20余车。2019年，街道城管工作在全市月度评比中，获得1次第2名，2次第4名。

【党管武装工作】 街道党工委始终坚持“党管武装”，把思想政治建设置于武装工作的首位，高举党的旗帜、听党指挥、履行使命。全年组织民兵干部、基干民兵学习党的基本路线、形势、国防和光荣传统“四项”教育16课时。组织街道基干民兵参加队列训练、抗洪抢险、饮食保障、防爆、应急维稳、森林灭火等科目的集中训练和集中轮训，使基干民兵熟练掌握应急处突、抢险救灾等专业技能，专武干部指挥领导水平得到进一步提高，基干民兵队伍应急应战能力得到进一步提升。2019年，街道武装部按照强基础、补短板、创一流的要求，对照《基层人民武装部全面建设星级达标实施细则》，投入资金，建设武装部办公室、资料室、器材室、国防教育室、兵役登记站、退役军人之家等场所。基层武装阵地规范化、高标准地建设，得到市区军分区的充分肯定，达到武装标准化建设四星级水平，作为全市的市范点，多次被推荐各县市区到单位参观学习。 （刘咏梅）

下摄司街道

【概况】 根据《关于岳塘区街道区划调整、优化实施方案的通知》，原下摄司街道与原中洲路街道合并，称为下摄司街道，驻原中洲路街道办事处（电工北路旁）。街道地处岳塘区最南端、东与书院路街道飞机坪社区相邻；南跨湘江至易俗河镇液压千斤顶厂南塘小区；西至峨嵋路、三株岭路，与岳塘街道三株岭社区、霞城乡下摄司村相连；北至书院路南路。街道总面积约7.53平方千米，总人口6.1万人。街道下辖8个社区，分别是运河、九洲、长城、鸦雀塘、栗塘（原栗塘和原自建社区合并）、禾花塘（原禾花塘和原书院路社区合并）半边街（原半边街和原迎东社区合并）、铁园社区（原铁牛埠社区和原桔子园社区合并）内设机构：党政综合办公室、经济发展和社会事务办公室、城市管理办公室、社会治安和应急管理办公室、司法所、人民武装部、财政所、退役军人服务站、综合服务中心。人员配置：在职在编33人，其中，行政编17人、事业编16人，离退休干部16人。

【基层党组织建设】 下摄司街道下辖8个社区，有8个社区党总支，1个“两新”党总支，35个支部，1400名党员。新发展预备党员4名，培养23名入党积极分子；街道通过公开竞聘选拔2名社区副书记，为软弱涣散党组织禾花塘社区党总支配齐配强班子。“七一”表彰先进基层党组织4个、优秀党务工作者12名、优秀共产党员22名。

全年结合“不忘初心、牢记使命”主题教育，街道党工委中心组开展学习20次，通过强化主题党日活动、“三会一课”、“网上送学”和“送学上门”等多种学习模式，与各党组织书记谈心交流60余人次，主题教育期间收集问题建议103个，已解决98个，正在解决5个，形成制度1个。街道党工委班子成员深入群众解决问题，慰问困难党员和群众24人次。2019年，街属4个党总支和世平保安、金阁物业联合党支部被市委组织部授予第二批“五星党支部”称号；召开党建工作调度会12次，邀请湘潭市党的理论政策宣讲员围绕主题深入基层宣讲42次。2019年组织中心组学习20次，开展党的理论政策宣讲42次，区级联点领导宣讲3次，班子成员讲党课20次；各支部普通党员领学达1000余人；将新思想宣传融入文化活动中，开展各类文化活动80余次。媒体平台上稿多点开花，其中国家级媒体3篇、省级媒体4篇、市级96篇，其中《中国社会报》专题报道湘潭志愿者工作经验——下摄司街道志愿者工作模式。街道全年全力推进“五化建设”（支部设置标准化，组织生活正常化，管理服务精细化，工作制度体系化，阵地建设规范化），扩大“五星”党支部覆盖范围，下辖9个党总支和35个党支部全部按照“五星”标准完成建设，4个党总支和1个“两新”党支部被市委组织部授予“五星党支部”，世平保安党支部方世平被评为“全国模范退役军人”，湘机小获评省级生态文明示范学校。街道以组织力建设引领社会治理，在辖区内打造辖区单位、居民群众积极参与、共建共治共享工作格局。2019年在社区设立党群便民服务驿站，以

"红星"党建引领社区治理，红色讲习堂由党员认领课件68件；共建议事会成员125人，议事50起；为民工作室9个，解决问题316个；志愿服务队54支、1254人，组织辖区志愿者、社会各界社会组织共同开展活动565次；平安示范岗49个。半边街社区义务巡防队10年义务巡防，成为平安社会治理的"岳塘名片"；街道被确定为市级城乡社区治理创新街道示范点。

【财税经济】 2019年财政预算为476万元，当年财政支出约为2707万元。争资争项目标任务221万元，年终累计完成398万元，目标达成率180.09%。2019年固投任务13亿元，截止到12月底，完成固投14.24亿元，超额完成全年任务。争资争项累计完成398余万元，目标达成率180.09%。申报2020年重点项目23个，申报高新技术企业2家（华通机电、腾达模具）。高效完成全国第四次经济普查工作。根据与税务部门衔接统计，全年上缴税收11486万元，超额完成946万元（年初任务为10540万元）。

2019年1—11月，完成上报限额以上社销零36740.4万元，同比增速达8.1%，完成招商引资近3亿元，成功引进一家医疗公司（一脉阳光）、商业管理公司（湖南省清辉商业管理有限公司）落户辖区，社会性事务移交工作步稳推进，对已移交单位的后续工作和正在移交的单位进行实时跟进。

【城市管理】 街道积极争取市区支持，取缔马路市场，对东街的60个棚点全部拆除，51个柜台搬入市场内经营，恢复路面原貌，消除消防安全隐患。每天安排志愿者值守保洁，彻底整治存在27年的"顽疾"，被市区表彰通报。针对小区楼道、主次干道、背街小巷"牛皮癣"巡查及整治常态化，重拳治理"十乱"现象，探索长效管理机制，在个别小区探索设置集中晾晒点，做到疏堵结合。此专项整治活动共取缔规范乱设摊点64个，清理店外经营21处，清理违法广告14处，清除卫生死角131处，清理乱张贴乱涂写182处。全年共规范流动摊贩、占道经营12300余起，其中在辖区范围内组织的大型整治行动90余次，共发放责令整改260余份。

【社会事务】 完成城镇新增就业2622人，通过举办专场招聘会、专业技能培训班等方式，帮助500余名湘电集团转岗、待岗人员实现再就业；为鼓励创业带动就业，对湘潭钢兴装卸公司等单位，分别给予3000~10000元的奖励，完成目标任务的115%；为农村及城镇低保适龄妇女"两癌"免费检查121人，完成目标任务的100.8%。完成孕产妇免费产前筛查249人，完成目标任务的124.5%。完成全市城乡特困供养老人和低保老人家庭适老化改造9户；救治救助贫困重性精神病患者9人；完成开放式垃圾池改造2个；免费为224名新生儿进行遗传代谢病筛查，完成目标任务的121%。街道社工站接受省、市民政部门督导获肯定。市民政局以下摄司社工站"社工+志愿者"服务模式为典型，代表湖南省参加民政部志愿者服务座谈会进行经验介绍。成功创建2019年度省级"打黄扫非"基层示范点（岳塘区唯一）；积极打造2019年湖南省创新创业带动就业示范街道。在岳塘区第十届艺术节开幕式暨庆祝中华人民共和国成立70周年合唱比赛中，街道荣获三等奖。

【项目征拆】 协调解决银瀚广场建设扫尾工作，妥善处置历史遗留问题，促推项目建设。下摄司大桥项目北引线完成51户房屋拆除腾地工作；完成原湘江风光带最后一户曾正明的签约和房屋拆除，为下摄司大桥建设提供施工作业面。铁园社区西城片区（化工厂）棚户区改造项目176户全面清零，并完成房屋倒地；迎东棚户区改造项目已按期签订征收补偿协议。高品质社区项目顺利实施。禾花塘社区省级示范项目总投资966万元，主要是道路路面提质、排水管网整治、增设生态停车位、小区围墙改造和架空管线规整等，顺利完成验收。安居工程正式启动。大唐发电、区住建局、湘电置业、省建三公司投资2000多万元，解放村、中洲村、栗塘村、南国村、和平村近2500户房子进行"改扩翻"，对房屋整修、落水管道更换、外墙粉刷等改造，安居工程正式启动，5栋149户房屋完成改扩翻，提质改造小区2个，近8000人受益。

【社会和谐稳定】 2019年街道分两次集中开展大走访，收集意见和建议，积极回应并解决辖区内居民反映问题。民调获得全市第二、全区第一的历史最好成绩。成功创建"三无街道"（无越级访、无集体访、无重复访）。全年检查生产经营单位147家，下达执法文书109份，下达行政处罚决定书30份，罚款金额共计25480元，全年辖区内未发生重大安全事故。

【重点项目建设】 2019年重点项目4个全部完成。一是银瀚广场项目。建设规模为建筑面积13000平方米总投资7000万元，1—9月份累计已完成投资7000万元，已经完成建设地上地下共3层。二是下摄司小商品市场。建设规模为下摄司邮电路到中州路全程总面积5000平方米、商业面积1250.4平方米，78个商铺，主要经营服饰等商品。总投资2100万元，9月底已经完成整体项目。三是湘电集团技改技措项目。建设规模为购置生产急需的关键设备及必须实施的工艺路线调整。总投资2980万元，购置急需的关键设备及进行工艺路线调整。8月，完成总投资的69%。9月，全面完成。四是电气职院综合改造项目。建设规模为经管学院教学楼，湘电大酒店改造、公寓一栋改翻工程、公寓四栋改翻工程、新能源楼改翻。总投资1500万元，9月完成整体综合改造项目。

（谭嘉欣）

统计资料

湘潭市岳塘区2019年国民经济和社会发展统计公报

岳塘区统计局

2020年3月20日

2019年，是中华人民共和国成立70周年，是岳塘发展史上很不平凡的一年。面对国内外风险挑战明显上升、经济下行压力持续加大的形势，全区坚持以习近平新时代中国特色社会主义思想和党的十九大精神为指导，在市委、市政府和区委的坚强领导下，坚持稳中求进工作总基调，紧扣“四新岳塘”总目标，攻坚克难，砥砺奋进，较好地完成全年各项工作任务。

初步核算，全区地区生产总值590.1亿元，比上年增长7.5%。其中，第一产业增加值6.5亿元，增长2.8%；第二产业增加值313.7亿元，增长7.7%；第三产业增加值269.9亿元，增长7.2%。全区三次产业结构为1.1∶53.2∶45.7，第一、二、三次产业对经济增长的贡献率分别为0.4%、61.1%、38.5%。省实事8项、市实事16项均全面完成或超额完成目标任务。

全年实现农林牧渔业增加值7.3亿元，比上年增长3.3%。其中，农业增加值3.8亿元，增长3.1%；林业增加值0.6亿元，增长9.4%；牧业增加值1.8亿元，下降1.0%；渔业增加值0.3亿元，增长4.7%。

全年粮食种植面积0.9千公顷，比上年下降35.2%；油料种植面积0.2千公顷，增长30.8%；蔬菜种植面积2.1千公顷，下降26.2%。

全年粮食总产量0.7万吨，油量产量300吨，蔬菜产量6.0万吨，肉类产量0.2万吨，禽蛋产量0.1万吨，水产品产量0.10万吨，出栏生猪3.2万头，家禽23.1万羽。

全年新增农田有效灌溉面积590亩，新增节水灌溉面积200亩。开工各类水利工程37处，水利工程投入资金3500万元，完成水利工程土石方4.5万立方米。

全年规模以上工业增加值比上年增长8.4%。在规模以上工业中，非公有制企业增加值增长11.1%，占规模以上工业的比重为46.6%。省级及以上产业园区规模工业增加值增长9.4%，占规模以上工业增加值的比重为64.7%。

全年规模以上工业企业实现利润总额34.2亿元，比上年增长21.7%。

全年全社会建筑业增加值比上年增长3.2%。具有资质等级的总承包和专业承包建筑企业41家，实现利润总额2.2亿元，下降82%。房屋建筑施工面积908.1万平方米，下降12.5%。房屋建筑竣工面积179.8万平方米，下降35.4%。

全年固定资产投资（不含农户）比上年增长12.6%。其中，岳塘区属比上年增长11.6%，高新区增长13.7%，昭山示范区增长14.9%。分投资方向看，产业投资增长33.2%，工业技改投资占产业投资比重的29.9%，高新技术产业投资占产业投资比重的18.3%。

全年房地产开发投资84.7亿元，比上年增长18.6%。其中，住宅投资68.9亿元，增长25.5%。商品房销售面积79.6万平方米，下降6.7%。其中，住宅销售面积74.5万平方米，增长0.9%。商品房销售额55.7亿元，下降3.3%。其中，住宅销售额50亿元，增长4.8%。年末商品房待售面积13.9万平方米，下降37.9%。

全年社会消费品零售总额

122.1亿元，比上年增长10.4%。分经营地看，城镇消费品零售总额116.6亿元，增长10.4%；乡村消费品零售总额5.5亿元，增长11.2%。分消费类型看，商品零售额106.9亿元，增长10.5%；餐饮消费额15.2亿元，增长8.3%。

限额以上法人批发和零售业商品零售额68.2亿元，比上年增长15%。其中，粮油、食品类零售额下降23.2%，服装、鞋帽、针纺织品类下降87.1%，家用电器和音像器材类下降29.2%，汽车类增长13.3%。

全年进出口总额164365万美元，比上年增长25.8%。其中，出口额62501万美元，增长25.3%；进口额101865万美元，增长26.0%。

全年实际利用外资65106万美元，比上年增长12.2%。引进世界500强企业6家，实际到位内资171.1亿元，增长16.8%。

全年接待国内外游客1151.8万人次，比上年增长4.5%。实现国内外旅游总收入135.9亿元。旅游等级区（点）2家，其中国家4A级及以上旅游等级区（点）1家。

全年一般公共预算收入（财政总收入）73.7亿元，比上年下降14.1%。其中，地方收入25.9亿元，下降19.1%。地方收入中，税收收入18.3亿元，下降16.6%；非税收入7.5亿元，下降24.8%。上划“中央、省”收入37.5亿元，下降8.1%；上划市级收入10.3亿元，下降21.0%。全年一般公共预算支出26.6亿元，下降23.8%。其中，一般公共服务、教育、社会保障和就业、医疗卫生分别支出3.5亿元、5.4亿元、2.5亿元、1.6亿元，分别下降19.5%、增长49.1%、下降21.2%、增长34.7%。

年末全区有初中4所，招生946人，在校生2940人，毕业生986人；普通小学23所，招生4400人，在校生20624人，毕业生3173人；幼儿园79所，在园幼儿13054人。小学适龄儿童入学率100%，初中阶段教育毛入学率100%，高中阶段教育毛入学率100%。全年落实义务教育保障资金2668万元，同比增长5.4%。

年末全区有国家级（含部级）重点实验室1家，省级重点实验室5家；省级工程技术研究中心7家；国家级企业技术中心4家，省级企业技术中心5家；国家级双创示范基地1家，省级双创示范基地1家。全年专利申请量1808件，增长5.4%；授权量804件，下降12.2%。其中，发明专利申请量848件，增长29.7%；发明专利授权量97件，下降27.1%。全年共取得省级以上科技成果15项，共签订技术合同126项，技术合同成交金额11.7亿元。高新技术产业增加值307.4亿元，增长6.6%，高新技术产业增加值占GDP的比重为52.1%。

年末全区有艺术表演团体137个，图书馆1个，博物馆1个，群众艺术馆、文化馆1个。有线广播电视用户5460户，年末广播综合人口覆盖率为100%，电视综合人口覆盖率为100%。全年放映农村公益电影550场。

年末全区共有医疗机构353个，其中医院21个，乡镇卫生院2个，社区卫生服务中心（站）12个，诊所（卫生所、医务室）261个，村卫生室54个，疾病预防控制中心1个、卫生监督所2个。全区共有卫生技术人员5155人，比上年增长22.9%，其中，执业（助理）医师1124人，增长13.2%；注册护士2922人，增长6.1%。医疗卫生机构拥有床位4315张。其中，医院拥有床位3645张；乡镇卫生院拥有床位20张。

年末全区有体育场地818个。其中，体育场馆6座，运动场（含体育场、小运动场、田径场房）45个，游泳场馆（池）17个。全区小型全民健身中心2个，新增室外健身路径6个，农民健身工程49个，全区人均健身场地面积3.1平方米。

年末全区户籍总人口35.39万人，常住人口48.02万人。常住人口中，城镇人口45.94万人，农村人口2.08万人，城镇化率95.67%。全年出生人口3416人，出生率8.83‰；死亡人口2588人，死亡率6.69‰；全年自然增长人口828人，人口自然增长率为2.14‰。

全年全区全体居民人均可支配收入39760元，比上年增长8.4%。城镇居民人均可支配收入40084元，增长8.1%；农村居民人均可支配收入33347元，增长8.6%。

全年新增城镇就业15993人。年末参加城镇职工基本养老保险人数31997人，其中参保职工18586人，参保离退休人员13411人。参加城乡居民基本养老保险人数21080人。参加失业保险人数9504人，年末领取失业保险金人数524人。

全区获得政府最低生活保障的城镇居民5359人，发放最低生活保障经费2855.6万元；获得政府最低生活保障的农村居民678人，发放最低生活保障经费295.9万元。年末各类养老机构床位2599张。

全区土地总面积20640.1公顷，年末耕地面积2357.6公顷，批准建设用地132.7公顷，其中区本级29.6公顷，出让国有土地使用权65.8公顷，其中区本级40.3公顷。全区已发现矿种2种，探明资源储量的矿种2种，森林覆盖率10.5%。

全年全区共发生各类生产经营性安全事故18起，死亡16人。

注：

1、本公报数据均为初步统计数，部分数据因四舍五入的原因，存在与分项合计不等情况。今后数据一律以2020年《岳塘区统计年鉴》为准。

2、地区生产总值、各产业增加值绝对数按现价计算，增长速度按不变价计算。

3、交通、邮电、金融、保险及环境等行业未进行统计（市直统）。

荣 誉

先进单位荣誉名录

2019年岳塘区荣获市委、市人民政府以上机关荣誉一览表

表34

序号	单位	称号	授奖单位
1	岳塘区	安全生产工作优秀单位	省委省政府办公厅
2	岳塘区	商务工作先进单位	省商务厅
3	岳塘区	计划生育基层群众自治示范县（市区）	中国计生协会
4	区委统战部	宣传工作先进单位	中国统战杂志社
5	岳塘经开区	2019年度全省商务工作先进园区	湖南省商务厅
6	岳塘经开区	2019年度湖南省优秀物流园区	湖南日报社、湖南省物流与采购联合会
7	岳塘经开区	2019年全国优秀物流园区	中国物流与采购联合会物流园区专业委员会
8	岳塘区社会保险服务中心	省城乡居保经办管理服务工作先进单位	省城乡居民社会养老保险管理服务中心
9	岳塘区信访局	百佳业务规范单位	省信访局
10	书院路街道	全国人力资源社会保障系统优质服务窗口	国家人社部
11	书院路街道	全国计生协会工作先进单位	省计生协会
12	荷塘街道	安全生产工作优秀单位	中共湘潭市委、湘潭市人民政府
13	五里堆街道	文明卫生单位	省爱卫委
14	东坪街道三角坪社区	省级文明卫生单位	省爱卫委
15	建设路街道霞光社区	全国民族团结进步创建示范单位	国家民族事务委员会
16	东坪街道三角坪社区	全国综合减灾示范社区	国家减灾委、国家应急管理部、中央气象局、中国地质局

续表 34

序号	单位	称号	授奖单位
17	宝塔街道	省级文明卫生单位	省爱卫委
18	荷塘街道荷塘村	湖南省文明村	省精神文明建设指导委员会
19	荷塘街道正江村	湖南省卫生村（社区）	省爱卫委
20	建设路街道霞光社区	全国“最美志愿服务”社区	中宣部、中央文明办
21	建设路街道霞光社区	省计生协会工作先进集体	省计生协
22	东坪街道泗神庙社区	省级文明卫生单位	省爱卫委
23	岳塘街道瓦窑塘社区	省级文明卫生单位	省爱卫委

先进个人荣誉名录

2019年岳塘区荣获市委、市人民政府以上先进个人荣誉一览表

表 35

序号	姓名	性别	单位与职务	获奖称号	授奖单位
1	方世平	男	湘潭世平保安服务有限公司董事长	全国模范退役军人	中共中央退役军人事务工作领导小组、中共中央组织部、国家人社部、国家退役军人事务部、中央军委政治工作部
2	宋　伟	男	荷塘街道	最美家庭	全国妇联
3	李　江	女	岳塘区人民法院	维护妇女儿童权益先进个人	全国妇联
4	许艳红	女	岳塘区人民法院	全国优秀法官	最高人民法院
5	罗吉湘	男	岳塘区人民法院	全国法院刑事审判工作先进个人	最高人民法院
6	毛文婷	女	区委办常务副主任	监管工作先进个人	省委办公厅
7	胡海军	男	岳塘区委书记	全民国防教育先进个人	省全民国防教育委员会
8	易素银	女	岳塘区人力资源和社会保障局总经济师	省人力资源社会保障工作先进个人	省人力资源和社会保障厅
9	黄勇宪	男	岳塘交警大队副中队长（民警）	成绩突出民警	省交警总队
10	刘　鹏	男	岳塘交警大队副中队长（民警）	成绩突出民警	省公安厅
11	冯　毅	男	岳塘交警大队	成绩突出辅警	省公安厅
12	赵秋纯	男	岳塘交警大队	优秀学员	省交警总队
13	冯　聪	女	东坪街道泗神庙社区党总支书记	市优秀社会工作人才	市委、市政府
14	陈伟义	女	湘潭发展投资有限公司党委书记董事长	“创建全国文明城市”突出贡献个人	市委、市政府

荣获市级以上劳模荣誉一览表

表36

姓　名	出生日期	劳模类型	所获荣誉名称	获荣时间	就业情况	工作单位	职务
连洪军	1970年1月13日	省部劳模	湖南省劳动模范	2010年12月1日	在职	湘潭市装卸公司	工人
康建君	1962年5月11日	省部劳模	湖南省劳动模范	1995年4月30日	其他	自由职业	无
刘双军	1966年3月4日	省部劳模	湖南省劳动模范	2015年4月30日	其他	自谋职业	无
沈　旭	1983年5月6日	省部劳模	湖南省劳动模范	2015年4月30日	在职	九城集团湘潭宝盛	钣喷主管
彭　刚	1963年10月2日	省部劳模	湖南省为民办实事先进工作者	2016年1月7日	在职	岳塘区人社局	副局长
王林涛	1967年9月18日	省部劳模	湖南省优秀乡镇（街道）党（工）委书记	2017年3月16日	在职	岳塘区人民政府	党组成员副区长
马跃韩	1968年10月25日	省部劳模	湖南省劳动模范	2016年1月7日	在职	岳塘区市场监督管理局	工会主席
冯友根	1962年7月4日	市级劳模	湘潭市劳动模范	2000年4月24日	在职	盘龙集团公司	董事长
罗建宏	1975年1月21日	市级劳模	湘潭市劳动模范	2017年4月28日	在职	岳塘区市容环境卫生管理所	副队长
尹玉英	1968年9月12日	市级劳模	湘潭市先进工作者	2017年4月28日	在职	岳塘区下摄司街道禾花塘社区	党总支书记

文件选编

突出加强分类指导 精准推进主题教育

——关于“不忘初心、牢记使命”主题教育的调研报告

中共岳塘区委书记　胡海军

（2019年10月）

习近平总书记在中央主题教育工作会议上对开展主题教育的重大意义作深刻阐述，强调开展主题教育是用新时代中国特色社会主义思想武装全党的迫切需要，是推进新时代党的建设的迫切需要，是保持党同人民群众血肉联系的迫切需要，是实现党的十九大确定的目标任务的迫切需要。第二批主题教育层级下移，参加的单位和人员范围广、类型多、数量大，同群众的联系更直接，面对的矛盾问题更复杂，群众期待解决的问题更具体，对加强党员干部理想信念，更好践行根本宗旨是一次精神大洗礼、作风大检阅、能力大提升，意义重大。

主题教育任务重、时间紧，要实现有力有序推进，就必须坚持从实际出发，优化组织统筹，注重分级分类指导。为此，我在实际工作中，注重从三个方面出发，从中发现问题，找寻方法：一是注重抓实政治学习。广泛通过个人自学、集中学习、研讨交流等方式原原本本学习《习近平关于“不忘初心、牢记使命”重要论述选编》等重要政治文献，从总书记的讲话精神中汲取养分、启迪智慧。同时，我多次主持召开区委主题教育工作专题会议，认真领学习近平总书记系列重要讲话精神，传达学习党中央、省委、市委的工作要求和部署，进一步明职责、强举措、抓调度。二是注重做好走访调研。9月18日以来，我先后用5天时间，对葩金社区、金耐社区、岳塘岭社区、禾花塘等社区，滴水湖学校，以及正方体医药等非公经济组织开展调查研究，组织老干部代表、村（社区）负责人、区委常委和部分区直部门单位负责人、区委主题教育各督导小组组长、街道党工委书记、国有企业和平台主要负责人进行调研座谈，重点就“区委怎么抓，基层怎么做”认真听取意见建议，广纳良言、广聚群智，并着重要求要提升政治站位，以检视整改问题为重点，用心抓实主题教育。三是注重紧密联系实际。不论是对自身，还是对各级党委（党组）班子和普通党员干部，我始终要求做到坚持把抓主题教育与实际工作高度融合，带着对问题的检视和改进、带着对发展的思考与担当来抓，真正把主题教育活动的出发点和落脚点放在促进岳塘经济社会高质量发展，提升群众满意度上来。

通过以上途径，我注意到在推动主题教育工作中还存在一些需要改进的地方：一是组织统筹缺乏计划，一些单位组织安排工作的计划性不强，统筹协调做得不够好，存在“手忙脚乱”的现象。二是结合实际缺乏严谨，有的部门单位还存在把主题教育当成一项日常工作在抓，在学以致用、知行合一上存在差距。三是督查指导缺乏精准，个别督导组对督导什么、指导什么不是特别明确，还存在不敢督、不会督的现象，还不擅于在督导中抓重点、抓关键。

根据调研，本人认为今后的主题教育岳塘要注重加强分类指导，从三个方面精准发力，推动主题教育见实见效。

1.把握全局要求，坚持对标对表。关键要提高政治站位，深化思想认识，加强组织领导，紧扣总要求和目标任务，对标对表落实中央、省委、市委决策部署，通过牢抓关键少数、突出率先示范，把主题教育聚焦到“守初心、担使命、找差距、抓落实”上来，聚焦到“理论学习、政治洗礼、担当作为、为民服务、清正廉洁”上来，以高度的政治自觉、思想自觉和行动自

觉学习贯彻落实习近平新时代中国特色社会主义思想，做到理论学习有收获、思想政治受洗礼、干事创业敢担当、为民服务解难题、清正廉洁树口碑。

2. 把握岳塘实际，坚持争先创优。近年来，在内外诸多复杂因素叠加的情况下，岳塘区经济社会发展仍然保持良好的态势，但离中央及省市的要求，离人民群众的期盼还有差距。要将主题教育的各项要求融入项目建设、群众工作、民生改善等工作的方方面面，在坚持深入基层、深入群众，认真研究岳塘实际情况，谋划对策举措，更好地在基层一线中破解难题、打开局面上下功夫，坚决整治形式主义、官僚主义，雷厉风行，见底见效解决问题，推动广大党员干部强化争先创优意识，带头创造一流业绩。真正通过抓实主题教育，让广大党员干部牢记为民谋福祉的初心，担当促进岳塘高质量发展的使命。

3. 把握类别特点，坚持分类指导。要坚持从实际出发，针对不同层次、不同领域、不同类型单位特点，加强分类推进的针对性、精准度。

区直机关要先学先行。区直机关单位，特别是常委部门，党员多特别是领导干部多，工作的要求和标准都要更高更严，突出示范性。一是要学在先，对习近平新时代中国特色社会主义思想，要结合本单位的工作特点，有针对性、重点性地开展学习，最大程度的提高学习效率，做到学习既有广度，又有维度，更有深度。二是要懂在先，通过学原著、悟原理，加深对习近平新时代中国特色社会主义思想和党中央大政方针的理解和把握，不断强化政治教育、思想教育、方法教育，增强贯彻落实的自觉性和坚定性。三是要行在先，坚持调研在先，查找问题在先，执行落实在先，做到学与做高度结合，查和改齐同并进。

基层单位要落细落实。街道、村（社区）与群众联系最直接、服务最具体，要开展好主题教育，关键在于认真走好群众路线，重点围绕乡村振兴、脱贫攻坚、服务群众等工作，深入项目一线、深入社区楼栋，访民情、问民意、集民智，查找在服务群众方式方法、能力水平上的差距，找到解决问题的途径，着力解决基层工作中存在的重点问题、遗留问题，以及老百姓普遍关心的热点问题，用主题教育的实绩实效打通基层党组织和党员干部服务群众的“最后一公里”，提高群众的获得感与满意度。街道主要负责同志要带头做好主题教育与重点工作结合的文章，科学统筹、有保有压地统筹好时间、经费、保障等要素，认真抓好队伍建设、基层党建、经济发展等本职工作，抓好创文创卫、脱贫攻坚、征地拆迁等中心工作，抓好政治安全、安全生产、法治建设等底线工作。

行业组织要实事求是。教育、卫健行业专业性强、业务性强，系统较庞大，党员数量较多。在具体实践中，要突出工作特色和工作重点，立足办人民满意的教育和促进群众身心健康的目标任务，根据行业工作特点进行科学安排，实事求是地进行要求部署。要紧紧围绕“守初心、担使命、找差距、抓落实”的总要求，实事求是地优化工作方式方法，精心策划，做到工作有计划、有氛围、有统筹、有实效。

国企平台要强本强标。国有企业、平台是国民经济发展的中坚力量，掌握更多的资源，肩负重大的发展责任。要紧密结合其性质特点，通过主题教育，不断强化党的领导，增强政治导向、问题导向、发展导向和执行导向，以建立健全现代企业制度为目标，在制度建设、作风建设、纪律建设等方面持续强化，更加坚决有力执行党委的决策部署，增强对发展的责任担当。

“两新”组织要普及触及。两新组织党员流动性较强，党员管理难度更大，党建工作基础相对薄弱。在工作推进中，要以“触及灵魂、触及实效”为工作标准和要求，对于专业性较强的单位、非公企业等基层党组织，既要注重抓好全覆盖，又要注重切合实际，突出重点任务，明确具体要求、具体措施。同时，要注重将主题教育与企业发展紧密结合，通过抓实“三员”的教育和培训工作，把党员组织起来，把党的工作开展起来，以党建带动经济建设，以主题教育的实效推动经济发展。

指导督导要严抓严督。推动主题教育往深里走，必须充分发挥督导组的作用，把“高标准严要求”贯穿始终，在学习教育、调查研究、检视问题、整改落实的全过程，要久久为功、真抓实改，真正让群众切实感受到主题教育带来的新变化新成效。一是要严格检视整改。主题教育开展单位要发扬刀刃向内的自我革命精神，自觉把自己摆进去，对照党章党规，对照初心使命，深刻检视剖析问题，是什么说什么，有什么查什么，哪方面问题突出就重点查，确保问题找准找实。对查找出来的问题提出解决对策，制定整改措施，全面立行立改。督查工作要坚持实事求是，着重聚焦检视问题，做到见人见事，增强工作的针对性。二是要严格督查指导。督导组要提高认识、摆正位置，切实履责，通过随机抽查、调研访谈等方式，掌握各部门单位主题教育开展情况，鞭策落实；要突出分类指导，把控任务节点，把关工作标准；要敢抓敢管、严抓严管、勤抓勤管，严明工作纪律，对主题教育中组织不力、敷衍塞责、效果不好的单位，要严肃批评、坚决纠正。同时，督导组成员要主动加强学习，严明纪律，做好清正廉洁的表率。

如何推动“首善之区”文化亮起来、强起来？

——关于加快岳塘区文化繁荣发展的调查与思考

岳塘区人民政府区长　陈爱民

（2019年10月）

文化是一个地区软实力的重要组成部分。中华民族伟大复兴已经到“强起来”的阶段，这个“强”自然包括文化“强”。“四个自信”中文化自信是最基本的自信，坚持文化自信最重要的一点就是要通过加快发展文化事业、文化产业，使文化真正亮起来、强起来，如此，文化自信才有坚实的内容。岳塘作为湘潭的城市中心区，近几年经济社会发展取得长足进步，已成为湘潭经济发展的十分重要的板块，作为“首善之区”的内涵正在不断丰富，但科学、全面、系统来看，文化的发展还相对滞后。近日，我对全区文化发展进行一些调研，结合平日思考，形成一些粗浅的认识。

一、岳塘区文化发展的基础和特点

推动文化和经济发展更紧密结合，是岳塘区转型发展升级的重要途径。近年来，岳塘区积极以文化为主导，下好文化、旅游、广电、体育融合发展“一盘棋”，为“四新岳塘”建设增加文化底蕴、强化文化力量。

1. 文化发展基础日臻完善。目前，全区已有街道综合文化站9个，社区文化服务中心45个，村级文化活动室16个，文化信息共享工程点55个，农家书屋16个，文体广场、公园70个，区级公共图书馆1个，文化馆1个，区全民健身中心1个，辖区内影剧院7个，公益电影固定放映点3个。各街道、村（社区）平均每年开展群众文化活动60余场次。通过去年建设，争配，形成较为完善的区、街道、社区（村）三级文化基础设施网络。

2. 公共文化投入不断增加。全区建立以政府投入为主、社会多渠道投入为辅的文化服务投入机制。自2013年，区财政每年设立文化事业发展引导资金和文化产业发展引导资金各100万元。从2016年开始，每年设立原创节目奖10万元。各街道每年预算安排公共文化服务体系建设专项经费人均不低于10元，文化活动经费不低于人均5元。2015至2018年，全区文化事业经费投入超过1亿元，公共文化阵地换新貌。区文化馆面积达到3500平方米，被评为国家“一级文化馆”。建立文化信息工程岳塘支中心。下摄司街道综合文化站被评定为国家一级文化站。总投资2253万元的岳塘区人民剧院年内即将投入使用。2018年，岳塘区成为湘潭市唯一的全省现代公共文化服务体系示范区（全省共15个）。

3. 公共文化推进机制逐步健全。近年来，全区以“基层群众文艺团队建设保障和管理机制研究”作为课题进行专题研究，形成一有针对性、可供参考课题成果。同时，修订完善《湘潭市岳墉区“十三五”文发展规划》《关于加快构建现代公共文化服务体系实施案》《岳塘区创建省级现代公共文化服务体系示范区实施方案》《关于推进基层综合性文化服务中心建设的实施方案》《岳塘区现代公共文化服务体系建设管理标准化手册》《岳塘区公共文化服务一本通》《岳墉区基层文化活动中心管理办法》《岳塘区文化志愿者网格化管理制度》《岳塘区业余文艺团队管理扶持办法》《原创节目奖励办法》等政策、措施，政策引导转化成果取得明显实效。

4. 文化服务水平显著提升。通过政府购买服务方式，全区舞蹈、书画、器乐、声乐、跆拳道等5个专业培训服务已延伸到村、社区，定点定时面向全区群众开展公益性的长期免费培训，累计参加学习培训的人数突破5000人次。同时全区打造群众非常喜爱的以“周周乐”为代表的广场文化品牌、以“情满岳塘”为代表的惠民文化品牌、以“文化艺术节”为代表的综合文化品牌、以“广场舞”为代表的大众文化品牌、以“同元育”为代表的民俗文化品牌。全区开展“非遗进校园”“戏曲进校园”等系列活动，“欢乐潇湘”大型群众文艺会演、“我的中国梦·唱响岳塘”等文体活动深受群众追捧。近两年，邀请湖南省交响乐团、湖南省歌舞剧团、湖南省歌舞剧院合唱团来岳塘举办20余场“高雅艺术进机关、进学校、进企业、进社区、进乡村”惠民演出。“周周乐”五年来共演出120余场，被评为湖南省项目类“三湘群星奖”。“结对子·种文化”文化志愿者牵手活动被评为省级文化志愿服务优秀项目奖。“闹元宵”活动连续四年被评为全国民族传统推广优秀奖。

5. 文化产业实力持续加强。2018年，岳塘区文化及相关产业实现增加值28.4亿元，同比增长19%，高于同期地区生产总值增速11.3个百分点，占地区生产总值比重达5.4%。目前全区有规模以上文化企业28家，规模以下经营性文化企业300余家，已形成由娱乐业、演出业、网络文化业、文化旅游业、文化传媒、出版发行、广告会展等构成的文化产业体系。新兴产业崭露头角，网络媒体、多媒体广播影视、数字娱乐等新业态方兴未艾。辖区市级文化平台引领文化发展新模式，湘潭日报社推动全媒体集群建设，着力打造掌上湘潭——湘潭在线手机新闻客户端、微信公众号；湘潭广电完成湘潭传媒网的升级改造，实现线上线下互动。今年，成立岳塘区融媒体中心，引导和促进传统媒体与新兴媒体融合发展。岳塘手机报实现全区手机覆盖。

6. 文化品牌建设取得突破。自2017年盘龙大观园成功举办第十四届中国杜鹃花展以来，着力打造杜鹃花节这一在全国、全省有影响力的特色文化展览品牌。在2019年中国北京世界园艺博览会上，由盘龙园林绿化有限公司负责的湖南馆获得北京世园会组委会特等奖，打造独具特色的园艺博览品牌。盘龙大观园品牌促进全区文化旅游融合发展，2018年实现等级景区旅游总收入1.16亿元，景区国内旅游人数达到168万人次。湘潭市体育中心先后承办省第六届运动会和省第十一届运动会等体育盛会，已成为承接全国大型赛事的体育运动基地，打造公共体育和健身产业品牌。

7. 文化历史资源绽放活力。辖区现有高峰塔、东坪古镇、宝塔公园、荫梓屋场、霞城书院等历史文物古迹，拥有省级非物质文化遗产“湘潭花鼓戏”“荷塘火龙”“张新发槟榔”，市级非物质文化遗产“彩纸折叠”，这些古建筑、古文化资源在传承全市、全区文化产业上，充分发挥着重要的作用。今年，为进一步提高人民群众非物质文化遗产保护意识，传承、弘扬中华优秀传统文化，全区开展“灯芯糕”、“刘天霁黑药”、“湘潭火龙舞”、油鼓舞等非遗项目进校园活动，上万学生们在感知、体验中了解到湘潭本地这种悠远古老的传统文化，得到艺术的熏陶和美的享受。

综上所述，岳塘区的文化发展方兴未艾，势头良好，基础建设不断完善，文化活动异彩纷呈，文化品牌不断擦亮，文化产业不断巩固提升，总之，岳塘文化的加快发展和繁荣具备较强的“加速度”，区域的发展优势基本形成。

二、岳塘区文化发展存在的困难和短板

从纵向看来，近些年岳塘区文化与过去相比有较大发展，品质提升较快，但从横向来看，无论与长株地区同类城区或是其他地级市城区相比，文化产业和文化市场还存在不同程度的差距，短板也很明显。全区文化发展的主要困难和不足有：

1.视野不宽、思考不深。一是全区各级各部门，特别是个别干部对抓文化发展的重要性和紧迫性缺乏深入认识，没有深刻认识到让文化软实力“硬起来”的重要性，没有认识到文化是加快经济转型、调整产业结构、带动三产发展、解决劳动力就业的重要途径。在政绩观上普遍存在重经济、轻文化的偏差。二是缺少大局胸怀和联动看问题的本事，视野和思路都比较片面，没有把文化发展放在促进岳塘经济社会高质量发展的全局中来整体考虑、系统谋划。三是文化发展理念理解过于局限，发展文化就盯着几场文化活动、几个文化企业、几处产业点，没有树立“大文化”发展理念，对形势、政策、方向把握不准、不全、不透，没有紧扣时代脉搏，抢抓机遇，没有跳出岳塘看岳塘。

2.资源散布、缺乏统筹。一是全区文化产业发展缺乏科学的顶层设计，文化产业规划仍处在初步阶段，导致文化符号、文化资源、文化遗产等多且分布零散，缺少经营性、开发性整合。二是辖区内企业、高校、政府、群众各自为政，没有形成发展合力，是“九龙治水”。对产业的发展定位仍属粗线条，导致有实力、有想法的企业找不到发力的方向。三是文化事业和文化产业发展两条线，没有实现“互补互增互促进”的良性循环局面。如岳塘区“欢乐潇湘”“周周乐”、“广场舞比赛”等有较大影响的群众文化活动品牌市场化严重不足。

3.亮点不多，竞争不强。一是存在文化企业“软小”问题。全区文化产业企业年营业收入过千万元的只有14家，个别文产企业规模小，营业收入少，甚至有2家企业面临今年年底不达标退库的困境。二是全区文化企业主要集中在报纸出版、影视制作业、文化会展和活动服务、广告服务、游览景区管理等传统文化产业，没有形成文化产业发展产业链，特别是与数字化结合紧密的智能型文化产业还没有。三是辖区内几乎没有规模大、专业化、产业链完整的龙头企业，缺少文化领域的战略投资者和骨干企业。四是文化企业的自主创新能力不高、核心竞争力不足，缺乏内涵深刻、风格独特、形式新颖、技术先进的文化品牌，企业参与市场竞争的水平、能力偏弱。

4.政策较散、保障偏弱。一是近年来，虽然中央、省、市、区都出台一系列扶持文化产业发展的政策措施，但总体看来缺乏梳理，全区没有真正形成系统的、完整的、全面的政策体系。出台扶持政策存在向规模以上文化企业倾斜，对微小文化企业扶持偏弱的现象。二是现有的政策保障力度不够，虽然岳塘区财政每年安排100万元用于文化建设的投入，但由于基础差、底子薄，财政投入的增长与文化繁荣发展的需求之间仍有不小差距，对文化投入总量仍显不足。三是人才培养和激励保障机制亟待加强。缺少完善的人才管理机制来保证专业人才能够引得进、留得住、用得好，导致企业“干文化”没有底气，政府“管文化”没有锐气和闯劲。

5.模式陈旧、创新欠缺。总体上，全区缺少文化品牌的战略策划和运作，文化资源挖掘、整合、培育、打造的力度不够；对文化资源的保护利用意识不足，缺乏开发和利用优秀传统文化、开展文化旅游项目的能力。现有文化旅游资源仍只停留在景点开发、收取门票的浅层次方面。

6.精力分散、没有拼劲。干部抓文化产业没有集中精力，形成合力，缺乏肯钻研的拼劲和韧劲，还存在等要靠思想，工作不主动，尤其是园区和金融商务区等在文化产业一线的干部，缺乏对市场与时代变迁的认知，导致思维不清、目标不明，没有握紧拳头，东一榔头、西一棒槌。

三、岳塘文化高质量发展的路径和方略

在文化发展迎来新机遇的历史背景下，如何实现“首善之区”文化亮起来、强起来，如何把文化繁荣发展转变为全区高质量发展的重要抓手，就需要全面贯彻落实好习近平总书记系列重要讲话精神，构建体现时代发展趋势、适应市场经济要求、符合文化发展规律、具有岳塘本土特色的现代文化产业体系和公共文化服务体系，为“四新岳塘”建设提供强大的精神动力和文化支撑。

1.理清文化资源，做到科学规划、实现因地制宜。一是完善领导机制。完善文化产业发展领导小组，总揽全区文化产业推进工作，宏观指导文化产业发展。二是注重科学规划。围绕岳塘“首善之区”定位和“四新岳塘”建设目标，立足实际，科学创新，制定好区“十四五”文化发展规划，找准文化发

展的路径、抓手，突破点和着力点，优化岳塘区文化发展的顶层设计。三是进一步摸清家底。充分利用第四次经济普查结果，全面梳理文化发展现状。四是共谋发展大计。组织开展文化企业大走访、文化产业发展大讨论等系列活动，为文化发展把脉问诊、献言献策。五是推进文化市场管理。培育发展文化市场中介机构和行业组织，促进行业自律和自我服务，形成有利于企业公平竞争、资源优化配置的文化市场运行机制。

2.明晰产业路径，做到统筹推进、实现点面结合。一是以“一园”为中心，打造生态旅游产业区。即：以盘龙示范园为代表，加快发展包括昭山、盘龙大观园、红旗水库、法华山等在内的“绿心”区域，以大健康、休闲旅游、文化创意为主导产业，创建国家级生态文明示范区、国家级文化产业园和国家级旅游度假区。二是以“一带”为重点，打造文化创意产业区，即以滨江经济带为重点，充分利用岳塘经开区内商贾聚集的优势，着力建设长株潭文化创意产业园，重点谋划以竹埠港滨江商务区工业遗址公园建设项目为依托的文化创意产业。三是以“一区”为核心，打造文化产业一条街，即以湘潭金融商务区为核心，把宝塔北路布艺一条街转型升级，打造成长株潭及湖南地区较具名气的集艺术品、影视、图书、特色文化、非遗文化、休闲娱乐六大主体功能于一体的高端文化产业街区。四是以“一圈”为突破，抢占文化产业高地，即以市政中心周边成熟商圈为平台，针对文化产业发展新趋势，引导大数据与文化产业融合发展，特别在信息服务、数字出版、创意设计、数字传媒、移动互联网等方面抢占制高点，增强文化企业核心竞争力。

3.丰富文化载体，做到紧跟时代，实现共建共享。一是统筹推进公共文化服务均衡发展。把公共文化服务体系建设与“大美湘潭”“品质岳塘”“美丽乡村”建设等有机结合起来，统筹城乡公共文化设施布局、服务提供、队伍建设、资金保障，均衡配置公共文化资源。二是增强公共文化服务发展动力。积极举办文化艺术展会，繁荣文化艺术品市场，提高群众文化欣赏水平。促进公共文化服务提供主体和提供方式多元化，采取政府购买、项目补贴、定向资助、贷款贴息等政策措施，支持包括文化企业在内的社会各类文化机构参与提供公共文化服务。三是提升公共文化服务效能。完善公共文化设施免费开放的保障机制。深入推进公共图书馆、文化馆、区文体活动中心等免费开放工作，大型体育场馆（体育场、体育馆、游泳馆）免费或低收费向社会开放。鼓励本土文化艺术工作者从现实生活中采集素材，创作地方特色浓郁、人民群众喜闻乐见的文化产品。加强戏曲等优秀文化艺术的普及推广工作。四是推进传统文化传承与发展。挖掘湖湘文化、岳塘文化精华，建立传统文化传承和发展体系。精心打造“岳塘之光”讲坛，开设“文化大讲堂”课堂，广泛开展“伟人故里、大美湘潭、魅力岳塘”文艺创作活动，深入宣传岳塘地域文化。

4.健全文化保障，做到放水养鱼，实现创新发展。一是加强政策保障。把文化发展同其他产业发展共同研究部署，在现有的财力条件下，完善在文化领域的扶持政策，充分发挥财政资金的引导作用和带动作用，着力培育形成一批有比较优势、有竞争实力的大型文化企业和企业集团，实现文化产业发展新的突破。二是加大金融支持力度。利用银政企洽谈会等平台，在金融机构与文化产业企业之间搭建交流对接、投资融资、共同发展的桥梁。三是加强人才队伍建设。通过培养和引进等方式，打造一批高素质、复合型的文化创作人才和经营管理人才队伍，为文化产业和文化市场的发展提供强大的智力支持。四是做好“文化+旅游”文章。做强现有非遗文化资源，谋划推进非遗产业性创造转化和特色乡村旅游。充分利用岳塘区旅游“绿色”（“绿心”自然生态资源）、“古色”（古建筑、古文化资源）、“彩色”（现代商贸旅游资源），谋划全域旅游的文化产业链。五是加强文化产业项目建设。着力推进岳塘大剧院、湘江风光带（岳塘段）、中国湘菜文化博览园、盘龙生态小镇等项目建设，加快盘龙大观园创建国家AAAAA级旅游景区进度，打造长株潭文化旅游目的地。

关于依托岳塘经开区建设湖南省特色优质农产品国际贸易平台的报告

中共岳塘区委副书记　郭　勇

（2019年10月）

国际贸易平台被认为是提升区域国际化水平的一个重大举措。借助国际贸易平台检验和提升我省农产品市场竞争力，大力拓展农产品国内外市场空间，是落实习近平总书记对湖南发展的“三个着力”指示的一个重大举措。按照省委主题教育的要求，立足自身工作实际，结合到岳塘任职三年来，赴浙江义乌、云南昆明螺蛳湾、山东临沂、深圳华南城、上海农贸市场、广州万国商品城和省内长沙高桥、红星、海吉星、金桥、高岭等市场的调研积累，通过与岳塘经开区班子成员和园区内怡亚通、步步高、盘龙集团、玮鸿冷链、中弘公司、众悦智慧等骨干企业负责人的多次交流，以及听取归纳省内外专家的意见，并综合向省市领导与发改、农业农村、商务、供销社等部门的对接汇报情况，形成此调研报告。现将有关情况报告如下：

一、建设湖南特色优质农产品国际贸易平台是新时代农业发展的重大创新

湖南特色优质农产品国际贸易平台（简称平台），以搭平台、聚资源、拓渠道、优生产、强产业为发展理念，以特色优质农产品交易为主营业务，以超市、专卖店、社区店、连锁店、批发商等为主要客

户，以“互联网+”为科技创新手段，聚集123个县市区供货资源，突破线下交易的时间限制，打造货源稳定、产品优质、成本降低、信用良好等独特优势，形成农产品全时段全产业供应链体系。致力于探索一个“省域特色优质农产品集成交易和一体化服务+农产品智慧冷链物流服务中心+农产品大数据中心”为主要特征的农业现代化新模式。

1.是有效利用湖南自然禀赋的新途径。湖南农业生产存在耕地面积少、水资源少、自然灾害多、农业劳动力短缺等多种自然禀赋缺陷。特别是2018年湖南省人均耕地面积1.28亩，比全国人均耕地面积少2.23亩，比湖北省少1.19亩，是中部六省面积最少的。农业劳动力显现老龄化，在2016年湖南省的农村常住人口中，50岁以上的占比为32%，20~29岁的占比不到30%。以上自然禀赋的紧约束凸显当下湖南农业的弱生产性。贯彻落实习近平总书记指出的消费引领生产的要求，以湖南省特色优质农产品国际贸易平台为引领，带动全省农产品研发、生产、加工、展览展示、贸易流通、仓储物流等产业环节的一体化，就可以实现产业链规模化、集约化、信息化、智能化和产业化，从而促进耕地和水资源的有效利用、产业承载能力的提升与劳动力不足等问题矛盾的解决。

2.是有效应对激烈国际竞争的新举措。面对当前复杂的全球贸易形势，农产品已成为国际贸易战的主战场。自2018年中美贸易争端开始，直接涉及的农产品包括美国对中国出口的大豆、猪肉、水果、蔬菜、坚果以及水产品等，给国内特别是湖南农产品提供更多的可替代性机会。但是基于国外农产品生产加工规模化、国际化、信息化与智能化水平均高于我国，未来我国的农产品能否在国内替代进口农产品，这就需要通过构建全省总部性贸易平台牵头提升农产品竞争力。而湖南农业多年来的大而不强、农产品多而不精，与缺乏一个统一的特色农产品集中贸易平台的引领不无关系。

3.是有效深化农业农村改革的新抓手。习近平总书记要求湖南着力推进供给侧结构性改革。随着全球经济一体化的加快和国内居民收入水平的提升，人民群众对农产品质量要求明显提升。但由于长期以来管农产品国内外贸易的部门不管生产、管生产的部门不直接管贸易，导致国内农产品的竞争力难以提升。由农业农村部门牵头，以123个县市区为基本单元进行市场空间布局、建立湖南省特色优质农产品国际贸易平台，既确保全省123个县市区特色农产品都能长效集中展示和交易，又能确保通过相对集中的贸易效果比较，激励各县市区持续加大对本县市区农产品质量和竞争力的关注力度，实现政府对农业与三次产业融合的有效调控，从而达到深化农业供给侧结构性改革的目的。相对于以农产品行业业态进行空间分布的现有传统国内农贸市场而言，以县市区为基本单元进行市场布局是全国少有的。

二、湖南特色优质农产品国际贸易平台稳步推进的发展态势正在形成

今年以来，在省委、省政府的关心指导与市委市政府的推动支持下，岳塘区委、区政府认真学习贯彻习近平新时代中国特色社会主义思想，以落实习近平总书记对湖南工作的“三个着力”为主攻方向，依托岳塘经开区，以中部岳塘国际商贸城为主载体，以深圳怡亚通、步步高、58科创和金阳果蔬批发市场、九华综保区等知名企业和园区为支撑，全力打造集展览展示、交易赋能、精准扶贫、对外交流、智慧运营、论坛研讨等功能于一体的湖南特色优质农产品国际贸易平台，稳步推进态势正在形成，并呈现出五大特点：

1.平台基本功能已定位。省内123个县市区，每个县市区配备100平方米左右的标准展位，设在中部岳塘国际商贸城20万平方米的农产品展示区；水果果蔬水产品设在金阳城江南果蔬大市场近10万平方米水果交易展示区。一是展览展示平台：利用省内123个县市区展位和互联网的互动，实现线上全景展示与线下实景互动融合。同时针对国外客商配套展示需求，平台也储备将近2万平方米的外商展览展示区。二是交易赋能平台：平台提供结算、溯源、仓储物流、资金流通以及产品研发、标准制定、品质检测、创新创业孵化培训、乡村文化和观光休闲旅游。三是精准扶贫平台：通过做大做强省内123个县特色农产品集中化展示贸易集散平台，加速各县市区农业产业链的提质升级，从而带动当地的产业扶贫工作，实现“卖多少种多少，种多少卖多少”。四是对外交流平台：通过定期收集国外对湖南农产品的需求，组织县市区到目标国开展对外经贸活动，提升湖南的国际影响力；同时，在平台定期开展对外经贸活动，巩固本土农产品的影响力。五是智慧运营平台：以5G网络建设为引领，建设岳塘国际商贸城智慧商贸展示中心，整合电商与科研院所资源，形成完善的湖南省农产品大数据中心，实现湖南省特色农产品的线上线下智慧运营。六是论坛研讨平台：在举行开幕式的基础上每年定期举办5~6场具有国际影响的合作论坛或研讨会。同时，举办省内重大农业经贸合作签约。

2.平台主要载体已明确。以企业主导、政府引导的方式，集中建设十大中心，吸引全省各县域特色农产品经营者入驻。一是大数据中心。以中部岳塘国际商贸城智慧商贸展示中心为基础，实现湖南省特色优质农产品贸易全产业链数据的采集、存储、处理、分析及应用。二是展贸集采中心。以中部岳塘国际商贸城20万平方米的农产品展示区为基础，形成以全省特色农产品产品展示、洽谈、接单和跨境电子商务于一体，为各级渠道商和终端店主提供展贸集采的服务平台。三是仓储物流中心。以湖南省长株潭仓储物流园、岳塘国际商贸城智

慧物流园、金阳城江南果蔬大市场、步步高云通物流、怡亚通（湘潭）供应链整合基地、玮鸿冷链物流以及湘潭市卓达智慧物流公共服务有限公司等为基础，形成现代化的辐射全国、面向国际的农产品集散分拨中心。四是金融结算中心。以怡亚通（湘潭）供应链整合基地、湖南淼峰科技为基础，为平台上的金融机构、企业和个人提供及时快捷的支付、结算服务。五是电商孵化中心。以岳塘购电商大楼、58众创·乡村振兴创业园等为基础，整合区域内外电商资源，培育电商应用生态。六是会务会展中心。在岳塘经开区内规划建设国际会展中心，提供农产品国际会展服务。七是标准认证中心。依托中国湘菜标准研究院，组织开展湖南农产品标准化研究，实施质量认证。八是研究培训中心。以58众创·乡村振兴创业园为依托，构建农产品贸易全链条人才培养及输送机制。九是检验检测溯源中心。以湖南省农产品质量安全中心为主体，合作打造完善的农产品质量安全检验检测溯源体系。十是加工制造中心。以岳塘经开区周边的天易示范园、湘潭经开区、湘潭综保区等为依托，进行农产品深加工、再加工与精包装。

3.平台运营网络已基本形成。一是平台运营公司已组建到位。由五江集团牵头组建的湖南众悦智慧农业发展有限公司，于2019年9月18日正式成立。2019年9月24号，在中部岳塘国际商贸城智慧商贸展示中心，协助湖南省绿色食品办公室举办农产品地理标志保护工程及绿色食品品牌建设推进会，有13家绿色食品企业与平台签订入驻协议；同时，平台与省绿办主管的湖南省绿色食品协会签订战略合作协议，由绿协引荐湖南省内相关绿色食品企业积极入驻并为产品质量把关；与永顺县基本达成协议，将于2019年11月建成平台第一个深度贫困县特色农产品展示馆，帮助其销售猕猴桃等农产品。同时，湘潭市5个县市区特色馆已初步建成。二是主体销售资源已摸清。依托省绿色食品办公室对全省3944个“三品一标”产品、1509个企业，特别是对其中2150个无公害农产品、1476个绿色食品、248个有机食品、70个农产品地理标志所属县市区及其生产基地和产量已基本摸清。三是主体销售公司正拓展。深圳怡亚通、湘潭市发展投与新中弘公司已达成合作协议，将通过怡亚通380项目在全国的300多个平台和150多万家涵盖线上线下的渠道终端销售平台农产品。四是自营网络平台已运行。以中部岳塘国际商贸城为投资主体开发建设的岳塘购目前已经服务2200多家企业，湘商优购已经发展200多个社区团购群、提供点和20多家加盟店，集采通目前已完成100余家行业集采客户。

4.平台要素保障已基本到位。一是区位交通优越。明末清初至民国，湘潭开始成为湖南境内的商贸中心。民国以后，长沙逐渐形成新的商贸中心。现随着长沙城市极化效应的影响和长株潭交通条件的改善，湘潭特别是岳塘的商贸区位又开始凸显。平台所处的岳塘经开区位于长株潭三市几何中心，区域内已初步形成高速公路、铁路货运、高铁、城际轻轨、机场、水运港口等为一体的多式联运交通格局。二是商贸物流齐全。园区内拥有中部岳塘国际商贸城、金阳城江南果蔬大市场等市场贸易区，并同步引进深圳怡亚通、云通5A级物流等大批商贸物流企业以及建通、恒邦及400余家中小物流配载专线所构建快通捷物流体系。三是仓储配套充足。区域内中部岳塘国际商贸城仓储规划建设200万平方米，已投入使用近50万平方米；金阳江南果蔬批发大市场规划有50000吨冷链仓储，已建成3000吨冷库；湘潭市玮鸿食品进出口有限公司已建成5万平方米冷库等。四是开放氛围浓厚。平台紧邻国家级湘潭综合保税区；中部岳塘国际商贸城已获批中国城商联颁发的“一带一路综合性商贸示范基地”；由湖南省湘菜产业促进会全程指导投资作为平台的核心支撑产业——中国湘菜文化博览园即将启动建设，可形成以湖南特色农产品为食材的湘菜原辅料全球集中采购基地。五是检测溯源快捷。众悦智慧公司已与省农产品质量安全中心达成意向，将全省农产品质量安全溯源检测认证（农产品身份证管理）放在平台展示展销中心，由平台免费提供200平方米办公场地及装修费用，为入驻农产品把好质量安全关。

5.平台招商政策已颁布运行。一是平台硬件支持。县市区特色农产品展示馆统一安排设计单位设计，并提供除品牌形象柜以外的内外装饰等硬件投资。二是免费展示支持。为省内123个县市区，每个提供100平方米左右的标准展位，并承诺在三年内实行免租；金阳城江南果蔬大市场在展会期间配套提供免费展位。三是提供完善的物流配送。以中部岳塘国际商贸城为总仓，以中部岳塘国际商贸城社区店作为分仓，对周边100千米范围均可由岳塘国际商贸城同城物流配送。对深度贫困县由岳塘国际商贸城提供一年内湖南省内常规物流免费配送。四是资金流通支持。由湖南淼峰科技发展有限公司与中部岳塘国际商贸城联合金融机构，向本平台农产品贸易厂商提供免抵押低息纯信用流动资金贷款。五是支持入驻运营。通过B2B、B2C模式与国内阿里巴巴、京东、拼多多、苏宁易购、中粮我买网等电商平台合作，促进平台产品卖全球。同时利用岳塘购、湘商优购等自建平台，构建村社区通终端门店管理系统，帮助商家、企业接洽开通线上店面，免费为入驻自营平台产品商家发布商品，构建老百姓家门口的批发市场，完成农产品流通的最后一公里。

三、加快推进湖南特色优质农产品国际贸易平台建设面临的难题

资的1570家企业及全体海外华人华侨，加强对其所需湘菜和中餐预制菜及其原材料的供应对接；三是促进怡亚通、步步高以及岳塘购、

湘商优购、集采通与兴盛优选、京东湘潭电商产业园、58科创等线上线下营销渠道整合；四是立足与广东乐禾集团的合作，推进大湾区湘菜原辅材料的集中销售；五是整合中部岳塘国际商贸城农副行业经营户及其线下渠道，共同推进湖南特色优质农产品的销售。

5.共享冷链物流。随着农产品外销转内销、省内销转全国销等流通地域的变化和技术的成熟、租赁价格的降低、冷库运输条件的改善，为平台以冷库资源共享化来满足不断扩大的冷链物流需求提供可能。平台可通过数据网整合交易端和生产端资源，加快形成全省产供销一体的农产品冷链物流共享体系。一是加快标准化。立足互联网的应用、生鲜农产品电商的竞争与区块链技术的应用倒逼省内农产品产地冷链物流标准落地，力争在国内率先实施省内全域标准动态监控。二是加快共享化。在标准化的基础上，立足现有冷库占地面积大、造价高、利用率低等问题，平台提供全省一站式冷链解决方案，推进全省现有共享移动式冷库的建设和使用，促进全省冷链物流企业抱团发展。三是加快基地化。加快推进园区内现有的长株潭仓储物流园、智慧物流园等仓储物流项目的建设，确保在2019年实现建成投入运营，并有效整合深圳怡亚通、步步高、金阳城江南果蔬批发市场、玮鸿冷链物流、湘潭综保区等现有仓储物流资源，打造全省最大的农产品冷链物流基地。

6.提升产品质量。一是推进中低端农产品产业化。力争在年内与广东乐禾食品集团股份有限公司展开战略合作，合作共建农业科创园，重点通过发展净菜配送、预制菜等加工业，推进中低端农产品规模化加工和倒逼农产品提质升级。二是加快配套产品质量检测溯源机构的建设。加快湖南省农产品质量安全中心岳塘基地的建设，打造完善的农产品质量安全检验检测溯源体系。

7.强化资金保障。一是企业投资到位。根据平台建设需要，确保平台招商运营公司注册资金3000万元尽快到位，保障县市区特色农产品展示馆建设及工作协调对接需要，并积极筹措好后续资金。二是积极争资争项。由岳塘区发改局牵头，农业农村局等相关部门密切配合，做好2019—2020年国省项目申报工作，大力争取上级相关扶持资金。

8.打造品牌展会。立足中部岳塘国际岳塘商贸城定期举办国际经贸商品博览会、湘菜原辅材料及预制菜全球展销会、特色农产品博览会、年货会、农副产品购销对接会等展会活动，每年定期举办5~6场农产品贸易国际合作论坛或研讨会，举办重大对外农业经贸合作签约活动。力争2020年将湖南省绿色食品展销会、中部地区绿色食品博览会等品牌展会引进园区。

在区委经济工作会议上的讲话

中共岳塘区委书记　胡海军

（2020年1月10日）

一、科学总结成绩，全面坚定高质量发展的信心和决心

一年来，我们坚持以习近平新时代中国特色社会主义思想为指导，认真落实中央、省委、市委各项决策部署，坚定实施“商贸兴区、工业强区、生态立区、创新活区”战略，全力建设“四新岳塘”，有力推动区域高质量发展。

面对纷繁复杂的宏观形势和艰难繁重的发展任务，我们团结一心、精准发力、担当作为，奏响岳塘发展的主旋律。按区域统计口径，全年地区生产总值（预计数，下同）增长7.7%；规模以上工业增加值增长8%；固定资产投资增长12%；社会消费品零售总额增长10%；城乡居民人均可支配收入增长8.1%。按区属统计口径，完成财政总收入50.45亿元；固定资产投资增长10%，有力地稳住全区经济运行大盘。

面对高质量发展的迫切要求和你追我赶的竞争态势，我们全力进取、真抓实干、奋勇争先，传播岳塘发展的好声音。扎实推进精准脱贫，“两不愁三保障”实效全面巩固；突出打好蓝天、碧水、净土三大保卫战，竹埠港新区治理与建设同步发力，治理经验在全国推介，新区综合开发项目一期正式启动。湘潭发展投AA评级成功，有效控制融资成本和政府债务，岳塘区继续保持债务低风险区。积极落实减税降费政策，减免税收近9亿元，新增市场主体3171个。获评“湖南省双创示范区”，跃居“全国绿色发展百强区”第69位。长塘创新创业街获评省级创业孵化基地和返乡农民工创业园。岳塘经开区连续两年获评“全国优秀物流园区”，在全省产业园区综合排名中提升17位，并与区商务局分别获评2019年全省商务工作先进园区和先进单位。湘潭金融商务区获评“湖南省服务业集聚区”。荷塘街道争资争项和“厕所革命”任务双双超额完成。书院路街道荣获全国人社系统2017—2019年度优质服务窗口。

面对急难险重的多重考验，我们众志成城、冲锋在前、甘于奉献，弘扬岳塘发展的正能量。在特大洪水面前，干部群众奋战在防灾减灾一线，取得抗洪抢险工作的全面胜利。全面加强与电力、金融、高校等行业部门的协调协同，举办以“融资融合融业 共建共享共荣”为主题的银政企对接会，全力为经开区发展、平台建设和企业生产要素供给提供保障。扫黑除恶纵深推进，公众安全感测评继续保持全市先进和全省前列，再创历史新高，霞城街道阳塘村获评“全国乡村治理示范村”。下摄司街道民调排名大幅提升，取得全市第二、全区第一的好成绩，群众满意度与认同感持续增强。

面对夯实基层基础的实践要求，我们对标对表、狠抓关键、真情关爱，凝聚岳塘发展的精气神。“不忘初心、牢记使命”主题教育

实现全覆盖、全参与，党员干部理想信念进一步坚定。突出“党建领航”，支部“五化”建设等工作成效彰显。宝塔街道“福星国际金融中心党建服务中心”、建设路街道“君子莲”商圈党建联盟、岳塘街道“党建+养老服务”等党建品牌更具特色、更有影响。五里堆街道成功承办岳塘首届美好生活节，极大地丰富群众的精神生活。东坪街道5个村（社区）分别获得省、市级荣誉。村（社区）运转经费分别提高至30万元/年、60万元/年，村（社区）干部待遇水平持续科学提升。出台具体措施，着力减轻基层负担，旗帜鲜明鼓励基层沉心实干，心无旁骛抓发展。

一年的艰苦奋斗，一年的开拓进取，既饱含大家的心血与汗水，也展现大家的智慧与作为，更收获前进的经验与感悟。一是必须坚持“风雨不动安如山”的理想信念。党政军民学，东西南北中，党是领导一切的。只有不断强化理想信念，坚决做到“两个维护”，坚持党对经济工作的领导，坚决落实中央、省委、市委各项决策部署，围绕既定目标精准发力、持续用功，才能保证事业发展的正确方向；二是必须坚持“百尺竿头须进步”的发展斗志。发展是永恒的主题，是解锁一切难题的“金钥匙”。只有对高质量发展充满强烈的追求与渴望，在改革发展实践中充满昂扬斗志，才能更好地把新思想新理念贯穿于经济社会发展全过程、全领域、全方位，让高质量发展的基础更加牢固、动力更加强劲；三是必须坚持“咬定青山不放松”的担当作为。新形势、新要求、新任务，都需要有更高智慧的担当作为，更大勇气的攻坚克难。只有牢记初心使命，勇于面对高质量发展征途中的艰难险阻，敢于解决制约发展的突出瓶颈和深层次问题，狠抓执行落实，言出必行，行必有果，才能办好事、干成事；四是必须坚持“一枝一叶总关情”的为民情怀。全心全意为人民服务，是党的根本宗旨，也是我们的初心使命。只有走好群众路线，将群众的事当作自己的事来办，做到情为民所系、利为民所谋、权为民所用，我们的事业才能得到群众的支持和拥护；五是必须坚持“打铁必须自身硬”的纪律作风。坚强的作风是打胜仗、打硬仗的有力保证，只有坚持把纪律规矩挺在前面，拥有一支纪律作风硬朗严明的党员干部队伍，才能营造风清气正、只争朝夕的干事创业生态。

二、精准研判形势，切实增强高质量发展的紧迫感和责任感

2020年是全面建成小康社会的决战之年，是脱贫攻坚的决胜之年，是完成“十三五”规划的收官之年。谋定而后动，做好全年的工作，必须把握时代大势，看到自身优势，保持良好态势。

（一）要充分认识岳塘发展面临的挑战。首先，发展不平衡、不充分的矛盾依然突出。主要是产业品牌和规模优势不突出，如商贸物流业在这几年经过一定的发展，策划很多项目，但在品牌打造、财税贡献、就业支持等方面还有欠缺；老工业基地改造推进不平衡，转型升级还任重道远；民营经济“缺人才、缺技术、缺资金”的问题依然突出，新型业态与传统产业融合度不高，经济结构较为单一，抵抗风险能力不足；城市建设发展不平衡，历史欠账依然较多，“城中村”基础设施不完善，卫生环境情况较差等问题较为突出。其次，发展动能提档加速还不强劲。主要是部分规模企业增速放缓，影响全区地区生产总值增长；国有投资平台在岳塘投资份额下降，建筑业增长低于全市水平，部分建筑企业总产值呈负增长，房地产行业税收急剧下跌；制造业在经济下行压力下的发展动力不足，加上减税降费影响，对区属财政收入的贡献下降明显；服务业增速不理想，部分企业出现负增长；经开区项目建设速度、基础设施拉动效应、招商引资效果还不理想；从“入规、登高、智造、扶持”四个关键环节培育优质企业成长壮大的亮点不多，新增高新技术企业和新增规模以上工业企业数离岳塘首善之区的定位标准还存在很大差距。再次，发展氛围还不浓厚。主要是少数党员干部抓经济发展的意识不强，关注程度与参与热情不高，在政策与实际的融合上分不清“大”和“小”，在目标与当下的兼顾上分不清“远”和“近”，在大局发展与部门利益的取舍上分不清“得”和“舍”；有的干部缺乏对政策的深刻领会和融会贯通，贯彻执行不够灵活，特别是在招商和财税工作上抓住重点谋划统筹的能力有所欠缺；有的干部对抓发展缺乏“舍我其谁”主动担当的精气神，缺乏敢为人先、奋勇前进的“争”“跑”“拼”，缺乏遇难则强、逢山开路的硬朗风。

（二）要充分认识岳塘发展面临的机遇。首先，宏观经济形势继续向好的基本面没有变。虽然经济下行压力加大，体制性、结构性、周期性问题仍然存在，但宏观经济发展长期向好的基本面没有变，经济发展的良好支撑基础和条件没有变。在中央经济工作会议上，习近平总书记用“稳、好、进”三个字进行精准研判：“稳”，是对今年经济成绩的总结，我国经济运行稳健、大局稳固、预期稳定；“好”，是对当前经济形势的判断，我国经济发展依然拥有巨大韧性、潜力和回旋余地，经济稳中向好、长期向好的态势不会改变；“进”，是对明年经济工作的要求，强调立足党的坚强领导和中国特色社会主义制度的显著优势、改革开放以来积累的雄厚物质技术基础、超大规模的市场优势和内需潜力、庞大的人力资本和人才资源，保持定力、站稳脚跟，在埋头苦干中增长实力，在改革创新中挖掘潜能，在积极进取中开拓新局面。其次，国省战略在深入推进和多层叠加。国家支持战略性产业发展，支持加大设备更新和技改投入，推进传统制造业优化升级，为岳塘的传统工业企业转型升级注入“强心剂”；深化金融供给侧结构性改革，疏通货币政策传导机制，货币政策由“松紧适度”转

为“灵活适度”，增加制造业中长期融资，更好缓解民营和中小微企业融资难融资贵问题，为解决岳塘实体经济发展的资金问题带来利好；减税降负巩固拓展、专项债券增加发行、财政支出结构优化等政策叠加发力，为我们扩大有效投资、化解政府债务带来重大机遇；长株潭一体化加速推进，长株潭城市群改革实验区、国家物流枢纽建设加速实施，“湘潭向北”发展工作方案逐步落实，岳塘与长沙主城区的融合进一步加快，北上对接长沙的“桥头堡”作用进一步彰显，以休闲康养、现代商贸物流业为主的芙蓉大道经济走廊作用进一步凸显，有利于优化物流资源配置，整合提升存量，科学配置增量，对加快物流基础设施提质发展，构建现代物流体系，将岳塘经开区建设成为国家级商贸服务型物流枢纽承载城市的重要板块，起到极大的推动作用。再次，基础条件在日益完善和成熟，社会活力和干部工作能力水平在逐步提升。岳塘国际商贸城开业运营，湖南省特色优质农产品产销平台成功入围国家“十四五”规划重大项目库，长株潭中央仓储物流园一期、岳塘国际商贸城智慧物流园建成投入使用，岳塘购电商大楼等加快建设，现代商贸物流产业必将加快集聚集群发展。园区配套路网陆续投入使用，交通网络新格局加速形成。核心商圈日益兴旺繁荣，多项减税降费政策落地落实，营商环境有力改善，岳塘对外部资金吸引力大为提升。同时，经过连续三年文明城市创建的考核测评，行业管理水平、市场监管和执法能力，特别是村社区干部和基层群众的战斗力得到普遍提升；经过“三大攻坚战”的考验，平台信用等级实现升级，基层组织动员能力、基层党员服务群众的意识和水平显著增强；经过经开区和金融商务区两大板块的发展建设工作，全区各部门单位协同协力促发展的工作合力和氛围有力强化。经开区发展态势更加良好，金融商务区配套政策更加健全，等等。

纵观发展形势，岳塘正处于大有可为的重要战略机遇期，关键是要立足高质量发展要求，保持发展定力，坚定信心勇气，全面担当作为。同时，市委、市政府对岳塘发展一如既往的高度重视和支持更让我们精神振奋。炯芳书记寄语岳塘广大党员领导干部：“岳塘区是长株潭核心中的核心。湘潭以开放的姿态加快长株潭融城步伐，首先就看岳塘区。岳塘要率先做到‘理念先行，高起点规划、高集约发展、高规格建设、高水平管理；担当作为，以昂扬向上的锐气、知难而进的勇气、争创一流的志气，全力推动各项事业取得新进展新成效；创新驱动，加快完成更加强劲的动力转换，实现更高质量的经济增长；开放引领，进一步解放思想，坚定不移地走开放发展之路，打造对外开放的窗口和名片。”迎春市长在市十五届人大五次会议中听取岳塘区代表团意见和建议时指出：“岳塘作为湘潭市的‘首善之区’，2020年要在加快融城发展、加快产业转型升级、推进绿色发展和城市内涵式发展上走在前列，为全市发展做出示范。”市委、市政府对岳塘发展寄予厚望，指明方向，给我们增添前进信心和动力。

2020年岳塘区经济工作思路是：以习近平新时代中国特色社会主义思想为指导，坚持稳中求进工作总基调，坚决打好“三大攻坚战”，全面开展“产业项目攻坚年”“全面小康决胜年”“营商环境优化年”“担当作为落实年”“四年”行动，扎实做好“六稳”工作，全力推进“四新岳塘”建设，确保全面建成小康社会和“十三五”规划圆满实现。

全年的主要预期目标：按区域统计口径，全年地区生产总值增长7.5%左右；规模以上工业增加值增长7.5%；固定资产投资增长10%；社会消费品零售总额增长10%；城乡居民人均可支配收入增长8%以上。按区属统计口径，一般公共预算地方收入增长6%；固定资产投资增长9%。

三、突出狠抓重点，奋力开创高质量发展的新局面

实现今年的工作目标，必须聚焦发展重点，狠抓关键环节，凝心聚力，攻坚克难。

（一）大力开展“产业项目攻坚年”行动，全力促进产业升级，加快构筑“产业新高地”。突出招大引强、补链强链、集聚集群，为经济高质量发展强基础、增后劲。一是着力抓主导产业提质。全力以赴服务岳塘国际商贸城整体运营，将其打造成为中部最大、全国领先、最具影响力的现代商贸物流中心，引导扶持已运营企业加速成长，形成商贸物流企业百舸争流的良好态势。加快完善深化主特产业“两图两库两池”建设，构建人才、技术、资源、信息、物流和配套企业、服务功能等优化组合的产业生态体系。强化企业合作，搭建企业合作共享平台，进一步推动园区商贸物流、湘莱等主特产业特色化、差异化和高质量发展，实现产业资源的优势互补，增强发展内生动力。重点抓好怡亚通（湘潭）供应链整合基地、中国湘菜文化博览园、竹埠港新区片区综合开发项目一期、方德智联科创园、湘钢梅塞尔气体40000立方米/小时空分及800吨/天液化装置、中国杜鹃花博物馆、基于人工智能的智慧零售供应链物流体系产业化建设、岳塘购电商大楼、金阳江南果蔬市场等产业项目建设。二是着力抓平台建设提档。紧扣打造“湖南商贸第一区”目标，全力推进岳塘经开区高质量发展，更加注重产业园区集约化、专业化、特色化发展，加快探索建立商流、物流、资金流、信息流四流合一的智慧物流体系。按照“规划引领、环境先行、价值培育、合作共建”的开发思路，重点推进竹埠港新区综合开发项目一期建设，全面提速区域的产业项目建设和整体开发。以岳塘国际商贸城为主载体，以深圳怡亚通、步步高、58科创、金阳城果蔬批发市场等为支撑，全力打造集展览展示、交易赋能、精准扶贫、对外交流、智慧

运营、论坛研讨等功能于一体的湖南省特色优质农产品产销平台，积极与“一带一路”节点城市及全省综保区、专业物流园区形成产运销的深度合作模式，并大力开拓国际市场，抓好外贸主体培育和外贸平台提升。充分利用湘潭金融商务区成功创建省级服务业集聚区平台优势，谋划湘潭的中央商务区（CBD）建设，大力开展二次招商，推进福星国际金融中心、湘潭中心、市政中心商圈等商业楼宇高端性、高集聚性发展，促进建设路口商圈、板塘商圈繁荣发展。大力推进产教融合工作，进一步深化与高校及科研院所的交流合作，加快创新平台建设。三是着力抓对外开放提标。全面落实长株潭城市群一体化发展目标任务，以“北进、东连、内融”为方向，完成芙蓉大道快速化改造。解放思想、放开手脚，大力提升招商引资实效，抓好小分队招商、以商招商、网络招商、产业链招商、“点对点”精准招商，积极对接粤港澳大湾区建设。加快建设湘欧快线国际物流平台，促进与“一带一路”节点城市及省内园区形成产运销的深度合作，主动融入国际市场，努力打造中部进出口集散中心。

（二）大力开展“全面小康决胜年”行动，精准发力提升质效，加快打造“城市新样板”。紧扣目标任务，坚持尽锐出战，全力为岳塘高质量发展内提品质，外树形象。一是坚决打好“三大攻坚战”。认真落实中央、省委、市委关于化解政府债务风险的各项部署要求，按照“坚决控、着力还、加速转、确保化”的原则，重点加强政府性债务管理工作，控增量、化存量、防风险，牢牢守住不发生区域性系统性金融风险底线；聚焦“两不愁三保障”目标，确保全区所有建档立卡贫困人口实现脱贫，切实巩固脱贫成果。以产业扶贫、就业扶贫为重点，深入推进“千企联万户”“户帮户亲帮亲、互助脱贫奔小康”等活动，形成政府、市场、社会协同推进的大扶贫格局，建立健全稳定脱贫长效机制，打赢脱贫攻坚战；突出精准治污、科学治污、依法治污，构建“党委领导、政府主导、企业主体、公众参与”的生态环境治理体系，深入推进蓝天碧水净土保卫战，支持工业企业减排降耗，全面落实三级“河长制”，争创省级生态文明建设示范区。二是精抓细管提城市品质。主动对接市国土空间总体规划（2019—2035），积极参与长株潭城市群各项规划编制和修订，努力优化区域空间布局。全力推进下摄司大桥项目后续建设，为主城区往南扩容与湘潭县易俗河融城提供优越条件。持续抓好老旧小区、背街小巷提质改造，深入推进既有住宅小区加装电梯，实现老旧设施有机更新。按照“一创两深化”的目标和要求，抓重点、解难题、补短板，依法整治占道经营、油烟扰民等突出问题，进一步规范各类集贸市场秩序，确保城区干净整洁。规范物业监督管理，大力化解物业矛盾纠纷，不断提高城市管理科学化、精细化、智能化水平，实现共建共管共治共享。三是多措并举促乡村振兴。持续推动传统农业转型升级，以荷塘现代农业示范园为依托，大力发展花卉苗木、水果蔬菜等产业，争创国家农村产业融合发展示范区。不断加快农旅融合步伐，发挥绿心“天然氧吧”生态优势，进一步提升盘龙大观园的对外影响力。加快推进盘龙特色小镇、中国湘菜文化博览园等项目建设，积极创建省级全域旅游示范区。优化基础设施建设，改善提升人居环境，倡导健康文明新风尚，着力打造美丽宜居乡村新名片。

（三）大力开展“营商环境优化年”行动，持续激发发展活力，加快树立“法治新标杆”。着力推动环境大改善、服务大升级、动能大提速，全力以赴助推高质量发展。一是抓好依法治区。全面加强依法行政，推进社会治理体系和治理能力现代化。促进政府管理规范化，推动重大投资项目合法性审查全覆盖。坚持公正文明执法，全面完成市场监管、城市管理等六大领域综合行政执法改革。加大决策阳光透明度，及时向社会公开决策过程和结果。加强行政审批服务规范化、标准化，深化“互联网+政务服务”，全力让群众和企业办事“最多跑一次”“一窗受理、集成服务”。持续开展信访“三无”创建活动，创新开展“最多访一次”活动，深入推进信访积案化解。二是抓优企业服务。完善与企业“一结一”帮扶机制，实现“一企一策”“一企一规划”。积极落实优化营商环境各项举措，全力营造透明公正便捷高效的营商环境，充分发挥中小企业公共服务平台作用，为企业提供智能化、精细化和全方位的服务。深入推进社会信用体系建设，营造诚信经营的良好氛围。积极拓宽渠道，加快人才的引进、培养、使用。完善服务承诺、限期办结、投诉监督等机制。加大政策兑现力度，解决一批历史遗留问题。三是抓实动能保障。高质量编制“十四五”规划，谋划总投资1000亿元以上的重大项目库。全力开展“千百扶培”精准帮扶工作，围绕制造强区工作要求，围绕五大产业链，牢抓目标工业任务，不断提升企业市场竞争力。持续推进“大众创新、万众创业”，通过成果“破茧”、研发“增投”行动，积极培育高新技术企业。进一步精简审批事项，深入推进“互联网+政务服务”建设，实现政务大厅与网上平台的融合发展。进一步加强与金融机构的协调联动，积极破解企业融资难、融资贵问题。坚决贯彻落实重大招商引资产业项目投资企业承诺制，为企业全程代办、限时办结各类手续。重点抓好家居主题城市综合体、芯智城·文创智慧谷整体开发、区块链智能物流中心建设、竹埠港新区智慧生态社区建设、绿蔓明珠·滨水时尚天街、智慧医疗综合体建设、岳塘新城市社交空间（岳塘国际商贸城产业链招商项目）、芙蓉农贸城市综合体和宝塔文创产业街区等招商项目。

（四）大力开展“担当作为落

实年”行动，旗帜鲜明狠抓执行，加快塑造“幸福新典范”。突出“以人民为中心”的发展观，强化“四责四诺”要求，全面加强执行力建设，以党员干部的担当作为换取岳塘的发展质效，以党员干部的辛苦指数换取群众的幸福指数。一是做好民生实事，提升群众获得感。坚持就业为先，新增城镇就业1.4万人以上，完成职业技能培训5000人次。实施全民参保计划，覆盖率实现100%。全力推进社会救助规范化、精准化，切实发挥“救急难”兜底功能。深化教育体制改革，优化师资队伍，扩充学前教育资源，确保公办幼儿园覆盖率达到50%。巩固大班额化解成果，争创全国义务教育优质均衡发展区。加强公共文体设施建设。加快医养康复中心和社区日间照料中心建设，加速推广“互联网+医疗健康”，开展医保支付改革国家试点，促进分级诊疗建设，推行“两病”门诊用药清单，推动城市医联体建设，争创全国健康促进县（区）。重点完成湖湘学校建设、高品质社区建设、湖南师大二附中博纳学校建设、佳木路建设、湖南天伦医养康复中心建设、滴水二级消防站建设、新生儿免费疾病筛查和1170户棚户区改造等民生实事。二是加强社会治理，提升群众安全感。加快“智慧岳塘”平台功能整合，坚决打击各类违法犯罪行为，打赢禁毒人民战争，结合扫黑除恶专项斗争，依法查处非法阻工、欺行霸市等损害企业合法权益的行为。深化安全生产领域改革，坚决遏制较大以上安全生产事故，在主汛期前完成9个重点水毁水利设施修复工程，全力创建全国防灾减灾示范区、省级安全生产示范区。三是改进干部作风，提升群众认同感。干部的作风正，群众的心气才能顺。突出问题导向，从细处着手，向实处发力，重点整治群众反映强烈的形式主义、官僚主义突出问题。突出领导干部带头，积极投身改革发展主战场、风险挑战第一线、服务群众最前沿，在实践中锤炼与检验队伍作风。突出实干为先，对既定的目标层层压实责任，层层担当责任，让“精准精细的追求，严格严谨的态度、敢抓敢干的精神”成为全区党员干部的作风标签。

四、全面加强党的建设，为高质量发展提供坚强保障

突出以政治建设为统领，抓实“党建领航”工程，提升管党治党水平，为高质量发展提供坚强保障。一是强化党的政治建设。深化“不忘初心、牢记使命”主题教育成果，切实提高政治站位，站在增强“四个意识”、坚定“四个自信”、做到“两个维护”、巩固党的执政地位的高度来抓经济工作，在思想认识、任务举措、步调行动上对标看齐，增强坚决贯彻落实中央、省委、市委各项决策部署的政治自觉。二是提升基层党建水平。突出政治功能，坚持分类管理，提升基层党组织的组织力。巩固提升党支部“五化”建设水平，构建组织共建、资源共享、功能互补、有机衔接的大党建格局。创新推进城市基层党建，以建设高品质生活社区为抓手，以网格化管理和“智慧党建”平台为支撑，全面推进小区党建工作。深入推进“三员三创三行动”，抓牢专业市场、商圈楼宇党建。调优管好驻村帮扶工作队，切实增强村级组织服务群众能力。三是落实党风廉政建设。聚焦党风廉政建设和反腐败斗争，加强政治巡察和专项整治。注重运用监督执纪“四种形态”，前移监督执纪关口，完善“三个区分开来”容错纠错机制，为担当者担当，加大惩治不作为、慢作为、乱作为现象，切实保护干部奋发进取的勇气和锐气。以“零容忍”态度惩治腐败，营造风清气正的发展氛围。

做好今年的经济工作，我们责无旁贷，更是信心百倍。希望大家以更坚定的决心、更过硬的本领、更务实的作风，全力以赴奋勇前进，为全区经济社会高质量发展，加快建设“四新岳塘”努力奋斗。

在区委经济工作会议上的讲话

岳塘区人民政府区长　陈爱民

（2019年1月10日）

一、客观总结成绩，坚定信心

2018年，我们高举习近平新时代中国特色社会主义思想伟大旗帜，在市委、市政府和区委的坚强领导下，坚持稳中求进工作总基调，紧紧把握高质量发展要求，面对经济下行的重重压力、稳中有变的复杂形势和转型升级的艰巨任务，破难前行，砥砺奋进，扎实办好自己的事情，较好地完成全年各项目标任务。这些成绩来之不易，为我们做好今年经济工作提供宝贵经验，坚定发展信心，奠定坚实基础。

1.保持稳中有进的良好态势。全区经济发展稳中有进、稳中向好，预计全年地区生产总值增长7.6%；城乡居民人均可支配收入增长8.1%；社会消费品零售总额增长10.1%；财政收入突破50亿元大关，增长31.4%，财政收入增量、增幅和税收占比均排名全市第一；重点项目完成投资85亿元，为年初计划的119%。岳塘经开区技工贸收入连续5年保持20%以上高速增长，中国（中部）岳塘国际商贸城投入运营，竹埠港新区发展建设不断加快。招商引资取得突破，引进“三类500强”企业3家，协议引资585.3亿元，为全区经济发展增添强大后劲。

2.呈现高质量发展的基本特征。产业结构不断优化，三次产业结构由2017年的1.2：56.9：41.9调整为0.9：56.5：42.6，第三产业占比提高0.7个百分点。淘汰化解落后过剩产能，支持传统工业技术改造，新旧动能加快转换。坚持人才引领，推动科技创新，全区专利申请量增长30%以上，专利授权量增长40%以上，新增高新技术企业

3家。“亲”“清”新型政商关系不断优化，“放管服”改革深入推进，中小企业服务平台加快建设，营商环境进一步优化，新登记企业720余家、个体工商户3500余户，新增规模以上企业21家。

3. 打好三大攻坚战的开局之仗。制定十年化债计划，严格落实“停缓调撤”要求，加快平台公司转型发展，化解债务取得较好成效。扶贫“六件实事”扎实推进，脱贫成果进一步巩固。高效办结环保督察等交办任务470余件，全区空气质量优良率提升7个百分点。持续推进黑臭水体治理，完成河东二污配套管网等项目建设，区域水质达标率100%。竹埠港片区治理工作加快推进，完成绿心地区8个违规项目和6家工业企业整改退出任务。“三大攻坚战”的良好开局，为全面建成小康社会、推动高质量发展打下坚实基础。

4. 保障民生福祉的稳步提升。区级民生支出达到8.2亿元，滴水湖学校建成开学，提前一年全面消除“大班额”，开展群众文化活动100余场，卫生计生服务管理不断优化。“两创一深化”扎实有效，新建改建公共厕所63座，完成18个老旧小区、背街小巷和4个农贸市场提质改造，实施棚户区改造3686户，人居环境明显改善。严厉打击各类犯罪，化解社会各类矛盾纠纷2400余件，人民满意度显著提升，公众安全感测评排名全市第2位、全省第18位。民生实事的扎实推进，为岳塘的经济社会发展凝聚更多民心民力。

二、认真找准问题，扬长避短

回顾2018年的发展历程，成绩值得充分肯定，经验值得认真总结，但冷静分析，我们的经济工作还存在许多不容忽视的问题、困难和不足，必须高度重视，不断强化忧患意识、问题意识，不断提高发展质量和水平。

1. 从总体看，抗风险能力相对薄弱。总的来说，岳塘区经济运行大盘是稳固的，但稳中有变、稳中有忧的情况也比较突出。2018年《政府工作报告》中确定的五大经济指标目标，有地区生产总值、社会消费品零售总额和固定资产投资等3项指标没有实现预期。这里有外部环境错综复杂的原因，但这也说明我们本身的底子还不牢、抗风险能力还不强。2018年，全区财政收入完成较好，但仔细分析，全区70%左右财政收入增量依赖于湘钢等几个大中型老牌企业。这种种情况说明，岳塘区经济发展的基础还不够厚实坚挺，综合实力还难以抵挡各种风险的考验和挑战。

2. 从结构看，主导产业势头尚不旺盛。主要是商贸物流产业有待集聚合力。目前，岳塘经开区有商贸物流企业110余家，但产业发展的协调机制、合作机制还不够健全，联合发展、抱团发展、集聚发展的势头尚未全面形成。休闲旅游产业有待深度开发。盘龙大观园是岳塘区的旅游品牌，但其承载能力还不够强，周边配套旅游景点还不足，整个旅游产业链条还相对短小和粗放，与文化的融合还不深。金融商务有待升档提质。湘潭金融商务区一方面引进企业乏力，另一方面，培育企业发展壮大的对接服务还不够优化和全面。同时，楼宇经济效应也没有全面激发。所以，岳塘要打造湖南“商贸第一区”，已有实效、正在推进、前景看好，但远未到精彩程度，远不够兴旺发达。

3. 从项目看，后劲支撑还不够强劲。2018年，受“停缓调撤”等因素影响，政府性投资的基础设施项目被大幅调减，市级核减布局在岳塘的政府性投资超过90亿元，区级也核减政府性基础建设投资32亿元，由此，全区固定资产投资受影响较大，一段时间出现负增长。这反映出，政府性投资的基础设施项目仍是岳塘区项目建设的主导，产业项目仍是我们的短板和不足。从目前来看，岳塘区缺乏的就是规模大、影响大、效益好、前景好的产业项目支撑。去年招商引资工作取得一定突破，但在竹埠港新区招商方面还要狠下功夫，个别招商项目久谈不落，久推不进，久建不成，这些，总体影响地方的信誉和形象。

4. 从功能看，承载水平的差距较明显。岳塘作为湘潭城市的首善之区，城市功能和形象与其地位还不十分相称，基础设施欠账较多，棚户区、城中村改造任务还很艰巨。下摄司街道、岳塘街道等老工业企业集聚区，断头路、老旧建筑还较多，人居环境相对较差。城市交通网络还不健全，湘江防洪带还没有全线拉通和闭合，重大道路交通的阻隔，在很大程度上影响岳塘城市功能的完善和一些片区的统筹开发。同时，岳塘作为长株潭城市群的核心区，在交通运输上，与长沙、株洲的联通也存在许多“肠梗阻”，比如滨江路与长沙的对接、X157道路与株洲的联通，等等。此外，岳塘的城市品质有待提升，城市精细化、智能化管理水平也需进一步加强。

5. 从氛围看，争先创优的意识还不强烈。这几年，我们的经济工作有打拼、有亮点、有特色、有进步，但平心而论，全区抓经济工作的氛围并不十分浓厚，或者不平衡。部分单位和干部没有把抓经济发展、抓项目建设摆到正当的位置。有的看不清形势和问题，工作重心把握不准，工作科学统筹不够。有的抓经济工作流于表面，指挥号令多、调研解困少，讲成绩多、讲问题少。有的视野眼光不广，没有站在全区的角度来思考问题，没有站在全市、全省的高度来推动工作，多少存在思想不解放、观念不更新等问题。有的对待布置的任务、交办的工作，重视不够，举措不力，成效不佳，甚至习惯把问题交给领导、推给别人。常言讲，事在人为。如果人不愿为、不敢为、不想为、不能为，再小的事情都会办不好。

三、科学把握大势，抢抓机遇

所当乘者势也，不可失者时

也。当前，我国发展仍处于并将长期处于重要战略机遇期，时与势仍在我们这一边，这是我们谋划改革发展的大前提。我们必须吃准吃透中央、省委、市委经济工作会议精神，辩证看待变局中的危和机，冷静对待前行路上的挑战与利好，客观分析、深入研判，科学精准把握好岳塘改革发展的重要战略机遇。

1. 要把握好新旧动能的转换。岳塘作为全市的老工业城区，背负着转型升级的巨大压力，在外部环境严峻复杂、内部任务繁重艰巨的背景下，我们全力推进竹埠港老化工区“蝶变”，全力服务和支持湘钢等一批企业技术升级和企业办社会职能分离移交工作，促进新旧动能转换的不断加速、经济质量效益的显著提升，为促进全区高质量发展奠定坚实基础。在这个逆水行舟的紧要关口，我们更不能松、不能退、不能软，要进一步坚决守住发展底线、风险底线和民生底线。要坚持科学“育新”和合理“弃旧”相结合，一方面联系岳塘实际加快培育引进新经济、新技术、新业态，另一方面坚决淘汰那些高污染、高能耗的产品、产能、产业，并全力推进传统产业的观念转变、技术创新和改造升级，有的放矢、因地制宜地推进产业转型升级。总之一句话，新旧动能的转换是新一轮的科技革命和产业变革，是高质量发展的要求，更是区域经济打造和培育新优势的重大机遇。

2. 要把握好融城发展的契机。近几年，省委、省政府高度重视支持长株潭一体化发展，去年，首届三市联席会议成功召开，省委常委会也召开会议专题研究，明确“坚定不移推进长株潭规划、交通、产业、环保、公共服务一体化发展”的思路。特别是长沙正在推进“南向”发展，湘潭也正在加快“北向”对接。我们岳塘位于长株潭城市群的核心区，区域优势得天独厚，这个优势这几年得到进一步全面升级。目前，长株潭三市已经构建全方位深度合作机制，制定推进一体化发展的实施方案，规划融合、交通共建、产业协同、环境共治、民生共享和信用联动等方面在全面加速。特别是今年实施的14项具体工作，与岳塘区紧密相关的芙蓉大道快速化改造将在9月前开工。总之，长株潭一体化发展的加快推进，资源多、政策多、项目多、投入多、商机多、激励多，岳塘定躲不开、绕不过，如果消极被动，如果偷懒无为，岳塘必然失去新一轮奋然崛起和腾飞的机遇，必然成为时代的落伍者，甚至被淘汰。

3. 要把握好宏观政策的利好。在新的一年，我们面临着诸多利好的政策支持，党中央坚持“稳中求进”工作总基调，明确“积极的财政政策要加力提效，稳健的货币政策要松紧适度”，围绕加大创新研发投入、实施更大规模减税降费、较大幅度增加地方政府专项债券规模、支持民营经济和中小企业发展、实施普惠化功能性产业政策等方面将出台一大批重大实际举措，必然带来可观的政策红利，给我们在争资争项方面提供更为广阔的空间，也将为企业发展提供更多信心底气。特别是党中央、国务院高度重视中部崛起，全省创新引领开放崛起战略深入实施，一系列加大创新和开放力度政策的出台，必将推动我们的创新之路走得更宽、开放之门开得更大。

4. 要把握好内因外力的结合。从外部环境看，世界市场格局深度调整，不确定性因素多，但是变局中危和机同生并存，我们要辩证看待、科学应对，善于化危为机、转危为安。从岳塘自身看，岳塘区商贸物流、金融商务等一批新产业、新动能加速集聚，中国（中部）岳塘国际商贸城、盘龙大观园等一批重量级产业项目加速成长，使岳塘区产业高质量发展的新优势逾见明显。去年，岳塘入选“中国工业百强区”“全国绿色发展百强区”，创建“全国计划生育基层群众自治示范区”“省级现代公共文化服务体系示范区”，这都是综合实力提升的表现。特别是“三大攻坚战”纵深推进，倒逼我们深化改革、转变观念，为未来发展扫清诸多障碍藩篱。在这种内因外力彼此交织、相互叠加的背景下，今年，我们面临的挑战可能更为严峻，但发展的基础也更加坚实，所以，只要我们坚定信心、强化担当、积极作为，加快推动高质量发展前景可期、大有可为。

四、突出抓好重点，力推发展

做好今年经济工作，我们要以习近平新时代中国特色社会主义思想为指导，坚持稳中求进工作总基调，坚持新发展理念，突出“三大攻坚战”，大力实施“五大行动”，全面促进融城发展、优质发展、特色发展、惠民发展和开放发展，保持经济社会持续健康良好态势，加快推进“产业新高地、城市新样板、法治新标杆、幸福新典范”的四新岳塘建设。

今年的主要指标任务，区委已经明确目标、提出要求、指明方向，关键在落实。我们要全面贯彻中央、省委、市委和区委经济工作会议精神，确保各项决策部署落地生根、取得实效。特别是要牢牢把握善于创造的实践要求，创造性地贯彻落实中央要求，创造性地谋划推进各项工作，使工作有兴奋点、落实有发力点、经济有增长点、发展有新亮点。为实现区委提出的奋斗目标，要重点抓好以下几个方面工作：

（一）必须聚焦好“三大板块”。推动岳塘经济稳健发展，一方面，必须持之以恒服务好、支持好湘钢、湘电等国企强实力，必须坚定不移培育好、促进好众多民企增实力，国企好、民企兴，这是岳塘经济勇立潮头的基础；另一方面，从主动性、积极性、创造性充分调动和激发而言，从空间布局和集约发展而言，推动岳塘经济高质量发展必须在岳塘经开区、湘潭金融商务区和建设路口核心商圈这三个板块持续发力、久久为功。对于岳塘经开区而言，要围绕打造“湖南商贸第一区”目标，优质服务好中国（中部）岳塘国际商贸城、金阳农产品商贸物流中心等重点项目稳步繁荣发展；发挥全市现代商贸物流产业联盟平台优势，促进机械物流园、云通物流等加快发展，加速打造园区产业发展“洼地效应”；要引进好一批大项目、好项目，重点抓好竹埠港新区片区开发、中国湘莱文化博览园、岳塘经开区医院、科技金融创新谷等项目落地，夯实好后劲持续增长的基础；加快推进长株潭仓储物流园、岳塘购电商产业谷、智慧物流园、中国杜鹃花博物馆、步步高自动化仓库、怡亚通（湘潭）供应链整合基地、岳塘国际实验学校等重点项目建设；加快打造荷塘现代农业示范园和盘龙生态小镇，加速推进沈家湾综合旅游开发项目，全力支持好盘龙大观园创国家AAAAA级旅游景区取得成功，全面推动一二三产业融合发展。对于湘潭金融商务区而言，必须全力支持金融业改革创新，坚持政府引导、市场主导的原则，搭建银企对接平台，促进银企深度合作，着力解决民营企业和中小企业融资难题；对于支持企业发展的政策要进一步实化，强化吸引力和激励性，不断增强入驻企业的归属感。对于建设路口核心商圈而言，要通过以商招商、小分队招商等方式，盘活湘潭中心等商业楼宇经济，培育新的经济增长极；要强化“互联网+”思维，依托全区物流优势，加快零售商务线上线下发展；落实好减税降费等政策，强化税源征管，扎实做好企业入规入库等工作，鼓励更多企业在岳塘注册、在岳塘纳税。

（二）必须抓好投资和需求。一是要持续加大投资。受宏观政策影响，政府投资增速趋缓，今年要实现固定资产投资增长10%的目标，就必须推进重点项目早日动工投产，就必须撬动社会资本加大对产业项目的投入，就必须加大招商引资和争资争项力度。今天会议发放的相关资料，对重点项目、招商引资和争资争项等各项工作的目标、任务、责任进行明确，全区各级各部门要进一步细化任务和责任，不折不扣抓好执行落实，以项目的加快推进促进区域投资的稳步增长。二是要持续刺激消费。坚持把加快调整结构与持续扩大内需结合起来，不断支持发展新兴消费业态和新商业模式。根据岳塘实际，大力推广新能源汽车，加大保障性住房、教育文化、健康养老、休闲旅游、高端制造业、信息技术等方面的优质供给，满足多元化、多层次的消费需求。不断优化消费市场环境，加强消费保障，严厉打击假冒伪劣产品，畅通消费维权渠道，释放居民消费潜力。三是要持续扩大开放。今年，市委经济工作会议明确进出口总额增长15%以上，岳塘作为完成全市任务的重要力量，我们要化压力为动力，加快培育壮大一批开放型产业、外贸型企业，加快湘欧快线湘潭国际物流服务平台等项目建设，组织好企业参加东盟博览会、亚欧博览会等外贸展会活动，支持钢材、机电、人力资源等产品服务向国内外市场拓展，力争外贸进出口总额达到12亿美元以上。

（三）必须深入打好“三大攻坚战”。今年是打赢“三大攻坚战”的关键之年，攻坚任务更加艰巨，思想不能丝毫松懈。要抓好政府性债务风险的防范化解。树立“过紧日子”思想，严控“三公”经费支出，严控新增债务。坚持积极稳妥、精准施策，注重防打结合、标本兼治，加快平台公司转型发展，确保湘潭发展投顺利完成AA评级。坚持量力而行、尽力而为，把有限的资金用在刀刃上，坚守“保工资、保运转、保民生”底线。用好用足相关政策，积极争取土地储备和棚户区改造项目收益专项债券等合规融资。要抓好脱贫攻坚成果的巩固。把脱贫工作与“乡村振兴”战略结合起来，认真落实帮扶责任，继续做好“两不愁三保障”工作，深入开展精准扶贫“回头看”“回头查”“回头帮”和“三落实”行动，持续加强扶贫领域作风建设和问题整改，防止建档立卡贫困户返贫。要抓好污染治理的持续推进。统筹打好蓝天、碧水、净土保卫战。扎实抓好扬尘污染管控、油烟污染整治、黑臭水体治理、绿心地区保护等重点工作。加快推进竹埠港综合治理，完成易家坪片区等一批治理项目验收。全面落实禁止环保“一刀切”工作意见，增强服务意识，指导企业开展好环境治理整改。深入推进环保督察“回头看”，巩固好环保督察整改成果，确保常态长效。

（四）必须办好民生实事。围绕城市功能完善和人民生活改善，着力解决人民群众最关心、最直接、最现实的利益问题，让老百姓更有获得感、幸福感、安全感。要重点加快人居环境改善。加快城市道路等基础设施建设，实现板塘立体停车场投入使用，推进杨梅洲大桥、下摄司大桥、湘江防洪带建设，打造便捷舒适生活环境。推进棚户区改造、老旧小区背街小巷提质改造等民生工程，加快品质社区建设，加快解决好建设领域历史遗留问题。全力打好农村人居环境整治的首仗，深入推进“厕所革命”、农村垃圾污水治理和“大棚房”整治。要重点强化保障和改善民生。切实保障农民工、征拆对象、困难家庭等群体的合法权益与合理诉求。加快湖湘学校建设，严控新增大班额，推进教育优质均衡发展。加快智慧图书馆、文化馆建设，完成岳塘人民剧院改造，积极组织开展群众喜爱的文化活动，推动文化事业繁荣发展。加强疾病防控和妇幼健康服务，加快中西医结合医院中医大楼建设，进一步提升卫生健康保障水平。要重点维护社会大局稳定。强化“智慧岳塘”资源数据整合，真正发挥其城市管理、应急指挥、社会治理等功能。深化“平安岳塘”建设，进一步完善社会治安防控体系，纵深推进扫黑除恶专项斗争，加大各类违法犯罪行为打击力度，加强安全生产监管，提升应急管理能力，确保人民安居乐业。

一年之计在于春，做好岁末年初工作，实现2019年“开门红”

至关重要。要切实抓好安全生产工作，全面开展安全隐患排查整治，特别是加强对道路交通、人员密集场所和大型群众活动的安全管控。要切实抓好岁末走访慰问，及时兑现各类补助救助资金，开展好扶贫济困和访贫问苦活动，让困难群众感受到党和政府的温暖，尤其要高度关注农民工工资保障。要切实抓好党风廉政建设，严格执行中央八项规定精神，对“四风”问题盯住不放露头就打，坚决杜绝“节日腐败”，让廉洁过节成为习惯。

大道至简，实干为要。让我们坚持以习近平新时代中国特色社会主义思想为指导，认真贯彻落实中央、省委、市委和区委经济工作会议精神，在区委的坚强领导下，进一步树立抓落实的精神，增强抓落实的能力，创新抓落实的方式，创造抓落实的环境，坚定信心，真抓实干，确保圆满完成全年经济社会发展各项目标任务，向全区人民交上一份满意的答卷，以优异成绩庆祝中华人民共和国成立七十周年！

岳塘区人大常委会工作报告

——在湘潭市岳塘区第六届人民代表大会第五次全体会议上

岳塘区人大常委会主任　朱卓英

（2019年12月26日）

一年来，区人大常委会在区委的正确领导和市人大常委会的精心指导下，认真贯彻习近平新时代中国特色社会主义思想，积极履行宪法和法律赋予的职权，紧紧依靠全体代表，扎实工作。全年召开常委会会议7次，主任会议12次，开展视察检查20次，听取和审议“一府一委两院”专项工作报告9项，作出决议、决定6项，交办督办代表建议144件，圆满完成区六届人大三次会议确定的目标任务。

一、始终把坚持党的领导作为人大履职行权的首要政治原则

认真落实改革措施。区人大常委会自觉地把党的领导贯穿于人大工作的全过程，坚持重要工作部署、重大事项及时向区委汇报。一年来，向区委请示4次、报告工作2次。按照中央、省、市、区委关于机构改革的要求，审议区人大专门委员会、区政府工作部门设置的方案。2019年4月，任命政府19个工作部门主要负责人。2019年8月，增开区第六届人民代表大会第四次会议，补选区监察委主任，完成区人大专门委员会设置，强化人大工作的组织保障，圆满完成机构改革任务。

依法决定重大事项。一年来，区人大常委会自觉贯彻区委的决策部署和工作要求，围绕全区的重大问题，在充分调查研究，广泛征求意见、建议和认真审议的基础上，就机构改革、财政预算细化分配、财政决算和预算调整等重大事项依法作出决定，依法有效推动区委重大工作部署落地。

做好人事任免工作。坚持党管干部与人大依法任免干部有机统一，认真落实区委决定，严格执行任前法律知识考试、任前发言、审议票决、宪法宣誓等程序，使党组织推荐的人选通过法定程序成为地方国家机关的领导人员。一年来，共任免国家机关工作人员81人次，任命人民陪审员216名。在依法做好人事任免工作的基础上，切实加强对选举任命人员履职情况的监督。

发挥党组核心作用。按照“守初心、担使命，找差距、抓落实”的总要求，开展“不忘初心、牢记使命”主题教育，把学习教育、调查研究、检视问题、整改落实贯穿主题教育全过程，使机关党员干部真正达到“理论学习有收获、思想政治受洗礼、干事创业敢担当、为民服务解难题、清正廉洁作表率”的目标。机关党员干部牢记为民服务的宗旨，扎实工作，以实际行动践行为民履好职、用好权的初心使命。严格落实意识形态工作责任制和全面从严管党治党主体责任，制定党风廉政建设主体责任清单。抓好党支部规范化建设，坚持党建工作与业务工作一起谋划，一起部署，一起落实，一起检查，每月开展主题党日活动，到韶山等地接受革命传统教育，严格执行“三会一课”、民主生活会、组织生活会等制度，认真践行“四责四诺”，加强党内监督，着力建设廉洁型机关。

二、始终把促进经济发展作为人大开展监督工作的重要内容

促进经济健康稳定发展。为进一步促进区域经济的发展，共同应对经济下行压力，区人大常委会积极开展调研，为岳塘经济发展出谋划策。今年以来，对湘潭金融商务区的发展情况进行调研，建议政府出台专门政策，打造金融商务发展板块，监督政府解决该区域内交通拥堵、停车难等问题，为驻区企业排忧解难，营造优良安商环境。对湘潭长塘创新创业街发展情况进行调研，建议政府支持长塘创新创业街的产业规划，同时制定相应的奖励措施，培植重点产业和扶植有创新发展前景的中小微企业，打造创新创业品牌，为岳塘区经济发展提供新的增长点。关注驻区国有企业的发展，组织代表到湘钢视察，支持企业“三供一业”分离移交工作，积极主动做好服务，为湘钢做优做强营造良好的发展环境。为促进岳塘国际商贸城的发展，打造成具有重要影响力的商贸城，组织市区代表对商贸城的发展进行调研，建议为支持岳塘国际商贸城的发展，在交通基础设施建设、招商引资、开展规格高、内容丰富多彩的大型会展活动上树国际商贸城的品牌。对盘龙大观园开展调研，为加快项目建设，建议加大宣传力度，争取省、市政策倾斜，努力把盘龙大观园打造成长株潭三市的后花园。

开展计划财政审查监督。认真审议区政府关于计划、预决算、预算调整、审计等经济工作方面的专项报告。建议区政府积极应对经济下行压力，统筹做好稳增长、促改

革、调结构、惠民生、防风险等各项工作。要求财政部门积极争取资金，严控债务风险。针对审计报告中提出的问题，要求政府积极整改落实并及时向区人大常委会书面报告整改情况，依法维护审计的严肃性。

开展财政资金绩效评价。听取区民政局的政府购买居家养老服务，区教育局的城区公办小学午托服务管理，区文体局的区文化事业和产业引导区级配套财政专项资金的全程绩效评价工作情况。要求政府认真总结绩效管理工作成绩，建立全区财政资金绩效评价工作制度，促进预算更科学高效。建议政府认真整改绩效考核指标设立不够科学、内部绩效管理不够严格、财政审批环节流程烦琐等问题。要求财政部门积极完善事前绩效评价工作机制，拓宽民生专项资金的服务范围，探索电子网络化受理审批业务方式，加强对专项资金绩效和政策执行的审计监督，为促进全区财政专项资金全程绩效评价工作更深入、更具实效性发挥积极作用。

三、始终把促民生问题解决作为人大工作的出发点和落脚点

聚焦生态环境保护。专题审议岳塘环境状况和环境保护目标完成情况的报告，对政府认真整改环保问题的情况进行现场督查，配合市人大开展《大气污染防治法》《水污染防治法》《湖南省湘江保护条例》等执法检查，促进岳塘区环境质量不断改善。以“岳塘环保世纪行”活动为载体，建议加大对湘江和生态绿心保护力度，树牢“绿水青山，就是金山银山”理念，为打赢污染防治攻坚战、守护好湘江和生态绿心作出岳塘贡献。

聚焦乡村振兴战略。组织对岳塘区实施乡村振兴战略情况的调研，积极参与盘龙生态小镇建设的前期工作，与政府相关部门一起，大力推进乡风文明建设。督促政府认真做好农村人居环境治理工作，对农村土地确权、产权制度改革、供销社综合改革等工作开展视察，向政府及相关部门提交一系列有建设性的建议，推动乡村振兴战略的落实。以“三湘农产品质量安全行”活动为平台，对《农产品质量安全法》的贯彻落实情况进行调研，对农贸市场、农产品生产基地进行实地检查，为解决部分贫困户就业、促进农民增收和推进农村经济发展发挥积极作用。

聚焦医卫事业发展。对《母婴保健法》的实施情况进行执法监督，邀请妇幼工作专家袁院长给常委会组成人员和政府相关工作部门负责人进行法律知识讲座。执法检查组向政府提交加大法律宣传力度；增加投入，确保妇幼保健事业健康发展；强化监管，加强队伍建设，加强部门协作，提升妇幼保健工作水平等执法建议。区政府高度重视，制定切实可行的整改措施并认真整改，增强执法检查效果。开展镇、街卫生院建设情况的调研，推动政府降低卫生院用水用电价格、推动政府设立门诊支付额度，提高门诊统筹报销比例，为破解人民群众“看病难、看病贵”难题做一些有益的工作。以“三湘农民健康行”活动为载体，组织医生到村开展健康知识讲座和义诊活动，促进健康岳塘全面推进。

聚焦教育事业发展。听取区义务教育经费投入和使用管理情况的报告，通过监督，政府进一步完善和规范教育经费使用的管理制度，预算更加科学，管理更加完善，促进岳塘区教育均衡发展。对岳塘区落实中央《关于学前教育深化改革规范发展的若干意见》情况开展调研，组织代表对湖湘学校的建设、学校招生工作、校园安全工作进行视察，要求政府认真落实义务教育责任，结合实际认真规划学前教育，强化教师队伍管理，加快公办幼儿园和中小学校建设，打造教育强区的岳塘品牌。政府认真整改，提高代课教师的待遇，稳定教师队伍；在全区小学实行课后校内托管模式，解决家长在小学生放学后无人照看的后顾之忧。

四、始终把坚持依法办事作为推动一府一委两院工作的标准

加强工作监督，促进依法行政。区人大常委会对区政府及相关职能部门贯彻落实《湘潭市城市市容和环境卫生管理条例》等4部地方性法规的情况进行调研，就如何加强地方性法规的宣传和贯彻实施对相关单位提出建设性意见，为岳塘区巩固创文成果、创建国家卫生城市提供法治保障。对2019年区政府开展“七五”普法情况进行视察督查，与区委依法治区委员会共同开展“12·4”宪法宣传周系列活动，提高人民的尊法、守法意识，提升全社会的法治理念，为推进国家治理体系和治理能力的现代化作出新的努力。区政府认真落实区人大常委会的审议意见，对区人大常委会交办的小街小巷提质改造工作评议中提出的42个问题进行认真整改，狠抓落实。区人大常委会开展跟踪监督，对此组织“回头看”。一年来，区人大常委会对民族团结工作、高品质社区建设、社会救助、创文创卫、岳塘人民大剧院改造等工作开展视察调研并提交相关建议，区政府积极采纳，科学安排，解决许多实际问题。

完善备案审查，确保法治统一。各专门委员会之间加强备案审查工作的配合，形成初审、联合审查的工作格局。按照有件必备、有备必审的要求，一年来，对区政府报送的《关于鼓励和扶持企业上市挂牌的若干意见》等6份文件进行备案审查，强化人大备案审查工作的实效，确保法治的统一。积极参与省、市人大常委会开展《湖南省实施〈土壤污染防治法〉办法》《湘潭市爱国卫生条例》等立法调研工作，为市人大常委会制定《湘潭市爱国卫生条例》并于2019年9月1日实施发挥积极作用。

促进公正司法，凸显司法为民。审议区法院和区检察院落实司法体制改革工作情况的报告，建议法检两院认真总结工作经验，进一步落实司法体制改革精神，主动适应人民群众在民主、法治、公平、公正等方面的新需要，建立起组织科学、运行高效、履职专业的制度体系，为推进法治岳塘建设作出新的贡献。听取区法院关于《行政诉讼法》实施情况和区检察院关于开展公益诉讼情况的报告，建议法检两院建立协商工作机制，及时反馈信息，努力让人民在每一个司法案件中感受到公平正义，积极营造良好的法治环境。为落实中央扫黑除恶专项斗争的精神，对区监察委和司法机关开展扫黑除恶专项斗争情况进行监督，要求依法加快工作进程，严厉打击黑恶势力，为平安岳塘作出新贡献。对法院解决执行难工作情况进行调研，组织代表旁听法庭庭审10余次。以“司法公正岳塘行”活动为平台，努力推进司法队伍建设，提升司法公信力，充分发挥法检两院在服务中心工作的职能作用，为全区改革发展稳定大局保驾护航。

五、始终把服务代表依法履职作为做好代表工作的重要保障

提升代表履职能力。2019年8月，组织区代表100余人赴深圳全国人大培训基地学习，使代表进一步认识到人民代表大会制度的重要性，激发代表履职的主动性、积极性。各代表小组组织学习习近平新时代中国特色社会主义思想、习近平总书记对地方人大及其常委会工作作出重要批示精神。邀请70余名代表列席区人大常委会会议，80余名区代表参加区人大常委会组织的视察调研、执法检查、工作评议等活动。进一步扩大代表对区人大和“一府一委两院”工作的参与度，及时向代表通报区委、区人大、区政府重要工作情况，保障代表知情知政。定期向代表寄送《人民之友》等学习资料，组织优秀代表交流履职经验，相互学习借鉴，提升代表履职能力。

增强代表履职效果。坚持区人大常委会领导联系代表小组制度，加强对镇街人大工作的指导。坚持常委会组成人员联系区代表制度，通过走访座谈等方式与代表保持经常性的交流，了解代表工作生活和履职情况。坚持代表走访选民，加强与选民的联系，倾听群众呼声，收集社情民意。始终把代表履职置于选民监督之中，增强代表服务选民的责任意识，2019年，共有70名区代表到选区向选民汇报履职情况，接受选民评议，有22名市代表在区人大常委会会议上汇报履职情况。发挥“代表工作室”的作用，每月15日组织国省市区代表接待选民，一年来，全区12个代表工作室，接待群众1500人次，收集群众反映建议、意见和问题400多个。在市区代表的共同努力，相关职能部门大力支持下，解决失地农民养老保险、危房改造、小区路灯安装、老旧小区提质改造等问题，“代表工作室”成为代表履职的一道亮丽的风景线，是代表联系群众的重要平台和纽带。下摄司街道代表工作室被市人大常委会评为“优秀代表工作室”，接待大连市、广东清远市等地方人大常委会组织的学习观摩活动。与市人大常委会一起组织国省市区代表视察民生实事完成情况。区代表小组围绕法治岳塘建设、小区物业管理、义务教育均衡发展等开展活动，形成调研报告12篇，提出许多有建设性的建议，为市、区有关部门决策提供依据。一年来，代表模范遵守宪法法律，承担社会责任，积极参加“创先争优”活动，在脱贫攻坚、平安创建、创文创卫、抗洪救灾、经济建设中发挥积极作用，谱写新时代岳塘区人大代表的新风采！

认真办理代表建议。区人大常委会重视代表建议办理工作，及时将区六届人大三次会议期间收到的144件建议交区政府、区法院、区检察院以及湘潭高新区、昭山示范区办理。根据建议内容，将《解决建设路口交通拥堵的建议》《保障义务教育均衡发展的建议》等6件作为重点建议，分别由区人大常委会领导督办和区政府领导领办。在建议办理过程中，组织代表现场检查建议落实情况，对建议办理单位实行满意度测评，对承办代表建议单位的办理工作情况进行“回头看”。建议办结率为100%，代表满意率为100%。审议区政府办理代表建议情况的报告，优化大桥小学交通出行和解决建设路口交通拥堵等84件建议所提问题得到较好办理，推动解决一批事关人民群众切身利益的问题，进一步增强人民群众的幸福感、获得感。

六、始终把坚持强基固本作为加强机关自身建设的重要抓手

履职能力水平稳步提升。加强能力建设，定期组织集体学习，开展专题研讨，深入学习贯彻习近平新时代中国特色社会主义思想和党的十九届四中全会精神，切实增强“四个意识”，坚定“四个自信”，做到“两个维护”。学习党的路线方针政策、宪法法律和人大业务知识，要求党员干部上学习强国、红星云等学习平台学习，组织干部积极参加省、市人大组织的学习培训，提升运用法治思维和法治方式开展工作、解决问题的能力。各专门委员会和工作机构切实加强队伍建设，围绕区委、区人大常委会的工作部署，认真工作，就促进经济发展、强化人大监督等主题开展调研10余次，撰写调研报告10余份，为区委决策和区人大常委会履职提供重要参考依据。强化制度保障，修订完善相关制度，为常委会依法规范履职提供制度遵循，促进人大工作规范化、程序化。进一步完善机关“同业对标”管理为内容的绩效考核评价机制。切实做好宣传工作，《发挥代表工作室的作用》等一批高质量的调研文章和新闻宣传作品分别在《人民之友》、《湘潭日报》和湘潭人大网、岳塘红网发表。区人大常委会围绕“地方人大设立常委会40周年和建国70周年”开展庆祝活动，通过宣传岳塘人大工作成效和代表的先进事迹，展现代表的崭新精神面貌和岳塘良好形象。认真做好信访工作，把人大信访工作纳入全区信访大格局，落实信访包案制度。一年来，接待来信来访98件（人）次，做到件件有答复，事事有回音，督促协助有效解决信访问题。

作风纪律建设不断增强。严格执行中央“八项规定”及实施细则的精神，始终以严和实的标准做好人大工作。加强党风廉政建设，严守政治纪律和政治规矩，开展交心谈心。支持派驻机关纪检监察组的工作，持之以恒抓作风建设，大力弘扬密切联系群众的作风，用脚步丈量民情，用汗水做好工作。一年来，机关干部积极投身脱贫攻坚，全力以赴做好联村帮户工作，帮扶成效得到群众的肯定和认同。开展“大走访、大融合、大发展”、联点共建和在职党员进社区活动，机关党员干部积极主动参与民调、维稳、安全生产、创文创卫、抗洪救灾等工作，为群众排忧解难，在扎实推进工作的过程中转变干部作风。

一年来，区人大常委会进一步与湘潭高新区、昭山示范区加强联系，积极参加省、市人大组织的活动，加强与兄弟县市区人大的工作交流，强化对镇街人大工作的指导，全区人大工作呈现出蓬勃生机的良好局面。

各位代表，过去的一年，区人大常委会的工作取得可喜成绩。这是区委领导，市人大指导，常委会和全体代表共同努力的结果，与“一府一委两院”协同配合，湘潭高新区、昭山示范区、区政协、区人武部、区直部门、镇街及历届区人大老领导的大力支持分不开。在此，我谨代表区人大常委会表示衷心的感谢！

同时，我们也清醒地认识到，区人大常委会的工作有需要改进的地方：监督工作实效需进一步强化；常委会会议审议质量和会后跟踪督办需进一步提升；代表小组活动方式需进一步改进。这些问题，我们将认真研究，在今后的工作中加以改进。

今后一年的工作安排

各位代表，2020年是全面建成小康社会的关键之年，也是“十三五”规划的收官之年。区人大常委会要以习近平新时代中国特色社会主义思想为指导，学习贯彻党的十九大和十九届四中全会精神，在区委的领导下，履行宪法和法律赋予的职责，开拓创新工作，为建设“四新岳塘”作出新的贡献！

一、始终坚持党的领导，依法行使决定权任免权

新的一年，区人大常委会将认真贯彻区委的决策部署，坚持重大事项及时向区委请示报告。围绕经济建设、政治建设、文化建设、社会建设、生态文明建设等重大事项，发挥人大职能作用，依法行使决定权，使区委的主张通过法定程序成为全区人民的意愿和自觉行动。加大对贯彻落实人大决定情况的督查，保证区委的决策部署得到全面贯彻、充分体现和有效执行。严格依照法定职权和法定程序，做好人事任免工作，认真落实组织意图。强化干部任后监督，督促其依法履职、为民尽责。

二、依法履行监督职责，着力提升监督工作实效

新的一年，区人大常委会将按法定要求，对“一府一委两院”开展工作情况进行视察调研，听取和审议国民经济和社会发展计划执行、财政预决算、审计工作、国有资产管理使用、环境状况和环境保护目标完成情况等工作的报告。加强对法律实施的监督，从群众关心关注的热点难点问题入手，选择一至二部法律开展执法检查，保证公民、法人和其他组织合法权益得到切实保障，确保法律法规在岳塘区全面贯彻实施。强化司法监督，推动司法体制改革深入实施，积极支持监察委的工作，听取法院和检察院专项工作报告，促进监察权、审判权、检察权依法行使，履职尽责。认真开展规范性文件备案审查工作，积极配合上级人大做好立法调研和执法检查工作，采用多种形式进行法治宣传。改进监督工作方式方法，加大跟踪督办力度，增强监督工作针对性和实效性，确保常委会的监督工作落到实处。

三、扎实做好代表工作，充分发挥代表表率作用

新的一年，区人大常委会要进一步深化代表工作，夯实工作基础，丰富代表履职内容，创新代表小组活动方式。坚持邀请代表列席常委会会议，组织代表参加视察检查和评议工作，推荐代表列席区委、区政府重要会议，旁听法院、检察院案件审理，建设代表建议网上办理平台，加强代表建议督办工作，为代表履职创造条件。进一步健全代表履职登记工作和激励约束机制，完善市区代表报告履职情况工作。进一步发挥代表工作室的作用，健全代表联系群众制度，支持和保证代表依法履职。引导代表自觉践行“人民选我当代表、我当代表为人民”的使命担当，切实发挥代表凝聚力量、汇集民意、推动发展、带头致富、带动脱贫、引领社会风尚、维护社会和谐稳定的表率作用。

四、全面加强自身建设，不断提升履职能力水平

新的一年，区人大常委会将继续加强思想、组织、作风、纪律、制度建设，创建学习型、创新型、服务型机关。深入学习习近平新时代中国特色社会主义思想、法律法规和业务知识，不断提高为民服务的能力，推进人大工作创新发展。持之以恒抓作风建设和党风廉政建设，认真落实“两个责任”，进一步抓好党组建设和机关党建工作，巩固主题教育成果。加强专门委员会和工作机构的建设，开展“五行”活动，提高履职能力。按照精准扶贫的要求，进一步做好结对帮扶工作。强化人大宣传工作，改进信访工作。按照政治站位高、履职能力强的要求，强化干部队伍建设。主动与湘潭高新区、昭山示范区协调，共同做好代表工作。加强对镇街人大工作的指导，不断推进全区人大工作迈上新台阶。

做好新时代人大工作责任重大，使命崇高。让我们在习近平新时代中国特色社会主义思想的指导下，在中共岳塘区委的坚强领导下，不忘初心，牢记使命，锐意进取，为建设“四新岳塘”而不懈奋斗！

政协湘潭市岳塘区委员会常务委员会工作报告

——在政协湘潭市岳塘区第六届委员会第四次全体会议上

岳塘区政协主席 傅博华

关于一年以来所做的主要工作

2019年，是中华人民共和国暨中国人民政治协商会议成立70周年。岳塘区政协深入学习贯彻习近平新时代中国特色社会主义思想，关于加强和改进人民政协工作的重要论述，中共中央政协工作会议精神，认真开展“不忘初心、牢记使命”主题教育，切实履行全面从严治党主体责任，在中共岳塘区委的坚强领导和省、市政协的正确指导下，牢牢把握团结和民主两大主题，认真履行政治协商、民主监督、参政议政职能，为全面打造“四新岳塘”、实现全区人民对美好生活的向往，贡献岳塘政协的智慧，体现岳塘政协的责任担当。

一年来，凝聚共识，思想政治基础更加牢固

坚持中国共产党对人民政协工作的全面领导，对标对表中共中央关于加强新时代政协系统党建工作的新要求，强化责任担当，切实增强“四个意识”，坚定“四个自信”，做到“两个维护”。一是强化政治领导。区政协始终坚持把习近平新时代中国特色社会主义思想作为统揽政协工作的总纲，自觉贯彻落实党的路线方针政策和决策部署，突出党的政治建设，着力强化区政协党组建设。始终把围绕中心服务大局作为政协履职的根本要求，切实做到区委政府中心工作推进到哪里，政协工作就跟进到哪里。自觉接受中共岳塘区委领导，严格落实重大事项请示报告制度，先后就贯彻落实全国政协、省、市政协全会及省政协党建工作和市委政协工作会议精神、年度工作要点、年度协商计划、外出学习培训考察和年度履职情况等重大事项向区委作专题汇报。做到群众关注的热点问题及时编成社情民意、及时报，做到一切重要工作在区委领导下开展，一切重要活动围绕区委、区政府中心任务进行，一切重要安排请示区委同意后实施。二是强化思想引领。把深入学习贯彻习近平总书记关于加强和改进人民政协工作重要论述和中共十九届四中全会精神、习近平总书记在中央政协工作会议暨庆祝中国人民政治协商会议成立70周年大会上的重要讲话、《中共中央关于加强和改进新时代政协工作的意见》，作为一项最根本的政治任务抓在手中，着力把准精神实质、核心要义、实践要求，学以致用、推动工作。认真组织学习新修订的《中国人民政治协商会议章程》，学习贯彻落实全国政协及省市政协会议精神、区委经济工作会议精神，把思想和行动统一到中央、省委、市委、区委作出的各项决策部署上来，统一到全国、省、市政协工作要求上来，以坚定的政治态度、严格的工作举措、务实的工作作风“双向发力”抓落实，有力推进各项工作提质增效。三是强化组织领导。充分发挥区政协党组在政协工作中的领导作用，全年召开区政协党组会议16次，就区政协“三重一大”事项做出决策安排。坚定不移贯彻落实全面从严治党要求，高标准加强党风廉政建设，进一步增强贯彻落实区委决策部署的自觉性和坚定性。四是抓好学习培训。区政协常委会制定2019年度工作要点，落实政协委员和常委学习制度，出台年度学习计划。联合湘潭县、韶山市政协组织近300名委员进行一次为期三天提高履职能力的集中培训。常委会共集中学习4次，对政协联工委主任和新任委员进行专题培训。各联工委用“以会代训”等多种形式积极开展各种学习培训。通过全覆盖、多层面的学习培训，广泛凝聚改革共识、发展共识和价值观共识，政协组织和政协干部坚定“四个自信”、增强昂首阔步新时代的底气和信心。五是开展主题教育。按照中央、省委、市委、区委安排部署，区政协党组深入开展“不忘初心、牢记使命”主题教育，严格落实“守初心、担使命，找差距、抓落实”总要求，把学习教育、调查研究、检视问题、整改落实贯穿始终，做到了科学安排、按表推进、环环相扣、闭环对接，达到“理论学习有收获、思想政治受洗礼、干事创业敢担当、为民服务解难题、清正廉洁作表率”的目标。

一年来，建言献策，协商议政成效更加明显

社会主义协商民主是中国特色的两种民主形式之一，在中国特色民主政治中具有十分重要的意义，人民政协是社会主义协商民主的重要渠道和专门机构，区委、区政府、区政协年初制定协商计划，区政协较好地搭建协商平台，发挥较好作用。一是有效开展议政性协商。区政协常委会议全年共召开5次，就全区半年度工作、区人民法院、区人民检察院的工作以及调查视察课题开展广泛协商。在区政协六届三次会议上，委员们踊跃参加协商议政，15名委员进行大会发言，小组讨论共对全区经济社会发展提出56条意见建议，得到区委、区政府的高度重视。其中，何婷委员《倾力打造湘潭的“陆家嘴”》的大会发言，提出岳塘经济的“核心板块”由国企、岳塘经开区、金融商务区组成的思路，被区政府工作报告采用；旷友君委员提出《文明城市呼唤文明养犬》建议后，得到岳塘公安分局积极回应和较好落实。二是扎实开展专题协商和对口协商。就岳塘区“稳投资”工作开展专题协商，并向区人民政府提出“建议案”。为进一步深化专项视察成果，由相关专委会牵头，在进行充分调查研究的基础上，邀请区政府有关领导和相关部门负责人参加，对岳塘区黑臭水体专项治理、城市道路建设及管理工作开展对口协商，为区委、区政府推进工作、科学决策提供智力支持和民意支撑。三是积极开展提案办理协商。一年来共收到委员提案170件，立案151件，立案率为89%。所有提案均做到按时答复，所提提案被解决、基本解决或列入计划逐步解决的达到95%。扎实开展提案办理民主评议，由区政协常务委员牵头，组织评议组，对区文化旅游广电体育局和区农业农村局的提案办理工作开展民主评议。四是主动参与基层协商。下摄司街道政协委员走进鸦雀塘社区，与区民政局、街道及社区相关负责人、部分居民代表对社区名称更改问题开展基层协商，有效搭建政府与群众之间的“连心桥”。据统计，全区政协委员共参与基层协商15次，受到基层群众的高度赞扬，取得明显的社会效果。

一年来，拓宽渠道，民主监督形式更加灵活

民主监督是人民政协的主要职能之一，政协民主监督作为我国监督体系的重要组成部分，在我国社会主义民主政治建设中，具有十分重要的地位和作用。一是围绕重点工作开展协商监督。充分发挥民主监督作用，经与区人民政府协商，区政协主席会议研究，报经区委同意，派出专项监督小组对区义务教育优质均衡发展情况开展持续跟踪监督。聘请6名政协委员担任创建国家卫生城市督导员，及时反映在创建过程中存在的问题。部分委员还主动对巩固创文成果进行义务监督。二是切实做好重点提案督办工作。由主席、副主席带队，组织政协各委办、区政府督查室以及部分政协委员，对围绕加快推进“荷塘全域旅游”“推行中小学生弹性离校”“加强食品安全监管”“规范餐馆厨余垃圾以及泔水处置”“振兴村级集体经济”等5件重点提案办理情况进行专项督办。三是积极反映社情民意。共收集、采编社情民意信息18期，其中区政协采用9期，市政协采用8期，省政协采用1期，部分社情民意信息，得到市委主要领导的批示。

一年来，参政议政，服务科学决策更加有力

坚持服务大局，主动把政协履职放到全区经济社会发展和区委、区政府的中心工作中去审视，主动把各项工作放到当前社会各种热点、难点问题中去谋划。一是服务发展大局开展专题调研。积极践行“五联五问”大调研活动，根据中央经济工作会议提出的“六稳”目标，结合岳塘区投资拉动经济的工作实际，常委会将“稳投资”工作作为重点课题，专门成立课题组开展调研。课题组精心组织，深入全区21个区直部门、2个园区、3个平台公司、4个街道等30余个单位进行座谈，深入10余个项目和企业进行现场调研，并到岳阳楼区和天元区考察学习。经过充分调查论证，形成《关于岳塘区“稳投资”工作的调研报告》。同时，全区政协各级组织和广大委员大兴调研之风，共形成调研报告13篇。这次会议遴选的14篇大会发言材料很有分量，集中反映民意，为区委、区政府科学决策提供重要参考。二是服务重点工作开展专项视察。坚持只要有利于发展、有利于社会稳定、有利于民生，就理直气壮地出谋划策、建言献智，重点对黑臭水体专项治理、城市道路建设及管理工作进行专项视察，向区委、区政府提出意见建议，持续助力“四新岳塘”建设。三是服务全局抓实中心工作。区政协领导及机关干部尽政协所能，联党建、联项目、联农村（社区）、联企业，积极参加“一创两深化”联点共建，参与信访包案、接待群众来访、安全生产、环境保护等维护岳塘大局和谐重要工作。政协机关和全区12个联工委全面开展省、市、区三级政协委员大走访活动，参与区绩效考核、党建工作考核、社会综合治理考核等群众满意度评估，积极参与2019年抗洪抢险，出色地完成防汛任务。全体政协委员坚持落实助学助医、改善居住环境、解决就业等“三个一”脱贫攻坚措施，把扶贫帮困作为履职为民的实事工程来抓。据不完全统计，全年共为困难群众送去帮扶资金和生活物资49万余元，为贫困地区捐赠衣物2000余件，为困难家庭解决就业岗位500多个。

一年来，争创一流，政协自身建设更加过硬

区政协突出加强自身建设，主动拉高工作标杆，不断提高工作科学化水平。一是切实提升委员履职能力。制定和完善《区政协全会工作规则》《政协委员和常委学习制度》等23项制度。落实《开展“忠诚履职、奉献岳塘”活动考核办法》，在委员中广泛开展“五个一”履职活动，实现考核常态化、结果运用刚性化。专委会组织界别委员召开知情明政座谈会，搭建履职平台，为委员找准履职切入点，提高议政建言水平创造条件。全面完成12个委员工作室建设，政协委员值班接待群众开始走向常态化、制度化。由于工作变动原因及按照《委员履职评价办法》，全年辞免9名区政协委员的资格，增补委员10名。广大委员自觉立足岗位提升能力，在履职尽责中发挥作用，涌现一批优秀委员，如方世平委员被中组部、人社部等单位授予“全国模范退役军人”称号；丁春松委员被湘潭市委、市政府授予“湘潭市优秀中国特色社会主义事业建设者”称号。二是全力推进“互联网+政协”云平台建设。利用传统媒体和新媒体相结合，加大政协工作宣传力度。及时更新政协云资讯，截至12月，共推送岳塘政协稿件120篇。全年在《湘声报》《湘潭日报》以及岳塘红网等媒体发表各类稿件共120多篇。利用政协云“扫一扫签到”功能作为年度委员履职活动的考核数据之一。开通政协云微建议、社情民意等履职平台。践行网上群众路线，政协主要领导带队调研，制定出台《岳塘区政协微建议办理办法（试行）》，将委员微建议与“智慧岳塘”、“区长热线”、区信访联席办相衔接，打通与人民群众联系的“最后一公里”，使其成为反映群众呼声的好平台、委员履职的好帮手、区委政府推进工作的好助手。全年区本级共收集委员微建议63条，区优化营商环境服务中心、区行政审批服务局等部门均做到件件有回音，80%的微建议得到落实。微建议办理情况在全市排名第一，在全省排名靠前。如贺建平委员在防汛期间提交的《关于河堤上防汛值守车辆经过需洒水降尘》的微建议，区环卫所接到交办信息后仅2个小时就派车洒水降尘；湖湘社区居民多次向有关部门反映，有台“僵尸车”长期堵在小区路上，徐进委员提交微建议后，问题很快得到解决。三是开展庆祝中华人民共和国暨人民政协成立70周年系列活动。区政协制定工作方案，安排10项活动内容，积极组织委员参加省市有关纪念、征文等庆祝活动。从9月起，在政协云开设专栏，围绕“提案故事、委员风采、政协大事、历史沿革、精彩瞬间”等方面开展系列宣传活动。编撰48万余字的《岳塘文史》第四辑（纪念人民政协成立70周年专辑），回顾政协历程、选录资政成果、展示委员风采、畅想美好未来，表达对伟大祖国和人民政协的礼赞。四是不断加强机关和政协干部队伍建设。根据《中国人民政治协商会议章程》及省委有关规定，如质如期完成区政协机关机构改革任务，增设农业农村和人资环委，调整完善专委会职能，充实增强机关力量。机关党支部坚持每月26日左右开展主题党日活动。抓好退休党员干部服务管理。完善落实机关以“同业对标”管理为内容的绩效考核评价机制和内部管理制度。积极支持区纪监委派驻纪检监察组的工作，共同推进机关党风廉政建设的有效开展。在中共岳塘区委、高新区党工委、昭山示范区党工委的高度重视下，及时配齐配强各街道、镇政协联工委主任。区政协常委会制定先进联工委、优秀调研报告、优秀委员等考核标准，全区各政协联工委积极开展履职活动，全年开展各种履职活动共95次。

一年来，全区人民政协事业所取得的成绩，是深入学习贯彻习近平新时代中国特色社会主义思想和中共十九大、十九届二中、三中、四中全会、中共中央政协工作会议精神、习近平关于加强和改进人民政协工作的重要论述取得的，是中共岳塘区委坚强领导的结果；是上级政协有力指导，区人大、区政府、区人武部、湘潭高新区、昭山示范区、岳塘经开区、区法院、区检察院等单位全力支持的结果；是区政协历届老领导、老同志关心爱护的结果；是各民主党派、工商联、各人民团体、无党派人士及各街、镇，特别是各政协联工委、全体政协委员积极参与、共同努力的结果。我谨代表区政协常委会，向大家表示衷心的感谢！

在看到成绩的同时，我们也必须清醒地看到，在履行政协三大职能的过程中，仍然存在一些问题和不足，如：在加强协商民主建设中，思想认识的高度；在助推区委、区政府决策实施过程中，民主监督的力度，委员建言谋策的深度；在委员履职成果的转化程度等方面还有待提高。全区政协组织和政协委员履职意识和履职水平仍需提升；创新履职方式，政协云“微建议”的衔接、办理、答复，特别是推进落实工作上还需要进一步完善，等等。这些都是我们在今后的工作中要切实加以解决的。

关于2020年的主要工作任务

2020年，是全面建成小康社会和“十三五”规划的收官之年，我们要实现第一个百年奋斗目标。全区政协工作的总体要求是：以习近平新时代中国特色社会主义思想为指导，认真落实中共十九届四中全会、中共中央和中共湖南省委、市委政协工作会议精神，紧扣全面建成小康岳塘目标任务，把坚持中国特色社会主义作为巩固共同思想政治基础的主轴，把服务实现“两个一百年”的奋斗目标作为工作主线，坚持团结和民主两大主题，充分发挥协商民主的重要渠道和专门机构作用，提高政治协商、民主监督、参政议政能力和水平，为全面建设“四新岳塘”作出新的贡献。

一、提高政治站位，确保党对政协工作的全面领导

坚持和实现党的领导，正确认识和把握新时代人民政协在我国新型政党制度建设中的独特优势和国家治理体系中的重要地位作用，自觉按照党中央的部署要求履职尽责，为推进国家治理体系和治理能力现代化作出应有的积极贡献。一是坚守根本，坚决做到“两个维护”。贯彻落实《中共中央办公厅关于加强新时代人民政协党的建设工作的若干意见》精神，突出政治引领，教育引导区政协全体干部和广大委员树牢“四个意识”、坚定“四个自信”、做到“两个维护”，彰显对党绝对忠诚的品格，体现政治坚定的操守。强化党组自身建设，主动担当作为，压实政协党组管党治党的主体责任，发挥其在政协工作中把方向、管大局、促落实的领导作用，推动党建工作与履职工作高度融合、相辅相成、相互促进。二是抓住关键，确保学懂弄通做实。发挥人民政协注重学习的优良传统，将学懂弄通做实习近平新时代中国特色社会主义思想作为首要任务。充分发挥党组理论学习中心组的引领作用，运用好常委会议、主席会议、委员学习论坛、专题培训、“学习强国”、“政协云”等平台，重点学习习近平关于新时期加强和改进人民政协工作的重要论述，贯彻落实中共十九届四中全会、习近平在中共中央政协工作会议暨人民政协成立70周年大会上的讲话精神，把学习内化于心，将学习成效转化作为政协工作的主心骨、定盘星、度量衡。正确引导非中共党员委员深化对党的路线方针政策的认知认同，不断促进委员时刻保持“思想不跑偏、说话不跑调”。把学习适应于势，将思想认识统一到中共中央和省、市、区委的决策部署上来，主动向区委请示报告工作，贯彻落实区委各项要求，确保政协工作始终沿着正确方向前进。把学习外化于行，将成果切实转化为服务中心和社会稳定大局的务实举措，做到学思用贯通、知信行统一。三是夯实基础，强化组织体系建设。区政协党组要肩负起实现党对人民政协领导的政治责任，要巩固和发展“不忘初心、牢记使命”主题教育成果。以党建工作高质量推动政协工作高质量。切实发挥中共党员先锋模范作用，中共党员委员要始终牢记“第一身份是共产党员”，做到在党爱党、在党言党、在党忧党、在党护党。自觉做好党的统战工作和群众工作，切实发挥政治引领、发扬民主、增进团结、凝聚共识、合作共事、廉洁奉公、社会公德等方面的表率作用。深化机关党支部建设，严格贯彻落实中央八项规定和实施细则精神，用严格的标准要求，用严格的纪律约束机关党员干部。

二、突出团结民主，勤勉履职尽责

凝聚共识、汇聚力量是新时代人民政协担负的重要使命。把团结联谊功能融汇于政协各项工作之中，助力画好同心圆，努力把党的主张转化为广大群众的思想共识和自觉行动，使区委、区政府的各项决策部署得到全区人民的真心拥护和大力支持。一是深化团结合作，凝聚发展共识。高扬团结民主大旗，坚持以共同的事业感召人、以广泛的协商团结人、以紧密的联系凝聚人，进一步加强同各界别、各社会阶层、各人民团体、无党派人士的联系与合作，做团结的黏合剂、界别的连心桥，把更多有志之士、有识之士和新生力量团结凝聚在区委周围。二是开展调研视察，积极谋策献言。政协各专委会和基层联工委要紧紧围绕区委、区政府的决策部署，立足岳塘实际，从小切口入手，精准选题、深入基层、走进群众，为岳塘经济社会发展稳定大局建睿智之言、谋优良之策。三是加强交流联谊，凝聚各方智慧。进一步加强与上级政协、兄弟单位的沟通联系，深化和拓展系统联动，讲好岳塘故事，传播岳塘好声音，使“准确定好位，履职不缺位，工作干到位”的政协共识在建设“四新岳塘”实践中不断得到巩固。四是加强文史征集，凝聚文化力量。注重以文化人、以史资政。进一步加大文史资料的征集力度，大力弘扬岳塘文化，切实做好教育人、引导人、团结人的工作。

三、聚焦高质量发展，充分发挥专门协商机构作用

人民政协是社会主义协商民主的重要渠道和专门协商机构，要充分发挥自身优势，广开言路，集思广益，做到有事多商量、遇事多商量、做事多商量，众人的事情由众人商量。既形成“畅所欲言、各抒己见”的生动局面，又打造“理性有度、合法依章”的良好氛围。一是明确协商任务。树立“以人民为中心”的思想，抓住人民群众最关心最直接最现实的合法利益问题，既尽力而为，又量力而行。紧扣发展中出现的新情况，明确协商内容、确定协商议题，按程序规定，区委、区政府、区政协联合制定新的年度协商计划，协助区委政府听民声、汇民智、解民难。二是丰富协商形式。发挥专委会专的特点，完善以全体会议为龙头，以专题议政性常委会会议和专题协商会为重点，以对口协商、提案办理协商等为常态的协商议政格局，拓展政协协商参与面，扩大界别群众有序政治参与。努力调动一切积极因素，团结一切可以团结的力量，同心同力汇聚起岳塘发展的磅礴力量。三是健全协商制度。认真贯彻落实《中共中央关于新时代加强和改进人民政协工作的意见》、中共十九届四中全会精神，既抓好现有制度落实，又积极思考与探索建立完善有关制度，为推进人民政协制度在社会主义协商民主中的重要渠道和专门机构地位作用更加成熟、更加定型贡献力量。

四、助推工作落实，强化协商民主监督

加强和改进民主监督，发挥人民政协在党和国家监督体制中的重要作用。习近平总书记在党的十八届六中全会第二次全体会议上指出：要支持人民政协依照章程进行民主监督，重视民主党派和无党派人士提出的意见、批评、建议，鼓励党外人士讲真话、进诤言。区政协要发挥协商监督的优势和特色，完善民主监督的组织领导、权益保障、知情反馈、沟通协调机制，一是围绕中央、省委、市委、区委重大方针政策和重要决策部署的贯彻落实，以“三大攻坚战”、项目建设、民生改善等方面为重点，采用会议监督、视察监督、提案监督、专项监督等方式行使监督职责。二是对相关单位的工作开展民主评议，委派民主监督小组或特邀监督员，采取各种形式开展民主监督。三是做好重要社情民意的反映工作，助推区委、区政府重大决策的落实和机关工作作风的进一步改进，办事效率进一步提高。

五、加强自身建设，进一步推进队伍管理

人民政协自身建设的水平，影响着协商议政的质量，关系到履行职能的成效。一是加强机关建设。紧跟时代步伐，主动适应新时代、新任务、新要求，不断完善和加强机关建设，进一步规范办文、办会、办事的各项制度和程序，规范调研、视（考）察等活动的管理，实现机关管理制度化。突出效能建设，做好沟通协调、参谋服务、后勤保障、信息宣传等工作，不断改进服务方式、丰富服务内容、提升服务水平。二是加强政协干部队伍建设。教育引导政协干部继续发扬讲政治、顾大局、勇担当、善奉献的优良传统，不断提高政治素质和业务能力，时刻保持爱岗敬业的实干热情，始终保持求真务实的工作态度、严谨细致的工作作风，弛而不息反“四风”，着力打造一支忠诚、干净、干事、担当、淡泊名利的政协干部队伍。三是加强委员队伍建设。切实发挥委员主体作用，尊重委员，为委员履行职责、行使权利提供保障和服务，维护委员权利，营造知情问政环境，搭建好平台，努力激发委员履职热情。加强委员履职考核和管理，着力增强委员政治把握能力、调查研究能力、联系群众能力、合作共事能力，真正做到懂政协、会协商、善议政，守纪律、讲规矩、重品行。四是提升履职能力和履职水平。推进制度化、规范化、程序化建设，健全完善考核评价机制，调动各联工委履职积极性。适时视情举办或参加提升履职能力专题培训班，鼓励各联工委开展多种形式的委员学习培训和学习考察活动。加快推进委员工作室规范化建设，着力打造1~2个有鲜明特色的委员工作室。创新履职方式，充分发挥政协云平台作用，开展“掌上协商”的协商议政活动。从小切口入手，通过微建议，促进大民生改善，建立政协专委会与区委、区政府有关部门的联动机制，及时、高效办理委员提案及微建议。努力促进政协履职成果转化，不断推动岳塘区政协工作高质量发展。

中共湘潭市岳塘区委员会湘潭市岳塘区人民政府关于湘潭市岳塘区区级党政机关机构设置的通知

岳区发〔2019〕1号

各街道党工委和办事处，区委各部委，区直各部门（单位）：

根据《中共湖南省委办公厅湖南省人民政府办公厅关于印发湘潭市县市区机构改革方案的通知》（湘办〔2019〕11号）和《中共湘潭市委办公室湘潭市人民政府办公室关于印发〈岳塘区机构改革方案〉的通知》（潭办〔2019〕8号），现将改革后的中共湘潭市岳塘区委、湘潭市岳塘区人民政府机构设置通知如下：

一、区委机构（8个）

（一）中共湘潭市岳塘区纪律检查委员会湘潭市岳塘区监察委员会机关

（二）区委工作机关（计入机构限额的工作机关7个）

中共湘潭市岳塘区委办公室

中共湘潭市岳塘区委组织部

中共湘潭市岳塘区委宣传部

中共湘潭市岳塘区委统一战线工作部

中共湘潭市岳塘区委政法委员会

中共湘潭市岳塘区委全面依法治区委员会办公室（设在湘潭市岳塘区司法局）

中共湘潭市岳塘区委机构编制委员会办公室

中共湘潭市岳塘区委财经委员会办公室（设在中共湘潭市岳塘区委办公室）

中共湘潭市岳塘区委外事工作委员会办公室（设在中共湘潭市岳塘区委办公室）

中共湘潭市岳塘区委网络安全和信息化委员会办公室（设在中共湘潭市岳塘区委宣传部）

中共湘潭市岳塘区委全面深化改革委员会办公室（设在中共湘潭市岳塘区委办公室）

中共湘潭市岳塘区委审计委员会办公室（设在湘潭市岳塘区审计局）

中共湘潭市岳塘区委教育工作领导小组秘书组（由湘潭市岳塘区教育局承担职责）

中共湘潭市岳塘区委农村工作领导小组办公室（设在湘潭市岳塘区农业农村局）

中共湘潭市岳塘区委巡察工作领导小组办公室

中共湘潭市岳塘区纪律检查委员会与湘潭市岳塘区监察委员会合署办公，实行一套工作机构、两个机关名称；中共湘潭市岳塘区委办公室对外加挂湘潭市岳塘区档案局牌子；中共湘潭市岳塘区委组织部对外加挂中共湘潭市岳塘区委非公有制经济组织和社会组织工作委员会、中共湘潭市岳塘区直属机关工作委员会、中共湘潭市岳塘区委老干部局、湘潭市岳塘区公务员局牌子；中共湘潭市岳塘区委宣传部对外加挂湘潭市岳塘区新闻出版局（湘潭市岳塘区版权局）、湘潭市岳塘区精神文明建设指导委员会办公室牌子；中共湘潭市岳塘区委统一战线工作部对外加挂湘潭市岳塘区民族宗教事务局牌子。

二、区政府机构（26个）

（一）湘潭市岳塘区人民政府办公室

（二）区政府工作部门（25个）

湘潭市岳塘区发展和改革局

湘潭市岳塘区教育局

湘潭市岳塘区科技和工业信息化局

湘潭市岳塘区民政局

湘潭市岳塘区司法局

湘潭市岳塘区财政局

湘潭市岳塘区人力资源和社会保障局

湘潭市岳塘区自然资源局

湘潭市岳塘区住房和城乡建设局

湘潭市岳塘区交通运输局

湘潭市岳塘区水利局

湘潭市岳塘区农业农村局

湘潭市岳塘区商务局

湘潭市岳塘区文化旅游广电体育局

湘潭市岳塘区卫生健康局

湘潭市岳塘区审计局

湘潭市岳塘区退役军人事务局

湘潭市岳塘区应急管理局

湘潭市岳塘区市场监督管理局

湘潭市岳塘区统计局

湘潭市岳塘区城市管理和综合执法局

湘潭市岳塘区政府金融工作办公室

湘潭市岳塘区信访局

湘潭市岳塘区医疗保障局

湘潭市岳塘区行政审批服务局

湘潭市岳塘区自然资源局对外加挂湘潭市岳塘区林业局牌子；湘潭市岳塘区农业农村局对外加挂湘潭市岳塘区扶贫开发办公室牌子；湘潭市岳塘区应急管理局对外加挂湘潭市岳塘区防汛抗旱指挥部办公室牌子。湘潭市公安局岳塘分局为湘潭市公安局的派出机构，计入区机构限额，不列入区政府工作部门。

中共湘潭市岳塘区委员会

湘潭市岳塘区人民政府

2019年3月4日

大宅
美迪大宅设计院
SINCE 2006